체르노빌 생존 지침서

체르노빌 생존 지침서

지구적 핵재난, 국가의 대응 실패, 피폭된 사람들

Manual for Survival: A Chernobyl Guide to the Future

케이트 브라운 지음
우동현 옮김

푸른역사

일러두기

1. 이 책은 Kate Brown, *Manual for Survival: A Chernobyl Guide to the Future*
   (W. W. Norton & Company, 2019)를 번역한 것이다.
2. 미주는 저자주이고, 각주는 옮긴이주이다.

한국어판 서문

가장 최근에 벌어진 초대형 핵재난이었던 일본의 후쿠시마 제1원자력 발전소 사고가 2011년 3월 터진 뒤, 대한민국 공무원들은 기이한 일을 벌였다. 대만 정부는 곧바로 자국의 원자력발전소를 점진적으로 폐쇄하겠다는 성명을 발표했고, 훨씬 더 먼 곳에 있는 국가들, 예컨대 독일과 스위스 정부는 자국의 원자력 발전 계획을 중단한다고 공표한 반면, 한국 정부는 정반대의 방향으로 내달렸던 것이다. 후쿠시마 사고의 낙진이 바람에 실려와 한반도 상공에서 부드럽게 퍼진 바로 그때, 이명박 대통령은 한국의 원자로 숫자를 두 배로 늘리겠다고 공약했다. 사고가 터진 지 4일 후, 그는 인간사에서 가장 규모가 큰 원자력 계약 중 하나인 바라카Barakah 원전 계약(원자력발전소 4기에 미화 186억 달러)을 체결하기 위해 아랍에미리트연합국UAE에 모습을 드러냈다.[1] 혹자는 한국의 여러 도시에서 반핵운동이 폭발적으로 진행되고 있었을 당시 이명박 대통령은 대체 무슨 생각을 하고 있었는지 물을 것이다.

이는 실로 엄청난 것으로 드러났다. 세계에서 원자로가 가장 빽빽하게 들어선 국가 가운데 하나인 한국은 식민지적 종속에서 탈피하고 최첨단 공업 국가의 반열에 오르기 위한 수단으로 1950년대부터 원자력에 큰 기대를 걸기 시작했다. 하지만 2차 세계대전을 끝낸 일본에 대한 미국의 원자폭탄 투하가 낳은 피해자들 가운데 상당수가 조선인이었다는 점을 고려할 때, 이러한 한국의 전면적 원자력 수용은 다소 놀랍다. 2차 세계대전이 끝나기 직전 히로시마와 나가사키에는 대략 8만 명의 조선인이 살고 있었고,[2] 이 가운데 약 6만 명의 조선인이 원폭의 충격파로 인해 또는 대대적 파괴에 뒤따른 질병과 감염으로 인해 사망한 것으로 추정된다. 이러한 역사에도 불구하고, 1940년대 말 38선 이남에 살았던 한국인들은 히로시마를 핵종말로 향하는 자멸적 길의 첫 번째 포격이라기보다는 한반도를 강점한 식민 권력에 대한 정당한 꾸짖음으로 보았다.

한국에서 원자력은 예속된 상태에서 벗어나 진보로 향하는 길을 가리켰다. 한국의 가장 영향력 있는 신문 가운데 하나인 《동아일보》의 한 논설위원은 다음과 같이 논평했다. "원자탄은 우리에게 무엇을 가르쳤는가? …… 아무리 정치적으로 독립한다 하더라도 과학적인 독립 없이는 다시 남의 노예의 굴레를 뒤집어쓰고 말 것이다."[3]

미소美蘇 양국의 점령과 함께 시작된 분단은 남북 간 긴장을 고조시키는 한편, 성공적인 화학 산업과 일본인이 지은 수력발전 배전망을 보유한 북한 지역으로부터 남한 지역을 단절시켰다. 남북에 서로 다른 정부가 들어서기 직전인 1948년, 북은 남으로 향하던 전기와 비료의 공급을 끊었다. 이후 한국의 지도자들은 가장 근대적이고 새로운 에너지의 원천이자 "계량하기에는 너무나 저렴한" 에너지를 자국에 조달하기 위한 방안으로 1953년 미국이 주도하는 "평화를 위한 원자력" 계획에 주목했다.

하지만 미국인들이 전력을 생산하는 원자로보다는 동위원소와 교육·훈련만을 제공하려고 했다는 점이 문제였다. 제이콥 햄블린Jacob Darwin Hamblin은 곧 출간될 자신의 책《저주받은 원자: 지구적 핵 디스토피아의 기원들The Wretched Atom: Origins of a Global Nuclear Dystopia》에서 1950년대 미국 관료들이 자신들의 목적을 위해 충분한 우라늄을 비축했다는 확신을 가지기 전까지는 원자로를 공유하길 꺼렸다고 주장한다.[4]

대다수가 일본의 대학에서 학위과정을 밟은 한국의 과학자들은 "평화를 위한 원자력" 계획의 일환으로 미국을 방문해 핵기술에 관한 훈련을 받았다. 그들은 조국에 원자력발전소를 짓겠다는 꿈을 가지고 귀국했고 핵기술의 이전을 위해 집요하게 로비활동을 벌였는데, 이러한 노력은 때로 미국인 후원자들과 충돌을 빚기도 했다.[5] 1956년 서울과 워싱턴은 핵연구에 대한 원조를 골자로 한 원자력 협력 협정을 체결했다. 한국은 1957년 국제연합UN(United Nations, 이하 유엔) 산하의 국제원자력기구IAEA(International Atomic Energy Agency)에 가입했고, 1959년에는 원자력청을 설치했으며, 1962년에는 서울에서 최초의 연구용 원자로를 가동했다.[6] 1971년 부산에서 기술자들이 착공에 들어갔던 고리원자력발전소는 1978년부터 전력을 송출하기 시작했다. 한국 지도자들은 원자로에서 나오는 전력을 바탕으로 에너지 자립을 희망했으나, 수입된 신기술은 새로운 종속을 불러왔다. 국내에서 교육 받은 원자력 발전 기술자의 부족으로 인해 한국 최초의 원자로 두 기는 미국 회사에 의해 지어졌다. 한국 공무원들은 미국인이 설계한 원자로를 도입하는 대신, 천연우라늄을 연료로 하고 폐연료를 플루토늄으로 가공하지 않는다는 데 동의했다.[7] 결과적으로 그들은 원자로의 연료를 해외에서 수입해야 했다. 한국 기술자들은 1970년대에 들어 계속해서 원자로를 짓는 한편, 미국의 기술과 연료에 대한 의존을 점진적으로 줄여나가는 방법을 모색했다.[8]

원자력이 한국의 급속한 산업화에 동력을 조달하는 여러 축 가운데 하나로 자리매김하면서 원자력에 대한 투자는 성공을 거두는 것처럼 보였다. 한국전력공사KEPCO는 1980년대에 새로운 원자로 8기의 건설을 감독했다. 원자력발전소는 인구가 많고 조밀하게 거주하는 한반도 동남쪽 해안을 따라 일렬로 늘어서게 되었다. 한국 지도자들이 원자력을 진정으로 받아들인 결과, 그들은 원자력의 안전성을 책임질 단 하나의 독립적인 위원회도 설치하지 않았고, 피해를 보상해줄 책임 약정 또한 마련하지 않았다. 독재에 저항하는 목소리가 탄압받는 상황에서 원자력에 한층 더 의존하는 경제 성장에 대한 강조를 공개적으로 의문시하는 사람은 극소수일 수밖에 없었다.

한국 지도자들이 원자력을 추구했던 두 번째 이유는 바로 그들이 사용후 핵연료를 가지고 핵폭탄을 제작하길 은밀히 희망했기 때문이다. 한국의 초대 대통령 이승만은 원자력을 열광적으로 지지했는데, 이는 그가 핵폭탄을 보유하는 형태의 군사적 자립을 추구해서였다.[9] 박정희 대통령 또한, 특히 1971년도에 시작된 주한미군 철수 논의 이후 핵무기에 관한 야심을 키우고 있었다. 미국이 한국을 방어하기 위해 전략핵무기를 사용할지의 여부가 확실치 않았기에, 민수용 원자력이라는 외피를 이용하여 자체적으로 핵무기를 생산하려 했던 지도자가 박정희 대통령 한 명만 있었던 것은 아니다. 인도, 파키스탄, 남아프리카공화국, 이스라엘도 표면상으로는 민수용 원자력 프로그램을 독려하면서 비밀리에 원자폭탄을 생산할 수 있는 시설들을 지었다. 바로 이것이 지난 1970년부터 2000년까지 원자폭탄의 중핵부를 제작하기 위해 화학교환법 및 레이저분리법을 사용하는 우라늄 농축시설의 존재가 한국의 시민사회와 국제사회에 알려지지 않고 비밀에 부쳐졌던 이유다. 왜냐하면 그것은 엄연한 불법이었기 때문이다.[10] 한국은 핵무기를 제작하지 않겠다고 수차례 공언했다. 1992년 한국은 조선민주주의인민공화국과 〈한반도의 비핵화에 관한 공동선언〉에 서명했다. 두 서명국은 핵무기를 실험하지도, 생산하지도, 사용하지도 않는다는 데 합의했다. 물론 2017년 9월, 북한은 여섯 번째 핵실험을 단행하여 앞서의 합의를 심대하게 위반했다.

한국 기업들은 자체적으로 동력용 원자로를 만들고 그것을 해외로 수출하는 사업에 관한 논의를 시작했다. 이 과정에서 한국 시민들은 경이로울 정도의 끈기를 가지고 원자력을 지지했다. 조사 결과, 1979년 미국의 스리마일섬 원자력발전소Three Mile Island Nuclear Power Plant에서의 사고와 1986년 소비에트연맹의 우크라이나공화국에 위치한 체르노빌 원자력발전소 4호 원자로의 폭발 사고 이후에도, 오직 미미한 정도(16퍼센트)의 한국 시민들만이 원자력 안전성에 관한 우려를 표명했다. 한국 기업들이 재난을 이용해 상당수의 원전 계약을 수주하는 동안, 다른 나라들은 신규 원전 건설에 대한 일시 중지를 요청했다.

여러 내부적 발전을 목도한 한국 시민들은 원자력에 대한 국가의 전면적 옹호에 관해 공개적으로 의문을 제기하기 시작했다. 1990년대를 전후해 민주화가 진행되는 가운데 여러 단체들이 결집하여 굴업도에 장기적으로 쓸 수 있는 방폐장放廢場을 건설하려는 계획을 성공적으로 저지했고, 한국의 17번째와 18번째 원자력발전소 건설 또한 지연시켰다.[11] 하지만 방폐장의 중단은 활동가들에게는 미심쩍은 성공이었다. 현재 한국의 폐연료 저장분은 해안선을 따라 태평양의 진주 목걸이처럼 늘어져 있는 셈인데, 체르노빌 재난에서 방출된 것보다 훨씬 더 많은 방사능 총량을 가지고 있다. 해수면이 상승하고 더욱 사나운 폭풍이 몰아치는 시기에 해안가에 설치된 원자로와 폐기물 저장소는 분명 우려를 불러일으키는 요인이다. 지질학자들은 쓰나미를 동반한 지진이 후쿠시마 발전소의 방조제를 부수고 원자로를 파괴할 것이라고 예측한 바 있다.[12] 그러한 이중 재난이 일어날 개연성은 지극히 낮았지만, 결과는 실로 엄청났다. 도무지 있을 것 같지 않은 재난 또한 터질 수 있다는 사실을 오늘날의 우리는 알고 있다.

한국 시민들은 40년이 넘는 원자력과의 다소간 행복했던 공존 끝에, 국가 주도의 원자력 산업이 가지고 있는 몇 가지 문제를 깨닫게 되었다. 2012년, 여러 건의 스캔들이 터졌다. 한 정기 점검에서 조사원들은 발전소 소장이 동력로의 정전을 은폐했음을 발견했다. 조작원들이 예비 디젤발전기를 켜기 위해 서둘렀으나 시동은 걸리지 않았다. 전력이 없는 상태에서는 원자로가 임계로 치달을 수 있는데, 이는 방사능 방출, 화재, 파괴, 재난으로 이어진다. 그 발전소 소장이 사고를 보고하지 않았던 것이다. 두 번째 스캔들은 같은 해 말에 발생했다. 11월, 조사원들은 영광원자력발전소(현 한빛원자력발전소) 내에 적어도 5,000여 개의 소형 원자로 부속품들이 인증을 받지 않았고, 누군가가 해당 부품들의 품질보증 인증을 날조했음을 적발했다. 부패는 실로 광범했다. 100여 명의 공무원이 뇌물 수수 혐의로 기소되었다.

2018년에는 체르노빌 사고를 거의 재현하는 것과 다름없는 무시무시한 일이 벌어졌다. 영광발전소 1호 원자로(한빛 1호기)에서 조작원들이 정기 검사를 수행하고 있었다. 검사 도중 원자로가 위험할 정도로 가열됐고, 안전 제한치를 초과했다. 원자로는 규정에 따라 즉각 중지되었어야 했지만, 원자로 조종사 면허를 가지고 있지 않던 한 개인이 제어봉을 붙잡고 있었다. 만일 열출력이 계속해서 높아졌다면, '원자로 폭주' 상황으로 이어졌을 것이고 원자로 폭발도 충분히 가능한 일이었다. 이러한 엄중한 문제에도 불구하고 한국원자력안전기술원KINS에서 파견된 전문가들이 현장에 도착해 원자로를 중지할 때까지 해당 원자로는 12시간 이상 계속 가동되었다.[13] 다행스럽게도 재난은 비껴갔다.

한국의 원자력 수용은 한국 시민들의 몸에도 흔적을 남긴 것으로 보인다. 20년 동안 한국의 원자력발전소 인근에서 거주한 사람들의 암 발병률에 관해 추적한 한 연구는 여성들 사이에서 갑상선암과 유방암이, 남성들, 특히 발전소 근처에 거주할 당시 젊었던 남성들 사이에서 방사선과 관련된 암이 심대하게 증가했음을 보여주었다.[14]

체르노빌 사고뿐만이 아니다. 원자력 재난의 의학적·환경적 결과의 역사는 모두가 최선을 바라는 의도를 지닌 이상적인 상황에도 불구하고, 우리로 하여금 모든 것이 잘못되었을 때 어떤 일이 일어날 수 있는지에 관해 엿볼 수 있게 해준다. 바로 이 점이 무엇보다도 중요하다. 만일 우리가 참사의 충격을 온전하고 솔직하게 직시하고 거기에서 배운다면, 바라건대 우리는 이 역사를 결코 반복하지 않아도 될 것이다.

케이트 브라운

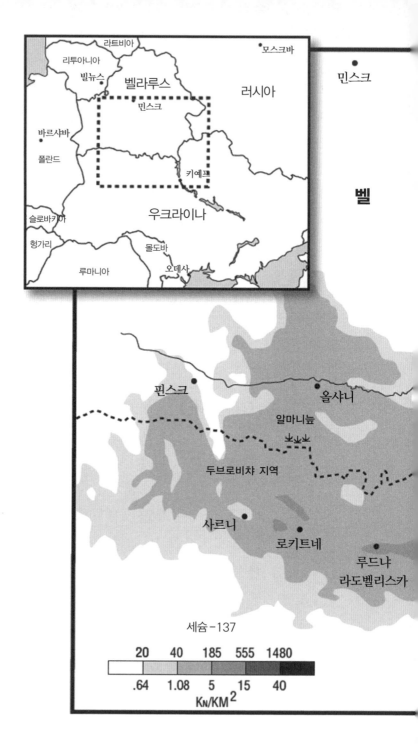

세슘-137

| 20 | 40 | 185 | 555 | 1480 |
| .64 | 1.08 | 5 | 15 | 40 |

K_N/KM^2

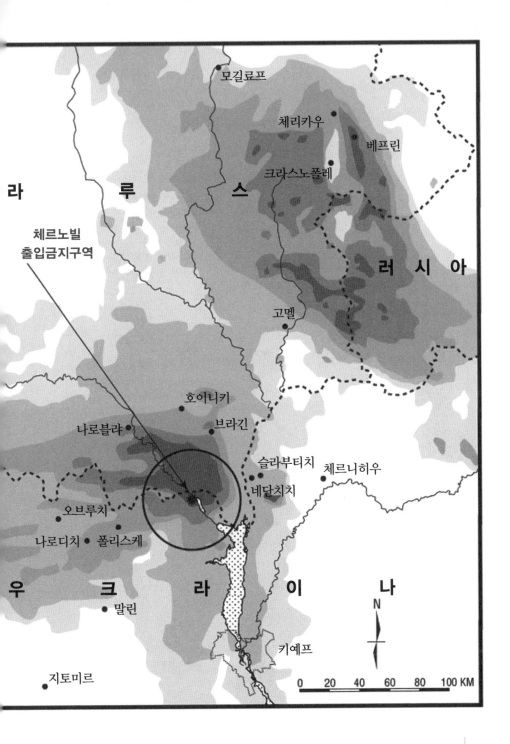

체르노빌
출입금지구역

라   루   스

모길료프

체리카우

베프린

크라스노폴레

러   시   아

고멜

호이니키

나로블랴

브라긴

슬라부티치

체르니히우

네단치치

오브루치

나로디치   폴리스케

우   크   라   이   나

말린

키예프

N

0   20   40   60   80   100 KM

지토미르

concents

체르노빌 사건이 터진 지 3개월 후인 1986년 8월, 우크라이나 보건성은 "체르노빌 원자력발전소에서 나온 방사능 낙진에 노출된 지역사회 주민들"을 대상으로 소책자 5,000부를 발간했다. 소책자는 독자들을 직접적으로 "당신"이라 칭하며, 다음과 같은 확신으로 시작했다.

친애하는 동지들!
체르노빌 원자력발전소에서 벌어진 사고 이후, 당신이 먹는 음식과 머무는 곳의 토지를 대상으로 상세한 방사능 분석이 수행되었습니다. 분석 결과는 마을에서 계속 거주하고 근무해도 성인이나 어린이에게 어떠한 위해도 없음을 보여줍니다. 대부분의 방사능은 소멸되었습니다. 지역에서 재배한 농산물을 예전처럼 소비해도 됩니다.

하지만 주민들이 그 소책자를 첫 페이지 뒷부분까지 계속 읽었다면,

자신감 넘치던 논조가 잦아들고 내용이 상반되기 시작함을 어렵지 않게 발견했을 것이다.

다음의 지시사항을 따르도록 하십시오.
올해 채집한 산딸기와 버섯을 식용으로 쓰지 마십시오.
어린이들은 마을 너머의 숲에 들어가서는 안 됩니다.
갓 채집한 식물 섭취를 제한하십시오. 지역에서 생산된 육류와 우유를 소비하지 마십시오.
가택을 정기적으로 닦아내십시오.
정원의 겉흙을 제거하고 이를 마을에서 멀리 떨어진 지역에 특별히 마련된 구덩이에 넣고 묻으십시오.
젖소 사육을 포기하고 대신 돼지를 치는 게 낫습니다.[1]

사실 이 소책자는 인류 역사상 유일한 생존 지침서다. 체르노빌보다 훨씬 앞서 터진 핵사고 이후 사람들은 방사능 낙진으로 오염된 땅에 살도록 방치되었지만, 체르노빌 이전의 어떤 국가도 공개적으로 문제를 인정하고 사고 이후라는 새로운 현실에서 어떻게 살아야 하는가에 대한 지침을 담은 소책자를 발간한 적은 없었다.

이 이야기를 탐구하는 과정에서 나는 체르노빌에 관한 텔레비전 다큐멘터리를 시청하고 서적을 읽어나갔다. 그것들은 모두 비슷한 논조로 이야기를 전개했다. 시간이 초단위로 흐르는 가운데, 통제실 안의 조작원들이 돌이킬 수 없는 결정을 내린다. 귀청을 찢는 듯한 경보음이 이내 복사계輻射計(radiation meter)✦가 끊임없이 내뿜는 기괴한 측정음으로 바뀐다. 자신들의 안위에 관해선 그다지 신경쓰지 않는, 어깨가 넓고 잘생긴 슬라브인 남성들로 초점이 옮겨간다. 그을린 원자로 앞에서 그들은 담배를 피운 뒤 밟아 끄고, 이 방사능을 내뿜는 새로운 주인공으로부터 세계를 구하는 임무에 착수한다. 뒤이어 서사는 병동으로 옮겨간다. 그곳에서 같은 남성들은 이미 부패해 살점만 남은 해골에 불과하다. 시청자들이 그들의 검게 변한 피부와 신체 내부의 손상된 장기를 충분히 보았을 때, 해설자는 마치 이 모든 것이 장난이라는 듯 나와서 평론가들이 그간 체르노빌 사고를 과장했다고 주장한다.

사고 직후 몇 주 동안 사람들을 모조리 소개疏開시킨 발전소 주변 30킬로미터 구역을 지칭하는 체르노빌 출입금지구역Chernobyl Zone of Alienation의 숲으로 기자들이 대거 들어간다. 한 기자는 새와 나무를 가리키며 구역이 실제로는 번영하고 있다고 말한다! 감상적인 음악을 배경으로 체르노빌이 핵역사상 최악의 재난이었지만 그 결과는 미미했다는 해설이 나온다. 단지 54명만이 급성 방사능 중독으로 사망했고, 수천 명의 어린이들은 치료하기 쉬우면서 치명적이지도 않은 갑상선암에 걸렸을 뿐이라는 것이다. 텔레비전 프로그램용으로 만들어진 이러한 이야기의 안심시키기라는 특징은 마법의 가루처럼 작용한다. 핵사고의 무시무시한 특징들뿐만 아니라 그것들이 제기하는 여러 문제들도 사라져버린다. 이러한 이야기는 시청자들이 첨단기술을 볼 수 있도록 하는 한편, 그들에게 미래에 대한 안도감을 선사한다. 그리고 무엇보다도 중요하게, 이 사건이 자신에게 일어나지 않았다는 사실에 감사하도록 만든다. 폭발 전 몇 초와 석관 안에 안전하게 봉인된 방사능 잔여물에 초점을 맞추면, 대부

❖ 방사선의 세기를 측정하는 기계를 일컫는다.

분의 체르노빌 역사에서 사고 자체는 사라져버린다.

사망자가 정말 54명뿐이었을까? 나는 유엔 산하기구들의 누리집을 확인했고, 사망자의 범위가 최소 31명에서 최대 54명임을 발견했다. 2005년 유엔 체르노빌 토론회UN Chernobyl Forum는 체르노빌의 방사선으로 인해 향후 2,000~9,000명의 암 사망자가 발생할 것으로 예측했다. 그린피스는 이 토론회에 응답하며 더욱 높은 수치를 내놨는데, 이미 20만 명이 사망했고 앞으로 9만 3,000명이 치명적인 암에 걸릴 것이라고 했다.[2] 그로부터 10년이 흘렀지만 체르노빌의 결과를 둘러싼 논란은 아직까지 풀리지 않았다. 우리는 체르노빌 출입금지구역 안에서 새들이 변이로 인해 죽어가고 있다는 사실을 알지만, 이내 기자들은 같은 구역에서 늑대와 산림순록이 번창하고 있다고 일러준다. 대중은 지금 과학적으로 진퇴양난의 처지에 놓여 있다. 주류 언론은 가장 보수적인 숫자, 즉 31명에서 54명 사이의 사망자만을 보도하려고 한다. 그들의 주장에 따르면, 최종적인 사망자 숫자는 결코 알 수 없다.[3]

왜 더 알면 안 되는 것일까? 지난 수십 년 동안, 세계 과학자들은 체르노빌의 결과에 대해 장기간에 걸친 대규모 역학疫學 조사를 요구했다.[4] 허나 그 조사는 결코 이뤄지지 않았다. 무슨 이유에서였을까? 체르노빌이 끼친 피해에 관한 혼란의 배후에 어떤 의도가 자리잡고 있는 것일까? 유엔과 그린피스가 각기 내놓은 사망자 추정치 사이에는 그랜드 캐니언만큼이나 넓은 간극이 있고, 그에 못지않은 정도의 불확실성이 자리해 있다. 이 책에서 나의 목표는 사고가 초래한 피해에 관한 좀 더 정확한 수치를 파악하고, 재난이 끼친 의학적·환경적 영향에 관한 더욱 선명한 이해에 도달하는 것이다.

체르노빌의 결과를 잘 이해하지 않는다면, 인류는 비디오를 영원히 재생하는 것처럼 같은 장면이 반복되는 상황에 놓일 것이다. 2011년 후쿠시마 사고 이후, 과학자들은 방사능에 의한 저선량低線量 피폭이 사람에게 끼치는 영향에 관해 자신들이 확실한 지식을 보유하고 있지 않다고 대중에게 말했다. 그들은 마치 역사상 처음 겪는 일인 양 시민들에게 새로운 참사를 연구하기 위해 10~20년 정도의 시간을 기다려달라고 요청했다. 대중에게 과도한 불안에 시달릴 필요가 없다는 점도 강조했다. 그들은 자신들이 25년 전 소비에트 관료들의 각본을 답습하고 있다는 것을 인지하지 못한 듯, 사태에 관해 어림짐작만 하거나 의사교환 과정을 은연중에 방해했다. 이는 다음과 같은 핵심 질문으로 연결된다. 체르노빌 이후, 왜 사회의 작동 방식은 체르노빌 이전과 달라지지 않았을까?

나는 다음과 같은 질문도 제기한다. 생태계와 유기체, 그중에서도 인간이 기술적 폐기물과 섞여 불가분의 관계가 되었을 때의 삶은 어떤 모습일까? 20세기에 체르노빌 출입금지구역 주변의 지역사회가 철저한 사회적·환경적·군사적 강탈을 경험한 이후 생존의 기예를 터득하기 위해 필요했던 것은 무엇일까? 나는 체르노빌이 해당 지역을 뒤덮은 첫 번째 재난이 아니었음을 알게 되었다. 핵재난과 동의어가 되기 이전부터 체르노빌 지역은 두 차례의 세계대전과 하나의 재래전, 내전, 대학살Holocaust에 더해 두 차례의 기근과 세 번의 정치적 숙청이 벌어진 전선이었고, 냉전 기간 동안에는 폭격 연습장으로 변모했다. 인간이 행성 수준의 변화를 추동하는 힘으로 거듭난 시대를 의미하는 인류세人類世에 사람들이 과연 그런 변화를 얼마나 참아낼 수 있는가를 조사하기 위해서는, 지금까지도 사람들이 살고 있는 드넓은 체르노빌 지역에 주목할 필요가 있다.

이와 같은 질문들은 내게 체르노빌 출입금지구역 내부와 주변에 대한 탐사에 나설 수 있게끔 영감을 주었다. 답을 얻기 위해 나는 구소비에트공화국들의 중앙문서고 탐색을 시작했고, 체르노빌 낙진에 노출되면서 벌어진 광범위한 보건상의 문제를 다룬 보고서들을 찾을 수 있었다. 확신을 얻기 위해 주州 단위의 문서고도 방문했고 군郡 단위까지 포괄하는 보건상의 통계도 추적했다. 방문했던 모든 곳에서 체르노빌 방사능으로 오염된 대지에 공중 보건상의 재난이 발생했다는 증거를 찾았다. 심지어 소련 국가보안위원회KGB도 이러한 사항을 보고했다. 소비에트 지도자들은 체르노빌의 여러 결과에 관한 언론의 논의를 금지했고, 따라서 내가 발견한 문서들은 "대외비"로 분류되었다. 1989년 마침내 소비에트 지도자들은 언론 통제를 해제했고, 보건상의 심각한 문제에 관한 소식은 소비에트뿐만 아니라 국제 언론사에도 전달되었다. 자신들이 피폭되었다는 사실을 알게 된 후, 성난 시위자들은 오염된 땅에서 벗어날 수 있도록 지원해달라고 요구했다. 모스크바의 지도자들은 급증하는 비용에 당황하며 유엔의 유관 기관에 도움을 요청했다. 이에 두 곳의 유엔 기관이 평가 결과를 제공했다. 건강 문제를 야기하기에는 선량線量이 턱없이 낮다는 소비에트 지도자들의 주장을 뒷받침하는 내용이었다.

나는 국제기구들이 소비에트사회주의공화국연맹USSR(Union of Soviet Socialist Republics)❖의 붕괴 이후 체르노빌 피해에 대한 공공 평가 관리를 어떻게 떠안게 됐는지를 확인하기 위해 빈, 제네바, 파리, 워싱턴,

피렌체, 암스테르담에 소재한 문서고를 드나들며 이 극적인 사건을 추적했다. 세계 최대의 핵재난으로 명명된 사건을 최소화하기 위해 행해진 조직적 노력의 한가운데에서, 슬프게도 나는 실로 엄청난 무지無知와 마주했다. 국제 외교 관료들은 체르노빌 관련 연구의 진행을 방해하고 저지했다. 냉전기 동안 이미 핵강대국의 지도자들이 핵무기를 만들고 시험하는 과정에서 수백만에 달하는 사람들을 위험한 방사성 동위원소에 노출시켰기 때문이다. 1990년대 들어 이 사실을 확인한 미국인들과 유럽인들은 자신들의 정부를 법의 심판대로 소환했다. 이러한 국제적 맥락에서 봤을 때 체르노빌은 인간사에서 가장 커다란 핵사태는 아니었다. 그것은 단지 냉전안보체제가 가렸던 다른 재난들을 가리키며 펄럭이는 붉은 깃발일 뿐이었다.

장장 4년 동안 연구조교 두 명의 도움에 힘입어 나는 구소련, 유럽, 미국에 소재한 27곳의 문서고에서 작업을 진행했다. 나는 정보의 자유freedom of information 요청서를 제출했고 관련 문서들의 기밀해제를 요구했다. 내가 관련 문서들을 처음으로 열람하는 연구자일 때가 많았다. 나는 주요 행위자들, 즉 소비에트 정부, 유엔, 그린피스, 유엔의 가장 강력한 후원자인 미국 정부에 초점을 맞췄다. 문서고에서 찾아

❖ 소비에트사회주의공화국연맹Союз Советских Социалистических Республик. 한국과 일본에서는 이를 "소비에트 연방"이라고 번역해왔지만, 역사가 E. H. 카가 말했듯이, 러시아어 소유즈союз는 동맹alliance과 연합union의 의미를 내포하고 있을 뿐 연방federation이라는 의미는 전혀 가지고 있지 않다. 중국이나 북한에서는 연맹으로 정확히 번역한다. 소련은 1917년 10월 혁명 이후 수립된 러시아사회주의소비에트연맹공화국과 우크라이나·벨라루스·자카프카지예, 네 개의 소비에트사회주의공화국의 연맹으로 1922년 12월 30일에 수립됐다. 소련의 구성국은 1956년에 최종적으로 15개국이 됐고 해체 때까지 이어졌다. 자세한 사항은 쉴라 피츠패트릭, 고광열 옮김, 《러시아혁명 1917-1938》, 사계절, 2017을 참조하라.

낸 이 놀라운 이야기가 사실임을 확실히 하려는 마음에서 문서들을 교차 검증하는 방안들을 모색했다. 여기에 더해 36명을 면담했다. 그들은 핵재난의 결과를 짊어지고 살아가는 경험을 거치며 전문가가 된 과학자, 의사, 민간인이었다. 오염 지역 내의 여러 공장, 기관, 숲, 늪지도 찾았다. 체르노빌 출입금지구역 주변의 삼림관리인, 생물학자, 주민들을 따라다녔고, 환경오염으로 인한 피해를 읽는 방법을 배우기 위해 학술 대회에도 참석했다.

소비에트 차원에서 행해진 체르노빌 관련 기록에 대한 접근 금지와 사건 발생 후 20년 또는 30년 후까지 기록을 공개하지 않는 문서고의 일반적인 관행으로 인해, 재난에 관한 많은 문서들은 최근에야 비로소 세상의 빛을 보게 되었다. 오늘날까지 체르노빌의 역사는 목격자의 진술과 출처를 확인할 수 없는 소문에 근거했다. 이 책을 쓰면서 나는 감상적인 이야기에 속거나, 체르노빌로 인해 또는 체르노빌과는 별 관련 없이 아픈 아이들을 보기 위해 소아과 병동을 찾지는 않겠다고 맹세하다시피 했다. 나는 모든 주장을 입증하고 교차 검증하고 문서고를 나의 지침으로 활용하기로 결심했다. 역사가들은 범죄 현장으로 돌아갈 수 있도록 도와주기 때문에 문서고에 매료된다. 내가 연구하려는 대상이 지금 무엇을 말하는지도 중요하지만, 30년 전에 무엇을 말했고 행했는지는 더욱 중요하다.

1986년 4월 26일, 소련을 구성하는 공화국 중 하나였던 우크라이나 북부에 자리한, 확장 중이던 거대한 체르노빌 원자력발전소의 4호 원자로가 터졌다. 보도사진가 이고르 코스틴Igor Kostin은 방사능 불지옥을 끄기 위해 납으로 된 앞치마를 입고 어깨를 내린 채 미식축구 수비

수처럼 돌진하는 남성들의 사진을 찍기 위해 자신의 목숨을 걸었다.[5] 코스틴의 흑백 사진이 남성들의 으스스한 창백함을 보여주지는 않는다. 다량의 방사선이 피부 표면 모세혈관에 경련을 일으켜 얼굴을 이상하리만치 하얗게 만들었는데, 이는 흡사 공연을 위해 분장한 것 같았다. 소비에트 지도자들은 비상사태가 벌어지는 동안 사람들에게 실내에 있으라고 경고하지 않았다. 사고 발생 일주일 후 따사로운 햇살 아래에서 노동절을 즐기던 키예프Kyiv시의 가족들을 담은 사진은 이제 잔인하리만치 냉소적으로 보인다(우크라이나의 수도 키예프Kyiv는 영어로 키예프Kiev로 불린다). 키예프시의 지도자들은 화들짝 놀랄 수밖에 없었다. 휴일 하루 전 키예프의 방사능 수치가 갑자기 사고 발생 전의 배경 수치보다 100배 이상 높은 시간당 30마이크로시버트(μSv/hr)로 치솟았기 때문이다.[6]

키예프에서 개최된 경축행사는 모스크바에서 내려온 지시에 따라 예정대로 진행됐다. 가두 행진은 온종일 지속됐다. 금관나팔의 음악에 맞춰 발걸음을 내딛는 무수한 학생들의 대열이 주석단을 지나 행진했다. 그들은 자신들이 마땅히 모범으로 삼아 믿고 따라야 한다고 교육 받은 지도자들의 초상화를 운반했다. 결국 아이들은 가쁜 숨을 헐떡였다. 그들의 얼굴은 보기 드문 보라색 햇빛에 그을린 것처럼 보였다. 바로 그 다음 주에 온화한 성격의 우크라이나 보건상 아나톨리 로마넨코Anatoly Romanenko는 사건에 관한 공개 성명을 발표하기 위해 연단에 설 수밖에 없었다. 그는 키예프의 방사능 수치가 줄어들고 있다고 했으나, 방사성 동위원소들이 어디로 향하고 있는지에 관해서는 말을 아꼈다.

물리학자들은 에너지가 창조될 수도 없고 파괴될 수도 없다고 말할 것이다. 노동절 모습을 담은 뉴스 영화는 거대한 유기 여과기처럼 숨을 들이마시고 내쉬는 폐 250만 개의 움직임을 기록하지 않았다. 키예프 주민들이 들이마신 방사성 물질의 절반 정도가 그들의 몸속에 고스란히 남았다. 전리 방사선ionizing radiation❖을 머금은 공기는 가로수가 늘어서 있는 사랑스러운 도시의 초목과 나무를 문질러 닦다시피 했다. 그해 가을 늦게 낙엽이 떨어졌을 때, 그것들은 방사성 폐기물로 취급되어야 했다. 바로 그것이 핵폭발 이후 방출된 방사능을 흡수하는 자연의 놀라운 효율성이다.

공정하게 말하자면, 보건상 로마넨코는 자신의 고향 도시를 뒤덮은 방사성 핵종radionuclides❖❖에 무슨 일이 일어났는지 알지 못했다. 그는 방사선 의학에 관해 훈련을 받은 적이 없었다. 오직 보건성 내의 한 젊은 의사만이 무언가를 알고 있었다. 그녀는 일찌감치 핵사태에 관한 속성 과정을 밟았고 곧 보건성 안에서 전문가로 거듭났다. 그녀는 다른 의사들과 당 지도자들에게 뢴트겐roentgen과 렘rem과 베크렐becquerel의 차이, 베타 형태의 방사선과 감마 형태의 방사선의 차이에 관해 설명했다.[7] 사고는 공중 보건과 민방위 관계자들을 당황하게 했다. 보건성의 비밀 부서가 소비에트의 원자력 산업을 괴롭히는 위험천만한 원자력 사고를 은밀하게 처리하는 동안, 핵물리학자들은 수년 동안 대중에게 원자력은 완벽하게 안전하다고 말해왔기 때문이다. 스스로를 속인 보건 관계자들은 핵재난을 감당할

❖ 전리 방사선電離放射線은 이온화 방사선(ion-化放射線)으로 불리기도 하는 방사선으로, 원자 또는 분자로부터 전자를 떼어내어 이온화시키기에 충분한 운동 에너지를 전달할 수 있는 입자들로 구성된다.
❖❖ 동위원소 중에 방사능이 있는 것을 방사성 동위원소放射性同位元素라고 하며, 이런 불안정한 원자핵을 가진 원자를 방사성 핵종放射性核種이라고 한다.

수 있는 훈련이나 기술은 거의 전수받지 못했다.

　사고는 처음에는 수백 명, 다음에는 수천 명, 마지막에는 수십만 명을 재난 현장을 둘러싼 삼차원 공간으로 끌어들였다. 헬리콥터 조종사들은 머리 위로 날아다니면서 여전히 타오르고 있던 잉걸불을 완전히 *끄기* 위해 원자로에 2,400톤의 모래와 납과 붕소를 투하했다. 한 헬리콥터가 기중기에 부딪혀 추락했고 네 명이 사망했다. 병사들은 터져버린 원자로의 내부를 구성하던 흑연을 퍼내기 위해 열을 지어 3호 원자로의 지붕으로 뛰어올라갔다. 광부들은 보호벽을 만들기 위해 용융된 노심 밑으로 90피트에 달하는 굴을 팠다. 건설 노동자들은 방사능으로 오염된 프리퍄티강Pripyat River의 흐름을 막기 위해 둑을 만들었다. 고의적 방해를 의심한 KGB 조사관들은 문서 보관함과 컴퓨터 기록뿐만 아니라 병원의 침상에서 죽어가는 생존자들의 정신까지 샅샅이 뒤졌다.[8] 4월 27일, 육군 장교들은 원자력 도시 프리퍄티에서 4만 4,500명의 주민을 인솔해 나갔다. 그 다음 2주 동안 그들은 7만 5,000여 명이 넘는 사람들을 "출입금지구역"이라고 명명된 [발전소] 주변 30킬로미터 지역의 바깥으로 이주시켰다.

　방사선 감시요원과 의료진이 피해를 산출하기 위해 붉은 군대♦의 뒤를 따랐다. 징집병들은 버려진 지역사회에 사람들을 재이주시키려는 계획에 따라 아스팔트를 갈아엎고 건물을 세척하고 겉흙을 제거했다. 그러나 바람이 바뀔 때마다 주변은 더 많은 낙진으로 뒤덮였으며, 소비에트 청년들은 다시 그 모든 것을 치워야 했다.[9] 소비에트 지도자들이 자본가는 아니라고 말

♦ 1946년 2월 25일, 소비에트군으로 명칭이 바뀌기 이전 소비에트연맹의 정식 군대를 지칭한다. 냉전기 동안 소련군을 일컫는 말이었다.

하는 이가 있다면, 누구라도 틀린 말을 한 셈이었다. 다른 곳의 여느 사업가들과 마찬가지로 그들도 안전에 앞서 생산을 강조했다. 그들은 재난지역을 확보한 후 가장 강력한 방사성 동위원소가 수개월 또는 수년에 걸쳐 소멸될 때까지 폐쇄하기보다는, 체르노빌 발전소를 가급적 빨리 완전가동 상태로 복구시키기 위한 계획을 신속하게 추진했다.

소비에트 언론인들은 체르노빌을 방사성 화마火魔와 싸운 용감하고 이타적인 "청산자들"(청소 노동자들)의 이야기로 보도했다. 하지만 문서고의 기록들은 모두가 명예롭게 행동한 것만은 아니었음을 보여준다. KGB는 임무를 포기하고 도주한 수천 명의 발전소 직원들과 병사들을 찾아다녔다. 절도범들은 양탄자, 이륜자동차, 가구와 같은 방사성 물품들을 훔쳐다가 다른 곳에 팔기 위해 버려진 프리퍄티로 숨어들어왔다.[10]

5월 6일, 소비에트 관료들은 노심 내의 맹렬한 불길을 잡았다고 세상에 알렸다. 그들은 "위험이 끝났다"고 공표했다. 하지만 이는 사실이 아니었다. 불길은 흑연이 전부 타버릴 때까지 지속되었다. 기밀 자료는 재난지역에서 방사성 기체가 한 주 동안 더 흘러나와 5월 11일에 폭등했음을 보여준다.[11] 소비에트 관료들은 노심의 3~6퍼센트가 공중으로 증발하여 인근에 5천만 퀴리의 낙진을 떨어뜨렸다고 추산했다. 소련 붕괴 이후 실시된 한 연구는 화재가 일어나는 동안 연료의 최소 29퍼센트가 전소되어 인근으로 총 2억여 퀴리의 방사능이 퍼졌다고 추정했다. 이러한 방출은 여러 개의 초대형 핵탄두와 맞먹는 규모였다.[12]

발전소 폭발 후 몇 달 사이에 참사의 규모가 명백해지자 소비에트 관료들은 재난 이후를 살아가는 시민들을 위해 더욱 많은 지침서를 생산했다. 그들은 체르노빌에 피폭된 환자들을 치료하는 의사들을 위해, 방사성 농장에서 일하는 농부들을 위해, 방사성 농산물을 소비재로 바꾸는 농학자들과 식품 가공업자들을 위해, 양털·옷감·가죽 제조업자들을 위해, 걱정하는 대중을 상대하는 홍보 전문가들을 위해 생존자 지침서를 작성했다. 이번 참사를 위해 특별히 수십 종의 지침서가 수천 부 발행되었다. 안타깝게도 소비에트에서 간행한 생존자 지침서들은 저자들이 말할 수 없던 것으로 인해 중대한 결함을 가지게 되었다. 이에 나는 핵재난에서 살아남기 위한 더 나은 지침서를 제공하고자 한다. 이 지침서는 체르노빌과 관련된 문서고에 기초를 두는 한편, 조작원, 의사, 농부, 방사선 감시요원 등 모든 행위자를 한데 묶어 동위원소, 토양, 바람, 비, 먼지, 우유, 고기, 그리고 그 모든 것을 몸소 받아들인 부드러우면서 투과성도 지닌 신체로부터 도출한 교훈을 생생하게 그려낼 것이다.

이 책의 집필을 시작했을 때 나는 원자력 재난구역이라든가 체르노빌 사건이 발생한 우크라이나 북부에 관해 어느 정도 지식을 보유하고 있었다. 1987년, 나는 처음 소련을 방문해 예전에는 레닌그라드(상트페테르부르크)로 알려진 도시에서 공부했다. 당시는 체르노빌 사고 발생 1년 후였으나, 나는 방사능에 오염된 음식 관련 소문에 그다지 주의를 기울이지 않았다. 열악한 소비에트 기숙사에서 생활하던 젊은이로서 배곯지 않는 일에 가장 집중했다. 1990년대 들어서는 모스크바에서 일했고, 우크라이나의 서쪽인 폴란드의 크라쿠프Krakow에서 공부했으며, 키예프와 지토미르Zhytomyr의 문서고에서 첫 번째 책을 집필했다. 그러는 내내 나를 둘러싸고 소용돌이쳤던 방사성 핵종에 대해서는 전혀 의식하지 못했다. 이제나마 문서고의 도표들로부터 그 정체를 알게 된 셈이다. 나는 지토미르에서 발생한 보건상의 문제에 관한 소식을 들었고 키예프에서 핵발전소 노동자들이 벌이는 팻말 시위를 알게 됐으나 그것에 대해 깊이 생각하지는 않았다. 나는 다른 관심사를 가지고 있었고, 당시 소련에 체류하던 대부분의 서구인들처럼 소비에트 활동가들이 체르노빌 사고의 영향을 부풀리고 있다고 생각했다. 나는 동유럽을 방문한 전형적인 서구 여행가로서 내가 속한 사회의 우월함에 대한 자신감이 가득했고, 민주주의와 자본주의의 자연적이고 이로운 특질을 확신했으며, 어떠한 형태를 띠던 간에 소비에트의 진리를 미심쩍게 바라보았다. 이러한 가정은 철의 장막에 구멍을 내던 대다수 서구인들과 마찬가지로 나를 종종 한심한 청취자이자 근시안적인 관찰자로 만들었다. 따라서 이 책을 집필하기 위해 떠난 여정에서 나는 더욱 주변을 세심하게 관찰하고자 노력했다.

체르노빌 참사에는 수백만 명의 사람들이 말려들었고 복잡한 일련의 행동이 필요했다. 이 책의 1부에서는 방사능 유출의 영향을 평가하고 "청산"하기 위해 즉각적으로 반응한 행위자들을 다룬다. 2부는 방사성 낙진의 장막으로 둘러싸인 오염지대에 남아 생산과 소비를 계속한 사람들을 살펴본다. 3부는 체르노빌 원자력발전소가 자리했던 프리퍄티 습지대Pripyat Marshes의 생태와 역사를 탐구한다. 정치를 다루는 4부에서는 체르노빌을 비밀로 하고 경쟁자들의 명예를 실추시키기 위해 비극을 이용한 소비에트의 지도자들에 주목한다. 5부는 소비에트 연구자들이 일궈낸 의학적 발견을 논구한다. 6부는 소련이 먼지구름 속으로 사라지면서 어떻게 국제기구들이 체르노빌을 관리하게 되었는지 추적한다. 결론에서는 변화된 풍경 속에서 어떻게 살아가야 할지를 알아낸 생존 예술가들의 뒤를 따른다.

　사고는 터지기 마련이다. 사고는 대개 끝이 있고, 그 지점에서 사람들은 한두 가지 교훈을 얻는다. 끝을 알 수 없는 참사에 관해서는 결론을 도출하기가 어렵다. 체르노빌 재난으로부터 내가 배운 일반적인 교훈은 결코 오류가 없다고 홍보되는 기술도 때때로 실패하며, 대규모의 기술적·환경적인 재난과 씨름하는 사회를 위한 훌륭한 지침서는 아직까지 나오지 않았다는 것이다. 대다수가 유효 기한을 한참 지나서까지 가동되는 원자로는 보통 경제적으로 쪼들리고 발전소가 제공하는 일자리에 감사하는 사람들이 거주하는 농촌 지역에 세워진다. 원자로나 핵폭탄 공장이 사고나 계획적인 노후화로 폐쇄되면, 인근 지역은 버려지고 철조망이 들어서며 방사능으로 오염된 부지는 자연보존구역이 된다. 공원의 초입에는 이상한 푯말이 내걸린다. "개 출입 금지. 자갈길에서 벗어나지 마시오. 돌로 된 어떤 물건도 집지 마시오."[13] 울타리와 "자연보호구역"이라는 명칭은 "친애하는 동지들"로 시작하는 1986년 판 소비에트 생존 지침서처럼 재난을 정상화하고 누그러뜨리고 안심시킨다.

　옹호자들이 말하듯 원자력이 탄소 배출의 감축을 위한, 그리고 점진적으로 증가하는 세계 인구에 에너지를 공급하기 위한 최선의 선택지일지도 모른다. 원자력의 기원이나 다름없는 핵무기가 "불량" 국가에 맞서 스스로를 지키기 위한 최선의 방안일 수도 있다. 어쩌면 다른 길이 없을지도 모른다. 정말 이러한 생각이 사실일까. 나는 대참사 이후 드리운 그림자 속에서 인간의 삶이 어떻게 변하는지를 이해하기 위해 두 눈을 똑바로 뜨고 체르노빌 출입금지구역 주변을 여행하기 시작했다. 나는 생존 지침서가 거짓말로 가득차 있다는 사실을 너무 늦게 발견한, 기만당한 동지들 중 하나가 되고 싶지 않았기에 이 여정에 나섰다.

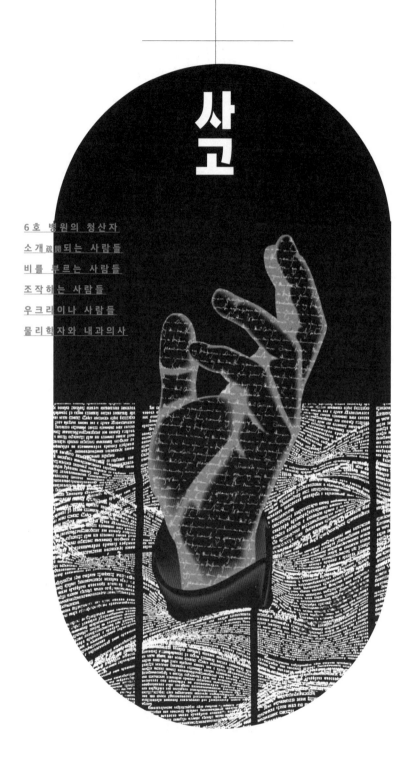

사
고

6호 병원의
청산자

앙겔리나 구시코바Angelina Gus'kova 박사는 전화기가 옆에 놓여 있는 침대에서 잠들었다. 4월 26일 오전 2시 30분, 전화기가 울렸다. 체르노빌에서 걸려온 것이었다. 전화기 건너편으로부터 들려오는 상대방의 긁는 듯하면서도 쇠미한 목소리는 원자로에서 불지옥과의 사투 후 병상에 눕게 된 소방관들을 치료해달라는 절박함으로 가득했다. 구시코바는 보안이 철저한 모스크바 6호 병원 방사선 의학 병동의 책임자였다. 2015년, 한 기자에게 구시코바는 "사고가 터지고 한 시간 후에 전화가 걸려왔어요. 아마 사고에 관해서는 내가 모스크바에서 처음 들은 사람이었을 겁니다"라고 말했다.[1] 체르노빌의 의무원은 메스꺼움을 호소하고 쇠약해지고 피부가 붉게 상기된 환자들과 이미 구토를 하고 있던 환자들에 대해 설명했다. 구시코바는 쉽게 진단을 내릴 수 있었다. "전형적인 급성 방사선병의 징후였습니다."

구시코바는 일전에 이와 유사한 사례를 본 적이 있었다. 이 세상에 구시코바보다 방사선병 환자를 더 많이 치료한 이는 없었다. 그녀는 62세로 성공적인 경력의 정점에 있었지만, 그녀의 이력서는 굳게 잠긴 문서 보관함에 보관되어 있었기 때문에 그녀가 무엇을 하는지에 관해서는 오직 소수의 사람만이 알고 있었다. 그녀의 경력은 그녀 세대에서는 전형적인 것이었다. 스탈린시기* 시베리아의 한 작은 탄광촌에서 태어난 그녀는 일상생활 속에서 결핍을 겪고 유연함과 사심 없는 애국주의를 배우며 자랐다. 의사 집안에서 태어난 구시코바는 자연스럽게 의대에 진학했다. 졸업식에서 그녀는 당시 대다수 소비에트 지역 사람들의 운명이기도 했던 폐쇄된 군사 "우편함"**에서 결코 남들이 부러워하지 않을 그런 직책을 부여받았다. 1949년, 그녀는 아무런 불만 없이 시베리아의 한 비밀 핵무기 기지에 딸린 비좁은 기숙사 방에서 생활을 시작했다. 한 방에 7명의 여성들이 거주하게 되었으나 침대는 고작 네 개밖에 없었다.

구시코바는 마야크 플루토늄 공장Mayak Plutonium Plant에서 10년간 근무했는데, 당시에는 누구도 방사선과 건강에 관해 잘 알지 못했다. 환자들은 감기부터 뇌막염이나 결핵 등 어떤 병으로도 불릴 수 있는 징후를 달고 그녀의 진료실을 찾았다. 방사선 피해는 독립적인 징후를 통해 드러나지 않는다. 그저 수많은 익숙한 방식으로 신체를 아프

❖ 이오시프 스탈린Joseph Stalin이 소련을 통치하던 시기를 일컫는 말로, 특별한 수식어가 붙지 않을 경우 대개 1930년대를 가리킨다.
❖❖ 여기서 "우편함post box"은 해당 우편함이 대표하는 기관, 예컨대 군부대, 공장, 발전소, 교육기관 등을 지칭하는 말이다. 당시 구시코바는 "폐쇄된closed" 군부대에서 근무하게 되었고, 따라서 폐쇄된 군사 "우편함"에서 직책을 부여받았다는 설명으로 이해할 수 있다.

게 한다. 구시코바는 보안상의 원칙으로 인해 그녀가 치료한 죄수와 병사와 직원들이 방사선에 노출되었는지 여부를 모르기도 했거니와 물어볼 수도 없었다. 별다른 대책이 없었기에 그녀와 동료들은 환자들의 신체를 주의 깊게 탐구했다. 신경학을 전문적으로 훈련받은 구시코바는, 파블로프와 그의 개에서 연원하는 오랜 전통을 가지고 있는 러시아의 과학에 의거해 건강상의 문제와 관련된 신호를 중추신경계에서 찾고자 했다. 의사들은 독성이 다른 장기보다 먼저 취약한 중추신경계에 손상을 입힐 것이라고 추정했다.[2] 그들은 아주 적은 선량이라도 신경에 작용하는 방사능의 영향을 감지하는 법을 배웠다. 그들은 또한 방사선에 노출된 환자들의 빠르게 재생되는 골수세포에서 염색체 손상을 발견했다. 그들은 부검을 진행하기도 했다. 뼈가 재로 바뀌는 과정에서 체내에 잔류한 방사능을 탐지하고 측정하기 위해 감마선 분광기分光器를 사용했다.[3]

직무를 수행하면서 구시코바와 그녀의 동료들은 환자의 신체를 생물학적 지표로 활용했다. 그들은 외부 증상과 혈액세포의 변화로 환자들이 어느 정도 방사선에 노출되었는지를 추산했다. 1953년 그녀는 《인체 내부의 방사선병*Radiation Sickness in Man*》이라는 책을 공저했다. 이 저서는 출간 후 20년간 기밀 서적 목록에만 그 모습을 드러냈고, 일부 도서관에만 비치되었다. 이 정보 가운데 극히 일부만이 국경을 넘을 수 있었다. 소비에트 안보 관료들이 방사선 의학을 핵전쟁에서 살아남을 수 있는 냉전의 주요 기밀로 간주했기 때문이다.[4] 1957년 구시코바는 진급하여 모스크바 연구소로 근무지를 옮겼으나 그곳의 남성 동료들은 그녀를 시골뜨기라고 폄하하기 일쑤였다. 그녀는 의학용 엑스선 기기를 다루다가 방사선에 과도하게 노출된 방사선 기사를 치료하는 일로 업무를 바꿨다. 그녀는 많은 환자를 구했지만, 어둠 속에서도 빛나는 라듐 가루를 자신의 입술과 손가락과 코에 칠해서 여성들을 겁주기 좋아하던 한 젊은이의 건강을 되돌릴 순 없었다.

1970년대 들어 소련에서 최초의 민수용 원자력발전소가 가동되었다. 구시코바는 6호 병원의 방사선 의학 병동을 총괄하는 책임자가 되었다. 그녀는 소비에트 보건성에 소속되어 있으나 실체는 베일에 싸인 방사선의학 부서인 제3부Third Department의 차장에게 접근했다. 제3부는 유령과도 같은 여러 소비에트 부서들 가운데 하나였다. 부서의 공식 편지지에는 주소 없이 모스크바 지역 우편번호 하나만 적혀 있었는데, 이는 흡사 도시 위에 회색빛의 관료주의가 발산되어 떠다니는 것 같은 느낌을 주었다. 해당 부서는 1950년대에 소비에트 핵무기 시설에서 발생한 사고의 피해자를 관리하기 위해 만들어졌다. 제3부의 존재는 심지어 제3부에서 일하는 사람들도 모를 정도로 극비에 부쳐졌다. 소비에트 보건상과 직원들은 제3부가 분명 보건성의 일부임에도 무엇을 하는지에 관해서는 아무것도 알 수 없었다.

구시코바는 의사들을 위해 방사선 피해자를 치료하는 지침을 담은 소책자를 출간하자고 제3부에 호소했다. 그녀는 소련 전역에 걸쳐 민수용 원자력발전소가 늘어남에 따라 사고 가능성 또한 높아질 것이라고 판단했다. 하지만 보건성 부상副相은 그녀의 청원을 읽고 격분했다. 그는 "당신은 사고를 계획하고 있소!"라고 소리치면서 원고를 그녀의 발밑으로 내던졌다. 제3부가 가지고 있던 은밀함으로 인해 민간 공중보건 관료들은 핵사고가 터졌을 때 별다른 준비가 되어 있지 않았다.

이후 수년 동안 구시코바는 비밀로 분류된 사고로 인해 방사선에 노출된 수백 명의 노동자들을 치료했다. 그중 적어도 스무 명이 사망했는데, 이들은 평화적 원자력이라는 대의에 조용하게 희생되었다.[5] 방사선 노출로 고통받은 수백 명의 환자를 30년 넘게 치료하면서 구시코바는 방사선 의학 지식을 담은 개설서를 집필했는데, 당시 이에 필적할 만한 책은 세상 어디에도 없었다.

구시코바의 지식은 1986년 4월 26일에 이르러 무척 중요해졌다. 토요일 오전 1시 23분 48초, 체르노빌 원자력발전소에는 17명의 직원이 근무하고 있었다. 그들은 정기 점검을 수행하기 위해 원자로의 비상 스크램SCRAM(Safety Control Rod Axe Man)❖ 체계를 껐는데, 이는 사고를 막기에는 너무나 느리고 더뎠다.[6] 점검을 완료하자 조작원들은 수주에 걸쳐 정기적 정비를 수행하기 위해 원자로의 가동 정지를 계획했다. 그러나 원자로가 정지되면서 노심 내부의 연쇄반응이 "임계"로 치닫게 되었다. 이는 조작원들이 더 이상 상황을 통제할 수 없음을 의미했다. 원자로의 출력이 폭등했다. 조작원들은 어떻게 그토록 두터운 콘크리트 벽이 흔들렸는지, 회반죽이 비처럼 쏟아졌는지, 불이 나갔는지를 기억했다. 그들이 사람의 신음과 비슷한 소리를 들은 후 원자로는 눈 깜짝할 새에 해체됨과 동시에 결국 터져버렸다.[7] 폭발로 인해 유람선 크기에 맞먹는 콘크리트 뚜껑이 손가락으로 튕긴 동전처럼 위로 날아가 뒤집혔고 내부의 용융된 노심이 노출되었다. 몇 초 후 더욱 강력한 두 번째 폭발이 이어졌다. 방사성 기체가 간헐천마냥 뿜어져 나오더니 우크라이나 밤의 광휘光輝에

❖ 스크램SCRAM은 비상 상황에서 원자력발전소의 가동 중지를 지칭하는 용어다.

스며들었다.[8] 기계실에서 쿵쿵거리는 뇌진탕을 느끼면서 하늘만 바라보고 있던 발전소 노동자 사샤 유브첸코Sasha Yuvchenko는 천국으로 내달리는 푸른 줄기의 전리 방사선을 목격했다. 이후 그는 "그게 얼마나 아름답다고 생각했는지가 기억나요"라고 회고했다.[9]

노심이 폭발했다는 사실을 알지 못했던 수석 기술자 아나톨리 댜틀로프Anatoly Diatlov는 두 명의 직원을 통제실에서 원자로실로 (그리고 무심코 저승으로) 보냈다. 근처에 소재한 원자력 도시 프리퍄티에서 파견된 소방대가 경보 신호에 반응했다. 그들은 낯설고 짙푸르며 은은한 불빛을 내뿜던 화재의 진원지를 향해 속도를 높였고, 을씨년스러운 적막으로 가득한 재난지역을 발견했다. 비상벨과 전화기는 제역할을 하지 못했다. 불타는 흑연에서 퍼져 나온 불꽃이 재난이라는 별자리의 윤곽을 그리고 있었다. 사방에서 물이 배어나왔다. 방사선 측정기의 바늘이 최대치를 가리켰음에도 소방관들은 인공호흡기나 원거리에서 화마와 싸울 때 필요한 장비들을 지참하지 않고 작업에 나섰다. 여섯 명의 소방관이 여전히 작동하던 3호 원자로의 지붕으로 올라갔다. 그들은 벌겋게 달아오른 흑연 조각과 폭파된 기계실의 부속품 사이를 조심스럽게 지나간 뒤, 100여 미터 위에서 4호 원자로가 있던 구멍의 날름거리는 불꽃에 소방호스를 조준해 쐈다.[10] 3호 원자로로 화재가 옮겨붙어 두 번째 노심 용융이 일어나지 않도록 하는 것이 임무였다. 소방관들은 의식을 잃을 때까지 화재와 싸웠고 동료들은 쓰러진 이들을 아래로 날랐다. 이내 다른 소방관들이 빈자리를 채웠다. 프리퍄티에서 온 구급차가 이미 구토를 시작한 소방관과 조작원을 실어 날랐다. 방사선 장애를 다루는 특별 훈련을 받은 적이 없던 프리퍄티의 의사들은 이내 상황에

압도되었다. 그들은 곧바로 모스크바에 전화를 걸어 구시코바와 통화했다.

구시코바는 주州 담당 의사들에게 모스크바 병동에서 체르노빌 환자들을 치료할 것이라고 말했다. 그녀는 직원들에게 병실을 치워놓으라고 지시했다. 바로 그 토요일 저녁, 148명의 남성들이 도착했다. 그들은 병원복을 입은 채 몸서리를 치고 있었다. 그들이 원래 입고 있던 옷은 방사성 폐기물로써 즉각 폐기되었다.[11] 환자들은 노출 정도에 따라 병실을 배정받았다. 방사능에 가장 많이 노출된 이는 추가 감염을 막기 위해 꼭대기 층의 플라스틱 천막으로 옮겨졌다. 직원들은 위험할 정도로 높은 수준의 방사능에 오염된 남성들로부터 적정한 거리를 유지해야 한다는 사실을 알고 있었다. 이후 몇 주 동안, 소비에트 관료들은 구시코바의 병동에 사고 환자 207명이 입원했다고 공식적으로 말했다.

대부분의 환자들은 처음에는 별다른 문제가 없는 것처럼 느꼈다. 그들은 약간 피곤할 뿐, 병동 주변을 걷거나 담배를 피우거나 친구들과 사고에 관해 이야기하곤 했다. 곧 집으로 갈 수 있을 거라 생각했지만 그들은 침대에 누워 병동에 남았다. 그들은 각종 감염, 메스꺼움, 탈모, 마른기침, 설사, 열병, 이후에는 장출혈을 앓았다. 그들의 폐는 액체로 가득찼다. 벗겨진 그들의 피부에는 수포와 궤양이 생겼고, 타버린 빵처럼 새까맣게 변했다. 그들은 생각하고 소통하는 일을 점점 어려워했다.[12] 몇몇은 의식이 오락가락했다. 이는 겉으로 보이는 증상이었다. 구시코바는 자신이 맡은 환자들의 신체 내부에서 더 엄청난 일들이 벌어지고 있음을 알았다. 방사선과 의사 카를 모건Karl Morgan 박사는 유기체 내부에서 사방으로 튀는 방사성 에너지를 "도서관 안에서 고삐가

풀린 미친 사람"과 같다고 묘사했다.[13] 이온화 에너지는 세포를 변화시키고 죽인다. 심지어 방사선에 직접적으로 닿지 않은 세포도 세포의 재생산과 기능을 관장하는 세포 내 소통이 원활하게 이뤄지지 않기 때문에 피해를 입는다. 방사성 에너지는 DNA 가닥의 분해를 야기하고 세포의 복구를 복잡하게 만든다. 손상된 세포는 신경세포가 접합부에서 수행하는 상호작용을 불안정하게 만든다.[14] 요컨대 방사선은 신체 안팎으로 다양한 수준에서 신체를 망가뜨린다.

과거에 그랬던 것처럼 KGB 요원들은 구시코바와 그녀의 동료들이 환자들의 방사능 노출 정도를 정확히 파악하지 못하게 방해했다.[15] 구시코바는 증상과 혈액 검사를 통해 선량을 판단하면서, 급성 방사선병을 겪고 있는 환자들에게 영양소, 비타민, 혈액 및 혈소판 수혈, 항생제, 착화제chelating agent(독성이 함유된 금속 이온과 결합하여 신체 밖으로 배설될 수 있도록 해주는 시약), 감마 글로불린(혈장 단백질의 일종) 등을 처방해 환자들의 면역 체계를 강화하도록 직원들에게 지시했다. 며칠 후, 여러 증상들은 무시무시할 정도로 배가되었다. 6시버트 이상의 방사선에 피폭된 소방관들은 여러 장기의 기능이 극도로 악화되거나 정지되는 대규모 세포사細胞死를 겪었다.[16] 위장기관 내에서 급격히 분화되는 창자샘 세포는 소장 내에 자리한 작은 빗자루 모양의 세포인데, 영양소를 흡수하고 분변과 신체의 여타 장기들 사이에서 일종의 차단벽을 제공하는 융모 세포들을 대체하지 못했다. 너덜너덜해진 융모들이 제기능을 못 하면서 환자들은 영양실조를 앓았다. 세균이 장기들을 뒤덮으면서 패혈증을 야기했다. 방사선은 일반적으로 매일 수십억 개의 혈구를 생산하는 남성들의 골수 세포를 파괴했다. 골수 세포가 부재한 상태에서 환자들은 심각한 빈혈증을 앓았고 툭하면 피를 흘렸다. 기승을 부리던 감염에 맞서 싸울 아무런 수단을 보유하지 못했다. 2주 후, 9시버트 이상의 방사선에 노출된 남성들이 화상, 위장 손상, 중추신경계 및 간부전으로 사망했다. 상황은 결코 좋지 않았다. 급성 전신 노출은 모든 장기의 기능을 일제히 마비시켰다.[17]

체르노빌 환자의 수는 걱정스러울 정도였으나, 구시코바는 일전에 이러한 사례를 목도한 바 있었고 동료들의 전문성에 자신감을 가지고 있었다. 그래서 폭발이 있은 지 일주일 후 그녀의 출입 제한 병원에 도움의 손길을 내밀기 위해 미국인 의사가 모습을 드러냈을 때, 그것은 구시코바에게 무척이나 힘 빠지는 광경이었다. 로버트 게일Robert Gale은 캘리포니아대학교 로스앤젤레스캠퍼스UCLA에서 파견된 백혈병 전문가였다. 게일은 자신이 보유한 캘리포니아의 인맥을 통해, 1921년 레닌을 접견했던 미국인 백만장자이자 1920~1930년대 국제적으로 배척받던 소비에트인들과의 거래를 통해 축재한 아먼드 해머Armand Hammer와 안면을 익히게 되었다. 게일은 사고에 관해 들은 후 해머와 접촉했고, 그에게 비상사태와 관련해 자신의 의학적 전문성을 기꺼이 제공하겠으니 미하일 고르바초프Mikhail Gorbachev에게 줄을 대주길 원한다고 말했다.[18] 해머는 미화 60만 달러 상당의 의료품을 예물로 준비했다. 처음에 서구의 다른 모든 지원 약속을 거절한 고르바초프는 사고 직후 곧바로 게일을 6호 병원의 구시코바 병동에 초청했다.

게일은 살아날 가능성이 있는 환자들에게 골수 이식을 진행하길 원했다. 구시코바는 석연치 않았다. 그녀는 방사선으로부터 공격을 받고 있는 신체가 골수 이식과 같은 침습성 시술을 견뎌내기 어려울 것이라는 점을 알고 있었다. 그녀와 그녀의 동료들은 그러한 시술을 아주 드물게만 수행했다. 하지만 게일은 고집을 꺾지 않았다. 그는 추가로 세 명의 서구 의사를 설득해 모스크바로 합류하도록 했다. 그들은 며칠 뒤 의료품을 가득 실은 무거운 상자들과 함께 도착했다. 1980년대 소비에트 의학계는 투자 부족으로 곤란을 겪고 있었다. 소비에트 기준에서 봤을 때 구시코바의 특별 병동은 재정적 지원이 잘 이뤄지고 있는 편이었으나, 미국인들에게는 이 시설이 에어컨이 없어 푹푹 찌고 지하 통로에는 쥐들이 들끓는 "황폐"한 곳에 불과했다.[19] 미국인들은 이러한 환경에 익숙하지 않았다. 연구실의 연무煙霧 배출구는 연기를 피우기 시작했고 타버렸으며 결국 다시 작동하지 않았다. 혈구를 분리하는 데 필요한 원심분리기는 고장났다. 소비에트 실험실 기술자들이 슬라이드를 보며 세포들을 일일이 세는 데 몇 시간을 쏟는 동안, 똑같은 작업을 미국의 자동혈구계수기는 단 20초 만에 수행했다.[20]

　게일은 골수 이식을 위해 유전자 조작을 거친 기적의 신약을 가지고 왔다. 그는 이 신약이 체르노빌 소방관들의 지친 골수를 원상복구시켜 줄 것이라고 희망했다. 다만 거기엔 하나의 작은 장애물이 도사리고 있었다. 그 신약은 아직 인체에 대한 임상실험을 거치지 않은 상태였다. 게일은 과립구대식세포콜로니 자극인자GM-CSF*를 핵사태 발생 시 비축해 쓸 수 있는 예비용 약으로 상용화하길 희망했던 스위스 제약회사 산도스Sandoz와 협업 중이었다. 거대 국가들이 GM-CSF를 구입했을 때 거래될 물량을 상상해보라. 허나 신약 실험 자체가 문제였다. 핵사태가 무척 희귀했기 때문이다. 그런 상황에서 체르노빌은 너무나도 멋진 기회를 제공한 셈이었다. 게일은 체르노빌 소방관과 조작원에게 신약을 시험해보자고 제안했다.

소비에트 지도자들은 체르노빌의 영웅들이 자본주의 제약회사의 실험용 쥐로 이용되는 상황을 대단히 수상쩍게 여겼다. 한 소비에트 고위관료는 "우리는 그들의 실험장이 되길 원치 않소"라고 했다.[21] GM-CSF의 안전성을 입증하기 위해 게일과 소비에트 혈액학자 안드레이 보로비예프Andrei Vorobiev는 자신의 신체에 신약을 투여했다. 그들은 실험용 원숭이에게 허용된 최대 주입량의 10배나 되는 신약을 자신의 핏줄에 주사했다.

GM-CSF를 주사하고 나서 기분이 괜찮아진 게일은 모스크바를 가로질러 주소미국대사 아서 하트먼Arthur Hartman의 자택이기도 한 스파소 하우스Spaso House**로 저녁을 먹으러 갔다. 널찍한 공간의 19세기형 저택에서 전채를 먹던 중, 게일은 전화 한 통을 받았다. 보로비예프가 죽어가고 있다는 통보였다! 게일은 황급히 병원으로 달려가 심장동맥집중치료실에서 창백한 얼굴로 격심한 가슴 통증을 호소하고 있는 보로비예프를 발견했다. 게일은 그 통증이 흉골에 집적된 과립세포가 야기한 것이라고 추정했다. 이는 반가운 소식이었다. 그는 신약이 세균성 감염 및 곰팡이 감염과 싸우는 과립세포를 만들어주기를 바랐기 때문이다. 불안한 밤이 지나간 후 보로비예프는 원기를 회복했고, 게일은 드디어 체르노빌 환자들에게 신약을 사용할 수 있게 되었다.[22]

❖ 과립구대식세포콜로니 자극인자Granulocyte Macrophage Colony-Stimulating Factor는 혈소판으로 바뀌는 백혈구의 증식을 돕는 물질이다.
❖❖ 스파소 하우스는 신고전주의 양식에 입각해 지어진 건물로 모스크바의 스파소페스콥스키 광장Спасопесковский переулок 10번가에 위치해 있다. 1913년에 세워져, 1933년부터 1991년까지 주소련 미국대사관저로 쓰였다.

이후 수십 년간 게일은 이들 인간 피험자에게 행해진 신약 실험을 공개적으로 언급하지 않았다. 의사는 조서를 작성하고 승인받은 뒤에 환자들로부터 서면 허락을 받지 않는 이상 환자를 대상으로 실험을 진행하지 않는 것이 상례였다. 그러나 게일은, 어떤 의미에서 의학적 카우보이였다. 1년 전인 1985년, 미연방 당국은 한 연구 프로젝트의 책임연구원이었던 게일을 호되게 질책했다. 해당 프로젝트 연구원들이 환자의 권리를 보호할 책임이 있는 교수회 위원단의 승인을 받지 않고 말기 어린이 암환자들에게 골수 이식을 실험적으로 수행했기 때문이다.[23] 당국은 게일이 뉘른베르크법*을 포함해 여러 건의 국제 규약을 위반했다고 판단했다. 게일은 자신이 아무런 잘못도 하지 않았다는 입장을 고수했다. 전화 통화에서 그는 내게 그 실험들이 당시 "최선의 실천"이었다고 정당화했다. 그는 오늘날 골수 수혈이 백혈병을 앓고 있는 어린이를 대상으로 한 표준적인 처방이라는 점을 지적했다.[24]

의사들이 어떻게 인간 피험자와 작업을 하는지 더 잘 이해하게 된 나는 인간 피험자 보호 전문가인 마이클 캐롬Michael Carome에게 연락했다. 캐롬은 내게 보낸 이메일에서 다음과 같이 논평했다. "게일 박사의 실험적 개입이 아무리 치료의 표준으로 거듭났다고 해도, 그러한 사실 자체가 인간 피험자에게 충분히 정황을 알린 뒤 적절한 동의를 받지 않았거나 기관 심의회의 검토와 승인을 받지 않고 비윤리적 연구를 수행한 행동의 정당성을 입증해주는 것은 아닙니다."[25]

소비에트 지도부는 게일에게 의학적 실험 대상의 이용에 더해, 이

❖ 뉘른베르크법Nürnberger Gesetze은 1935년 9월 15일 뉘른베르크 전당대회에서 발표된 나치 독일의 반유대주의 법이다.

례적으로 체르노빌 주변에 만들어 놓은 비밀의 거품 안으로 접근할 수 있는 권한까지 부여했다. 키예프로 초대받은 그는 의사들이 체르노빌 환자들을 치료하는 격리 병동을 둘러볼 수 있었다. 그는 헬리콥터를 타고 여전히 연기를 내뿜고 있던 원자로 근처 상공을 날았다. 그는 피난민 숫자, 방사선 피폭 정도, 향후 건강상의 피해에 관해서도 물었다. 그를 수행한 KGB 요원은 그에게 "승인된 대답"을 건넸다.[26] 게일은 운이 좋은 편이었다. 그는 희귀한 1차 정보를 얻었다. 구시코바 병원에 나타난 그의 존재 때문에 소비에트 관료들은 소방관들의 소식 일부를 대중에게 공개했다. 모스크바의 체르노빌 위원회 위원들은 "미국인 전문가들이 일하고 있음을 고려하여 6호 병원 내 환자들의 숫자와 상태에 관한 정보를 제공할 것"이라고 결의했다.[27]

소련 내 미국 관료들은 재난에 관한 가장 기초적인 정보조차 얻지 못하고 있었다. 미국 외교관들은 초대장 없이 차를 몰아 우크라이나로 향했다. 그들은 목적지로 가는 도중에 멈춰선 뒤 대기와 토양에서 방사선을 측정하곤 했다. KGB 요원들은 출입금지구역에 진입하려는 미국 외교관들의 시도를 네 차례나 제지했다. 그들은 흙의 일부를 퍼서 플라스틱 상자에 꾹꾹 눌러 담으려는 외교관들의 행동을 두 차례나 막았다. 요원들은 이러한 행동들을 "무효화했다." 또한 KGB 요원들은 키예프 농산물 직판장에 가이거 계수기를 들고 돌아다니거나 피난민을 방문하려다가 실패한 CBS 촬영 인력을 미행하기도 했다.[28]

KGB 요원들은 키예프에서 항상 해오던 것처럼 잘 돌아간다고 편집자에게 보고하는 언론인들의 통화도 도청했다. 한 특파원은 상사에게 "대중들은 거리를 거닐며 삶을 즐기고 있다"고 말했다. 요원들은 기자들이 도시 변두리에서 텅 빈 거리와 배차를 마친 상태라 아주 적은 수의 승객만을 태웠을 버스의 영상을 카메라에 담을 것이라 짐작하고는 그들을 좇았다. 외국에서 온 사진가들은 스산한 풍경일수록 더욱 열심히 셔터를 눌러댔다. 또한 서구 언론인들은 소비에트의 악행에 관해 언제든 불평할 준비가 되어 있는 저명한 우크라이나 민족주의자들과의 접촉도 시도했다. KGB는 이와 같은 전혀 반갑지 않은 사태에 직면해 특히 골칫거리였던 여섯 명의 특파원을 "현지화localize"◆할 수밖에 없었다.[29]

 KGB 요원들은 부정적인 악성 언론 보도로 인해 해외 관광객들이 우크라이나를 떠나는 동안, 외국 스파이들이 들어오고 있다고 믿으며 격분했다. 그들은 외국 정부의 특수기관들(미 중앙정보부CIA, 서독 연방정보부BND, 프랑스 대외안보총국DGSE)이 요원들을 언론인으로 위장시켜 키예프로 보내고 있다고 추측했다. 그들은 NBC, 《뉴욕타임스》,《슈피겔》,《쥐트도이체 차이퉁》,《르 피가로》 등 신망 있는 언론사에서 파견된 특파원들의 목록을 정리했다. 나는 미국이나 소련에서 생산된 첩보 보고서를 읽을 때마다 그것을 어떻게 받아들여야 하는지 잘 모르겠다. 보고서에는 각주가 많이 달려 있지 않은데, 이는 무엇이 단순한 자기 홍보이거나 편집증적인 요원의 엉뚱한 착상인지 사실 확인을 어렵게 만든다. 한 KGB 요원이 내가 개인적으로 아는 사람이 CIA를 위해 일한다고 보고한 문서철을 우연히 접하게 되었다. 나는 그것이 믿기 힘들다고 보았으나, CIA가 내부 문서고를 아직 공개하지 않은 상태에서는 그러한 혐의를 검토할 수 있는 아무런 방법도 가지고 있지 않았다.

 사고가 터진 후 키예프에서 외국 언론인들은 초조해하는 키예프인들의 얼굴에 마이크를 들이대며 소비에트 관료들이 원자로 폭발에 관해 이틀이나 기다렸다가 말해준 사실에 대해 기분이 괜찮은지 물었다. 기자는 사람들이 농산물 직판장에서 방사능이 있을 가능성이 높은 음식을 구입하는 것에 관해 느끼는 바를 알고 싶어 했다. 대중 속에 잠복해 있던 KGB 요원은 "공포감을 퍼뜨리려는" 이러한 비전문적인 시도를 손쉽게 처리했다. 요원은 잔뜩 부풀려진 서구의 사고 관련 보도에 관해 의문을 제기했다. 기자들에게는 분명 당혹스러운 질문이었다. 서구 기자들은 자신이 "믿을 만한 자료의 부족"에서 오는 문제를 겪고 있다고 순순히 수긍했다. 미국의 주요 통신사는 체르노빌 발전소가 불타는 영상을 송출했다. 하지만 해당 영상은 이탈리아 트리에스테Trieste의 한 시멘트 공장에서 난 화재 장면이었다.[30] 통신사의 사과문은 실로 변변찮았는데, 영상의 배경에 분명히 보이는 이탈리아의 구릉지를 블린blini^{♦♦}만큼이나 평평한 우크라이나 북부로 착각하기란 정말 어려웠기 때문이다. 합동국제통신사UPI발 보도는 체르노빌에서 나온 방사선이 2,000여 명의 사람들을 살해했다고 밝혔다. 하지만 실제로 사망한 사람의 숫자는 5월 초에 소비에트 당국이 집계한 두 명뿐이었다. 소련에서의 좋은 소식은 서구에서는 별 뉴스 없는 시시한 날을 의미했다. 뉴욕 주재 소비에트 외신 담당관은 미국의 체르노빌 보도에 관해 "내 생각에, 미국 언론들은 피해자 수가 너무 적어 아쉬워하고 있는 것 같다"며 빈정댔다.[31]

소비에트 관료들은 전 지구적 재난에 관한 더 많은 정보를 송출함으로써 상황을 개선시킬 수 있었다. 소비에트 언론의 사고 보도가 얼마나 발랄했는지 KGB 요원들조차 비판할 정도였다. 한 요원은 체르노빌 인근의 집단농장 지도원들을 다루는 텔레비전 뉴스가 목표 수확량에 대해 즐겁게 떠들어대는 것은 사고에 아무런 도움도 되지 않는다고 일일 보고서에 썼다. 같은 KGB 관리는 다음과 같이 보고를 이어나갔다. "그렇게 추수한 농작물이 과연 먹을 수 있는 것인가의 문제가 여전히 남아 있다. 만일 토양이 오염되지 않았다면 그들은 직접적으로 그러한 사실을 언급해야 할 것이다. 더 좋은 것은 의심스러운 메세지를 피하는 것이다."[32]

이 모든 사건들은 미소 대립이라는 냉전 정치 안에서 지루할 만큼 예측 가능한 방식으로 전개되었다. 재난이 더욱 끔찍한 모습으로 나타날수록 서구 해설가들에게 미국 대통령 로널드 레이건의 표어인 "악의 제국" 소비에트는 더욱 가치 있어 보였다. 그러나 체르노빌 사고는 단순히 소비에트만의 드라마는 아니었다. 이미 핵무기를 염려하고 있던 유럽과 북미의 시민들은 체르노빌 사고를 민수용 원자력발전소가 무기 못지않게 위협적임을 알려주는 징표로 여겼다. 유엔 국제원자력기구 IAEA를 비롯해 원자력을 홍보하는 미국 에너지부DOE(Department of Energy) 같은 기관의 관리들은 점점 더 초조해졌다. 그들은 핵폭탄을 만들기 위해 지어진 원자로와 전기의 "평화적" 생산 및 의학적 용도의 동위원소를 위해 세워진 원자로의 차이를 섬세하게 구분 짓는 작업을 수년 동안 진행해왔다. 하지만 폭탄의 중핵부中核部에 쓰일 플루토늄을 만드는 용도로도 쓰이다가 사고로 인해 (폭탄처럼) 터져버린 민수용 원자로는 이러한 구분을 너무나 흐릿하게 만들어버렸다.

에너지부에서 일하던 미국 과학자들은 덜컥 다가올 앞날을 예측하기 시작했다. 그들은 처음에는 체르노빌이 유발한 암으로 인해 2만 4,000명이 사망할 것이라고 추산했다. 이 숫자가 대중의 우려를 악화시키자 그들은 재빨리 사망자의 숫자를 5,100명으로 낮췄다.[33] 1986년 8월, 한 IAEA 관리는 대중의 우려를 잠재우기 위해 급히 움직였다. 모리스 로젠Morris Rosen은 "체르노빌은 심지어 비극적 사고의 한가운데에서도 우리가 비이성적인 죽음에 관해 이야기하지 않고 있다는 사실을 보여준다"고 언급했다.[34]

1986년 여름, 비밀과 의혹이라는 맥락에서 체르노빌 재난에 관한 견해들을 통제하기 위한 국제적 난투극이 시작되었다. 이는 소련과 해외에서 공보 대변인들이 우선 입증되지 않은 주장을 하고, 나중에 그 주장을 교정하는 양상으로 진행되었다. 시간이 지나면서 의혹과 회의懷疑가 사고가 낳은 주요 산물로 자리매김했다. 폭발한 원자로는 토양과 대기뿐만 아니라 정치적 풍토와 과학에 대한 대중적 믿음마저 오염시켰다. 그 오염물의 반감기가 얼마나 되는지는 아직까지 확정되지 않았다.

구시코바는 재난의 홍보에는 관여하지 않았다. 재난 발생 이후 수주 동안, 그녀는 병동에서 환자들을 치료하며 오랜 시간을 보냈다. 그녀는 서서히 게일에 관해 우려하기 시작했다. 이 호리호리하고 햇볕에 타 까무잡잡한 40세의 의사는 과장된 개성을 가졌고, 위험을 감수하는 데 일말의 주저함도 없었다. 그는 모하비사막에서 스카이다이빙을 했고, 베이루트의 전쟁 지역에 갔으며, 키예프 주변을 맨발로 걸었다.[35] 구시코바는 게일이 모스크바에서 그녀의 환자를 상대로 무분별한 실험을 자행하고 있는 것 아닌가 하는 의혹을 품게 되었다. 미국의 암 전문의가 방사선 의학 전문의는 아니었다. 게일은 신문의 표제를 차지할 정도로 위험한 골수 이식술과 실험적 신약이야말로 급성 방사능 중독 환자를 구할 좋은 방법이라는 생각에 매달렸다. 하지만 구시코바는 이러한 방법이 잘못됐다고 믿고 있었다.[36] 게일과 그의 UCLA 동료인 폴 테라사키Paul Terasaki는 생존 가능성이 있다고 판단된 6호 병원의 환자들을 대상으로 진행된 19건의 이식 시술에서 소비에트 의사들에게 조언을 건넸다.[37] 태아의 간을 이식받은 여섯 명의 환자는 수술 직후 사망했다.[38] 골수를 이식받은 환자들은 엄청난 고통에 빠졌다. 희망적일 것이라고 예측됐던 실험적 신약인 GM-CSF도 체르노빌 피해자들에게는 무용지물이었다.[39]

게일은 이 최초의 여정에서 2주간 머물렀다. 그는 떠나기 전, 사고 관련 정보에 굶주린 기자들로 가득찬 회관에서 기자회견을 가졌다. 게일은 "전황戰況"에 관해 말했고 첫 번째 반응자들 중에 사망자가 더 나올 것이라고 언급했다. 발전소 주변에 거주했던 수천 명의 주민들에게 장기적으로 건강상의 문제가 발생할 것이라고 덧붙였다.[40] 그와 아먼드 해머는 소비에트 의사들이 맡은바 임무를 탁월하게 수행했고 6호 병원이 "가장 높은 국제 기준"에 부합하는 병원이라고 강조했다. 그들은 관심의 방향을 체르노빌에서 핵전쟁이라는 더욱 거대한 위협으로 돌리려 했다. 이는 고르바초프가 사고 관련 언급에서 강조한 바였다. 기자회견 후 고르바초프는 게일을 만나 국제 언론이 소비에트의 구호 노력을 지원하는 데 도움을 줘서 감사하다고 전했다. 7월 말에 공식화한 새로운 검열 규정 때문에 구시코바와 그녀의 동료들은 체르노빌에 관해 거의 발언하지 못했고, 기자회견은 물론이거니와 언론 보도에도 모습을 보이지 않았다. 연단을 지배한 것은 게일이었다.[41]

서구 언론은 긴급 의료대응을 진두지휘하고 있는 총책임자가 미국인 의사인 것처럼 묘사했다. 당시 소련을 방문 중이던 적지 않은 수의 서구 과학자들이 방사선 의학에 숙달한 소비에트 의사들에게 존경을 표했음에도 불구하고, 언론의 보도는 마치 게일이 소비에트 의료진보다 방사선 의학에 관해 더 많이 알고 있는 것처럼 보이게 했다. 게일의 미국 동료들은 소비에트 의사들이 환자들의 활력 징후에 대한 단순한 연구를 통해 피폭 정도를 추정하는 데 "이례적으로 유능"하다는 점에 주목했고, 서구에 알려지지 않은 인상적인 치료 범위에 관해 논평했다.[42] 치사량인 6시버트에 잠정적으로 노출된 구시코바의 환자 대부분은 적어도 수년 동안 생존했다.[43] 이러한 높은 생존율은 그녀와 그녀 동료들이 갖고 있던 임상 경험의 증거였다.

반면 게일의 환자들은 차도가 좋지 않았다. 3개월 만에 한 명을 제외한 모두가 사망했다.[44] 소비에트 의사들은 더 살 수 있었을 몇몇 환자가 게일의 골수 이식 수술 때문에 사망했다고 비난했다.[45] 나중에 게일은 구시코바의 "세련된 치료법"이 자신의 위험천만한 시술을 불필요한 것으로 만들었다고 자인했다.[46] 10년 후 발표된 유엔 보고서는 게일의 실험적 치료법을 이롭다기보다는 해롭다는 쪽으로 정리했다.[47]

체르노빌 환자들을 돕기 위해 자진해서 나선 경험은 게일로 하여금 성가신 미국의 규정들에 얽매일 필요 없이 인간 피험자에게 변칙적인 약물 시험을 수행할 수 있게 해주었다.[48] 게일을 맡았던 KGB 요원 또한 득을 봤다. 그들은 재난 관련 대민홍보 관리 사업에 게일을 이용했다. 게일은 잘못된 정보를 획득한 뒤, 이를 의심할 나위 없이 이타적인 미국인 의사의 증언이라 믿었던, 정보에 굶주린 해외 특파원들에게 그대로 전달했다. 우크라이나 보건성 소속 관료들이 자신의 자녀들을 건강상의 위험 때문에 키예프 외부로 보내고 있을 때, 게일은 자녀들과 함께 키예프 주위를 걸었고 위험은 이미 사그라졌다는 소비에트의 구호를 되풀이했다. 그는 체르노빌에서 전개된 소비에트의 질서정연한 정화 작업을 칭찬했는데, 사실 그 작업은 거대한 혼란에 빠져 있었다. 그는 또한 방사선에 심각하게 노출된 6호 병원의 소방관들에게 관심이 집중되도록 도왔다. 죽어가는 소방관들은 게일이 결코 접근할 수 없던 체르노빌 출입금지구역 주변에서 벌어지는 더욱 거대하고 극적인 사건들로부터 언론의 시선을 돌리게 했다.

체르노빌 이후 게일은 방사선 의학의 세계적인 전문가로 명성을 얻었고 핵재난이 있을 때마다 다양한 기관에서 가장 먼저 찾는 논평가가 되었다. 1987년 그는 1,000퀴리 상당의 방사성 염화세슘가루가 4명을 죽이고 200여 명을 입원시킨 브라질의 고이아니아Goiania에 모습을 드러냈다. 그는 원자력발전소가 단층선 가까이에 위험하게 지어져 있던 1988년 아르메니아 대지진 현장에도 나타났다. 쓰나미가 후쿠시마 제1원자력발전소를 파괴한 2011년의 사건을 포함한 두 번의 핵재난과 관련하여 일본을 찾기도 했다. 그는 이러한 해외의 여러 장소에서도 GM-CSF 실험을 계속했다. 2015년 미국 식약청은 이 약을 승인했다.

모스크바에서 활동한 이후 게일은 지속적으로 체르노빌 피해자를 옹호했다. 1980년대 그는 체르노빌의 방사능에 노출된 10만 명을 대상으로 그들이 받을 장기적 피해에 관한 연구를 골자로 하는 합동 프로그램을 계획했으나 해당 프로젝트는 실현되지 않았다.[49] 1990년 그는 체르노빌에 대한 구호 사업을 지원해달라고 국제 사회에 호소했다.[50] 그러나 해가 갈수록 방사선 피폭 위험에 대한 그의 언급은 부드러워졌다. 1994년 그는 자리를 보전하고 있는 원자력규제위원회 감찰관 렁 탱Rung C. Tang을 원고로 하는 재판에서 피고 측 전문가 증인의 자격으로 증언했다. 탱은 자신의 백혈병이 캘리포니아 남부의 산 오노프레San Onofre 원자력발전소에서 흘러나온 "방사성 벼룩" 때문이라고 주장했다. 후일 다른 발전소 노동자들도 골수성 백혈병을 앓게 되자 소송을 제기했는데, 여태껏 그 병의 원인으로 알려진 것 가운데 하나가 바로 방사선 피폭이다.[51] 후쿠시마 사고 이후 게일은 핵재난과 관련된 공황을 막고자 사설을 쓰기도 했다.[52]

소비에트 의사들과 게일을 필두로 한 서구 의사들의 조우는 냉전이 어떻게 방사선 의학과 관련해 두 가지 전혀 다른 지식의 저장고를 배양했는지를 보여준다. 소비에트 의사들은 피폭된 환자들이 불행할 정도로 많았기 때문에 서구의 의사들과는 비교할 수 없을 만큼 숙달된 전문성을 보유하게 되었다. 하지만 1986년에는 그러한 사실이 결코 겉으로 드러나지 않았다. 대신 사회주의 의학에 내재되어 있다고 여겨진 단점과 극명한 대비를 이루는 서구 자본주의 의학의 우월성, 독창성, 진취성의 상징이라는 자리에 게일이 우뚝 서게 되었다. 바로 그 잘못된 느낌은 이후 수년 동안 지속되고 깊어졌다.

소개疏開되는 사람들

도시에서 사람들이 빠져나가기 전에 나댜 셰브첸코Nadia Shevchenko는 지금은 숲이 삼켜버린 프리퍄티시의 5층짜리 건물에 살고 있었다. 그녀는 바로 그곳에서 살림을 시작했다. "나는 그곳을 사랑했어요"라고 그녀는 기억했다. "길가를 따라 장미 덤불들이 자랐어요. 마을은 숲과 호수로 둘러싸여 있었고 강가를 따라 백사장도 있었지요. 친구들도 있었고요. 프리퍄티엔 모든 게 있었어요."

수년 동안 나는 사고 발생 후 그녀가 정착하게 된 우크라이나 북부의 한 도시에서 매 여름마다 나댜와 만났다. 우리는 곧 친구가 되었다. 그녀는 노래하고 춤추길 좋아했다. 어디를 가든 곧잘 노래를 부르곤 했다. 체르노빌 재난의 피난민으로서 그녀의 삶은 그다지 밝지 않았지만, 나는 그녀의 명랑한 인생관을 즐겼다. 어느 날 나댜는 내게 사고가 발생한 지 36시간 후에 프리퍄티에서 일어났던 사건에 관해 다시 말해주었다. 이번에는 그녀의 입에서 놀라울 정도의 격렬함을 동반한 이야기가 흘러나왔다. "나는 체르노빌 발전소의 환기 담당 부서에서 근무했어요. 4월 27일, 경찰이 우리에게 사흘 동안 떠나서 생활할 수 있도록 물건 몇 가지를 꾸리라고 말해주었지요. 나는 가방에 두 아이들을 위한 티셔츠 몇 벌과 서류를 챙겼어요. 그러고 나서 우리는 고양이 먹이를 준비해 놓고 어항의 물고기에게 밥을 주고는 그대로 떠났어요."

나댜와 나는 프리퍄티를 대체하기 위해 건설된 도시인 슬라부티치 Slavutych의 한 커피숍 테라스에 앉았다. 나댜는 잠시 멈췄다가 우리 앞에 있는, 모든 소비에트 도시의 한복판에 자리한, 모호하게 길을 잃은 몽유병자와 다름없는 블라디미르 레닌의 동상이 있어야 했을 커다란 광장의 빈 공간을 지긋이 바라보았다. 1986년 10월, 연맹의 7개 공화국에서 파견된 건축가들이 체르노빌 사고에 뒤이어 고양된 애국주의의 물결 속에서 슬라부티치를 설계했다. 그들은 편리한 도시를 지향하며 웅장한 계획들을 설계했으나, 3년이라는 건설 기간 동안 소비에트 경제는 파탄 났다. 1989년 슬라부티치에 사람이 거주할 수 있게 되자 돈과 애국주의의 공급이 부족해졌다. 이는 공산주의적 미래를 가리키는 레닌 동상의 설치를 막았다. 그녀는 이야기를 이어나가면서도 빈 공간을 주시했다. "우리는 버스에 올라탔어요. 버스는 그다지 멀지 않은 한 마을로 우리를 데려갔지요. 나는 거기에도 마찬가지로 방사능이 있을 거라고 짐작했지만, 아무도 아는 사람이 없었죠."

나댜의 감은 정확했다. 핵폭탄 표적 지도는 핵사고의 주요 요인 가운데 하나가 거리임을 알려주지만, 불타버린 원자로에서 나오는 방사성 낙진은 흡사 조각보를 잇는 것처럼 넓은 지역을 휩쓸어버렸다. 낙진이 섞인 비가 4월 27일, 우크라이나 북부와 벨라루스 남부의 여러 지역에 쏟아져 내렸다. 하루 전만 해도 그 지역의 방사능 배경 준위는 일반적인 수준이었다. 하지만 비가 내린 후 해당 지역은 고방사선 오염으로 뒤덮였다.[1] 사고 발생 하루 후에 프리퍄티를 떠난 4만 4,000명 가운데 대다수는 그들이 도착했을 당시 기록된 오염 정도가 프리퍄티보다 높았던 두 지역으로 분산 이주되었다.[2]

체르노빌 원자력발전소 직원 나댜는 자신이 방사능으로부터 스스로를 보호하기 위한 장비가 턱없이 부족한 장소에 내팽개쳐졌음을 어렵지 않게 알 수 있었다. 이주해 간 마을에는 씻을 수 있는 샤워 시설도, 방사선을 측정할 수 있는 감지기도, 여분의 침구도 없었다. 그들은 외풍이 심한 오두막의 먼지가 자욱한 바닥에서 잠을 청했다. 마을 사람들은 예전과 다름없이 각자의 용무를 보러 밖에 나갔고, 정원을 가꿨으며, 가축을 먹이고, 소젖을 짰다. 나댜는 자신과 두 자녀들이 불타고 있는 원자로에서 나오는 방사성 핵종의 이동경로에 있을 가능성이 높고, 긴급 대피가 자신들의 노출 가능성을 대폭 높였을 것이라는 점을 이해했다.

나댜는 나를 힐끗 보았다. "나는 우리가 그곳에서 벗어나는 편이 낫겠다고 결정했어요."

버스 한 대가 마을 한가운데를 지나 키예프로 향했다. 나댜는 다른 몇몇 엄마들 및 자녀들과 함께 그 버스를 탔으나, 키예프의 기차역에 도착했을 때 그들은 딱히 갈 곳이 없었다. 나댜는 배낭을 메고 두 아이와 함께 승강구에 우두커니 서 있었다. 그들에겐 외투도, 현금도, 계획도 없었다. 기차역의 한 안내원이 그녀에게 사무실 문을 가리켰다. 그녀는 책상에 앉아 있던 직원에게 자신들이 프리퍄티에서 왔다고 말했다. 아직 뉴스를 통해 사고가 보도되지 않고 있었지만 해당 직원은 모든 것을 아는 눈치였다.

나댜는 "그녀가 우리에게 어디로 가길 원하는지 물었지요"라고 말했다. "모스크바에 자매가 있었는데, 내가 아는 한 우리를 거둬줄 누군가가 있는 곳은 거기뿐이었지요. 직원은 내게 표를 끊어줬어요."

나댜는 도움을 구하기 위해 모스크바로 향하던 홍수 같은 인파의 일부였다. 소련의 중심지 모스크바는 자석과도 같은 인력을 지닌 도시였다. 이 도시는 최상의 병원과 최상의 전문가, 최상의 상품들이 있는 곳으로 알려졌다. 5월 초, 모스크바의 여러 기차역에는 의료적 도움을 청하는 많은 사람들이 매일같이 모습을 드러냈다. 의료 관계자들은 방사능 노출 지역으로부터 "자체 피난"이라고 명명한 행위를 중단할 것을 명령했다. 체르노빌 사고가 통제 하에 있다는 확신에도 불구하고, 정치국Politburo✤ 국원들은 루비로 장식된 수도에 방사능 오염이 퍼지는 것에 관해 병적으로 초조해했다. 그들은 방사능 식품이 모스크바로 오는 것을 법령으로 막았고, 사고 구역으로부터 오는 기차의 탑승객들에게 방사능 검사를 명령했다.[3] 이러한 조치들은 역효과를 냈다. 한 달이 채 지나지 않아 방사능에 오염된 송아지 고기와 우유가 모스크바에서 보고됐고, 방호복을 입은 채 삑삑 소리를 내는 봉을 흔드는 감시요원들이 벨라루스

✤ 소련공산당 중앙위원회를 구성하는 여러 집단적 지도기관들 가운데 최상위의 권력기관을 일컫는다. 주로 대내외 정책과 소련공산당 및 소련국가를 지탱하는 최고위 간부들의 인사 문제를 담당했다. 안드레이 란코프가 편집한 《소련공산당과 북한 문제: 소련공산당 정치국 결정서(1945~1952)》(전현수 옮김, 경북대학교출판부, 2014)를 참조하라.

의 도시 고멜Gomel의 열차 칸에 들어서자 승객들은 "공포에 질렸"다. 이는 모스크바 관료들이 정확히 회피하려고 했던 바였다.[4] 그들은 감시 요원들을 철수시켰고, 피난민들은 계속해서 몰려들었다. 5월 말에 이르러서는 매일 300명이 도착했다.[5] 학년이 끝난 직후인 6월에는 더 많은 수의 사람들이 수도로 흘러들어왔다.[6]

사고 직후 첫 수주 동안 이주된 12만 명의 사람들 가운데 9만 3,000명이 우크라이나에서 온 이들이었다. 긴급 조치들은 대부분 사고 현장인 우크라이나에 초점이 맞춰졌다. 모스크바의 지도자들은 거의 2만 명에 달하는 재해 이주자가 벨라루스에서 왔다는 사실에 경악을 금치 못했다.[7] 모스크바의 의사들은 재난 현장에서 200킬로미터 떨어진 고멜에서 온 사람들을 측정했다. 대체 왜 그들의 갑상선이 무서울 정도의 방사능에 오염되었을까? 장기를 파괴하기에 충분한 선량인 30~50시버트라는 수치가 그들 중 일부의 갑상선에서 검출되기도 했다.[8] 일반적인 경고는 물론이거니와 진실된 뉴스, 민감한 장비를 갖춘 전문가 등이 전부 부재했음에도 불구하고, 벨라루스 마을 사람들은 왠지 자신들이 위험에 처하게 됐음을 감지한 뒤 마을 외부로 향하는 기차에 올라탔다.

아마 그들의 자녀들도 나댜의 아들만큼이나 걱정스러운 증상을 보였을 것이다. 모스크바에 도착한 나댜는 둘째아들이 고열에 걸려 구토를 시작하기 전까지 자신의 자매와 함께 지냈다. 나댜의 자매는 간호사 친구를 불렀다. 간호사 친구는 그녀가 알고 있던 방사선 의학 전문가에게 전화를 걸었고, 잠깐의 지체도 없이 누군가가 문을 두드렸다. 이윽고 의료진이 몰려왔다.

나댜는 얼굴을 찌푸리며 "그들은 모두 사란 랩Saran wrap을 몸에 칭칭

감았어요"라고 언급했다. 방사선 감지기에는 문턱을 넘을 때마다 딸깍 거리기 시작하는 막대기가 있었다. 의료진은 나댜와 그녀의 두 아들에 게 짐을 싸라고 했다. "모두 다 확실히 챙겼습니까?"라고 그들이 연거 푸 물었다. 그들이 현장을 벗어나면서 한 의사는 나댜 자매에게 걸레질 을 세 번 하고 모든 표면을 세척한 뒤 그 작업들을 전부 한 번 더 수행 하라고 지시했다. 그들은 나댜와 그녀의 아들들을, 여러 기차역을 배회 하던 체르노빌 피난민들을 치료하기 위해 지정된 두 시설 중 하나인 7 호 병원으로 서둘러 이송했다.[9] 재난 관리 임무를 부여받은 작업단이 사고가 터진 지 나흘 후에 작성한 일일 보고서에 따르면, 468명의 피난 민이 입원했고 그중 38명은 방사선병을 앓고 있었다.[10] 나댜가 모스크 바에 도착했을 당시, 911명의 사람들이 방사선 장애로 모스크바 7호 병원과 15호 병원에 입원해 있었다. 5월 5일이 되자 환자 수는 1,346명 으로 늘어났다. 이는 330명의 아동을 포함한 수치였고 그 가운데 64명 은 방사선병 징후를 보였다.[11] 바로 다음날 병원에 입원한 체르노빌 피 폭자의 수는 두 배로 늘어난 2,592명이 되었다.[12] 키예프, 고멜, 지토미 르, 민스크에서 정확히 같은 이유로 총 4만 명이 병원에 입원했다. 벨라 루스에서 치료를 받은 1만 1,600명 환자 중 절반은 어린이였다.[13] 입원 의 대부분은 보호 목적이었지만, 의사들이 방사선 피폭 때문에 발생하 는 여러 문제적 증상들을 발견했기 때문에 이들 중 수천 명은 장기 입 원했다.[14]

언론 보도에서는 어느 누구도 입원한 피난민들이나 그들 가운데 어 린이가 섞여 있다는 사실을 언급하지 않았다. 오직 6호 병원에서 수용 하기로 결정한 환자인 소방관과 조작원에 관해서만 보도하도록 지침이 내려왔고, 다른 곳에는 해당 사항이 없었다.[15] 소비에트 관료들은 급성 방사능 중독 중에서도 최악의 사례에 해당하는 소방관들에 대해서만 공개적으로 언급했다. 이러한 허구는 정치국이 선사하던 대체 우주의 일부로 자리 잡았다. 소비에트 보건상인 예브게니 차조프Evgeny Chazov 는 우크라이나와 벨라루스의 각료들로부터 4만 명이 넘는 체르노빌 환자를 도표화한 보고서를 받은 직후, 공산당 중앙위원회에 단지 299명의 환자만이 입원했다고 허위보고했다. 달리 말해, 소비에트 정부는 세계뿐만 아니라 자기 자신에게까지 거짓말을 했다.[16] 대체 무슨 이유에서였을까?

소방관들은 기꺼이 화재를 향해 돌진한다. 그들은 직업에 내재된 위험성을 응당 받아들인다. 체르노빌 응급 처치 요원들은 영웅이었다. 발전소에서의 추가적 폭발이라는 실로 거대한 재난으로부터 세계를 구하기 위해 목숨을 바쳤기 때문이다. 그러나 방사선병에 걸린 어린이들의 경우는 판단하기가 무척 까다롭다. 아이들은 방사선이 무엇인지 모른다. 어린이들은 대개 생명을 위협하는 위험에 몸을 움츠리는 겁쟁이다. 따라서 아이들이 방사선에 노출되었다면, 그들은 부주의한 당, 특히 이경우에는 오랜 기간 스스로를 모든 아동의 보호자라고 선전해왔던 공산당 정책의 피해자로 볼 수 있을 것이다.[17] 당의 실패로 인해 병상에 누운 수천 명의 미성년자들이 열외 취급을 받았다는 사실은 당 지도자들 스스로가 생각하기에도 너무나 앞뒤가 맞지 않는 일이었다.

나는 민스크의 한 문서고에서 발렌티나 사추라Valentina Satsura라는 어머니가 절박한 심정으로 쓴 서한을 발견했다. 그녀는 5월 초 자신의 젖먹이와 이제 갓 걸음마를 뗀 두 아이를 데리고 벨라루스 호이니키

Khoiniki 지역에서 도망쳐 나왔다. 그녀는 준비가 덜 되어 있고 직원이 충분하지 않았으며 "절망적인 상태"에 처한 엄마들과 아이들로 가득했던 고멜 병원을 찾았다. 거기서 그녀의 한 아기가 뇌염을 앓았다. 고멜 병원의 의사들은 모자의 신체에서 나오는 감마선을 측정했다. 사추라는 아기의 갑상선에서 시간당 37마이크로시버트의 방사선이 검출된다는 판독 결과를 알게 되었다. 그 정도의 방사능 수치라면 아이를 목 가까이에 안는 사랑의 몸짓은 위험천만한 일이었다.[18]

사고 직후 첫 수주 동안 체르노빌에서 발생한 화재로 인해 방사성 아이오딘이 뿜어져 나왔다. 사람의 신체는 이를 갑상선이 기능할 수 있도록 하는 요소인 안정적 아이오딘과 구별하지 못한다. 현지 토양에는 천연 아이오딘이 적었고, 시판되던 소금에도 아이오딘은 첨가되지 않았다. 그 결과 사람의 신체는 아이오딘을 갈구했고, 그들의 갑상선은 준비라도 되어 있던 것처럼 재빨리 방사능이 담긴 대체물을 받아들였다.[19] 방사성 아이오딘은 다양한 형태를 띠는데, 일부는 단지 몇 시간 동안 속삭이듯 짧은 반감기를 가지고 있다. 아이오딘-134의 반감기는 더욱 짧은 52분에 지나지 않지만, 당시에는 공기 중에 만연하여 원자로가 폭발한 닷새 후에는 스웨덴에서도 감지되었다.[20] 이러한 인위적인 요소는 실로 눈 깜짝할 새에 사라지기 때문에 과학자들은 이에 관해 많이 알지 못하고 너무나 신속히 소멸한다는 점을 들어 중요하지 않은 물질이라고 치부하는 경향이 있다. 하지만 핵종의 반감기가 짧을수록 방사능 붕괴율이 커서 강한 방사선을 내뿜는다. 우크라이나의 감시요원들은 1986년 6월 말까지 대기에서, 식수에서, 우유에서 방사성 아이오딘을 검출했다.[21]

원자력발전소를 중심으로 반경 30킬로미터 내의 출입금지구역에서 실시된 대피는 조직하는 데 수일, 실행하는 데 2주가 소요되었다. 대피가 지연되는 동안 피난민들은 방사성 아이오딘을 머금은 공기와 우유를 들이마시고 먼지 섞인 땀을 닦으면서 무심코 그것과 접촉할 수밖에 없었다. 성인보다 신체가 작고 무기물을 더욱 효율적으로 흡수하는 아이들의 경우, 방사성 아이오딘을 세 배에서 다섯 배 정도 더 많이 섭취하게 되었다.[22] 방사능이 없는 아이오딘 알약을 미리 먹으면 갑상선이 안정적인 아이오딘 원소로 포화되어 방사성 아이오딘이 갑상선에 침투하는 것을 막아준다. 우크라이나와 벨라루스의 과학자들은 아이오딘 알약을 나눠줄 것을 요구했다. 모스크바 지도자들은 공포가 퍼지는 걸 원치 않았기에 그저 장황한 말만 늘어놓았다. 결국 그들은 과학자들의 요구를 받아들였으나, 이는 사고가 발생한 지 며칠 또는 몇 주 후에 실시되었기 때문에 대개의 경우 너무 늦은 조치였다.[23] 후일 의사들은 아이오딘을 즉시 섭취한 아이들이 그렇지 않은 아이들보다 훨씬 상태가 좋았다고 기록했다.[24]

벨라루스 남부에 위치한 올라싀Ulasy 마을의 의사 마랴 쿠쟈키나 Maria Kuziakina는 내게, 그녀와 이웃들이 원자로로부터 불과 몇 킬로미터 떨어진 마을에서 어떻게 직접 원자로가 불타는 광경을 목도했는지를 알려주었다. 헬리콥터들이 머리 위로 날아다녔다. 그중 한 대는 벌판에 착륙했다. 작업복과 인공호흡기를 착용한 방사선 감시요원들이 헬리콥터에서 뛰어내리고는 여러 장비의 전원을 켰다. 마랴는 다음과 같이 기억했다. "우리는 그들과 이야기를 나누고 싶었어요. 하지만 그들은 그저 자기들이 가지고 온 상자의 바늘이 가리키는 수치를 본 뒤,

서둘러 헬리콥터로 뛰어가서 이내 날아가 버렸지요." 그로부터 몇 시간이 지난 후 집단농장장은 농장원들에게 전화를 돌려 나흘 이내에 집을 떠나야 한다고 통보했다. 야외작업은 전부 중단해야 했다. 모두 실내에 머무르라는 경고를 받았다. 마라는 집집마다 방문해 마을 사람들에게 아이오딘을 나눠주었다. 그들은 사고 발생 일주일 후에 집을 떠났다. 그 주 동안 방사능 수치는 시간당 400~1,900마이크로시버트를 오갔다.[25] 한 주 내내 쿠쟈키나는 매일 두 건에 달하는 컴퓨터 단층촬영CT 정밀검사를 받거나 연간 자연 감마 방사선의 50배를 들이마신 셈이었다. 쿠쟈키나는 방사능 수치를 몰랐지만, 이웃들이 멀쩡해 보이지 않는다는 사실은 알고 있었다. 마라는 한숨을 내쉰 뒤 다음과 같이 덧붙였다. "마을을 벗어나는 버스에서 우리는 모두 일광화상, 그것도 낯선 보랏빛의 화상을 입었어요. 그들은 모두 세상을 떠났습니다. 올라싀 출신 가운데 지금껏 살아 있는 사람 10명 빼고는 아무도 생각이 나지 않네요."[26]

피난민들이 재정착 지역에 도착하고 꼬마들이 하계 야영지에 내리면서, 의료진은 갑상선에서 검출되는 선량에 따라 사람들을 A에서 G그룹으로 분류했다. 2시버트 이상 쪼인 어린이들은 21일간 병원에 입원해 몇 가지 검사를 받았다.[27] 의사들은 7시버트 이상의 사람들은 별도로 마련된 병동의 살균 천막에 수용했다.[28]

나댜는 병원에서 보낸 시간을 기억했다. "그들은 우리의 피와 소변을 채취했고, 우리를 쿡쿡 찔러대면서 검사했어요. 그리고 나서 일주일 뒤에 똑같은 일을 모두 다시 했죠." 의료진은 나댜에게 그녀의 추정 선량을 말해주지 않았다. 그녀의 의료 문서철은 "대외비"로 분류되었다. 병원 직원들이 그 문서철을 보려면 KGB 관리들의 허락을 받아야 했다.[29] 이후 프리퍄티 주민들의 선량 기록 대부분은, 병원장의 말을 빌리면 "기이한 정황" 속에서 흔적도 없이 사라졌다.[30]

나댜와 두 아들의 선량은 무척 높았던 것으로 보인다. 그들이 거의 두 달 동안이나 병원에 머물렀기 때문이다. 프리퍄티 주민들은 평균적으로 500밀리시버트의 방사선에 노출되었는데, 이는 소비에트 기준으로도 심각한 정도였다.[31] 체르노빌 사태에 대처하는 의사들을 위해 6월에 발행된 지침서에 따르면, 혈중 지표blood indicators가 정상으로 돌아오고 방사능 중독의 징후들이 사라지면 환자들은 병원 진료를 더 이상 받지 않게 되었다.[32]

베일에 싸인 소비에트 보건성 제3부가 바로 체르노빌 재난에 대처하는 의사들을 위한 의학용 지침서를 쓴 장본인이었다. 이 문건은 서구에서 생산된 방대한 방사선 의학 관련 서적과 달랐다. 서구의 경우 관련 서적은 대개 장기간에 걸쳐 대규모로 수행된 히로시마와 나가사키의 "일본인 원폭 생존자 수명 연구"에서 파생되어 나온 것이었다. 1950년 미국 원자력위원회The U.S. Atomic Energy Commission는 "수명 연구"에 착수했다. 최종적으로 조사관들은 12만 명의 생존자에 더해 7만 5,000명의 후손을 연구에 포함시켰다. 그들은 인구 동태 통계, 여러 가지 종류의 암, 사인死人들을 추적했고, 이를 생존자가 후일 기억한 바대로 폭격 당시 조사 대상자가 거주했다고 보고한 위치에 기반하여 정교하게 집계한 추정 선량과 대비시키며 정보를 편성했다.

원자폭탄은 두 가지 방식으로 방사능을 산출했다. 폭발과 함께 일본인 생존자들은 흡사 아주 커다란 엑스선을 1초보다 짧은 시간 동안 쬐인 것처럼 단일하지만 무척 거대한 규모의 방사선에 노출되었다. 버섯 구름이 사라지고 난 뒤에는 방사능 낙진이 히로시마와 나가사키 주변에 내려앉았고, 기류에 실려 더욱더 먼 곳으로 두 번째 방사능을 퍼뜨렸다. 일본인 의사들은 폭격 이후 히로시마와 나가사키로 온 사람들이 방사선 장애로 인해 건강이 악화되었다는 사실을 두고 골똘히 생각했다. 미국 의사들은 히로시마와 나가사키의 재건 작업에 참여한 미군 병사들이 기이한 화상을 입고, 그들의 백혈구 및 적혈구 수치가 절반으로 줄어들었다는 점을 인지했다.[33] 일본 언론은 이러한 폭격 이후의 증상들이 정체를 알 수 없는 "원자 중독atomic poison" 때문이라고 보도했다.

맨해튼 프로젝트Manhattan Project를 총괄한 레슬리 그로브스Leslie Groves 장군은 이러한 언론의 의혹을 듣고 나서 마음이 극도로 동요되었다. 만일 새로운 원자폭탄이 화학 및 생물학 무기와 동일하게 금지 군수품으로 분류될 경우, 그간 투자된 (2016년 미화 가치로) 200억 달러가량의 연구비는 물거품이 될 것이고, 미국인들은 1차 세계대전 당시 겨자가스를 실전에 도입한 독일인만큼 도덕적으로 지탄받을 것이기 때문이다.[34] 이러한 결과를 두려워한 그로브스는 원폭 피해자와 관련해 일본에서 생산된 진료 기록, 의료 기록, 슬라이드, 영상촬영물에 대한 대대적인 압수를 명령했다. 그는 방사성 독소가 잔존한다는 주장을 반박하기 위해 조직적인 언론 공세를 펼치기도 했다. 그는 원자폭탄을 아주 강력한 재래식 폭발물에 불과하다고 설명했다. 살상력이 뛰어나서 열화상 정도의 평범한 원인으로 엄청난 수의 일본인이 살해됐을 따름이라는 것이다. 원자폭탄이 내뿜은 방사능에 대한 검열은 이후 수십 년간 지속되었다. 오늘날에도 미국 국립문서고U.S. National Archives에서 히로시마가 받은 물리적 피해에 관한 미육군 보고서의 의료 부분은 찾을 수 없다. 이상하게도 체르노빌이 건강에 미치는 영향을 두고 벌어진 논쟁이 정점을 찍었던 1990년대에 해당 의료 부분은 다시 한번 기밀로 분류되었다. 역사가 재닛 브로디Janet Farrell Brodie에 따르면, "수년간 방사선은 원자폭탄의 영향 가운데 가장 덜 공개됐고 가장 덜 이해된 영역으로 남아 있다."[35]

후일 미국 조사관들은 원자폭탄의 낙진을 인정했다. 그들은 이를 "잔류 방사선residual radiation"이라고 칭했다. 그럼에도 미국 조사관들은 해당 선량을 재구성하는 것이 "불가능하다"는 믿음, 그것이 "평균적으로 봤을 때는 적은" 양으로 "일축해도 좋을 정도"라는 판단 때문에 자신들이 조사한 생존자의 추정 선량에 낙진을 포함시키지 않았다.[36] 하지만 폭격 직후 첫 두 달 동안 낙진에서 나온 추정 선량은 방사능 중독과 각종 암 및 갑상선 질병을 유발하기에 충분한 100~1,000밀리시버트 정도로 상당한 수치였다. 혈액학자 윌리엄 멀로니William Maloney는 "수명 연구"의 첫 단계가 진행되는 동안 일본에서 근무했다. 그는 폭발 지점으로부터 수마일 거리에 있는 사람들 가운데 일부가 높은 백혈병 발병률을 보였음을 발견했고, 이를 토대로 물리학자들이 보고한 저선량을 어떻게 봐야 할 것인지를 골똘히 고민했다. 그는 낙진으로부터 야기된 저선량에의 반복적 노출이 결국에는 폭탄의 단일한 대규모 선량보다 더욱 많은 암을 유발했을 것이라고 추정했다.[37]

"수명 연구"는 냉전 기간 동안 미국 후원자들의 흥미를 가장 많이 유발했던 질문, 즉 핵공격을 직접적으로 받은 인구가 입는 피해를 추정하는 데 유용했다. 물론 이 연구는 "잔류 방사선"을 고려하지 않았기 때문에 연구 결과 자체로 핵사고나 핵폭발에서 오는 잔여 낙진, 또는 폭탄 공장에서 배출되는 방사선 등 만성적 저선량 노출로 인한 건강 피해를 밝히기에는 다소 부족했다. "수명 연구"에는 또 다른 중요한 결점이 있었다. 연구가 원폭이 투하된 지 5년 후인 1950년에 시작되었던 것이다. 따라서 1950년 이전의 사망, 유산, 선천적 기형, 생존자 가운데 발병한 질병 등은 기록되지 않았다. 이러한 점은 최초 노출 이후 첫 수개월에서 수년 동안 만성적 저선량이 건강에 끼친 여러 영향에 대한 부분을 빈칸으로 남겨놓았다.

이 같은 문제에도 불구하고, 서구의 방사선학 전문가들은 그 규모와 장기간에 걸친 후속 작업을 고려하여 "수명 연구"를 방사선 역학에서 쓰이는 일종의 금본위제로 간주했다. 이 연구는 또한 기존의 위험과 관련하여 초과상대위험도ERR(Excess Relative Risk)✤로 표현되는, 즉 일반 모집단의 예상 선량과 위험 추정치를 산출하는 데도 매우 중요한 역할을 했다. 서구의 유행병학자들은 용량-반응 모형을 만들 때에도 ERR을 이용했다. 용량-반응 모형은 기본적으로는 다양한 선량에 노출될 때 건강에 어떤 영향이 있는지에 대한 예측으로, 원자력 산업을 규제하는 한편 대중에게 의료행위에서의 방사선 노출과 원폭 실험에서의 낙진 등에 관해 알릴 때 쓰일 수 있는 유용한 도구였다. 1986년에 이르러서 "수명 연구"는 원폭 생존자 및 태내 피폭된 아이들이 특정 암에 걸릴 확률이 증가하긴 했지만 선천적 기형 또는 여타 질병과 관련해 추가적인 위험은 없었음을 보여주었다. 연구자들은 1시버트 이하의

✤ 특정 위험요소에 노출된 사람의 발병률과 노출되지 않은 사람의 발병률과의 비율을 말한다.

방사선에 피폭된 사람들의 경우 방사선병을 앓지 않았고, 같은 노출량에서 이미 예상된 암의 발병만 아주 약간 증가했다고 결론 내렸다.[38] 그들은 1시버트를 초과하는 높은 수준의 방사선에 노출된 생존자들만이 통계적으로 위중한 건강상의 충격을 받았음을 발견했다.

소비에트 연구자들은 "수명 연구" 관련 문헌들은 읽을 수 있었으나 냉전의 비밀주의 때문에 연구 데이터에는 거의 접근할 수 없었다. 1986년 러시아 과학자들이 유엔 관리들에게 어떻게 생존자 연구가 수행되었는지에 관해 "정확한 정보"를 요구했을 때, 그들은 단지 이탈리아에서 일어난 화학 폭발 사고에 관한 데이터만을 건네받을 수 있었다.[39]

체르노빌 이전 수십 년간 앙겔리나 구시코바 같은 소비에트 과학자들과 의사들은 일급비밀로 분류된 병동에 고립되어 방사선 의학을 발전시켰다. 소비에트 과학자들은 우랄 남부에 위치한, 오염물질을 엄청나게 뿜어내던 마야크 플루토늄 공장 인근의 방사능으로 가득한 테차강Techa River 주변에 거주하던 마을 사람들을 상대로 장장 40년간 세세대에 걸쳐 연구를 진행했다. 1986년에 이르러 소비에트 연구자들은 테차강 주변 거주자들 가운데 만성적 저선량에 노출된 사람들의 사망률이 엄청나게 증가했고 일본인 원폭 생존자들의 암 발병률보다 두세 배 더 높았음을 발견했다.[40]

테차강의 비극에서 어렵사리 얻어낸 지혜는 체르노빌 사태를 다루기 위해 비밀리에 발간된 의학 지침서에 녹아들었다.[41] 서구의 "수명 연구"와 달리 소비에트의 지침서는 각 기관별 암 발병 예측 도표, ERR 위험도 추정치, 용량–반응 계산을 포함하지 않았다. 대신 지침서는 방사능 노출에 따라 즉각적으로 나타나는 증상과 고선량에서부터 저선량에 이르기까지 방사능에 노출된 신체에서 일어나는 변화를 서술했다. 소비에트 의사들은 1시버트라는 문턱 대신 건강 문제라는 일종의 연속체를 상정하고, 그것을 이 개념에 적용할 수 있도록 온건한 정도에서 극심한 정도까지 등급을 나누었다. 그들은 아동과 태아가 중선량 방사능(100~400밀리시버트)에 특히 민감하다는 점을 발견했다.[42] 그들은 저선량에의 장기간 노출을 만성방사선증후군CRS(Chronic Radiation Syndrome)이라고 명명하면서 불쾌감, 두통, 낮은 업무 수행능력, 식욕 상실, 수면 장애, 불면증, 잇몸 출혈, 간·신장·갑상선·생식 기관·호흡기·소화기관의 장애 등을 포함한 불특정 증상의 복합체라고 정의했다. 미국 과학자들에게는 이와 같은 세심한 이해는커녕, CRS와 같은 만성적 노출에 상응하는 범주조차 없었다. 비밀 외교 통로를 통해 이를 알게 된 미국 군사과학자들은 러시아 조사관과의 협업을 더 많은 것을 알아낼 수 있는 "유일무이한 기회"로 보았다.[43]

어느 무더운 여름날 나댜와 이야기를 나누다가 그녀의 목에서 선명한 갑상선 수술의 상처자국을 볼 수 있었다. 나는 수년간 슬라부티치를 찾으면서, 사고 이후 강산이 여러 번 바뀌는 동안 나댜에게 좋은 날도 있었고 나쁜 날도 있었음을 알게 되었다. 나쁜 날들이 지속되는 동안에는 편두통, 심장 질환, 피로 등이 그녀를 침대에 묶어두었다.

1986년 당시에는 의사들이 환자를 치료하기 위해 할 수 있는 것이 별로 없었다. 방사성 동위원소는 몸에서 쉽사리 떠나지 않는다. 환자에게 비타민, 항생제, 피폭되지 않은 음식으로 만든 식단을 제공하는 것 정도가 의료진이 할 수 있는 최상의 일이었다. 이러한 측면에서 보면, 소비에트 시민들은 병원에서 보살핌을 그나마 잘 받은 셈이었다. 나댜에게 붉은 포도주가 제공되는 동안 그녀의 자녀들은 이국적인 오렌지 주스를 즐겼다. 그들은 붉은 고기, 바나나, 만두, 흰 빵, 초콜릿, 사탕 등을 먹었다. 속을 잘 채우고 병원 단지를 벗어나지 않으면서 거의 움직이지 않는 것이 치료였다. 나댜와 그녀의 아들들은 첫 비행에 나서는 소비에트 우주비행사나 큰 경기를 준비하는 올림픽 대표 선수들 같은 대우를 받았다. 거의 모든 물질적 소망이 이뤄졌다. 만성적인 결핍이나 제한된 소비자 선택과는 거리가 멀었다. 핵사고를 겪지 않았던 이상적인 소비에트 사회에서의 삶을 본뜬 치료가 그들의 희생된 신체에 제공되었다.

나댜는 그걸 떠올리며 웃었다. "그 모든 사치스러운 음식에 신물이 날 정도였어요! 그들은 진정으로 우리를 돌봐주었지요."

어느 날 그의 열 살배기 아들 슬라빅Slavik이 병동에서 울고 있었는데 마침 그때 최고위 의사가 그의 곁을 지나가고 있었다. 그는 슬라빅에게 왜 화가 났는지 물었다. 슬라빅은 다소 뻔뻔스럽게 말했다. 그는 의사에게 엄마가 불가리아로 해외여행을 갔다가 금속제 단추가 달린, 거의 미제美製 바지만큼이나 좋은 바지 한 벌을 자신에게 사다주었다고 말했다.

의사는 "그래서 뭐가 문제니?"라고 급하게 되물었다.

몹시 짜증이 난 소년은 자신이 입고 있던 소비에트제 폴리에스테르 바지와 셔츠를 가리키며 "그들이 내 좋은 바지를 가져가놓고 대신 이런 누더기를 입으라고 줬어요"라고 설명했다.

나댜는 숨을 죽인 채 최고위 의사에 입에서 나올 희생, 민족, 의무, 불경에 관한 질책을 기다렸다. 의사는 질책 대신 간병인에게 나가서 소년이 원하는 새 바지와 셔츠 한 벌을 사다 주라고 지시했다. 간병인은 나간 지 몇 시간 만에 돌아와 슬라빅과 그의 형에게 새 옷을 주었다.

나댜에게 이 이야기는 국가와 시민의 관계에 관한 것이었다. 7호 병원과 그곳에 비축되어 있던 각종 진미珍味는 소비에트 사회주의가 이룩한 후견식 경제체제의 구현이었다. 시민들은 자신이 가진 모든 것을 국가에 내놓았고 필요할 경우에는 자신들의 건강을 희생했으며, 그 반대급부로 국가는 그들을 성심성의껏 돌보았다.

퇴원과 함께 나댜는 여권과 7호 병원의 피후견인으로서 그곳에 머물렀음을 증명하는 문서를 지급받았다. 의사는 그녀에게 어디로 갈 예정인지 물었다. 그녀는 다음과 같이 대답했다. "글쎄요, 프리퍄티로 돌아가 일터로 복귀해야겠어요. 노후 연금을 받기 위해서는 일을 해야 하거든요."

의사는 가볍게 웃었다. "당신이 조국에 기여한 바는 열 번의 연금과 맞먹소."

때는 모스크바의 8월이었다. 나댜는 가족의 잃어버린 재산에 대한 지불을 돕기 위해 약속된 보조금 200루블을 받으려고 우크라이나공화국 영사관으로 향했다. 그녀는 모스크바 시민들이 무리를 지어 푸시킨의 시를 암송하는 푸시킨 광장을 가로질렀다. 그녀는 한 경찰관에게 영사관이 어디 있는지 물었다. 그는 퉁명스럽게 방향을 일러주었으나 그녀는 영사관을 찾지 못했고 결국 반시간 만에 같은 경찰관에게 돌아와 다시 물었다. 그러자 경찰관은 그녀에게로 시선을 돌려 신분증을 요구했다. 이는 그녀가 의심을 샀다는 신호였다.

그녀는 그 경찰관이 왜 그렇게 퉁퉁거렸는지 서서히 깨달았다. 자신이 갓 석방된 여성처럼 보였던 것이다. 삭발한 그녀의 머리칼은 띄엄띄엄 자라고 있었다. 그녀는 정부가 제공한 옷과 너무 크기가 작아 발을 피로 얼룩지게 한 신발을 신고 있었다. 경찰관이 자신을 부랑자로 생각했다는 사실을 깨닫고 그녀는 격노했다. 자신이 가지고 있던 아파트, 가구, 돈, 직장, 공동체를 전부 잃었는데, 이 남성은 자신을 기생충이라고 생각했던 것이다. 그녀의 분노는 모스크바 경찰관의 면상에 대고 고함을 치고 싶다는 주체할 수 없고 위험한 충동으로 전이되었다. 그녀는 푸시킨 애호가들이 고개를 돌려 바라볼 정도로 목소리를 높여 비명을 질렀다. 그들이 몰려와 주위를 둥글게 에워쌀 동안, 나댜는 눈물을 펑펑 쏟으며 자신이 프리퍄티에서 왔고, 집을 잃었으며, 그들이 자신의 머리칼을 자르고 옷을 가져갔고, 자신에게는 아무것도 남지 않았으며, 단지 우크라이나 영사관을 찾고 싶었을 뿐이라고 고함을 질러댔다.

그녀가 고함을 치고 발길질을 해대자 그녀의 너무나도 작은 신발이 물집 가득한 발에서 벗어나 날아갔고, 지갑은 땅바닥에 떨어졌다. 흥분한 나머지 그녀는 입고 있던 셔츠를 찢어버렸다. 누군가가 그녀의 문서를 집어들었고, 군중들은 그것을 돌려보았다. 병원 증명서를 보고 나서 목격자로 바뀐 행인들은 증원을 요청하기 위해 휴대용 무선 통신기를 움켜쥔 경찰관에게 조용히 욕설을 퍼붓기 시작했다. 한 여성이 나댜가 똑바로 설 수 있게 부축하면서 옷매무새를 바로잡아주고 셔츠의 단추를 잠가주었다. 경찰관은 그녀를 영사관으로 데려다주기 위해 홀연히 나타난 검은 승용차로 안내했다. 군중 속 누군가가 행인들이 십시일반으로 모은 약간의 현금뭉치를 그녀의 손에 쥐어주었다.

2015년, 나댜는 평소답지 않은 신랄한 논조로 내게 다음과 같이 말했다. "만일 사고가 지금 터졌다면 그런 일들은 하나도 일어나지 않았을 겁니다." 그녀는 "우리는 아마 프리퍄티에서 죽게 내버려졌을 거예요"라고 내뱉었다.

그녀는 그릇 안의 다 녹은 아이스크림을 휘휘 저으면서 뺨에 흐르는 눈물을 닦았다. 나댜는 내전이 우크라이나 동부를 덮쳤던 2014년의 마이단 혁명Maidan Revolution❖을 그다지 달가워하지 않았다. 그녀는 스스로를 우크라이나에 거주하는 러시아인으로 인식했고, 더 이상 우크라이나를 고향으로 여기지 않았다.

그녀는 광장 곳곳을 가리키며 다음과 같이 말을 이어 나갔다. "소비에트 연맹일 때는 사람들이 서로를 존중했어요. 그들은 서로를 두고 호홀리Khokhly 또는 모스칼리Moskali(우크라이나 촌놈들 또는 모스크바 속물들)라고 부르지 않았지요. 우리는 그저 같은 연맹의 공민들이었고, 또 같은 말을 썼어요. 유독 그 경찰관만이 나를 모질게 대했죠."

나댜가 퇴원한 뒤 재정착을 담당하는 한 관료가 그녀에게 아주 근사한 직장과 대부분이 선망하는 모스크바의 아파트를 제안했다. 그녀는 둘 다 거절했다. 그녀는 그저 아늑하고 평화로운 프리퍄티의 집으로 돌아가길 원했다. 1986년에 그러한 바람은 오늘날 달에서 살길 소망하는 것과 다름없는 공상이었다. 그녀는 1986년 가을, 두 개의 원자로가 가동을 재개했을 당시 체르노빌 발전소에 취직하려고 했다. 하지만 당국은 여성, 특히 아이가 있는 여성을 채용하지 않았다. 대신 그녀는 리브네Rivne 원자력발전소에 취직한 뒤,

❖ 2014년 2월 우크라이나 키예프에서 벌어진 시위를 일컫는 말로, 이는 곧장 전국적인 봉기로 이어져 친러시아 성향의 빅토르 야누코비치Viktor Yanukovych 대통령은 대통령직을 잃었다.

1989년 원전 종사자를 위한 새로운 도시인 슬라부티치가 주민들에게 개방되었을 때 체르노빌 발전소로 이직했다. 과거 프리퍄티에 거주했던 다른 많은 사람들 또한 슬라부티치에 정착했다. 이곳은 나댜가 집에 갈 수 있을 만큼 가까웠다.

우리는 커피 값을 치른 뒤 슬라부티치를 거닐었다. 우리는 유치원을 지나게 되었다. 슬라부티치의 각 구역에는 소비에트 연맹에 속한 공화국 여러 곳에서 파견된 건축가들이 설계한 자체 유치원이 있다. 예레반 Yerevan 구역의 학교는 햇볕에 탄 오렌지색으로 칠해졌고, 아르메니아의 절벽에서 가져온 붉은 돌이 박혀 있었다. 학교의 문과 창문에는 팔각형 모양의 연철 철조망이 쳐져 있었다. 건물은 공원 같은 커다란 정원으로 둘러싸여 있었고 널찍한 야외 교실과 지붕이 달린 베란다도 있었다. 광경은 매혹적이었고 심지어 축제와도 같았다.

솔직히 나는 부러움을 느꼈다. 나는 아이를 워싱턴 DC의 한 어두컴컴한 교회 지하에 있는 유치원에 보내기 위해 내 월급의 상당 부분을 지불했다. 내 아들은 이곳 슬라부치티처럼 아이들을 위한 빛으로 가득하고 널찍한 대저택의 사치와 배려 가운데 아무것도 가지지 못했다. 소비에트의 계획 설계자와 교육자들이 오랜 시간 어린이에 집중하긴 했지만, 이러한 건물들에는 행동 적응에 대한 일반적인 사회주의적 집착보다 훨씬 많은 것들이 배어 있었다. 슬라부티치의 정교하고 화려하게 장식된 유치원들은 아이들의 복지와 아이들의 미래에 대한 어른들의 두려움이 어떻게 사고 극복에 전념하던 체르노빌 이후 사회의 중심에 자리하게 되었는지를 보여준다.

바로 그것이 나댜가 한 일이었다. 그녀는 재난을 피해 도망치기보다는 그 참사로 되돌아갔다. 그녀는 연금 수령 자격을 얻기 전까지 체르노빌 원자력발전소에서 근무했다. 그녀는 아들들을 슬라부티치에서 키웠다. 그녀는 민속합창단에 나가기 시작했고, 소련에서 마지막으로 세워진 이 새로운 도시의 거의 모든 이를 알고 지냈다. 그녀는 기회가 있을 때마다 노래를 불렀다.

그날 저녁 우리는 슬라부티치 인근으로 여행을 떠났고, 그녀의 합창단 친구인 올가Olga와 함께 들판을 거닐었다. 저무는 태양은 밝은 황토색 빛줄기를 비스듬히 비추면서 피부와 머리칼을 금빛으로 물들였고 나댜의 입술이 눈부신 선홍빛으로 번뜩이게 했다. 우리는 그림자가 길어지고 초원을 가르는 적송赤松에서 빛이 흘러나오는 광경을 지켜보았다. 끝을 향해 치닫던 그날은 삶의 여정 곳곳에 세워지는 이정표처럼 슬프고도 달콤하게 마무리된 날들 중 하루가 되었다. 그 일렁이는 석양의 광휘 안에서 나는 여름밤의 장엄함을 느꼈다. 나댜가 숨을 들이쉬는 모습도 보았다.

나댜는 천천히 팔을 들어 올려 좌우로 돌렸다. 때맞춰 올가도 따라했다. 그녀의 긴 팔목이 머리 위로 올라갔다. 그녀의 호리호리한 몸매가 두드러졌다. 한 명은 키가 작고 한 명은 키가 컸던 두 친구는 우리를 둘러싼 초원의 꽃들을 본뜬 꽃무늬 드레스를 입고 춤을 추었다. 그들의 목소리가 합쳐져 슬라브족 민요에서 보이는 무조無調의 조화를 이루었다. 그저 그렇게 하려던 것처럼 노래는 저녁 풀밭의 활짝 열린 공간으로 퍼져나갔고, 에워싸는 황혼의 벽에 부딪혀 메아리쳤다. 그 초원에서, 텅텅 빈 마을에서, 사람들이 사라진 대지에서, 우리는 바로 그 순간을 위해 마련된 즐거움을 경험했다.

비를 부르는 사람들

유리 이즈라엘Yuri Izrael은 무척이나 유감스러운 결정을 내려야 했다. 그는 강력한 소비에트 국가수문기상학水文氣象學위원회를 총괄했다. 연기를 내뿜는 체르노빌 발전소에서 불어오는 방사능을 추적하고 대처하는 것이 그의 일이었다. 사고가 터진 지 48시간이 지나 보좌관이 그에게 거칠게 그려진 지도를 건넸다. 지도에는 원자력발전소에서 북동쪽으로 화살표가 그려져 있었다. 화살표는 벨라루스를 거쳐 러시아로 맹렬히 밀려드는 10마일 너비의 공기의 강江으로 확장되었다.[1] 이 천천히 움직이는 방사성의 구름덩이가 점점 커지고 있던 모스크바 상공의 봄철 폭풍우 전선에 닿을 경우, 수백만의 인구가 피해를 입을 수도 있었다.

이즈라엘의 결정은 쉬웠다. 비를 만드는 것이다.

그날, 모스크바 공항에서 기술자들이 포탄에 아이오딘화은을 탑재했다. TU-16 폭격기 조종석에 올라탄 소비에트 공군 조종사들은 원자로

여름과 가을 동안 공군 조종사들은 벨라루스의 일부 지역에서
리게 하는 작전을 지속한 반면, 우크라이나의 일부 지역을 순항
조종사들은 다섯 달이나 지속된 가뭄을 불러왔다.[10]

능비는 모스크바에는 내리지 않았고, 우크라이나에만 조금 내
만일 사이클론 작전Operation Cyclone이 일급비밀이 아니었다면,
1면 머리기사는 다음과 같이 극적이었을 것이다. "과학자들이
기술을 이용해 러시아와 우크라이나를 기술적 재난으로부터 구
그렇지만 오랜 격언이 일러주는 바와 같이, 위로 올라간 것은
내려가기 마련이다. 우크라이나에 내리지 않았던 비는 자주 부
람에 실려, 여름에 보통 더 시원하고 축축한 벨라루스의 북쪽과
으로 옮겨갔다.

무도 벨라루스 사람들에게 벨라루스공화국의 남쪽 절반이 러시아
크라이나의 도시들을 보호하기 위해 희생되었다고 말해주지 않았
인공강우가 내린 지역에는 벨라루스 사람들 수십만 명이 살고 있었
고 직후 어떤 지역을 대피시킬지 결정하는 과정에서 모스크바의
관료들은 핵폭탄 표적 지도의 단순한 논리를 따랐다. 그들은 연기
내뿜는 원자로 주변에 반경 30킬로미터의 원을 그렸고, 그곳의 주민
을 전부 대피시키라고 지시했다.[11] 그들은 우크라이나에서 9만 명을
주시켰으나, 더욱 심하게 오염된 벨라루스에서는 단지 2만 명만 대
시켰다. 소비에트 지도자들이 "가장 오염된 지역들"에서 다른 곳으
사람들을 재정착시켰다는 것은 신화에 불과하다.[12] 체르노빌에서
킬로미터 떨어진 곳에 위치한 모길료프주 지역사회는 노출 정도를
록한 도표에서 최상위를 차지했다. 아무도 모길료프 지도자들에게

가 타버린 체르노빌까지 한 시간 정도의 비행을 손쉽게 마쳤다. 조종사
들은 원자로를 중심으로 10킬로미터 구역을 빙빙 돌았다. 기상상태에
따라 그들은 30, 70, 100킬로미터의 거리를 비행해 칠흑처럼 까만 방
사성 폐기물의 연기를 뒤쫓았다. 방사성 구름을 따라잡았을 때, 그들은
구름에 아이오딘화은줄기를 쏴서 비를 해방시켰다.

붉은 군대 조종사들에게 구름에 비의 씨앗을 뿌리는 것은 전혀 생소
한 일이 아니었다. 소비에트 과학자들은 1941년 기상 조작 관련 연구에
돌입했다. 1950년대 초, 그들은 "구름 물리학" 전담 연구소를 세우기도
했다. 붉은 군대의 장성들은 미국인 경쟁자처럼 전투에서 승리하고 대
중도 만족시키기 위해 기상을 조절하는 꿈을 꾸었다.[2] 기상 조작은 다
른 용도로도 많이 쓰였다. TU-16 폭격기들은 처음에는 1980년도 모
스크바 하계 올림픽을 전후해 하늘을 말끔히 하는 작업에 투입되었다
(참여를 거부한 미국 선수단은 맑게 갠 날씨를 놓쳐버렸다). 소비에트의 가장
큰 명절인 5월 1일과 11월 7일❖이 비가 많이 오는 러시아의 봄과 가을
이었기 때문에 조종사들은 사회주의 노동자와 장병들의 종대 행진을
사열하는 주석단의 지도자들 위에 머무르던 폭풍우를 몰아냈다. 모스
크바 시정부는 제설 작업 비용을 낮추기 위해 구름을 주무르기도 했다.
소비에트 공항들은 안정적인 착륙을 위해 안개를 쫓아냈기도 했다.[3]

체르노빌 북쪽으로 48킬로미터 지점에 위치한 벨라루스의 한적한 마
을 나로블랴Narovlia의 주민들은 비행기들이 노랗고 회색빛을 띠는 이
상한 비행운을 그리며 백랍白鑞색 하늘을
가로질러 구불구불하게 비행하던 모습을
기억하고 있었다.[4] 4월 27일 오후 4시경부

❖ 5월 1일은 노동절, 11월 7일은
10월 혁명 기념일이다.

터 불기 시작한 강렬한 바람은 이내 마을 주위의 어스름한 소나무숲을 훑었다. 경작된 평야를 가로지르던 뭉게구름이 위쪽을 향해 급속히 커졌다. 아이오딘화은이 습기를 끌어들였고 물을 잔뜩 머금은 다른 알갱이들과 합쳐졌다. 구름은 더욱더 높이 쌓여서 우락부락하게 생긴 기체의 산을 형성했다. 오후 8시, 우레가 치기 시작했고 폭우가 쏟아져 내렸다. 호우는 새벽 6시까지 밤새 이어졌다. 비슷한 날씨가 다른 벨라루스 마을인 호이니키와 브라긴Bragin을 강타했으나 인구 50만의 도시 고멜은 비껴갔다. 빗방울은 지상 200미터의 대기 중에 떠다니던 방사성 먼지를 머금은 뒤 지상으로 내려보냈다.[5] 조종사들은 천천히 움직이는 핵폐기물의 기체덩이를 좇아 고멜을 지나 이웃한 모길료프주Mogilev Province 상공으로 진입했고 그곳에서 다시 한번 강우를 만들었다.[6] 조종사들이 아이오딘화은을 발사한 곳에서 빗방울은 보통 원자로의 불을 끄기 위해 쓰인 중금속과 십수 가지의 방사성 원소가 뒤섞인 독성 혼합물과 함께 낙하했다.

날씨에 손대는 일은 까다롭다. 실수가 많이 발생할 수 있지만 조종사들의 작업은 성공적으로 수행되었다. 모스크바, 보로네시Voronezh, 야로슬라블Yaroslavl 등 러시아의 대도시에는 비가 내리지 않았다.

2006년 블라디미르 푸틴Vladimir Putin 대통령은 공군 사이클론-N 비행단Cyclone-N Brigade 단장 알렉산드르 그루신Alexander Grushin에게 체르노빌 사고 이후 러시아인의 목숨을 구하는 데 혁혁한 공을 세운 점을 치하하며 훈장을 수여했다. 이 훈장을 받음으로써 그루신은 마침내 자신의 비밀 임무에 관해 자유롭게 발언할 수 있게 되었다. 그루신은 기자에게 다음과 같이 말했다. "우리는 젊었고, 방사선에 관해서는 그

다지 생각하지 않았습니다. 우리가 받는 ㅅ 지도 몰랐고요." 그루신은 우크라이나의 ㅎ 이 마무리되자 비로소 걱정하기 시작했다. ㅅ 사선 감시요원들이 우리 비행기 쪽으로 다 "그들은 가이거 계수기를 가지고 있었어요. 더니 흡사 명령이라도 받은 것처럼 모두가 ㅇ 서 내빼기 시작했지요! 그렇게 빨리 달린 ㅅ 정도입니다." 조종사들은 임무 수행 도중 치ㅅ 다. 이 때문에 그들의 소화기관은 아수라장이 으며 장기와 노출된 손발에서 조직 손상이 진ㅎ 은 40대였음에도 불구하고 목발을 짚고 걸었다 를 절단했다. 다섯 명의 조종사는 위의 일부를 들 가운데 대다수도 병자였다.[7]

우크라이나에서도 조종사들이 날씨를 조작하기 강우 대신 햇빛을 바랐다. 수문기상학연구소Instit 소속 민간 조종사들은 30킬로미터 출입금지구역ㅇ 을 쫓아내는 임무에 나섰다. 그들은 여름철 강한 ㅂ 나 전역에 담수를 공급하는 대동맥인 드니프로강ㄷ 들어가는 프리퍄티강이 범람할 것을 우려했다.[8] 5ㅇ 고 9월부터 12월까지의 기간 동안 수행된 주간 작ㅅ 조종사들은 9톤에 달하는 시멘트와 구름의 습기를 ㅂ 물인 시멘트 600을 발전소 주변 80킬로미터 길이의 벨라루스와 우크라이나에서 수행된 작전은 상반된

그들 주위로 비를 부르는 조종사들이 짙은 방사성 낙진을 퍼뜨리고 있다는 사실을 통보하지 않았다.[13] 대피를 담당한 병사는 한 명도 나타나지 않았다. 사람들은 자택에 남았다. 이즈라엘은 조종사들의 비행경로 아래에서 세심하게 계획된 대로 방사선이 퍼져나가는 모습을 보여주는 지도를 몰래 간직했다.

하지만 몇몇 비밀은 감추기 어려운 법이다. 4월 28일, 벨라루스의 선도적 물리학자 바실리 네스테렌코Vasily Nesterenko는 벨라루스 공산당 당서기 니콜라이 슬륜코프Nikolai Sliun'kov의 집무실에 찾아갔다. 네스테렌코는 자신의 원자력연구소에 있는 방사선 계측기가 왜 미쳐 날뛰는지에 대해 물었다. 슬륜코프는 연유를 알지 못했다. 그는 키예프의 우크라이나 당서기인 볼로디미르 셰르비츠키Volodymyr Shcherbytsky에게 전화를 걸었고, 셰르비츠키는 슬륜코프에게 벨라루스 국경에서 3킬로미터 거리에 있는 체르노빌 원자력발전소에서 화재가 났다고 말해주었다. 셰르비츠키는 모스크바의 지도자들이 그날 관련 회의를 진행했다고 말했다. 슬륜코프는 전화를 끊으며 다음과 같이 소리쳤다. "그들은 이웃이라고 하면서 우리에게 한마디도 하지 않았소! 모두가 그저 제 앞가림에 급급할 뿐이오."[14]

슬륜코프는 네스테렌코에게 "작업단"을 꾸려 남쪽으로 내려가 무슨 일이 벌어지고 있는지 확인하라고 지시했다. 네스테렌코의 작업단은 방사능 오염 지도를 종합하기 시작했다. 그는 4월 27일부터 5월 5일까지 발전소와 국경을 맞대고 있는 세 곳의 지상 1미터 지점의 대기에서 시간당 350~4,000마이크로시버트가 검출되었다고 계산했다.[15] 당시 성인 원전 종사자 한 명의 허용 선량은 시간당 28마이크로시버트였다.

체르노빌 사고 이전 성인과 어린이들의 최대 허용 선량은 그보다 더욱 낮았다.[16] 네스테렌코가 기록한 수치는 그보다 무려 천 배나 더 높았다.

러시아와 우크라이나 지도자들로 구성된 위원회는 모스크바에서 재난 관리를 위한 회의를 매일 진행했다. 그러나 그 위원회에 벨라루스 당국자는 단 한 명도 포함되지 않았다.[17] 몇몇 방사선 감시요원들이 체르노빌 현장 인근 지역에서 조치를 취하기 위해 벨라루스 남부로 향했다. 그들이 일전에 공군 폭격기들이 구름을 비틀어 짜서 말린 곳이자 체르노빌에서 멀리 떨어져 있는 곳이었던 모길료프주의 오염을 알아차리기까지는 일주일이 걸렸다.[18]

네스테렌코는 사고 직후 방사성 낙진이 떨어지는 와중에 열흘간 집에 머물렀던 벨라루스 사람들이 500~1,500밀리시버트의 선량에 노출되었다고 판단했다. 이는 왜 마을 사람들이 현기증과 쇠약증을 느끼고 방사선병 증상을 보였는지를 설명해준다.[19] 그 정도의 선량은 메스꺼움, 구토, 혈액 변화, 감염에 대한 민감성 증가와 같은 다른 증상들도 유발시키기에 충분했다. 이들이 바로 한때 지역 병원을 에워싸고 더 좋은 병원에 가기 위해 모스크바행 기차에 올라탄 사람들이었다. 네스테렌코는 슬륜코프에게 다음과 같이 썼다. "주민 대다수에게 치료가 필요합니다. 아울러 우리는 출입금지구역을 50킬로미터에서 70킬로미터로 넓힐 필요가 있습니다."[20] 사고 발생 3주 후, 사고에서 유출된 것 중 가장 만연했던 핵종인 방사성 아이오딘과 세슘—137이 강한 바람에 실려 계속 힘차게 내뿜어졌다. 몇 주 지나지 않아 해당 지역 주민들은 오늘날의 연간 허용 선량보다 더 많은 방사선에 피폭되었다.[21] 이토록 고도로 오염된 땅에 수십만 명의 사람들이 살고 있었다.[22]

고멜주의 주민들은 지도자에게 단체 서한을 보냈다. 대부분이 8학년 교육밖에 받지 못한 탄원자들은 이 비통한 편지를 통해 모스크바 관료들의 무시로 인해 전해지지 못한 소식을 벨라루스 지도자들에게 알렸다. 수백 명의 여성들은 남편과 십대 자녀들이 자신의 의지와 달리 대피 지역의 벌판으로 보내졌다고 썼다. "그들[높으신 분들]은 엄청나게 높은 방사능 수치에 대해 별로 대단치 않게 여깁니다. 우리 가족들은 시간당 3,500마이크로시버트가 검출된 지역에서 일했습니다." 그것은 농부들이 오늘날의 연간 허용 선량보다 세 배 높은 방사능에 매 시간 노출된 셈이나 마찬가지 수치였다. 여성들은 다음과 같이 이어나갔다. "군대는 우리에게 대피 구역의 폭이 80킬로미터여야 한다고 말했어요. 왜 우리에게 스스로 이동할 수 있는 기회가 주어지지 않았나요? 우리 브라긴, 호이니키, 나로블랴 지역 주민들은 멸종될 수밖에 없는 운명입니다. 제발 우리를 구해주세요!! 의학 연구를 한답시고 우리를 이 지역에 내버려두지 마세요."[23]

그들의 목소리가 뇌리에서 떠나지 않는다. 이 목소리들은 장차 초대형 재난으로 커져버린 한 문제에 관한 이른 소곤거림을 대변한다. 네스테렌코는 방사선이 야기할 잠재적인 위험을 이해한 뒤, 벨라루스 지도자 슬륜코프에게 긴급 서한을 보내 아이오딘 알약을 지급하고, 식품을 검사하고, 농사를 중단하고, 안전 조치에 관해 대중들에게 알리라고 제언했다.[24] 슬륜코프는 자신들이 긴급 사태를 다루고 있다는 네스테렌코의 견해에 분명하게 동의하지 않았고, 아무 제안도 실행하지 않았다. 대신 그는 공황에 대한 예방적 조치로 벨라루스 원자력연구소의 방사선 계측 장치들을 압수하라는 명령을 내렸다.[25] 그는 과학자들에게 잠

자코 앉아 모스크바의 지시를 기다리라고 말했다.[26]

바로 그때, 슬륜코프는 하염없이 모스크바만을 바라보는 일이 위험했다는 사실을 알았어야 했다.

체르노빌 생존 지침서

조작하는 사람들 \\\\\\\\

1991년 12월, 소련은 무너지고 있었고, 알라 야로신스카야Alla Yaroshinskaya
는 일급비밀 정부 문서로 가득한 묵직한 꾸러미를 들고 살을 에는 듯한 바
람이 부는 모스크바의 거리에 서 있었다. 야로신스카야는 체르노빌 사고
와 관련된 공권력 남용을 수사하는 최고 소비에트 소속 위원회의 위원이
었다. 1987년 6명의 발전소 조작원들에게 사고를 일으켰다는 명목으로
유죄가 확정되었으나, 야로신스카야는 단지 몇 명의 남성이 버튼을 잘
못 누른 행위보다 더 많은 무언가가 재난의 뒤에 도사리고 있을 것이라
고 의심했다. 두 해에 걸쳐 야로신스카야와 그녀의 동료들에게는 굳게
닫힌 공산당 문서고에 접근할 수 있는 특별 권한이 있었고, 그들은 소
비에트의 최상위 계층들이 태만으로 저지른 과실을 추적하는 보고서를
작성하기도 했다. 소련 해체의 혼란 속에서 야로신스카야는 1991년 성
탄절 직전 위원회 사무실을 찾았고 인부들이 문서 상자를 들고 나가는

광경을 목도했다. 그녀는 그들에게 어디로 가는 중이냐고 물었다. 하지만 인부들은 그저 어깨를 으쓱할 뿐이었다. 야로신스카야는 여태껏 진행한 작업이 사라져버릴지도 모른다는 우려에서 구조 임무를 계획했다.

야로신스카야는 첩자 활동을 전혀 낯설어하지 않았다. 그녀는 날아가버린 체르노빌 원자력발전소에서 150킬로미터 떨어져 있고 우크라이나의 지방색이 잔뜩 배어 있는 지토미르시의 신문사 소속 특별 기자로 일을 시작했다. 사고 직후 몇 달 동안, 그녀는 용감한 소방관들이 재난을 막고 방사능 수치가 감소했으며 긴급 사태는 종결되었다는 공식 설명을 믿었다.[1] 그러나 곧이어 인근 마을 사람들로부터 소문을 듣기 시작했다. 그녀는 편집장에게 보도 계획서를 써서 올려도 되겠냐고 물었다. 고전적인 당 신봉자였던 편집장은 답신에서 적개심이 가득 담긴 잡음만 내뿜었고, 이는 그녀를 더욱더 미심쩍게 만들었다. 야로신스카야는 시간을 내서 비밀리에 지방을 방문했다. 그녀는 그러한 여정을 책에 묘사했다. 소비에트 시기에 쓰인 대부분의 회고록처럼 그녀의 책에는 간단한 일을 수행하는 데 꼭 필요하긴 하지만 복잡하게 뒤엉켜 있는 일들, 이를테면 자동차를 구하는 일, 자동차에 넣을 기름을 구하는 일, 하루 휴가를 얻기 위해 직장에서 승인을 얻는 일, 우거지상을 하고 팔에 지방이 잔뜩 낀 회사 현관 접수계의 비서를 지나는 일, 그리고 모든 거래를 원활하게 만들기 위한 초콜릿을 구하는 일에 관한 긴 묘사들이 담겨 있었다. 야로신스카야는 오염 구역으로 지정된 마을에 도착하여 사람들과 대화를 나눴다. 그들은 그녀의 편집장이 전형적인 무지렁이에다가 믿을 수 없는 농부들의 입소문 정도로 여겼을 이야기들을 들려주었다. 마을 사람들은 방사능에 너무나 오염되어 마시기에 부적절했던 우유, 학교에서 어지럼증을 호소하다가 기절한 아이들, 당혹감으로 입이 떡 벌어진 동물들에 관해 말했다. 야로신스카야는 면담 기록을 기사화했다. 하지만 어떤 신문도 그 기사를 실어주지 않았다. 더욱 투명한 보도로 소비에트 사회를 대대적으로 일깨우겠다고 천명하면서 글라스노스트◆를 열심히 외친 신문사의 편집장들은 그녀의 이야기를 그냥 깔고 앉아 뭉갰다. 심지어 KGB에게 건네기까지 했다.[2]

그녀가 쓴 기사들은 3년 후인 1989년 미하일 고르바초프 주석이 체르노빌 사고에 대한 통제를 공식적으로 해금하고 나서야 비로소 세상의 빛을 볼 수 있었다. 기사들이 지면에 실리면서 야로신스카야는 곧바로 지토미르주의 영웅으로 등극했다. 청원자들이 그녀의 사무실에 물밀 듯이 몰려왔고 그녀의 명성은 널리 퍼져나갔다. 몇 달이 지나 소비에트 시민들이 상대적으로 개방적인 인민대표대회◆◆ 선거에서 최초로 투표권을 행사할 수 있게 되었을 때, 야로신스카야는 체르노빌과 관련된 문제들을 연맹 차원의 현안으로 부상시키고 해결책을 가져오겠다는 공약에 힘입어 선출되었다. 1991년 8월의 조용한 연휴 동안 다섯 명의 군부 지도자들이 국영 방송에 모습을 드러냈을 때, 그녀는 자신이 내건

◆ 글라스노스트глас ность는 "공개", "공공성" 등의 뜻을 지닌 단어로, 소련의 마지막 주석이었던 미하일 고르바초프가 1985년에 실시한 개방 정책이다. 이는 "개축", "재건"의 뜻을 지녔으며 고르바초프가 같은 해에 실시한 개혁 정책을 지칭하는 페레스트로이카перестройка와 함께 언급된다.

◆◆ 1989년부터 1991년까지 존재했던 소련의 입법부 및 의회를 지칭하는 말로, 소련 최고 소비에트Supreme Soviet of the Soviet Union를 계승했다. 조선민주주의인민공화국의 최고인민회의最高人民會議나 중화인민공화국의 전국인민대표대회全國人民代表大會를 떠올리면 쉽게 이해할 수 있다.

공약을 실천하고 있었다. 한 명은 분명 술에 취한 상태였던 그들은 공산당과 소련을 구하기 위해 행정부를 장악하는 중이라고 공표했다. 이 쿠데타는 단지 며칠 동안만 지속되었으나, 관료들의 이러한 행동은 소련을 75년간 통치했던 공산당을 산산조각냈다. 며칠이 지나 보리스 옐친이 러시아 국가의 실권을 장악했고, 그는 공산주의에 대해 무효라고 선언했다. 소비에트 정부가 연말에 해산될 예정이었기에 야로신스카야는 정치적 풍향이 바뀔 것임을 알고 있었고, 체르노빌 관련 기록들이 사라지지 않도록 만전을 기하길 원했다.

사무실이 문을 닫을 때까지 기다린 그녀는 수위에게 상관의 통행증을 획 내보인 다음, 유리와 철재로 된 고층 건물들이 즐비한 중세 모스크바의 한복판 노븨 아르바트Novyi Arbat 거리의 위원회 사무실로 성큼성큼 걸어 들어갔다. 그녀는 위원회의 금고를 연 뒤 일급비밀 소인이 찍힌 서류들을 꺼내 노끈으로 묶었다. 그녀는 위원회 위원 자격으로 문건들을 복사할 수 있는 권한을 가지고 있었으나, 위원회 내부에 상주한 KGB 요원들은 그녀의 복사기 사용을 막았다. 하지만 괜찮았다. 그녀는 《이즈베스티야*Izvestia*》 신문사에 친구가 있었고, 그 신문사는 희귀한 제록스 복사기를 가지고 있었다. 두 여성은 늦게까지 남아 끊임없이 돌아가는 복사기에 문건을 넣었다. 야로신스카야는 원본을 다시 금고에 가져다놓고 사본만 집으로 가져갔다. 그녀는 그 문건들이 위조가 아니라는 점을 밝혀야 할 때를 대비해서 소인이 찍혀 있고 서명이 들어간 최초 문서만큼은 원본을 챙겼다.[3] 해당 문건들 중에는 체르노빌의 파국을 논죄하기 위해 소집된 정치국의 45쪽짜리 회의록도 있었다. 나는 이전에 이와 같은 자료를 본 적이 없다. 종이의 최상단에는 대문자로 다음과 같은 단어가 찍혀 있었다. "일급비밀, 유일본TOP SECRET, ONE COPY ONLY."

　그것은 이 세상에 딱 하나밖에 없는 문서였다. 나는 해당 문서의 사본을 구하기 위해 야로신스카야에게 600유로를 지불했다. 나는 그때까지 단 한 번도 문서를 얻기 위해 누군가에게 돈을 준 적이 없었다. 나에게는 그 문서가 위조가 아니라고 믿을 만한 충분한 이유가 있었다. 나는 그녀가 복사한 다른 문건과 내가 문서고에서 발견한 것들을 대조하며 검토했다. 그것들은 실로 정확한 복사본이었다. 야로신스카야는 인민대표대회 의원 자격으로 고급 기록물에 접근할 수 있었다. 1992년 그녀는 보도 및 자료 공개 노력을 인정받아 대안적 노벨평화상으로 알려진 바른삶상Right Livelihood Award을 수상했다.

　이 회의록은 극적인 사건처럼 읽힌다. 여기서는 정치국이라는 소비에트 공산당의 최상위 기관 성원들이 출연진으로 나온다. 이 남성들은 정치, 산업, 과학 부문의 지도자들이었다. 1986년 7월 3일, 정치국원들이 크렘린Kremlin✤의 한 상황실에 모였다. 천장에 매달린 수정 샹들리에를 비추는 윤이 나고 널찍한 마호가니 테이블 주위에 앉아 사고의 원인을 밝히기 위해 임명된 체르노빌 조사단의 보고를 들을 계획이었다. 그러나 사실 그들은 누가 세계 최대의 핵재난이라는 죄를 짊어지고 재판에 회부되어야 하는지를 결정하는 대배심의 역할을 수행하고 있었다. 회의는 "공모" 수준에서 진행됐다. 소비에트 전통

✤ 크렘린Кремль은 '도시 안의 성채'를 일컫는 말이지만, 여기서는 모스크바에 있는 모스크바 크렘린을 지칭한다. 모스크바 크렘린은 대한민국의 청와대와 같이, 러시아의 연방정부를 칭할 때 쓰는 고유명사로 확립되었다.

에서 "공모" 원칙이란 신망 있는 당 지도자들이 자신을 둘러싸고 있는 도장된 석고벽 너머로 비밀이 새어나가지 않을 것이라는 확신을 가지고 무엇이든 솔직하게 말할 수 있는 상황을 의미했다. 정치국원들은 긴급 사태에도 불구하고 침착한 태도를 견지하고 있는 건장하고 나이든 이들이었다. 몇몇은 머리를 삭발한 상태였다. 이는 그들이 사고 현장에서 바로 얼마 전에 복귀해 방사성 머리카락을 잘라냈다는 표시였다.

회의실에 마지막으로 도착한 이는 당 제1서기 미하일 고르바초프였다. 작달막하고 다부지고 머리에 있는 얼룩무늬로 유명한 고르바초프는 그 방에서 사고가 터진 후 체르노빌 발전소를 방문하지 않았던 유일한 남자였다. 달리 말해, 그의 대머리는 유전적인 것이었다. 테이블에 자리한 대다수의 사람들처럼 고르바초프는 변변찮은 마을에서 태어나 한 번에 한 계단씩 권력의 정점을 향해 올라갔다. 그는 다른 이들보다 젊었고 표준어가 아닌 사투리로 말했으나, 모든 것을 알고 있는 사람이었다. 고르바초프는 마치 세상에 자신만 고고한 사람인 양 도덕적 우위를 떠받들다가 필요하면 언제든 번복하고 정치적 편의를 택하는 인물이었다. 동료들에게 이는 무척 짜증스러운 특성이었다. 몇 년 후 대다수는 그를 두고 공공연하게 "저 수다쟁이"라고 부르곤 했다. 소련 붕괴 이후에는 그를 "변절자이자 배반자"라며 더 나쁘게 불렀다. 그러나 이는 아직 먼 미래의 일이었다. 이 회의에서 고르바초프는 물 만난 고기나 다름없었다. 다른 이들은 공손하고 신중할 뿐이었다.[4]

고르바초프가 회의실 상석에 마련된 자리에 앉자, 나는 정치국원들이 어깨를 바로하고 이중 턱을 아래로 내리면서 거대한 실책 이후 충분히 예측 가능한 호된 질책을 받을 준비를 하는 모습을 상상했다(원자로 폭발과 노심 용융은 이미 충분히 나쁜 일이었으나, 더욱 끔찍한 일은 소비에트가 아닌 스웨덴 취재원이 이 사건을 세계에 알렸다는 점이었다). 정치국원들은 신랄한 말이 나올 상황이라는 점과 자신들의 과실을 인정하는 법을 알고 있었다. 여기서 묘수는 뉘우치고 있음을 보이고 개개인의 잘못을 한정하는 것, 필요할 경우에는 다른 이를 연루시키는 것이었다. 바로 그것이 크렘린에서 정치가 작동하는 방식이었다. 이들은 근면한 노력뿐만 아니라 기민한 책략을 통해 실수의 대가를 다른 사람이 치르게끔 하면서 장성이나 각료의 자리까지 올라갔다. 회의가 막바지로 접어들면서 몇 사람의 목이 날아갈 것임이 당연해졌다.

고르바초프는 회의를 개최했고 체르노빌 사고를 담당한 특별위원회의 위원장인 보리스 셰르비나Boris Shcherbina에게 발언권을 넘겼다. 셰르비나는 배관 및 유정 굴착 공사 분야에서 출세한 인물이었다. 그는 마감 기한, 심지어 도무지 불가능할 것 같은 일정도 엄수하는 남자로 명성이 높았다. 맵시 좋은 정장을 입은 그는 석유 기업 종사자 그 자체였다. 그는 미리 준비된 원고를 읽기 위해 자리에서 일어섰다.

본 사고는 원자로 설계상의 위중한 결함에 의해 문제가 악화된 상황에서 운전 요원들이 심각한 위반을 범해 생긴 결과였다. 그러나 이 두 원인이 동일한 비중이라는 것은 아니다. 위원회는 조작원들의 오류가 사고를 촉발했다고 믿는다. 발전소 직원들은 (상여금을 받기 위해) 안전이라는 비용을 치러가며 오로지 전력을 생산하는 데 주의를 집중했다.[5]

건장한 셰르비나가 사람들의 얼굴을 살피면서 그들이 듣고 있는지 확인하는 동안 구슬땀이 그의 널찍한 이마에 맺혀 피부색을 우중충하게 만드는 광경이 그려진다. 불타는 원자로에서 나온 수백만 퀴리의 핵분열 생성물이 부유하다가 증발했고, 이 회의 즈음 사고 현장에서 이미 몇 주를 보낸 셰르비나는 고선량에 노출된 상태였다.[6] 셰르비나는 4년 후 사망했다. 그의 죽음은 54명의 체르노빌 공식 사망자 명부에 기록되지 않았다.

회의록에서 그는 어떻게 "정기 안전 검사"로 사고가 발생했는지 설명했다. 그 검사로 인해 원자로가 엄청나게 불안정한 상태에 놓이게 되자 발전소의 부소장이던 아나톨리 댜틀로프는 두 명의 조작원(둘은 몇 주 후 6호 병원에서 사망하고 만다)에게 원자로의 경보 체계를 끄라고 말했다. 그들은 그렇게 했다. 이어 터빈이 전기를 만들어내면서 원자로를 서서히 정지 상태로 만들 수 있는지 보기 위해 수동으로 원자로를 감속시켰다. 그들이 검사를 마치자 댜틀로프는 완전한 가동 중지를 위해 SCRAM 버튼을 작동시키라고 지시했다. 그로부터 5초가 지나서 원자로가 폭발했다.

정치국원들은 그날 밤 교대 근무를 위해 출근했을 뿐인 불운한 여섯 명의 직원에게 파국의 책임을 돌리는 셰르비나의 목소리를 들으면서 분명 안도의 한숨을 내쉬었을 것이다. 회의실 안의 남성들, 즉 원자로를 설계한 공학자들, 검사를 편성한 과학자들, 에너지 생산량과 원자력 안전사고를 총괄하는 관리들, 건설을 담당한 기업인들, 대민선전을 감독하는 이데올로기 전문가들 가운데 대다수는 사고로 이어졌던 구조적 실패에 나름의 역할을 했다. 그러나 소비에트 국가는 오랫동안 "불한당들"*에 의해 문제가 발생한다는 전제하에 기능했다. 문제를 해결하기 위해 그들은 그저 "일탈자들"의 가면을 벗기고 그들에게 형을 선고할 뿐이었다. 질서는 이 같은 과정을 통해 복구되었다.[7] 셰르비나 또한 잘못의 책임이 만만치 않았다. 그는 4호 원자로가 여전히 불타고 있을 때 사고 현장에 나타나 병사들에게 3호 원자로의 지붕에서 맹렬히 방사선을 내뿜고 있던 흑연 조각들을 손수 옮기라고 요구했다.[8] 전력 생산을 원상복구하는 그의 야심은 열여덟 살밖에 안 된, 가뜩이나 피폭으로 인해 수명이 줄어든 징집병들 수백 명의 인생 전반에 건강 질환이라는 보상까지 안겨주었다.[9]

잘못을 자인하지 않을 때 똑같은 잘못을 반복한다는 것은 불을 보듯 뻔하다. 정치국 회의록을 읽으면서 나는 셰르비나가 다음의 사실을 인지하고 있었음을 확인하고 경악을 금치 못했다.

원자력의 역사에서 가장 거대했던 이 사고 발생에는 조작원의 오류를 포함해 몇 가지 이유가 더 있는데, (체르노빌형) RBMK 원자로**의 건설과 설계에 관련된 것들이다. 지난 5년간, 우리의 원자력발전소에서는 1,042건의 사고가 발생했으나, 1983년 이래 에너지전력성 Ministry of Energy and Elec trification 은 원자로의 안전을 논의하기 위한

* 사전적인 의미로 훌리건hooligan은 공공장소에서 보통 떼를 지어 난동을 부리는 젊은이를 의미한다. 여기서는 문제의 소지를 다소 불특정한 이들, 즉 "불한당들"에게서 찾는 소비에트의 관행을 가리킨다.
** RBMK 또는 흑연감속 비등경수 압력관형 원자로黑鉛減速沸騰輕水壓力管型原子爐는 소련이 개발한 원자로의 한 형식으로, 러시아어 Реактор Большой Мощности Канальный(채널형 고출력 원자로Reactor Bolshoy Moshchnosti Kanalniy)의 첫 글자를 따서 부르는 말이며, 현재는 소련이 만든 흑연감속 원자로라는 의미로만 사용된다.

회의에 단 한 차례도 참석하지 않았다. 체르노빌 원자력발전소에서만 무려 104건의 사고가 터졌다. RBMK 원자로는 잠재적으로 위험하다. 이 원자로는 현대적 안전기준에 맞지 않다. 해외의 그 어떤 국가도 이 원자로를 사용하지 않을 것이다. 우리는 모든 RBMK 원자로의 건설을 중단할지 여부에 관해 어려운 결정을 내려야 할 것이다.

에너지전력상 아나톨리 마요레츠Anatoly Mayorets는 셰르비나의 의견에 동의했다.

그 원자로 모델은 결코 좋지 않다. 1975년 레닌그라드 원자력발전소에서도 비슷한 사고가 있었지만, 아무도 이를 다루지 않았다. 그리고 방사성 물질이 유출되지 않았다는 점을 제외하면 똑같은 일이 체르노빌에서 이미 1982년에 벌어졌다. 우리는 이 사고에서 아무것도 배우지 못했다. 해외 소식원은 서구에서 이미 체르노빌 사고의 모의실험을 진행했다고 밝혔다. 우리는 대체 무엇을 하고 있는가? 국제원자력기구IAEA에 언제까지 거짓말을 할 셈인가?[10]

나는 문서고 자료를 토대로 위의 마지막 질문에 대한 답이 이미 정해져 있었다는 점을 알게 되었다. 소비에트 지도자들은 IAEA에 계속해서 반쪽자리 진실만을 전달했다.[11] 소비에트 관료들은 일반적으로 자신들이 처벌을 면할 수만 있으면 거짓말을 했고 잘못을 덮어버렸다. 베일에 싸인 중기계건설성Medium Machine Building Ministry에서 근무하며 핵무기 개발을 담당한 물리학자들은 RBMK 원자로 설계에 문제가 있다는 점, 양陽의 보이드 계수❖ 때문에, 즉 연쇄 반응을 통제하기 위해 삽입하는 붕소 제어봉의 끝부분에 (주로 감속재로 사용하는) 흑연재가 있는데 그것이 삽입 직후 일시적으로 반응을 오히려 가속시키기 때문에 원자로의 통제를 어렵게 만든다는 점을 진작 알고 있었다.

비밀 유지는 제2의 천성이었다. 1986년 4월 26일 사고가 발생했을 때 소비에트 지도자들은 이틀 동안이나 관련 소식을 통제했다. 고르바초프는 지도부에 왜 세계가 스웨덴을 통해 이 사고에 관해 알게 되었는지를 따져 물었다. 환경오염에 관한 보고를 총괄하는 유리 이즈라엘은 비난의 화살을 그의 동지이자 각료회의Council of Ministers 의장인 니콜라이 리즈코프Nikolai Ryzhkov에게 돌렸다. 이즈라엘은 "보고서는 즉각 작성되었습니다"라고 밝혔다. "우리는 오전 11시 30분에 이를 각료회의로 보냈습니다." 벨라루스 당서기인 니콜라이 슬륜코프가 맞장구를 치며 상황을 더 골치 아프게 만들었다. "벨라루스에 있던 우리도 아무 소식을 받지 못했습니다."[12]

정치국 회의가 계속되는 동안 고르바초프는 체르노빌 원자력발전소의 불명예스러운 소장인 빅토르 브류하노프Viktor Briukhanov를 호출했다. 고르바초프는 그의 정직성을 시험하며 다음과 같이 물었다. "당신은 체르노빌 발전소에서 얼마나 많은 사고를 겪었소?"

❖ 노심에서 물이 비등比等하는 원자로에서는 다양한 요소의 변화에 따라 비등에 의해 발생한 기포의 양이 바뀌기 때문에 노심의 반응도가 변화한다. 이 기포량의 변화에 따른 반응도의 변화율을 반응도 보이드 계수라고 하고, 보이드 계수라고 약칭한다. 예컨대 경수로에서는 온도가 올라가서 기포량이 증가하면 반응도는 감소하므로 음의 보이드 계수가 된다. 보이드 계수는 원자로의 안전성이나 안정성이라는 측면에서 무척 중요하며, 운전 상태에서는 언제나 음의 값을 취하는 것이 의무적으로 되어 있다. 그러나 음의 절대치가 너무 크면 역시 불안정해진다.

브류하노프는 "1년에 한 번 또는 두 번입니다"라고 대답했다.

셰르비나가 그를 물고 늘어졌다. "지난 5년간 당신의 발전소에서 발생한 104건의 사고 가운데 34건은 조작원의 오류 때문이었소."

"5년간 사고 104건!" 고르바초프가 되풀이했다. "당신은 대체 왜 그리 안일했소?"

원자로가 아닌 수력발전소에 특화된 브류하노프는 깊이 뉘우치는 공산주의자라는 예상된 역할을 떠안게 되었다. "우리는 앞서 벌어진 사고들에서 이번 사고 같은 것이 발생하리라고는 전혀 생각하지도 못했습니다. 우리는 상황을 바로잡을 것입니다. 하지만 과거에 사고가 일어났을 때마다 이를 꼼꼼하게 검토해야 했었습니다."

브류하노프는 희생양이었다. 한 달 후, 소비에트 정부는 IAEA에 체르노빌 사고의 주요 원인은 조작원 실수였다고 공식적으로 설명했다. 브류하노프와 두 부관들은 체포되어 격리 수감되었다.[13] 1년 후, 브류하노프와 하급자 다섯 명이 재판을 받고 중대 과실이라는 죄목으로 유죄 판결을 받았다. 브류하노프에게는 10년형이 선고되었다.

사건은 종결되었고, 세상은 다시금 안도의 한숨을 내쉴 수 있었다. 유럽 전역에 방사성 기체 구름을 흩뿌린 무책임한 모험가들은 철창신세를 지게 되었다.

* * *

모스크바의 한 문서고에서 나는 소련공산당 중앙위원회로 발송된 익명의 편지 한 통을 찾았다. 자신을 핵공학자라고 밝힌 편지의 글쓴이는 체르노빌 판결을 조롱했다. "네, 맞습니다. 발전소 직원들이 원자로를 날려 먹었지요. 누가 또 그리 했습니까? 그 누구도 아닌, 바로 거기서 일했던 우리들이죠." 그는 사고의 책임을 "RBMK 안전계통상의 중대한 결함"으로 돌렸다. 이 공학자는 정신적 외상에서 회복하는 사람처럼 원자로가 폭발하기 직전의 순간으로 다시 돌아갔다.

1986년 4월 26일 오전 1시 23분 4초, 조작원은 정기 검사를 시작했다. 전력 단위 시설power block의 상태는 대체로 안정적이었다. 36초 후, 검사가 거의 끝났음을 본 조작원은 공포를 느낄 만한 이유가 하나도 없었기 때문에 어떠한 공포도 느끼지 않고 침착하게 원자로를 중지시키기 위해 SCRAM 단추를 눌렀다. 그러자 모든 논리와 합리성에 반하여, 원자로의 동력이 처음에는 아주 약간 감소했다가 갑자기 그리고 점점 더 빠른 속도로 급격히 증가해 원자로가 견딜 수 없을 정도의 출력에 도달했고 이는 대규모 폭발로 막을 내렸다.

이 공학자는 심지어 모스크바 쿠르차토프 원자력연구소Kurchatov Institute of Atomic Energy의 설계자들도 원자로가 가동 중지와 함께 가속된 "역설"을 인정했다고 썼다.[14] "이는 마치 제동 페달이 두 번째 가속 페달이 된 자동차를 가진 것과 마찬가지였죠. 그러한 전개는 오직 조작원들의 악몽에나 나올 법한 일입니다."[15]

소비에트 물리학자들은 RBMK 원자로가 통제하기 어려우며 양의 보이드 반응계수라는 치명적 결함을 가지고 있음을 알고 있었다. 그들은 다른 원자로 설계도도 보유하고 있었다. 그렇다면 그들은 대체 왜 신뢰할 수 없는 RBMK 수십 대를 소련 전역에 설치해 썼을까? 그들은 오직 소련 내에서만 RBMK 원자로를 건설했고, 동유럽에서는 더욱 안전한 경수로를 만들었다. 역사가 소냐 슈미드Sonja Schmid가 지적하듯, RBMK는 현지 건설이 저렴했고 규모를 확대하기 용이했으며 "유일무이하게 소비에트적"이라는 긍지를 불러일으키는 원자로였다.[16] 정치국의 일급비밀 회의록은 RBMK를 설치한 이유를 한 가지 더 보여준다.

정치국 회의에서 핵화학자 발레리 리가소프Valery Legasov는 동료들이 조악한 체르노빌형 원자로에 대해 내린 평가에 동의했다. "RBMK 원자로는 여러 수준에서 국제 기준 및 국내 기준에 미치지 못합니다. 안전계통, 방사선 감지기, 방지 수단도 없습니다. 우리에겐 이 원자로의 새로운 설계 방식을 알아보지 않은 잘못이 있습니다. RBMK 원자로가 낮은 등급이라는 사실은 15년간 널리 알려져왔습니다." 그렇다면 왜 이 결함이 있는 원자로를 사용하는가? 리가소프는 다음과 같이 설명했다. "우리가 자슬론Zaslon이라는 임무를 수행 중인데, RBMK가 이 임무를 수행하기에 훨씬 더 믿음직하거든요."[17]

음어陰語인 자슬론은 러시아어로 "차단"을 의미한다. 당시 미국 대통령 로널드 레이건은, 결국에는 무산되었지만, 핵공격으로부터 미국을 보호해줄 것이라는 희망을 담은 신화적인 미사일 방어 체계 "스타워즈Star Wars"를 만들기 위해 미화 수십억 달러를 쏟아붓는 중이었다. 스타워즈는 근접하는 적의 로켓탄을 하늘에서 요격하기 위해 더 많은 육상기지발사미사일을 배치하는 미사일 방어 체계다. 역사가들은 고르바초프가 값비싼 핵무기 경쟁을 되살리려는 레이건의 유혹에 빠져들기를 거부했다고 평가한다. 소비에트의 수장은 대신 과감한 군비 감축

협상을 진행했다. 그러나 정치국 회의록은 체르노빌 사고 이전에 소비에트 지도자들이 비밀리에 자신들의 미사일 방어 체계를 건설 중이었음을 보여준다. 1984년 레이건은 오랫동안 가동하지 않은 워싱턴 동부 핸퍼드 플루토늄 공장Hanford Plutonium Plant의 먼지를 털어내고 스타워즈 계획을 위한 생산으로 복귀시키라고 명령했다. 리가소프는 자신의 수수께끼 같은 논평에서 다른 도안에 비해 RBMK 원자로가 갖는 주요한 장점을 암시하던 중이었다. 이 원자로는 동력을 생산하는 것에 더해 핵폭탄의 중핵부를 이루는 핵분열성 물질, 즉 플루토늄을 생산할 수 있었다. 더 많은 소비에트 공학자들이 "평화적인" RBMK 원자로를 가동시킬 때마다 그들은 "차단"을 위한 플루토늄을 잠재적으로 더 많이 비축할 수 있었다. 그들이 플루토늄을 생산하기 위해 체르노빌 연료를 사용했다는 증거는 없다. 하지만 공포의 시대 한가운데의 편집증적 상태였기에 결함이 있는 RBMK 원자로의 가동은 전 세계의 모든 이들이 납득할 만한 결정이었다.

정치국의 지도자들은 설계자나 업계의 책임자들이 아닌 소수의 조작원들을 사고에 대한 희생양으로 삼아 기소하고 사고가 잘 나는 RBMK 원자로는 계속 가동할 것을 결의하면서 투표를 통해 비밀을 엄수하기로 했다. 기초적인 사실을 덮는 것 말고는 그들의 결정을 정당화해줄 다른 방안이 존재하지 않았기 때문이다. 이는 1986년 더욱 투명하고 책임감 있는 통치를 표방하며 개혁 정책을 도입한 신임 주석 고르바초프에게는 위험한 결단이었다. 3년 후 체르노빌의 진실들이 세상에 알려졌을 때, 엄청난 대중적 회의와 의혹이 비탈 아래를 향해 달리는 브레이크 고장난 트럭처럼 속도를 높였으며 이는 고르바초프와 그의 행정부에 타격을 가했다.

나는 이 45쪽짜리 정치국 회의록을 읽고 또 읽었다. 회의록에는 날조 뿐만 아니라 나의 신경을 거슬리게 하는 무언가가 더 있었다. 화마와 싸운 사람들은 어디에 있는가? 어느 누구의 기억보다 더 오랜 세대 동안 가문에서 보유하고 있던, 이제는 오염되어버린 땅을 경작하기 위해 길을 나서던 농부들은 또 어디에 있는가? 왜 정치국 사람들은 벨라루스와 우크라이나의 초가집 지붕을 핥는 횃바닥처럼 여전히 확산되던 방사능에 대해서는 언급하지 않았을까? 잿빛 낙진은 흡사 마르크 샤갈Marc Chagall의 그림 속을 날아다니는 회색빛의 흐릿한 심판의 천사 Angel of Judgement(L'ange du jugement)처럼 바람과 비를 타고 퍼져나가고 있었다. 거기엔 샤갈의 구름에 쓰인 히브리 문자 대신 주기율표의 수치들, 즉 방사성 아이오딘, 세슘, 루테늄, 플루토늄, 스트론튬으로 이뤄진 독성 혼합물이 있다. 천사는 날개를 펄럭였고, 천사의 그림자는 벨라루스 지도의 많고 많은 부분을 어두컴컴하게 만들면서 남쪽과 동쪽으로, 그리고 이윽고 샤갈의 고향인 비텝스크Vitebsk를 향해 북쪽으로 나아갔다. 정치국 사람들은 사고 이후 몇 달 동안 실로 노심초사했다. 그들은 급등하는 비용을, 해외에서 소련의 명성이 받을 피해를, 전력의 손실을 걱정했다. 오염된 영토나 그 안에서 피폭된 사람들에 대해서는, 적어도 기록상으로는 거의 고려를 기울이지 않았다.

놀랍게도 그러한 걱정은 다른 이들이 떠안게 되었다. 후일 강성 구식 스탈린주의자 정도로 치부되는 우크라이나 공산당의 지도자들은 당국자 가운데 가장 먼저 재난이 얼마나 위험한지 깨닫고 즉각 행동에 나섰다.

우크라이나
사람들

나탈리야 바라노프스카Natalia Baranovska를 만나기 전까지 나는 역사가
들이 꽤나 안전한 일에 종사하고 있다고 생각했다. 그녀는 나의 생각이
틀렸음을 입증했다. 1990년대 바라노프스카는 체르노빌 사고에 깊게
빠져들었다. 그녀가 근무하던 우크라이나 과학원Ukrainian Academy of
Sciences에서는 그녀가 우크라이나 역사에서 중요한 사건으로 본 체르
노빌 사고에 대해 아무도 관심을 갖지 않는 것처럼 보였다. 그녀는 누
군가가 아무것도 하지 않으면 사고를 기록한 증거들이 사라질 것이라
고 걱정했다.

바라노프스카는 짬이 날 때마다 정부 문서고를 뒤졌고, 이후에는 다
양한 기관과 사무실을 찾았다. 자료를 모으는 데 특화된 그녀의 반사
신경이 진가를 발휘하기 시작했다. 해마다 그녀는 방문할 수 있는 기록
관이라면 키예프 전체와 우크라이나의 여러 주, 벨라루스 등 어디든 찾

아가 체르노빌 관련 기록을 뒤졌다. 모스크바에서 그녀는 접근이 제한된 문서고의 관계자들을 호리기 위해 긴 금발을 땋아 어깨 뒤로 넘기고는 우크라이나에서 온 시골뜨기 노릇을 했다. 당시 그녀는 미혼모였다. 그녀의 작업은 돈과 거의 관련이 없었고 그녀에게 위신을 가져다주지도 않았다. 그녀는 계속 전진했다. 그녀는 아들과 함께 단칸방에서 살았다. 아들이 잠든 동안 그녀는 종이 더미로 둘러싸인 작은 책상에 앉아 밤새 기록을 읽어나갔다. 아들이 홀로서기에 나섰을 때, 그녀는 원자력 도시 슬라부티치에 방을 한 칸 얻었다. 거기서 그녀는 공학자들을 구슬려 문서를 얻어내기 위해 여전히 가동 중이던 체르노빌 발전소로 통근했다(체르노빌 발전소는 2000년 12월에 최종적으로 폐쇄되었다[1]).

2014년, 나는 처음으로 그녀에게 연락했다. 바라노프스카는 도시 변두리에 위치한 그녀의 다차dacha✤로 오는 길을 알려주었다. 우리는 정원에 있는 과수원에서 차와 과일을 즐기기 위해 자리에 앉았다. 나탈리야는 안색이 그리 좋지 않았다. 마침 그녀는 몇 주 전 갑상선암 수술을 받은 상태였다. 그녀는 얼굴이 핼쑥했고 목에 붕대를 감은 채 탁한 목소리로 속삭였다. 나는 파리의 한 문서고에서 발견한 기록을 떠올렸다. 소비에트 문서 보관 담당자들이 유엔 산하 기구인 유네스코UNESCO (United Nations Educational, Scientific and Cultural Organization)에 체르노빌에서 나온 방사성 먼지로 오염된 123곳의 문서고를 정화하는 데 도움을 요청했다는 사실과 관련된 기록이었다. 몇몇 중요한 의료 기록은 방사선에 심하게 노출되어 만지면 위험했다.[2] 그들은 문서 보관 담당자들을 위한 개인용 선량계線量計와 문서고에 보관된 자료를 제

✤ 러시아어로 별장을 일컫는 말이다.

독除毒할 자금을 요청했다. 한 건강 검진은 문서고 직원 대다수가 상당한 건강상의 문제를 겪고 있음을 보여주었다. 그들은 소련을 끝장낸 8월 쿠데타가 벌어지기 불과 한 달 전이었던 1991년 7월, 도움을 요청했다. 하지만 도움은 없었다. 유네스코 심사자들은 "수십만 명의 사람들이 건강상의 문제로 더욱 긴급히 대피할 필요가 있다는 사실을 고려해" 문서들을 제독하는 일은 낭비라고 판단했다.[3]

바라노프스카는 내게 1990년대 중반 세 대의 원자로가 여전히 가동되고 있던 체르노빌 출입금지구역 안으로 떠난 첫 번째 여정에 관해 말해주었다. 그녀는 슬라부티치에서 인적 드문 숲과 늪을 가로질러 원자력 단지로 출근하는 직원들로 가득찬 통근 열차를 탔다. 노동자들은 역에 마련된 물품 보관함 구역에서 외출복을 작업복으로 갈아입었다. 바라노프스카는 무엇을 할지 궁리하면서 머뭇거렸다. 그녀가 어렵사리 낙하복을 한 벌 손에 넣었을 때 다른 이들은 전부 왕복 버스를 타고 떠난 상태였다. 그녀는 안내원에게 다음 버스가 언제 오는지 물었다. 그는 그녀에게 "저게 마지막이었소만, 그리로 걸어갈 수도 있소. 고작 1킬로미터밖에 안 되거든요." 바라노프스카는 출발했다. 암회색 하늘에서는 눈비가 섞여 내렸다. 길은 거대한 콘크리트 무덤 안에서 썩어가는 폭발 원자로 옆을 지나 곧게 뻗어 있었다. 바라노프스카는 원자로 앞의 방사능 수치가 특히 위협적이라는 사실을 알고 있었다. 그 지점을 지날 때마다 운전자들은 엔진을 아주 빨리 돌렸다. 길 저쪽에서 차가 나타났다. 운전자들에게는 출입금지구역 안에서 외부에 고스란히 노출된 보행자들을 태울 의무가 있었다. 바라노프스카는 계속 직진하던 운전자에게 손을 흔들었다. 그녀는 다음과 같이 기억했다. "나는 너무 화가 났습니다. 축축하게 젖어 춥기까지 했고요. 나는 그 무지막지하게 큰 흙물을 걸어서 지나쳤고 서럽게 펑펑 울었지요."[4]

바라노프스카의 다차로 친구가 찾아왔다. 이리나Irina는 키예프에서 의사로 근무했었다. 그녀가 "체르노빌 역사를 연구하죠?"라고 물었다. "들려줄 이야기가 있어요." 나는 살구나무 아래 벤치에 편히 기대고 앉아 그녀에게 들을 준비가 됐다고 말했다.

이리나는 1986년에 재난 구역으로 들어가는 임무를 부여받은 특별 의료진에 소집되었다. 그녀는 한 명의 선임 의사, 소수의 간호사들, 그들의 짐과 함께 작은 차 한 대에 몸을 실었다. 그들은 중등학교에 임시로 병동이 차려진 마을에 도착했다. 공장의 조립 라인마냥 의료진은 하루에 백 명씩 검사했다.[5] 나는 그녀에게 무엇을 기대했는지 물었다. 그녀는 손을 애매모호하게 흔들면서 "오, 이것저것이요"라고 말했다.

"당시 방사선 의학에 관해 무엇을 알고 있었나요?"

"아무것도 몰랐어요!"라고 그녀가 격분하여 대답했다. "아버지도 의사였는데, 그는 내게 내 몸에서 방사능을 씻어내는 데는 보드카가 좋다고 말했어요."

그녀는 내게 다음과 같이 속마음을 털어놓았다. "거기에 한참 있는 동안 한 군의관이 내게 좋은 조언이라면서 알려주더군요. 꼭두새벽부터 시작해 종일 보드카를 마시지는 말라고요. 밤에 약간 마시는 게 더 낫다는 거였지요."[6]

나는 이리나가 체르노빌 환자를 치료하는 의사들을 위해 1986년 8월에 간행된 지침서를 읽지 않았을 거라고 추측했다. 그 소책자에는 알코올이 몸에서 방사성 물질을 몰아낸다는 소비에트 민중의 관념이 틀렸다는 사실이 담겨 있었다. 저자들은 다음과 같이 냉철하게 표명한다. "알코올은 유기체에 언제나 부담이다."[7]

나는 이리나가 왜 그해 여름 의료진들의 의료행위에 관해 상세히 설명하지 못하는지 이해하기 시작했다. 낮술은 문제의 일부에 불과했다. 훈련 부족과 고된 업무량 또한 영향을 끼쳤다. 불안해하는 마을 사람들 수백 명을 진찰한 후 의사들은 소련제 라다Lada❖에 비집고 들어가 스멀스멀 올라오는 옅은 벤젠과 곰팡이 냄새를 맡으며 차를 몰고 다른 시골 학교에 가서 깡통음식으로 더 많은 식사를 하고 목욕하기를 희망하곤 했다.

이리나는 복귀한 뒤부터 끈질기게 자신을 괴롭혀온 건강 문제에 관해 이야기하고 싶어 했다. 그녀는 뿌옇고 오른쪽으로 심하게 기울어진 왼쪽 눈을 가리켰다. 그녀는 "체르노빌에서 지낸 4년 후 눈에 문제가 생기기 시작했어요"라고 말했다. "어떤 전문가도 왜 이런 문제가 생겼는지 설명하지 못하더군요." 이리나는 갑상선 질환, 다리 통증, 그리고 그녀를 걷기 힘들게 만든 관절 문제에 대해서도 말했다. 그녀는 오염된 마을에서 방사성 선원線源이 되어버린 사람들의 신체를 치료하면서 자신에게도 건강 문제가 생긴 것으로 보았다. 나는 그녀가 그러한 주장을 제기하는 근거가 있음을 알고 있었다. 나는 1986년 여름에 의사들에게서 산출된 추정 피폭 선량을 본 적이 있다. 위험을 인지한 모스크바의 고위 관료들은 의료진을 자주 교대하라는 지시를 내렸다.[8]

❖ 소련의 자동차 회사였던 바즈BAЗ에서 1970년대 초반부터 제작하여 판매한 자동차 브랜드다. 이탈리아 회사 피아트Fiat의 기술적 지원을 받아 제작되었다.

핵사태가 벌어진 후, 사람들이 위험한 방사성 구름에서 벗어날 것이라고 생각하기는 쉽다. 방사능에 대한 최상의 안전 조치는 시간과 거리다. 그런데 이상하게도 체르노빌 재난은 구심력을 가지고 사람들을 자기 쪽으로 끌어들였다. 12만 명이 체르노빌 출입금지구역에서 소개되는 동안, 이리나와 60만 명의 다른 응급 노동자들이 구호 활동을 펼치기 위해 소용돌이 안으로 휘말려 들어갔다. 철강 노동자들은 사고 현장을 덮는 석관을 제조하기 위해 우크라이나 동부에서 왔다.[9] 도네츠크Donetsk에서 온 수천 명의 광부들은 4호 원자로 아래로 파고 들어갔는데, 그곳에서 그들은 중성자 흐름은 피했으나 방사성 먼지에 목이 메었다.[10] 사병들은 마을 사람들의 가축과 도구, 살림살이를 챙겨 떠나기 위해 마을로 들어갔다. KGB 관리들은 작업 대부분이 "충분히 기계화되지 않은 방식으로 진행되었기 때문에 상당한 선량에 사람들을 노출시키는 결과를 초래"했다고 조바심을 냈다.[11] 첫 한 달 동안 4만 명의 붉은 군대 장병들이 소집되었다.[12] 대부분 고등학교를 마친 후 2년간 의무 복무를 하는 청소년들이었다. 3만 3,000명의 어린 병사들은 여전히 타고 있던 원자로 주변에 진을 치고 천막에서 생활했는데, 야외에서 먹고 대기하면서 명령을 기다리는 동안 주변방사능에 수주에 걸쳐 노출되기도 했다.[13] 그들은 제독이 가능하다는 옅은 희망을 품고 도로와 학교, 가택에 호스로 물을 뿌리는 민방위 여단의 작업을 거들었다.[14] 공병들은 방사능 오염수가 식수 급수장으로 유입되는 것을 막기 위해 방폐장放廢場, 둑, 도랑 수백 개를 만들었다.[15] 경찰들은 새로 설치된 경계 울타리 주변을 감시했다. 심지어 성직자도 정화 노동자로 활약했다. 그는 벨라루스 남부에서 구제를 위한 기도 행렬 맨 선두에 섰다.[16] 이리나는

5월 초부터 우크라이나에서 소집된 9,000명의 의료진 가운데 한 명으로, 폭발한 원자로에서 주변으로 퍼져나가던 방사능 오염 지역 안으로 진입했다.[17]

바로 그것이 소비에트 국가의 힘이었다. 국가는 수백만의 사람들을 방사성 오염 물질에 노출시킬 수 있는 능력과 그들을 재정착시키고 진단할 수 있는 권위를 가졌다. 이러한 활동은 대중 동원의 기예를 고도로 발달시킨 국가 빼고는 감히 상상할 수도 없는 것이었다. 사고 직후 여름, 의사들은 우크라이나에서만 7만 명의 아이들과 10만 명 이상의 어른들을 진료했다.[18] 다음 몇 년 동안, 그들은 50만 건에 달하는 의료 검진을 실시했다.[19]

다른 국가에도 방사능에 피폭된 사람들이 있었다. 그러나 어떠한 국가도 소비에트처럼 규모로 피폭된 신체에 대한 대량 검진을 수행하지는 않았다. 1979년 펜실베이니아의 스리마일섬 원자력발전소Three Mile Island Nuclear Generating Station에서 노심이 용융되자 과학자들은 잠재적 건강 피해를 가늠하기 위해 계산을 실행했다. 그들은 몇몇 현지 주민들을 방사능 감지용 전신 계측기에 집어넣었고, 해당 사고로 인해 한 명 내지 두 명의 암 사망자가 추가로 발생할 수도 있다고 예측했다. 9개월 후 펜실베이니아주 보건담당 집행위원 고든 맥리어드Gordon McLeod가 발전소를 중심으로 반경 10마일 안의 지역에서 아동 사망률이 두 배 증가했다고 공표했을 때, 주지사는 문제에 대한 수사를 지시하는 대신 맥리어드를 파면시켰다.[20] 소비에트의 의료진 동원은 이런 종류로는 세계에서 가장 큰 규모였다. 우크라이나 의사들이 이 활동을 이끌었다.

우크라이나는 소련의 곡창 지대로 곡물, 유제품, 과일의 주요 산지였다. 또한 중요한 소련의 무기고이자 로켓탄과 대륙간 탄도 미사일이 주변 지역을 감싸고 있는 군사 장비의 공급처이기도 했다. 대부분의 오염 지역에 모스크바에서 파견된 방사선 감시요원이 모습을 드러낼 때까지 몇 주가 걸린 데 반해, 키예프는 방사능 감시요원을 자체적으로 조달할 수 있었다.[21] 우크라이나 공산당 키예프시당市黨 과학부장 올렉산드르 포포비치Oleksandr Popovych는 도시 주변에 방사선 감시 통제소를 조직했다. 포포비치는 내게 그의 연구진이 설치한 검출기가 유리 이즈라엘이 관장하는 모스크바의 국가수문기상학위원회가 설치한 검출기보다 더 빠르고 정확하게 방사선을 측정했다고 말해주었다.[22]

키예프의 과학자들은 5월의 처음 며칠 동안 방사능 수치가 폭등하여 높은 수준에서 유지되는 것을 보았다.[23] 사고가 터진 지 일주일이 채 지나지 않아 그들은 식수와 수풀 주변에서 기준치의 1,000배를 초과하는 방사능이 검출되었다고 보고했다. 과학자들은 이 정도 수치라면 체르노빌에서 100킬로미터 떨어진 키예프 주민들도 3개월 내로 원전 종사자들에게 적용되는 연간 허용 선량만큼 피폭될 것이라고 추정했다.[24] 포포비치는 복사계를 켜서 바늘이 가리키는 수치를 적는 일만이 능사가 아님을 재빨리 깨달았다. 그의 연구진은 먹이연쇄에서 어떤 일이 벌어지고 있는지, 그리고 체내에 어떻게 들어가는지 알고 싶어 했다. 그들은 젖소가 중요한 선량계 역할을 할 수 있을 것이라고 봤다. 들에서 풀을 뜯는 젖소는 풀에 묻은 방사성 세슘과 아이오딘을 섭취하고 그것을 우유로 배출했다. 우유의 방사능을 측정하기 위해 낙농장으로 파견된 젊은 물리학자들은 집에 있던 자녀들을 생각하며 스스로에게 동기를 부여했다. 그들은 우유에서 높은 방사능 수치가 측정된다고 보고했다.[25] 유제품은 소비에트 식단의 상당 부분을 차지했다. 이동 의료진의 의사들은 사람들의 갑상선에 방사선 계측기를 대는 것이 대략적이긴 하지만 피폭 정도를 측정하는 신속한 방안임을 깨달았다.[26] 그들은 검진한 거의 모든 아이들의 갑상선에 어느 정도의 선량이 있음을 발견했다.[27]

포포비치 연구진은 즉각 학과 과정을 중단하고 모든 아이들을 안전한 장소로 옮길 것을, 즉 수십만의 신체를 이리저리 옮기는 과감하고 값비싼 조치를 취할 것을 권고했다.[28] 우크라이나의 당서기인 볼로디미르 셰르비츠키는 대피 작업을 "즉각" 실행하라고 지시했다. 하지만 현지를 방문 중이던 모스크바의 재난 관리 담당자인 레오니드 일린Leonid Ilyin과 유리 이즈라엘 두 전문가는 이에 동의하지 않았다. 그들은 침착함이 지배적이어야 한다고 조언했다.[29] 그러나 침착함은 키예프를 통제하지 못했다. 사람들은 자녀를 기차와 버스에 태워 도시 바깥의 친척에게 보내기 위해 분주히 움직였다. 수만 명이 도시를 떠났다. 그중에는 당 엘리트의 가족도 포함되어 있었다. 공원은 텅 비어버렸다. 구매자들은 통조림 제품을 비축했고 시장의 신선한 채소를 피했다.[30]

멀찌감치 떨어져 있던 모스크바의 전문가들은 우크라이나 과학자들이 전해오는 정보를 일관되게 의심했다. 러시아인은 우크라이나인을 어느 정도 손아래의 "동생들"로 보는 경향이 있는데, 이는 미국인이 멕시코와 캐나다 이웃을 보는 시선과도 조금 닮았다. 우크라이나인들이 이러한 태도에 아주 분개하는 것도 놀라운 일은 아니다. 두 명의 모스크바 과학자가 키예프에 도착했을 때도 이러한 동학이 작동했다. 수문기상학의 최고 관료 이즈라엘은 중앙아시아에서 원자탄 실험이 가져온 대기 충격에 대한 연구로 경력을 시작했다.[31] 그에게 폭발한 원자로는 카자흐 초원 위의 수소폭탄 폭발에 비하면 아무것도 아니었다. 벨라루스의 구름에 비의 씨앗을 뿌리는 계획을 설계했던 이즈라엘은 더 많은 방사능 노출로부터 사람들을 보호하기 위해 어디에 낙진이 떨어질지 알아내는 일을 전혀 서두르지 않는 것처럼 보였다. 뿐만 아니라 그는 요원들이 모은 정보를 다른 부처와 공유하는 것도 내켜하지 않았다.[32] 소비에트의 선도적인 생물리학자 일린은 체르노빌 이전까지만 해도 일본인 원폭 생존자들 및 미국의 원폭 실험에 노출된 마셜 군도 주민들의 건강 문제를 과소평가한다고 미국 과학자들을 비판했다. 그러나 그는 체르노빌 사고 이후 전혀 다른 사람이 되었으며, 재난을 지속적으로 가볍게 보았다.[33]

일린과 이즈라엘은 우크라이나 과학자들이 만든 오염 지도를 부인했다. 그들은 지도상의 수치가 너무 높다고 말했다.[34] 그들은 키예프 의사들이 수십 명의 아이들을 포함해 수백 건의 방사선 질환을 진단한 결과를 일축했다.[35] 모스크바의 과학자들은 피해가 사고 현장과 6호 병원에서 치료를 받은 200명의 환자에 국한된다고 주장했다. 그들이 그나마 200명이라는 환자 숫자를 공개적으로 인정한 것도 로버트 게일과 그의 동료들이 6호 병원에서 일했기 때문이었다.[36] 이는 미국인들이 세계 언론을 위해 만든 피해의 전반적인 그림을 제한했다.[37] 부인할 수 없는 부분만 인정하는 것이 모스크바 지도자들의 전략이었다.

이즈라엘과 일린은 안전하다는 점을 대중에게 확신시키기 위해 잘 알려진 전문가를 연단에 세우라고 우크라이나 지도부에게 지시했다.[38] 순종적이고 남의 기분을 맞춰주려 애쓰는 우크라이나 보건상 아나톨리 로마넨코가 바로 그 신임 받는 관료였다. 사고가 터졌을 때, 그는 미국에서 생애 최초의 해외여행을 즐기고 있었다. 그는 사고 며칠 후에 키예프로 복귀했다. 그는 방사선에 관해 거의 아무것도 몰랐으나, 자신이 마이크 앞에 서서 미심쩍어하는 대중에게 위험이 지나갔다고 말해야 하는 처지에 내몰렸음을 알게 되었다. 그의 여러 동료 가운데 한 명은 "그들은 그를 희생양으로 삼아 거기에 두었죠"라고 기억했다.[39] 로마넨코는 그 후 몇 년 동안 체르노빌에 관해 안심시키는 성명을 엄청나게 많이 발표했다. 동시에 그는 피폭된 사람들을 보호하기 위해 막후에서 자신이 할 수 있는 최선을 다했다. 로마넨코는 그나마 양심 있는 행위자였다. 반면 일린은 이후 10년 동안 끊임없이 보건 피해 추정치를 최소화했다. 우크라이나 공산당은 그를 규탄했고, 그린피스 소속 변호사는 그에게 "옹호자apologist"라는 딱지를 붙였다. 이즈라엘은 나중에 푸틴 행정부에서 기후 변화 부인자로 이름을 떨치게 된다.[40]

우크라이나 관료들은 키예프의 오염된 거리에서 수백 마일 떨어진 곳에 살고 있던 모스크바 과학자들의 무신경한 태도에 점점 더 초조해졌다.[41] 소개된 지역에서 처음 도착한 아이들의 절반 이상이 "방사선 트라우마" 징후를 보였다.[42] 키예프주에서만 3만 명의 아이들이 고도 피폭되어 의료 관찰을 받았다.[43] 키예프시의 지도자들과 과학자들은 햇살 가득한 우크라이나의 도시에서 아이와 손주들이 매일 전리 방사선을 머금은 공기를 마시며 등교하게 만든 셈이었다. 걱정하는 시민들의 서한이 수백 통이 쏟아졌으며, 수백 명이 매일 지도자들의 접견실을 찾아갔다. 우크라이나 당 지도부는 압박을 받고 있었다. 그들은 모스크바의 명령을 기다리는 한편, 프리퍄티시의 대피를 연기하고 노동절 가두

행진을 개최했다. 모스크바의 지시에 따른 조치였다. 아이오딘 알약의 배분 또한 지연시켰다. 일린의 기다리라는 말 때문이었다.[44] 나쁜 충고의 연속이었다.

5월 중순에 이르러 우크라이나 지도자들은 더 이상 고분고분하지만은 않았다. 그들은 동의를 기다리지 않은 채 학년을 단축시켰고, 키예프와 오염된 주에 거주하는 초등학생들을 일찍 하계 야영에 보내 여름이 다 갈 때까지 그곳에서 머무르게 하는 계획을 세웠다.[45] 그들은 요양원과 휴양지에서 사람들을 대피시켰고 수많은 버스를 크리미아반도로 보냈다.[46] 키예프의 아이들이 가장 먼저 갔다.

모스크바 지도자들은 우크라이나 지도자들이 내린 "승인 받지 않은 감정적인" 소개 명령에 분노했다. 그들은 "공포와 비방 소문을 퍼뜨렸다"면서 우크라이나인들을 호되게 질책했다. 그들은 벨라루스인들이 여전히 침착한 것을 보라고 말했다.[47] 고르바초프는 개인적으로 셰르비츠키를 야단쳤다. 산전수전 다 겪은 당 지도자 셰르비츠키는 자신의 주장을 굽히지 않았다.[48]

우크라이나 지도자들은 모스크바 과학자들의 권고와 반대로 초등학생 다음으로 임산부와 수유 중인 어머니들, 젖먹이들, 갓 걸음마를 뗀 아기들을 오염되지 않은 지역의 휴양지로 보내야 한다고 고집했다.[49] 그 조치는 차량과 신체, 감정의 또 다른 엄청난 혼란을 수반하는 것이었다. 엄마들은 자신의 젖먹이들과 함께 갈 수 있었지만, 걸음마를 배우는 아기들은 홀로 걸어서 야영지로 갔다. 많은 엄마들이 내게 길고 긴 울음소리를 내지르는 아이들을 가득 싣고 도시 바깥으로 향하던 열차에 관해 말해주었다.

5월 중순, 방사능 수치가 더 높아지자 불안해하던 수백 명의 부모들은 벨라루스의 관공서를 에워싸고 그 어떤 관료들도 공개적으로 답할 수 없었던 것에 관해 물었다. "언제쯤 방사능 수치가 내려갈까요? 아이들이 키예프를 떠나고 있어요. 왜 고멜에는 엄마들과 어린이들이 남아 있나요? 우크라이나 사람들이 우리보다 더 나은 건가요?"[50] 벨라루스 의사들은 자신이 진찰한 어린이들 중 25퍼센트가 갑상선이 비대해졌다고 보고했다. 어린이 네 명 중 한 명은 면역 체계가 제대로 기능하지 못했다.[51] 정치국 직속 체르노빌 위원회는 약간 누그러져서, 가장 높은 방사능 수치가 검출된 벨라루스 지역의 어린이와 임산부 2,700명에 대해 여름철 이주를 지시했다. 하지만 이는 위험 지역 내에 거주하던 사람들 가운데 적은 퍼센트만을 차지할 뿐이었다.[52] 어린이들의 피폭 선량이 상당했지만, 키예프에서 그랬던 것처럼 민스크와 고멜에서 어린이와 임산부를 대피시켜야 한다고 제안한 사람은 아무도 없었다.[53]

모든 야영이 즐거운 것만은 아니었다. 도시 어린이들이 밝은 햇살의 크리미아반도 해변 휴양지로 향하는 동안, 시골 어린이들은 대개 집단농장을 개조한 마을 야영지로 갔다. 어떤 야영지에는 전업 지도원들뿐만 아니라 간호사나 의사가 단 한 명도 없었다. 엄청나게 많은 이들이 정화 작업에 차출되자 일손 부족에 시달리던 집단농장장들은 실내에 머물며 휴식을 취해야 했던 어린이들에게 밭으로 나오라고 명령했다. 흡사 연한年限 계약 노동자indentured servants로 이루어진 학급처럼 그들은 일일 할당량을 채울 때까지 잡초를 뽑고 벽돌을 날랐다. 작년에 수확된 오이, 쉬어빠진 크림, 쥐똥이 들어간 죽 등 농장의 음식은 끔찍했다. 네 명의 어린이가 달아났다. 그중 세 명은 복귀했으나, 나머지 한 명인 스타니슬라프 리시츠키Stanislav Lisitsky는 한없이 길었던 1986년 여름의 끝자락에 이를 때까지 돌아오지 않았다.[54]

우크라이나 지도자들은 무슨 생각을 하고 있었을까? 모스크바 과학자들의 비난대로 정말 공황 상태에 빠져 있던 것일까? 보건상 로마넨코는 오염된 마을에서 근무하는 의사들로부터 보고서를 받았다. 5월이 되자 그는 의료 지형에 관한 감을 잡기 시작했다. 의사들은 아이들이 대부분 괜찮은 상태이긴 하지만, 진찰한 아이들 가운데 25퍼센트가 신경성 떨림, 상기된 얼굴과 목, 운동 기능의 둔화, 체중 증가와 같은 이상 증상을 보였다고 썼다. 의사들은 계측기를 아이의 갑상선에 대고 거기에서 분출되는 감마선을 쟀다. 사고 발생 이후 첫 몇 주간 대부분의 어린이(89퍼센트)가 0.3~2시버트의 선량을 갑상선으로 흡수했다. 아이들 수백 명은 2~5시버트 사이의 선량에 피폭됐고, 다른 어린이들에게서는 최대 50시버트라는 걱정스러운 선량이 측정되었다(아이의 갑상선에서는 방사선이 검출되지 않아야 한다).[55] 어린이들의 3분의 2가 갑상선이 비대해졌고 60퍼센트는 갑상선 기능 항진증을 앓았다.[56] 여름이 깊어지면서 의사들은 방사능에 노출된 어린이들 중 20퍼센트가 빈혈, 만성 편도선염, 위염을 앓고 있다는 것을 알아차렸다. 점점 더 많은 어린이들이 호흡기 질환과 심각한 감염으로 고통받게 되었다.[57] 10~25퍼센트의 어린이들은 "백내장 상태"가 점차 악화되고 있었다.[58] 우크라이나 공산당 과학부장 스콜V. Sokol이 1986년 6월 크리미아를 찾았다.[59] 스콜은 방사능에 피폭된 아이들의 경우 줄곧 잠을 잤고 거의 아무것도 먹지 않으며 흐느적거리고 활기가 전혀 없었다고 보고했다. 사고 발생한 달 뒤, 가장 위중한 소아과 환자들이 있던 레닌그라드의 의사들은

"관찰 중인 어린이들 사이에서 심각한 감염과 호흡기 질환이 크게 증가하고 있다"고 썼다.[60] 의사들은 발전소 인근에서 이주한 아이들이 혈액 내 독성 활동, 폐 합병증, 소장 훼손 등 방사능에 의한 손상의 징후를 보였음을 발견했다.[61]

폐와 내장은 몸의 관문이다. 사람들은 방사성 연무질煙霧質❖과 방사성 먼지를 들이마셨다. 재난 지역에 있던 사람들 거의 대부분이 사고 발생 직후 첫 몇 주간 기침을 하고 콧물을 흘리고 설사를 했다. 우크라이나의 의사들은 구강 내부와 잇몸, 편도선에서 점점 붉어지는 작은 궤양을 목격했다.[62] 조사 결과, 그들은 폐에 가라앉아 있는 방사성 연무질 입자들을 발견했다. 방사성 연무질 입자들은 사람들이 기침할 때 점액과 함께 나왔고 타액과 함께 삼켜져 내장으로 흘러들어갔다. 한 병동에서 의사들은 미세한 측정 장치를 이용해 환자들의 대장을 검사했다. 환자들의 3분의 1 이상이 몸에서 감마선을 내뿜었다.[63] 장에서 발견되는 방사성 동위원소가 많을수록 혈류에 흡수되는 방사능의 양도 더 많았다. 내장은 방사선에 민감하고 손상되기 쉽다. 우크라이나 연구진은 내장 안의 높은 방사능 수치와 빈혈증 및 여타 혈액 형성 시스템상의 장애 사이에 밀접한 연관이 있음을 찾아냈다.[64]

우크라이나 의사들의 검사 결과, 임산부들 또한 건강해 보이지 않았다. 오염 지역에서 온 여성들은 빈혈이 있었고 절반은 갑상선이 비대해져 있었다. 의사들은 피폭 징후가 있는 여성들에게 낙태를 권고했다.[65] 임신 중절의 증가에도 불구하고, 오염 지역에서 유산, 출혈, 출생 시 발생하는 합

❖ 기체 속에 분산되어 떠 있는 고체나 액체의 미세한 입자를 말한다.

병증, 미숙아의 숫자는 1986년 여름 내내 놀라울 정도로 치솟았다. 신생아들은 평균적인 아기들보다 더 아팠고, 더 작았고, 몸무게가 덜 나갔다.[66]

응급 병동의 대다수 의사들은 이리나처럼 방사선 의학 전문가가 아니었다. 그들은 체르노빌 사고 이후 단기 집중 강좌를 받았다.[67] 나는 키예프의 아픈 아이들에 관해 보고하던 소아과 의사들이, 만성방사선증후군CRS에 대해 기술한 소비에트 비상사태 지침서를 읽고 난 후 환자들에게 CRS 진단을 계획하고 있는지 궁금했다. 그 지침서는 저선량에서 찾을 수 있는 증상들을 분류해놓았고, 그들은 그러한 증상을 발견했다. 확실히, 어떤 서구의 방사선 전문의도 소비에트 의사들이 보고서에 언급한 저선량에서의 증상들이 그토록 광범위하리라고는 예상치 못했을 것이다. 서구의 의학 문헌에는 전신 방사능 계측치 10밀리시버트 이하의 선량에서 나타나는 비암성非癌性 증상에 대한 범주는 아예 없었다. 적어도 유럽 및 북미의 문헌에 따르면, 사람은 급성방사선증후군을 앓고 있거나 아니면 전혀 앓고 있지 않았다.[68]

이 문제는 나를 어리둥절하게 만들었다. 어린이와 임산부가 아팠다는 사실과 그들이 체르노빌 방사선에 피폭되었다는 사실은 상관관계가 있다. 하지만 상관관계가 인과관계를 입증하는 것은 아니다. 방사선이 원인일 수 있지만 쉽사리 아니라고도 할 수 있다. 로마넨코의 주장처럼, 어린이, 임산부, 청소 노동자들은 체르노빌 방사선 때문이 아니라 대피 과정에서 받은 스트레스 때문에 또는 집에서 멀리 떨어져 스파르타와 같은 배급과 야만적 위생을 견디며 비참한 야영지에서 살았기 때문에 아팠을 가능성도 있다.[69] 아니면 완전히 다른 일이 벌어지고 있었

는지도 모른다. 방사능이 원인이었는지 확실히 알 수 있는 유일한 방법
은 측정하는 것이었다.

물리학자와
내과의사

1986년 여름 내내 의사, 방사선 전문의 및 과학자들은 정치국이 조직한 체르노빌 의료위원회의 일환으로 매일 모임을 가졌다. 위원회 위원들은 수백만의 사람들에게 영향을 끼칠 수 있는 중대한 결정들과 씨름했다. 소비에트 지도자들은 임시방편으로 발전소 주변 30킬로미터의 고리에서 사람들을 대피시키는 결정을 내린 바 있었다. 위험 지역에서 대피시켜야 할 다른 사람들이 있는가?[1] 화재가 진압된 후 주민들은 고리 안의 마을과 촌락으로 돌아올 수 있는가? 불타고 있는 원자로에서 불과 몇 마일 떨어지지 않은 곳의 대도시 프리퍄티를 포함해 버려진 지역사회에 사람들을 다시 정착시키는 일은 위원회의 안건 가운데 매우 중요한 항목이었다. 모스크바의 지도자들은 이를 강하게 밀어붙였다. 사람들을 집으로 돌려보내는 일은, 재난이 종결되고 삶이 일상으로 돌아갈 수 있음을 보여주는 일이었기 때문이다.[2]

위원회 위원이었던 안드레이 보로비예프 박사는 회고록에서 사고 발생 훨씬 전에 핵무기 산업에 종사하던 소비에트 과학자들이 제곱킬로미터당 5퀴리의 방사능이 측정되는 오염된 땅에서도 사람들이 안전하게 살 수 있다는 것을 알아냈다고 말했다.[3] 그들은 이것이 먹거리를 다른 곳에서 구입하는 사람들 입장에서는 낙관적인 수치라고 이해했으나, 체르노빌 주변의 오염된 지역은 시골이었다. 모두가 신선한 지역 농산물을 먹었다. 제곱킬로미터당 1퀴리의 방사능만으로도 지역 농산물을 소비하는 사람들이 받아들이기 어려울 정도로 많은 양의 방사능에 피폭될 수 있었다. 비밀 방사능 등고선 지도를 본 위원회의 고위관료들은 자신들이 제곱킬로미터당 5퀴리를 임계값으로 선택한다면 군인들이 백만 명 이상의 사람들을 그들의 집에서 쫓아내야 한다는 점을 깨달았다. 그들 모두는 어디로 가야 하는가? 그 비용은 누가 댈 것인가? 멀찌감치 떨어진 모스크바에서 회의가 열리는 동안, 화재가 진압되고 병사들이 그을린 원자로 위를 덮을 석관을 만들고 있을 때, 위원들은 불현듯 엄청난 규모의 사고라는 사실을 실감하게 되었다.

위원회의 고위관료들은 독단적으로 새로운 수치를 선택했다. 그들은 제곱킬로미터당 15퀴리의 세슘-137은 안전하거나 거의 안전할 것이라고 판단했다. 소비에트 보건상은 이 결정을 우려하면서 만일 사람들이 15퀴리를 감내하며 살아야 한다면 멀쩡한 음식을 외부에서 조달해주어야 한다고 주장했다. 이어 그는 하계 야영지에 격리된 30만 명의 어린이와 임산부들은 어떻게 해야 하는지 물었다. 그들에게 15퀴리의 지역으로 복귀할 수 있도록 허락해야 하는가? 한 물리학자는 방사능이 어른과 어린이에게 같은 영향을 미친다고 말했다. 차이가 없다는 것이다. 위원회의 의사들은 강하게 반대했다. 그들은 어린이들이 어른들에 비해 방사선 노출에 훨씬 더 취약하다는 사실을 모두가 알고 있다고 주장했다.[4]

정치국 의료위원회 회의에서 유리 이즈라엘은 보로비예프에게 토양에서 측정된 방사선의 퀴리가 어떻게 인체가 방사선에 노출된 방사선량을 가리키는 시버트(또는 렘)로 변환되는지 물었다. 이는 답하기 힘든 문제였다. 방사성 붕괴에서 방출되는 전리 방사선을 초단위로 분해한 것을 베크렐 또는 퀴리라고 부른다. 10베크렐은 매초 열 번의 방사선 붕괴를 의미한다.[5] 베크렐과 퀴리는 땅, 나무 같은 환경이나 먼지투성이의 낡은 트럭에서 나오는 방사능의 총계에 지나지 않는다. 사람에게 중요한 것은 그 방사선이 인체에 어떻게 작용하는가다.

방사선은 감마선, 알파 입자, 베타 입자 등 다양한 형태로 나타난다. 감마선은 엑스선과 같은 전자기파이지만 파장이 더 짧아서 더욱 높은 에너지를 지니며 투과력도 높다. 감마선은 피부를 비롯한 대부분의 물질을 통과하며 세포에 손상을 입힌다. 베타선은 전자, 알파선은 헬륨의 원자핵으로 불안정한 방사성 원자핵이 붕괴할 때 방출된다.[6] 알파선은 투과력은 낮지만 감마선이나 베타선보다 인체에 20배 더 손상을 주는 것으로 평가된다. 그래서 과학자들은 전신이나 신체 일부의 알파선 선량을 추산할 때 측정 수치에 20을 곱한다. 선량을 재는 단위는 미국과 소련에서는 렘과 라드rads이고, 다른 지역에서는 시버트와 그레이grays다. 신체의 특정 부위가 다른 부위보다 방사선에 민감하다는 점을 확인한 방사선 전문의들은 그것들을 구분하여 다루려고 했다. 이 모든 것이 너무나 혼란스러워지자 그들은 조직에 축적된 에너지의 양을 렘 또는 시버트를 흡수하는 킬로그램당 조직의 무게로 나누기로 정했다.

체내 선량을 추산하기 위해 과학자들은 사람들에게 종종 얼마나 많은 시간을 실외에서 오염된 공기를 들이마시며 보냈는지, 무엇을 먹었는지, 얼마나 먹었는지, 음식을 어떻게 구했는지 등을 기억해달라고 요청한다. 하지만 이는 불확실한 과학이다. 사람의 기억과 방사능 오염 양자가 지닌 극도로 뒤죽박죽인 성질 때문이다. 마을 사람 두 명을 예로 들어보자. 둘은 각각 젖소를 기른다. 한 농부는 강기슭 위쪽에 소를 풀어 풀을 뜯게 했다. 다른 한 사람은 소를 강의 아래쪽으로 데려가 말뚝에 매어놓았다. 두 농부는 서로 몇 미터 떨어지지 않은 곳에 살지만, 그들이 피폭된 선량은 상당한 차이가 난다. 아래쪽의 젖소가 높은 수치의 방사능이 가미된 홍수에 씻긴 풀을 먹고 극도로 오염된 우유를 생산하기 때문이다. 강기슭 위쪽 소에서 짠 우유는 허용 한계치를 넘지 않는다. 첫 번째 농부는 언제 어디서 소를 말뚝에 묶어뒀는지 정확히 기억한다. 두 번째 남자는 벌판의 어딘가를 모호하게 가리킬 뿐이다. 그러면 조사관은 두 농부 모두 강기슭에다가 소를 풀어 놓았다고 쓴다.[7]

이러한 과학에서 도출되는 수치들이 개략적이라는 점은 뻔하다. 우크라이나 보건상 아나톨리 로마넨코는 환경 데이터에서 나온 추정 선량이 측정자에 따라 두 자릿수 이상의 차이가 난 사실에 주목했다.[8] 추정 선량이 어떻게 만들어지는지가 궁금하여 나는 1987년 유럽을 대상으로 한 체르노빌 피해 추정치 작성을 도왔던 미국 에너지부의 과학자린 앤스퍼Lynn Anspaugh에게 연락했다. 전화 통화에서 앤스퍼는 자신이 루마니아의 추정 선량 산출을 맡았다고 말해주었다. 앤스퍼는 다음과 같이 설명했다. "당시 루마니아는 폐쇄된 사회였습니다. 어느 누구도 거기에 가길 원치 않았지요. 심지어 IAEA 조사관들도 호텔이 춥고 현지인들이 짜증을 잘 낸다는 이유로 쉽사리 방문하려고 하지 않았습니다."

앤스퍼는 루마니아에서 누군가에게 전화를 걸어 숫자 두 가지를 건네받았다. 하나는 낙진이 내려앉은 땅에 축적된 세슘-137의 농도였고, 다른 하나는 우유에 있는 세슘 농도였다. 앤스퍼는 "나는 그 숫자 두 가지를 가지고 국가 전체를 대상으로 한 추정치를 도출했죠"라고 자랑스럽게 말했다.[9] 앤스퍼의 숫자 두 가지는 바로 이 과학에 수반된 어림짐작과 추측을 보여준다.[10] 과학자들은 이 같은 엉터리 계산을 토대로 수치를 추산했고, 이러한 수치의 존재는 현대적 정책이라는 기적적인 방식을 통해 일정한 사실로 거듭났다. 그러나 이는 불확실성으로 가득차 있었다.[11] 한 번 추정 선량이 만들어지면 그것은 중요한 역사적 행위자로서 세상에 태어난 작은 숫자의 영재와 마찬가지의 존재로 재탄생한다. 사람들은 규정을 만들거나 땅에서 사람들을 대피시키거나 아니면 아예 아무것도 하지 않기 위해 이 숫자를 인용하고 이용한다. 이러한 행동은 과학과는 별다른 연관성이 없는 반면, 편법과 정치와는 실로 막대한 관련이 있다.

선량을 추산하는 과정에서 과학자들은 자연스럽게 언쟁을 벌인다. 어떤 데이터 또는 매개 변수를 선택하느냐에 따라 계산자slide ruler✤는 위험의 오른쪽이나 왼쪽으로 엄청나게 움직인다. 혹자는 몸 안의 방사능을 측정하기 위해 환경에서 방사능을 측정하

✤ 로그 눈금이 새겨진 평행한 두 고정자와 그 사이를 움직이는 안쪽 자 및 계산의 눈금을 맞추는 커서로 이루어져 있는 계산기를 말한다.

고 이를 변환시키는 작업이 의미가 있는지를 질문할 것이다. 왜 신체를 직접 측정하지 않는가? 사실 체르노빌 이후 소비에트 과학자들은 그러한 작업을 시도했었다. 그들은 신체가 흡수한 선량을 추산하는 여러 가지 방안을 가지고 있었다. 소비에트 KGB 요원들이 의사들을 방사능 노출과 관련된 정보로부터 차단했기 때문에, 의사들은 여러 해에 걸쳐 신체로부터 방사능 노출을 읽어내는 데 능숙해졌다.[12] 그들이 가장 많이 사용한 방법 중에는 방사능에 노출된 며칠 후 골수 세포 내의 염색체 변화를 확인하는 작업도 포함되어 있었다. 염색체는 온도, 식단, 연령, 기분에 따라 변화하지 않기 때문에 방사능 붕괴로 인한 손상을 보여주는 안정적인 표지다. 까다로운 부분은 이 지표가 불과 몇 주밖에 지속되지 않는다는 점이다. 향기가 퀴퀴한 냄새로 바뀌는 것이다. 치아의 법랑질琺瑯質은 혈액 검사를 보완해준다. 수년간 집적된 방사선의 총량이 거기에 보관되기 때문이다. 연구자들은 치아 법랑질을 염색체 분석에서 도출된 데이터와 교차 검증했다. 소비에트 의사들은 이러한 방법들을 병용하여 개인 선량을 규명할 수 있는 믿음직한 방법을 보유했다고 확신했다.[13] 서구 과학자들은 10년 후에야 이 방식을 차용하기 시작했다.[14]

몸 안의 선량을 추산하는 두 번째 방법은 1950년대에 발명된 전신 계측기라고 불리는 기계를 이용하는 것이다. 이 계측기는 민감한 감지기를 통해 신체로부터 방사되는 감마선을 측정한다. 전신 계측기는 염색체나 치아 법랑질의 생체 지표를 기록하는 것보다 빠르고 저렴하다. 하지만 감마선만 측정할 수 있고, 더 해로운 알파 입자와 베타 입자는 포착할 수 없다. 또 다른 문제는 사람의 몸이 꽤나 훌륭한 생체차폐生

體遮蔽이기 때문에 표준화된 인간에 맞게 설계된 전신 계측기가 치수와 무게가 크게 다른 신체의 틈새에 숨어 있는 모든 방사선을 측정하지는 못한다는 점이었다. 이 기계는 특히 어린이들을 상대로 많은 부분을 놓친다.[15] 소비에트 의사들은 전신 계측기가 염색체 분석보다 10배나 낮은 결과를 도출했다고 불평했다.[16] 하지만 이 기계는 유용하다. 사람들은 계측기에 들어갔다 나오면서 자신의 체내 방사선량이 아주 나쁜 정도는 아니라는 안도감을 느낄 수 있다. 핵연구자 루카스 힉슨 Lucas Hixson은 내게 "전신 계측기는 의료용 기계가 아니라 정치적인 기계입니다"라고 설명해주었다.[17]

체내 방사선을 측정하는 두 가지 방법은 원리의 차이를 보여준다. 의사들은 일반적으로 염색체 분석을 수행한다. 반면 물리학자들은 전신 계측기를 만들어 작동시킨다. 혈액학자 보로비예프는 체르노빌과 그 인근 지역에 의료진을 파견해 혈액 표본을 채취하고 염색체를 연구해야 한다는 주장을 지지했다. 그는 긴급함을 강조했고, 시간이 부족하다는 말을 되풀이했다.[18] 물리학자인 레오니드 일린과 유리 이즈라엘은 전신 계측기를 지지했고, 서두를 필요가 없다고 주장했다.[19]

연구자들이 어떤 방법을 썼느냐는 정말 중요했다. 측정 방법에 따라 추정 선량이 올라가거나 내려갔기 때문이다. 1986년 여름 매일 열린 회의에서 정치국 의료위원회는 방사선량이 얼마인지 그리고 용납할 수 없는 수준의 해를 입히기까지의 방사선량이 어느 정도인지에 관해 논쟁했다. 오늘날 국제적으로 인정받는 연간 허용 선량은 1밀리시버트다. 보건성 대표들은 미국 주도의 "일본인 원폭 생존자 수명 연구" 중 극히 제한적인 데이터만 소비에트에 적용했다. 그들은 그러한 기준을 가지고 여성과 어린이들이 100배 이상, 즉 비상시에는 1년에 100밀리시버트의 선량을 감내하는 데 별다른 문제가 없다고 주장했다.[20] 물리학자들은 적어도 성인의 경우, 첫 해에는 임시 비상 한계치를 훨씬 높게 500밀리시버트까지 설정할 수 있다고 말했다.[21]

여름이 지나면서 이 비상 선량 허용치는 더욱더 안일한 모습으로 변화해갔다. 우크라이나의 연구자들은 오염 지역의 어린이들이 여름철 몇 달간 이미 100밀리시버트를 체내에 축적했다고 추산했다.[22] 혈액 표본을 채취한 보로비예프 연구진은 가장 오염 정도가 심한 지역에서 검사를 받은 주민의 절반이 200~400밀리시버트에 달하는 선량의 세슘-137을 흡수한 사실을 발견했다. 주민 가운데 또 다른 3분의 1은 800~1,000밀리시버트라는 더욱 높은 선량에 피폭되었다. 이는 메스꺼움, 피로, 장기 손상과 면역 체계 파괴 등 대표적 방사선 장애 증상을 유발하기에 충분한 선량이었다. 염색체 분석은 또한 일부 주민이 플루토늄과 스트론튬 같은 고방사능 입자를 섭취했음을 보여주었다. 이 입자들은 신체에서 서서히 배출되면서 아주 높은 방사능 충격을 가해 단세포들을 없애버릴 수 있다.[23] 같은 지역에서 행해진 치아 법랑질 검사는 추정 선량을 확인시켜주었다. 보건성 제3부에서 파견된 의사들은 모스크바, 고멜, 키예프, 민스크, 브랸스크Bryansk의 병원에서 치료를 받은 환자 수천 명의 추정 선량을 계산했다. 안타깝게도 그들의 데이터는 이급비밀로 분류되었고, 아직까지 똑같은 상태를 유지하고 있다.[24]

높은 추정 선량은 나쁜 소식이었다. 소비에트 연구자들은 사람들이 200~500밀리시버트의 선량에서 만성방사선증후군의 징후를 보이기 시작한다고 판단했다.[25] 생물물리학자들은 이러한 고선량 추정치에 맞서 싸웠다. 그들은 전신 계측기를 발주한 뒤 한꺼번에 사용했고, 훨씬 낮은 추정치를 기록했다. 그들은 검사를 받은 수천 명의 사람들 가운데 90퍼센트가 10밀리시버트를 초과하지 않는다고 보고했다. 가장 심하게 오염된 지역사회의 주민들만 300~400밀리시버트의 선량을 흡수했다.[26]

보로비예프는 의료위원회에 소속된 과학자들이 선량 허용치에 관해 날밤을 새우며 언쟁했다고 기억하고 있었다. 이즈라엘, 일린, 그리고 방사생물학연구소Institute of Radiobiology의 다른 물리학자들은 제독 작업 후 가을이면 피난민들이 집으로 돌아갈 수 있을 것이라고 주장했다. 의사들은 의문을 가졌다. 한 과학자는 방사능으로 오염된 시베리아 지역의 경험이 "제독 조치가 갖는 극도로 하찮은 효과"만을 보여주었다고 위원회 위원들에게 경고하기도 했다.[27] 의사들은 피난민들 어느 누구도 30킬로미터의 출입금지구역 안에 있는 집으로 돌아가서는 안 된다고 주장했다. 그들은 훨씬 더 오염된 수백 곳의 지역사회를 소개하기를 원했다. 그들은 연맹 차원의 엄격한 지침과 추후 대피를 위해 제곱킬로미터당 15퀴리라는 임계선을 확정하고자 했다.[28] 반면 물리학자들은 모호한 공식과 관망 방식을 선호했다.

논쟁에서 크게 이긴 쪽은 물리학자들이었다. 다음에 무엇을 할지 결정하는 문건을 일린이 작성했다. 그는 이즈라엘이 한 달 전 개략적으로 세운 지침을 이용했다. 새로운 규정은 사고 직후 첫 해, 그리고 70년 생애에 걸쳐 주민들이 흡수할 것으로 추측되는 시버트의 추정치에 따라 지역을 세 구역으로 분류했다. 일린은 가장 덜 오염된 지역(연간 최대 100밀리시버트에 이르는 선량)에서는 어린이와 임산부가 집으로 돌아와

"제한 없는 삶"을 살 수 있다고 썼다. 연간 100~200밀리시버트에 노출된 조금 더 오염된 지역에서는 주민들이 머물 수 있고 어린이가 돌아올 수는 있으나, 해당 지역에서 재배된 음식을 먹어서는 안 되고 마을은 수년 내에 다른 곳으로 이동해야 했다. 과학자들이 연간 200밀리시버트 이상의 선량에 사람들이 피폭될 것이라고 판단한 45개 마을은 즉각 소개될 필요가 있었다.[29] 그들은 출입금지구역 안이라도 100밀리시버트를 넘지 않는 수준의 선량에 노출된 곳에서는 사람들이 거주를 재개해도 된다고 판단했다. 이러한 지침들은 선량이 어떻게 결정되는지, 즉 신체에서의 직접적인 측정인지 아니면 환경 데이터를 기반으로 한 추정인지를 분명히 하지 않았다.[30] 토양에서 측정된 퀴리의 총량이 높았기 때문에 모호한 표현이 유용했다. 일린의 지시가 있은 후, 정치국은 체르노빌 의료위원회를 종결시켰다. 더 이상 의사들의 조언이 필요하지 않았던 것으로 보인다.

지침은 비밀 주머니를 통해 발송되었다. 7월 말에 지침을 읽은 우크라이나 지도자들은 매일 가진 체르노빌 작업단 회의에서 이 문제에 관해 논의했다. 그들은 제곱킬로미터당 15퀴리보다 높은 지역에 어린이와 임산부를 복귀시키길 거부했다. 그들은 해당 지역의 어린이들이 이미 1년 치에 해당하는 선량을 흡수했다고 선언했다. 우크라이나 각료회의 의장 올렉산드르 랴쉬코Oleksandr Liashko는 초등학생들은 기숙학교로 보내고 엄마와 걸음마를 배우는 아이들은 다른 곳으로 이주시키라는 결정을 내렸다. 회의에 참여한 이즈라엘은 가족들을 떨어뜨려놓는 것에 반대했다. 랴쉬코는 다음과 같이 반박했다. "어린이들을 기숙학교로 보내는 일과 가족들을 갈라놓는 일이 어렵다는 것은 알고 있소만, 우리에게 다른 선택지는 없소." 랴쉬코는 "만일 사람들이 위험한 선량에 노출된다고 [우크라이나] 보건상이 판단하면, 그때 가서는 우리도 대피해야 하오"라고 주장했다.[31]

이즈라엘은 우크라이나인들의 추정 선량에 거듭 의문을 제기하면서 더 많은 측정을 수행하기 위해 시간을 조금 더 달라고 요청했다. 그는 자신의 부처가 토양에서 높은 수치의 퀴리가 검출된 벨라루스와 러시아의 일부 지역에서 우크라이나인들이 했던 것과 똑같은 방식으로 측정했을 때 검출된 예측 선량이 100밀리시버트에 미치지 못했다고 주장했다. "만일 결과가 이와 같다면, 우리는 조직적인 대책을 통해 그곳에서의 삶도 통제할 수 있소."[32] 조직적인 대책이란 깨끗한 음식 배송과 마을 사람들의 야외 활동 시간 제한을 의미했다.

한 우크라이나 과학자가 "우리의 측정 결과는 만일 그 지역들에 어린이를 다시 거주시킨다면 그들은 반드시 깨끗한 음식을 공급받아야 함을 보여줍니다. 만일 깨끗한 음식을 보장할 수 없다면 우리는 그들을 돌려보낼 수 없습니다"라고 답변했다. 우크라이나인들은 농사를 지을 수 없는 땅에서 농부들이 어떻게 살아갈 수 있을지 이해할 수 없었다. "그들이 그곳에서 무엇을 하겠소?" 랴쉬코가 이즈라엘에게 물었다. "그들을 수입된 깨끗한 사료를 이용하는 전문적인 목축업자로 탈바꿈시킬 수야 있겠소만, 누가 그 비용을 댈 거요?"[33]

모스크바는 출입금지구역 내 11곳의 우크라이나 마을로 주민들을 복귀시키길 원했다. 키예프의 당 지도자들은 이 조치 또한 중단시켰다. 키예프주의 위생 담당 최고위 의사 말라셰프스키V. V. Malashevsky는 5월 이래로 출입금지구역 내부에서 방사능을 추적하고 있었다.[34] 그는 방사능 수치가 거주하기에는 너무 높다고 보고했다. 이즈라엘은 그를 믿지 않았다. 그는 자체적으로 조사단을 보냈다. 군부대와 민방위부대 또한 조치를 취했다. 선량계 전투가 벌어졌다. 모스크바에서 파견된 다섯 조사단은 수치가 안전한 수준이라는 데 동의했다. 말라셰프스키 연구진은 조사 결과 10배 높은 수치를 기록했고 사람들을 복귀시키는 것은 위험하다고 공표했다. 그 별 볼일 없는 주의 위생 담당 의사는 강력한 고위관료 앞에서도 무릎을 꿇지 않았다. 모스크바 당국은 진노했다. 그들은 로마넨코에게 책임자 가운데 "주관적 정보"를 제출한 당사자들을 처벌하라고 말하면서 "최고위 의사 말라셰프스키의 무능력을 특히 주목하시오"라고 덧붙였다.[35]

로마넨코는 그와 같은 일을 하지 않았다. 우크라이나 지도부는 이미 대피를 마친 출입금지구역 내의 집들로 마을 사람들을 복귀시키길 거부했다. 그들은 말라셰프스키의 경력을 끝장내지도 않았다. 나는 말라셰프스키가 몇 년이 지난 뒤에도 묵묵히 자신의 일을 하고 있고, 여전히 집요한 은밀함과 굼뜬 속도에 대항하여 전투를 벌이고 있는 것을 발견했다.[36] 결국 말라셰프스키가 옳았다. 1989년, 최종적으로 그 마을들은 거주하기에는 방사능이 너무 높다는 판정을 받았다.[37]

국경 너머 벨라루스의 당 지도자들도 같은 상황에 맞닥뜨렸다. 하지만 그들은 우크라이나인들과 같은 기개를 보여주지 않았다. 여름이 끝나갈 무렵 벨라루스 지도부는 어린이와 엄마들을 방사능 가득한 집으로 돌려보내고 출입금지구역 내의 열두 개 마을을 재개하라는 모스크바의 명령을 순순히 따랐다. 이에 따라 1,400명의 비참한 농부들이 떠난 지 7개월 만에 자신들의 마을로 돌아왔다.[38] 가축, 씨앗, 저장고, 가

구, 연장들은 모두 사라져버린 상태였다. 그들은 도움을 요청했다. 주
관리들은 그들에게 몇 자루의 감자를 주면서 불평을 그만 멈추라고 말
했다.[39] 벨라루스 지도자들은 공장 노동자와 죄수들에게 출입금지구역
안으로 들어가 농산물을 수확하라고 명령했다.[40] 벨라루스 물리학자 바
실리 네스테렌코는 마을 사람들 수천 명의 귀환을 막기 위해 최선을 다
했으나 그 혼자서는 별다른 관심을 끌지 못했다.[41]

우크라이나와 벨라루스의 차이는 더 이상 극명할 수 없었다. 우크라
이나 지도자들이 제곱킬로미터당 40퀴리가 넘는 땅에서 농사짓는 일
을 금지했을 때, 벨라루스 관료들은 세슘-137이 눈이 튀어나올 정도로
놀라운 수치인 제곱킬로미터당 40~100퀴리에 달하는 수치에서 사람
들의 생활과 농사를 용납했다.[42] 제곱킬로미터당 15퀴리 이상의 지역
에 거주하는 우크라이나 마을 사람들은 음식 구입 보조금을 지급받았
다. 반면 벨라루스인들은 1988년까지 제곱킬로미터당 30퀴리 이상의
수치가 나오는 지역에서만 보조금을 지급받았다.[43]

나는 정치국 의료위원회 회의록 더미를 휙휙 넘겨보았다. 어떤 회의
록에서도 사고 직후 며칠간 조종사들이 방사능비를 내리게 한 벨라루
스의 모길료프주는 언급되지 않았다. 이즈라엘, 일린, 그리고 중요한
결정을 내려야 했던 다른 이들은 모길료프의 마을들에서 방사능 활동
이 엄청나게 활발하다는 점을 알았지만, 정착 지시를 내리지는 않았
다.[44] 사고가 난 그해 여름 《이즈베스티야》지는 사고 이후 삶이 어떻게
일상으로 돌아왔는지 보도하라는 임무를 주면서 신임 받는 특파원 한
명을 모길료프주로 보냈다. 니콜라이 마투콥스키Nikolai Matukovsky는
비옥한 대지의 행복한 농부들에 관한 장밋빛 기사를 썼다. 그러고 나서

양심의 가책을 느낀 그는 신문사 편집장에게 뜻밖의 텔렉스 전문 한 통을 보냈다.

이급비밀 전신타자. 주필을 제외한 다른 이에게 보여주지 말 것. 복사본은 파기할 것.

벨라루스의 방사능 실태는 실로 복잡하게 되었음. 모길료프주의 여러 지역에서 우리가 [다른 기사에서] 썼던 것보다 훨씬 더 높은 수치의 방사능 오염이 발견되었음. 어떤 의학적 기준을 따르더라도 이 지역에서의 거주는 생명에 엄청난 위협이 됨. 이곳의 우리 동지들이 어쩔 줄 몰라 한다는 인상을 받았음. 그들은 특히 자신들의 보고를 모스크바 당국이 믿고 싶어 하지 않기 때문에 무엇을 해야 할지 몰랐음. 이 주제에 관한 모든 전화 통화가 완전히 금지된 상태라 텔렉스로 송신함. 1986년 7월 8일.[45]

편집장이 마투콥스키의 서한을 지휘 계통에 따라 상부로 보냈다 해도, 서한에 따라 적절한 행동을 취한 이가 있다는 증거는 발견되지 않았다.

바실리 네스테렌코는 벨라루스 지도자들에게 제곱킬로미터당 40퀴리가 넘는 수치의 마을에서 살고 있던 수만 명의 사람들을 대상으로 무언가 조치를 취하라고 촉구하는 서한을 대거 발송했다. 그는 비상 허용 선량보다 3~5배 높은 방사능 수치를 나타내는 표를 제공했다.[46] 벨라루스의 유명 작가 알레스 아다모비치Alex Adamovich는 미하일 고르바초프에게 서신을 보내 음식이 오염됐고 여성과 어린이들이 이주할 필요가 있다는 사실을 환기시켰다. 그는 "이 공화국은 거대한 파국을 맞기엔 너무나 작습니다"라고 한탄했다.[47] 한 붉은 군대 장군도 이러한 이 구동성에 목소리를 보탰다. 아나톨리 쿤체비치A. Kuntsevich 대장은 "어 느 누구도 제곱킬로미터당 80퀴리 이상의 지역에 살아서는 안 됩니다. 이 사람들은 반드시 이주해야 합니다"라고 애원했다.[48] 그것으로 끝이 었다.

쿤체비치 대장은 전문가들로 구성된 위원회를 요청했다.[49] 모스크바 와 민스크에서 온 60명의 과학자 위원들이 모길료프주를 찾았다. 주변 을 살피고 표본을 채취하고 측정을 수행한 후 그들은 사람들이 거주할 수 있다고 결정했다.[50] 그 결정은 비밀리에 이루어진 수십 개의 결의안 들 중에서 수십만 명의 사람들을 원자력발전소와 비슷한 방사능 수치 의 농촌에 남아 살도록 만들었다.[51] 잘 먹어 살찐 정책 입안자들은 주민 들이 그곳에서 안전하게 살아가기 위해서는 깨끗한 음식이 조달되어야 한다고 결의했다. 보통의 경우 자급자족하는 사람들을 위한 비축 물자 를 배고픈 소련에서 어떻게 찾을지는 그들의 계산에서 그리 중요한 문 제가 아니었다.

엄청나게 높은 방사능 수치의 땅에서 살고, 일하고, 연명한다는 것은 무엇을 의미했을까? 그런 곳에 사람들을 남겨두는 선택이 무엇을 의미 하는지 이해하기 위해 나는 지역의 보건부서, 농업국, 노동조합 등지에 서 생산된 기록들을 끈질기게 추적했다. 그 문서들은 일급비밀 방사능 지도에 찍힌 붉은 반점들로부터 외부로 퍼져 나가는 새롭고 일상적인 위험을 보여주었다. 이 새로운 방사성 위협은 외부로 확장되었다. 인간 이 거래, 물물교환, 여행에 종사하는 사회적이고 생산적인 존재이기 때문이다. 그들은 하늘에서 내려온 방사성 낙진을 가장 예기치 못한 장소로 옮겨 날랐다.

방사능 생존

불분명한 진실들
깨끗한 가죽, 더러운 물
재난의 한가운데서 만든 소시지
농장에서 공장으로

불분명한
진실들 \\\\\\\\

키예프의 한 널따란 시장 근처에서 나는 "떨어지는 벽돌을 주의하시오"
라는 표지판 주변을 조심해서 걷다가 국립중앙정부최고기관문서고
Central State Archive of Supreme Bodies of Government로 들어갔다. 낡은 쪽
모이 세공 바닥, 보기 싫은 녹색 벽에 동양풍 카펫까지, 내가 마지막으
로 작업한 지 20년이 지났지만 문서고는 많은 것이 그대로였다. 접수계
에 한 여성이 이집트 스핑크스마냥 무덤덤하게 의자에 올라앉아 있는
모습이 보였다. 체르노빌과 관련된 공중 보건 기록을 요청하자 그녀는
웃었다. "체르노빌은 소비에트 시기 금지된 주제였어요. 아마 아무것도
못 찾을 겁니다." 어쨌든 그녀에
게 자료 목록 책자finding aids❖를
달라고 했다. 나는 공손한 웃음
을 보이며 "모르는 일이죠"라고

❖ 문서고 사용자의 편의를 위해 제작된 안내
책자를 일컫는다. 이를 통해 역사가는 필요한
자료를 효율적으로 추적할 수 있고, 해당 자
료를 요청하여 연구와 검토를 수행한다.

말했다.

방대한 목록을 휙휙 훑어보다가 우크라이나어로 "체르노빌 재난의 의학적 결과들에 관하여"라고 선명하게 표기된 자료군을 빠르게 발견했다. 나는 어이가 없어 위를 쳐다보았다. 접수 담당자는 으쓱하더니 내게 주문 양식을 건넸다. 그녀가 나를 속이려고 한 것은 결코 아니었다. 여태껏 아무도 이 기록물을 요청하지 않았기 때문에 몰랐을 뿐이었다. 내가 그것들을 열람한 최초의 인물이라는 사실은 대출증을 통해서도 알 수 있었다.

나는 고무나무에 둘러싸인 아늑하고 햇빛이 비치는 열람실에 앉아 장정본이 나오길 기다렸다. 1990년대에는 열린 창을 통해 인근 묘지에서 만가挽歌를 연주하는 나팔소리를 듣곤 했다. 이제는 건설 차량의 우르릉거리는 소리와 경적 소리가 열람실을 채웠다. 자료가 도착했다. 첫번째 큰 더미로 시선을 돌렸다. 그 수백 쪽의 종이들에는 우크라이나 관료들이 체르노빌 참사의 영향을 어떻게 이해하게 되었는지를 보여주는 의료 및 농장 기록, 통계 보고서, 회의록, 공식 서신, 청원, 편지 등이 포함되어 있었다. 나는 따로 필기를 했고, 문서 보관 담당자는 책상에 더 많은 종이를 쌓았다. 그렇게 첫 날을 보내면서 내가 이 일을 몇 년은 더 할 것임을 직감했다.

자료 더미를 살펴보다가 나를 어리둥절하게 만든 문건 하나를 우연히 발견했다. 우크라이나 북부에 위치한 체르니히우Chernihiv시의 한 양모 공장에서 일했던 노동자 298명이 "청산자 자격"을 달라고 요구하는 내용의 청원 문건이었다.[1] "청산자liquidators"는 체르노빌 사고를 청소하기 위해 근무하던 도중 상당한 방사능 선량에 노출된 사람들을 위해 만들어진 용어였다. 나는 당혹감을 감출 수 없었다. 당시 양모 공장 노동자들은 대부분 여성이었는데 어떻게 청산자가 될 수 있었을까?

체르니히우와는 또 무슨 관련이 있는가? 지도는 이 도시가 체르노빌 방사성 낙진의 주요 경로를 벗어나 있음을 보여준다. 내 상상 속에서 청산자들은 납으로 된 옷을 입고 보이지 않는 감마파를 향해 용감하게 돌진하는 남성들이었다. 사고에서 80킬로미터 떨어진 한 조용하고 "깨끗한" 마을에서 직물 산업에 종사하는 여성 인부들은 아니었던 것이다. 그들은 무엇을 하던 중이었기에 그 정도의 선량에 노출되었을까? 이 양모 공장 청산자를 두고 머리를 쥐어짜던 나는 그들에 관해 더 많은 정보를 찾아보았다. 더 많은 기록들을 발견했으나, 여전히 당혹스러웠다. 2016년 7월, 나는 차 한 대를 빌려 동료 올랴 마르티뉴크Olha Martynyuk과 함께 체르니히우를 향해 북쪽으로 움직였다.

체르노빌 관련 영상물이나 언론에는 대개 체르니히우가 등장하지 않는다. 거기엔 그럴 만한 충분한 이유가 있다. 이 도시는 재난의 무대라기엔 굉장히 아름답다. 황금색 둥근 지붕의 이 중세 도시는 데스나강Desna River이 내려다보이는 벼랑 위에 자리하고 있다. 지역의 관광명소이기도 하다. 기회가 된다면 꼭 가보길 권한다.

양모 공장은 또 다른 사안이었다. 올랴와 나는 조금 헤맨 끝에 도시의 변두리에서 그 공장을 찾았다. 공장은 철로가 가득한 10여 개의 커다란 벽조 건물로 이뤄져 있었다. 스탈린시기의 노동자들은 빠른 산업화를 위한 노력의 일환으로 정신없이 공장을 건설했다. 이 양모 공장은 그러한 건물 난립의 산물 중 하나였다. 공장은 1937년 이래 별달리 손질되지 않은 것처럼 보였다. 이 공장에서 직원들은 양털을 선별하고 세척하는 "일차적인" 작업을 수행했다. 그것이 바로 그들이 하는 일의 전부였다. 세척된 양털은 또 다른 공장으로 운반되어 실과 옷감으로 만들어졌다.

우리는 벽으로 둘러싸인 성채처럼 펼쳐진 공장 주변을 기웃거렸다. 공장 단지 안에는 길, 상점, 박물관, 대중목욕탕, 보건진료소, 그리고 문하나가 있었다. 이 문은 양모 노동자용으로 마련된 땅딸막한 바우하우스Bauhas 양식의 아파트 건물들이 모여 있는 양털 마을에서 출근하는 저임금·미숙련 노동자들을 맞이하기 위해 매일 아침 활짝 열렸다. 1986년 대부분이 여성인 천 명 남짓 되는 노동자들이 이 공장에서 근무했다. 그들은 모퉁이의 상점들에서 물건을 구입했고 자녀는 양털 마을의 초등학교에 보냈다.[2] 주택 공급이 부족했다. 한 여성은 노조 회의에서, 아파트를 얻기 위한 대기자 명단에 자신의 이름이 26년 동안이나 올라가 있었다고 불평했다. 그러는 동안 그녀는 무려 다섯 세대에 이르는 자신의 가족과 함께 단칸방에서 살았고, 어찌나 공간이 비좁았던지 매일 밤 식탁에서 잤다고 말하면서 쑥스러워했다.[3] 노동자는 양모 공장의 벽돌 요새 안에서 일생을 보낼 수 있었고, 그곳을 결코 벗어날 수 없었다.

우리는 관리인 사무실에서 질문을 시작했다. 당시 공장주는 지역 신흥 재벌의 조카였다. 긴 구레나룻을 기르던 그는 카우보이 장화를 신고 있었다. 관광용 목장의 주인 행색을 하고 있었지만 양모 사업에 관해서는 별로 아는 바가 없었다. 그는 우리의 질문에 답하기 위해 은퇴한 교대근무 감독자이자 공장의 고참인 타마라 가이둑Tamara Haiduk을 불렀다. 우리는 사무실 밖 햇빛이 비치는 벤치에 앉았다. 가이둑은 어느 모로 보나 상냥하고 나이든 우크라이나 할머니처럼 보였다. 그녀는 30년

전의 날짜와 생산량을 기억하고 있었다. 규정을 관례와 법규로 나눠 열거할 수도 있었다. 가이둑은 사고 발생 한 달 후인 1986년 6월에도 공장이 완전 가동 중이었다고 말했다. 매해 봄마다 양털 깎기가 연례적으로 진행되었고 그 작업이 마무리되면 우크라이나 전역에서 2만 1,000톤의 양털이 하역장에 도착했다. 이러한 쇄도에 대처하기 위해 그녀는 모두가 하루 12시간씩 주 7일간 밤낮으로 일하도록 세 개의 조를 편성해 교대근무를 하게 했다. 가이둑은 "아주 스트레스가 심한 일"이었다고 기억했다. "하역을 기다리는 200대의 트럭과 열차가 꽉 들어차곤 했지요." 병사들과 학생들이 일손을 돕기 위해 소집되었다. 나는 가이둑에게 방사능 양털에 관해 물었다.

그녀는 사무적인 태도로 "어떤 양털은 오염된 지역에서 왔어요. 하역 노동자 두 명이 코피를 흘렸죠. 양털을 싣고 온 남성은 구역질을 했고요. 그래서 우리는 모스크바에 연락을 취했어요. 모스크바에서는 위원단을 보냈고요. 그들은 방사능을 쟀고, 우리는 공정을 바꿨습니다. 이후 시간당 1,000마이크로뢴트겐(10마이크로시버트) 이상이 검출된 양털은 따로 보관했어요."

가이둑은 1987년 가을의 어느 때인가 고도의 방사능에 오염된 양털을 체르노빌 출입금지구역 내의 소개된 촌락에 묻기 위해 수십 명의 운전자들과 동행했던 사실을 기억해냈다. 가이둑은 "그게 전부였어요"라고 결론지었다. "1987년 이후 방사능 양털은 거의 없었어요."[4]

따라서 소수의 노동자들이 아주 조금 피폭됐고 이마저도 오래 지속되지 않았다는 이야기였다.

나는 도무지 이해할 수 없었다. 청산자 자격을 부여받은 200명가량의 여성들은? 가이둑은 손사래를 쳤다. "그건 그저 형식적 관례에 불과했어요"라고 그녀는 말했다. 나는 우리가 공장의 생산 라인을 볼 수 있는지 물었다. 타마라 콧Tamara Kot이라는 이름을 가진 여성이 나타나 우리를 안내해주었다. 그녀는 장신에 튼튼했으며 감정표현에 전혀 인색하지 않았다. 콧은 목소리가 가이둑에게 닿을 정도의 거리에서 벗어나자마자 말을 시작했다. 그녀의 이야기는 가이둑의 설명과 충격적일 만치 달랐다.

"나는 1986년에 이곳으로 일하러 왔죠. 친구와 나는 모두 경공업 연구소Institute of Light Industry를 갓 졸업한 상태였어요. 1년 후 내 친구는 백혈병 진단을 받았고 얼마 지나지 않아 죽었답니다. 우리가 들이마셨던 방사성 낙진 때문에 그녀가 병을 얻었다고 나는 생각해요. 짐 부리는 사람들과 운전자들도 모두 죽었어요. 피폭되었던 겁니다."[5]

관리인이 말하는 이야기와 노동자가 말하는 이야기의 차이에 놀라지 말았어야 했다. 그것들은 서로 거의 맞지 않았다. 관리인들이 세고 재고 지휘하기 위해 클립보드를 휘두르는 동안, 노동자들은 건초더미를 집어 들어 가슴팍으로 안으면서, 잘 보기 위해 양모 몇 줌을 눈 가까이로 당기면서, 교대근무 막바지에 분진의 폭풍을 쓸어내면서 본능적으로 그리고 때때로 고통스럽게 작업하는 상품의 정체를 이해하게 되었다.[6] 털섬유, 석탄 검댕, 석면, 방사성 입자 같은 초미세먼지는 허파와 목구멍을 막는다. 화학 물질의 분말과 방사성 폐수는 피부의 갈라진 틈과 손톱 밑을 파고든다. 피부, 허파, 구강은 신체로 통하는 관문 역할을 한다. 육체노동은 신체와 원재료를 서로 얽히게 하여 몸, 농산물, 환경 사이의 경계를 녹여 없앤다. 궂은일은 선택의 폭이 가장 좁은 사람들에게 떠넘겨졌다. 콧에게 공장이 어떤 사람들을 고용했는지 묻자 그녀는 "최고의 인력은 아니었지요"라고 답했다. 이어 그녀는 마침 지나가던 노동자들을 향해 고개를 끄덕이며 "아니, 어느 누가 분변을 세척하면서 살길 원하겠어요?"라고 덧붙였다.[7]

창고에서 작업복을 입은 운반 노동자들이 헛간 크기의 수취반收取班으로 이어지는 하역장을 돌아다녔다. 그들은 더러운 양털 뭉치를 컨베이어 벨트 위로 던졌다. 큰 양털 뭉치들이 햇빛을 받아 번들거리는 먼지의 줄기를 지나 선별이 이뤄지는 위층으로 올라갔다. 조사관들은 그 먼지를 1987년에 측정한 바 있다. 소비에트 노동안전법이 허락하는 것보다 6배는 더 두터운 먼지였다.[8] 우리는 양털을 따라 계단을 올라가서 휑뎅그렁한 방으로 들어갔다. 푸른 작업복을 입고 마스크를 쓴 여성들이 철망으로 된 작업대 앞에 서서 지저분한 양털 뭉치를 잡아 뜯고 있었다. 작업대 위에는 통풍구와 전등이 있었다. 그것들은 꺼진 상태였다. 어둡고 칙칙한 그 위층 작업실에서 여성들은 재빠르게 양털을 잡아 뜯어 분류하고는 세척반과 포장반으로 넘어갈 통에 던져 넣었다.

우리가 들어서자 여성들은 작업을 멈추고 내가 내민 명단 주위로 모여들었다. "그게 내 이름이고, 여긴 스베틀라나Svetlana예요. 그건 마리아Maria고요." 여성들은 그 재난이 진행되는 와중에 만들어진 범주에서 과거의 자신들을 골라냈다. 그들이 바로 내가 키예프의 문서고에서 찾아낸 "청산자들"이었다. 명단에 등재된 200명의 여성들 가운데 남은 이는 고작 이 10명뿐이었다. 지난 30년간, 날마다 그들은 작업대 앞에 서서 마스크 뒤로 송골송골 맺힌 땀과 건조한 눈과 아픈 등과 굳은살이 박이고 류머티즘에 걸린 손으로 더러운 양털을 분류했다. 그들은 우리의 등장에 전혀 놀란 기색을 보이지 않았다. 이들은 마치 누군가가 뜻밖에 나타나 자신의 이야기를 채록해주기를 30년 동안 기다린 것처럼 행동했다.

여성들은 이구동성으로 1986년 여름 먼 곳에서 일어난 핵사고가 어떻게 자신의 삶으로 들어왔는지에 대해 깨달은 바를 천천히 설명해주었다. 처음에 그들은 어떤 젊은 여성 동료의 입에서 흘러나온 소량의 출혈을 목격했다. 여성들은 자신이 작업용 탁상에서 어떻게 현기증과 메스꺼움을 느끼기 시작했는지 말해주었다. 그들은 위층의 먼지투성이 작업에서 멀찌감치 떨어져 바깥의 신선한 공기를 마시며 쉬어야 했다. 그들의 실장이자, 2분 지각했다는 이유로 노동자들에게 벌금을 물린 할머니 같은 가이둑은 다시 일터로 가라고 그들을 들들 볶았다. 가이둑은 언제나 그래왔던 것처럼, 그리고 심지어 1986년이라는 재난의 해에도 당연히 그래야 했다는 것처럼 연간 생산 할당량을 달성하는 것은 물론이거니와 이를 초과 완수하려고 했다.[9] 5월 말에 이르자 많은 노동자들이 원인 불명의 코피를 흘리게 되었다. 그들은 따끔따끔한 목과 메스꺼움, 피로에 관해 불평했다.[10] 노조 기록에는 두어 명의 운전자들이 밭일을 거들고 나서 진료받길 원했다고 적혀 있었다.[11] 분류반 내의 건초더미에서 시간당 최대 30마이크로시버트가 측정되었다. 양모 노동자들은 방사선에 고도로 노출된 건초를 집어드는 일이 켜진 상태의 엑스선 기기를 껴안는 것과 마찬가지 일이었음을 알지 못했다.[12]

냉전 시기 모든 대형 소비에트 기관들은 핵공격에 대비하는 임무를 지닌 민방위 책임자를 관내에 두었다. 하역장에서의 불평을 들은 퇴역 대령 고로디츠키V. I. Goroditsky는 핵전쟁 수준의 고선량 감마선을 측정하는 계측기인 DP-5A의 먼지를 털어냈다.[13] 계측기는 켜자마자 째깍거리기 시작하다가 이내 삑 소리의 경보음을 냈다. 창고 안의 두꺼운 먼지기둥에선 이미 상향조정된 비상 허용 선량보다 두 배 많은 방사선이 검출되었다.[14] 고로디츠키는 공장 지배인인 미하일 셰샤Mikhail Shesha에게 이 소식을 전했다. 셰샤는 대부분의 소비에트 지배인들답게 자신의 기업소에서 보고된 문제의 책임을 지게 되지나 않을까 전전긍긍했다. 그가 지배인 입장에서 첫 번째로 받은 충동은 문제를 피하기 위해 문제를 덮어버리는 것이었다. 그는 고로디츠키에게 측정을 멈춰 달라고 말했다.

해가 여러 번 지고 뜨는 동안 노동자들의 불평은 서서히 증가했다. 셰샤는 잘못을 뉘우치고 키예프로 전화를 걸었다.[15] 키예프의 조사관들은 셰샤의 양털이 그 정도로 방사능에 오염되었다는 사실을 믿지 않았다. 그들은 셰샤에게 키예프로 DP-5A를 가지고 와서 눈금을 점검받으라고 지시했다. 기기는 문제없이 작동했다. 이에 등골이 서늘해진 키예프 조사관들은 모스크바에 전화를 걸었다. 모스크바 관리들은 수의학 전문가로 구성된 조직을 꾸려 체르니히우로의 파견을 지시했다. 감시 요원들은 소비에트 상점에서는 결코 구할 수 없는 탐폰✢ 상자를 가지고 도착했다. 그들은 탐폰을 벽과 장비, 의류 등에 갖다 댔다. 감시요원들은 공장 입구, 지배인 사무실, 구내식당, 세탁기의 원통, 분류 작업대, 하역장 등 도처에서 방사선을 확인했다. 특히 마지막 장소, 하역장에서 방사능이 가장 많이 검출되었다. 그들은 공장으로 들어오는 건초 또한

✢ 출혈을 막거나 분비물을 흡수하기 위해 솜, 해면 등의 물질로 만든 솜 방망이를 말한다.

측정했다. 가장 맹렬하게 방사능을 내뿜은 양털은 우크라이나 북부에서 온 것이었다.[16]

때마침 보건성은 국가농산업위원회State Committee of Industrial Agriculture 관료들이 출입금지구역 내 농장을 소개시키는 동안 모아 놓은 5만 마리의 시름시름 앓던 가축을 살처분하라는 지시를 내린 사실을 알게 되었다.[17] 그 가축들의 고도로 오염된 부위들은 여러 개의 공장으로, 즉 양털은 체르니히우로, 가죽은 베르디치우Berdychiv로, 고기는 지토미르로 보내져 분해되고 소비재로 가공되었다.

출입금지구역은 지도상에 그려진 원일 뿐이었다. 이 원은 방사선이 경계를 넘어 퍼지는 것을 막지 못했다. 출입금지구역 바깥의 농부들 또한 방사능에 피폭된 양을 길렀다. 그들이 그해 여름 양털을 깎을 때 감시요원들은 양털을 측정했는데 어떤 양털에서는 시간당 32마이크로시버트가 방출된다는 사실을 확인했다. 국가농업위원회State Committee of Agriculture 관료들은 그 소식을 외부에 발설하지 않은 채 방사능으로 오염된 양털을 공장으로 보냈다.[18]

공장이 오염됐음을 깨닫고 나서 공장 관리자 셰샤는 교대근무 감독자 가이둑을 책임자로 임명하고, 세 명의 젊은 여성에게 감시요원의 임무를 부여해 매일 방사능 수치를 확인하라고 했다.[19] 그들은 창고 안의 감마선이 시간당 1.0~180.0마이크로시버트에 이른다고 기록했다.[20] 시간당 180마이크로시버트라는 수치는 번역을 요한다. 이 수치를 여러 과정으로 잘게 쪼개 신체와 결부시키는 일은 도움이 된다. 재난에 처해 있던 소비에트 지배인들은 정확히 그러기 위해 아등바등했다. 노동자들이 하역장에서 단지 한 주 동안 노출된 시간당 180마이크로시버트는 오늘날 민간인에게 권고되는 연간 허용 선량의 무려 7배에 달한다. 소비에트 지도자들은 체르노빌 폭발 사고 이후 첫 해 동안 민간인을 대상으로 100밀리시버트라는 무척이나 높은 수치를 비상 선량으로 정했다. 양모 노동자들은 봄철 양털 깎기 후 불과 4개월 만에 연간 비상 선량에 피폭되었다.[21] 게다가 시간당 180마이크로시버트는 측정치의 일부일 뿐이었다. 감시요원들은 가장 강력한 방사성 아이오딘의 동위원소들이 소멸된 후에 감마선을 측정하기 시작했고, 그것도 체외 피폭량만을 쟀을 뿐이었다. 그들은 노동자들이 호흡을 통해 들이마셨거나 쉬는 시간에 먹고 마신 음식과 물을 통해 섭취한 먼지, 머리칼과 옷에 묻혀 양털 마을의 집으로 가져온 방사성 동위원소를 포함시키지 않았다. 한 번 섭취된 방사성 동위원소는 몸에서 쉽게 떠나지 않는다. 양모 공장의 먼지에 가장 많이 분포된 방사성 물질은 루테늄-106이었는데, 이 원소는 골수에 옮겨 붙어 자연 붕괴될 때까지 남아 있다.[22]

바꿔 말하면, 공장 경영진이 긴급 사태에 대처해야 하는 부담을 지게 되었다. 경공업성Ministry of Light Industry, 보건성, 법무성Ministry of Justice이 편성한 여러 위원회가 모스크바와 키예프에서 출발해 체르니히우에 도착했다. 그들은 측정치를 확인하고 또 확인했고, 안전 조치를 강구했다. 7월 말, 가이둑은 분류 작업대 위의 부서진 환풍기를 수리하기 위해 새로운 환풍기를 주문했다. 그녀는 호흡기와 방진복도 요청했다.[23] 배관공들은 공장 배관을 씻어냈고, 한여름 우크라이나의 더위가 한창일 때 아이들이 노는 연못으로 흘러들어가는 배수로를 고쳤다.[24] 그들은 방사능 실험실을 설치하기도 했다.[25] 방문 중이던 전문가들은 양털을 더 이상 품질이 아닌, 뭉치에서 뿜어져 나오는 전리 방사선의 총량을 기준으로 분류하는 새로운 규정을 작성했다. 시간당 1~10마이크로시버트를 방사하는 양털 뭉치는 세척 후 다시 측정해야 했다. 세척 후 시간당 1.0마이크로시버트 이하로 측정된 뭉치는 일반적인 양털로써 가공되었다. 가장 방사능이 활발한 뭉치들은 향후 지시가 있을 때까지 가시 철조망으로 만든 울타리 안에 보관했다.[26]

1986년 8월부터 양모 공장에서의 시간은 다르게 측정되기 시작했다. 하루 동안 쌓인 양털더미의 높이와 너비, 그리고 그 더미에서 뿜어져 나오는 감마선의 세기를 이용하는 방식으로 말이다. 루테늄-106의 반감기는 373일인데, 이는 매년 루테늄-106의 절반가량이 방사능을 잃는다는 의미다. 조사관들이 루테늄-106의 반감기가 지나가기를 희망하며 양털을 보관하라고 명령하는 모습을 상상해본다. 그 양털은 방사능이 소멸되고 나면 병사들의 제복, 양탄자, 양말, 따스한 상의를 만드는 데 알맞았을 것이다. 그러나 그들이 과연 무슨 생각을 했을지 상상하는 일은 참으로 어렵다. 1987년 11월이 되자 2,400톤의 양털이 하역장 바로 옆에 노출된 상태로 쌓였다. 노동자들은 그곳에서 내리쬐는 햇빛을 맞으며 몸을 녹이고 담배를 피우면서 휴식 시간을 가졌다. 매일 루테늄 입자와 세슘 입자가 붕괴되면서 감마선을 내뿜었고 이는 노동자들의 신체를 들락거렸다. 심지어 해외에서 온 깨끗한 양털이 공장에서 가공될 때도, 매일 양털더미의 양이 늘어났기 때문에 방사능 수치는 높은 수준을 유지했다.[27]

대피, 울타리, 경비 등 체르노빌 출입금지구역의 세부적 지침들의 핵심은 체르노빌의 방사성 동위원소가 사람들이 살고 있는 곳으로 옮겨가는 것을 중단시키는 일이었다. 그러나 국가경공업위원회 중역들에게는 생산을 최대화하고 할당량을 맞추며 나라를 먹이고 입히는 일이 자신들의 임무였다. 지구상의 다른 여러 곳과 마찬가지로 소련에서도 안전보다는 생산과 이익이 중요했다. 사고 이후, 방사능 양털, 가죽, 고기, 지방, 뼈 등을 평상시처럼 생산 라인에 넣되 그것들을 가공하는 과정에서 몇 가지 새로운 예방적 조치를 취해야 한다는 규정이 명기됐다.[28]

그들이 공장에서 오염된 양털을 발견했을 때에도 사업은 평상시처럼 계속되었다. 방사능 양털이 들어오면, 운반인은 그것을 내렸고 분류원은 분류했으며 방사선 감시요원들은 측정했다. 양들은 전원 지대 곳곳에서 흙탕물을 헤치며 배를 끌고 방사능 입자들이 헤엄치는 웅덩이를 가로질러 걸어갔다. 양털의 1987년도 방사능 수치는 1986년도보다 아주 조금 낮을 뿐이었다.[29] 1년이 지나도록 아무도 하역장 근처에 쌓인 양털더미 문제를 풀지 못했다. 아무도 방사능에 노출된 세탁기의 원통과 트럭과 여타의 장비를 두고 무엇을 해야 하는지, 공장 근처에 있는 2에이커의 연못에 모여든 오염된 폐수를 어떻게 처리해야 하는지 몰랐다. 뿐만 아니라 매일 출근하는 데서 발생하는 위험도 존재했다. 1987년 6월, 조사관들은 다음과 같이 썼다. "양털을 운반하고 분류하고 세척하는 노동자들에게 이 일이 끼치는 위험성에 관한 문제는 여전히 남아 있다."[30]

분류원들은 다음과 같이 기억했다. "아, 방사능이 가득했죠. 쨍, 쨍, 쨍." "우리는 덧옷을 벗어 둥글게 만 다음에 버렸죠. 우리가 어느 정도의 방사능에 노출되었는지 물었어요. 그들은 '알 것 없소'라고 말했답니다."

분류반의 여성들은 사고 발생 여섯 달 후 한 젊은 동료가 극심한 빈혈을 앓아 병원을 찾았다는 사실을 떠올렸다. 그녀에게는 수혈이 필요했다. 여성들은 공장의 책임기사이자 우아하고 교양 있는 마리야 노기나 Maria Nogina가 병실을 방문해서는 죽어가던 그녀에게 "어디서 일하는지 누구에게도 말하지 마세요!"라고 경고하던 모습을 기억하고 있었다.[31]

만일 체르노빌로 인한 건강상의 문제가 사람들의 입을 타고 전해진다면, 노기나와 같은 지도부가 그 대가를 치러야 했을 것이다. 나는 체르니히우의 한 호텔 로비에서 이제는 은퇴한 노기나를 만났다. 그녀는 병원에 간 사실이나 직원을 위협한 사실을 기억하지 못했다. 그녀는 코피와 현기증, 그리고 그것 때문에 그녀가 받은 스트레스와 불안을 떠올렸다. 노기나는 "직접적으로 양털과 관련된 일을 한 모든 이가 메슥거리기 시작했죠"라고 회상했다. "우리는 아직 준비가 되어 있지 않았어요."

양모 공장의 문제점들을 더욱 잘 이해하고자 올랴와 나는 9세기에 지어진 체르니히우 수도원 안에 있던 지역 문서고를 찾았다. 강이 내려다보이고 녹음이 우거진 공원으로 둘러싸인 수도원에는 두터운 흰 벽에 여러 개의 작은 창이 나 있었고 햇빛을 받아 반짝이는 다채롭고 작고 둥근 황금색 지붕들로 덮여 있었다. 수도사들은 마치 신과 성인과 기적을 충분히 접하지 못한 것처럼 지난 수세기에 걸쳐 수도원 안에 형형색색의 프레스코화를 그렸다. 문서고는 비교적 새로 지어진 18세기 건물 안에 있었다. 우리는 북적이는 열람실에 앉아 요청한 문서철을 넘겨보았다. 1986년 여름 도시 주변에서 검출된 감마선의 긴 목록을 훑으면서 상상했던 계측기의 딸깍 소리가 영혼을 울리는 교회 종소리와 충돌하여 불협화음을 만들어냈다. 체르니히우 보건처Chernihiv Department of Health는 양털 마을의 여러 학교에서 방사능 수치를 기록했으나, 양모 공장의 오염에 관해서는 일언반구도 하지 않았다.[32] 노동조합만이 양모 공장의 오염에 대해 언급했을 뿐이다. 하지만 이는 낯선 광경이었다. 1930년대 소비에트 노동자 국가의 노동조합은 경영 관리management라는 생각에 완전히 사로잡혀 있었다.[33] 노동조합은 대체로 국영기업 직원들의 능률 향상을 촉구했고, 더 적은 급료로 더 많이 일하거나 아무런 급여도 받지 않고 휴일에도 자발적으로 나와 봉사하라고 노동자들을 들들 볶았다. 얼마 되지 않는 문건 중에는 노동자들이 자신의 문제에 관해 발언한 회의록도 있었다. 그 회의록들에는 내가 역사의 소곤거림historical whispers이라 부르는 노동자들의 목소리가 담겨 있었다. 노동자들의 불만은 키예프나 모스크바는 말할 것도 없거니와 부서장 또는 지역 지도자들에게도 가닿지 못했다. 그것들은 단지 노조 문서에 소문자로 남아 이 오래된 수도원에 묻혔다.

공장 지배인은 바로 이 같은 방식으로 건강 문제를 비밀에 부쳤다. 그들은 노기나가 서명한 보고서를 통해 공장 직원이 방사능과 관련된 어떠한 병도 앓고 있지 않다는 사실을 키예프에 보증한다. 또한 그들은 노동자들이 지난 4년 동안 일터에서 어떠한 직업상의 건강 문제도 겪은 바 없다고 썼다.[34] 노조 문서는 이러한 설명을 단호히 반박한다. 그 문서들에는 한 노동자의 팔다리에 200파운드 무게의 양털 뭉치가 떨어지고, 또 다른 뭉치가 한 여성의 머리 위를 치는 모습이 담겨 있었다.[35] 1987년부터 1989년까지 노조 대표들을 더욱 괴롭히고 불안하게 만든 사안은 공장에서 발생하는 질병의 "걱정스러운" 증가였다.[36] 의사들은 지역 농장의 양치기들 사이에 이상한 "후두喉頭혹"이 발견되고 있다고 보고했다.[37] 30년이 지나서 여성 분류원들과 노기나는 자신들의 목을 손으로 만지며 내게 갑상선 질환, 성인당뇨병, 각종 암과 같은 여러 문제들에 대해 설명해주었다. 그들은 낯설게 들리는 여타의 증상들, 즉 쑤시는 관절, "움직이지 않는 다리", 편두통, 졸도, 고통스럽게 찌르는 듯한 신경에 관해서도 언급했다. 그들은 이 같은 불특정 건강 질환을 체르노빌 탓으로 돌렸다.

나는 이러한 연관성과 관련하여 무엇을 해야 할지 몰라 당황했다. 노동자들이 보고한 증상의 대다수는 그저 노쇠했기 때문에 생긴 것일 수도 있었다. 다시 말해 체내의 세포 재생이 점진적으로 둔화함에 따라 발생하는, 보통 노화라고 알려진 증상일 가능성도 있었다. 체르노빌이 건강에 미치는 영향을 두고 벌어진 논쟁에서 비평가들이 주장했던 것처럼, 양모 공장 노동자들이 나이를 먹어감에 따라 생기는 일반적인 증상을 방사선의 탓으로 돌렸을 수도 있다는 말이다. 반면 분류원들은 보통 사람들보다 방사선에 관해 더욱 많이 알고 있었다. 그들은 루테늄-106과 같은 몇몇 방사성 동위원소들은 골수에 자리잡고, 세슘-137과 같은 방사성 동위원소들은 근육 조직을 노리고, 방사성 아이오딘-131은 갑상선에 쌓인다는 사실을 파악했다. 그들은 자신들의 뼈, 관절, 바스러지는 치아 내의 동위원소들 및 방사능을 방출해 세포를 망가뜨려 손상과 통증을 유발하는 방사성 핵종을 상상해보기도 했다.

나는 노동자들의 증언과 방사선 의학 관련 출판물들을 대조했다. 연구자들은 1시버트를 초과하는 수치에서 거대하고 단일한 방사선의 폭발이 건강에 미치는 영향에 관해 많이 알고 있다. 그러한 노출에서 발생하는 증상들의 경우 놓치기 어렵고 부인하기도 힘들기 때문이다. 수십 년 넘게 방사선 의학계를 구축한 연구자들은 방사선의 만성적 저선량 노출에 관해서는 거의 주의를 기울이지 않았다.[38] 방사선을 연구한 최초의 의사들은 고선량에 피폭된 사람들이, 사고 직후의 첫 며칠 동안 방사능 양털을 옮기고 분류했던 양모 공장 노동자들이 경험한 것과 거의 비슷하게 코피, 메스꺼움, 현기증, 두통을 앓았다는 사실을 확인했다. 극심한 노출 수준에서는 붕괴하는 동위원소들이 혈구를 공격해 빈혈증을 유발한다. 최초로 라듐을 분리한 폴란드 태생의 프랑스 과학자 마리 퀴리는 잦은 빈혈을 경험했다.[39] 그녀는 자신과 연구실 조수들이 아플 경우 연구실 작업을 중단하고 휴식을 취하면서 혈구 재생을 기다려야 했다. 그리고 나서야 그들은 건강을 되찾을 수 있었다. 사람들은 고선량 만성 방사선에 노출되어도 회복할 수 있고 일상적인 삶을 영위할 수 있다. 그러나 노출이 지속되면 질병은 복잡해지고 지속되며 이윽고 죽음을 초래할 수도 있다. 재생 불량성 빈혈로 사망한 마리 퀴리가 그런 경우였다.

계기판과 시계에 어둠 속에서도 빛나는 숫자들을 칠하면서 붓의 끝부분을 핥던 1920년대 라듐 눈금판 노동자들도 마찬가지였다. 눈금판을 칠한 사람들은 근무하는 동안에는 고선량 증상들을 전혀 느끼지 못했으나, 물감의 라듐은 서서히 노동자들의 구강, 골수, 관절, 혈액 안에 쌓이게 되었다. 처음에 "라듐 소녀들"은 턱, 엉덩이, 무릎에서 통증을 느끼기 시작했다. 그들의 치아는 고통스럽게 흔들리다가 무너져내렸다. 치과 의사들이 썩어가는 치아를 뽑긴 했지만 잇몸은 회복되지 않았다. 여성들은 빈혈을 앓았고 체중이 줄었으며 만성적인 피로를 느끼게 되었다. 섭취된 라듐이 붕괴되면서 뼈를 벌집 모양으로 분해해 관절을 갉아먹었다. 젊은 여성들의 턱뼈를 이루는 모든 부분이 무너졌고, 대퇴

골은 부러졌으며, 고관절은 제자리에 얼어붙었다. 혼란에 빠진 의사들이 외과용 칼, 깁스, 금속 교정기 등을 사용해 여성들을 치료했지만, 그러한 조치들은 더 큰 통증만 유발할 뿐이었다.

라듐 눈금판 노동자들 몇몇이 목숨을 잃은 후 그들의 친척들이 소송을 제기하자, 라듐다이얼사Radium Dial Company와 미국라듐U. S. Radium의 경영진은 여성들의 피폭 선량이 건강 문제를 초래하기엔 너무 낮았다고 주장했다. 대학 연구자와 지역 공중 보건 관료들은 그들의 주장을 뒷받침했다. 1920년대에 이 두 부류는 대체로 기업의 권력 앞에 머리를 조아렸다. 더 많은 여성들이 죽고 병약해진 뒤에야 회사 관계자들은 조사에 착수하기 위해 의사들을 고용했다. 그 의사들의 입에서 라듐이 실제 원인 중 하나일 수 있다는 판단이 나오자, 회사 경영진은 보고서를 숨기거나 노동자의 안전을 보증할 수 있는 덜 유능한 "전문가들"을 찾았다. 소송의 진행 속도가 빨라지자 회사의 중역들은 공중 보건 관료의 환심을 사고, 노동자에 대한 보상법을 제한하기 위해 영향력을 행사하고, 진상을 호도하는 건강 증명서를 자체적으로 만들고, 변호사 팀을 고용해 이들로 하여금 혼란을 퍼뜨리면서 합법적 판결을 지연시키기 위해 최선을 다하도록 했다.

마침내 뉴저지주 오렌지시에 새로 부임한 수석 검시관 해리슨 마틀랜드Harrison Martland 박사가 라듐 눈금판 노동자의 뼈를 재로 만든 뒤 그 잔해를 전위계電位計로 검사하는 방법을 고안해냈다. 사람의 몸 안에 있는 방사능을 측정하는 최초의 시도였다. 마틀랜드는 환자들의 입 안에 있는 라듐이 세균의 성장을 촉진시켜 만성 감염과 치아 상실을 유발한다고 추측했다. 그는 뼈와 관절의 라듐이 그것들을 부러지기 쉽게 만들고 통증을 일으킨다고 추정했다. 그는 한 도장공의 유해를 발굴해 자신의 생각이 옳았음을 극적으로 밝혀냈다. 무덤 안의 뼛조각들이 어둠 속에서도 빛나고 있던 것이다. 그 여성들이 첫 번째 소송에서 승소하기까지는 무려 14년이 걸렸다.[40] 1930년대 라듐 눈금판 노동자들을 대상으로 연구를 수행한 의학 연구자 로블리 에반스Robley Evans는 고작해야 1~2마이크로그램밖에 안 되는 소량의 라듐이 죽음을 야기했다고 밝혔다.[41]

체르니히우의 양모 공장 노동자들을 대상으로는 이 같은 연구가 여태껏, 적어도 내가 찾을 수 있었던 한도 내에서는 하나도 없었다. 하지만 그 여성들은 우리에게 건강상의 문제에 대한 불평을 늘어놨다. 그것들은 뼈와 관절 통증, 만성적인 치아 질환, 빈혈증, 피로, 기동성 감퇴 등 라듐 소녀들의 문제와 흡사했다.[42] 하나의 방사능 사고로부터 다른 방사능 사고를 추론하는 일의 문제점은, 방사선 노출이 하나의 보편적인 사건이 아니라는 점이다. 방사성 핵종은 어마어마하게 다양하며, 각각의 핵사태는 나름의 독특한 방사능 혼합물을 방출한다. 게다가 하나의 사태가 벌어지는 동안에도 각각의 장소에서 서로 다른 노출 양태가 전개된다. 각 신체는 개별적으로 방사능을 흡수하고 거기에 반응한다. 양모 노동자들은 아주 강력한 감마선을 헤집고 다니면서 방사성 아이오딘-131, 세슘-137, 루테늄-106으로 가득찬 먼지를 들이마셨다. 체르노빌 사고 이후 다양한 직종의 노동자들은 특정한 방식으로 피폭되었다. 세탁부 여성은 오염된 수많은 가구家口를 위해 아마포를 수선하고 씻었다.[43] 유난히 가물었던 1986년 여름 우크라이나에서 경작하던 농부들은 방사성 세슘과 스트론튬, 때로는 플루토늄과 같은 고방사능 입자로 가득한 먼지 구름을 만들어냈다.[44] 출입금지구역 주변 숲에서 일하던 벌목꾼들은 잎사귀와 나무에 내려앉은 낙진에서 방출되는 감마선에 피폭되었다.[45] 연구자들은 결국 벨라루스 남부와 우크라이나 북부에 사는 사람들의 몸에서 열두 개의 서로 다른 방사성 핵종을 발견했다.[46] 몸 안으로 흡수된 방사능 조합은 실로 독특해서 흡사 눈송이처럼 모두 달랐다. 이 복잡한 사고 이후의 지형에서 질병의 양상을 계산해내는 일은 굉장히 까다로웠지만 한 가지만은 확실했다. 1986년 4월 이후 노동이 갑작스럽게, 또 엄청나게 위험해졌다는 점이었다.

　서구는 일본인 원폭 생존자에 관한 풍부한 데이터를 보유하고 있었다. 주로 남성이었던 원자력 산업 종사자 관련 데이터는 보다 적었다. 만성적 저선량의 방사능에 매일같이 피폭된 뒤 미묘하고 "불특정한" 증상을 보고한 사람들에 집중한 연구는 예나지금이나 거의 없다. 하지만 나는 자신의 공장에서 벌어진 방사능의 확산에 대해 그 여성들이 보여준 이해의 깊이에 감명을 받았다. 기껏해야 고등학교 졸업장이 전부였던 그 여성들은 내게 공장의 거대한 세탁기에서 배출된 방사성 폐수가 어떻게 연못으로 흘러들어갔는지, 그리고 어떻게 연못의 폐수가 시영市營 정수처리시설에서 재활용돼 공장으로 돌아오거나 올랴와 내가 일과 후 따뜻한 여름날 저녁을 즐기며 헤엄쳤던 데스나강의 부드러운 갈색 물살을 따라 흘러내려갔는지를 묘사해주었다. 나는 이 오염된 폐수에 관한 설명을 자료로 확인했다. 나와 이야기를 나눈 어떤 지배인도 그 세부사항을 기억하지 못했다.[47]

　분류원들은 공장의 오염을 완전히 피하는 일이 쉬웠을 것이라고 추측했다. 한 노동자는 "그들은 그 양털을 여기에 결코 부리지 말았어야 했어요"라고 지적했다. "트럭에서 먼저 측정했을 수도 있어요." 여성들은 공장의 여러 장소들, 즉 하역장과 자신들이 작업하던 분류 작업대에서 방사능 활동이 가장 활발하다는 것을 알았고, 산더미처럼 쌓여 있던 방사능 양털이 어떤 의미를 지니고 있는지를 이해했다. 분류원들은 다음과 같이 물었다. "왜 그 양털들이 이곳에 그토록 오래 있었나요?"

이는 좋은 질문이다. 양털은 루테늄-106의 반감기보다 6개월이나 더 긴 18개월 동안 쌓여 있었다. 공장 기술자이기도 했던 마리야 노기나는 모스크바와 키예프의 관리들이 양털을 방사성 폐기물로 내다버릴 수 있는 권한을 자신들에게 주길 거부하고 차일피일 미루면서 방해했다고 말했다. 그녀는 "그들은 방사능, 무게, 가치 등 어느 것 하나 빠짐없이 기록하게 시켰어요"라고 말했다. "그들은 심지어 검찰관을 파견해 양질의 양털을 폐기하기 위해 누군가가 부정을 저지르지는 않았는지 조사하기도 했답니다."[48]

1987년 성탄절 직전, 마침내 가이둑은 10명의 운전기사를 감독하여 밤낮 없이 일하면서 양털을 30킬로미터 출입금지구역 안의 구덩이들에 넣을 수 있었다. 1년 반이 지난 후, 그 방사성 뭉치들은 결국 매장되었다.[49] 운전자들은 고생의 대가로 50루블의 상여금을 지급받았다. 분류원들은 월급에 더해 추가로 3루블을 받았다. 이후 그들은 청산자의 자격을 부여받았다. 덕분에 조기퇴직이 가능했고, 추가적인 건강 검진과 긴 휴가를 누렸으며, 시내버스를 무료로 탈 수 있었다.

마을을 떠나기 전에 올랴와 나는 양모 공장을 마지막으로 방문했다. 얼룩덜룩한 덧옷을 입은 분류원들이 청산자 명단을 다시 들여다보았다.[50] 한 여성이 "체르노빌이 터지고 나서 우리 중 많은 이가 세상을 떴

어요"라고 탄식하듯 말했다. 그는 "그들이 모두 하루아침에 죽었던 건
아니에요"라고 말을 이었다. "먼저 병에 걸린 다음 심장 질환으로, 암
으로, 천천히 이승을 떠났죠." 다른 한 여성은 명단에 손가락을 갖다 대
며 덧붙였다. "봐요, 이 운전자들 중에 살아 있는 사람이 없어. 고작 마
흔 내지 쉰의 나이로 죽은 거죠. 발로쟈Valodia도 죽었지. 빅토르Victor
도 마찬가지고. 그리고 콜랴Kolia도." 그들은 돌아간 동지들 각각의 이
름을 소리 내어 부르면서 그런 식으로 계속 말을 이어갔다.

깨끗한 가죽, 더러운 물

오염된 동물을 분해하여 방사성 폐기물이 된 여러 신체 부위를 풍성하게 재분배하는 일에 모두가 동조한 것은 아니었다. 나는 국가농산업위원회 서신 가운데 지토미르주 보건처의 책임 의사였던 파벨 체크레네프Pavel Chekrenev 박사의 확신에 가득찬 편지에 주목했다. 지토미르주의 북쪽 지역은 체르노빌 낙진으로 심각하게 오염된 상태였다. 체크레네프 박사와 그의 직원들은 1986년 7월, 베르디치우 가죽 공장Berdychiv Tannery에서 그닐로피야트강Hnylopiat River으로 흘러든 폐수가 이미 상향조정된 비상 임계치보다 최대 6배나 더 많은 방사능을 내뿜는다는 사실을 발견했다.[1] 체크레네프는 그닐로피야트강이 지토미르의 식수 급수장으로 흐른다고 지적했다. 의사는 노발대발하며 "오래 지속되는 방사성 동위원소를 식수 급수장에서 뺴낼 수 있는 방법은 결코 없소"라고 말했다.[2] 체크레네프는 1980년 오염방지법을 인용하며 체르니히우의 양모 공장에서는 어느 누구도 하지 않았던 행동을 실천에 옮겼다. 그는 조업을 멈추라고 공표하며 가죽 공장을 폐쇄했고 1만 9,000영슈의 가죽 가공을 중단시켰다.[3] 세탁한 가죽을 공장 밖으로 내보내는 것 또한 허가하지 않았다.[4]

국가농산업위원회의 관료들은 무척이나 화가 난 상태였다. 그들은 이미 오염된 동물들을 살처분하라는 지시를 내린 바 있었다. 그리고 이제 그 가죽들은 야외에서 부패하고 가치를 상실하고 있었다. 힘센 기업인들은 체르노빌 재난으로 인해 자신들에게 1만 9,000마리의 동물 시체에서 예상치 못한 이익을 거둘 수 있는 기회가 무료로 찾아왔다고 믿었다. 모스크바의 전문가들은 그 가죽을 따로 창고에 몇 달간 보관했다가 가장 강력하고 수명이 짧은 동위원소가 붕괴되면 물과 크롬으로 추가 세척하는 계획을 세웠다.[5] 소련 의무감Surgeon General이 직접 이 특별 계획서를 승인했다. 이 모든 일은 우스꽝스러운 소리가 나는 이름을 가진 주 담당 의사가 찾아와 상부의 명령을 거절하기 전까지는 아주 순조로웠다.[6] 체크레네프는 "청산", "허용 선량" 등 염원을 담은 어휘에 포함되어도 이상할 것 없는 "오염 제거" 계획에 결함이 있음을 보여줌으로써 그들의 계책을 방해했다. 방사성 동위원소는 한 곳에서 다른 곳으로 옮겨질 수 있다. 하지만 붕괴되는 것은 저마다의 일정에 따를 뿐이다. 공장의 가죽이 깨끗하면 깨끗할수록, 공장의 배수관으로 오염된 물이 흘러나왔다.

올랴와 나는 가죽 공장에 관한 궁금증을 안고 체르니히우에서 베르디치우로 차를 몰았다. 공장은 크고 잡초가 무성한 유대인 묘지의 뒤편 허허벌판 위에서 쇠락해가고 있었다. 누군가가 만일 베르디치우에 관해 들었다면 그것은 대개 조부모의 출신 지역이기 때문일 것이다. 과거 베르디치우는 유대인 문화의 주요 중심지이자 하시디즘Hasidism✦의 본산 중 하나였다. 그러나 그러한 유산은 많이 남아 있지 않다. 유대인의 베르디치우는 1930년대 공산주의자들에 의해 처음으로 분해되었다. 1941년 가을, 유대인 없는 유럽 만들기Judenrein Europe에 열중한 나치는 베르디치우의 유대인들을 트럭에 실어 한 활주로로 데려가서는 구덩이를 파고 사살했다. 1990년대 들어 시온주의 단체들이 분쟁 지역에 거주할 국민에 목말랐던 이스라엘의 우크라이나 유대인 이주 정책을 후원하는 계획들을 수립함으로써 그나마 연명하던 베르디치우의 유대인 유산을 최종적으로 끝장내버렸다.[7]

베르디치우 가죽 공장에 차를 세우면서 나는 위아래가 붙은 작업복을 입은 한 노동자가 맨홀 뚜껑 위에 역한 냄새가 나는 갈색의 액체를 큰 통 하나 가득 붓는 모습을 목격했다. 옳은 일로 보이진 않았다. 나는 그가 피우던 담배 쪽으로 몸을 굽히면서 무엇을 하던 중이었냐고 물어보았다. 그는 대답 대신 얼굴을 잔뜩 찌푸렸다.

우리는 공장의 총책임자인 볼로디미르 침발륙Volodymyr Tsymbaliuk과 약속을 잡기 위해 공장 안으로 들어갔다. 머지않아 나는 아주 좋지 않은 시간대에 방문했음을 깨달았다. 단신에 흰머리가 고슴도치처럼 난 통통한 얼굴의 침발륙은 휴대전화에 대고 폐수와 위생 기준 관련 내용으로 고함을 지르고 있었다. 올라는 수영이 가능한 베르디치우의 강변이 물 속의 화학 독소 때문에 폐쇄되었다는 사실을 신문

✦ 하시딤(히브리어: hasidut, "경건")은 유대교의 한 분파를 일컫는 말이다. 하시디즘은 18세기 우크라이나에서 일어난 영적 부흥 운동으로 동유럽 전역으로 빠르게 퍼졌다.

에서 읽은 적이 있었다. 분노로 가득찬 침발륙의 휴대전화 통화는 하수구에다가 폐수를 버리던 남성과 관련이 있는 것처럼 보였다. 그가 그닐로피야트강에 방사능 쓰레기를 쏟아붓던 공장의 역사에 관해 말해줄 기분이 아님은 분명했다.

사실 그는 많은 것을 알지 못했다. 다른 곳도 아닌 바로 그 체르노빌에 침발륙이 자원한 것은 결코 우연이 아니었다. 그는 "CIA 요원들이 침투해 공장을 파괴했죠. 나는 그렇다고 확신합니다"라고 말했다. 그는 대부분이 폐허로 변한 엄청나게 거대한 가죽 공장의 창문을 가리켰다. "미국인들이 자본주의를 들여오고 소련을 결딴내기 전까지 이곳에서 3,000명의 사람들이 일했습니다."

이와 관련해 논쟁은 없었다. 우리는 적대적인 목격자를 떠나 차를 타고 돌아왔고, 지토미르로 내려와 일요일 아침 체크레네프의 미망인이자 의사인 니나 알렉산드로브나 체크레네바Nina Aleksandrovna Chekreneva를 방문했다. 그녀는 다과를 내오면서 내게 사진을 보여주었다. 그녀는 고인이 된 남편을 "체크레네프"라고 불렀다. 그녀는 "모두가 그렇게 불렀어요"라고 말했다. "아무도 그를 파벨이라는 이름으로 부르지 않았지요." 니나 알렉산드로브나는 고인이 된 남편을 "엄격하고 까다로웠으며 친절하고 고지식할 정도로 솔직한 사람"이었다고 묘사했다.[8]

그녀는 "그는 정말 일을 많이 했어요"라고 회상했다. "전화가 밤낮으로 왔죠. 다른 이들은 자택에 업무 전화가 걸려오는 것을 허용하지 않았지만, 그는 정반대였어요." 그녀는 조용해졌다가 이윽고 다음과 같이 덧붙였다. "그는 일을 위해 살았어요. 그렇게 가정적인 남자는 아니었답니다."

체르노빌 사고가 터진 다음날 체크레네프는 지토미르주 보건처 소속 직원 다섯 명과 함께 체르노빌 재난 현장을 돕기 위해 자원했다. 이 의사들은 공중 보건 관료로서 한 달간 청소 작업에 최선을 다했다. 그들은 화재 진압용 모래 포대를 헬리콥터에 실었다. 버스도 문질러 닦았다. 소개된 마을의 가택에서 가구를 나르기도 했다.[9] 체크레네프는 어느 한 마을 주민들을 대피시키다가 집에서 떠나길 거부한 어떤 나이든 여성을 어깨에 메고 옮기기까지 했다.

놀랍게도 니나 알렉산드로브나는 베르디치우 가죽 공장을 둘러싼 갈등에 대해 들은 적이 없었을 뿐만 아니라, 반항의 책임을 물어 체크레네프가 검열까지 받았다는 사실도 알지 못했다. 그녀는 1986년 그가 일순간에 보건처장에서 하찮은 조사관으로 강등된 이유를 알게 되었다. 그녀는 "그는 일에 관해서는 말을 아꼈죠"라고 말했다.

소련이 해체되고 나서 몇 년 후, 선도적인 소비에트 과학자들은 투옥될 것이 두려워 체르노빌에 관해 침묵하고 있었다고 밝혔다. 체크레네프의 경험은 발설의 대가가 훨씬 더 낮았음을 보여준다. 체크레네프는 공장을 재개하라는 경공업상의 압력을 일언지하에 내쳤다. 그는 사건을 키예프의 상관에게 가져갔다.[10] 그들은 이 사건을 모스크바로 보내 검토를 요청했다. 최종적으로 우크라이나 보건상 아나톨리 로마넨코는 체크레네프의 손을 들어주었다.[11] 남은 방사성 가죽은 가공되지 않고 방사성 폐기물로 버려지게 되었다. 식수는 구제되었다. 이미 방사능의 부담을 잔뜩 짊어지고 있던 지토미르 주민들은 추가적 피폭의 원천 하나는 모면하게 되었다.

안타깝게도 체크레네프는 자신의 이야기를 내게 직접 들려줄 수 없었다. 체르노빌 사고가 터진 지 몇 년 후, 그는 40대 후반의 나이에 장기부전으로 세상을 떠났다. 니나 알렉산드로브나는 그 질병이 체르노빌 재난 현장에서 활동했을 때 피폭된 선량 때문이라고 굳게 믿고 있었다.[12] 그의 죽음은 공식적인 체르노빌 사망자 총수 54명에 포함되지 않았다.

재난의 한가운데서
만든 소시지

처음에는 간단했다. 우크라이나 체르노빌 구호 활동의 총책임자 올렉산드르 랴쉬코는 "만일 고기 상태가 별로라면 가축을 죽여서 묻으시오"라고 지시했다.[1] 한 비밀 작전에서 소비에트 목축업자들은 체르노빌 발전소 주변의 반경 60킬로미터 안으로 들어가 추가로 5만 마리의 가축을 데리고 나왔다.[2] 그러나 그들은 동물 사체를 묻지 않았다.[3] 트럭 운전사들은 울음소리를 내는 동물들을 도축장으로 실어 날랐고, 이는 우크라이나와 벨라루스에서 새로운 유통 방식의 하나로 거듭나게 되었다. 방사성 지역의 동물들은 오염된 주에 자리한 육류 공장으로 운반되었다.[4] 오염되지 않은 동물들은 청정 구역의 가축 수용소로 옮겨졌다.[5] 모스크바의 농학자들은 정육업자들을 위해 방사능 고기 가공 방법에 관한 지시가 담긴 지침서를 발송했다.

지침서에 담긴 지시들 중에는 도살업자에게 방사능 수준에 따라 고기의 등급을 매기라는 지침도 있었다. 정육업자는 방사능 살코기를 갈아 부순 뒤, 이를 깨끗한 고기와 적절히 섞어 소시지를 만들어야 했다.[6] 사고 대책 전문가들은 확산이 해결책이라는 흔히 통용되는 믿음과 생각의 궤를 같이했다. 오염된 고기는 광범위하게 퍼져, 결국 광활한 소련 전역에서 사람들은 저마다 자신에게 할당된 비극의 작은 부분을 부지불식간에 섭취하게 되었다. 정육업자들은 판매를 위한 상품을 준비하면서 "소시지 상표를 평상시처럼 붙일 것"이라는 지시를 받았다.[7]

긴급 지침은 소시지 제조사들에게 장기를 물에 몇 분간 담그고 나트륨과 질산염을 첨가한 뒤 방사능을 다시 측정하라고 지시했다. 그들은 소의 젖통, 지라, 폐, 입술을 제외한 모든 연육을 사용해야 했다. 뼈, 발굽, 뿔에 대해서는 추가적인 방사선 통제가 요구되었다. 간肝으로 만든 소시지는 다루기가 특히 까다로워서 새로운 지침은 이에 관해 여러 쪽을 할애했다. 허용 선량 이상의 동물은 방사성 폐기물로 처리되어야 했다.[8]

어찌된 일인지 세심한 계산이 빗나갔다. 보통 도살 성수기는 늦가을에 시작된다. 정육 포장 공장은 5월과 6월에 벌어진 원재료 급증에 대해 계획을 세우지 못했다. 책임자들은 동물 사체가 여름의 열기 속에서 썩어가자 천장에 매달린 고기걸이의 속도를 높였다. 도살업자들은 고기걸이에 걸려 있는 죽은 동물의 절단과 분해를 서둘렀다. 머리에 수건을 두른 여성들은 바퀴 달린 운반통 안에 내장을 재빠르게 모은 뒤, 그것들을 소시지 제작반으로 운반했다. 몇몇 낯선 이가 노동자들 주위를 배회했다. 소집된 학교 선생님들은 고작해야 방사능 살코기에 측정 장치를 가져다 대는 법을 배웠을 뿐이었다. 방사선 감지는 낯선 직무였던 것이다. 그들은 고기걸이에 걸려 그들 주변에서 돌고 있던 동물 사체에 방사선 계측기의 봉을 조준했다.[9] 지역 전체에서 이 장비를 필요로 했기 때문에 공유해서 쓰는데도 감지기수는 턱없이 부족했다.[10] 그들은 피, 지방, 뼈가 으깨진 곳을 헤치고 조심스럽게 칼이 지나가는 길을 피해 방사능을 측정했다. 가뜩이나 열악하던 정육 포장 공장의 작업 환경에 고조된 방사선장放射線場이 추가되었다.[11] 그나마 안전한 직업도 이제부터는 더 이상 안전할 수 없었다. 동물을 실어 나르던 운전자들은 두 번째와 세 번째 운반 작업부터 겁을 먹기 시작했다. 겁에 질린 동물들은 차량 내부에 시간당 3마이크로시버트에 달하는 방사능 흔적을 남겨놓았다. 어떤 운전자들은 계측기의 바늘을 보고 그 자리에서 작업을 그만두었다. 그들은 트럭을 돌려 줄행랑을 쳤다.[12]

감지기가 모든 방사능 고기를 빠짐없이 측정한 것은 아니었다. 육류 창고 관리자들이 분류 과정에서 실수를 저질러 오염된 상품이 시장으로 나가기도 했다.[13] 모스크바 상점에서 방사능 수치가 높은 소시지와 송아지 고기가 확인되자 소비에트 보건상은 키예프로 다음과 같은 일급비밀 긴급 통신을 보냈다. "우리는 귀하에게 그러한 [방사성] 농산물이 모스크바로 운송되는 걸 중단시키고, 레닌그라드에서도 이의 유통을 가급적 제한하도록 가능한 모든 조치를 취해줄 것을 요청한다."[14] 우크라이나 관료들은 이미 키예프에서 6개월간 방사능 육류의 판매를 금지함으로써 자신들의 식탁을 지켜냈다.[15] KGB 또한 "특별 유통"을 위한 깨끗한 식량원의 자체 조달 경로를 마련해둔 상태였다. KGB 구매자들은 가축 수용소를 방문해 도살용 동물을 직접 선택했다. 이러한 상품들은 최고위 지도부, 군 시설, KGB 직원들에게 돌아갔다.[16]

이는 사실이다. 스스로를 구제할 능력이 있는 모든 이가 그렇게 했다.

다행스럽게도 일반 대중에 관해 걱정하는 일은 우크라이나 보건상인 아나톨리 로마넨코의 몫이었다. 그는 정치국의 체르노빌 의료위원회에 편지를 보내 방사능 육류에 대해 조언을 구했다. 위원회 위원들은 일일 회의에서 로마넨코의 전신을 두고 논의했다. 한 위원이 "고기는 먹어도 될 겁니다"라고 말했다. 다른 이가 긍정적으로 맞장구를 쳤다. "매일 방사능 수치가 낮아지고 있습니다."[17]

우크라이나인들은 다시 한번 자체적으로 자문위원단을 꾸렸다. 며칠 후, 로마넨코의 보좌관은 지토미르주 정육 포장 공장의 육류 판매를 전부 금지했다.[18] 이를 통해 그는 인간의 소비를 위해 고방사성 소고기와 돼지고기를 사용하려는 말도 안 되는 시도를 중단시켰다.

그러나 소련에서 육류, 특히 소고기는 구입하기 어려웠으며, 그만큼 높은 가치를 지닌 상품이었다. 한 달에 몇 파운드 정도 살 수 있으면 운이 좋은 셈이었다. 귀중한 생산물을 내다버리길 꺼려하던 국가농산업위원회의 관리들은 다음과 같은 명령을 내렸다. "원재료가 마냥 쌓이는 일을 막고, 그리하여 지토미르주 육류 공장의 작업이 중단되지 않도록 우리는 [우크라이나] 공화국 여러 주의 허용 선량보다 높은 방사능 고기를 다른 공장에 있는 소시지 제작부서로 재분배해줄 것을 요청한다. 허용 선량보다 방사능 수치가 높고 '바람직하지 않다'는 상표가 붙은 고기 또한 다른 공장의 소시지 제작부서로 보낼 것을 요청한다."[19]

이를 통해 동물들이 계속해서 도살장으로 흘러들어갔다.[20] 터져버린 발전소를 중심으로 한 큰 원 안에서 가축들은 방사성 기체와 오염된 먼지가 흠뻑 스며든 목초지에 몇 주 동안 서 있었다. 당시에는 사람들이 정원의 풀만 뽑아도 방사성 화상을 입을 때였다.[21] 이 풀을 젖소는 입술로 뜯어 내장에 들여 넣었다. 정육업자들은 고기 창고에 고도로 피폭된 동물 사체를 보관했다. 가축 사육장에서 오염된 동물의 사체가 폭포처럼 쏟아져 나오면서 더 많은 창고를 채웠다. 지토미르에서만 6월 초까지 3,500톤의 고기가 쌓였고, 이는 9월에 6,300톤으로 증가했다.[22] 키예프의 관료들은 냉동 제품을 공화국 전역의 냉동고로 이리저리 보냈다. 벨라루스의 고멜 포장 공장은 신속히 1만 6,000톤을 비축할 수 있었다. 책임자는 냉동고를 더 많이 보내달라고 간청했다.[23]

냉동고가 고기에서 나오는 감마선을 막기 위해 납으로 만들어졌거나 육류가 몇 달 내로 붕괴할 수명이 짧은 동위원소에만 오염되었다면 이 계획은 말이 되었을지도 모른다. 그러나 그런 일은 결코 일어나지 않았다. 고기 창고는 일반적인 냉동고였고, 살코기에 묻은 방사성 동위원소는 긴 반감기를 가진 것들이었다.[24] 지토미르와 고멜의 방사능을 내뿜는 날고기는 체르니히우의 방사능 양털더미와 매우 흡사했다. 고기가 쌓이면서 정육업자들은 자연방사선보다 적어도 100배 높은 주변방사선 속에서 고생했다. 그리고 그들이 고기를 가공하면서 소비자들은 안전하다고 여겨지는 국제 기준보다 6배에서 10배 더 방사능에 오염된 육류를 섭취했다.[25] 덤으로 피폭된 셈이었다.

벨라루스 남부와 우크라이나 북부의 냉동고 안에서 냉동육은 장기간 보관되었다. 이듬해에는 한계치 이상으로 많은 육류가 쌓였다. 벨라루스 관리들은 고멜 육류 공장에서 모스크바나 레닌그라드의 다른 정육 포장 공장들로 제품을 이송해달라는 요청을 되풀이했다. 반복되었다는 점에서 그러한 요청들은 결코 실현되지 않은 것으로 보인다.[26]

나는 고멜에서 연구조교인 카쨔 크리비차니나Katia Kryvichanina와 시간을 보냈다. 고멜은 좋은 도시였다. 아름답고 번창하는 중이었으며 편안함을 주었다. 카쨔와 나는 지역 문서고에서 작업했는데, 매일같이 고멜 육류 공장의 빛나는 문을 지나쳤다. 나는 카쨔에게 공장을 방문하길 원한다고 말했다. 나의 어리석음에 그녀의 눈이 휘둥그레졌다. "그곳의 어느 누구도 말해주지 않을 거예요."

밝히건대, 나는 약간 짜증이 난 상태였다. 이미 그 주에 벨라루스에서 과속 딱지를 세 장이나 뗐고, 빌린 자동차는 견인 조치되었다. 나는 카쨔에게 "벨라루스인들은 내게 끊임없이 무엇이 불가능한지를 말해주고 있는 것 같아"라고 말했다. 이에 카쨔는 합리적으로 대답했다. "물론이죠. 우리가 슬라브족 세계의 독일인들이라고 불리는 데는 다 이유가 있는 법이랍니다."

나는 그러한 일반화에서 약간의 통찰을 얻었다. 벨라루스는 독일식으로 깨끗하고 질서정연하다. 민스크의 거리는 말끔하다. 건물은 잘 손질되어 있으며 갓 칠한 도색으로 반짝였다. 민스크는 200만 인구가 사는 곳이라기보다는 영화촬영소처럼 보였다. 나는 나들이옷을 입은 몇몇 사람이 울타리를 칠하고 인도를 빗자루로 쓰는 광경을 목격했다. 그들은 시 공무원처럼 보이지 않았다. 나는 택시 기사에게 그들에 대해 물었다. 사회에 진 빚을 갚기 위해 해당 업무에 배치된 무직의 "기생충"이라고 그는 설명했다. 그는 강제 노동이 좋은 아이디어라고 생각했다.

적어도 벨라루스의 독재는 고상한 성격을 가지고 있었다. 위대한 지도자의 커다란 광고판 따위는 없고 (2010년에 그랬던 것처럼 국민들이 공공연히 시위를 하지 않는 이상) 경찰이 밖에 보이지도 않았다. 알렉산드르 루카셴코Aleksandr Lukashenko는 1994년부터 벨라루스를 다스렸다. 아내가 시골에 칩거하면서, 그는 공개 행사에 작은아들인 니콜라이 Nikolai를 대동했다. 흡사 복화술사와 그의 인형처럼, 루카셴코 부자는 옷을 똑같이 맞춰 입었다. 내가 이야기해본 거의 모든 벨라루스인들은 그들의 독재를 지지했다. 그들은 제어되지 않은 민주주의가 무엇을 가져오는지에 관한 표본으로 내전을 벌이고 러시아와도 전쟁을 일으킨 한편 부정부패까지 만연한 그들의 아래쪽 이웃 우크라이나를 꼽았다.

카쨔의 미심쩍어하는 표정을 바라보면서 나는 고멜에서 가장 뛰어난 산업체였던 그 육류 공장에 전화를 걸었다. 나는 접수 담당자에게 대민 홍보과 직원과 약속을 잡아 체르노빌 방사능에 오염된 소시지에 관해 질문할 수 있는지 물었다. 얼마간의 침묵 후 수화기 건너편의 목소리는 내게 질문을 되풀이해달라고 요청했다. 나는 그렇게 했다. 그녀는 나의 문의사항을 이해하자마자 더 이상 빠르기 힘들 정도의 속도로 전화를 끊었다.

나는 실망했고, 당연하다는 듯 의기양양한 표정을 숨기려는 카쨔에게로 시선을 돌렸다. 나는 공장 문 주위에서 어슬렁거리다가 근무가 끝나고 나오는 노동자들에게 말을 걸어보자고 제안했다. 카쨔는 재빠르게 나의 제안을 일축했다. 나는 수긍했다. 벨라루스를 떠나거나 추방당할 수도 있었다. 그리고 나의 삶은 계속될 터였다. 하지만 벨라루스인인 카쨔에겐 벨라루스에서 사는 것 외엔 거의 아무런 선택지도 없었다.

우리가 할 수 있는 일은 그저 문서고로 돌아가는 것뿐이었다.

1990년 3월, 서남철도국Southwestern Railroad 국장은 암호로 된 전신을 모스크바로 보냈다. 국장은 3년 전 누군가가 고멜 육류 공장에서 급증하는 방사능 고기에 대한 해결책을 내놓은 바 있다고 보고했다. 1987년 정육업자들은 317톤의 방사능 냉동육을 기차에 싣고는 그 수상한 선물을 그루지야공화국으로 보냈다. 감시요원들은 짐칸 내부에서 방사선을 내뿜는 물질을 감지하고 수송을 거부했다. 북카프카스 철도국North Caucasus Railroad의 관리자들은 네 대의 기차를 서남철도국으로 돌려보냈는데, 그곳에서도 역마다 오염된 화물을 거부하긴 마찬가지였다.[27]

아무도 만지고 싶어 하지 않는 뜨거운 감자나 다름없던 그 기차들은 3년 동안 선로 위의 이곳저곳을 불확실하게 떠다녔다. 마침내 해당 기차들은 누구의 허락도 받지 않은 채, 이미 방사능 부담을 엄청나게 지고 있던 우크라이나 북부 도시 오브루치Ovruch의 기차역에서 여정을 마무리했다. 오브루치의 지도자들은 체르노빌 정화 지역 책임자에게 기차에 실린 고기를 방사성 폐기물로 취급해줄 것을 요청했다. 책임자는 그러한 폐기물이 이미 자신의 목까지 차 있으며, 더 이상 수용할 수 있는 공간이 없다고 답했다. 기차들은 여느 곳 못지않게 오염된 도시인 폴리스케Poliske로 이동했다. 철도 노동자들은 열차 주위에 울타리를 치고 경고 표지판을 설치했다. 기차는 환승역인 바로 그곳에서 몇 달간 머물며 방사능을 내뿜었다.

냉동 열차의 냉각 장치가 고장나자 KGB가 개입했고, 전기 기사들은 그곳에서 작업하기를 거부했다. 서남선Southwest Line의 철도 노동자들은 일터에서 이탈했다.[28] 뉴스 사진작가가 넘쳐나는 오염된 고기 사진 몇 장을 찍어 대중의 이목을 끌었다.

결국 과도하게 피폭된 동물들이 도축된 지 4년 후, KGB 관리들이 벨라루스 남부에서 그것들의 처리를 감독하게 되었다. 그들은 시멘트를 입

힌 깊은 도랑 안에 독성 폐기물이었던 고기를 위한 최후의 휴식처를 마련했다.[29]

소련 서부의 식품 가공업 및 농업 관련 부서들이 그 대참사에 더 잘 대처했다고 말할 수 있었으면 좋겠다. 불행하게도, 공중 보건 관료들이 사람들을 먹이는 동시에 생산 할당량을 채우려고 노력함에 따라 목축업, 곡물산업, 채소산업, 과수업 모두 비슷하게 거대한 문제들과 씨름했다.

위생 감독관들은 우유, 산딸기, 달걀, 곡물, 시금치, 버섯 등 거의 모든 것들이 오염되었다는 사실을 재빨리 깨달았다.[30] 심지어 멀리 그루지야에서 수입된 차茶도 상향조정된 비상 허용 선량을 초과했다.[31] 오염된 고기와 양털의 경우처럼 오염된 농산물을 폐기하길 꺼렸던 소비에트 관료들은 방사성 식재료를 어떻게 가공하는지에 관한 아주 세밀한 지침서를 더욱 많이 발행했다. 오염된 우유는 건조시키거나 버터, 캐러멜로 만들어야 했다. 방사능에 노출된 사탕무는 동물 사료로, 오염된 감자는 녹말로, 더러운 산딸기는 잼으로, 허용 선량을 초과한 채소는 파테paté❖로 변모되었다.[32] 이렇게 가공된 음식은 가장 치명적인 동위원소가 붕괴할 때까지 수개월에서 수년간 보관하도록 되어 있었다.

방사성 식품 판매에 대한 고집은 비단 소비에트만의 특징은 아니었다. 조각보를 잇는 것처럼 유럽 전역으로 퍼진 체르노빌 낙진은 특히 그리스를 강타했다. 그리스 농부들은 체르노빌 방사능에 흠뻑 젖은 곡물을 수확했고, 그중 30만 톤을 이탈리아로 수출했다. 이탈리아인들은 그리스

❖ 페이스트리 반죽으로 만든 파이 크러스트crust에 고기, 생선, 채소 등을 갈아 만든 소를 채운 후 오븐에 구운 프랑스 요리다.

에서 온 밀을 원하지 않았다. 그리스인들 또한 그것들을 다시 받아들이길 거부했는데. "그리스 도매업자들의 반응이 두렵다"는 이유에서였다. 이들 지중해의 두 이웃은 싸우기 시작했다. 결국 유럽경제공동체European Economic Community가 오염된 밀을 매입하는 것으로 결말이 났다. 그들은 그것을 깨끗한 곡물과 섞어 "원조"라는 명목으로 아프리카와 동독에 보냈다.[33]

소련에서 우유는 특히 중요했다. 아이들이 마시기도 했거니와 너무나도 쉽게 오염되었기 때문이다. 풀은 방사성 동위원소를 모은다.[34] 풀을 뜯는 젖소들은 우유에 방사성 핵종을 모으고, 토양에 있는 상대적으로 낮은 수준의 방사능은 우유에서 생물학적으로 해로운 양으로 농축된다. 젖소들은 방사성 풀을 뜯어 삼킨 지 24시간 내에 방사성 우유를 만든다. 계획 설계자들은 이 문제에 대해서도 해결책을 가지고 있었다. 소비에트 국가농산업위원회는 방목 가축을 헛간, 우리, 사육장에 가두라는 명령을 내렸다. 그들은 거세한 수소를 가둬두고 도살하기 전 수개월 동안 농축사료를 먹이면 고기가 더욱 깨끗해질 것이라고 지시했다.[35] 젖을 짜는 동안 깨끗한 건초를 먹는 젖소는 더욱 깨끗한 우유를 생산할 것이다. 벨라루스 남부와 우크라이나 북부의 폴레시아Polesia 지역 경작지의 절반은 목초지였는데, 이 중 상당 부분이 오염되자 벨라루스 농부들은 새로이 가둔 가축을 먹이기 위해 매년 85만 톤의 사료를 요구했다.[36] 농장장들은 국가농산업위원회에 편지를 보내 사료를 요청했다. 사료를 조금밖에 얻지 못하자 그들은 정치국에 긴급 전신을 보내 같은 요청을 반복했다.[37]

농장장들은 이전에 풀을 뜯던 동물들을 수용하기 위해 수천 평방피트의 새로운 헛간을 건설하라는 지시문을 작성했다.[38] 그들은 먼지투성이의 바람과 오염된 토양의 영향을 받지 않는 채소를 생산하기 위해 몇 에이커에 달하는 온실 건설도 계획했다.[39] 이러한 지시는 30킬로미터의 체르노빌 출입금지구역 안에서 대피한 12만 명의 농부들을 위해 국영건설기업소가 새로운 마을을 서둘러 건설하려고 할 때와 같은 시기에 내려왔다. 헛간을 짓는 데는 수년이 걸렸다. 한편 농업학자들은 우유를 제독하는 임시 지침을 정교하게 만들었다. 지침서들은 공식, 도표, 삽화와 어우러져 복잡해졌다. "우유는 압력 수조에서 끌어올려져 분당 30리터가 되게끔 0.1초의 일정한 속도로 셀룰라이트 여과기를 통과해야 했다."[40] 이런 값비싸고 새로운 절차를 이용해 우유를 만드는 일이 가능했을 때도 여과기는 방사능의 일부만 빨아들였다.

1986년 우크라이나 13개 지역에서 생산된 우유의 3분의 1이 측정 결과 비상 허용 선량을 초과했다. 우크라이나 국가농산업위원회의 올렉산드르 트카첸코Oleksandr Tkachenko는 오염된 우유를 사서 버터로 바꾸라는 명령을 내렸다.[41] 고기에 이어 1만 8,900톤의 방사능 버터가 국가 창고를 가득 메웠다. 이는 아이들이 마실 우유의 부족으로 이어졌다. 우크라이나의 보건상인 아나톨리 로마넨코는 사람들에게 공급하기 위해 생우유를 분유로 바꾸라고 낙농장에 지시했다.[42]

그러자 트럭들이 활기를 띠었다. 보통 집에서 키우는 젖소에서 짠 진하고 따뜻한, 1986년 4월 이후에는 고도의 방사능을 함유하게 된 생우유를 마시던 농장 어린이들에게 분유를 배달하기 위해 운전기사들은 먼지로 뒤덮인 차도를 질주했다. 분유는 생우유와 비교했을 때 훨씬 옅은 맛이긴 했지만 적어도 오염되지는 않았다. 허나 이 또한 누군가가 시험

삼아 분유를 측정하여 허용 선량을 초과하는 방사능을 검출하기 전까지만 사실이었다.[43] 분유 공장들은 소련의 주요 낙농 지역인 우크라이나 북부와 벨라루스 남부에 위치했다.[44] KGB 관료들은 조용히 상점에서 분유를 수거해갔다. 책임자들은 선반이 텅텅 비어버리자 자신들의 식료품점이 "상점으로서의 면모를 잃어버렸다"고 불평했다.[45]

조사관들은 꿀, 허브, 건포도, 다래, 버섯, 블루베리, 덩굴월귤뿐만 아니라 이부자리와 속옷에 관해서도 물었다. 로마넨코는 계속해서 음식과 생활용품 각각의 범주에 대한 규준을 요구했고, 더욱 많은 안전 지침서를 원했다.[46] 모스크바의 어느 누구도 준비된 답을 가지고 있지 않았다. 생물물리학자들이 그 일을 맡았다. 계산에 수년이 걸렸다.[47] 그러나 로마넨코에게는 그만한 시간이 없었다.

적어도 그는 자신의 도시를 구할 수도 있었고, 구하는 행동을 취할 수도 있었다. 사고가 터진 지 일주일 후, 경찰 병력은 키예프로 이어지는 길목에 세 개의 통제소를 설치했다. 경찰은 통제소에 도착하는 모든 승용차와 트럭을 검문했다. 방사능이 너무 많이 검출될 경우, 그들은 차량을 세척한 뒤 다시 수치를 쟀다. 보건성은 키예프에 도착하는 모든 음식의 100퍼센트를 판매 전에 검사하도록 명령했다.[48] 시 관료들은 키예프에 유제품을 공급하는 낙농장에 실험실을 설치했다.[49] 키예프 관료들은 비교적 깨끗한 우크라이나공화국 남부 지역에서 생산된 채소를 주문하기도 했다. 그들은 창고에서 사고 이전에 재배한 비축 식량을 찾아냈다.[50] 그들은 도시의 식수를 주의 깊게 관찰했다.[51] 그들은 노천시장의 문을 닫고, 상점 내에 방사선 실험실을 차리기도 했다.[52] 그들은 상품 밀봉을 위한 포장법과 배송을 위한 밀폐 트럭을 고안했다.[53] 청소부들은 방사성 낙진을 씻어내기 위해 거리를 매일같이 물로 청소했다.[54] 소집된 고등학생들은 오염된 낙엽을 끌어 모았다. 그것을 덤프트럭이 내다버렸다.[55]

10세기에 키예프인들은 외부의 공격을 견디기 위해 깎아지른 절벽으로 둘러싸인 산 위에 도시를 세웠다. 1986년 새로운 세대의 침략자가 상륙해오자 시 관료들은 다시 도시 기반시설로 눈을 돌려 키예프 주변에 이른바 "방사능 방패"를 건설했다. 도로와 경찰력의 연계망, 연구실을 갖춘 과학자의 군대, 중앙통제식 수도와 난방, 식품유통망, 다수의 새로운 규제사항이 도시 거주자의 신체로 들어오는 다량의 방사성 동위원소를 줄이는 데 일조했다.

이 조치들은 또한 사람들을 진정시키는 기능도 가지고 있었다. 실험실 가운을 입은 기술자들과 서류판을 지참한 경찰관들은 국가가 사고를 "청산"하기 위해 가능한 모든 조치를 취하고 있음을 알려주었다. 한 텔레비전 다큐멘터리는 물리학자가 닭을 가지고 실험하는 모습을 선보였다. 해설자의 목소리는 "기준을 초과하는 방사성 식품은 우리가 유감스럽게 생각하는 만큼 반드시 파기되어야 합니다"라고 설명했다.[56]

키예프로 허용 기준치를 초과한 방사능 식품이 엄청나게 많이 흘러들어와 시장에서 부엌으로 유통되었다.[57] 그렇더라도 국가가 문제를 처리하는 중이라는 기자의 주장을 믿는 것은 분명 위안을 가져다주는 일이었다. 당 지도자들은 소비에트 사회에서 가장 다수였던 도시인들을 걱정했다.

반면 시골 마을 거주자들은 흡사 도시의 벽 외부에 남겨진 중세의 농노처럼 스스로 삶을 꾸려나가야 했다.

농장에서
공장으로

현대의 재난은 그것을 깨끗이 처리하기 위한 현대국가를 필요로 한다. 문제는 불타오르는 원자로에서 나온 낙진이 가장 많이 내려앉은 우크라이나와 벨라루스의 농촌이 최첨단 재난을 극복하는 데 꼭 필요한 자원을 거의 가지고 있지 않았다는 점이다. 발전소를 중심으로 8킬로미터 안에 위치한 대부분의 마을들에는 수도설비와 중앙통제식 난방이 없었다. 체르노빌의 원자로에서 외부로 뻗은 전선은 여러 작은 마을들을 지나쳤다. 마을 주민들은 우물에서 들통으로 물을 날랐다. 목욕과 빨래에 상당한 품이 들어갔기 때문에 사람들은 이런 일을 가끔씩만 했다.[1] 사람들은 오염된 이탄泥炭과 땔감을 태워 난방을 했다. 진흙길에서는 방사성 입자를 품은 먼지가 날렸다. 지역 전체가 질퍽거렸다. 봄철 홍수가 나면 몇몇 마을은 몇 주 또는 몇 달 동안 외부와 단절되었다. 농촌의 상점에는 소금, 등유, 성냥 등을 제외하곤 거의 아무것도 없었다. 농부들은 자기 밭에서 기른 것들을 먹었다. 임산부와 어린이를 포함한 모든 이가 밭에서 일했다. 몇 안 되는 병원과 진료소에는 인원이 부족했다. 1986년 봄, 비가 한꺼번에 쏟아지기 전까지 산업화 시대의 많은 요소들은 언제나 이 지역을 그냥 지나쳐갔다.

모스크바에서 내려온 규정에는 집단농장에서 일하는 농부들이 원전 종사자를 위해 고안된 안전 규정을 따르고, 식량, 연료, 약품에 관해서는 현대적 소비자가 되라고 명기되어 있었다. 이 규정 준수는 승산 없는 전투가 될 것이 분명했다.

1986년 4월 이후 벨라루스와 우크라이나 지역에서는 50만 명이 높거나 아주 높은 수준의 방사능에 고스란히 노출되었다.[2] 벨라루스 농촌의 방사능 수준은 기능을 상실한 체르노빌 원자력발전소에서 1986년 가을 재가동된 1호 및 2호 원자로의 방사능 수준을 뛰어넘었다.[3] 방사능에 대처하는 조치들은 대개 마을을 중심으로 적용되었다. 여기에서 마을은 채소밭, 헛간, 작은 곳간에 경작지가 외부를 둘러싼, 적게는 20여 채에서 많게는 수백 채에 이르는 주택이 모여 구성된 단위였다. 마을 가구는 식량 생산의 현장으로서 두 배로 증가했다. 큰 텃밭에서는 과일과 채소가 자랐다. 헛간에는 닭, 젖소, 염소, 양, 돼지가 있었다. 농부들은 곳간에서 상점으로 건초를 나르고 목초지에서 마을의 외양간으로 동물을 몰았다. 주민들은 버섯, 산딸기, 약초를 채집해 각자의 집으로 가져갔다. 숲에서 땔감을 마련해 마을로 가지고 오기도 했다. 그들은 방사능이 이례적일 정도로 많이 응축되어 있는 재와 거름을 비료로 썼다. 트럭, 마차, 버스는 마을 안에 진흙 자국을 남겼다. 그들이 트럭과 트랙터를 물로 씻자 차고 근처에 방사능 물웅덩이가 생겼다.[4] 거름을 먹은 파리들이 부엌과 음식에 꼬였다. 파리에 맞선 농장의 전투는 체르노빌 이후 새로운 의미를 띠게 되었다. 진흙은 장화에 묻어 집 안으로 들어왔다. 농촌 경제라는 소용돌이의 중심인 마을 안으로 날이면 날마다 방사성 동위원소가 유입되었다. 주민들의 가정은 방사성 동위원소가 머무르는 비장이 되었다. 농학자들은 농부들이 이러한 예외적인 상황에 대처하기 위해 핵 이후의 세계에서 어떻게 살고 일해야 하는지 알려주는 생존 지침서를 대량으로 찍어냈다.[5]

제곱킬로미터당 2퀴리 이상의 지역에서 일하는 농장 노동자들에게는 원전 조작원처럼 상의와 하의가 하나로 붙어 있는 점프 슈트, 인공호흡기, 모자, 장갑, 개인용 선량계 등으로 무장하라는 권고가 내려왔다. 농장장들은 선량계는커녕 그것을 사용하는 방법에 관한 훈련조차 받지 못했으나, 각 마을마다 어떻게든 방사선 통제소를 설치하라는 통보를 받았다.[6] 농부들은 작업 후에 몸을 씻어야 했고, 풀 위에 눕거나 야외에서 취식하거나 말이 끄는 달구지 혹은 창문이 내려져 있는 트럭에 탈 수 없었다. 또한 잔가지나 낙엽을 태울 수 없었고, 6월과 7월에 가축을 방목할 수 없었으며, 근처에서 팬 나무나 이탄을 화덕에 쓸 수 없었다. 그들은 거름과 재를 정원용 비료로 쓸 수 없었고, 숲에서 약초, 버섯, 산딸기를 채집할 수도 없었다. 방사능에 가장 심하게 오염된 구역인 숲의 경우 근처에조차 가지 않는 편이 나았다.[7] 요컨대 생존 지침서를 따르라는 것은 농부들에게 그들이 몇 세대에 걸쳐 의지해오던 생존 수단을 포기하길 기대하는 것과 마찬가지였다.

고된 작업을 전담하기 위해 소집된 병사들과 죄수들은 더럽혀진 겉흙을 파낸 뒤, 줄이나 울타리가 쳐져 있지 않고 방사능 경고 표지도 없는 구덩이에 불과한 마을 변두리의 "임시 폐기물 처리 구역"에 버렸다.[8] 농학자들은 제거된 겉흙에 함유되어 있던 영양분의 손실을 보충하기 위해 땅에 더욱 많은 질소 비료를 뿌리라고 농부들에게 말했다. 이에 농부들은 수십만 톤의 질산염을 퍼부었다.[9] 농학자들은 사고 이후 대피 구역 내의 버려진 경작지에서 추수되지 않은 농작물을 먹어치우는 해충이 "엄청나게" 급증했음을 발견했다. 집단농장 관리자들은 기생충의 폭발적 증가를 막기 위해 출입금지구역 안으로 노동자들을 보내 작물을 수확하게 했고, 농화학 관련 업무에 종사하는 조종사들은 경작지 위를 날아다니며 공식적으로는 사용이 금지된 DDT 등의 살충제 소나기를 살포했다.[10] 사고 이후 수년 동안, 방사성 대지 위에 뿌려진 비료와 살충제의 양은 인상적으로 증가했다.[11]

체르노빌 원자력발전소는 폴레시아라고 불리는 지역 안에 자리한, 유럽에서 가장 큰 늪인 거대한 프리퍄티 습지대의 서남쪽 가장자리에 지어졌다. 주변 지형은 축축하고 질퍽거렸다. 지역 마을의 우물들은 깊이가 얕았고 하늘을 향해 완전히 개방되어 있었다. 위에서 우물 안으로 떨어진 방사성 낙진은 지하수에 스며들었다. 농학자들은 더욱 많은 규정을 만들어냈다. 거기에는 자분정自噴井을 더욱 깊게 파고 뚜껑을 설치하고 실내 배관용 하수도를 건설해야 한다는 내용도 명기되어 있었다. 간단한 위생이야말로 핵사태가 났을 때 가장 먼저 취해야 하는 조치 가운데 하나다. 오염된 사람은 피폭된 지 한 시간 또는 수분 내에 씻어야 한다. 방사능이 머리칼과 피부에 오래 남을수록 더 많은 피해를 입는다. 농장 관리자들은 새로운 "방사능 위생" 체계의 일환으로 대중목욕탕과 세탁소를 건설하여 마을 사람들이 공동으로 사용하는 계획을 내

놓았다. 그러한 목욕탕을 짓는 데 여러 해가 걸렸다.[12]

봄에는 얼음 둑이 폴레시아에 있는 수백 개의 강과 개천을 틀어막는다. 홍수가 나면 물은 가로로 퍼져 축축한 평야를 뒤덮는다. 건강한 환경에서 계절성 홍수는 순기능을 한다. 엄청난 양의 물이 강바닥에서 개흙을 가져와 퍼뜨리고 토양에 양분을 공급한다. 농부들은 풀이 가장 잘 자라나는 비옥한 범람원에 가축을 풀어놓는다. 1986년 이후, 봄철 홍수는 골칫거리가 되었다. 강바닥에 내려앉은 방사성 동위원소를 해방시켜 이리저리 퍼뜨렸기 때문이다. 수문학자들은 더 이상 계절성 홍수를 겪지 않는 편이 낫다는 판단 아래 물을 수십 곳의 축양지蓄養池로 돌릴 수 있도록 여과기를 단 둑을 만들라고 인부들에게 지시했다.[13] 1986년 여름, 새로운 둑을 짓기 위해 오염된 영토에 불도저들이 대거 들어왔다. 둑 건설을 위해 땅덩어리를 옮기는 과정에서 엄청나게 많은 먼지가 일어났다. 먼지는 산들바람에 실려 기류를 타고 병사들이 오염된 겉흙을 벗겨낸 지역사회에 방사성 동위원소를 되돌려놓았다.[14]

소집된 사람들은 녹색의 거품으로 된 화학물질을 집, 울타리, 트랙터, 헛간, 학교에 살포하며 먼지와 싸웠다. 그들은 이엉을 얹은 지붕을 떼어낸 뒤 단열은 형편없지만 긴 철제 솔로 문질러 닦기 훨씬 편한 파형波形 강철을 대신 설치했다. 빗물이 지붕을 타고 흐르면서 방사능이 낙수받이 아래쪽에 고인 웅덩이로 모였다. 공학자들은 가스관을 설치해 마을 주민들이 방사성 나무와 이탄 없이도 난방과 요리를 할 수 있도록 하는 계획을 세웠다.[15] 지침서에는 읍장들에게 흙길과 거리, 놀이터를 포장하여 아스팔트 밑에 파묻으라는 지시가 담겨 있었다.[16]

새로운 계획은 농장들에 육류 또는 유제품 생산에 특화할 것을 요구했다. 마을의 식량을 추적 관찰하기 위한 계획도 마련했다. 상업용 사료를 살 돈이 없는 마을 사람들은 개인적으로 치던 가축들을 반드시 포기해야 한다고 통보하기도 했다. 지도자들은 마을 상점이 "깨끗한" 식자재를 공급받을 수 있도록 예산을 짰다(우크라이나의 관료들은 인용부호를 이용해 "깨끗한" 음식을 거론했다. 모든 식량이 적어도 아주 조금씩은 오염됐다는 사실을 자신들이 알고 있다는 표현이었다). 이는 빠르게 성취된 근대성이었다. 폴레시아인들은 수세기에 걸쳐 역병과 전쟁, 가뭄과 기근 속에서 그래왔던 것처럼 자신들의 먹거리를 더 이상 스스로 재배할 수 없다는 통보를 받았다. 핵 이후의 시대에는 농촌의 생산자들이 소비자가 된다.[17] 유일한 문제는 소비자가 하룻밤에 만들어지지 않는다는 것이었다.

마을 상점 중 절반에 냉장시설이 없었다. 어떤 마을에는 상점 자체가 존재하지 않기도 했다. 비축품을 배송하는 트럭도 냉장시설을 갖추지 않았다.[18] 식량은 개방된 트럭 짐칸에 실려 도시에 도착했다. 트럭 운전사들은 생산물을 말이 끄는 수레에 싣고 도시에서 마을로 운반했다. 더운 날이면 길 위에서 우유가 상했다.[19] 식량은 부패하고 먼지투성이에 피폭된 채 도착했다.[20] 물류 전문가들은 밀폐 트럭과 냉동고, 밀봉 포장을 주문했다.[21] 이 새로운 기반시설은 실현되기까지 수년이 걸렸다.

학교 또한 계산을 다시 해야 했다. 계획 설계자들은 교육자들에게 하루 네 끼를 학생들에게 제공하라고 지시했다. 학교 관리자들이 이를 수행하기 위해서는 새로운 구내식당을 갖춰야 했다. 아이들이 야외에서 거닐다가 벌판이나 숲으로 들어가는 사태를 방지하기 위해 계획가들은 수업 시간을 아침 식사 때부터 저녁 식사 시간까지로 연장했다.[22] 그들은 또한 아이들이 방사성 벌판이나 호수나 숲에서 놀지 못하게끔 놀이터, 체육관, 실내 수영장 조성 계획을 세웠다.[23]

우크라이나 북부와 벨라루스 남부의 생기 없던 농장 공동체들은 미국 농부들이 선도하던 전후戰後※ 농산업 분야의 추세에 보조를 맞추지 못했다. 1980년대에 이르러 미국의 대토지 소유자들은 농업 생산을 단순화, 전문화, 극대화했고 그 결과 농장들은 마치 공장처럼 기능했다.[24] 영농 관계 종사자들은 더 이상 흙탕물에 시달리지 않았다. 그들은 기계를 돌렸고 화학 물질을 썼다. 미국 농부들은 비행기 격납고만큼 커진 양계장 속에 철제 우리를 켜켜이 쌓아두고는 거기에 닭들을 가두었다. 그들은 암퇘지를 신속하게 살찌우기 위해 공기가 통하지 않는 어두운 외양간에 몰아넣었다. 놓아기르는 가축은 주말 농장이나 동물을 만질 수 있는 동물원에서나 볼 수 있는, 향수를 불러일으키는 유물로 남게 되었다.

나는 조부모의 농장에서 아이의 눈으로 이러한 변화를 지켜보았다. 나의 할아버지인 존 브라운John Brown은 미국 농부에 걸맞은 전형적인 이름과 교과서적인 역사적 궤적을 갖춘 인물이었다. 1970년대 초, 그는 일리노이Illinois 북부의 낙농장을 비육거세우肥育去勢牛 농장으로 개조했다. 그는 가축 사육장의 혹독한 환경에서도 살 수 있도록 특별히 사육된 텍사스 롱혼Texas longhorns 품종을 사들였다. 거세된 수소들은 하루 종일 서로 나란히, 발목까지 찬 배설물로 가득한 시멘트 판 위에서 있었다. 소들은 완전히 소화시킬 수 없는 옥수수를 씹으며 궤양을 얻었다. 나는 울타리 위로 올라가 그 가축들이 먹고 꽁

❖ 2차 세계대전이 종식된 1945년 이후를 일컫는 말이다.

끙거리는 모습을 바라보곤 했다. 할아버지의 돼지들은 외양간의 황혼을 결코 떠나지 않았다. 지하세계의 작은 생명체들은 수소들의 발굽 사이를 재빠르게 오가며 쇠똥 속의 미처 소화되지 않은 것들을 먹으며 살았다. 이러한 환경에서 가축들은 아플 수밖에 없었다. 할아버지는 가축들이 도축장에 도착할 때까지 버틸 수 있도록 항생제를 투여했다.

농부 브라운은 비육거세우 사업을 그리 오래 지속하지 못했다. 그는 동물의 털과 배설물에서 나오는 세균과 소용돌이 먼지 구름이 유발하는 흔한 직업병인 천식을 앓기 시작했다. 농산업에 대한 투자비용이 높아짐에 따라 할아버지의 수익은 낮아졌다. 그는 대규모의 은행 융자를 거부하고, 체르노빌이 터지기 직전 은퇴했다. 바로 이것이 국가농산업위원회 소속 소비에트 농학자들이 1986년 체르노빌 지역 내의 농장에 주문한 "진보"였다.

폴레시아 지방에서 방사선과 싸우기 위해 값비싸고 새로운 기반시설을 건설한다는 지침을 읽긴 했지만 지침 설계자들이 자신들의 계획과 예산이 다분히 공상적이라는 점을 알았는지 여부는 나도 알 수 없다. 나는 그들의 지적 능력과 수십억 루블을 바쳐 엉망인 상황을 고치기 위해 기울인 그들의 헌신을 존경한다. 이전의 어떤 국가도 그러한 규모의 핵사고 정화 작업을 시도한 바 없었다. 그러나 유감스럽게도 방사능의 총량, 복잡성, 지속성으로 인해 그러한 계획은 애초부터 파탄날 운명이었던 듯하다.[25] 먹이연쇄고리 내에 방사능이 출현하는 데는 토양 안의 고작 몇 퀴리만으로도 충분하다. 과학자들은 수십 년 동안 이 사실을 인지하고 있었다. 미국의 생태학자 유진 오덤Eugene Odum은 1959년에 다음과 같이 일갈했다. "우리가 '자연'에 누가 봐도 무해한 정도의 방사능을 건네면, 자연은 이를 치명적인 꾸러미에 담아 우리에게 되돌려 준다!"[26]

병사들이 마을을 문질러 씻고 겉흙을 내다 버린 6개월 후에도 마을 주민들은 여전히 오염된 상태였다. 활기 넘치는 지역 경제의 중심지로 모여드는 다른 모든 것들과 마찬가지로 먼지와 방사성 핵종 또한 주변의 숲과 경작지에서 마을로 들어왔다.[27] 병사들은 세 번, 네 번 다시 청소를 하러 돌아왔다. 소집병들은 방사능을 한 장소에서 다른 장소로 이리저리 옮겼다. 오염된 진흙과 지붕 재료 더미가 도시 변두리에 쌓였다. 800개의 묘비 없는 방사성 무덤에서 지하수면으로 방사능이 흘러 들어갔다.[28] 1987년과 1988년, 방사선 전문의들은 "엄격히 통제되어야" 하는 오염 거주구역 목록에 더 많은 지역사회를 추가했다.[29] 공화국의 지도자들은 안전을 위해 더 많은 사람들을 재정착시킬 것을 제안하기 시작했다.[30]

벨라루스 여러 주의 책임자들은 제독 작업이 별다른 효과가 없고 대부분의 경작지들이 여전히 오염된 상태라 고기 및 유제품을 평소 할당량의 5분의 1만 생산할 수 있을 것이라고 추산했다. 그들은 배정된 할당량을 낮춰주고 마을 사람들이 오염된 생산물 대신 구입할 수 있는 식량을 더욱 많이 보내줄 것을 간청했다.[31] 그러한 요청에 누구도 답하지 않았다. 같은 주 책임자들은 더 많은 시판사료 또한 호소했다.[32] 농업 관료들은 주 책임자들이 필요로 하던 양의 4분의 1만 할당했다. 모길료프주의 농장 책임자들이 특히 곤란을 겪었다. 재난 현장에서 400킬로미터나 떨어져 있지만 극심한 방사성 강우의 진행 방향에 위치해 있었기 때문이다. 사고가 터진 지 1년이 지났음에도 대형 농장을 비롯해 모든 마을과 시장에 있어야 할 방사선 감시 측정소가 모길료프주에는 하나도 없었다.[33] 농장 책임자들에게는 경작지가 얼마나 오염되었는지 알 방도조차 없었다. 그들은 계속 땅을 갈고 작물을 거둬들였다.

1987년, 벨라루스의 식량 생산을 총괄하던 우크라이녜츠K. Ukrainets는 이 문제에 관해 공식적으로 불만을 제기했다. 수많은 규정과 오염된 땅에 대한 정화 작업에도 불구하고, 그는 고멜과 모길료프주에서 생산된 우유의 3분의 1과 육류의 5분의 1이 섭취하기에는 너무나 오염된 상태라고 언급했다. 제곱킬로미터당 15퀴리를 초과하는 구역으로 정의된 "엄격한 통제" 구역의 경우 그러한 비율은 두 배에 달했다.[34] 심지어 제독된 목초지에서 풀을 뜯은 젖소도 오염된 우유를 생산했다. 그는 화를 내며, 지역 관료들이 제곱킬로미터당 40퀴리를 초과하는 농장에서 농업을 금지한 연맹 차원의 명령을 무시한 것이 이러한 일이 벌어지게 된 원인 중 하나라고 적었다. 그들은 계속 농사를 지었다. 우크라이녜츠는 "그들이 모든 종류의 가축에 방사능 건초를 먹였고, 그 동물성 식품은 전부 오염되었다. 그들은 현재 출입금지구역 안에서 씨를 뿌리고 있다"고 격분하여 적었다. "그 결과 그들은 다시금 오염된 사료를 확보했고, 못 쓰게 된 동물성 식품을 가지고 무엇을 해야 할지 또다시 궁리할 것이다."[35] 우크라이녜츠는 지역 관료들이 심지어 시도조차 하지 않는다고 불평했다.

우크라이녜츠는 제곱킬로미터당 40퀴리 이상의 오염 구역에 사는 사람들을 재정착시켜야 한다고 제안했다. 그것은 곧 벨라루스 내에서 1만 2,000명의 사람들과 그보다 두 배 많은 동물들을 이주시켜야 함을 의미했다. 우크라이녜츠의 권고는 타당한 절충안이었다. 그는 심지어

제곱킬로미터당 10퀴리의 구역에서도 깨끗한 식량을 만드는 것은 불가능하다고 지적했다.[36]

1990년대 핵의학 전문가들은 방사능에 오염된 땅에서 사람들을 이주시키는 일이 스트레스를 유발하고, 이는 결국 건강 문제로 이어진다고 주장했다.[37] 여론 형성자들은 사람들을 오염 지역에 그대로 놔두는 것이 더 낫다고 주장했다. 그러나 1986년과 이후 수년간 체르노빌에 의해 오염된 지역사회 주민들은 자신들이 처한 위험을 명백히 이해했고, 자신들을 이주시켜줄 것을 간청했다. 사고 결과들을 직접 목도한 우크라이녜츠와 같은 관료들 대다수도 이를 지지했다.[38]

농장 책임자들은 자신에게 배정된 생산 할당량을 맞추라는 강요에 못 이겨 노동자들을 보내 오염된 경작지를 갈고 방사능 건초를 자르고 피폭된 동물의 젖을 짜게 할 수밖에 없었다.[39] 결과는 예상대로였다. 고멜과 모길료프주에서 생산된 고기와 우유에서 1986년보다 1987년에, 그리고 1987년보다 1988년에 더욱더 많은 방사능이 검출되었다. 제곱킬로미터당 15퀴리는 거의 모든 우유에서 허용 선량을 초과하는 방사능이 나오기에 충분한 양이었다.[40] 버섯, 육류, 멧돼지 고기 또한 해가 갈수록 오염도가 줄어들지 않고 오히려 증가했다.[41] 정확히 똑같은 동학이 우크라이나에서도 작동했다.[42] 심지어 "깨끗한" 구역에서도 우유의 30~90퍼센트가 허용 선량을 초과했다. 한 규제 담당자는 "여러 제한에도 불구하고 주민은 이 생산물의 대부분을 소비한다. 나머지는 판매를 위해 국가에 양도된다"고 썼다.[43] 고도의 방사능을 내뿜는 음식들은 먹이연쇄 안으로도 흘러들어왔다. 이는 대도시부터 소도시에 이르기까지 폭넓게 유통되었다.[44] 오염 구역의 농부들은 때때로 자신에게 배송된 깨끗한 식량을 구입하고는 자기 집에서 기른 방사성 생산물은 방사능 여부를 확인하는 사람이 아무도 없는 이웃 지역사회에 팔기도 했다.[45] 추적 관찰하고 현대화하라는 명령은 6개월마다 되풀이됐고 1990년대까지 이어졌다.[46] 정화하고 대체하고 재건하라는 그 모든 지시들과 오염된 식품이 지속되는 것에 대한 되풀이되는 질책들은 해마다 슬프고 따분한 메아리만을 울릴 뿐이었다.[47]

그러한 반복적인 지침을 읽을 때마다 나는 생존 지침서를 비롯해 그것들을 작성한 사람들의 진실성에 의문이 들었다. 만일 벨라루스의 고기가 식용으로 쓰기에 너무나 오염됐다면, 왜 소비에트 농업상인 무하르스키M. S. Mukharsky는 오염된 주에서 생산 할당량을 낮추지 않았을까? 왜 그는 더 많은 사료를 공급하지 않았을까? 왜 사람들은 1990년에도 여전히 제곱킬로미터당 100퀴리 이상의 세슘-137이 검출된 지역에서 살아야 했을까?[48] 하위 관리자들이 묵살할 수밖에 없는 상황에서 지침을 작성한 이유는 무엇일까?

이러한 질문에 관한 답은 제법 많지만, 어느 것도 그다지 만족스럽지 않다. 첫째, 소비에트 지도자들은 지역에서 무슨 일이 일어나고 있는지에 관해 최고위 지도부에 보고할 때 습관적으로 긍정적인 내용만 송부했다.[49] 당 지도자들은 자신들이 속고 있다는 사실을 모르지 않았으나, 그 보고서를 기쁘게 읽으며 펜 끝에서 흘러나온 위대한 계획이 실현되고 있다고 확신했다. 둘째, 냉장고와 여분의 식량이 위험 지역에 공급되면, 해당 지역의 위원회는 계측기의 딸깍거리는 바늘에 기초해서가 아니라 빚진 호의에 따라 추가적인 식량을 나누어주는 식으로 몫을 가르는 습관이 있었다. 셋째, 소련은 농업공황에 시달렸다. 1970년대 브레즈네프 시기 재무가들은 밀, 사료, 비료를 비롯해 여타 농산품을 들여오기 위해 대출을 받았다. 1980년대에는 소련의 가장 수익성 높은 수출품인 석유의 가격이 폭락하면서 채권 금융이 고통스러워졌다. 국가를 먹여 살리는 일이 최우선 과제가 되었고, 이는 안전과는 비교할 수 없을 정도였다. 체르노빌 이후, 소비에트의 시장은 굶주리기만 했다.

사고 후 조치는 경제적으로 이치에 맞지 않았다. 1제곱킬로미터를 제독하는 데 100만 루블이 들었다.[50] 계획 설계자들은 목욕탕, 새로운 진료소, 학교, 유치원을 짓고 포장도로와 관로를 까는 데 최종적으로 수백만 루블을 지출했다.[51] 대신 그 돈을 사람들을 오염 지역 밖으로 옮기는 데 썼더라면 절약이 되었을 것이다. 이는 돈뿐만 아니라 노출, 불안, 인간 존엄성이라는 점에서도 그러했다.

주민들은 지도자들에게 수천 통의 단체 서한을 보냈다.[52] 어떤 마을 주민은 오염된 땅에서의 새로운 삶에 적용되는 긴 제한사항이 담긴 지침서 소책자 가장자리에 슬픈 호소문을 썼다. "상점에는 먹을 것이 없습니다. 집에서 직접 기른 생산물은 먹지 말라고 합니다. 하지만 이곳을 떠날 수도 없습니다. 우리보고 대체 어떻게 살라는 것인가요?" 소비에트의 희생 기풍으로 점철된 탄원인들은 조국을 위해 목숨을 기꺼이 내놓을 수 있었다. 그러나 지침서에 담긴 것과 같은 무의미한 제안은 그들을 어리둥절하게 만들었다. "어떤 대의를 위해 우리의 목숨을 바치는 겁니까?"[53] 132명의 탄원인들은 다음과 같이 애원하기도 했다. "우리는 상점 앞에 망태기를 짊어지고 서서 깨끗한 음식이 배송되는 것을 기다리길 원치 않습니다. 우리는 농부지만, 스스로 먹을 것을 조달할 수 없습니다. 우리는 사람처럼 살 수 있는 곳에 살면서, 우리 노동의 결실을 보길 원할 뿐입니다."[54]

　체르노빌 땅에 사는 사람들은 조심스럽게 아니면 무모하게 삶을 이어나가면서 한 번도 다른 곳으로 이동하지 않고 천천히 위치를 바꾸었다. 내 말은, 그들이 먹고 숨쉬고 허용 선량보다 10배는 높은 방사능 리넨 침대 시트에 몸을 뉘어 자면서, 그들의 생화학적 구성이 바뀌었다는 것이다. 매 피코퀴리❖마다 그들은 더 이상 존재하지 않는 4호 원자로의 일부가 되고 있었다.

❖ 피코퀴리picocurie는 1조분의 1퀴리를 일컫는다.

인위적
자연

늪 지 거 주 자
체 르 노 빌 거 대 가 속

늪지 거주자 \\\\\\\\\\\\\

문서고에서 모아온 자료 더미들이 쌓였다. 많은 보고서가 늪지 및 늪지에 거주하는 폴레시아인들의 특질에 관해 언급했다. 나는 이 풍경이 당혹스러웠다. 나는 무엇이 "자연"이고, 무엇이 자연을 대상으로 서둘러 수행된 인위적 변형인지 분간하는 데 애를 먹었다. 문서고 자료나 과학 및 공학 문헌을 읽을 때 나는 비밀이라는 장벽, 문서 작성자가 남긴 서술상의 결점 또는 내 상상력의 결핍이 야기한 장애물과 맞닥뜨렸다. 나는 다른 종류의 교육, 즉 폴레시아의 농촌 문화나 프리퍄티 습지대의 특정 생태계와 관련된 매우 구체적인 공부가 필요하다는 점을 깨달았다. 검색창에 영어, 러시아어, 우크라이나어로 열쇳말들을 쳐보았지만 결과는 신통치 않았다. 마침내 2014년, 나는 키예프에서 북쪽으로 향하는 버스에 올랐다. 1960년경 생산된 빛바랜 버스였는데 한 번 타는 데 미화 단 몇 불로 저렴했다.

버스는 승객들로 가득했다. 부글부글 끓는 7월의 태양 아래를 달리는 버스 내부는 답답하고 무더웠다. 창문을 열고 열까지 세어 보았다. 나이든 승객들이 목에 손을 대고는 찬바람이 마치 순수한 악의 힘이라도 되는 양 엄한 설교를 늘어놓았다. 나는 창문을 닫았다. 검게 그을린 트위드 커튼을 밀어젖히고, 규제받지 않고 무질서하게 확장된 키예프의 외곽 지역이 교외와 준準교외 지역 안으로 사라져가는 모습을 지켜보았다. 담황색 해바라기로 가득찬 벌판에 자리한 신흥 부호와 중산층의 새로운 주택들이 레이저 광선의 녹색빛을 띤 가을 파종 호밀과 교차했다. 하늘은 물빛으로 물들어 있었다. 밝은 색에 대한 사랑은 이 지역에서 자연스러운 것이었다. 버스가 북쪽으로 갈수록 주택과 길가의 선술집, 판매용 산딸기 상자의 숫자가 줄어들었다. 먼지투성이 길가에서 뛰어다니는 아이들의 수도 점점 적어졌다. 체르노빌 출입금지구역에 가까워지면서 나는 저멀리 버려진 낙농장과 양계장의 흔적을 찾아냈다. 매 한 마리가 아무도 거들떠보지 않는, 숲이 그 가장자리를 침범하고 있는 벌판 위를 빙빙 돌고 있었다.

그 첫 번째 여정은 체르노빌 사고 이후 오염 정도가 낮다는 이유로 소개되지 않은 마을인 네단치치Nedanchychi에서 마무리되었다. 1980년대 주민들이 주어진 선택지 가운데 재정착 반대에 투표하기까지 이 마을은 존재와 소멸 사이의 지렛대 사이에서 휘뚝거렸다. 그 후 몇 년 동안 젊은 가족들은 스스로 마을을 떠났다. 이는 소비에트 해체 이후 농촌에서 벌어진 일반적인 인구 감소의 원인 중 하나가 되었다. 내가 도착했을 때는 네 명의 어르신들이 남아 있었다. 가장 연로한 사람은 갈랴Halia였는데, 내가 처음 그녀와 만났을 때는 97세였다.

나는 연이은 두 번의 여름 모두 갈랴를 보기 위해 그 마을을 다시 찾았다. 그녀가 전화기를 가지고 있지 않아서 간다고 미리 알리지 못했다. 때로는 갈랴를 찾기가 무척 어려웠다. 그렇게 항상 바쁜 100세에 가까운 사람은 본 적이 없었다. 그녀의 시골집을 들렀으나 비어 있었다. 나는 그녀가 시장에 약초를 내다 파는 근처 마을로 가서 산딸기, 말린 버섯, 톡 쏘는 냄새가 나는 절임 가판대 사이를 돌아다니며 갈랴를 봤는지 물었다. 상인들은 그녀가 이미 다른 곳으로 갔다고 말해주었다. 그녀의 시골집으로 향했다. 여전히 갈랴는 없었다. 그녀의 이웃은 갈랴가 숲에 갔을 거라고 말해주었다.

찾다가 지친 어느 날, 뒷문 밖에 있는 통나무에 앉아 기다렸다. 갈랴의 채소밭은 썩 괜찮아 보였다. 콩, 옥수수, 노란 호박이 자라고 있었다. 집은 채소밭보다는 관리가 덜 된 상태였다. 문은 경첩에 비스듬하게 매달려 있었다. 창문에는 유리가 없었고 두 장의 플라스틱만 창틀에 고정되어 있었다. 임시변통으로 마련된 창문의 안쪽에 겨울 서리가 들어선 모습이 떠올랐다. 나는 산딸기를 몇 개 땄고 목초지도 보았다. 한참을 기다린 끝에 숲에서 갈랴의 모습이 나타났다. 지팡이에 의지한 구부정한 그녀의 어깨에는 가방이 걸려 있었다. 긴 치마가 산들바람에 날렸다. 그녀는 맨발이었고, 스카프는 그녀의 이마를 아래쪽으로 밀고 있었다. 그녀가 가까이 다가오면서 내게 활짝, 이가 없는 미소를 지었다. 나는 과연 그녀가 매년 나를 기억하는지, 병만큼이나 두꺼운 안경 너머로 얼마나 많은 세부사항을 알아냈는지 결코 확신할 수 없었다. 그녀는 누구에게나 그랬던 것처럼 나를 포옹으로 맞아주었다. 갈랴는 언제나 손님을 행복하게 맞이했다.

그녀는 나를 위해 의자를 끌어다주고는 자신은 낮은 널빤지에 앉아 무릎을 아래로 접어 넣었다. 내 질문들을 명쾌하게 듣고 나서 갈랴는 한 세기를 살면서 자신이 겪은 바를 온전히 표현할 수 없음에 손사래를 치면서 대답했다.

나는 갈랴의 고집에 매료되었다. 키예프에서 잠깐 머물렀던 기간을 제외하고, 그녀는 이 마을에서만 거의 100년을 살았다. 이처럼 한 장소를 고수하는 모습은 프리퍄티 습지대를 둘러싼 땅들에 새겨진 폭력적인 역사를 고려하기 전까지는 그리 대단한 일로 들리지 않을 것이다. 1918년에 갈랴가 태어났을 때 습지대는 무려 16만 7,000제곱킬로미터나 뻗은 우묵한 그릇 모양의 늪지에 17개의 강과 하천이 서로 얽히며 만나는, 광활하고 물로 가득한 풍경이었다.[1] 홍수가 나면 연중 수개월간 지나갈 수 없는 땅이 되었다. 수렁과 유사를 어떻게 피하면서 길을 찾아야 하는지 모르는 외부인들에게 특히 그러했다. 거대한 늪지는 침략자들을 어리둥절하게 만들고 기병대와 탱크의 기동을 둔화시켰다. 이 때문에 1차 세계대전, 러시아 내전, 집산화를 두고 벌어진 농민들의 전쟁, 2차 세계대전 등 20세기의 중요한 전쟁들은 프리퍄티 습지대의 가장자리에서 교착상태에 빠져들었다.

나는 갈랴에게 인생사를 들려달라고 세 번 부탁했다. 그때마다 그녀는 폴레시아 사투리로 거의 똑같은 이야기를 내게 들려주었다. 그녀의 인생사를 반복해서 듣던 어느 날, 마치 내가 그녀의 시골집 위를 떠다니며 평평하면서도 광활한 습지대를 조사하는 것처럼 공중으로 부양하는 느낌을 받았다. 상상이 점점 고조되면서 일전에 문서고와 도서관에서 읽었던 내용들과 뒤섞였다. 아래로 드니프로강의 급하게 굽이진 곳에 옹송그리며 모인 네단치치 마을이 눈에 들어왔다. 전시戰時 정찰사진의 관점에서 봤을 때, 강은 물줄기가 힘차게 흐르면서 굽이져 있어서 단일한 동맥이라기보다는 재빠르게 움직이는 모세관으로 구성된 수력 연계망처럼 보였다.[2]

갈랴의 목소리를 타고 그녀의 인생이 내 앞에 띄엄띄엄 펼쳐졌다. 1차 세계대전이 끝난 지 10년이 지났어도 여전히 알아볼 수 있는 제정 러시아 군대가 판 참호의 잔여물, 가시철조망으로 얽히고설킨 전략적 구릉들, 모래 제방에 그대로 드러난 백골들 사이를 오가며 일상의 허드렛일을 하던 1920년대의 꼬마 갈랴가 보였다.[3] 어린 갈랴는 아침 일찍 일어나 작은 우리의 가축을 돌봤다. 아침의 찬 공기가 가시지 않았으나 그녀는 정원으로 나가 괭이질을 하고 씨를 뿌리고 잡초를 뽑았다. 농장에서 일하는 다른 아이들과 마찬가지로 그녀 또한 빨리 성숙해졌다. 그녀는 놀라울 정도로 먼 거리에 있는 숲속을 들락날락했다. 송아지를 강기슭으로 몰아 말뚝에 매어놓고, 시큼한 나물국을 끓이기 위해 풀로 가득한 얕은 물에서 나물을 찾는 그녀의 모습이 그려진다. 다른 아이들이 더러 그녀와 함께했다. 시간이 지나면서 그녀는 점차 혼자 다녔다. 갈랴의 긴 여정은 목초지에서 집으로, 숲에서 집으로, 강에서 도시에서 마을 광장에서 집으로, 계절별로 조금씩 바뀌긴 했지만 한 세기 동안 확고부동하게 지속되었다. 무수히 많은 계절이 바뀌고 강산이 여러 번 변하는 동안에도 그녀의 답사는 놀라울 정도로 견고하게 제자리를 지켰다. 바뀐 것은 그녀 주변의 모든 환경이었다.

러시아 내전에서 백군Whites은 남쪽에서부터 치고 올라오면서 오합지졸이나 다름없던 볼셰비키 군대와 싸웠다. 백군은 밀고 들어와 주둔지를 마련하고 식량, 가축, 신체를 징발했다. 갈랴 등 어린이들은 집밖으로 쉽사리 나올 수 없었다. 그러는 동안 군인들이 물러갔다. 10년 후인 1932~1933년의 대기근 동안 수척해진 갈랴는 먼 길을 천천히 터덜터덜 걸어 빵집에 도착했다. "유대인" 여성이 갈랴의 가족을 위해 빵세 덩이를 몰래 챙겨주었다. 집으로 걸어 돌아오면서 갈랴는 그중 한 덩이를 몰래 걸신들린 것처럼 먹었다. 그녀는 강산이 여덟 번 바뀐 뒤에도 여전히 자신이 먹은 그때의 한 덩이 빵을 두고 양심의 가책을 느꼈다.

이후 십대가 된 그녀는 마을 광장에서 팔을 들어올려 춤을 추고 손을 엉덩이에 가져다 댔다. 한 젊은 남성이 그녀의 곁에 나타났고, 모래 제방 위에서 그들의 팔다리가 얽혀들었다. 결혼한 지 1년 만에 남편은 붉은 군대에 징집되어 2차 세계대전의 전선으로 떠났다. 갈랴는 시부모와 남았다. 어느 날, 탱크의 으르렁거리는 소리가 새가 지저귀는 평화를 깨고 들어왔다. 검은 제복을 한 독일인 장교가 여성과 어린이들에게 마을 광장으로 모이라고 명령했다. 그들은 거친 손길로 수색 당했다. 숲에서는 총성이 울려퍼졌다.

이후 독일인들은 마을을 불태웠다. 갈랴는 아장아장 걷는 아기를 끌어안은 채 연기가 나는 마을의 잔해 위에 서 있었다. 해방과 함께 붉은 군대의 조사관들이 도착했다. 그들은 질문을 던지고 기록했다. 전쟁이 끝난 상황임에도 사람들은 전쟁 기간 동안 그랬던 것처럼 광장의 기둥들 사이에 매달려야 했다. 갈랴는 서신을 통해 남편이 전투 중에 사망했음을 알게 되었다. 그 이후로 그녀에게는 다른 두 명의 "바깥양반"이 있었으나 그녀가 사랑한 이는 오직 그뿐이었다고 말했다.

전쟁이 끝나고 마침내 마을에 고요가 찾아왔다. 갈랴의 마을을 찍은 전시 정찰사진을 보면 하천의 힘은 고분고분한 지형 위에서 붓으로 그림을 그리는 것처럼 작용하고 있었다. 풍경은 다듬어지지 않은 채 날것 그대로 펼쳐져 있는 반 고흐의 밤하늘처럼 소용돌이쳤다. 10년 만에 탱크가 불도저로 개조되어 돌아왔다. 건설 노동자들은 불타버린 마을의 잿더미 위에 전원 지역을 다시 정비하여 계절성 홍수의 일진일퇴에 더 이상 취약하지 않게 만들었다. 마법의 기계들이 마치 양탄자를 곧게 펴는 손이라도 된 듯 거리를 줄였고 지형을 개조했다. 인부들은 굽이진 강들을 만반의 준비를 갖춘 콘크리트 댐을 향해 일직선으로 흐르는 운하 쪽으로 끌어들였다. 운하들은 수렁 지대에서 물을 빼냈다. 새로이 테를 두른 수로에는 더 이상 대형 철갑상어가 나타나지 않았다. 양식 품종이 자연산 물고기들을 대체했다. 지하수면은 낮아졌다. 연간 홍수 또한 줄어들었다. 소비에트 개혁가들이 수고를 기울임으로써, 프리퍄티 습지대의 야생적 표현주의는 직사각형 모양들 위에 정사각형 판들이 포개진, 말레비치Malevich의 제어된 기하학적 추상미술로 변모되었다.

그리고 갈랴는 여전히 그곳에 있었다. 그녀는 이제 중년이 되어 시장으로 걸어가고 있었다. 그녀 주변으로 집단농장이 길게 늘어져 과거 습지대였던 곳을 덮어버렸다. 목초지에는 수천 마리의 젖소와 양, 돼지와 염소가 들어섰다. 학교, 집회소, 사무실, 상점 등 단단한 벽돌 건축물이 만들어졌다. "계획 농업"은 농화학 서비스 덕분에 호시절을 누렸다. 해바라기, 옥수수, 유채 씨와 같은 새로운 작물들이 무기물이 부족한 모래 토양에서 싹을 틔었다. 질산염과 인산염을 풍부하게 머금은 식물들이 이전에 그랬던 적이 없던 것처럼 태양을 향해 자랐지만 동시에 곰팡이와 곤충들도 성장했다. 비행기들이 좋은 냄새가 나는 커다란 DDT 구름을 좇아 서둘러 날았다. 소형차와 버스들이 갓 다듬어진 자갈길 위를 달렸다.[4]

갈랴는 거의 항상 맨발로 걷고 있었다. 세월이 흐르면서 그녀는 약초와 식용 나물을 캐기 위해 더 멀리까지 나섰고, 둑과 운하의 연계망에 의해 말라버린 땅 위에서 물을 좋아하는 식물들을 찾는 데 더욱 큰 어려움을 겪었다.[5] 늪지대에 넘쳐나던 새들의 수 또한 줄어들었다. 새롭게 지어진 둑 근처에는 질산염이 농축된 물을 양분 삼아 왕성히 자라는 얇은 녹조의 막이 갈색의 감수를 덮고 있었다. 한여름이 전성기인 황야는 말라서 햇빛에 그을린 구릿빛으로 바뀌었다. 산불이 소나무와 자작나무 임분林分을 휩쓸었다. 불바다가 지나간 곳에는 모래사막만이 남았다.

갈랴의 마을에서 서남쪽으로 40킬로미터 떨어진 곳에 거대한 건설 현장이 들어섰다. 인부들은 지난 10년 동안 땀 흘려 일하면서 500여 에이커의 늪지에서 추가적으로 물을 빼냈다. 그들은 철판 성벽으로 둘러싸인 매립지 위에 기념비적인 콘크리트 벽돌들을 쌓아올렸다. 건축가들은 땅을 파면서 탄피, 수류탄, 그리고 2차 세계대전에서 사망한 장교 세 명의 유해를 발굴했다.

마침내 엄청나게 거대한 모래시계탑에서 고온 증기가 승리를 축하하듯 힘차게 쏟아져 나왔다. 고층 아파트 건물과 이국적인 꽃으로 장식한 넓고 곧은 대로를 갖춘 그 도시는 체르노빌 원자력발전소 바로 옆에 모습을 갖췄다. 폴레시아인들은 이전에 그런 종류의 도시를 전혀 본 적이 없었다. 버스들은 마치 모형 기차처럼 거리를 오르내리며 멋지게 움직였다. 진흙도, 가시도, 질퍽질퍽한 땅도 없었다. 사람들은 매일 신발을 신고 나들이옷을 입었다. 프리퍄티의 한 도서관 회의에서 팔에 아우슈비츠 문신을 새긴 여성이 다음과 같이 말했다. "우리는 최초의 원자력 발전소를 지었습니다. 그것은 우리에게 행복과 아름다움을 가져다주었고, 더 이상 사이렌 소리도 어린이들의 비명도 들리지 않게 했습니다."[6]

체르노빌 발전소 옆에 지어진 도시는 10년 동안만 존재했다. 어느 따뜻한 봄밤 늦게, 땅이 마구 흔들렸고 마른하늘에서 날벼락이 쳤다. 체르노빌이 터지면서 세상이 잠시나마 멈췄을 수도 있었다. 하지만 그렇지 않았다. 불꽃이 수평선을 환하게 밝히는 동안에도 낚시꾼들은 낚싯줄을 냉각지*에 드리웠다. 그날 아침 양치기들은 가축의 등을 지팡이로 찔러대면서 목초지로 이끌고 갔다. 동물들은 달콤한 봄풀을 게걸스럽게 뜯었다.

사고가 터진 지 2주가 지나서 병사들이 도착했다. 갈랴의 마을은 사람들이 남을 수 있을 정도로 깨끗하다고 여겨졌으나, 지휘관은 인근 마을의 농부들에게 짐을 싸라고 명령했다. 그들은 집에서 치는 젖소와 염소를 우리로 몰아넣은 뒤 쏘기 시작했다.[7] 모두가 울었다. 병사들, 눈물들, 짐이 잔뜩 실린 수레들은 마을 사람들에게 전쟁을 떠올리게 했다.

그 후 몇 년 동안 갈랴 주변의 네단치치 마을은 파탄나기 시작했다. 젊은 부부는 짐을 싸서 떠났다. 곧이어 다른 부부도 떠났다. 관리인은 마을 학교의 문을 닫았다. 진료소의 직원들은 낡은 차 짐칸에 서류철을 잔뜩 싣고는 그대로 차를 몰아 떠났다. 갈랴와 몇몇 이웃 어르신들만 이전처럼 집에서 정원으로, 정원에서 목초지로, 숲속으로 드나들었다.

❖ 냉각지cooling pond는 한 번 사용한 냉각수의 온도를 낮추기 위해 설치하는 못을 말한다.

갈랴가 말을 멈추자 내 상상은 다시 지상으로, 모여드는 황혼을 피해 우리가 자리를 옮겼던 어두운 부엌으로 돌아왔다. 많은 관찰자들에게 그녀의 장수는 방사선이 인체에 그렇게 나쁘지는 않다는 사실을 증명한다. 그녀가 이를 고스란히 겪었기 때문이다. 그러나 과학자라면 한 사람의 건강 기록은 입증되지 않은 자료일 뿐이라고 말할 것이다. 20세기 우크라이나 북부에서 벌어진 칠흑 같은 폭력을 너무나 잘 알기에, 한 세기에 걸친 그녀의 참을성은 내게 기적이나 다를 바 없었다.[8]

"그 모든 걸 어떻게 하셨어요?"라고 내가 물었다. "어떻게 그 모든 것에서 살아남으셨어요?"

"살았지." 갑자기 갈랴는 반은 보이지 않는 눈으로 나를 날카롭게 바라보며 몸을 앞으로 숙였다. "살았어! 단지 살고 싶었어, 살아야지."

* * *

나 또한 황량한 숲에 서서 타이벡❖ 작업복을 입고 모기장 안에서 식은땀을 흘리며 지표 준위에서 시간당 1,000마이크로시버트를 검출해 귀청이 찢어질 정도로 딸깍거리던 가이거 계수기를 더듬거리며 끄려고 했을 때, 그저 살고 싶다는 느낌을 받았다. 당시 나는 1986년도의 폭발 이후 며칠간 방사능을 가장 많이 분출한 악명 높은 붉은 숲Red Forest에 있었다. 사고 직후 얼마 지나지 않아 방사능에 매우 민감한 소나무들이 붉게 변한 뒤 죽

❖ 타이벡Tyvek은 미국 듀폰사가 개발한 합성 고밀도 폴리에틸렌 섬유다. 가볍고 불에 잘 타지 않으며 화학물질에 내성이 강해 방사능 등에 노출되어 작업하는 특수환경용 작업복을 만드는 재료로 쓰인다.

자 붉은 숲이라는 이름이 붙었다. 지난 30년간, 사고 후 심어진 나무들은 방사성 동위원소를 흡수해 자신들의 섬유에 저장하는 정화제로 기능했다. 붉은 숲은 보통 시간당 50~100마이크로시버트에 달하는 감마선을 내뿜었다. 그런데 바로 지난 가을에 산불이 나서 숲을 쓸고 지나갔다. 산불의 뜨거운 화염은 나무의 성질을 바꿨다. 나무는 증기와 재로 변하면서 방사능을 방출했다. 이 때문에 나의 가이거 계수기가 기겁하여 뛴 것이다.[9] 나도 마찬가지로 펄쩍 뛰었다. 2000년부터 체르노빌 출입금지구역의 생태계를 연구해온 두 명의 생물학자 팀 무쏘Tim Mousseau와 안더스 뮐러Anders Møller를 따라다니면서 나는 그저 길고 진땀나던 그날 오후를 무사히 넘기고 싶었다. 우리는 두 과학자가 지난 가을 숲에 두고 온 낙엽 수거용 나일론 주머니를 회수하기 위해 붉은 숲을 찾았다.

무쏘와 뮐러는 직감을 확인하던 중이었다. 그들은 체르노빌 출입금지구역의 고도로 오염된 지역들을 도보로 지나다니다가 그들 밑으로 땅이 솟아오르고 낙엽이 유난히 깊게 쌓였음을 알아차렸다. 그들은 보통 때라면 유기물을 분해하는 미생물, 벌레, 유충, 곤충이 고준위의 방사능(즉 시간당 50마이크로시버트 초과)에서는 제 일을 잘 수행하지 못한다고 가정했다.[10] 그들은 여성용 나일론 무릎 양말 300개를 낙엽으로 채워 출입금지구역 전역에 걸쳐 방사선 준위가 네 자릿수나 다른 여러 곳에 두었다. 이듬해 봄에 나와 두 과학자는 그것들을 회수했다. 그들은 이후 자신들의 임시 연구실에서 낙엽들을 말리고 무게를 재고 낙엽 안의 방사능을 측정했다.

프리퍄티 습지대의 생태계에서 벌어지는 방사성 붕괴에 관해 더욱 많이 알고 싶었기에 나는 과학자들의 뒤를 따라다녔다. 두 생물학자는 체르노빌 출입금지구역을 살아 있는 연구실로 활용했다. 무쏘와 묄러는 출입금지구역이 지구상에서 동일한 방사선을 내뿜는 오염 지역이 아니라는 점이 바로 그곳에서 수행하는 연구의 장점이라고 주장한다. 체르노빌 구름은 출입금지구역 내의 몇몇 지역을 지나쳤는데, 오늘날 그곳에선 낮은 수준의 자연방사선만 검출된다. 반면 붉은 숲과 같은 다른 지역들은 신체가 오래 머물러서는 안 될 정도로 방사능이 극도로 활발하다.

무쏘와 묄러는 체르노빌 관련 연구 주제를 살피고 실험실 내에서 주로 작업하는 기존의 대다수 서구 과학자들과는 다른 방식으로 자신들만의 연구를 시작했다. 그들은 생물 유기체가 인위적 전리 방사선에 노출될 때 야생에서는 무슨 일이 일어나는지를 알고자 했다. 이 간단한 문제에 답하기는 무척이나 힘들다. 풍경을 비롯해 생쥐, 들쥐, 새, 곤충의 신체 내부에는 헤아릴 수 없을 정도로 다양한 차이가 존재하기 때문이다.[11] 많은 수의 현장 과학자들은 예컨대 개미나 제비처럼 하나의 생물만을 탐구한다. 가시 범위를 좁힘으로써 그들은 자연 서식지와 유전학이 제공하는 실로 다양한 변수들에 대한 설명을 시도할 수 있다. 이와 대조적으로 무쏘와 묄러는 세고 잴 수 있는 거의 모든 것 중에서 자신들의 시야에 불현듯 들어오는 것들에 관심이 있다. 체르노빌 도시 내부의 한 고택에 자리한 그들의 현장 연구실은 응접실에 있는 우리에 갇힌 생쥐, 노후 냉장고 안의 냉동된 나비, 복도에 쌓인 버섯들, 곰팡이 견본들, 잘린 나무 고갱이, 현관 위의 무척추동물 수집품들로 인해 무척이나 어수선하다. 두 과학자는 무언가 이상한 점을 발견하면 자신들의 관찰을 입증되지 않은 이야기 이상의 것으로 만들기 위해 연구하기 시작했다. 인류학자 애나 칭Anna Tsing의 말을 빌리자면, 무쏘와 묄러는 관찰의 기예를 완성하려고 애쓰는 것처럼 보인다.[12]

처음으로 체르노빌 출입금지구역 내의 숲에 첫발을 디뎠던 2000년, 무쏘는 무언가 이상한 점을 눈치 채고 무척 놀랐다. 자신의 얼굴이 깨끗했던 것이다. 그는 얼굴에서 거미줄을 떨쳐내지 않았다. 거미는 보통 길을 가로지르는 나무들 사이에 거미줄을 쳐서 그 아래를 걸어 지나가는 사람의 얼굴이 끈끈한 거미줄투성이가 되도록 한다. 왜 거미줄이 없었을까? 무쏘는 적극적으로 거미를 찾아보았으나 고작 몇 마리만 발견할 수 있었다. 그와 묄러가 선상측정腺狀測定을 통해 700개의 장소에서 3년에 걸쳐 공식적으로 측정한 결과, 그들은 저준위의 방사능 수치(일반적인 수준보다 100배 높은 수준)에서 거미의 수가 현저하게 감소한다는 것을 발견했다.[13]

다음으로 두 과학자는 초파리를 찾아 나섰다. 초파리는 유전학자와 진화생물학자에게 황금알을 낳는 거위와도 같다. 초파리는 거대 염색체를 가지고 있고 빠르게 번식하기 때문에 유전자 돌연변이를 추적하기에 안성맞춤이다. 체르노빌 출입금지구역 내에서 두 과학자들은 초파리를 찾는 데 애를 먹었다. 그것 또한 아주 놀라운 일이었다. 대부분의 사람들은 여름철 부엌에서 초파리를 쫓아내는 데 어려움을 겪는다. 초파리는 과일을 먹고 산다. 무쏘와 묄러는 고도로 오염된 구역 내의 사과, 배, 마가목, 찔레 같은 과일나무에서 과일이 훨씬 덜 열렸음을 발견했다. 생물학자는 이를 의아하게 여겨 꽃을 수정시키는 꽃가루 매개체를 찾아보았다. 그들은 소수의 벌, 나비, 잠자리만을 찾을 수 있었다.[14] 그들은 곤충이 알을 까는 곳이 토양인데, 그곳에 방사능이 분출되어 꽃가루 매개체들이 전부 죽었음을 깨달았다. 출입금지구역 주변의 898곳을 점검한 결과, 그들은 평균치에 비해 3분의 1밖에 안 되는 호박벌과 평균치의 절반에 불과한 나비를 발견했다. 꽃가루 매개체 수가 적다는 것은 과일나무에 달리는 열매들이 감소한다는 것을 의미했다. 열매가 줄면서 그 열매를 먹는 개똥지빠귀와 휘파람새 같은 새들이 통계적으로 악화되었고 개체 수가 줄어들었다.[15] 결국 과일을 주로 먹는 동물들이 씨를 퍼뜨리는 역할을 맡게 되었다. 과일을 먹는 동물 또한 감소하자 뿌리를 내리고 성장하는 과일나무와 관목의 수는 더욱 줄어들었다. 이런 상황이 계속 이어졌다. 그들은 폭발한 발전소를 중심으로 반경 15킬로미터의 원 안에 위치한 19개의 마을을 조사했고, 1986년 폭발 이후 20년 동안 두 그루의 사과나무만이 씨를 맺었음을 발견했다. 그 두 그루의 나무는 폭포처럼 펼쳐진 멸종이 종착점을 향해 나아가고 있다는 증거였다. 작고 날개 달린 생물 가운데 몇 종류가 처한 위험이 생태계 전반의 위협으로 확대되었다.

　초파리가 없다는 것을 알아차린 무쏘는 "침묵의 봄"을 맞았다. 레이첼 카슨Rachel Carson의 1961년도 화제작 《침묵의 봄Silent Spring》은 보통 교외의 곤충들을 죽이기 위해 뿌려진 DDT가 미국 전역의 지역사회에서 야생동물들, 특히 조류의 씨를 말렸음을 입증한 책이다. 카슨은 서문에서 어느 날 우거진 워싱턴 DC 교외의 새들이 울지 않고 있다는 사실을 눈치 챘다고 썼다. 이 단순한 관찰 행위는 그녀로 하여금 답을 탐구하게 만들었고, 그 탐구는 카슨이 미국 환경운동에 영감을 불어넣은 중대한 문헌을 쓰도록 이끌었다.[16]

다른 여정에서 나는 핀란드의 한 대학에서 파견된 단체가 포함된 생물학자 연구진을 관찰했다. 그들이 출입금지구역 안의 여러 곳에 놓아둔 덫을 통해 들쥐를 잡아 연구했기 때문이다. 과학자들은 생쥐 같은 동물을 잡아 수치와 무게를 잰 후 감마선 분광계를 통해 그것들의 몸에서 뿜어져 나오는 세슘-137 수치를 기록했다. 이후 그들은 설치류에 완두 크기의 수정으로 된 감마 계수기를 달아주고는 발견한 곳에 놓아주었다.

들쥐를 집으로 데려오기 위해 출입금지구역 주변으로 차를 타고 가는 동안, 나는 대략적인 방사선 수치를 계산하고 이를 가이거 계수기와 맞춰봄으로써 핵 이후의 풍경을 읽는 법을 연습했다. 그것은 일종의 놀이가 되었다. 그 놀이가 사람을 의기소침하게 하는 놀이라면 말이다. 우리는 체르노빌의 한 마을에서 임시방편으로 마련한 호텔에 머물렀다. 그 마을의 새들은 6월이 되면 새벽 3시부터 울기 시작하다가 동틀녘에 이르러서는 소란스러운 일제사격 수준으로 지저귐의 총량과 강도를 높였다(최악의 방사성 구름이 도시를 우회했고 제독 작업이 방사능을 낮은 수준으로 유지시켰기 때문에 노동자들은 출입금지구역에서 작업하는 동안 그곳에서 교대로 거주할 수 있었다). 우리가 들쥐를 놓아준 다른 곳에서 나는 새소리를 듣기 위해 귀를 기울였으나 정작 들은 것은 대답 없는 약간의 날카로운 외침소리뿐이었다. 나는 상대적으로 높은 방사성 붕괴율(시간당 30~40마이크로시버트)을 찾기 위해 계수기를 점검하곤 했다. 숲을 이루는 나무는 장소마다 달랐다. 소나무는 특히 방사성 붕괴에 취약했다. 방사능이 시간당 40마이크로시버트 또는 그보다 높게 측정된 장소에서 소나무는 거의 자라지 못했다. 소나무가 자랐을 경우, 그것들은 대개 돌연변이를 일으키는 경향이 있었다.

붉은 숲에서 새롭게 자라난 나무의 대부분은 자작나무의 형태를 띠고 있었다. 자작나무는 매년 잎이 질 때마다 방사능을 배출하기 때문에 소나무보다 잘 자란다. 뿌리를 내린 소나무는 보통 판목재용으로 키우는 곧고 키가 큰 나무보다는 관목에 가까웠다. 붉은 숲의 바닥에는 초목이라곤 거의 없었고, 부패하는 냄새를 풍기는 일반적인 숲의 냄새 또한 나지 않았다. 지면에는 부패되지 않은 솔잎과 낙엽이 흩뿌려져 있었다. 부패 과정을 주도하는 미생물, 곰팡이, 곤충도 오염의 영향을 받았기 때문이다. 무쏘와 묄러는 사고가 터진 지 20년이 지났음에도 붉은 숲의 나무들이 거의 부패하지 않았다는 점에 주목했다.[17] 죽음에서 삶으로의 부패는 삼림학의 기본적인 원칙이지만, 붉은 숲에서는 이 원칙이 작동하지 않았다. 물리학자들은 지난 100년 동안 몇 초와 몇 년처럼 확고히 증가하는 것으로 측정된 시간 개념이 인간이 생각해낸 구성물에 불과하고, 실제로 시간은 예측할 수 없는 여러 방식으로 늘어나거나 줄어든다고 말해왔다. 만일 립 반 윙클Rip Van Winkle✦이 붉은 숲에서 잠들었다가 20년 후에 깨어났다면, 그는 얼마나 시간이 지났는지 도무지 알 수 없었을 것이다. 흔히 역사가들은 과거를 재생하기 위해 과거를 정지 화면에 가두려고 한다. 나는 시간이 거의 멈춘 곳을 찾게 되어 기뻤어야 했다. 하지만 그 장소는 나를 두려움이라는 감정으로 가득 채웠다.

✦ 미국의 수필가이자 소설가인 워싱턴 어빙Washington Irving이 1819년에 쓴 단편의 제목이자 주인공의 이름이다. 식민지기 미국(1607~1775)에 살던 네덜란드계 미국인인 립 반 윙클이 캐츠킬 산맥Catskill Mountains을 여행하다가 잠이 들었고, 20년 후에 깨어나 미국혁명을 뒤늦게 알게 되었다는 것이 단편의 요지다.

우리가 두 번째 방생 지점으로 들쥐를 데려가기 위해 숲에 발을 내딛자 선량계는 시간당 30~35마이크로시버트에서 시간당 42마이크로시버트로 올라가면서 내게 경종을 울렸다. 현재의 방사선 기준으로 봤을 때 내가 그 지점에 몇 달 있거나, 그곳에서 먹고 마시거나, 곤충과 들쥐가 그랬던 것처럼 땅속을 파고 들어가지 않는 이상, 비교적 위험하지 않다는 것을 알고는 있었다. 하지만 그곳이 "방사능" 숲이라는 사실을 알고 있어 숲속을 걷는 느낌이 그다지 좋지는 않았다.

우리를 뒤집자 겁에 질린 들쥐들이 우리를 향해 돌진했다. 새끼 몇 마리를 달고 있던 들쥐 한 마리가 우리 안의 건초를 가져다가 보금자리를 만들기 위해 재빠르게 움직였다. 나를 포함한 일행은 들쥐가 새끼들을 포기하지 않도록 우리를 뒤쪽에 그대로 둔 뒤 도로 쪽으로 돌아왔다. 도로에서는 선량계의 측정치가 절반으로 떨어졌다. 방사성 핵종은 일부 생물 유기체에 응축되기 때문에 초목과 식물이 우거질수록 방사능 수치 또한 높다. 일상과는 대조적으로, 출입금지구역 내의 아스팔트는 조용한 숲보다 훨씬 더 안전했다.

일부 생물학자들은 무쏘와 묄러의 작업에 비판적이다. 두 과학자가 자신들의 실험에 이중맹검법*을 쓰지 않는다고 직접 말했기 때문이다. 이중맹검법은 연구자들에게 실험을 실시하는 동안 그들의 행동에 영향을 끼칠 수 있는 정보를 일절 배제할 것을 요구한다. 체르노빌 출입금지구역 내의 과학자들은 자신들이 방사성의 풍경 안에 존재한다는 사실을 분명하게 인지

* 이중맹검법double-blind trial은 진짜 약과 가짜 약을 피검자에게 무작위로 주고, 효과를 판정하는 의사에게도 진짜와 가짜를 알리지 않고 시험함으로써 약의 효과를 객관적으로 판정하는 방법이다.

하고 있다. 이 때문에 비판자들은, 그 과학자들이 생물 유기체에 미치는 방사능의 영향에 관해 자신들이 기존에 가지고 있던 생각을 입증해주는 증거를 찾는다고 말한다. 예컨대 딸깍거리는 소리를 내는 감지기는 나의 소란스러움에 영향을 끼칠 수 있고, 이는 왜곡된 연구 결과로 나타날 수 있다. 무쏘는 출입금지구역 안의 오염도가 지닌 얼룩덜룩한 성질을 지적함으로써 이 비난에 답한다. 실험자에게 그들이 체르노빌 출입금지구역에 있다는 사실을 모르게 하는 것도 불가능한 일이지만, 한 번 그곳에 들어서면 과학자들은 선량계가 일러주기 전까지는 그들을 둘러싸고 있는 지역의 방사선 정도에 관해서는 무지할 수밖에 없다고 그는 지적한다. 무쏘와 묄러는 모르는 상태에서 정보를 모으는 실험들도 설계했다. 예를 들어, 그들은 먼저 나비나 새의 개체 수를 세는 조사를 마치고 나서야 비로소 방사능 수치를 측정한다. 두 번째 생물학자 역시 방사능 수치를 모르는 상태에서 두 번째로 개체 수를 센 뒤 이를 첫 번째 조사 결과와 대조한다. 그들은 자신들의 과학이 타당하다고 믿는다. 묄러는 "새의 개채 수를 조사하는 일에 고도의 지능이 요구되지는 않습니다"라고 언급했다. "잘못될 가능성이 그리 높지는 않아요. 유럽에서 수많은 사람들이 이를 수십 년 동안 수행했거든요. 우리가 아주 많은 수의 연구들로부터 이 방법론의 유효성을 확보한 셈이죠."[18]

나는 1980년대 소비에트 문서고에서 무쏘와 묄러를 떠올리게 하는 과학적 연구를 발견했다. 모길료프주의 산개구리에게서 대조군보다 6배에서 19배 더 빈번한 세포 이상이 발생했다. 가축들에게서는 빈혈증, 고혈압, 폐질환, 갑상선과민증 등이 발병했다.[19] 동물과 곤충들은 출산율 저하에 시달렸고, 태어난 새끼도 선천적 기형인 경우가 많았다. 우크라이나 과학자들은 곡물의 씨앗이 방사선 알파 활동을 제한하고, 다양한 나무에서 형태학적 변화가 일어난 사실을 발견했다. 그들이 발견한 바에 따르면, 식물은 토양 내 방사성핵종 증가 수준에 대한 내성이 약했다.[20]

이러한 배경적 근거에도 불구하고, 무쏘·묄러와 경쟁하던 과학자들은 그들의 결과에 이의를 제기했다. 경쟁자들은 두 과학자가 유전적 다양성을 고려하지 않았고, 자신들의 연구 결과를 다양한 수준의 방사능과 관련시키려면 더욱 많은 방사선 측정치가 필요하다고 주장했다.[21] 두 생물학자는 비판자들에게 답하기 위해 자신들의 연구를 조정했고 작업을 계속했다. 그들은 수십 편의 논문을 발표했다. 그들의 방대한 연구는 한때 그들에게 비판적이었던 과학자들의 견해마저 변화시켰다.[22]

그러나 무쏘와 묄러의 연구 결과에도 불구하고, 인위적 재난이 터진 이후 자연이 스스로 바로잡는다는 생각은 너무나 매혹적이어서 과학자와 기자들은 10년 정도마다 주기적으로 이 같은 생각을 반복하곤 한다. 2015년 물리학자 제임스 스미스James Smith는 체르노빌 출입금지구역 내 야생동물의 개체 수가 풍부하다는 사실을 장기 전수조사자료를 통해 밝힌 짧은 서한을 발표하면서 대서특필되었다.[23] 이야기는 입소문을 타고 삽시간에 퍼졌다. 주요 언론사는 학술잡지에 실린 스미스의 두 쪽짜리 서한을 집어 들어 재포장했다. 몇 주 동안 스미스는 언론의 총아가 되었다. 기자들은 "번성하는 체르노빌 출입금지구역"이라는 기사를 써서 무쏘와 묄러가 제시한 우울한 상황과 겨루게 했다.

나는 제임스 스미스에게 연락을 취해 출입금지구역으로의 다음 여정에 내가 따라갈 수 있는지 물었다. 스미스는 전에는 체르노빌 출입금지구역으로의 여정을 수차례 가졌으나, 가까운 시일 내에는 방문할 계획이 없다고 답했다. 그는 작업의 상당한 부분을 그의 책상에서 할 수 있었다. 벨라루스 연구자들이 수집했거나 카메라 덫에서 확보된 데이터와 그의 조교들이 출입금지구역 주변에서 확보한 데이터를 가지고 자신의 책상에서 연구를 수행했다. 그래서 나는 플로리다에서 열린 한 학술대회에서 물리학자로서의 훈련을 받은 스미스와 만났다. 나는 그에게 내가 문서고에서 찾아낸 기록들에 관해 물었다. 스미스는 방사능 수치에 관해 내게 반복해서 물었다. 그 숫자들을 가지고 그는 방사능이 초목과 동물들에게 끼친 피해에 관해 추론할 수 있었다. 그는 출입금지구역으로 갈 필요가 없었다. 방사능 수치들과 결합된 컴퓨터 연구는 그가 알아야 했던 것을 말해주었다.[24]

무쏘와 묄러에게 출입금지구역이 번창하고 있는지에 관한 논쟁은 재고할 가치가 전혀 없는 생각에 불과하다. 무쏘는 "우리가 뒤집어본 모든 돌멩이에서 피해가 발견됐거든요"라고 말했다. 그러한 증거는 출입금지구역의 생태계에, 생쥐의 몸 안에, 숲의 바닥에 떨어진 낙엽에, 그들이 잡은 제비의 시야를 흐리게 한 종양에 아로새겨져 있다. 묄러는 체르노빌에서 연구를 진행한 20년 동안, 소수의 과학자들만 마주쳤다고 밝혔다. 이 작업은 벌레에 물리는 것이 일상이고 반복적이며 건강에 유해하다. 이 때문에 많은 과학자들이 기꺼이 하려고 하지는 않았을 것이다.

무쏘와 묄러는 인간 이후의 풍경에 남겨진 과학, 즉 따분하고 위험하지만 또 그만큼 창의적이고 활기찬 과학을 수행하는 중이다. 그들이 새로운 형태의 생태학적 읽고 쓰는 능력을 고안함에 따라, 그들의 "살아 있는 실험실"은 20세기에 정신없는 속도로 유통된 중금속, 화학 독소, 방사성 폐기물이 침전된 잔재가 되었다.

한편, 갈랴는 폭풍우로 점철된 인생을 뗏목 한 채로 살아남은 생존자였다. 2017년 12월 별세하기 전까지 그녀는 여전히 토착 사투리로 말하면서 지역의 숲과 늪지에 서린 지식을 갖춘 네 명의 마을 생존자 중 한 명이었다. 땅에 굳건히 서 있던 그녀의 모습은 적응하고 감내하는 그녀의 개인적인 역량을 증명한다. 동시에 갈랴의 구부정한 모습은 기술적 완벽성과 국가 안보라는 환상에서 비롯된 폭력에 의해 나가떨어진 그녀 주변의 사람들을 상기시킨다.

체르노빌
거대가속*

진눈깨비가 차를 마구 두드렸다. 트럭은 진흙을 흩뿌리며 요란스럽게
달렸다. 알렉산드르 코모프Aleksandr Komov는 몇 초 동안 앞이 보이지
않는 상태로 운전했다. 북북거리는 창닦개가 전면유리에 작은 틈을 만
들기 위해 안간힘을 썼다. 사고 이후 3년 동안, 그는 리브네시에서 북쪽
으로 차를 네 시간 몰아 우크라이나 북부의 질퍽질퍽하고 나무가 우거
진 지역으로 가는 여정을 반복했다. 코모프는 1986년에서 1990년까지
체르노빌 서쪽 300킬로미터 지역에 위치한 리브네주의 방사능 수치 측
정을 총괄하는 책임자였다. 그 일 가운데 일부는 일급비밀이었다. 사고
이후 몇 달 동안, 그의 연구진은 측정치를 기록했고 고주파 통신을 이
용해 키예프로 하루 두 번 보고했다.[1] 보안상의 이유로 방사능에 관한
데이터를 해당 지역에 보관할 수 없었기 때문에 보고서 원문도 첨부해
야 했다.

나는 코모프를 만나러 갔다. 그가 프리퍄티 습지대의 환경적 특징이 체르노빌 재난을 어떻게 확대시켰는지에 관해 대부분의 사람들보다 먼저 이해했기 때문이다. 그는 질퍽거리고 무기물이 적은 습지대에서 일반적이고 표준화된 추정 선량 계산은 헛수고에 불과하다는 경종을 울린 최초의 인물이었다. 내가 이 책을 준비하면서 마주친 대부분의 평범한 주인공들처럼, 코모프 또한 원칙에 입각하여 불복종을 수행할 만반의 준비가 되어 있었다. 그는 두 장이 아닌 네 장의 등사지를 사용해 보고서를 작성했다. 그는 자신과 상관을 위해 방사선 기록을 추가적으로 복사하는 방식으로 규칙을 위반했다. 그는 수치를 기입한 작은 주황색 학교 공책을 내게 보여주었다. 윗부분에 누군가가 휘갈겨 쓴 "대외비"라는 단어가 보였다.

공책을 내게 건네면서 그는 웃었다. "여기가 아직 소련이었다면 나는 당신에게 이걸 보여드리지 못했을 겁니다." 나는 그 기록을 훑어보았다. 일일 기록은 방사능 수준이 사고 직후 며칠간 올라가다가 짧은 반감기를 가진 아이오딘-131이 붕괴하면서 낮아졌음을 보여주었다.[2]

코모프는 내게 다음과 같이 설명했다. "그들은 제곱킬

❖ 거대가속Great Acceleration이란 지구와 생물권biosphere에 인간이 가하는 충격의 속도가 빨라지고 빈도가 잦아짐을 일컫는 말이다. 거대가속이 개시된 시기는 논자마다 다르게 보지만, 인위적인 활동으로 인해 지구와 환경의 변화(예컨대, 냉장고나 에어컨의 냉매 사용에 의한 오존층Ozone layer의 감소)가 급속하게 일어난다는 점이 핵심이다. 지질학과 생태학에서 쓰이기 시작해 지금은 환경사 분과에서도 주요한 쟁점으로 거듭난 인류세Anthropocene의 시작과 관련해서도 거론되는 개념이다. 더 많은 정보는 J. R. MCneill and Peter Engelke, *The Great Acceleration: An Environmental History of the Anthropocene Since 1945*(Cambridge: Belknap Press of Harvard University Press, 2016)를 참조하라. 같은 책은 이리에 아키라 엮음, 이동기·조행복·전지현 옮김, 《하버드 C. H. 베크 세계사 1945 이후: 서로 의존하는 세계》, 민음사, 2018의 3부에 국역되어 실렸다.

로미터당 15퀴리를 초과하는 세슘-137이 검출되는 지역에 살던 사람들에게 보조금을 지급하는 법률을 통과시켰습니다. 우리는 그 정도 수준의 방사능에 노출되지 않았어요." 그는 공책을 가리키면서 말했다. "우리가 본 최대치는 10퀴리 정도였고, 대개는 2 또는 3퀴리였답니다."

코모프는 습지대와 접하고 있던 폴레시아 농촌 지역사회를 방문했다. 폴레시아 지역 주민들은 대개 오순절파 교도들Pentecostalists이었다. 그들은 자녀가 최소 10명 이상인 대가족을 이루고 살았다. 외부 사람들과 그다지 어울리지 않았고, 젖소와 돼지 몇 마리를 치고 작은 텃밭을 일구며 생활했다. 그들은 산딸기, 버섯, 물고기, 사냥감 같은 식량을 찾으러 여러 곳을 다녔다. 코모프는 가족 농장에서 짠 우유를 검사했고, 그 결과 견본 대부분이 허용 선량을 초과했음을 발견했다. 이상한 일이었다. 지역의 토양에서는 상대적으로 낮은 수준의 방사능이 검출되었는데, 어째서 우유는 80~100퍼센트가 소비하기에 너무나 오염된 상태였던 것일까?

코모프는 방사선 감시요원이 되기 위한 훈련을 받던 학생 시절에 읽은 책 한 권을 기억해냈다. 그는 도서관으로 가서 해당 책을 빌렸다. 1974년 생물물리학자 알렉산드르 마레이Aleksandr Marei는 4년간 진행한 연구 결과를 《세슘-137의 지구적 낙진과 인간Global Fallout of Cesium-137 and Man》이라는 위협적이지 않은 제목으로 펴냈다. 1966년부터 1970년까지 마레이와 그의 연구진은 프리퍄티 습지대를 탐험하며 방사성 세슘과 스트론튬을 측정했다. 소비에트 군부에 의해 검열된 이 출판물에서, 마레이는 자신들이 감지한 방사선이 미국의 핵폭탄 실험이 초래한 전 세계적 낙진에서 유래했다고 썼다. 이는 오직 진실의 일부분에 불과했다. 같은 시기 소비에트인들 또한 실험을 하고 있었다. 실제로 두 초강대국은 대기권에서의 실험을 금지한 1963년의 부분적 핵실험 금지 조약이 발효되기 직전인 1961~62년, 폭탄을 방출하는 막바지 경주를 통해 지구에 충격을 가했다. 방사성 불꽃놀이의 마지막 대단원은 눈이 튀어나올 정도의 수치인 120억 퀴리의 방사성 아이오딘을 북반구에 내뿜었고, 모든 것에, 심지어 고급 프랑스 포도주에도 흔적을 남겼다.[3] 1퀴리는 초당 370억 회의 붕괴와 동일하다. 120억 퀴리는 실로 엄청난 파괴력인 것이다.

마레이의 연구진은 프리퍄티 습지대의 질퍽질퍽하고 모래가 많은 토양이 다른 어떤 유형의 토양보다 방사성 동위원소를 먹이연쇄 내에 전파하는 데 유리하다는 사실을 발견했다. 포화상태를 지속적으로 유지하는 늪지 환경은 유기물은 풍부하지만 무기물은 빈약한 이탄질泥炭質 토양을 축적한다. 칼륨, 아이오딘, 칼슘, 나트륨을 필요로 하는 초목은 무기물처럼 보이는 방사성 스트론튬, 세슘, 아이오딘을 선뜻 받아들인다. 마레이는 습지대의 산딸기, 버섯, 허브가 토양에서 식물로 방사성 핵종을 전달하는 전이계수에서 무척 높은 측정치를 보인다는 사실을 밝혀냈다. 그의 연구진은 또한 계절성 홍수가 났을 때 홍수가 밀려든 지역에 방사성 오염 물질이 "모자이크 양상"으로 퍼진다는 사실도 발견했다. 질퍽거리는 토양이 방사성 핵종을 식물에 전달하고, 풀을 뜯는 가축들은 우유에 방사성 원소를 가득 담게 되었다. 마레이에게 그 경로는 명확했다. 물-토양-초목-동물-우유-사람 순이었던 것이다.[4]

마을 사람들에게 확인한 결과, 마레이는 늪지 거주자들의 식단이 거의 전적으로 야생 사냥감, 산딸기, 버섯, 그리고 성인 기준 하루 2리터라는 엄청난 양의 우유로만 구성됐음을 발견했다. 마을 사람들이 취식한 거의 모든 것에 인위적 방사능이 함유되었다. 마레이의 연구진은 전신 계측기를 사용해 수천 명을 검사했다. 마을 사람들은 민스크와 키예프 근교의 사람들에게서 측정된 양보다 10~30배 더 높은 양의 세슘-137 수치를 보였다.[5] 마레이는 섭취된 세슘-137이 2000년도에도 폴레시아인들의 체내에 고스란히 남아 있을 것이라고 썼다. 그렇다 하더라도 몸 안의 78나노퀴리(약 2.9킬로베크렐)는 위험하지 않다고 마레이는 긍정적으로 결론지었다. 같은 시기 미국 과학자들은 미국과 소련의 핵실험 낙진에 노출된 알래스카의 에스키모인들에게서 3,000나노퀴리(약 100킬로베크렐)를 검출했다. 돌이켜보면 미국인들 또한 믿기지 않을 정도로 별다른 경각심을 보이지 않았다.[6] 마레이는 폴레시아인들이 어떤 보호 조치도 하지 않았다고 언급하며 연구를 마무리지었다. 지역 토양에서 세슘-137이 증가해야만 그러한 보호가 필요할 것이다. "그리고 우리나라에서 그러한 일은 일어날 가능성은 거의 없다"고 마레이는 분명하게 예측했다.[7]

마레이의 연구는 소비에트 에너지성Ministry of Energy이 세계에서 가장 큰 원자력발전소를 프리퍄티 습지대에 건설하기로 결정을 내린 때와 같은 해에 종결되었다. 마레이의 연구가 보여준 것처럼 소비에트 에너지성의 결정은 생태학적 측면에서 봤을 때 실로 최악의 선택이었다. 우크라이나 당서기 볼로디미르 셰르비츠키는 이 결정에 대해 불편해했다.[8] 그는 방사능 오염을 대수롭지 않게 여기는 물리학자들의 태도를 신뢰하지 않았다. 그는 1968년, 1969년, 그리고 1970년에 키예프의 원자력연구소Institute of Nuclear Research가 보유한 소형 연구용 원자로에서 대형 사고가 났을 때 과학자들이 어떻게 반응했는지 목도한 바 있다. 1970년도에는 여러 명의 직원이 극심한 방사선 피폭을 겪고 모스크바의 6호 병원으로 황급히 이송되었다. 얼마 지나지 않아 한 명이 사망했다. 또 다른 사고가 나서 키예프 지역 인근에 40퀴리의 방사성 아이오딘이 방출되기도 했다. 연구소의 과학자들은 그렇게 제자리를 벗어난 퀴리가 무슨 일을 일으키는지 알아차리지 못했다. 심지어 누출을 인지하는 데에만 45일이 걸렸다. 직원들은 또한 급증하는 방사성 폐수를 어떻게 처리할지에 대해서도 알지 못했다. 우크라이나 보건상이 더 나은 안전 조치가 마련될 때까지 실험용 원자로의 가동을 중지시키자 모스크바의 국방성 관료들은 그 결정을 기각했다. 그들은 국방이 위태로운 지경이기 때문에 오염된 원자로라 할지라도 반드시 가동되어야 한다고 주장했다.[9]

1972년 셰르비츠키는 한 폐쇄된 군사 연구실에 소속된 일부 과학자들이 하르키브Kharkiv 인근 송유관에서 발생한 지하 가스 화재를 진압하기 위해 핵폭탄을 사용하려는 모습을 다시금 두려움에 떨며 지켜보았다.[10] 가스 화재는 걷잡을 수 없을 정도로 퍼져 거의 1년 내내 지속되었다. 진화를 돕기 위해 도착한 폐쇄된 폭탄 연구실 소속 물리학자들이 불타는 천연가스정 바로 옆에 2킬로미터에 달하는 구멍을 뚫은 뒤, 그 갱도에 3.8킬로톤의 핵폭탄을 설치했다. 소비에트 폭탄 설계자들은 소련의 다른 지역에서 가스 화재를 진압하기 위해 평화적 핵폭발PNEs❖을 이용한 바 있었다.[11] 그들은 이 은밀한 "횃불 작전Operation Torch"이 성공적일 것이라고 자신했다.[12]

병사들이 인근 마을에 나타나 아침

❖ 평화적 핵폭발PNEs(Peaceful nuclear explosions)은 비군사적 용도로 수행되는 핵폭발을 통칭하는 말이다.

에 폭발이 있을 것이라고 안내해주었다. 마을 사람들은 발밑의 지면이 흐물흐물해지면서 땅이 심하게 울리는 것을 느낄 수 있었다. 지하 핵폭발로 인해 가스탑 위로 흙이 쌓였고 불꽃이 소멸했다. 바로 이것이 물리학자들이 계획한 바였다. 최종적으로 불은 꺼졌다.

그 광경은 20초 동안 지속되었다.

그러나 무언가가 예측에서 벗어나기 시작했다. 흙과 돌이 섞인, 모든 것을 불태워버릴 것만 같은 분출물이 천연가스정에서 뿜어져 나와 믿기지 않을 정도로 높이 솟아올랐다. 불길은 어떤 고층 건물보다 높이 치솟아 여름하늘을 꿰뚫었다. 1분 후, 목격자들은 물집이 잡힐 정도로 뜨거운 충격파의 힘을 피해 몸을 수그렸다.[13] 인근 지역사회에서 방사능 수치가 해로운 수준으로 올라갔다. 여러 마을을 일시적으로 소개시키기 위해 병사들이 들이닥쳤다. 사람들이 버스에 빼곡하게 들어서자 방사선 검댕이 그들 주변으로 흘러내려왔다.[14]

이 오판에 관해 국방성 과학자들은 셰르비츠키에게 별다른 말을 하지 않았다. 하지만 그는 짐작할 수 있었다. 그는 "유감스러운 상황"으로 인해 남은 여름 기간 동안 그 지역에서 난 생산물을 먹지 않는 편이 나을 것이라고 들었다. 모스크바에서 우크라이나 지도부로 깨끗한 특별 식량을 보냈다.[15] 이 사건 이후 셰르비츠키는 체르노빌과 인근 우크라이나 도시들에 추가적인 원자로가 들어서는 걸 막고자 애썼다. 하지만 무위로 돌아갔다.

체르노빌 발전소가 가동되기 시작하자 셰르비츠키는 더더욱 걱정스러워졌다. 정상 가동 중에도 발전소에서는 방사능이 흘러나와 매 24시간당 4,000퀴리를 방출했다.[16] 소비에트의 정책 입안자들은 발전소의 냉각지에 양어장을 설치했다. 물고기는 1년 내내 따뜻한 물에서 자랐고, KGB 과학자들은 그렇게 키운 물고기가 허용 선량을 초과하는 스트론튬-90을 함유하고 있음을 발견했다. 요원들이 판매를 금지하자 양어 책임자는 오염된 물고기를 빼돌려 몰래 팔았다.[17] 체르노빌의 소장 빅토르 브류하노프는 연못 안으로 더 이상의 방사능 방출이 없을 것이라고 장담할 수는 없다고 인정했다. 이미 1호 원자로에서는 여러 문제가 발생하고 있었다. 조악하게 용접된 연료봉이 뜨거운 기름 안의 옥수수 알갱이처럼 원자로 안에서 터졌다.[18] 그것들은 1982년 9월과 10월 그리고 1983년에 다시 폭발했다.[19] 이 "참사들"은 매번 노동자들에게 극심한 피폭을 선사했고, 전력 손실을 불러왔으며, 주변 숲으로 방사성 동위원소를 유출했다. KGB 과학자들은 발전소에서 5킬로미터 떨어진 마을까지 활성이 있는 방사성 입자를 추적해 들어갔다. 담당자는 "삼키거나 폐로 들이마실 경우" 방사성 부스러기가 "치명적인 결과를 가져올 것"이라고 보고했다.[20]

1954년 민수용 원자력발전소가 출범했을 때부터 소비에트의 원자로에서는 매년 사고가 터졌고, 이는 부상, 사망, 방사능 배출을 야기했다. 방사능 오염은 소련 전역에 걸쳐 광범히 퍼져 마침내 일상이 되었다. 1980년대 몇몇 과학자들이 체르노빌 연구를 위해 모스크바 시민들 중에서 통제군을 선발한 적이 있었다. 그들은 무작위로 선발된 집단 내 모스크바인들에게서 평균적으로 100밀리시버트의 방사성 세슘 선량이 측정되었음을 발견했다. 모스크바인들이 체르노빌 청소 노동자들만큼이나 높은 수준의 방사선을 어떤 이유에서든 섭취했거나 들이마셨던 것이다.[21] 모스크바의 의사들은 모스크바인들이 겪은 막대한 피폭이라는 수수께끼를 전혀 풀지 못했다. 하지만 이는 냉전기 소비에트 사회를 뒤덮었던 인위적 방사선의 책임에 관해 말해준다.

체르노빌에 더 많은 원자로를 지으려는 계획에 반대하는 서한을 써서 모스크바의 중앙위원회에 보내면서 셰르비츠키는 신중해야만 했다.[22] 소비에트의 정치 풍토에서 님비현상Nimbyism은 종종 민족주의라는 비난으로 번역되었다. 우크라이나 지도자에게 민족주의자라는 꼬리표는 곧 정치적 사망을 의미했다. 2차 세계대전 후 40년이 지났지만 나치와 함께 싸우던 우크라이나 민족의 군대*라는 기억은 여전히 밝게 타오르고 있었다. KGB 선전원들이 "우크라이나 민족주의자들"이라고 딱지를 붙인 정치적 적을 색출하는 일을 더욱 강화하기 위한 방법으로 그 이야기를 계속했기 때문이다.[23]

체르노빌의 확대를 막으려던 셰르비츠키의 시도는 물거품으로 돌아갔다. 원자력에 관한 주요 결정은 핵무기 공업을 관장하는 모스크바의 밀실에서 이뤄졌다. 공화국 지도자들과 국가 과학자들이 거기에 간여할 수 있는 여지는 거의 없었다.[24] RBMK 원자로가 전력뿐만 아니라 무기로 쓸 플루토늄도 생산하기 위해 지어진 것처럼, 체르노빌 원자력발전소는 민수용뿐만 아니라 군수용으로도 확장되었다. 체르노빌에서 생산된 전기는 날아오는 적의 핵미사일을 감지하기 위해 발전소 인근에 설치된 비밀 시설인 두가 레이더Duga Radar 체계의 왕성한 에너지 수요를 충족시켰다. 체르노빌에서 생산된 플루토늄은 무기에 장착될 수도 있었다.[25]

걱정했던 사람이 셰르비츠키

❖ 우크라이나의 파시즘 운동에 관해서는 구자정, 〈악마와의 계약? 우크라이나의 파시즘 운동, 1929~1945〉, 《슬라브 연구》 31권 4호, 2015, 1~59쪽을 참조하라.

혼자만 있었던 것은 아니다. 닫힌 문 뒤에서는 최고의 핵과학자들이 소비에트 원자력발전소의 안전에 관해 초조해했다. 그들은 사고로 가득한 RBMK 동력로의 연계망에서 얼마나 더 오래 행운을 쥐어짜낼 수 있을지 물었다. 그들은 석탄, 휘발유, 바이오연료가 더욱 안전하고 저렴할 것이라고 웅얼거렸다.[26] 하지만 그들의 염려는 무시되었다. 에너지성의 관료들은 생산 목표를 고수했고, 더 많은 원자로를 지었으며, 용량을 올렸고, 송전선을 확장했다. 체르노빌에서 사고가 난 후에야 소비에트 지도자들은 원자로 건설에 대한 열의를 잃었다. 1987년 그들은 민스크와 오데사 근교 및 아제르바이잔, 그루지야, 몰도바에 신규 원자력발전소를 지으려는 계획을 취소했다.[27]

1987년 방사선 감시요원 알렉산드르 코모프는 계속해서 폴레시아의 상황에 대한 경종을 울렸다. 그는 내게 "키예프와 지토미르주의 농부들에게는 보조금 지급과 방호 조치가 취해졌어요, 반면 우리 폴레시아인들은 마치 아무런 사고도 일어나지 않았던 것처럼 계속 살았어요"라고 일러주었다. 그는 오염된 우유에 관한 보고서를 키예프로 보냈다. 그러나 어떠한 답변도 없었다. 그는 키예프로 가서 문을 두드렸다. "그들은 내게 제곱킬로미터당 15퀴리가 검출되는 곳을 찾으면 조사단을 보내주겠다고 말했습니다." 그는 우크라이나의 흑토 초원에서는 15퀴리가 안전할 수 있지만, 폴레시아의 늪지에서는 그렇지 않음을 보여주는 마레이의 연구 내용을 발췌해 보냈다. 바로 그 내용, 즉 땅 위의 퀴리가 아니라 사람들이 섭취한 특정한 생태계와 선량이 중요한 것이었다.[28]

1988년 1월, 코모프는 마침내 우크라이나의 최고위 위생 담당 의사의 주목을 끌었다. 그 의사는 국가농산업위원회에 서한을 보내 그들이 폴레시아의 낙농장과 육류 공장에서 방사능을 추적 관찰하지 않았다는 점을 규탄했다.[29] 4월에 방사능 측정을 위해 조사단이 도착했다. 많은 수의 의사들이 마을 사람들을 검사하기 위해 줄지어 들어왔다. 그들은 사고 후 기간에 발병한 수많은 질환들, 두 배 증가한 선천적 기형 발병률, 두드러지게 높은 유아 사망률을 확인했다.[30] 그들은 폴레시아 대가족들의 총 선량이 안전하다고 여겨지는 수준보다 2배에서 10배 높을 것이라고 추정했다. 우크라이나 보건상인 아나톨리 로마넨코는 리브네주의 "방사선 급증 상황"에 관해 쓰면서 폴레시아 지역을 엄격한 통제 구역으로 설정하는 한편, 깨끗한 음식과 보조금을 지급해야 한다고 요청했다.[31] 하지만 아무 일도 일어나지 않은 채 또 한 해가 지나갔다.

코모프와 그의 연구진은 계속해서 우유 견본을 수집했고 보고서를 보냈다. 몹시 짜증이 난 그는 결국 최후의 전술을 시도했다. 트럭에 7톤의 방사성 우유를 실어 키예프로 보낸 것이다. 그는 키예프 관료들에게 "이걸 맛보시고 방사능이 있는지 없는지 내게 알려주십시오"라고 말했다.[32] 도표와 데이터가 담긴 두루마리는 코모프의 메시지를 전하는 데 실패했다. 반면 상아처럼 하얀 영양분이 찰랑이는 우유통들은 마침내 키예프의 주목을 끌었다. 그해 겨울, 마을 사람들은 공식적으로 위험에 관한 통보를 받았고, 깨끗한 음식을 구매할 수 있는 보조금을 지급받을 수 있는 자격도 얻었다.

* * *

나는 늪지를 더욱 자세히 들여다보겠다고 결심했다. 벨라루스 쪽에서 국경으로 접근하는 것이 가장 좋은 방법이었다. 그곳으로 가는 일은 쉽지 않았다. 나는 민스크에서 고멜로, 고멜에서 올샤니Ol'shany 마을로 이동했다. 마을에서 고무장화 한 켤레를 구입한 뒤, 큰 바퀴가 달린 지프에 올라타 통제소를 지나 거대한 프리퍄티 습지대에서 남아 있는 지역 중 가장 큰 지역인 알마니늪Almany Swamp으로 갔다. 현지 삼림관리인인 이반 구신Ivan Gusin이 나의 안내인이었다.

이곳은 습지대에서 농업적 목적으로 물을 빼지 않은 희귀한 지역이었다. 소비에트 장군들이 1961년에 이곳을 공군 폭격 연습장으로 바꾼 덕분이었다. 우리는 탐사 도중 과거 연습장 본부로 사용했던 건물에 멈춰섰다. 나는 장군들이 질척거리는 대지에 폭발물을 투하하는 조종사를 지켜보던 녹슨 철탑 위로 올라갔다. 폭격 연습장을 만들 당시, 붉은 군대 장교들은 계획된 폭약 기술 시험장을 마련하기 위해 10개의 마을을 대피시켰다. 나는 폭격 연습장을 마련하느라 옮겨진 마을 중 한 곳에서 자란 니콜라이 테르보닌Nikolai Tervonin이라는 사내를 만났다. 나는 올샤니의 바싹 말라붙은 운하를 따라가다가 그를 발견했다. 그는 파리를 쫓아 씰룩거리며 뜰 위에 서 있던 말을 위해 풀로 밧줄을 엮고 있었다. 테르보닌은 1939년까지 폴란드에 속해 있던 늪지 중 한 곳에서 태어났다. 그들은 소금과 설탕만 외부에서 구입했다고 한다. 그뿐이었다. 나머지는 전부 그들 스스로 만들었다. 나는 그의 가족이 습지대에서 얼마나 오래 살았는지 물었다. 그는 "정확히 말해줄 수 없어요"라고 대답했다. "물론 내 할아버지와 증조부는 여기서 사셨겠지요. 그 위로는 내가 어떻게 알겠소? 아무도 모를 일이지요."

습지대의 공동체들은 적어도 16세기까지 거슬러 올라간다. 제정 러시아의 관료들은 습지대를 유배지로 썼다. 그들은 죄수를 족쇄에 채워 그곳으로 보냈다. 지역의 한 수집가는 내게 진흙에서 건져낸 쇠사슬을 보여주었다. 늪지대는 놀라운 자연의 문서고다. 낮은 온도, 강도 높은 산성수, 산소의 결핍이 유물을 보존시킨다. 수집가는 갖가지 경이로운 것들을 가지고 있었다. 그는 내게 유아용 식사 의자와 이동식 화장실 기능을 갖춘 속이 움푹 파인 통나무를 보여주었다. 또 다른 통나무는 벌집으로 쓰였다. 그는 100킬로그램이나 나가는 닻을 가리키며 천년이나 된 바이킹선의 닻이라고 주장했다. 그는 "배 전체가 저 아래 있어요. 누군가 그냥 건져 올리면 됩니다"라고 말했다.

테르보닌은 병사들이 나타나 주민들에게 나가야 한다고 말한 1961년까지 습지대에서 살았다. 그는 밧줄을 엮으면서, "그들은 우리의 집, 헛간, 가축을 죄다 가져갔고, 우리를 이곳으로 옮겼소"라고 말했다.[33] 그는 습지대를 그리워했다. 그는 헛간 너머의 들판을 가리켰다. "늪은 바로 저기서 끝났소. 봄만 되면 홍수가 났지. 그러면 우린 풀을 베기 위해 쪽배를 타고 저 들판으로 노를 젓곤 했소." 테르보닌은 손사래를 쳤다. "지금 얼마나 가문지 봐요. 그 운하들 때문이라오." 만물이 소생할 때면 계절성 호수로 바뀌곤 했던 과거 습지대에 서 있었다는 사실을 알고 나서 나는 무척 놀랐다.

알마니늪을 걸어서 지나는 일은 이와는 전혀 다른 이야기였다. 늪지를 말리기 위해 설치한 운하와 둑에도 불구하고 상황이 "개선"되지 않았기 때문이다. 삼림관리인은 아주 길게 뻗은 늪지로 나를 데려갔다. 과거에는 호수였던 이 꽃피는 황야 위로 새들이 급강하했다. 내가 여태 껏 본 것 중 가장 큰 거미줄에 아침 이슬이 맺혀 디스코 볼처럼 반짝였다. 내가 걸음을 옮길 때마다 땅이 흔들리는 물결처럼 되돌아왔다. 구신은 내게 "조심해요"라고 경고했다. "늪은 여자를 좋아하지 않는답니다." 나는 그다지 걱정되지 않았다. 나는 전에 늪에 빠져본 적도 있고, 엉겨 붙은 초목을 뚫고 아래로 빠져들어가는 것을 멈추기 위해 팔을 바깥으로 뻗어야 한다는 것도 알고 있었다.

구신은 한때 테르보닌의 마을이 있던 곳으로 지프를 몰았다. 1마일을 가는 동안 가장 높은 지형인 둔덕에 자리 잡은 묘지 외엔 아무것도 보이지 않았다. 전투기 조종사들이 조준했던 무덤 근처엔 큰 구멍들이 여럿 패여 있었다.

나는 한 폭탄 분화구에서 기괴하게 생긴 가느다란 소나무 한 그루를 발견했다. 솔잎은 가지에서 곧게 뻗기보다는 동그랗게 말려 흐트러져 있었다. 나무는 여러 요인에 의해 돌연변이가 될 수 있다. 특히 소나무는 방사능 붕괴에 무척 취약하다.[34] 나는 생물학자인 팀 무쏘와 안더스 묄러를 따라다니는 동안 체르노빌 출입금지구역 내에서 그런 소나무를 여럿 봤다. 구신에게 이 나무가 몇 살인지 물었다. 그는 대략 40세일 것이라고 했다. 나는 그게 체르노빌 사고 10년 전이라고 지적하면서 이러한 나무를 본 적이 많은지 물었다. 구신은 약간 심란한 표정을 지으며 고개를 가로저었다. 주변엔 다른 소나무도 무척 많았다. 하지만 한 그루도 폭탄 분화구에서 자라지 않았다. 돌연변이 또한 한 그루도 없었다.

1990년대 초반 소련 붕괴 후 사람들은 수십 년 동안 단단히 지켜왔던 비밀을 털어놓았다. 1991년, 든든한 정치적 연줄을 가지고 있던 벨라루스 작가 알레스 아다모비치는 일기에 소련군이 다채로운 전투장의 축소판인 프리퍄티 폭격 연습장에서 전략 핵무기를 실험했다고 끼적였다.[35] 문서고에서는 그 실험 이야기를 확인할 수 없었다. 모스크바에 보관된 소비에트의 핵무기 개발 관련 기록들은 아직 연구자들이 접근할 수 없는 영역이기 때문이다(그것이 바로 국가권력의 본성이다. 만일 필요하다고 여겨지면 과거를 사라지게 할 수 있다). 그러나 병약한 소나무는 아다모비치의 이야기에 신빙성을 부여하는 단서였다. 나는 또 다른 증거도 몇 가지 가지고 있었다. 벨라루스 의사 발렌티나 드로즈드Valentina Drozd는 내게 폭격 연습장과 맞닿아 있는 지역에서 선천적 기형 사례가 이례적으로 많았음을 확인했다고 말했다. 이상한 점은 그러한 급등이 체르노빌 사고 이전에 태어난 사람들 사이에서 벌어진 것이라고 덧붙였다.[36] 나는 또한 벨라루스 정부가 핵무기를 사용한 군사 훈련에 참가했던 퇴역 군인들에게 보상금을 지급했다는 사실을 확인했다.[37] 나는 생물물리학자 마레이가 프리퍄티 습지대에서 연구를 수행한 이유가 공군이 연습 중에 소규모의 "전략" 핵무기 또는 열화劣化 우라늄✧을 씌운 무기를 터뜨렸기 때문은 아니었는지 궁금했다. 마레이는 미국의 실험에서 방출된 방사능 낙진을 측정하기 위해 프리퍄티 습지대로 갔을 것이다. 하지만 방사능 낙진이 북반구 전체를 뒤덮은 상태에서 왜 하필 그곳이었을까? 마레이의 전공은 핵사고였다. 핵사고가 터진 소련의 거의 모든 곳에 마레이가 있었다.[38] 마을에 나타난 그의 모습은 뒷문을 두드리는 저승사자와 같은 불길한 징조였다.

보다 일반적으로는, 그 불구가 된 나무를 떠올리면서, 나는 이 지역의 방사성 오염 물질의 지속성에 충격을 받았다. 지구상의 모든 영토는 20세기에 맹렬한 속도로 생성된 오염 물질의 무대

✧ 우라늄-235의 함유량이 자연 상태보다 낮은 상태인 우라늄이다.

다. 하지만 이례적으로 뜨겁고 건조한 봄이 연일 이어지고 있던 터라 실제로는 그다지 필요하지 않은 고무장화를 신고 서 있던 습지대의 한가운데에서 나는 지난 반세기 동안의 변화가 극적으로 빨랐다는 사실을 새삼 깨닫게 되었다. 1939년 이전까지 이곳은 수세기 동안 원시적이고 변하지 않는 존재로, 심한 저주를 받아 사람들의 기억에서 잊힌 장소였다.[39]

불구가 된 소나무를 바라보면서, 나는 늪지 유기체의 세포 구조 안에 방사성 핵종이 침투한 것이 체르노빌 폭발보다 훨씬 전에 일어났고 사고 후에도 계속되었음을 깨달았다. 소비에트 선전원들과 국제기구들은 공보 캠페인 기술을 갈고닦아 위험이 끝났고 체르노빌 사건도 종결되었다고 반복적으로 우겨댔다. 그러나 실상은 그렇지 않았다. 체르노빌은 단일한 사건이 아니라 연속선상의 한 지점이었다. 이 연속선상에서 폴레시아의 방사능 오염은 30년 이상 지속되었다. 건축가들이 원자력 발전소 건설 계획을 세우기 전에 이미 체르노빌 지역은 원폭 실험에서 나온 방사성 동위원소로 가득찬 상태였다. 그리고 체르노빌 이전처럼 체르노빌 이후에도 핵사고의 북소리는 다른 우크라이나 원자력 발전 시설 및 미사일 기지 24곳에서 계속되었다.[40] 체르노빌이 터진 이듬해에 우크라이나에서만 66건의 핵사고가 발생했다. 소련 붕괴 이후 더 많은 소규모 핵사고가 일어났다. 여기엔 2017년에 발생한 붉은 숲에서의 화재도 포함된다.[41]

체르노빌을 "사고"라고 부르는 것은 더욱 커다란 이야기를 구석으로 쓸어버리는 빗자루와 같다. 프리퍄티 습지대를 오염시킨 여러 사건들이 개별적으로 일어났다고 이해하는 것은 그러한 사건들이 모두 연결되어 있다는 사실을 모호하게 만든다. 체르노빌은 사고보다는 파괴가 예정된 시간표상에서 속도를 높이는 촉진제로 바라보거나 풍경, 신체, 정치를 재구성하는 독성 노출의 사슬에 찍힌 느낌표로 인식할 때 더 잘 이해될 수 있을 것이다.[42] 소비에트 정치 지도자들은 이러한 현실 인식을 꺼렸다. "핵 억지"라는 이름으로 대기 중에 폭탄을 터뜨리면서 "완벽하게 안전한" 핵 에너지에 대해 수십 년 동안 장담해왔던 그들이 엄청난 원자력 가속의 함의들을 인정하는 것은 정치적으로 너무나 폭발적인 문제였다. 이를 감추기 위해 정책 입안자들은, 다음 4부에서 설명하는 것처럼 비밀과 검열과 방첩 활동과 조작된 뉴스에 기댔다.

대재앙
이후의
정치

가정부
KGB의 의혹

가정부 〰〰〰〰〰〰

1988년 5월, 외국인 과학자들, 기자들, 소비에트 엘리트 과학자들이 체르노빌 사고의 의학적 결과에 관한 첫 번째 국제학술대회에 참석하기 위해 키예프로 모여들었다. 1986년 이래로 과학자와 정치인들은 이 재난이 건강에 끼친 영향에 대해 대규모 연구를 수행해야 한다고 요청했다.[1] 사람의 건강에 끼친 피해의 전모를 모두가 간절히 알고 싶어 했다. 소비에트 보건상 예브게니 차조프는 여러 대의 카메라 앞에서 모두冒頭 연설을 통해 사람들에게 답했다. 차조프는 마이크에 대고 "오늘 우리는 체르노빌 사고가 사람의 건강에 끼친 영향은 하나도 없다고 자신할 수 있습니다"라고 말했다.[2]

그 후 며칠 동안 소비에트 과학자들은 이 좋은 소식에 관해 상세하게 부연했다. 내분비학자들은 아이들의 갑상선에서 낮은 수준의 방사능을 검출했음을 보여주는 도표를 과학적 담론을 말할 때 보이는 냉정한 어조로 발표했다. 그들은 사고 이후 임산부들이 아무 문제도 겪지 않았다고 주장했다.[3] 방사선 전문의들은 허용 선량을 초과하는 방사능이 우유, 식수, 음식에서 발견되지 않았다고 보고했다.[4] 관계자들은 사고가 터진 후 소비에트 의료진들이 어떻게 사람들을 추적 관찰했는지 설명했다. 또한 그것이 (필요하지 않던) 의료 서비스를 제공하기 위해서가 아니라 불안해하는 주민들의 걱정을 덜어주기 위해서였다고 강조했다.[5] 소비에트 지도자들은 대중을 보호하기 위해 가능하고 합리적인 모든 방법, 즉 식품 검사, 대피, 농업 혁신을 동원했다. 이들 발언자의 핵심 메시지는 과학을 통해 궁지에서 벗어났다는 것이었다. 모스크바의 물리학자 레오니드 일린은 다음과 같이 공표했다. "이러한 대형 사고가 발생했음에도 과학에 기초한 조치를 통해 방사성 물질이 30킬로미터 구역 너머로 퍼지는 일을 [우리가] 막을 수 있었다."[6]

소비에트 관료들이 이러한 반쪽짜리 진실과 뻔뻔한 거짓말을 나열하는 동안, 외국 관측통들은 고개를 연신 끄덕였다. 국제원자력기구 사무총장 한스 블릭스Hans Blix는 소비에트의 재난 대응에 박수를 보내면서 지구 온난화의 주요인인 탄소 가스를 배출하지 않는 깨끗하고 재생 가능한 형태의 에너지로서 원자력의 필요성에 관해 설파했다.[7]

대회 참가자들이 콧노래를 불렀다. 한 여성 청소부가 외국인 방문객이자 캘리포니아의 암 전문의 로버트 게일에게 접근하는 것을 눈치 챈 사람은 거의 없었다. 그 청소부는 손에 양동이와 대걸레, 문서 몇 장이 포함된 작은 서류철을 들고 있었다. 그녀가 게일에게 서류철을 간신히 건네기 직전, 머리를 군인처럼 깎고 똑같은 옷을 차려입은 네 명의 남성이 그녀를 덮쳤다. 그들은 솜씨 좋게 그녀의 양 팔꿈치를 잡고 대걸

레를 앞세워 위장하고는 뒷문으로 조용히 그녀를 끌고 갔다.[8]

그 여성 청소부는 청소부가 아니라 나탈리야 로지츠카Natalia Lozytska 라는 이름의 키예프 물리학자였다. 혼자 행동하면서 그녀는 경비 요원을 슬쩍 통과해 출입이 제한된 대회장으로 들어가고자 변장한 것이었다. 그녀가 메시지, 즉 체르노빌 사고가 소비에트 당국이 인정하는 것보다 훨씬 더 많은 피해를 초래했다는 취지의 구조 신호를 서구에 전달하려고 하는 순간 네 명의 KGB 요원이 이를 가로챘다.

사고가 발생한 뒤로 로지츠카는 남편인 천체물리학자 브세볼로드 Vsevolod와 함께 체르노빌 낙진을 추적했다. 그녀와 그녀의 남편은 키예프 국립대학교Kyiv State University에서 태양 망원경을 작동시켰다. 브세볼로드는 학과의 민방위 담당 연락자이기도 했다. 그는 핵공격에 대비해서 방사선 검출기를 가지고 있었다. 사고 직후, 브세볼로드는 DP-5A 계측기를 꺼내 측정 장치를 천문대 주변 정원에 띄웠다. 다른 곳에 비해 한 지점에서 엄청나게 높은 방사선이 검출되었다. 부부는 모종삽으로 흙을 파서 종이 위에 놓았다. 그들은 방사선을 내뿜는 흙덩어리에서 깨끗한 흙을 분리해 마침내 시간당 30마이크로시버트를 내뿜는 사람 머리카락 정도 너비의 아주 작은 입자를 걸러냈다. 로지츠카는 그 입자를 종이 한 장에 테이프로 붙이고 위치와 날짜를 적은 다음, 돌아와 이 작은 입자를 매일 측정했다. 그녀와 그녀의 남편은 풀밭에서, 아파트 현관의 흙털개에서, 침대 위 이불에서 아주 강력한 방사성 입자들을 발견했다. 그들은 그것들을 종이에 부착하고 측정했다.

입자들이 붕괴하자 로지츠카는 그 입자들이 어떤 방사성 핵종을 함유하고 있는지 측정했다. 그녀는 체르노빌 방사선 수치에 관한 언론 통제에 맞서, 실제로 무슨 일이 일어나고 있는지를 알아내기 위해 사고 지역 북쪽으로 170킬로미터 떨어진 지점에서 채취한 작은 방사성 입자를 들여다보았다. 그녀는 종이에 테이프로 부착된 각각의 구체球體 안에 방사능의 모든 양태가 존재한다는 점을 확인했다. 각 입자가 소형 방사능 후빌Whoville✸이었던 것이다.[9] 로지츠카는 그 입자로부터, 원자로가 소비에트 당국의 주장처럼 증기 폭발이나 화학 폭발로 인해 날아간 것이 아니었음을 추론해냈다. 그녀는 오히려 핵분열 물질로 이뤄진 얇은 막에서 국지적인 핵폭발이 있었다고 결론지었다. 그녀는 오직 핵폭발만이 자신이 방사능 입자에서 발견했던 다양한 스펙트럼의 방사성 핵종을 방출시켰을 것이라고 추론했다. 로지츠카는 자신의 발견을 타자기로 쳐서 기록했으나, 1991년 소련이 해체되기 전까지 그것을 출간할 수도 그것에 관해 말할 수도 없었다. 대신 다른 충성스러운 시민들처럼 그녀는 지도자들에게 자신의 작업을 서술한 서한을 보냈다. 마침내 부부가 한 소규모 러시아 잡지에 자신들의 연구 결과를 발표했지만 이는 간과되었다.[10]

과학은 더러 시간이 걸린다. 30년이 지난 2017년, 스웨덴의 핵물리학자인 라르스 에릭 드 기어Lars-Erik De Geer는 로지츠카와 유사한 결론을 내렸다. 그는 1963년도 부분적 핵실험 금지 조약의 집행이 주업무였던 스웨덴 국방연구원Swedish Defense Research Agency을 총괄했다. 그의 연구진은 민감성 검출기를 사용해 방사능의 배출을 추적했고, 방사성 핵종의 출처를 밝히기 위해 지구의 기상 변화 양상에 주목

✸ 미국 작가 테오도르 소이스 가이젤Theodor Seuss Geisel이 만든 가상의 마을을 일컫는 말이다. 이곳에서는 후스Whos로 알려진 실로 다양한 생명체들이 먼지 알갱이 안에 모여 산다.

했다. 체르노빌에서 폭발이 있던 토요일이 지난 월요일 아침, 드 기어는 독감으로 누워 있던 중이었다. 하지만 사무실에서 걸려온 전화가 그를 깨워 일터로 오게 했다. 드 기어는 전화 통화에서 내게 "우리는 15분 만에 분석을 수행했고, 그것이 원자로 사고였음을 알게 되었습니다"라고 말했다.[11] 그러나 무엇 때문에 발생한 사고였는지, 즉 증기인지 화학 약품인지 아니면 핵인지는 알 수 없었다.

이 사건을 계속해서 추적하던 드 기어는 2010년, 러시아인 과학자들이 체르노빌 발전소에서 1,000킬로미터 떨어진 도시인 체레포베츠Cherepovets에서 사고 직후 며칠 동안 체르노빌에서 방출된 크세논xenon 동위원소들을 감지했음을 알게 되었다. 이 증거는 그를 경악시켰다. 알려진 낙진 경로에서의 수수께끼 같은 일탈을 보여주는 것이었기 때문이다. 드 기어는 방사성 기체가 대기 중으로 3킬로미터 이상 솟구쳐야만 크세논 동위원소들이 체레포베츠에까지 날아갈 수 있었을 것이라고 추산했다. 어떠한 증기폭발도 기체를 그 정도 높이로 보낼 수 없었다. 드 기어는 일부 원자로, 구체적으로 오직 핵폭발만이 발생시킬 수 있는 엄청나게 뜨거운 열기로 인해 2미터 두께의 강철 바닥이 증발해버린 원자로에서 핵폭발이 일어났다고 계산했다. 드 기어는 2017년 11월 논문을 발표해서 수십 년간 조용히 이어져온 논란에 종지부를 찍었다.[12] 원자로는 핵폭탄처럼 터질 수 없다는 오래된 호언장담을 이 뉴스는 정면으로 반박했다.[13]

나는 로지츠카가 공산당 지도자들에게 보낸 서한에 적은 키예프 주소를 통해 그녀를 찾았다.[14] 도서관에서 방사생태학 관련 서적을 대출하기 위해서는 보안 인가를 받아야만 했던 시절에 쓰인 그녀의 편지는 내게 깊은 인상을 주었다. 어떻게 그녀는 접근이 제한된 재난 구역의 여러 문제에 관해 그토록 많이 알고 있었을까?

키예프에서 고방사능 구역을 발견한 뒤, 로지츠카와 그녀의 남편은 차를 타고 북쪽으로 내달렸다. 부부는 남모르게 (불법행위인) 방사선 수치를 측정한 후 농민, 마을 사람들과 이야기를 나눴다. 그들은 고선량을 기록했고, 아이들이 목이 아프고 어지럽고 기절한다는 불안한 소식을 들었다. 로지츠카는 편지에서 소비에트 허용 선량 기준에는 공기 중에 소용돌이치는 수십 개의 방사성 동위원소들 가운데 세슘−137 단 하나만 포함되어 있다고 지적했다. 그녀는 다른 동위원소들도 아주 위험하다고 적었다. "스트론튬−90이 붕괴된 조각은 식수 또는 음식에 있는 세슘−137보다 10배는 더 유해합니다. 플루토늄은 몇 천 배 더 위험합니다." 그녀는 키예프 내에서만 천만 개의 방사능 입자들이 돌아다니고 있다고 추산했다. 그녀는 "바람이 부는 조건에서 입자들은 허파에 박히고 음식 위로 떨어집니다"라고 강조했다. 그녀는 프리퍄티 습지대의 방사능 흡수 특성을 언급하면서 다음과 같이 경고했다. "이 구역에서 육류와 유제품을 생산해서는 안 됩니다. 어린이의 뼈는 성인의 그것보다 7~9배는 더 쉽게 방사성 스트론튬을 받아들입니다."[15]

1980년대 로지츠카는 두 개의 직업을 가진 세 아이의 엄마였다. 아무도 그녀에게 이 연구를 하라고 의뢰하지 않았고, 누구도 그녀의 의견을 묻지 않았고, 어떤 이도 기밀로 분류된 보고서와 데이터를 그녀에게 제공하지 않았다. 그녀는 소비에트인들에게 실수를 비판하고 시민사회에 더욱 광범하게 참여하라는 고르바초프의 초대를 받아 대담해진 한 사람의 시민과학자로서 활약했다. 밤이 되어 아이들이 잠자리에 들면 로지츠카는 소비에트 기술 잡지들을 탐독했다. 냉전기 동안 폐쇄된 연구 시설에서 과학자들이 비밀리에 수행한 복잡한 방사선 의학 관련 작업을 종합적으로 이해할 수 있는 실마리를 찾기 위해서였다. 그녀는 자녀들에게도 과학적 관찰에 입각한 정밀 조사를 수행했다. 그녀는 이상한 증상들을 발견했다.

어느 일요일 점심식사 자리에서 로지츠카는 내게 다음과 같이 말했다. "사고가 난 뒤 내 딸은 한동안 침대를 벗어나지 못했어요. 그녀는 일어서자마자 곧바로 다시 쓰러지곤 했죠." 소아과 의사들은 그녀의 딸이 무엇 때문에 그런 증상을 보이는지 설명할 수 없었고 설명하려고 하지도 않았다. 답을 얻기 위해 로지츠카는 의학 연구소에서 강좌를 수강했고 방사선생물학 관련 글도 읽었다. 그녀는 방사성 스트론튬의 존재 여부를 검사하기 위해 오염된 마을들을 다니며 달팽이와 달걀 껍데기를 수집했다. 지역 의사들로부터 정보도 모았다.[16] 그리고 더 많은 편지를 썼다. "우크라이나 폴리스케 구역의 아이들에게서 혈액형성 체계상의 변화가 확인되었는데, 이는 백혈병이 일어나기 직전의 상태를 의미합니다"라고 그녀는 썼다. "[먼] 마을들은 말할 것도 없고 도시에서도 아이들에게 적절한 음식이 공급될 수 없었습니다. 사람들이 이 지역에서 벗어나 다른 지역에서 빨리 재정착할수록, 우크라이나와 소련의 다른 지방 주민들이 방사능 지역에서 생산된 식량을 그만큼 늦게 공급받을 것"이고, 그렇게 함으로써 "우리는 우리의 미래를 구할 것"이라고 그녀는 결론지었다.[17]

그녀의 우려에 대해 언론에 공개적으로 말하는 것은 불가능했다. 하지만 그녀는 잠자코 있을 수도 없었다. 로지츠카는 수십 년 동안 소비에트의 반체제 인사들이 구사했던 전술에 의지했다. 만일 그녀가 서구에, 체르노빌 소방관들을 도우러 온 유명한 의사인 로버트 게일 박사에게 이 사안을 전달할 수만 있다면, 사고의 위험성에 관한 소식은 미국의 소리Voice of America나 영국 BBC를 통해 해외에 알려진 뒤 소련으로 되돌아올 수 있었다. 바로 이것이 1988년 봄, 초대장도 없이 대회장으로 몰래 들어가기 위해 여성 청소부로 변장했을 때 그녀가 가지고 있던 생각이었다. 그녀의 계획은 실패했다. KGB 요원들은 그녀를 심문하거나 체포하겠다고 으름장을 놓지 않았다. 그저 그녀를 뒷골목으로 조용히 쫓아내기만 했다. 로지츠카가 양동이를 집어든 채 전차를 타고 일터로 돌아오는 동안, 대회장의 과학자들은 연단에 올라 계속해서 안심시키는 거짓말을 늘어놓았다.

지금 돌이켜보면, 소비에트 관료들이 방침 변경에 대한 지지를 얻으려는 목적에서 체르노빌이 건강에 끼친 영향에 관한 키예프 학술대회를 개최한 것은 명백하다. 그들은 체르노빌 사고에 점점 더 넌더리가 났다. 낮은 유가와 대외신인도 하락 상황에서 소비에트 경제는 빈약한 속도로 느릿느릿 움직였다. 체르노빌에 이어 엄청난 재난이 잇따랐다. 흑해에서는 아주 오래된 여객선이 침몰했다. 우크라이나 돈바스Donbas에서는 폭발이 일어나 가스정과 탄광을 뒤흔들었다.[18] 화학 공장에서는 화재와 화학 약품 유출이 끊이질 않았다.[19] 아프가니스탄의 전황은 암담했다. 군대의 대부분이 부패하고 미숙한 것으로 드러났다. 우크라이나 북부에서는 한 훈련 여단에서 연습용 미사일이 발사되어 나이든 여성의 집을 파괴했다.[20] 일상생활 또한 결코 좋은 상황이 아니었다. 소비재는 공급이 부족했다. 카프카스Caucasus 지방에서는 여러 민족들이 격렬하게 충돌했다. 체르노빌에 쏟아 부은 비용에 부담을 느낀 소비에트 지도자들은 마침내 사고를 잠재울 방법을 찾았다. 그들은 값비싼 식량 보조금과 의료 조사를 끝내길 원했다. 키예프 국제학술대회에서 공무원들은 업무 성과를 발표하며 체르노빌이라는 장은 끝났다는 자신들의 견해를 세계의 청중들이 지지해주길 희망했다.[21]

초청 인사들은 특별히 선정된 해외 방사선의학 전문가들이었다. 게일뿐만 아니라 프랑스의 원자력 감시기구 수장인 피에르 펠르랭Pierre Pellerin도 초청되었다. 그는 후일 체르노빌의 영향을 축소하고 정보를 은닉했다는 명목으로 프랑스 법원에 기소되었다. 프랑스는 핵무기 개발에 뒤늦게 뛰어들었고, 1980년대에 프랑스 장성들은 프랑스령 폴리네시아French Polynesia에서 열정적으로 핵무기를 실험했다.[22] 미국인 방사선 전문의 린 앤스퍼도 학술대회에 참석했다. 그는 체르노빌이 건강에 끼친 영향이 감지되지 않을 정도로 극미할 것이라고 공식적으로 말한 바 있었다.[23] 키예프에는 또한 미국인 병리학자이자 맨해튼 프로젝트 구역에서의 방사선 관련 연구로 경력을 쌓은 클라렌스 러쉬바우Clarence Lushbaugh도 있었다. 그는 건강 연구에 대해 냉소적이었다. 그는 동료에게 보내는 편지에 "방사선 선량이 극소했기 때문에 [원전 종사자] 관련 연구에서는 과학적으로 그다지 '유익'하지 않은 지식만을 얻을 수 있다"고 썼다. 그래도 그는 조사가 수행되어야 한다고 글을 이어나갔다. 부정적인 결과가 겁 많은 원전 종사자들에게 확신을 주고 노동자들의 손해배상 청구를 기각하는 데 유용할 뿐만 아니라 "반핵 선전을 겨냥한 하나의 대책"으로 그 임무를 다할 것이라 판단했기 때문이다. 러쉬바우는 연구가 처음에 어떻게 설정되었는지에 따라 결과를 손쉽게 결정할 수 있다는 사실을 이해하고 있었다. 그는 원전 종사자 노동조합이 자체적으로 수행하는 연구를 저지해야 한다고 주장했다. 그는 "경영의 잘못을 보여주기 위해 고안된 연구는 대개 성공할 것이라고 믿는다"고 썼다.[24]

키예프 학술대회에 참석한 미국인 대부분은 미국의 핵무기 생산을 총괄하는 미국 에너지부의 자금을 지원받았다. 당시 에너지부 과학자들이 냉전 초기 수십 년 동안 어떻게 수천 명의 사람들을 비밀 실험으로 피폭시켰는지에 관한 걱정스러운 보고서들이 새어나가고 있었다. 러쉬바우는 오크리지 대학연합Oak Ridge Associated Universities의 한 진료소를 감독했는데, 그곳에선 연구자들이 호텔 같은 방의 벽에 방사성 세슘과 코발트를 은밀하게 놓아두고 백혈병, 림프종, 관절염, 여타 다른 질환을 앓고 있는 200명 이상의 환자들에게 방사능을 쪼였다. 환자들이 사망하면, 러쉬바우는 조심스럽게 시신을 부검했다.[25] 러쉬바우는 혼자가 아니었다. 냉전기 미국 과학자들은 방사선의 성질을 궁금해하며 치명적인 방사성 물질을 이웃에 뿌리고 미국인들에게 방사성 물질을 투여하거나 먹이고 죄수들에게 중성자를 쏘았다. 그들은 모든 유형의 미국인들, 즉 백인들, 흑인들, 라틴계, 어린이들, 임산부들, 환자들, 병원의 피보호자들, 죄수들, 학생들, 과학자들, 병사들에게 인간 방사선 실험을 수행했다.[26] 연구자들은 비밀의 벽 뒤에서 후한 공적 자금을 받아가며 활동했다. 전 원자력위원회AEC 소속 과학자 존 고프만John Gofman은 그 시기를 곰곰이 생각하며 인터뷰 진행자에게 다음과 같이 말했다. "그들은 이 사람들에게 수표책과 '비밀SECRET'이라고 적힌 고무 조각이 달린 작은 나무 도장을 줬어요. 그 힘을 생각해보세요!"[27]

1970년대 중반, 비밀과 자금력, 권력이 악화되기 시작했다. 피해자들은 기록 공개를 요구하고 배상을 위한 소송을 진행했다. 기자들은 러쉬바우의 집 앞마당에 나타나 사진을 찍으며 이것저것 캐물었다. 의회는 조사를 진행했다. 소송이 법정으로 옮겨갔다. 1980년대 에너지부의 비밀 실험실에서 작업하던 과학자들은 그들이 가지고 있던 핵사업의 권위가 무너짐에 따라 포위된 것 같은 느낌을 받았다. 체르노빌은 미국산 원자로에 대한 신규 주문의 즉각적인 폭락을 초래했다.[28] 7년 동안 언론의 표제를 장식한 두 건의 핵사고, 즉 스리마일섬과 체르노빌은 원자력이 지극히 안전한 에너지라는 주장을 악화시켰다. IAEA 사무총장 한스 블릭스는 이사회에 만일 또 다른 핵사고가 터진다면 "일반 대중들이 중대 사고의 위험이 거의 무시해도 될 정도로 작았다는 주장을 더이상 믿지 않을 것이라는 사실이 두렵습니다"라고 말했다.[29]

블릭스가 이와 같이 말한 지 몇 달 지나지 않아 더 많은 핵사고가 표제를 장식했다. 1986년 10월, 핵탄도미사일을 장착한 소비에트 원자력 잠수함에서 화재가 났다. 사고는 버뮤다Bermuda에서 동북쪽으로 1,000킬로미터 떨어진 노스캐롤라이나North Carolina의 해터러스곶Hatteras Cape 앞바다에서 발생했다.[30] 잠수함을 포기한 함장은 미사일을 보관하는 출입구가 부서져 열리는 모습을 속수무책으로 바라볼 수밖에 없었다. 핵탄두는 좌우로 조금씩 흔들리며 투명한 푸른 물을 가르면서 6,000미터를 하강하여 해터러스 심해 평원Hatteras Abyssal Plain의 바닥에 안착했다. 1987년 브라질의 고이아니아시에서는 두 명의 청소부가 버려진 종양 병동에 침입하여 방사선 치료기에서 방사성 코발트 선원을 훔쳤다. 청소부들은 납으로 된 용기를 비집어 열었고, 안에서 경이로운 파란 불빛을 내뿜는 가루를 찾았다. 그들은 자신들의 오두막 바닥에 방사성 코발트염을 떨어뜨렸다. 한 여아가 그 빛나는 모래를 자신의 양팔에 발랐고, 온몸이 반짝이는 걸 보면서 즐거워했다. 이웃들은 이 기적의 물질을 보기 위해 몰려들었다. 그 가족이 아프기 시작하자, 한 쓰레기 판매상이 그 유리병을 샀다. 그는 사람으로 가득찬 전차를 탔고 도시를 가로지르면서 100명 이상의 사람들을 피폭시켰다. 코발트 선원은 단지 1,000퀴리의 방사선을 가졌으나, 엄청나게 큰 피해를 끼쳤다. 방사선 전문가라는 새로운 역할을 맡은 로버트 게일은 아이를 포함해 4명이 죽고 200명이 입원하고 불도저가 두 마을을 밀어버린 브라질로 서둘러 날아갔다.[31]

키예프 학술대회에 모인 외국인 과학자들의 이력은 그들이 불편한 질문을 하거나 이의를 제기하지 않을 것임을 시사했다. 그들이 지닌 과학적 의견의 진실성에는 의심의 여지가 없었다. 그러나 그들의 과거와 그들이 대표하는 기관들의 훼손된 유산을 고려할 때, 이 외국인 과학자들은 높은 선량의 방사능이라 하더라도 해를 끼치지 않는다는 견해를 지지하는 데 관심을 가지고 있다는 점은 분명했다.[32] 원자력은 안전하다는 이미지를 세심하게 조정해온 관료들에게 이번 학술대회는 특히 긴박했던 순간에 찾아온 절호의 기회였다. 만일 소비에트 과학자들이 체르노빌 방사선이 내뿜은 대규모 "저"선량으로 인한 피폭이 수십 명의 소방관들에게만 피해를 끼쳤음을 증명한다면, 그들은 역사상 체르노빌보다 더 참혹했던 핵사고도 사람의 건강에 아무런 영향도 끼치지 않았음을 보여줄 수 있을 것이다. 그리고 만일 그게 사실이었다면, 핵실험에서 나온 낙진, 폭탄 공장에서 흘러나오는 방사성 폐기물, 매일같이 방사능을 내뿜는 민수용 원자로, 의료에 광범위하게 쓰이는 방사선, 그리고 비밀 임상 검사에서 피폭된 노동자들과 환자들과 순진한 방관자들의 신체는 망각될 수 있었다. 그 학술대회에 특별히 초청된 외국인 과학자들은 소비에트 과학자들이 체르노빌 방사선에 노출되었던 사람들 사이에서 아무런 건강상의 문제를 발견하지 못했다는 핵심 소식을 전하자 격려하듯 고개를 끄덕였다. 그건 정말 좋은 소식이었다.

KGB의
의혹

소비에트 지도자들은 체르노빌의 결과를 대수롭지 않게 여길 여러 이유를 가지고 있었다. 소비에트 연맹에 최고 스비에트 주석 미하일 고르바초프가 촉발시킨 정치 활동의 태풍, 회오리바람이 몰려오고 있었다. 고르바초프는 재앙에 가까운 소비에트 원자력 산업의 실태에 관해 별로 알지 못했지만, 이에 전혀 개의치 않고 사고 이후 몇 달 동안 페레스트로이카 개혁을 점진적으로 강화시켰다. 고르바초프는 국가의 경제 위기를 해결하고 무너져 내리고 있던 낙후된 기반시설을 재건하기 위해 정부의 투명성을 향상시키기를 원했다. 그는 시민들이 자유롭게 비판의 목소리를 내고 부패와 낭비에 대한 감시자 역할을 할 수 있도록 시민사회를 뒷받침하려고 노력했다. 그는 기자들에게 진정한 조사 보도를 수행하라고 격려했다. 고르바초프는 개혁을 옹호하면서 기존의 소비에트 단일체를 받침대에서 밀어내고 예측할 수 없는 방향으로 굴러가게 했다.

고르바초프의 모험은 아슬아슬했다. 지방의 당 지도자들은 치밀하게 관리되는 경찰국가를 뒤엎길 꺼렸다. 우크라이나에서는 공산당의 원로인 볼로디미르 셰르비츠키 당수가 사사건건 페레스트로이카에 저항했다.

이처럼 모순된 1987년의 분위기 속에서, 1981년 체제전복 혐의로 구형을 받은 전과자 세리 나보카Serhy Naboka는 키예프의 혁명 광장(현 마이단Maidan 광장)에서 체르노빌 사고 1주기를 기념하는 추모회를 진행하려 했다.[1] KGB 요원들은 계획을 파악하고 이를 막기 위해 "예방적 조치"를 취했다. 그들은 시 지도자들에게 그날 광장에서 시끄러운 춤곡 중심으로 연주회를 열라고 명령했다.[2] 그들은 서구에서 체제전복적이고 반소비에트적인 활동을 전개하기 위해 환경주의와 평화주의의 대의를 이용하려 한다는 뉴스를 언론에 흘렸다. 그들은 반체제 인사들을 방문하여 위협했다. KGB 장교들은 만일을 대비해 76명을 정신병동에 "예방적으로" 수감시켰다.[3] 예방적 조치들은 효과가 있었다. 체르노빌의 첫 번째 1주년에 어떠한 시위도 벌어지지 않았던 것이다.

그러나 고르바초프는 우크라이나인들이 대다수를 차지하던 양심수에 대한 대대적 사면을 발표함으로써 신중하게 조정된 정치 질서를 어지럽혔다.[4] 올레스 셰브첸코Oles Shevchenko는 인권활동으로 체포되어 7년간 옥고를 치른 후 1987년 여름 카자흐스탄에서 망명 생활을 마치고 키예프로 돌아왔다. 그는 무직이었고 잃을 것이 아무것도 없었기 때문에 KGB 요원들이 특히 위험하다고 간주한 사람들의 명단에 올라가 있었다. 셰브첸코는 면담에서 체르노빌 재난이 반체제 운동에 끼친 영향에 관해 다음과 같이 말했다. "체르노빌 원자력발전소의 지붕을 날려버린 원자는 공산주의 체제의 토대도 폭파시켰습니다. 의혹을 품은 사람들뿐만 아니라, 기본적으로 정부를 믿었던 사람들도 정부 당국이 어떻게 자신들에게 거짓말하는지를 보았죠." 그러한 거짓이 만든 "분위기 속에서 사람들은 믿음을 잃었습니다. 그들은 조용히 앉아 머뭇거리면서 정부에 화를 냈지만, 자신을 공개적으로 표현하거나 깃발을 들고 서서 다른 사람들과 뭉칠 수 있는 수단을 가지진 못 했지요"라고 기억했다.[5]

돌아온 정치적 망명자들은 머뭇거리지 않았다. 그들은 서로에게 연락을 취했고, 개인 아파트에서뿐만 아니라 대담하게도 거리와 극장의 로비에서, 그리고 존경받는 우크라이나 작가 타라스 셰브첸코Taras Shevchenko의 기념비 아래에서 버젓이 만남을 가졌다. 돌아온 전과자들의 이 같은 움직임에 불안을 느낀 우크라이나 KGB는 가옥 도장업자塗裝業者, 중노동자, 짐꾼 등으로 활동하던 "우크라이나 민족주의자들"의 캠프를 추적했다.[6] 전과자들은 페레스트로이카로 제정된 새로운 법을 이용해 "독립적 협회"를 등록했고, 이를 우크라이나 문화 클럽Ukrainian Cultural Club이라는 거슬리지 않는 이름으로 불렀다. 이전의 소비에트 반체제 인사들과 달리, 문화 클럽의 성원들은 공공장소에서 공개적으로 모임을 가졌다. 누구라도 가입할 수 있었다. 문화 클럽 성원들은 언어, 생태학, 고고학, 종교, 하리 크리슈나Hari Krishna 신학 등 "어떤 것이든 누구든 원하는 것"에 초점을 맞춘 소모임들을 만들었다고 셰브첸코는 회상했다.[7]

당시 대학생이었던 올렉산드르 트카축Oleksandr Tkachuk은 문화 클럽의 집회에 참석했다. 그는 첫 번째 만남이 어떻게 자신의 인생을 바꿨는지에 관해 다음과 같이 말했다. "당신이 말할 수 있는 것을 포함하여 모든 것이 엄격히 관리되는 전체주의 정부 안에서 한 사람이 다르게 말하기 시작하면 그 효과는 하나의 폭발과 비슷하지요." 트카축에게 그러한 순간은, 올레스 셰브첸코가 일어서서 청중을 향해 평상시처럼 이념적인 "친애하는 동지들!"이 아니라 단순히 "신사숙녀 여러분"이라고 말했을 때, 비로소 찾아왔다.[8] 바로 그 한 구절은 트카축에게 개성과 소속감은 집권 공산당을 통해 규제받지 않아도 된다는 사실을 가르쳐주었다.

KGB 요원들이 우크라이나 문화 클럽의 집회에 침투했다.[9] 그들은 누가 지도자인지 기록했다. 그들은 낯 뜨거운 정보를 캐내서 올렉산드르 셰베츠Oleksandr Shvets라는 열혈 기자에게 흘렸다. 셰베츠는 문화 클럽을 1940년대 나치 점령군과 협력한 우크라이나 민족주의자의 전통을 따르는 파시스트 극단주의자들이라고 맹비난했다. 우크라이나의 서쪽 절반은 1939년 소련에 강제로 병합되었다. 2차 세계대전 이후 10년 동안 CIA의 지원을 받은 우크라이나 저항 세력이 우크라이나 서부에서 소련군을 상대로 유격전을 펼쳤다.[10] KGB 요원들은 이러한 역사 때문에 "우크라이나 민족주의자들"과 그들이 가했을 것이라 믿는 위협에 집착했다. 셰베츠는 실명을 거론하면서, 셰브첸코는 유죄 선고를 받은 흉악범이고 다른 이들은 우크라이나의 전시 저항기에 활약한 이들의 친척이라고 폭로했다. 셰베츠는 그 흉악범들과 파시스트들이 모략과 반혁명을 꾀하면서 피리를 부는 선동가들이라고 비난했다.[11]

KGB 공작원들은 체르노빌을 "재난"이라고 말하는 사람들이 CIA의 지원을 받는, 해외로 집단 이주한 우크라이나인들을 위해 일하고 있다고 추정했다.[12] 그들은 2차 세계대전의 사법 기록을 파헤쳐 우크라이나 전쟁범죄자들에 관한 문서고 자료를 캐나다 언론인 솔 리트먼Sol Littman에게 넘겼다. 그는 1980년대에 이 혐의를 발표하여 캐나다 정부가 몇몇 우크라이나 이민자들을 기소하도록 압박하는 데 성공했다.[13] KGB 요원들은 캐나다와 미국으로부터 피소된 우크라이나인 파시스트들을 소련 법정에 세우기 위해 송환을 요구하는 시위를 주도하기도 했다. 그들은 외교관들에게 그 시위들이 "민주화의 결과"인 페레스트로이카의 진정한 산물이라고 냉소적으로 말했다.[14]

소련 내에서 비밀리에 활동하는 CIA 요원과 다른 외국 정보기관 요원들 또한 낯 뜨거운 정보를 얻기 위해 낚시질을 했다. 외국 외교관들은 소비에트 반체제 인사들이 필사본을 국경 너머로 보낼 수 있도록 도왔고, 이민자들은 이 첩보가 담긴 뉴스를 BBC, 미국의 소리, 자유유럽방송Radio Free Europe을 통해 소비에트인들과 동유럽인들에게 방송했다. 라디오방송 기자들은 이러한 이야기가 사실인지 아닌지 확인하는 데 애를 먹었다. 정보원들 대다수가 신분 보호를 위해 익명을 유지해야 하는 사람들이었기 때문이다. KGB와 CIA는 이 전투에서 뉴스를 흘리고 여론을 관리하고 경력을 쌓거나 마감하는 등 조용히 경쟁했다.

페레스트로이카의 두 번째 해인 1988년, 우크라이나 문화 클럽의 전과자들은 외신 기자들, 외국인 과학자들, 그리고 로버트 게일 같은 외국인 의사들이 체르노빌 건강 영향에 관한 주요 학술대회에 참석하기 위해 키예프에 모인 것과 같은 시기에 키예프의 중앙 광장에서 체르노빌 기념일을 다시 기념하고자 했다. 반체제 인사들의 승인되지 않은 시위 계획을 들은 KGB 요원들은 바빠졌다. 그들은 도시의 건설 노동자들에게 시위가 진행될 혁명 광장에 저지선을 치라고 명령했다. 트럭과 불도저가 집결하여 비공식적인 차벽을 세웠다. 올레스 셰브첸코는 "우리는 시계탑 앞에서 만나기로 계획했어요"라고 기억했다. "50여 명의 시위자들이 모습을 드러냈고 깃발을 꺼냈습니다. 그곳엔 시끄러운 트럭들이 가득했어요." 시위자 두 명이 기계들의 굉음 위에서 준비한 연설문을 큰 소리로 읽었다. 갑자기 확성기를 잡은 한 남성이 달려와 명령을 내렸다. "극단주의적인 견해를 지닌 시민들께서는 해산하십시오!"

이 신호에 맞춰 붉은 완장을 찬 수백 명의 젊은이들이 분주하게 움직이는 사람들 속에서 나타났다. 그들은 "핵 없는 우크라이나"라고 쓰인 현수막을 잡아채 땅바닥으로 집어던졌다. 셰브첸코는 황급히 중앙 탑의 꼭대기로 올라가 집회의 자유를 보장하는 소비에트 헌법의 조목을 읽었다. 사복 경관이 그것을 그의 손에서 떼어내고는 발기발기 찢었다. 범인 호송차가 멈춰섰다. 완장을 찬 남자들이 무지막지한 곤봉을 꺼내들고 시위자들을 조직적으로 구타했다. 셰브첸코는 그 소동을 사진으로 찍기 시작했다. 한 남자가 와서 그에게 경고했다. "계속 사진을 촬영하면 당신은 숲에서 줄에 매달리게 될 겁니다." 셰브첸코는 사진기를 집어넣었다. "그건 말뿐인 협박이 아니었어요"라고 트카축은 기억했다. "우리는 구타당하고 살해당한 사람들을 알고 있었죠. 그들은 화가 알라 고르스카Alla Horska를 망치로 죽였어요. 젊은 시인이었던 그리고리 티멘코Hryhory Tymenko는 그냥 실종됐고요."[15]

경찰은 활동가들을 주먹으로 치고 발로 차면서 대기 중이던 승합차로 끌고 가서 안에다가 밀쳐 넣었다. 트럭이 시위자들을 쓸어가자 한 정비대원이 광장의 찢어진 포스터를 쓸어담으면서 작업을 마쳤다. 최

초의 체르노빌 기념식은 10분도 채 지속되지 않았다.[16]

이번 정화작업 또한 체르노빌 방사능을 제거하려는 노력처럼 잠깐을 제외하고는 별다른 영향이 없었다. 그 다음 일어난 일은 마치 기적과도 같았다. 감옥에 갇힌 시위자들이 취조당하지도 않고 기소 인정 여부 절차도 밟지 않았던 것이다. 대부분은 벌금을 내고 풀려나거나 15일 동안만 갇혀 있었다. 그게 전부였다.

"우리는 전과자에 정치적 반체제 인사였잖아요"라고 셰브첸코가 소리 높여 말했다. "우리는 교도소에서 기꺼이 몇 년을 보낼 용의가 있었지만, 그들은 우리에게 고작 15일을 구형했어요. 그건 우리를 겁주지 못했습니다."[17]

반체제 인사들은 경미한 형량을 페레스트로이카가 단순히 말뿐만은 아니라는 신호로 받아들였다. 첫 번째 집회가 실패로 돌아간 후 대안적인 정치운동들이 활기를 띠기 시작해 식료품과 방한화를 구매하기 위해 키예프 상점가에 늘어선 줄처럼 급격하게 확장되었다.

사람들은 더욱 대담해졌다. 나탈리야 로지츠카는 생태학적 문제를 둘러싸고 집결한 과학자 대열에 합류했다. 그녀는 문화의 집House of Culture에서 열린 모임에도 참여했다. 환경을 정화하는 것은 당연히 애국적인 대의였다. 과학자들은 국가를 걱정하는 충성스러운 시민의 자격으로 고르바초프의 개혁안을 지지했다.[18] 로지츠카는 생태학과 방사선생물학에 관한 토론회도 주도했다. 그녀가 이끄는 소모임은 1988년 가을, 공화국 경기장Republic Stadium에서 집회를 열 수 있다는 허가를 받았다. KGB 요원들은 외야석에서 3,000명의 사람을 확인했다. 개중엔 과학자, 예술가, 지식인, 공무원, 당원도 있었다. 사람들은 새롭게 구성된 독립적 협회의 희망찬 이름, 예컨대 그린월드Green World, 유산 Heritage, 공동체Community, 우크라이나 헬싱키 위원회Ukrainian Helsinki Committee 등이 적힌 현수막을 들었다. 집회의 연설은 생태학에서 인권과 정치로 방향을 틀었다. 과학 작가이자 의사인 유리 셰르박Yuri Shcherbak은 동료 시위자들에게 우크라이나에서의 새로운 원자력 모험에 저항하라고 촉구했다.[19] 그는 체르노빌을 둘러싼 공무상의 비밀을 질타했다. 과학원 소속의 한 과학자는 우크라이나에서 사람들이 "원자로 안에" 살고 있고, 우크라이나는 생태학적 대재앙의 벼랑 끝에 서 있다고 말했다.[20] 연사들은 다양한 단체를 "민족운동"으로 규합시킬 통솔 기구의 창설을 촉구했다.[21]

우크라이나 민족전선은 보안 요원들이 가장 두려워하던 것이었다. 집회 후, KGB 요원들은 회합을 조직한 작가들을 불러들였다. 페레스트로이카 이전이었다면 그것만으로도 그들을 조용히 하게 하는 데 충분했겠지만, 지금은 그렇지 않았다. KGB 요원들은 신경질적으로 썼다. "주최 측은 계속해서 민족전선을 만들기 위한 계획을 세웠다."[22]

1988년 말이 되자 자신들의 정치적 견해를 공개적으로 표현하는 사람들이 비약적으로 증가했다. 그 모든 부엌에서의 대화, 근무처의 점심시간에 급하게 나누는 의견교환, 알겠다는 고개의 끄덕임이 공공 영역에서 갑작스럽게 분출됐고 모두를 놀라움에 사로잡히게 했다. 정치적 행동주의의 밀물에 직면한 KGB 요원들은 그것에 대항하기 위해 노력했다. 그들은 독립적 협회에 침투하기 위해 공작원들을 파견했다. 그들의 임무는 소모임들을 반체제 활동으로부터 떨어지게끔 이끄는 것이었다.[23]

KGB는 다년간의 경험에 바탕을 둔 다양한 전술을 구사했지만, 다년간 KGB 요원들의 속을 긁었던 반체제 인사들의 도구상자도 마찬가지였다. 셰브첸코는 자신의 경험에 의거해 KGB의 접근 전술을 그 자리에서 파악했다. 그는 "전과자들이 새로운 정치 단체의 대부분을 운영했지요"라고 기억했다. "민족전선 조직인 루흐Rukh※가 등장했을 때, 우리는 이 조직을 누가 통제할 것인가를 두고 KGB와 큰 싸움을 벌였어요."[24] 공개적으로 일했던 활동가들과 비밀리에 움직인 KGB 공작원들 사이의 그 경합은 페레스트로이카 시대에 비밀과 불신의 풍토를 조성했고, 정치뿐만 아니라 예술과 과학까지 확대되고 확장되었다. 이러한 물밑에서의 충돌은 1989년 국가가 부과한 보도 관제로 인해 체르노빌의 의학적 영향에 관한 논쟁으로까지 비화되었다.

※ 1989년 출범한 정치운동인 우크라이나인민운동Народний Рух України을 약칭하는 말이다. 특히 서부 지역의 지식인 집단이 중심이 되어 결성한 인민전선으로, 소비에트 연맹의 해체와 독립국 우크라이나 건설을 주장했다.

의학적
수수께끼

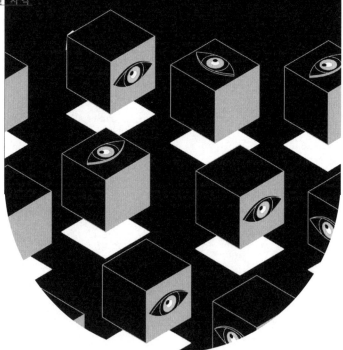

일차적
증거 〱〱〱〱〱〱〱

키예프의 전연맹방사선의학센터All-Union Center for Radiation Medicine 안뜰에서 남성들의 담배가 한 모금씩 서서히 타들어갔다. 환자들은 공원의 긴 의자에 전문 권투선수처럼 기대고 앉아 자신의 건강 문제에 관해 나지막한 어조로 이야기를 나눴다. 병폐를 논의하는 것은 남자다운 일이 아니었지만, 전직 청산자들은 노여움에 그 규칙을 깨버렸다. 그들은 지도자들이 보이지 않는 방사능의 불꽃과 싸우게 하려고 자신들을 소집했지만, 나중에 가서는 그에 대한 보답으로 멸시만 주었다고 한 영화 제작진에게 말했다. 그 환자들의 가장 통렬한 발언은 우크라이나 보건상을 향했다. "로마넨코는 우리가 근무를 회피하기 위해 이곳[병동]에 왔고 아픈 척한다고 말했죠."

30대의 니콜라이 주트코프Nikolai Zhutkov는 "내가 체르노빌 발전소에 갔을 때만 해도 내 건강 증명서는 아주 깨끗했습니다"라고 이야기를 이어나갔다. "2년 뒤 모스크바의 의사들이 내게 뇌 손상, 심장 손상, 위장 기관 훼손, 골기저부의 완전한 악화, 직장탈直腸脫이 있다는 진단을 내렸습니다. 무엇이 이것들을 초래했겠습니까? 나는 일하러 갔고, 한 시간 뒤에 그들은 구급차를 불러야 했죠."[1] 주트코프의 이야기는 체르노빌에 피폭된 다른 많은 사람들의 이야기와 흡사했다.[2] 그들 중 하나의 질병만 앓았던 이는 드물었다. 몸 안에 다양한 질환이 까마귀 떼처럼 득시글거렸던 것이다.

로마넨코와 소비에트 보건성의 비밀스러운 제3부가 통제하고 있던 방사선의학센터 의사들 대부분은 청산자들의 건강에 관한 불평을 인정하지 않았다.[3] 그것이 1986년부터 1989년까지의 일반적인 노선이었다. 모두가 괜찮을 뿐이었다. 로마넨코는 대중에게 오염된 영토 주민들에 대한 대규모 의료적 관리에 관해 정기적으로 보고했다. 그와 그의 직원들은, 의료진이 피폭된 사람들과 통제군 간 비교에서 어떠한 통계적 변화도 찾지 못했다고 발표했다.[4] 1988년 소비에트 보건상은 8만 6,000명의 체르노빌 피폭 어린이를 검사한 후 80퍼센트가 "건강"하다고 주장했다.[5]

수년간 보고서들을 읽어나가면서 나는, 소비에트 보건 관료들이 일순간 태도를 바꿔 100만에 달하는 우크라이나 시민들이 위험해 처했으며 "[심각하게 오염된] 통제 지역의 사람들 사이에서 가장 끔찍한 보건 지표가 나타났다"고 경고하는 내부 보고서와 해외로 보내는 호소문을 작성하기 시작한 1990년 전까지, 앞서의 주장을 되풀이하면서 대중에게 같은 메세지를 전달하는 데 머물렀다는 점을 확인했다. 그들은 해당 지역이 "대참사의 지역"이 되었다고 말했다.[6] 오염된 지역의 아이들 가운데 건강한 아이는 절반도 되지 않았다. 그들은 갑자기 자신들의 입장을 뒤집었다. 여전히 같은 부서와 같은 연도였지만 숫자가 달라진 것이다.[7] 나는 그것을 정리하기 위해 애썼다. 어느 순간 누군가가 거짓말을 하고 있었다.

나는 상충되는 증거를 이해하기 위해 노력했다. 병든 청산자들, 인사불성의 무기력한 어린이들, 만연한 공중 보건상의 문제들에 관한 이야기가 페레스트로이카가 거의 하룻밤 사이에 눈 밑에서 솟아나는 크로커스*처럼 꽃을 피운 1989년 겨울부터 소비에트 언론에 등장했다. 소비에트 역사상 최초의 비교적 자유로운 선거를 앞둔 상황에서 정치적 열정의 여파로, 정치적으로 입신하려는 사람들이 체르노빌의 "범죄"를 그들의 공직 도전과 연결시켰다.[8] 체르노빌은 소비에트의 통치를 비난하고 싶어 하는 모든 이들의 명분이 되었다.[9] 그러한 움직임에 반대하는 사람들은 활동가들이 이른바 보건 위기를 이용하여 국제적 지원을 얻어낼 목적으로 소란을 피운다고 비난했다. 그들은 또한 소비에트 의사들이 훈련을 거의 받지 못했고, 진찰 장비도 부족했으며, 금전적 보상을 얻을 수 있는 체르노빌 관련 질환 진단서를 뇌물을 받고 건네고 있다고 주장했다. 이는 사실이었다. 의사들은 뇌물을 받았으며 공중 보건 관료들은 자신의 배를 불리기 위해 "체르노빌 어린이의" 기구들을 발족시켰다.[10]

이처럼 상충하는 설명들을 걸러내고자 나는 유행병학자인 알렉산데르 클레멘티예프Alexander Klementiev에게 연락을 취했다. 그는 1980년대 말 피폭된 사람들의 건강 데

---

* 크로커스crocus는 이른 봄에 노랑, 자주, 흰색의 작은 튤립 같은 꽃이 피는 식물이다.

이터를 추적하기 위해 마련된 데이터베이스인 체르노빌 기록Chernobyl Registry과 관련된 작업을 수행했다. 클레멘티예프는 소비에트 역학을 저평가했다. 그는 "의료 데이터를 수집하는 체계는 정치 체제와 맞물려 있었죠"라고 말했다. 냉전기 초강대국 간에 벌어진 여러 경쟁에는 가장 건강하고 번영을 누리는 사람들을 만들기 위한 지구적 다툼도 포함되어 있었다. 양측의 지지자들은 사회주의와 자본주의가 각각 가장 건강한 시민을 만든다고 주장했다. 이는 결코 사실이 아니었지만, 좌우간 공식적인 이야기였다. 1930년대 소비에트 인구학자들은 비밀리에 시행된 대규모 처형 이후 인구가 감소했다고 보고했다. 스탈린은 인구 조사 결과를 받아본 뒤 격분했고, 그 인구학자들을 처형할 것을 명령했다.❖ 다행히 1980년대에는 과학자가 정직한 보고서를 낸다고 해서 죽임을 당하지 않았지만, 소련에 좋지 않은 반향을 불러일으키는 통계에 답하는 것은 개인의 경력에 그다지 좋지 않았다. 클레멘티예프는 골치 아픈 건강 데이터를 보고하는 전염병학자들을 감독관들이 어떻게 무시했는지 말했다. 그는 지역 위생 담당 의사들에게는 보기 흉한 사실들을 사회주의적 진보에 적합한 모습으로 조작할 수 있는 자유가 주어졌었다고 언급했다.[11] 그 자유는 광범위했고 과도했다. 글라스노스트나 "투명성"에 대한 고르바초프의 요구는 공식 문서에서 사실을 걸러내기 어려운 바로 이 실상을 겨냥한 것이었다.

❖ 이 내용의 출처를 알려준 저자에게 감사드린다. Catherine Merridale, "The 1937 Census and the Limits of Stalinist Rule", *The Historical Journal* 39, no. 1, 1996, pp. 225~40.

정치 지도자들은 자신의 자리를 지키기 위해 거짓말을 해서 상관들을 기쁘게 했고, 상관들은 그들 자신을 만족시키기 위해 부하

직원들이 현실을 포토샵Photoshopped하는 것을 알고 있었다. 달리 말해 선전은 통치하는 데, 그리고 일상생활을 포장하고 엮어내는 데 쓰였다. 트럭 운전사들은 나중에 공식 기록으로 사용되는 거짓 문서로 가득찬 상자들을 문서고로 날랐고, 그곳에서 문서들은 분류되고 서류철로 작성되어 "사실"로 굳어졌다. 역사가들은 시간이 지나 이 문서들을 발굴하여 사실과 날조의 희뿌연 안개를 가려내기 위해 노력한다. 바로 이것이 우크라이나 보건성 문서고에서 수천 장의 문서를 훑어나가는 동안 내가 겪었던 문제였다. 누가 옳았단 것인가? 처음에 건강 문제가 없었다고 말한 사람? 아니면 나중에 가서 문제가 있다고 한 사람? 벨라루스 보건상처럼 둘 다 말한 사람들은 어떠한가?

이런 논란에 직면했을 때 연구자가 할 수 있는 일은 무엇일까? 납과 담배를 두고 벌어진 과학적 논쟁에서 역사가들은 과학이 어떻게 잘못 관리되고 심지어 고의적으로 조작되는지를 보여줌으로써 난관을 타개하는 데 일조했다.[12] 이러한 역사에서는 과학자들이 무엇을 알았는지 그리고 언제 알게 되었는지가 관건이다. 체르노빌의 경우, 시기의 문제 또한 중요하다. 1989년 중반 이전까지만 해도 체르노빌 관련 건강 문제와 방사능 수준에 관한 정보는 소비에트 언론에서 거의 완전히 금지되었다. 그러나 관리들은 "대외비"라는 도장이 찍힌 문서에 건강 관련 문제를 공개적으로 쓸 수 있었다. 나는 정부의 검열 덕분에 1986년에서 1989년 중반 사이에 생산되어 기밀로 분류된 서신들이 체르노빌이 정치화되고 수익화되기 전의 건강 문제 결과를 보여줄 것이라고 판단했다. 공무원들은 오직 좋은 보건 통계만을 보고하도록 권장되었다. 이 때문에 만일 용감한 관료들이 나쁜 뉴스를 기록함으로써 이 규칙을 위반했다면, 나는 그러한 보고서를 더 신뢰할 수 있었다.

나는 우크라이나 보건성 문서철을 펼친 후 그것들을 시간순으로 배열하여 연대표를 만들었다. 나는 1987년 로마넨코가 우크라이나 의무단이 오염된 지역에서 사람들을 검사한 후 전리 방사선에 민감한 것으로 알려진 순환기계와 갑상선 질환이 증가했다고 기록한 사실을 모스크바의 보건상 예브게니 차조프에게 통보했음을 확인할 수 있었다. 로마넨코는 질환 증가의 이유로 "그토록 완전한 방식으로 검사를 받아본 적이 없던 [농촌] 사람들" 사이에서 질병이 더욱 잘 발견됐다는 점을 들었다. 그는 또한 건강 문제의 폭증을 "정신-감정적 요인"으로 치부했다.[13]

키예프주에서 체르노빌 방사능에 노출된 것으로 알려진 6만 1,000명의 질병 발병률을 보여주는 1988년도 도표는 어린이들의 5분의 1과 어른들의 3분의 1만 "건강" 쪽으로 분류했다.[14] 1985년과 1988년 사이, 우크라이나의 지역 공중 보건 관료들은 키예프주 내의 가장 오염된 구역에서 갑상선 및 심장 질환, 내분비 및 위장기관 이상, 빈혈, 다른 혈액 순환 계통의 질환들이 증가했음을 확인했다. 의사들은 자가 면역 질환이 증가했다는 사실도 알아냈다. 그들은 편도선염, 만성기관지염, 폐렴 등 소아감염의 수가 눈에 띄게 증가하는 모습을 목도했다.[15] 그들은 각종 암과 소아백혈병의 증가를 보고했다.[16] 짧은 잠복기를 지나 발병하는 백혈병과 방사선 사이의 연관성은 입증된 바 있다. 오염된 지역의 노동자들은 눈 질환으로 인해 우크라이나의 다른 지역에서보다 4배나 더 많은 장애를 입게 되었다.[17] 체외기관인 눈은 전리 방사선에 민감하다.

선천적 기형과 임신에 관한 통계 또한 전망이 밝지 않았다. 과학자들은 태아가 특히 취약하다는 사실을 알고 있었다. 태아가 장기를 형성하는 대단히 중요한 순간에 빠르게 성장하기 때문이다. 과학자들은 산모가 영양소인 것처럼 보이는 방사성 핵종을 포함한 다양한 영양소를 효율적으로 흡수하여 태반을 통해 태내의 자녀에게 직접 전달한다는 사실도 파악했다. 밀착 감시를 받은 키예프주의 두 지역에서 선천적 기형을 가지고 태어난 신생아의 비율은 1986년과 1988년 사이에 10퍼센트에서 23퍼센트로 두 배 이상 증가했다. 갓난아기가 두 배나 자주 더 아팠던 것이다. 선천적 기형이 그들이 겪은 병의 첫 번째 원인이었다.[18]

당 관료들은 우크라이나에 유아 사망률이 감소하고 있다는 사실을 자랑스럽게 알렸다.[19] 사실이었다. 사망 어린이 수는 1986년에 비해 1987년과 1988년에 2~6배 증가했던 고도 피폭 지역을 제외하고, 우크라이나 내 거의 대부분의 주에서 줄어들었다. 1985년과 1987년 사이에 출산 전후 사망률(28일 후 사망)은 4배로 껑충 뛰었다. 낙진이 떨어진 몇몇 주에서는 신생아의 16퍼센트가 태어난 후 28일을 채 못 살고 죽었다.[20] 절반은 유산이었고, 나머지 절반은 "삶과 양립할 수 없던" 선천적 기형 때문이었다. 이런 이유로 많은 여성들이 재출산하겠다는 용기를 갖지 못했다. 75퍼센트에 달하는 드물게 높은 비율의 여성들이 임신 중절을 선택했다.[21]

키예프의 연구원들은 심하게 오염됐으면서 키예프에서 쉽게 갈 수 있는 나로디치Narodychi와 체르노빌 지역 내 농장의 가축들을 예의 주시했다. 과학자들은 그 동물들의 폐에서 사람들이 방사선 치료 후 걸리는 것과 비슷한 종류의 폐렴을 발견했다. 그들은 종양이 통제군에 있는 가축들보다 1.5배나 더 자주 자라는 것을 발견했다. 종양은 무려 67퍼센트가 악성이었다. 종양이 나지 않은 동물들도 질병을 앓았고 예상보다 더 빨리 죽었다. 지속되는 만성적 저선량 방사선은 같은 양의 단일 방사능 선량보다 가축의 건강에 더욱 심각한 영향을 끼쳤다. 연구진은 1988년 "사실 오랜 기간에 걸쳐 누적된 손상은 [비급성 또는 저]선량에 의한 증상에 해당하지 않고 급성 방사선에 의한 증상처럼 보인다"고 요약했다. 연구자들은 다량의 방사능이 소량의 방사능 선량에 미치는 영향을 추론하는 방법을 다시 검토할 필요가 있다고 제안했다. "양자의 관계는 단선적"이지 않을 수도 있고 "선형적"이지 않을 수도 있었다.[22] 이는 분명 나쁜 소식이었다. 과학자들은 수십 년 동안 단위당 선량에 있어서는 오랜 기간에 걸친 저선량 방사선보다 단 한 번의 커다란 폭발이 더 해롭다고 상정해왔다.

죽음은 몸이 연주하는 음악이자 결국엔 몸이 지배하는 음악이다. 문제는 어떤 박자인지 그리고 어느 정도의 음량인지다. 분명 무언가 일어나고 있었다. 체르노빌 사고 이후 3년간, 질병 발병률이 증가했고 사망자가 발생하는 속도도 빨라졌다. 로마넨코조차 그 사실을 공개적으로 인정할 수밖에 없었다. 계속되는 질문은 과연 책임이 체르노빌에 있는지의 여부였다. 방사선 피해만 따로 떼어놓고 감지하기는 어렵다. 방사선이 새롭고 독립적인 질병을 초래하는 것은 아니기 때문이다.

나는 확신하지 못했다. 나는 계속 찾아보았다. 나는 체르니히우와 지토미르에 위치한 주립문서고에 가서 하나의 추세를 파악했다. 방사선의학 전문가가 아니었던 현지 의사들은, 질병의 분포가 장소마다 다르긴 했지만, 다섯 가지 일반적인 범주에서 질병 발병률이 증가하는 양상을 확인했다. 어린이, 젖먹이, 임산부는 성인보다 질병 발병률이 더 높은 것으로 나타났다. 멀리 떨어진 모스크바와 키예프에서 집계된 더 큰 수치만 들여다본 방사선 의학 전문가들은 발병 빈도의 증가를 인지했으나 체르노빌과의 연관성은 일축했다. 그 질병들이 방사선 의학이라는 분과를 추동하는, 오랜 시간에 걸쳐 확립된 방사선 위험 추정 도표와 관련이 없었기 때문이다. 그들은 전문가였다. 하지만 현지 의사들은 재난에 좀 더 가까이 있었다. 나는 계속해서 똑같은 난관에 부닥쳤다. 문서고가 어떤 방식으로 거짓말을 하는지 내가 어떻게 알 수 있을까?

재난을
비밀해제하기

질병으로 가득찬 지역사회에서 사는 것은 과연 어떤 기분이었을까? 의무진이 신속히 움직이며 지역사회를 찾아 하루에 100명, 일주일에 500명에 달하는 환자들을 검사했고, 계속 나아갔다. 그들은 개개인의 사연에 연연하지 않았다.[1] 나는 문서고에서 얻은 통계들을 이해할 수 있는 방법을 찾았다. 우연히 한 영화와 맞닥뜨렸는데, 그것은 사고의 여파를 온몸으로 받으며 살았던 사람들을 길거리 수준에서 이해할 수 있는 실마리 가운데 하나를 내게 주었다. 이 영화는 마침내 체르노빌 이야기를 만천하에 공개했고, 거센 저항을 촉발했다.

다큐멘터리 영화 〈마-이-크Mi-kro-fon〉는 우크라이나 당서기가 걱정할 것 없다는 확언을 내뱉는 모습이 담긴 텔레비전 화면을 보여주면서 시작해, 여성 농부가 발버둥치는 새끼 돼지와 승강이를 벌이는 나로디치 지역Narodychi Region의 한 마을로 장면이 바뀐다. 그녀는 형체가 망가진 눈을 보여주기 위해 가축을 뒤집는다. 돼지의 기괴한 눈이 아무 것도 보이지 않는다는 듯 카메라를 응시하는 동안, 농부들은 선천적 기형으로 태어난 가축의 수가 증가했다며 다시금 마릿수를 센다. 다른 여성들은 자녀의 건강 문제와 의사들이 더 이상 아이를 갖지 말라고 말했다는 사실들을 화를 내며 열거한다. 한 여성은 "나는 이제 겨우 서른이에요"라고 소리쳤다. "어떻게 의사가 그런 말을 할 수 있어요?" 영화의 마지막 장면은 키예프공화국 경기장에서 개최된 대규모 집회에서 촬영됐다. 연사들이 지도자들을 향해 참사에 관해 어물쩍 넘어갔다고 비판하는 순간, 마이크가 갑자기 멎는다. 화난 군중은 대담하게도 KGB 요원들에게 확성기를 다시 켜줄 것을 요구하면서 일제히 함성을 지른다. "마―이―크! 마―이―크!"

〈마―이―크〉에 나오는 거의 모든 말은 당시 존재하던 검열 규정을 위반했다.[2] 영화 감독 게오르기 쉬클랴레프스키Heorhy Shkliarevsky에겐 자신의 다큐멘터리 영화가 개봉되는 모습을 볼 가능성이 없었지만, 어찌된 일인지 영화는 검열을 통과했다.

나는 어떻게 그런 일이 일어날 수 있었는지 알기 위해 쉬클랴레프스키를 찾았다. 70대 후반의 쉬클랴레프스키는 키예프 아파트에서 휠체어를 탄 채 내게 "우리는 그곳 나로디치로 올라갔죠"라고 말해주었다. "우리가 복사계를 켜자마자 바늘이 미친 듯이 움직였어요. 정말 높은 수치였죠. 그리고 사람들은 거기에서 살고 있었지요! 우리는 그걸 목격했고, 제작진은 다함께 계약을 맺었습니다. '우리는 이 이야기를 해설 없이 우리가 본 대로 찍고, 그중에 아무것도 잘라내지 않는다'라고."[3]

쉬클랴레프스키는 항상 해왔던 대로 했다면서 지역 검열관에게 영화를 제출한 과정을 설명해주었다. 하지만 너무 뜨거운 소재를 다룬 영화라 그가 할 수 있는 일은 많지 않았다. 우크라이나 국립영화국 Ukrainian State Film Bureau 국장이 그에게 개인적으로 전화를 걸어 모스크바로 필름통을 가지고 가서 승인을 받으라고 말했다. "그들이 결정하게 하시오."

기차를 타고 30시간을 가야 하는 거리에 있는 모스크바에서 바로 다음날 상영 일정이 잡혔다. 쉬클랴레프스키는 역으로 달려가 덜컹거리는 기차의 나무 의자에 앉아 하룻밤을 보냈다. 그는 늦은 시간 모스크바 교외에 위치한 소비에트의 할리우드인 고스키노 영화사Goskino Studios에 도착했다.

쉬클랴레프스키가 작은 내부 극장의 문을 열자마자 또 다른 우크라이나 영화 제작자인 롤란 세르기엔코Rollan Serhienko가 문밖으로 쫓겨나고 있었다. 고스키노 영화위원회는 막 세르기엔코의 영화 〈문턱 Threshold〉에 퇴짜를 놓은 참이었다. 이 영화 역시 체르노빌이 청소 노동자들과 어린이들의 건강에 미친 영향을 다룬 작품이었다. 세르기엔코는 체르노빌에 관한 첫 번째 영화 〈종The Bell〉(1987)으로도 호된 질책을 받았다. 그 영화는 검열관들이 그에게 주요 수정사항을 요구한 후에야 개봉되었다.[4] 첫 번째 영화와 마찬가지로 국가에 비판적이었던 세르기엔코의 두 번째 영화 역시 정치적으로 적절하지 않은 영화였다. 비서가 그 거절된 다큐멘터리 영화를 수백 편의 다른 금지된 영화들과 함께 보관하기 위해 창고로 갔다. 쉬클랴레프스키는 강당으로 발걸음을 옮겼다. 영사기가 돌아가기 시작하면서 그는 당연히 같은 대접을 받을 것이라고 예상했다.

조명이 켜지자 쉬클랴레프스키는 정치 바람이 어느 쪽으로 불어올지 기다리면서 심사위원들이 묵묵히 손톱을 검사하는 모습을 지켜보았다. 마침내 모스크바 생물물리학연구소Moscow Institute of Biophysics에서 나온 한 의사가 일어섰다. 그는 방사능이 건강상의 위기를 초래한다는 영화의 관점을 비난했다. 두 번째 남자가 그 의사에게 도전했다. 둘은 논쟁을 시작했다. 그들은 복도로 나가 서로에게 주먹을 날리기 시작했다. 잠깐이었지만 소비에트 문화산업을 관장하는 최고위층의 진면모를 처음으로 엿보게 된 쉬클랴레프스키는 깜짝 놀랐다. 결정을 내릴 수 없었던 영화위원회는 쉬클랴레프스키의 영화를 고위층, 즉 고르바초프의 정치국에서 선전 책임자로 활약하던 보수적 인사 예고르 리가쵸프Yegor Ligachev에게 보냈다. 공산주의적 이상주의의 감시자로 알려져 있던 리가쵸프는 뻣뻣한 논조로 말하면서 요행을 바라지 않는 남자였다.

"그게 다였어요"라고 쉬클랴레프스키가 말했다. "나는 그 다큐멘터리 영화가 영원히 선반에 꽂혀 있을 거라고 생각했습니다."

기이하게도 리가쵸프는 〈마-이-크〉의 개봉을 승인했다. 쉬클랴레프스키가 말한 것처럼, 고르바초프는 개혁에 완강하게 반대하는 것으로 알려진 당 제1서기 볼로디미르 셰르비츠키를 시작으로 우크라이나에서 불필요한 것들을 정리하길 원했다. 우크라이나 지도부에 비판적이었던 그 다큐멘터리 영화는 셰르비츠키의 책상 밑에 매설된 지뢰 역할을 할 수 있었다. 〈마-이-크〉가 개봉된 시기는 고르바초프의 키예프 방문과 겹쳤다.[5] 고르바초프는 셰르비츠키의 집무실에서 저명한 우크라이나 작가들과 만났다. 그들은 우크라이나 공산당과 당 지도자들이 어떻게 지적 활동을 검열하면서 글라스노스트와 페레스트로이카를 억

누르는지에 관해 불평했다. 전하는 바에 따르면, 고르바초프는 자신의 책상에 숨어 있던 셰르비츠키에게로 돌아섰다. "대체 무엇이 잘못된 거요, 블라디미르 바실리예비치Vladimir Vasilevich? 사람들은 그저 페레스트로이카를 위해 일하길 원한단 말이오."[6]

다음날 셰르비츠키는 사표를 냈다. 고르바초프는 그에게 서두르지 말라고 말했으나, 우크라이나 당서기는 이미 통고를 한 터였다. 이후 셰르비츠키의 권력 장악력은 약화되었다. 그는 작가들이 정치적 반대를 조직할 수 있도록 더 많은 자유를 인정할 수밖에 없었다.

소련에서 그 누구도 체르노빌에 관한 검열되지 않은 보도를 기대하지 않기 때문에 쉬클랴레프스키의 영화는 1989년 2월 처음으로 상영되자마자 하루아침에 큰 반향을 불러일으켰다. 당시 소련에서 일하면서 엘리트 영화축제와 무대공연에 참여하고 있던 나는 자유롭고 독립적인 언론의 대두를 목도하고 있다고 믿었다. 하지만 지금 돌이켜보면 다르게 보인다. 쉬클랴레프스키는 자신의 다큐멘터리를 세 개의 검열기관에 제출해야 했다. 그의 영화는 통과되었다. 반면 같은 종류의 다른 영화 대다수는 쉬클랴레프스키의 영화보다 덜 비판적이었음에도 불구하고 퇴짜를 맞았다. 소련의 끝자락에 가서야 상영될 수 있었다. 당국은 임의로 또는 정치적 전략을 염두에 두고 어떤 것을 대중에게 공개할 것인지 말 것인지를 결정했다. 고르바초프의 개혁은 반대를 외치는 목소리에 기반을 제공했다. 하지만 고르바초프와 그의 협력자들도 글라스노스트를 새로운 지도력 구축의 도구로 이용했다. 언론 개혁은 그들에게 반대파를 탄압할 수 있는 몽둥이를 선사했다. 동시에 해외에서는 독립적 사고를 지지하는 것처럼 보이게 하여 선전적 측면에서 점수를 땄다. 동기와 상관없이 체르노빌에 관한 최초의 비판적인 뉴스의 등장은 체르노빌 지역에 파장을 일으켰고, 당 지도부에 대한 시민들의 편지 쇄도를 촉발했다.[7]

나로디치 지역의 고리키 집단농장Gorky Collective Farm 소속 농부들은 "오직 관료만이 땅을 '깨끗하다'와 '깨끗하지 않다'로 나눌 수 있어요"라고 썼다. "우리가 먹는 음식은 오염됐습니다. 오염도가 허용 기준을 2~3배 이상 초과하는데도 우리는 우리가 키운 모든 것들을 먹어야 합니다. 우리 아이들은 자주 아픕니다. 학교도 결석하지요. 거의 모든 아이들의 갑상선이 비대해졌습니다. 많은 이들의 간도 비대해졌습니다. 일부는 심장 질환을 앓고 있습니다. 더 많은 어른들은 종양에 시달리고 있습니다. 지난 두 달 만에 14명이 암 진단을 받았습니다." 마을 사람들이 불평했다. 마을이 고도로 오염되었다고 인정받지 못해서 키예프의 의사들이 아이들을 진단하지도 않았고 마을 사람들이 식량 보조금도 받지 못했기 때문이다. "우리 마을에서 아픈 어린이의 숫자가 통제된 지역의 어린이들보다 훨씬 많은 이유가 그들은 깨끗한 식량을 지급받고 우리는 그러지 못했기 때문임을 우리는 알고 있습니다." 마을 사람들은 "우리는 이 비극에서 홀로 남겨진 것이죠"라고 끝맺었다.[8]

또 다른 "깨끗한" 마을 루드냐 라도벨리스카Rudnia Radovel'ska의 부모들은 파업에 들어갔다. 그들은 의사로 구성된 조사단이 마을을 찾아줄 때까지 자녀들을 학교에 보내길 거부했다. 한 지방의 당 간부는 당황하여 해당 지역에 관해 다음과 같이 썼다. "검진 결과 실제로 건강한 아이는 전혀 없는 것으로 나타났습니다. 부모들은 이러한 문제를 해결하기 위해 [키예프에 있는] 중앙위원회에 단체로 방문할 수 있는 버스를 누차 요구했습니다. 우리는 모든 수단을 동원해 그들을 제지했지만, 나는 그 마을들에 가본 적이 있고 사정이 어떤지도 알고 있었습니다. 집행위원회 위원장으로서, 그리고 여성으로서, 나는 자녀가 자기 앞에서 시들어가는 모습을 보는 어머니들과 심지어 아버지들의 눈물을 더이상 지켜볼 수 없습니다."[9]

나는 그러한 청원서를 다수 읽었다. 그것들은 각자의 방식대로 특별하면서도 똑같다. 마을 사람들은 세슘-137을 내뿜는 오염된 이탄을 태우는 발전소에 울화가 치밀었다.[10] 출입금지구역 내에서 강제로 일하게 된 여성 죄수들은 환경안전법을 인용하며 적절한 치료를 요구했다.[11] 모두가 방사성 전골 안에서 그것이 무엇을 의미하는지에 관한 제대로된 정보가 주어지지 않은 상태에서 3년을 산 사실에 격분했다.

나는 그 청원서를 썼던 사람들이 30년 후에 사고를 어떻게 볼지 궁금했다. 나는 문서철에 편지 수십 통을 채워 넣고 승용차를 빌린 후 연구 보조원 올랴 마르티뉵과 함께 각 단체 청원서의 하단에 있는 긴 이름 목록에서 어떤 이를 찾을 수 있을지 알아보기 위해 키예프에서 북쪽으로 향했다. 우리는 나로디치 지역에 있던 대형 집단농장의 행정 중심지 노린치Noryntsi 마을에 당도했다. 집단농장이 정착한 곳으로 가는 길에는 우리의 눈길을 끄는 전원 풍경이 그다지 보이지 않았다. 잘 측량된 도로와 생산 전용 표준 규격 건물들이 있던 미국의 한 산업단지를 그대로 재현해놓은 시골 마을이었다. 우리는 농부들의 자택 앞 높은 울타리 장벽과 맞닿아 있는 곧고 널찍한 길을 걸어 올라가 대문을 두드렸다.

한 여성이 청원서에 적힌 자신의 서명을 깜짝 놀라 바라보았다. 그녀는 편지나 청원서에 서명한 일을 기억하지 못했다. 예전에 업으로 소를 쳤던 한 농부는 제록스 복사본을 힐끗 보고 자신의 서명을 찾아냈다. 하지만 그는 집단농장에 관해서, 그것이 한때 얼마나 부유하고 강력한 경제적 힘이었는지, 그리고 지금은 한 외국 회사가 어떻게 그것을 망가뜨리고 있는지 말하고 싶어 했다. 그는 농장에 가축이 7,000마리나 있었다고 말했다. 그들은 한때 소비에트 시장에 몇 톤에 달하는 육류와 우유에 더해 아마, 호밀, 감자, 씨앗을 보냈다. 우리 앞에 있던 다 허물어져 가는 외양간의 모습은 그 잃어버린 생산력을 생생히 일깨워주었다.

우리는 농장의 수의사로 일했던 사람과 이야기를 나눴다. 그녀는 편지를 기억했다. 그녀는 슬픈 기색이었고 행동이 굼떴다. 그녀는 대문에 서서 내키지 않는 것처럼 물었다. "무엇을 알고 싶으세요?" 그녀는 많은 것을 말할 기분이 아닌 것처럼 보였다. "더 말할 게 있을까요?"

페레스트로이카가 한창일 때는 체르노빌이 마을 사람들이 말할 수 있는 전부였던 적도 있었다. 그들은 편지에서, 면담에서, 모임에서 증언을 쏟아냈다. 그들은 서로 정보를 교환하고 그들에게 자료를 슬쩍 흘렸던 동정적인 관료들 및 지방 의사들과 동맹을 맺었다. 그들은 질문을 던지고 정보를 찾기 위해 신문과 게시판을 샅샅이 뒤졌다. 그들이 말하고 또 말하고 목소리를 높이면서 무슨 일이 벌어지고 있는지 알아내기 위해 노력하자 군중들이 모였다.[12]

나는 수의사에게 나로디치에서 결함을 가지고 태어난 가축과 관련하여 널리 퍼진 소문에 관해 물었다.[13] 그녀는 손사래를 쳤다. 그녀는 대신 자신의 건강 상태에 대해 말하길 원했다.

그녀는 하루도 안 아픈 적이 없었다고 말했다. 사고가 일어나고 얼마 되지 않아 목이 아프기 시작했고 이내 두통과 현기증이 뒤따랐다. "그리고 증상은 정말 끝이 없었어요"라고 덧붙였다. "난 여전히 두통이 있어요. 관절들은 쑤셔요. 스트론튬이 가득하죠." 이는 쿨뤼키브카 Kulykivka 마을과 체르니히우의 양모 공장 여성들, 그리고 우리에게 길을 알려준 거리의 한 여성이 했던 말과 같았다. 수의사는 딸이 서른넷의 나이에 심장마비가 왔고, 스물여덟인 아들은 관절 약화에 따른 통증으로 고생한다고 말했다. 만성 천식을 앓는 둘째 딸은 키예프의 스모그를 감당할 수 없어서 마을로 돌아왔다. 그녀는 노린치를 떠나고 싶었지만 남편이 남는 쪽에 투표했다고 말했다. 그녀는 우리에게 자신이 수술을 여섯 번이나 받았다고 알려주었다. 그중 한 수술에서 그녀는 창자의 절반을 잃었다. 이제 "거의 뭐든지 먹기가 힘들어요"라고 그녀는 말했다.

수의사의 이웃이자 목에 갑상선 수술 자국이 선명한 여성은, 자신도 이주해 나가길 원했고 재정착할 새로운 장소를 물색해봤지만 어느 곳도 강과 숲이 어우러진 고향만큼 훌륭하지는 않았다고 말했다.

그녀가 말한 소나무 숲을 바라보았다. 우뚝 솟은 나무들이 도서관만큼이나 조용했다. 도로 옆으로 나 있는 동북쪽 경계에는 목재로 쓰기 위해 심은 나무처럼 위로 곧게 자라지 않은 홍송紅松이 늘어서 있었다. 나무들은 갈라지고 나뭇가지들은 번쩍하는 번개처럼 갈지자형으로 뻗어 있었다. 체르노빌 영토 곳곳에는 이곳처럼 방사성 구름의 이동 흔적이 남겨진 이상한 숲들이 존재한다. 나는 어둠 속에서도 빛을 발하는 구부러진 팔다리를 보려고 계속 고개를 돌렸다. 문서고 자료와 그것을 작성한 사람들과는 달리 이 나무들은 거짓말을 하지 않는다는 사실이 마음에 아로새겨졌다.

작은 도시 말린Malyn의 주민들은 다음과 같이 썼다. "우리는 사고가 터지고 나서 네 번째 해에 아픈 아이들과 임산부의 숫자가 증가했다는 것을 우려합니다. 1985년에는 72명의 어린이가 빈혈을 앓았습니다. 1989년에는 그 숫자가 1,430명으로 늘었습니다. 이는 지역에 사는 모든 어린이의 11.3퍼센트에 해당하는 수입니다." 그들은 문제를 지적했다. "체르노빌 출입금지구역에서 오는 트럭들의 꾸준한 행렬이 우리 마을을 지납니다. 그 트럭들은 오염과 함께 호흡기 질환의 증가를 가져옵니다."

말린 주민들은 실용적인 방호책, 예컨대 오염된 트럭이 다닐 수 있는 우회로, 지역에서 벌목한 나무가 아닌 난방용 휘발유, 개인용 선량계, 깨끗한 식품, 더 많은 비누, 통제된 방폐장을 원했다. 그들은 또한 로마넨코, 셰르비츠키, 그리고 다른 책임 있는 관료들이 법의 심판을 받기를 바랐다.[14]

소비에트 관료들은 대중들이 보낸 편지를 심각하게 받아들였다.[15] 1990년 키예프는 말린으로 조사단을 보냈다. 조사단원들은 중앙 병원과 소규모 진료소들이 심각한 인력난을 겪고 있음을 발견했다. 그들은 빈혈과 갑상선 비대증 발병률이 폭등했음을 확인했고, 시민들이 서한에 쓴 것과 동일한 수치들을 기록했다. 그들은 세 명의 어린이가 백혈병으로 사망했다고 덧붙였다. 이 지역에서 백혈병은 1984년에 딱 한 번 발병했다는 기록이 있을 정도로 "산발적인" 질병이나 다름없었다. 조사단은 성인들의 각종 암 발병이 2배 증가했고 출산의 85퍼센트가 "병리적"이며 35퍼센트는 자연 유산되었음을 발견했다. 조사단원들은 발병 빈도가 증가한 것은 기록 보존이 더 잘 되고 검사가 더 많아졌기 때문이라고 요약했다.[16] 그러한 결론과 함께 조사단원들은 귀가했다. 사건 종결이었다.

올랴와 나는 문서고에 기록된 편지 속 목소리의 주인공들을 찾아 계속 차를 몰았다. 우리는 노린치에서 서쪽과 북쪽으로 방향을 틀어 폴레시아와 리브네주로 향하다가 1989년 등교 거부 투쟁을 벌였던 마을인 루드냐 라도벨리스카에서 멈췄다.

계획된 집단농장 복합체가 아니라 제대로 된 본연의 우크라이나 마을로, 전경이 한눈에 내려다보이는 평원 위에 우뚝 솟아 있는 예쁜 동네였다. 루드냐에는 네 명이 남아 있었다. 나머지는 다른 곳으로 이주했거나 사망했다. 우리는 먼저 한 중년 여성과 무직이자 벙어리에 숙취로 고생하던 그녀의 아들을 만났다. 그녀는 우리를 초대해서 블루베리를 넣은 만두를 조심스럽게 내주었다. 우리는 그것을 거절했다. 안주인은 그다지 말이 없었다. 그녀에게서 슬픔이 아이오딘 팅크 용액처럼 흘러나왔다. 그녀는 병상에 누워 있는 길 아래쪽 이웃 여성을 돌봐주었다고 말했다. 그녀는 우리를 뜰 건너편 루드냐의 네 번째 주민인 갈리나 Galina에게 데리고 갔다.

갈리나는 햇볕에 그을린 얼굴, 흡연자의 거친 목소리, 마을 사람이라기엔 놀라울 정도로 도회적인 모습을 하고 있었다. 그녀는 우유 상자를 들고 다니면서 키예프의 전철에서 중국산 보석을 파는 행상이 될 수도 있었다. 하지만 그녀는 그 일 대신 주변 숲에서 직접 따온 산딸기와 버섯을 사고 팔았다. 그녀는 자신이 어떻게 돈을 벌지 못하게 되었는지 말하고 싶어 했다. 구매자가 산딸기를 사기 전에 방사능을 측정했던 그녀의 마당에 고방사능 구역이 생겼기 때문이다. 바늘이 높은 수치로 움직일수록 그녀가 상품에 매긴 가격이 낮아졌다. 그녀는 땅이 방사성이지 그녀의 산딸기는 그렇지 않다고 불평했다. 나는 가이거 계수기를 꺼냈다. 그 장소에서 나오는 감마선은 배경 준위보다 살짝 높을 뿐이었다.

나는 "어쩌면 그 산딸기가 정말 방사성일 수도 있고요"라고 말하고는 "아마 그걸 드시면 안 될 거예요"라고 도움이 되지 않는 말을 덧붙였다.

그녀는 화를 냈다. "난 쉰둘이오. 산딸기 팔아서 하루에 25달러를 벌어요. 이 나이에 그만한 돈을 어디서 또 벌 수 있겠어요?"

그 여정에서 만났던 다른 모든 사람들처럼 갈리나도 체르노빌에 관해 이야기하는 걸 원치 않았다. 그녀는 "좋아요, 버섯이 체르노빌을 겪는다고 합시다"라고 수긍했다. "우리는 여전히 그것들을 따다가 먹어요. 그리고 우리는 보지 않죠. 어디에 방사선이 있는지 주의를 기울이지 않아요. 우리는 별다른 제한 없이 모든 걸 먹습니다. 시장에 가면 '오, 체르노빌의 이건 말이야, 체르노빌의 저건 말이야'라는 말을 듣겠지만, 체르노빌은 여기에 없어요."

그녀는 파리를 쫓아내고는 반박해 보라며 나를 올려다보았다. 그녀는 주변을 가리키면서 "난 일해요. 살지요. 계속할 겁니다"라고 말했다.

올랴와 나는 무슨 말을 해야 할지 몰라 그녀를 빤히 쳐다보았다.

갈리나는 돌연 주제를 바꿔서 자신이 심장마비와 두 번의 "여성 암"을 앓았다고 우리에게 말했다. 그녀는 잠시 생각에 잠겼다가 이내 "체르노빌이 여기 있다 하더라도, 그건 우리 모두의 겁니다. 사람은 적응을 하잖아요"라고 덧붙였다.

차를 몰아 나오면서 나는 거기가 정말 아름다운 곳이지만, 그곳에서의 삶은 아주 형편없다고 생각했음을 기억한다.

하지만 내가 잘못 알고 있었는지도 모르겠다. 갈리나는 중요한 것은 생존이라고 말하고 있었다. 200년이나 된 그 마을을 지키는 최후의 사람이 되는 일, 그것이 바로 승리였다. 갈리나는 방사능 낙진이나 일련의 무시무시한 질병에 의해 소멸되지 않는 무언가를 가지고 있었다. 바로 백절불굴의 인간 의지였다. 나는 그것에 경의를 표하지 않을 수 없다.

강대국의
자조自助 노력

보건성 관료들은 피폭된 지역에서 발병률이 증가하고 있다는 사실을 마침내 인정할 수밖에 없게 되자 이를 설명할 방법들을 찾았다. 로마넨코와 그의 동료들은 사고 이후 발행된, 만성적 선량에 노출되었을 때 발생하는 증상들을 기술한 지침서로 되돌아갈 수도 있었다. 하지만 소비에트 보건성 관료들은 이미 그때부터 만성방사선증후군에 대한 진단을 금지하고 그것을 "식물혈관성 긴장 이상"이라는 정체를 알기 힘들고 불특정한 병으로 대체했었다.[1] 소비에트 의사들 역시 우랄산맥에 위치한 마야크 플루토늄 공장 근처의 방사성 폐기물에 의해 피폭된 수천 명의 사람들에 대한 연구로 되돌아갈 수도 있었다. 그곳은 서구 과학자들이 일본인 원폭 생존자를 조사한 기간과 거의 비슷한 40년 동안 생존자를 연구했던 장소이기도 했다. 4만 명 이상을 대상으로 진행된 이 연구에서 그들은 상당히 증가한 사망률, 일본인 생존자들보다 두세 배 높은 암 발병률, 상당히 늘어난 출산 합병증, 자가 면역 질환, 그리고 다른 질병들을 발견했다. 그들은 또한 방사선에 피폭된 아이들에게서도 극도의 취약성을 확인했다.[2] 비밀스러운 소비에트 방사선 의학계는 이러한 연구로 돌아가는 대신 해답을 찾기 위해 외부로 눈을 돌렸다.

철의 장막을 넘나드는 첫 번째 교류가 활발해지고 더 많은 수의 소비에트인들이 해외를 여행하던 몇 달 동안, 소비에트 보건 담당 관료들은 미국과 서유럽의 방사선 의학에 대해 새삼스레 감탄하며 서쪽으로 몸을 돌렸다. 그들은 미국이 후원한 "일본인 원폭 생존자 수명 연구"에 관한 정보를 찾았다.[3] 그들은 핵무기 경쟁에서 최고의 적수였던 미국 에너지부와 접촉했다.[4] 로마넨코와 그의 동료들은 해외 과학자들과 관계를 개선하면서 방사선이 사람의 건강에 미치는 영향에 대한 서구인들의 한층 탁월한 해석으로 자신들을 무장했다.

"수명 연구"는 방사선 의학 분야에서 수행된 최대 규모의 역학 연구였다. 조사 대상자만 20만 명(생존자와 자손들)에 달했기 때문에, 방사능이 인체에 미치는 영향에 관한 아주 믿을 만한 자료였다. 그럼에도 불구하고 "수명 연구"를 비판하는 사람들이 있었다. 영국의 유행병학자 앨리스 스튜어트Alice Stewart는 1956년 임산부에게 엑스선을 쬐면 나중에 태어난 아이가 백혈병에 걸릴 가능성이 두 배로 증가한다는 사실을 발견하여 처음으로 "수명 연구"와 충돌을 빚었다. 그녀의 결론은 자궁 속 아이가 피폭됐어도 초과암이 발견되지 않았다는 일본 데이터를 반박하는 것이었다. 스튜어트의 연구는 혹독한 비판을 받았다. 그녀는 20년 동안 공격을 받고 재정적 지원도 철회당했다.[5] 스튜어트는 강력한 비판자들의 지적에 대한 답변을 계속하면서 연구를 이어나가 마침내 승리했다. 1970년대 의사들은 임산부에 대한 엑스레이X-ray 촬영을 중단했다. 그러나 그 논쟁은 스튜어트가 이룩한 또 다른 중요한 발견을 감췄다. 태내 피폭된 아이가 피폭되지 않은 아이보다 감염에 300배 더 민감하다는 사실 말이다. 그녀는 일본인 생존자 연구가 폭탄이 투하된 지 5년이 지나서 시작됐기 때문에 원폭이 야기한 질병과 죽음뿐만 아니라 (방사선 노출의 알려진 영향들인) 사산, 자연 유산, 유산 등을 파악하지 못했을 것이라 지적했다. 1945년과 1950년 사이 나가사키와 히로시마에서는 아무도 그러한 것들을 조사하지 않았었다.[6]

미국 관료들은 소비에트인들과 협력을 시작하면서 초조한 마음으로 체르노빌을 바라보았다. 당시에는 미국의 원자력 유산에 대한 여러 건의 소송과 독립 조사가 속도를 내고 있었다. 원고측 변호인들은 미국 법정에서의 소송을 준비하면서 체르노빌과 관련된 뉴스를 주의 깊게 시청했다.[7] 시위자들이 미국의 폭탄 생산으로 인한 방사능 배출 관련 기록을 요구하면서 미국 에너지부는 자체적인 페레스트로이카를 겪고 있었다.

게다가 에너지부는 미국 원전 종사자들의 건강에 대해 지속적으로 논쟁을 벌였다. 1965년 원자력위원회는 토머스 맨큐소Thomas Mancuso를 고용해 미국 폭탄 생산 종사자 50만 명의 건강을 연구하게 했다. 맨큐소는 자신의 분야에서 최고 중 한 명으로 정평이 나 있었다. 몇 년 후, 원자력위원회 관계자들은 노동자들의 건강에 어떠한 부정적인 영향도 발견하지 못했다는 성명을 발표하라고 맨큐소에게 압박을 넣었다. 맨큐소는 이를 물리친 뒤, 지역 원자력위원회 사무소의 방해로 인해 자신이 찾던 많은 노동자들의 기록을 확보하는 데 문제를 겪고 있다며 조금 더 시간을 달라고 했다. 1977년 원자력위원회는 갑작스레 맨큐소와의 계약을 해지했다. 오크리지 대학연합의 과학자들은 연구를 감독할 연구 책임자가 부재한 상태에서 맨큐소의 연구를 떠맡게 되었다.[8]

맨큐소는 이에 굴하지 않고 자신의 퇴직금을 써서 노동자 건강 연구를 이어나갔다. 앨리스 스튜어트가 맨큐소의 연구에 합류했다. 핸퍼드 플루토늄 공장 노동자들의 건강 기록을 검토한 그들은 예상했던 것보다 더 많은 암을 발견했다. "일본인 원폭 생존자" 데이터에 따르면 노동자들의 암은 "지나치게 낮은 수준으로 알려진" 선량에서 발생한 "초과암"이었다.[9] 스튜어트와 맨큐소는 더 많은 기록을 요구했으나 접근을 거부당했다. 둘은 노동자들의 건강 데이터 공개 결정을 위해 법원으로 갔다. 오크리지의 클라렌스 러쉬바우는 그때까지 맨큐소가 수집한 기록들을 모조리 파기시키라고 명령했다. 러쉬바우는 새로운 개인정보보호법 덕분에 원자력위원회의 후신인 에너지부가 다른 정부기관을 포함한 모든 주체에게 폭탄 생산 종사자들의 기록을 보여주지 않을 수 있게 되었다는 사실에 감사했다.[10]

이것이 바로 소비에트 과학자들과 미국 과학자들이 조용히 체르노빌 연구의 파트너가 된 배경이었다.[11] 두 핵강대국은 법적 책임과 소송, 수백만 명의 피폭된 시민들이라는 도덕적·재정적 부담 등 위태로운 요소들을 많이 공유하고 있었다. 불경스러운 동맹이 모습을 드러내고 있었다.

바꿔 말하면, 로마넨코는 해외에서 도움을 받기 시작했다. 그는 안도의 미소를 지으며, 오염 지역의 질병 목록 증가에 대해 "국제 사회는 이를 방사능에 의한 것이라고 평가하지 않았다"고 썼다.[12] 히로시마와 나가사키와 비교했을 때, 체르노빌 주민들의 피폭량은 일본에서 연구하는 연구자들이 찾아낸 여러 종류의 암 가운데 가장 빈번하게 관찰되는 암조차 유발시키지 못할 정도로 높지 않았다.[13] 보고된 질병의 증가가 체르노빌에 의해 야기된 것일 가능성이 사라지자 소비에트 공중 보건 관료들은 그 원인이 진단법, 의료적 관찰, 질병 기록의 개선 때문일 것이라고 결론지었다.[14] 불안, 한정된 식단, 제한된 야외활동 시간 같은 간접적 원인도 질병의 통계적 증가를 초래했을 것이라고 추정했다.[15] 로마넨코는 방사능에 대한 공포가 불러일으킨 스트레스를 언급하면서 "방사선 공포증"이라는 용어를 빌려다가 자주 사용했다.[16]

사람들이 종종 자신의 건강 문제를 특수한 원인에서 찾길 원하는 것은 사실이다. 알려져 있지만 의식할 수 없는 독소에 직면하게 되면 사람들은 의사를 더 자주 찾고, 진찰을 더 많이 받고, 최악의 상황을 걱정스럽게 상상하곤 한다. 방사능에 대한 공포가 스트레스성 질병뿐만 아니라 더 많은 질병의 보고 또한 초래할 수 있다는 점에서 로마넨코는 핵심을 짚었다.

그러나 로마넨코의 주장에는 몇 가지 문제가 존재한다. 1989년 이전까지 지역의 공중 보건 관료들은 상황을 전혀 파악하지 못했다. 그들은 그들 바로 옆에 있는 지역사회 밖의 보건 문제에 관해 알지 못했고, 방사능 수준에 대한 지식도 전무했다. 의사들은 "방사능 공포증"을 오직 그들이 진찰한 몸을 통해서만 배웠다.

하지만 로마넨코는 질병은 찾기만 하면 발견되는 것이라고 주장했다. 그는 대규모 검사 프로그램으로 인해 발병률 기록 증가가 있긴 했지만, 그 병들은 오래도록 존재했으며 단지 아무도 그것을 추적하지 않앉을 뿐이었다고 주장했다. 그러나 나는 의료팀이 체르노빌 낙진이 영향을 끼친 농촌 지역에서 위험에 처한 모든 아이들을 진단하는 엄청나게 힘든 과업을 수행하지 못했다는 것을 알게 되었다.[17] 빠르게 움직이던 이동식 의무진은 엄청나게 많은 것을 놓쳤다.[18] 소비에트의 시골 지역에는 충분한 수의 상주 의사들도 없었고 내분비학, 병리학, 종양학이나 혈액학 전문가들도 없었다. 한 위생 담당 의사는 암의 지역적 증가에 대해 "그 지역에 내분비 전문가가 있었다면 백혈병 환자 수는 더 많았을지도 모른다"라고 썼다.[19] 그러한 의사 부족은 사고 이후 나아지기는커녕 더욱 심해졌다.[20] 젊은 의사들은 오염된 지역에 발령을 받게 되면 출근 보고를 거부했고, 오염 지역 내 기존 의사들도 거의 절반이 사고 이후 도망을 쳤다. 의료진의 숫자가 매해 감소할 수밖에 없었다. 의료 인력의 "재난적" 부족은 보편적이었다.[21] 벨라루스의 경우 의료진 충원 상황이 너무 좋지 않아 민스크의 관료들이 키예프에 의사와 의료 기구를 보내달라고 애원하기도 했다.[22] 키예프는 보내줄 수 있는 여력이 없다고 답했다.[23]

데이터 수집 또한 일관되지 않았다. 다른 곳으로 이주한 가족들은 추적되지 않았다. 다시 정착한 아이들은 체제 안에서 길을 잃었고 조사 기록에서 떨어져 나갔다.[24] 검사를 위해 채혈된 피는 열악한 도로 사정, 악천후, 주사바늘과 차량 부족으로 인해 연구실에 제시간에 배송되지 못했다.[25] 요컨대 오염된 지역의 의료 서비스 붕괴는 질병의 과잉이 아닌, 과소 신고로 이어졌다.

비밀, 지도의 부재, 의사의 부족에도 불구하고, "통제 구역"과 "엄중 통제 구역" 같은 공식 지명이 피폭될 수 있다는 신호를 주었기 때문에 사람들은 자신이 오염된 지역에 거주한다는 사실을 알고 있었다고 주장할 수 있다. 그들과 그들의 의사들은 주민들이 앓고 있는 모든 병을 방사선에 의한 것이라고 생각할 것이다. 그러나 아무도 자신들이 피폭되었다는 것을 몰랐던 지역에서는 어떠했을까? 그러한 지역사회는 검진을 늘리면 평상시보다 더 많은 질병을 발견할 수 있다는 생각을 확인해 볼 수 있는 좋은 기회일 것이다.

그러한 곳이 체르노빌에서 서쪽으로 300킬로미터 떨어진 우크라이나의 리브네주에 있었다. 그곳은 1986년에 청정하다고 선포되었다. 3년 후, 알렉산드르 코모프는 이러한 판단을 뒤집었다. 그는 지역에서 생산된 우유가 일상적으로 허용 선량 이상이었음을 증명했다. 북부의 두 지역 두브로비챠Dubrovytsia와 로키트네Rokytne의 우유에서는 특히 걱정스러운 수준의 세슘−137이 검출되었다. 두 지역은 1989년에 늦게나마 "엄중 통제 구역"으로 분류되어 주민들이 식량 보조금과 의료 검사를 받을 수 있었다.[26]

방사능 오염이 3년 동안이나 감지되지 않았기 때문에, 두 지역은 특별한 사고 이후 1986년에서 1989년까지 주목을 받지 못했다. 그러한 주목이 스트레스성 질병을 야기시키거나 기존 질병의 발견을 증가시켰을 수도 있다. 사실 해당 지역에서의 의료 서비스는 처참한 상태였다. 농부들이 머물던 오두막 안의 방 두 개가 소아 병원이었고, 장작 난로로 난방을 했다. 일인당 의사 수는 우크라이나에서 가장 낮은 수준(어린이 1만 명당 소아과 의사 1.2명)이었다. 진단에 쓸 수 있는 자원이 제한적이었음에도 불구하고, 1989년 공중 보건 관료들은 오래도록 오염된 것으로 알려진 지역과 동일한 의학적 문제의 증가를 어린이와 어른 모두에게서 발견했다.[27] 가장 놀라운 것은 1988년 어린이들의 종양 수가 깨끗한 음식과 치료를 제공하고 아이들을 여름방학 기간 동안 멀리 보내기 위해 노력했던 다른 오염 지역보다 20배나 많았다는 사실이다.[28]

대지가 거대한 프리퍄티 습지대의 늪과 수렁에 자리를 내줌에 따라 도로가 바퀴자국이 패인 길로 바뀌었다가 이내 사라지는 땅인 리브네주 북부 지역, 소아과를 갖춘 무너져내리는 방 두 개짜리 초벽 오두막 안에서 희귀 소아암이 발견되는 순간을 상상하기 위해 잠시 멈춰서야 했다. 시골 주민의 82퍼센트가 자택에서 사망했다.[29] 지역 병원에는 병리학자가 거의 근무하지 않아 구급차 운전자들이 대부분의 사망 진단서를 작성했다. 1986년부터 1990년까지 리브네주의 오염 지역에서 발생한 다수의 암 사망, 유산, 선천적 기형 및 기타 질병들은 전혀 기록되지 않았다.[30]

벨라루스의
몽유병자들

나는 도저히 믿을 수가 없어서 문서고의 건강 기록들을 계속해서 확인했다. 정말 4백만 명에게 세계가 간과했던 공중 보건 재난이 일어났을까? 어떤 사람들은 저선량 방사선이 건강에 좋지 않다는 이야기를 들으면 무척이나 분노하기 때문에, 나는 그러한 의견을 잠재울 확실한 증거를 찾고 싶었다. 원자력발전소, 종양학 병동, 원자력잠수함에 승선하는 이들에게서 받은 편지들을 생각했다. 이들 대다수의 노동자들은 먹고살기 위한 활동을 하면서 자연스럽게 그들 자신과 다른 이들을 피폭시켰고, 일부는 저선량 방사선이 신체에 해로울 수 있다는 점에 무척 민감하게 반응했다. 나는 많은 과학자들 중에서도 토머스 맨큐소, 앨리스 스튜어트, 어니스트 스턴글래스Ernest Sternglass, 존 고프만, 아서 탬플린Arthur Tamplin을 떠올렸다. 그들은 저선량 방사선과 건강에 관한 나쁜 소식을 전해주었고, 이는 그들에게 연구비, 때로는 직업, 그리고 많은 슬픔이라는 대가를 치르게 했다.

벨라루스는 어떠했을까? 다른 어떤 곳보다 많은 체르노빌 낙진이 그곳에 떨어졌다. 나는 민스크로 날아갔고 벨라루스 국립문서고Belarusian National Archives에서 기록들을 읽어나갔다. 이어 체르노빌이라는 소용돌이의 한가운데 있던 고멜과 모길료프시를 찾았다. 내 연구 보조원들도 바쁘게 작업했다. 한파가 몰아치는 동안 올랴는 서류를 구하기 위해 모스크바로 갔다. 카짜는 기차와 버스를 타고 체리카우Cherykaw 지역의 시골 별장에 있는 작고 난방이 안 되는 문서고로 갔다. 그곳의 문서 보관 담당자들은 방문객을 받는다는 사실에 몹시 흥분하여 지역 병원의 기록들을 친절하게 건네주었다.

이 새로운 자료더미를 읽어나가면서 나는 벨라루스에도 어느 날 당국이 태도를 180도 바꿔 남부 벨라루스를 "재난 지역"으로 선포하기 전까지 체르노빌과 관련된 건강 문제를 부인하던 것과 비슷한 정신분열적 주기가 있었음을 발견했다.[1] 하지만 한 가지 다른 점도 확인했다. 사고가 발생한 지 몇 주 후 모스크바가 체르노빌 방사능에 피폭된 사람들에 대한 대규모 검사를 명령했을 때, 우크라이나 관리들은 최고 속도로 이 작업을 수행했다. 그러나 벨라루스에서는 그러한 정도의 급박함을 확인할 수 없었다. 몇 달 뒤가 되어서야 마을 사람들을 검진하고 방호 조치를 취하라는 명령이 이미 낙진으로 포화 상태에 있던 지역들에 내려왔다.[2] 벨라루스 지도자들은 문제를 찾아 나서지 않았던 것이 분명했다. 그들은 처음에는 체르노빌 낙진으로 다섯 구역만 오염되었다고 생각했지만 나중에 실제로는 54개의 구역이 오염되었음을 깨달았다.[3] 아나톨리 로마넨코는 재난이 일어난 지 다섯 달 만에 키예프에 전연맹

방사선의학센터를 설립했다. 벨라루스에서는 보건성의 방사선의학연구소Institute of Radiation Medicine 설립이 3년 동안 교착 상태에 빠졌고, 설립 후에도 보건성을 뒤덮은 자금 분제와 내부 경쟁으로 인해 체르노빌과 관련된 작업을 거의 수행하지 못했다.[4]

사고가 터진 지 몇 년 후, 벨라루스 정부는 피폭된 대중을 조사하기 위해 또 다른 법령들을 발표했다. 정부는 기존의 1986년도 명령을 갱신해야 했다. 인력의 부족, 장비의 결여, 비밀의 과잉, 호기심의 결핍으로 인해 오염된 지역에 사는 벨라루스인들 가운데 극히 일부만이 제대로 된 추적 관찰을 받았기 때문이다.[5] 우후죽순처럼 증가하는 재난의 지리적 파급을 이해하게 된 벨라루스 지도자들은 체르노빌 피폭 관련 추적 관찰 대상자를 16만 6,000명에서 200만 명으로 늘렸다.[6] 마침내 사고가 발생한 지 3년 후, 체르노빌로 피폭된 사람들의 첫 번째 자료가 벨라루스 보건성에 흘러들어갔다.[7]

이 표준화된 보고서들은 내가 지금까지 본 어떤 것과도 달랐다. 한 도표는 1985~1987년에 고멜주 내의 고도로 피폭된 지역들에서 인구가 절반으로 줄어들었음을 보여주었다. 한 지역에서는 1만 5,000명이 자발적으로 휙 다른 곳으로 이주했다. 그건 좋지 않았으나, 내 등골을 오싹하게 만든 것은 도표 아래의 문구였다. "상기 표에서 분명히 알 수 있듯이, 크라스노폴레Krasnopole 지역의 인구 구조에서 유의미한 인구학적 변화 및 이주로 인한 변화는 발생하지 않았다."[8]

이게 대체 무슨 말인가? 어떻게 이 보고서의 저자는 주민들의 50퍼센트가 사라졌는데도 인구학적 변화가 없었다고 결론지을 수 있었을까? 아마도 그 보고서를 제출한 관료들이 보고서가 읽힐 것이라고는 상상도

하지 못했기 때문이라 짐작된다. 나는 이처럼 결론에서 사실을 떼어낸 문서를 더 많이 발견했다. 오염된 지역의 뇌혈관 및 신경 건강에 관한 한 분석은 1985~1988년에 병이 3배 증가했음을 보여주었으나, 관료들은 마치 아무런 계산도 하지 않은 것처럼 "본질적인 변화나 유의미한 증가가 발견되지 않았다"고 결론지었다.[9]

벨라루스 보건성의 의사들이 채택한 다른 연구 방법론은 나를 어리둥절하게 만들었다. 벨라루스 남부의 한 마을 연구에서 의료진은 "실질적으로 깨끗한" 구역에 사는 사람들을 연구의 통제군으로 지정했다. 그곳은 제곱킬로미터당 5퀴리의 세슘-137이 검출되는, 거의 "깨끗하지" 않은 지역이었다.[10] 나는 당시 보건성에서 중간급 연구자로 근무하던 내분비학 전문가 발렌티나 드로즈드와 이야기를 나눴다.

그녀는 다음과 같이 설명했다. "우리는 당시 체르노빌이 우크라이나의 문제라고 생각했어요. 그래서 사고가 발생한 후에 우리는 꼬마들 몇 명을 데려와서 진찰했고 아이오딘 알약을 쥐어준 뒤 귀가시켰어요. 그 검사 기록들은 어디론가 비밀로 분류된 곳으로 갔죠."[11]

내가 그녀에게 위에서 인용한 보고서들을 보여주자 그녀는 웃었다. 그녀는 "그건 어떤 싸복Sovok이 작성한 거예요"라고 말했다. "당시에는 나도 싸복이었죠."

싸복은 이념에 얽매이고 독립적인 사고와 행동이 부족하고 무분별하게 충성스러운 소비에트 시민을 애정 어리게 조롱하는 말이다. 또한 긴 휴식 시간 사이에 모순되는 문서들을 별다른 생각 없이 정리하는 관료들, 즉 일하는 시늉만 하는 몽유병자를 묘사하는 말이기도 하다. 낙진이 떨어진 지역의 보건 통계를 표로 만들라는 말을 듣고, 그들은 그렇게 했다. 체르노빌 영토에 아무런 문제가 없다는 말을 듣고, 그들은 아무런 문제도 찾지 못했다. 그들의 노고를 조금 인정하는 의미에서 말하사면, 위생 담당 의사는 벨라루스 남부 마을들에서의 방사능 확장에 관해 공식적으로 아무것도 알지 못했다. 우크라이나의 나탈리야 로지츠카처럼 방사선 계수기를 손에 쥐고 자체적으로 조치를 취한 이는 거의 없었다. 그들은 맹목적으로 일했다. 마을 사람들을 진정시키기 위해 만났을 때, 공중 보건 관료들은 방사선 수치를 알려주지 못했고 건강과 방사선 사이의 유의미한 상관성에 대해서도 거의 설명하지 못했다. 관료들도 마을 사람들과 마찬가지로 제한된 정보에 접근할 수 없었기 때문이다. 마을 사람들이 지역사회에서 벌어진 내분비계 이상과 순환계 장애의 증가를 가지고 몰아붙이자 관리들은 더듬거리며 "모호하고 추상적인 것들"을 말했다. 엄마들이 구체적으로 답해줄 것을 요구하자 그들은 방어적인 태도를 보이며 엄마들을 모욕했다.[12]

나는 문서에서 벨라루스의 몇몇 인물만이 재난에 대해 경종을 울렸다는 사실을 발견했다. 그들 중에는 군 장성, 기자, 대학에서 생화학을 가르치는 교수, 작가 알레스 아다모비치, 그리고 자신의 위신과 명성과 최우선 순위 군사 계약이 스스로를 지켜줄 거라고 분명히 믿었을 벨라루스 최고의 핵물리학자도 포함되어 있었다.[13]

물리학자 바실리 네스테렌코는 민스크 교외에 위치한 핵에너지연구소Institute of Nuclear Energy를 관리했다. 이 연구소의 주목적은 하나였다. 바로 물이 아닌 이산화질소로 냉각시키는 이동식 원자력발전소 건설이었다. "파미르Pamir"라고 불린 이동식 원자로는 벨라루스 최대의 군사 계약이었다. 완성되었을 때, 그것은 북쪽 맨 끝의 빙하 위로, 중앙아시아 사막의 강풍이 몰아치는 모래 위로, 또는 시베리아 타이가 지대의 유동적인 삼림 깊숙한 곳으로, 즉 지구상의 어느 곳으로든 갈 수 있는 60톤의 장갑 무한궤도차량인 초대형 트럭 다섯 대로 구성되는 것으로 계획되었다.[14] 파미르는 자급이 가능한 원자로로 설계되었다. 이것이 한 번 작동되면, 불은 계속 켜질 것이라 예측되었다. 소비에트 장성들은 파미르에 대한 재정 지원을 아끼지 않았고, 이를 구상한 네스테렌코를 수석 설계자로 임명했다. 그러한 조치는 네스테렌코를 벨라루스의 과학 귀재로 거듭나게 했다. 그에게 주어지는 직위와 상훈이 급격히 불어났다. 그는 핵물리학자와 화학자로 구성된 연구진을 구성하여 오랜 시간 소비에트 과학계의 주변부에 머물던 도시 민스크에 중요한 연구센터를 만들기 위해 밤낮으로 일했다.

이 모든 일이 잔물결 없이 진행되지만은 않았다. 계획은 지연되었고 마감 기한을 몇 년이나 맞추지 못했다. 1979년에는 한 화학자가 실험 도중 사망했다. 1985년에는 당 관료들이 연구소 직원을 개인 별장을 짓는 데 동원한 점에 대해 네스테렌코에게 경고를 내렸다. 1986년까지 1,000명의 직원으로 구성된 네스테렌코의 연구진은 두 대의 모형 원자로를 짓고 시험 가동했다. 그 결과 질산이 원자로를 내부에서 부식시키는 동안 그것들이 극도로 불안정하고 제어하기 어려우며 완전가동 상태에서 위험할 정도로 흔들리는 점을 발견했다.[15] 1986년 7월에 실시한 실험에서는 원자로에서 가스가 유출되어 직원 네 명의 폐를 그슬렸다. 이는 소비에트 군사 연구 개발의 '될 대로 되라'식 실험주의에서 흔히 볼 수 있는 일이었다. 이 같은 문제에도 불구하고 네스테렌코는 1986년 초에 여러 주요 상을 수상했다.[16] 그의 전성기였다.

그 뒤 그의 운명이 바뀌었다. 1986년의 끝없이 이어지던 여름 동안 네스테렌코는 복사계를 가지고 벨라루스 남부로 황급히 갔다가 방사능의 바다가 벨라루스의 마을과 농장으로 쇄도한다는 사실을 당 지도자들에게 경고하기 위해 서둘러 귀가했다. 그는 이동식 원자로 작업 중이던 직원 300명을 빼서 모길료프주 및 고멜주의 방사능 등고선 지도를 작성하는 일에 배치시켰다.[17] 눈이 튀어나올 정도의 수치를 확인한 네스테렌코는 벨라루스 당서기에게 서한을 보냈으나 응답이 없자 그것을 모스크바의 지도자들에게 보냈다. 지휘 계통을 우회한 것이다. 아마도 이 점이 그를 곤경에 빠뜨린 것으로 보인다.

핵에너지연구소의 인사 책임자인 KGB 중장 부다콥스키P. Budakovsky는 네스테렌코에 관한 항의서를 공산당 민스크 시당에 보냈다.[18] 부다콥스키가 편지를 보내기 전에도 익명의 서한이 있긴 했다. 하지만 그것들은 어떤 인물이 똑같은 문체로 동일한 흐릿한 타자기를 사용하여 인사 문제 및 개인 전화 내용에 관한 엄청난 내부 정보를 알고 있는 양 작성한 것으로 보인다. 익명의 편지들은 "시온주의 무리"가 핵에너지연구소를 책임지는 위치에서 족벌주의, 횡령, 연구 위조에 관여했다고 고발했다. 편지를 쓴 이들은 그 무리가 막 파악되려고 하던 참에 체르노빌이 "천상에서 내려온 만나manna"처럼 하늘에서 떨어졌다고 추측했다. 그 무리의 책임자인 네스테렌코는 자신의 범죄로부터 주의를 돌리기 위해 체르노빌을 이용했다. 그는 또한 "주민들이 정부에 관한 불만 사항을 쏟아내도록 자극"하기 위해 사고에 관한 정보를 조작하기도 했다. 편지 작성자는 네스테렌코가 연구소에서도 똑같은 일을 저질렀다고 언급했다. 그는 우유 판매 금지를 요청한 곳에서 직원 모임을 주재했다. 한 익명의 편지 작성자는 "오직 하나의 냉철한 목소리만이 이 불필요한 정신병의 표출을 거부했다. 바로 부다콥스키였다"고 썼다.[19]

이 고발은 조사로 이어졌고, 네스테렌코는 곧바로 자신이 이끄는 연구소에서 심문을 받게 되었다. 몇 권에 달하는 조사 서류가 벨라루스의 국립문서고에 소장되어 있다. 나는 이 기록에 쉽게 접근할 수 없었다. 사건이 지극히 사적이고 비난 형식으로 진행되어 문서 보관 담당자들과 네스테렌코의 아들이 내가 그것을 복사하는 것을 원하지 않았기 때문이다.

두 명의 인사 부책임자가 부다콥스키에게 합류해 네스테렌코를 공격했다. 그중 한 명은 막 강등된 참이었다.[20] 아마도 그는 복수를 원했거나 네스테렌코의 직위를 탐냈던 모양이다. 아니면 그들이 네스테렌코가 떠도는 소문처럼 고압적이고 거만하며 부패했고 갑질을 일삼으며 하급자의 공로를 자신의 것인 양 갈취한다는 데 진정으로 분노했었을 수도 있다. 그러나 네스테렌코가 "시온주의 무리"의 일부라는 혐의에서는 어떠한 진실도 찾기 어렵다.

네스테렌코는 빵 부스러기처럼 쓸려나갈 수 있는 만만한 교수가 아니었다. 그는 전국적인 명성을 가지고 있었고, 정부 부처 중 가장 물샐틈없고 강력한 국방성과 핵무기를 총괄하는 중기계성Ministry of Medium Machines의 지지를 업고 있었다. 네스테렌코의 절친한 친구인 니콜라이 보리셰비치Nikolai Borisevich는 벨라루스 과학원Belarusian Academy of Sciences의 책임자였다. 네스테렌코는 친구들이 고위직에 있어 안전했거나 안전하다고 느꼈다. 네스테렌코는 자신을 방어하면서, 부다콥스키가 자신에게 체르노빌에 대해 입도 뻥긋하지 못하게 하기 위해 연구소에서 추문을 일으키려 한다고 비난했다.[21] 과학원과 두 개의 강력한 부처들에서 파견된 과학자 조사단이 연구소의 진행 경과와 재정 상황을 검토했다. 전반적으로 심각한 문제는 전혀 발견되지 않았다. 대신 방문 중이던 조사단은 네스테렌코의 적들인 부다콥스키와 그의 조력자들을 신랄하게 비판했다.[22] 연구소의 동료들은 부다콥스키야말로 약자를 괴롭히며 의심이 많고 도청을 하는 습관이 있다고 진술했다.[23]

부다콥스키는 격분하여 벨라루스 당시기 니콜라이 슬륜코프에게 네스테렌코를 맹비난하는 네 쪽짜리 문서를 보냈다. 그는 아무것도 저지하지 못했다. 부다콥스키는 다시 한번 네스테렌코의 횡령, 허위 보고, 아첨, 그리고 독재적 관리 방식에 관한 혐의를 제기했다. 그는 "그 모든 부정적인 점, 우리 사회에서 우리가 능동적으로 맞서 싸우는 모든 것들이 연구소 안에 응집되어 있다"고 고발했다. 동료들이 네스테렌코의 편을 들며 저지른 배신에 화가 난 부다콥스키는 "나는 심지어 전쟁터에서도 그러한 도덕적 절망을 겪은 바 없다"고 덧붙였다.[24]

부다콥스키의 호소는 사건을 시 수준에서 슬륜코프의 영역인 공화국 당위원회Party Committee 수준으로 격상시켰다. 슬륜코프는 또 다른 조사를 지시했다. 하지만 이 조사에서도 많은 것을 찾지는 못했다. 네스테렌코의 동료 대다수가 그를 방어했다. 심지어 그의 경쟁자들 또한 그가 연구소에 필수적이라는 사실을 인정했다.[25] 그럼에도 관계자 회의에서 부다콥스키와 그의 조력자들은 네스테렌코와 그의 협력자들을 공격했다. 그들은 욕설과 진술서를 서로 보내면서 상당한 밀치기와 발길질을 구두口頭로 주고받았다. 조사단원들은 소장의 단점을 말하는 연구소 직원들과 함께 길고 지루한 회의를 거듭했다. 네스테렌코 진영은 기반을 잃었다.[26] 그의 "거처"가 무너졌다. 체르노빌의 정치적 여파 속에서 네스테렌코의 후원자이면서 소비에트 핵무기 프로그램 책임자였던 80대의 예핌 슬라브스키Efim Slavsky가 직위를 잃었다. 네스테렌코를 옹호하기 위해 편지에 서명한 동료들 또한 조사를 받고 해고당했다.[27] 결국 조사단장이 부다콥스키의 편에 섰다. 네스테렌코는 자신이 총괄하던 연구소의 한 연구실 연구원으로 강등되었다. 그는 패배를 가볍게 받아들이지 않았다. 궤양을 얻어 병원을 찾는 와중에도 그는 편지, 호소문, 진술서 작성을 멈추지 않았다.[28]

네스테렌코는 보안 기구가 그들의 대상을 비난하기 위해 은밀하게 사용하는 특수한 방식으로 처벌받았다. 그가 멈추지 않고 물러날 것이라는 신호를 보내지 않았기 때문으로 보인다. 네스테렌코의 아들 알렉세이Aleksei는 내게 소장직 해임 후 아버지에게 일어났던 일련의 불행에 관해 말해주었다. 출근하던 어느 날 아침, 네스테렌코는 누군가가 자기 차의 제동 장치를 고장냈음을 눈치챘다. 몇 주 뒤, 라이트를 켜기 위해 속도를 줄이던 그는 뒤에서 구급차가 빠르게 달려오는 것을 발견했다. 네스테렌코는 가속 페달을 밟아 그곳을 벗어나려고 했으나, 구급차 운전자는 차의 방향을 네스테렌코 쪽으로 꺾었다. 충돌로 인해 네스테렌코는 부상을 입었다. 그 운전자는 유유히 걸어서 사라졌다. 후일 이 사건을 추적하면서 네스테렌코는 그 운전자가 사고 당일 아침에 고용되었고 하루가 끝나기도 전에 그만두었다는 사실을 확인했다. 몇 달 후 어느 날 저녁, 최후의 결정타가 날아왔다. 누군가 네스테렌코의 다차를 뒤엎고 서류들을 전부 없애버린 것이다. 알렉세이는 "바로 그때 아버지는 미치셨죠. 거의 신경쇠약에 걸리실 뻔했어요."[29]

정부 관료들이 서로를 비방하고 모욕하는 동안, 벨라루스 남부의 주민들은 정말 큰 곤경에 빠지게 되었다. 모길료프주에서 1만 명 넘는 주민들이 제곱킬로미터당 적어도 40퀴리의 세슘-137이 측정되는 오염된 공동체에서 거주했다. 최고 수치를 기록한 장소는 츄댜니Chudiany 마을이었는데, 평균적으로 제곱킬로미터당 141퀴리가 측정되었다.[30] 사고 후 육군 여단은 고멜주에서 2만 4,000명의 사람들을 내보냈다. 하지만 모길료프주에서는 단 한 명도 소개하지 않았음을 기억해야 한다. 언론은 체르노빌 출입금지구역 안으로 돌아와 사는 사람들에 초점을 맞춘다. 당국은 노인들에게 대피 이후 만일 그들의 자영 농지가 심각하게 오염되지 않았으면 복귀해도 된다고 허락했다. "자체 귀환자" 또는 "체르노빌의 할머니"들은 정부로부터 식량을 제공받았다. 기자들은 대개 여성이었던 이 연금생활자들이 출입금지구역 안에 여전히 있고 여전히 살아 있다는 사실에 종종 경탄한다. 어떤 이는 체르노빌 방사선이 대피로 인한 스트레스보다 덜 해롭다고 주장하기 위해 이 여성들의 고집을 이용하기도 했다.

이러한 방식으로 해설자들은 방사능 사건의 진원지에 가까우면 가까울수록 더욱 위험하다고 추론하면서 근접성의 덫에 걸린다. 사고 이후 낙진을 곳곳으로 나른 바람의 양상 때문에 자체 귀환자 중 제곱킬로미터당 40~140퀴리가 측정된 벨라루스의 먼 지역에 사는 수만 명보다 더 많은 방사능에 피폭된 사람은 한 명도 없었다.[31] 체르노빌에서 동북쪽으로 300킬로미터 떨어진 츄댜니가 속한 벨라루스 체리카우 지역 병원의 기록들은 1년 단위로 어린이 5,000명을 포함해 2만 500명이 거주했던 지역에서 벌어진 피폭의 초상화를 제공한다. 첫 번째 연도에 의료진은 수천 명의 사람들을 검사했는데, 그중 절반은 최악의 구역에 살고 있었다.[32] 혈액 검사는 5~25퍼센트의 주민들이 "좋지 못한 혈중 지표"를 가지고 있고, 갑상선에서 높은 수치의 방사능이 검출되었음을 보여주었다.[33] 모유 견본의 22퍼센트에서 방사능 수준이 허용치를 초과했다.[34] 한 보고서에 따르면 아무도 입원하지 않았다고 한다.[35] 또 다른 문서는 시골 병원에서 진료를 받은 사람의 수가 100명이라고 계산했다.[36]

이듬해에는 각종 지표들이 위쪽으로 이동했다. 1987년 모스크바의 생물물리학자 레오니드 일린이 해외 과학자들에게 식품 방호 조치가 성공적이었다고 말하고 얼마 지나지 않아, 체리카우 지역의 현지 위생 검사관들은 식품이 1986년도보다 더욱 오염되었음을 발견했다.[37] 1988년에는 생산된 우유의 4분의 1이 허용치를 초과했다. 심지어 (제곱킬로미터당 15퀴리 미만의) "상대적으로 깨끗한" 마을을 포함해 모든 마을에서 생산된 우유 중 일부는 마실 수 없을 정도로 높은 방사능을 내뿜었다. 멧돼지 고기 견본 59개 가운데 47개가 소비하기에는 심하게 방사능에 오염된 상태였다. 그 지역의 버섯들 가운데 오직 한 군데의 숲에서 난 것만 먹을 수 있었다.[38]

체리카우 지역은 오랫동안 의사들의 부족에 시달렸는데, 이 추세는 해가 지남에 따라 악화되었다. 1987년이 끝나갈 무렵 통제 구역의 주민들은 이동식 의료진의 피상적인 검사를 거부했다. 의사들이 그들을 멸시하며 검진했기 때문이다.[39] 의료 인력의 부족으로 인해 "위험에 처한" 인구 중 일부만 검사를 받았다.[40] 그렇다 해도 의료 지형은 암울해 보였다.

성인들 가운데 심장 질환, 갑상선 비대증, 위장기관 및 요로 이상, 백

내장, 간 질환 및 혈액 질환에 걸린 사람의 숫자가 1984년과 1988년 사이 두 배 또는 세 배로 증가했다.[41] 신경 질환은 벨라루스 전체 평균을 초과했다. 1987년에는 어린이의 절반이 갑상선 비대증을 앓았다. 10퍼센트가 빈혈을 앓았는데, 전년도보다 네 배 이상 증가한 수치였다. 수십 명의 아이들이 백혈구와 혈소판 수치가 낮아 잇몸 피나 코피, 피로, 쇠약, 높은 감염 위험성이 유발될 수 있는 백혈구 및 혈소판 감소를 앓았다. 222건의 출산이 있었는데 산모들 가운데 1986년보다 두 배가량 많은 67퍼센트가 합병증에 시달렸다.[42] 103건의 임신 가운데 63명의 아기만 산 채로 태어났다.[43] 심장병을 가지고 태어나는 아기의 숫자는 두 배로 증가했다.[44] 태어난 지 28일 안에 사망하는 갓난아기의 수는

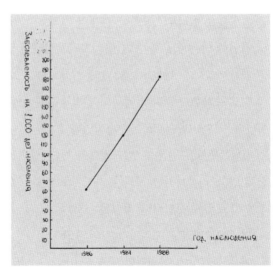

체리카우 지역에 사는 4~6세 어린이의 빈혈 동태

1987년도에는 두 배로 늘었고, 1988년도에는 거의 세 배로 뛰었다.[45] 사고 당시 임신한 산모의 자녀는 사고 이후 태어난 아이들보다 더 아팠다. 높은 수치의 방사능 선량을 몸에 짊어지고 태어난 어린이는 다른 아이들보다 대개 더 많이 아팠다.[46]

사고가 터진 지 3년 후, 지역 어린이들의 30퍼센트가 빈혈성 증후군을 앓았다.[47] 이 믿기 힘든 증가를 확실히 인지시키길 원했던 지역의 한 공중 보건 관료는 보고서에 보기 드문 도표를 포함시켰다. 이 도표는 토양에서 제곱킬로미터당 40퀴리 이상의 수치가 검출된 지역에 사는 4~6세 어린이의 빈혈 사례를 보여준다.[48] 도표의 선은 무한을 향해 치솟는 화살표와 흡사했다.

암 발병률은 소련의 어느 곳에서나 그랬던 것처럼 1986년에서 1989년까지 증가했다. 하지만 예외적으로 체리카우 지역의 1988년도 1인당 암 발병률은 벨라루스공화국 전체의 그것보다 다섯 배나 높았다.[49] 가장 만연한 암은 림프종, 백혈병, 그리고 갑상선 및 위장기관에서 생기는 암들이었다.[50] 1986~1988년 동안 모길료프주 전체에서 백혈병은 세 배로 증가했다.[51] 다른 암들의 발병률 또한 1989년에도 계속해서 늘어났다.[52] 1990년도에도 마찬가지였다.[53]

지역 주민들은 편지를 썼고 전보를 쳤다. 답변은 없었다. 체리카우시 전체 인구가 참석하여 회의를 가지기도 했다. 그들은 "우리는 풍족한 삶을 살고 있지 못합니다"라고 선포했다.

2만 500명이라는 체리카우 지역의 표본 크기는 너무 작아서 체르노빌 이후 통계상에 유의미한 영향을 미칠 수 없었다. 작은 표본에서는 특이치(예컨대 세 개의 추가적인 암들)가 평균에 큰 영향을 끼치기 때문이다. 관찰 대상 집단이 상당할 경우, 통계상의 변화는 더욱 확실해진다. 문서고에서 문서고로, 주 단위에서 지역 단위로 건강 기록에 대한 나름의 작업을 이어나가면서, 나는 작은 지역에서 많은 의료적 문제가 발생했음을 확인했다. 체리카우 지역에서 생산된 것과 비슷한 보고서들이 위로 쌓였다.

지역 의사들은 조심스럽게 다음과 같이 명백한 요인을 지적했다. "이러한 [질병] 양상이 나타난다는 사실이 방사능과 같은 부정적 요인들의 가능성을 완전히 배제하는 것은 아니다."[54] 벨라루스 보건성의 관료들은 특히 체르노빌과의 관련성을 두고 논쟁을 벌였다. 그들은 불길한 보건 통계를 우크라이나의 대응을 상기시키는 방식으로 합리화했다. 질병의 증가는 "열악한 심리적 분위기" 때문이었다.[55] 암 발병률은 "자연 증가"의 경로를 밟았다.[56] 갑상선 문제는 토양의 무기물 부족으로 인한 지역적 풍토병이었다.[57] 그들은 약이 너무나 많이 있다고 말했다. "질병의 급격한 증가……는 의료의 개선으로 설명 가능하다."[58] 그러나 그들은 또한 유아 사망률 등의 급등은 농촌 병동에서의 열악한 의료 때문이라는 설명을 고수했다.[59] 의료적 관심과 무관심이라는 두 가지가 모두 증가했다는 주장은 터무니없었다.

벨라루스 관리들의 부인否認은 우크라이나와 모스크바 관리들의 그것과 똑같았다. 체리카우 지역의 보건 통계는 우크라이나의 나로디치, 폴리스케, 두브로비차 지역 및 벨라루스 남부 고멜, 모길료프, 브레스트Brest, 그로드노Grodno주의 수십 곳에 달하는 낙진 지역의 보건 통계를 연상시켰다. 내가 무엇을 들여다보든(그리고 보통은 내가 그것들을 열어본 최초의 연구자였다) 공중 보건 재난의 증거는 압도적이었고, 가능한 거의 모든 지역에서 나왔다.

심지어 KGB 장군도 경종을 울렸다. 미하일로 자하라쉬Mykhailo Zakharash 박사는 특수 장비를 갖추고 있고 원활한 보조를 받는 키예프의 KGB 병동을 총괄했다. 2,000명을 대상으로 수행된 한 연구에서 그는 환자들의 몸에 12가지에 달하는 상이한 방사성 원소가 들어 있음을 발견했다. 선량 추정에서 사용된 세슘-137은 섭취된 선량의 40~50퍼센트에 불과했다. 1990년에 4년간의 연구를 요약하면서 자하라쉬는 다음과 같이 썼다. "우리는 실질적으로 건강한 개인이 저선량에 장기간 체내 피폭되면 면역 체계의 감퇴, 방어력의 저하, 일련의 병리학적 변화 및 질병을 앓게 된다는 점을 확인했다."[60] 이 KGB 의사는 450만 명이 국가가 규정한 허용 규준을 초과하는 수준에 오염됐다고 추산했고, 출입금지구역을 30킬로미터에서 120킬로미터로 확장하라고 권고했다. 거기에는 그가 살았던 아주 오래되고 아름다운 도시인 키예프도 포함됐다.[61]

나는 특히 그 문서를 읽고 경악을 금치 못했다. 나는 KGB의 전통적인 역할이 문제를 해결하고 비방자들을 조용히 시키고 소비에트 정체政體에 대한 애국적인 공감을 전반적으로 뒷받침하는 것이라고 이해하고 있었다. 자하라쉬 장군의 확신은 이 대단히 심각한 메시지를 소리 내어 전할 정도로 강력했음에 틀림없다. 나는 그에 관해 주변에 물었고, 그가 여전히 살아 있음을, 2016년 당시 여전히 키예프의 한 민간병원에서 의사로 근무하고 있음을 알게 되었다. 나는 그를 보러 갔다.

긴급한 전화 호출 및 다른 의사들과의 상담 사이에 자하라쉬는 내가 문서고에서 발견한 그 보고서를 어떻게 쓰게 되었는지 말해주었다. "나는 사고에 관해 4월 26일 아침 6시경에 들었어요. 전화를 받았죠. 그게 얼마나 심각한지 그때까지는 아무도 몰랐습니다."

그는 설명을 이어갔다. "사고가 발생한 지 3일 후에 직접 현장에 갔죠. 좋지 않은 상황임을 바로 알 수 있었습니다. 농장과 도시를 운전해서 지나는 동안 아무것도, 아무도 살아 있지 않다는 걸 확인했어요. 새도 개도 없었지요. 황새 한 마리가 연못에서 물장구치는 걸 봤을 뿐이죠." 원자력발전소에 도착했을 때, 지하라쉬는 육군 장성과 기술자들이 날아가버린 원자로 근처의 방에서 창문을 열어놓은 채 앉아 있는 모습을 보고 놀랄 수밖에 없었다. 병사들은 극도로 방사능이 활발한 붉은 숲 안에 진을 치고 있었다. "그들은 무엇을 해야 할지, 어떻게 스스로를 방호해야 할지에 관해 아무런 생각이 없었습니다." 자하라쉬는 직원 몇 명을 KGB의 기밀 도서관에 보내 방사선 안전에 관해 연구하고 소책자를 작성하게 했다. 그것은 사고 현장 주변에서 그들이 건넨 최고의 지침서가 되었다. 그는 내게 "모스크바 생물물리학연구소 과학자들이 그 소책자를 작성해야 했어요. 그들은 준비를 더욱 잘 갖췄어야 했습니다"라고 말했다.

자하라쉬는 환자들의 열악한 건강에 관한 기밀 보고서를 보내기 시작했고, 많은 이들을 화나게 만들었다. 1990년 자하라쉬는 모스크바 크렘린 근처의 한 건물로 소환되었다. 검은 리무진들이 건물 주변에 있었다. 과학원의 당 지도자들은 KGB 장군에게 언어적 타격을 가했다. 그들은 그가 반역자이며 공포를 퍼뜨린다고 비난했다. 자하라쉬는 굴복하지 않았다. 다른 소비에트 의료 시설과 달리 그의 KGB 병동은 깨끗한 주사바늘과 화학시약, 선량 측정 장비, 초음파 기계를 갖추었고,

KGB 의사들은 비밀에 부쳐진 환자들의 선량을 볼 수 있는 권한을 가지고 있었다. 자하라쉬는 자신의 연구가 전국에서 최고라는 것을 알고 있었다. 당 과학자들은 그에게 단 한 건의 연구는 충분한 근거가 될 수 없다고 말했다. 그는 다음과 같이 반박했다. "내 연구의 수치를 확인하기 위해 또 하나의 핵사고를 기다리겠다는 말입니까?"

자하라쉬는 과학자들에게 침묵하라고 압력을 가한 것은 KGB가 아니라 공산당이었다고 주장했다. "민간병원에서는 결코 그 연구를 수행할 수 없었을 겁니다. 절대로요."

나는 문서고에서 자하라쉬의 연구 개요만 발견할 수 있었다. 나는 그에게 나머지 기록의 행방에 관해 물었다. 그는 놀란 표정을 지었다. "나는 그것을 전부 KGB 문서고에 넘겼어요. 그곳에서 찾을 수 있을 겁니다." 나는 그에게 여러 차례 찾아봤지만 문서고에서 그의 연구를 발견할 수 없었다고 말했다.

자하라쉬는 어깨를 으쓱했다. 그는 "아무도 듣지 않았어요"라고 말했다. "아무도 주의를 기울이지 않았지요. 그리고 지금도 마찬가지로 아무도 듣지 않을 거예요."[62] 그의 사무실에 전화가 걸려왔고, 그는 양해를 구한 뒤 급히 나갔다. 또 다른 비상사태는 언제나 터진다.

1989년 중반 이전까지 체르노빌 영토 내의 공중 보건 재난을 보고하는 거의 유일한 동기는 개인의 양심이었다. 나쁜 소식을 발설하는 데 상당한 저해 요소가 있었음에도 불구하고 증거는 쌓여갔다. 불특정하고 널리 퍼져 있으며 만성적인 질병, 불임, 암 발병률의 극심한 증가는 체르노빌 낙진 지역 전체에 걸쳐 애도가처럼 울려 퍼졌다. 가장 간단하게 말하면, 오염된 지역의 대다수 어른들과 특히 어린이들이 아팠다.

주민들은 만성 질환에 시달렸고, 다수가 다양한 질병을 한꺼번에 겪었다. 더 많은 수의 갓난아기들이 태어나자마자 죽거나 선천적 기형을 달고 태어났다.[63] 여성들은 임신하고 달을 다 채우는 데 더욱 어려움을 겪었다. 남성들은 조용히 발기부전에 시달렸다.[64] 오염된 식품 문제는 지속됐고 심화됐다.[65] 실험 결과 사람들이 다양한 방사성 핵종을 섭취했고, 일부 신체는 방사성 폐기물로 규제되는 수준에 도달한 것으로 나타났다.[66] 모든 곳에서 의사들이 방사성 구름을 피해 달아났기 때문에 소수의 의료진만이 남아 질병을 진단했다. 그렇다 하더라도, 보건 문제의 양상은 상향 조정되었다.[67] 기록들이 쌓여 구체적이고 뚜렷한 사진을 구성했다. 설령 각주를 참고하지 않는 사람이라 할지라도 이 사진에는 관심을 기울이지 않을까 싶다.[68]

그것은 그저 하나의 각주였고, 하나의 악몽이었다. 도약하고 경계를 넘고 질주하는 질병의 비율이 구체화되었다. 그것은 체르노빌 영토를 가로질러 거칠게 내달리는 검은 기수騎手였다.

거대한
자각

그리고 어느 날, 몽유병자들이 잠에서 깼다. 싸복들은 시민권을 요구했다. 1988년 9월, 모스크바에서 열린 각료회의에서는 소비에트 과학 및 청소 노동자들의 영웅적인 면모 덕분에 "사고의 마지막 단계"에 도달했다고 조용히 공표했다. 이와 함께 모스크바 당국은 주민들이 70년에 걸쳐 350밀리시버트의 평생 선량에 피폭되어도 건강에 아무런 지장이 없다는 내용의 "안전 거주" 계획을 채택했다. 그들은 시민들에게 350밀리시버트가 보수적인 수치라고 확언했다. 이는 연간 5밀리시버트에 해당했고, 컴퓨터 단층촬영 1회보다 적은 수치였다. 그들은 주민들이 한 번의 단일한 대규모 선량보다 2~10배 덜 해로운 선량에 장기간에 걸쳐 노출될 것으로 상정했다.[1] 이러한 안전 보장으로 인해 대부분의 지역사회는 더 이상 식량과 건강을 추적 관찰하거나, 농사를 제한하거나, 값비싼 제독 조치를 취할 필요가 없게 되었다.[2] 모스크바의 생물물리학자 레오니드 일린은 보조금 지급을 중단해도 된다고 시사했다. 사람들은 "사고 이전의 전통적" 생활양식으로 돌아갈 수 있었다.[3]

　정책 입안자들은 오염된 영토의 인구 설반에 이르는 주민들이 350밀리시버트를 초과하는 선량에 피폭될지도 모른다는 사실을 인정했다. 그들은 이주될 필요가 있었으나 재정착이 이뤄지는 데는 3~5년이 걸릴 터였다. 일린과 모스크바의 다른 몇몇 과학자들은 일반적으로 인정된 국제 기준에 근거를 두고 해당 계획을 정당화했다. 그들은 여러 유엔 기구를 인용했다.[4] 투명성을 받아들이고, 국제 조약에 합류하고, 세계 표준에 맞추고 그것을 넘어서는 것, 그것이 바로 새로운 페레스트로이카의 소련이었다. IAEA의 국제 전문가 100명은 350밀리시버트 계획을 지지했다. 벨라루스와 우크라이나의 보건성들은 실로 마지못해 이를 따랐다.[5]

　그것은 잔인한 정책이었다. 정책 입안자들은 은연중에 자신들이 오판했음을 시인했다. 그들은 제곱킬로미터당 40퀴리를 초과하는 세슘-137에 오염된 구역에서 사는 것이 안전하지 않음을 인정했다. 하지만 이미 10만 명 이상의 사람들이 3년에 걸쳐 40퀴리 이상에 뭉근히 달궈졌다.[6] 상황이 그러했음에도 불구하고 그들은 사람들을 서둘러 옮기지 않았다. 동시에 350밀리시버트 기준(연간 5밀리시버트)은 전적으로 방사성 환경에서 한평생 사는 시민을 위한 것이 아니라, 경력을 위해 출퇴근하는 원전 종사자를 대상으로 고안된 미심쩍은 문턱이었다. 자문기관인 국제방사선방호위원회International Commission on Radiological Protection와 IAEA는 민간인의 경우 그보다 다섯 배 낮은 선량(연간 1밀리시버트)을 권고했다. 소비에트의 계획 설계자들은 안전하다고 주장하면서, 그들이 지역사회를 정화하고 깨끗한 농산물을 공급할 능력이 없다고 묘사한 내부 보고서들을 부인했다. 그들은 또한 사회주의 의료체계가 만들어낸 걱정스러운 보건 통계에 관해서도 등을 돌렸다.

공표 시점은 모스크바 지도자들에게 실로 최악이었다. 이는 소비에트의 의회인 인민대표대회 선거운동 기간과 우연히 겹쳤다. 공산당은 평소처럼 선거를 통제했다. 하지만 일부 규제가 철회되었고, 소비에트 사회가 전에 본 적 없던 선거운동이 1989년 초에 속도를 내던 중이었다. 사람들은 선거 모임에 나가서 자신의 생각을 말하고 지도자들을 비판하면서 그들의 문제에 관해 불평했다. 거리에서 말하던 두 사람이 다른 이들을 모으면 이내 토론자만 수백 명에 달하는 "자연적인 모임"이 결성되곤 했다. 우크라이나 KGB 요원은 그해에만 1,565건의 "대규모 행사"가 열렸다고 기록했는데, 그중 732건이 승인받지 않은 모임이었다.[7] 새로운 독립적 단체들이 생겨나 생태, 건강, 원자력 안전 등의 주제를 홍보했다.[8] 이러한 환경에서 불안한 주민들을 달래기 위해 공표된 평생 안전 선량은 정반대의 효과를 불러왔다. 정치적 상호작용을 조절하던 제어봉이 뽑혔고, 사회는 임계로 치달았다.

그리고 바로 그때 몽유병자들이 흔들렸다. 모두가 잠을 자고 있던 것은 아니었다. 벨라루스에서 네스테렌코가 공적 생활에서 강제로 물러난 후, 다른 이가 올라와 그의 자리를 차지하게 되었다. 그것이 바로 인간사회의 아름다운 점이다. 줄지어 서 있는 많은 사람들은 쉽게 사라지지 않는다. 보건성의 활기 없는 관료 노동자들이 터무니없는 보고서들을 보관하는 동안, 도시 건너편의 벨라루스 과학원 연구자들은 재난의 영향을 연구하는 작업에 조용히 착수했다.[9] 1986년 몇몇 소아혈액학자들이 벨라루스 남부 지역사회에서 6,000명의 어린이를 선발한 뒤 상대적으로 깨끗한 비쳅스크주의 통제군과 연결시켜 어린이의 혈액 형성 기관에 대한 대규모의 장기간 연구를 시작했다. 그들은 피폭된 어린이 2,500명과 통제군 500명의 갑상선을 조사하는 내분비학자 의료진과 함께 작업했다. 다른 단체들은 오염된 지역 어린이들의 면역 체계와 간 기능을 검사하는 한편, 비쳅스크의 통제군과도 비교했다.[10] 한 연구자는 벨라루스 남부 어린이들의 백혈병을 추적했다. 고멜의 몇몇 병리학자들은 흡수된 플루토늄과 다른 방사성 핵종을 측정하기 위해 사체의 장기를 해부했다.[11] 벨라루스 의사들은 1984년에 시작된 역학 계획을 진행 중이었다. 그 연구는 그들에게 사고 이후 변화상을 살필 수 있는 배경을 제공했다.[12]

벨라루스인들은 거리낌 없이 불편한 질문을 던졌다. 의사들의 조사 대상자는 엄청난 낙진이 강타한 구역에서 가장 취약하다고 여겨진 어린이와 갓난아기들이었다. 그들의 작은 몸은 세포들이 급격히 재생되는 동안 무기無機 원소와 방사성 핵종, 화학적 독소를 효율적으로 들이마셨다. 널리 홍보된 네스테렌코의 좌천에도 불구하고, 벨라루스 과학자들은 사람의 건강에 영향을 끼칠 수 있는 저선량 방사능의 미묘하고 "불특정한" 효과들에 대해 물어볼 수 있는 용기를 가지고 있었다. 그들은 후일 "우리는 여태껏 세상 그 누구도 이 정도 크기의 끊임없는 체내 피폭과 체외 피폭 속에서 산 적이 없었다는 사실을 우려한다"고 썼다.[13]

보건성이 안전 거주 계획을 지지한 뒤 한 달이 다 가기도 전에 벨라루스 과학원장 플라토노프V. P. Platonov는 체르노빌 이후 과학원이 방사선 생태학 및 방사선 의학 분야에서 누리고 있던 전성기를 반영하는 25쪽짜리 보고서를 모스크바로 보냈다.[14] 플라토노프는 남부의 두 개

.05.
의학적 수수께끼 | 309

주뿐만 아니라 벨라루스의 3분의 2가 오염됐다고 요약했다. 오염은 불과 수킬로미터 떨어진 구역들 사이에서 방사선 수치가 10~12배 이상 차이가 나는 모자이크 양상을 띠었다. 심지어 그들은 체르노빌 발전소에서 멀리 떨어진 곳에서도 제곱킬로미터당 50~100퀴리의 세슘-137이 검출되는 겉흙을 발견했다. 남부 지방 토양의 축축하고 모래가 많고 질퍽질퍽한 특성 때문에 방사능은 토양의 윗부분 5센티미터에 남아 있었고 시간이 지남에 따라 농도가 짙어지는 초목에 수렴되는 경향을 보였다. 삼림수목들은 사고 발생 후 3년 동안 방사능 수치가 점진적으로 증가하는 모습을 보여주었다. 토양에는 세슘-134, 세슘-137, 루테늄-106, 스트론튬-90, 플루토늄-239, 플루토늄-240에 더하여 다수의 핵종이 포함되어 있었다.

벨라루스인들은 환경에서부터 사람에 이르는 영역을 가로지르며 작업했다. 1986년과 1988년 사이 가장 영향을 많이 받은 지역에서 사망한 이들의 시체를 분석하면서, 벨라루스 연구자들은 사망자의 비장과 근육에 세슘-137과 루테늄-106이, 뼈에 스트론튬-90이, 폐와 간과 신장에 플루토늄이 축적되어 있음을 발견했다. 소비에트 과학자들은 대체로 선량 추정에서 플루토늄을 제외했는데, 이는 플루토늄이 용해성이 아니라서 먹이연쇄에 거의 침투하지 않았기 때문이다. 벨라루스인들은 "플루토늄은 지속적이고 곱게 퍼진 연무질의 형태를 띠고, 그 주요 경로는 폐로 이어진다"고 말함으로써 이러한 사고방식을 가로막았다. 불안하게도 벨라루스의 병리학자들은 높은 수준의 체내 방사성 핵종과 그 지역의 방사능 오염도 사이의 관계를 거의 발견하지 못했다. 고멜주의 모든 시체는 플루토늄을 흡입했고, 방사능 수치가 훨씬 낮은 비쳅스크의 시체도 상당한 플루토늄 수치를 보였다.[15] 과학자들은 몸에 방사능이 많이 모이는 원인이 먼지투성이 수송 수단과 식량의 이동 경로에 따라 방사싱 오염물이 이동했기 때문이라고 말했다. 사람은 생쥐가 아니다. 사람은 널리 식량을 찾아 나서기도 하고, 다른 이들과 거래도 한다. 소비에트 식품 유통망은 오염된 식량을 자유로이 흩뿌리는 작업을 효율적으로 수행했다.

연구자들은 보건 연구에서 신생아와 어린이들의 염색체 돌연변이의 평균 숫자가 크게 증가했음을 기록했다. 벨라루스 남부의 선천적 기형 발생 빈도는 방사능이 낮은 구역의 통제군보다 엄청나게 높은 것으로 밝혀졌다. 그들은 체내에 방사성 동위원소를 축적한 피폭 어린이들이 방사선에 민감해졌을 뿐만 아니라 속성 종양의 성장 및 자가 면역 질환과 내분비 이상에 더 취약해졌음을 알게 되었다. 소아혈액학자로 구성된 한 연구진은 소개된 사람들이 이주한 민스크의 주들과 프리퍄티 습지대를 낀 브레스트에서 백혈병의 급격한 증가를 발견했다. 이 질병들의 원인에 대해 파블로바V. M. Pavlova는 다음과 같이 썼다. "민스크에 도착한 음식에 의한 아이들의 오염을 무시할 수 없다. 우리는 이에 관한 증거를 아이들의 혈액과 소변에서 검출된 세슘−137에서, 전신 계측 검사에서, 그리고 그들의 림프구 내 염색체 이상에서 찾았다."[16]

성인의 경우, 과학원 조사관들은 지역 의사들이 보고했던 질병 증가 목록과 부합하는 질병들을 다시 점검했다. 과학원장 플라토노프는 질병 발병률의 급등은 의학적 관심의 상승과 관련이 있을지도 모른다고 인정했으나, 동시에 질병 발생 수가 3년간 매해 꾸준히 증가세를 보였다고도 지적했다. 과학원 연구원들은 생체 기능의 확실한 장애와 아픈 신체에서 방사성 동위원소들의 흔적을 확인했고 실험용 동물에서 유사한 변화를 발견했다. 벨라루스인들은 이 모든 것들이 방사선 피폭 때문이었는지를 의심하게 되었다.[17]

벨라루스 과학자들은 자신들의 데이터에 기초해 안전 거주 선량 350밀리시버트라는 전제를 의심했다. 그들은 일본인 원폭 생존자들의 일반화된 피폭과 추정에 기초한 수학 모델을 쓰는 것은 말이 되지 않는다고 주장했다. 그들은 평생 선량이 반드시 상이한 피폭의 혼합물을 내놓으며 가변적인 질병의 다발을 초래하는 각 지역의 특정한 조건에 근거를 두어야 한다는 점을 발견했다. 벨라루스 학자들은 평생 선량으로 더욱 낮은 문턱, 즉 이미 확립된 민간용 국제 규정(연간 1밀리시버트씩 70년 동안 총 선량 70밀리시버트)을 원했다. 플라토노프는 또한 의학적·과학적 추적 관찰을 종결하려는 모스크바 지도자들의 계획에도 반대했다. "현재까지 사람과 동물의 장기에 대한 저선량 방사선의 작용 가운데 근본적인 측면들을 그다지 알려지지 않았습니다."[18] 그는 만일 평생 안전 거주 계획이 통과된다면 무지를 키울 것이라고 주장했다.[19]

체르노빌 비상특별위원회Chernobyl Emergency Committee를 총괄하는 보리스 셰르비나는 모스크바에서 플라토노프의 보고를 읽은 일주일 후, 이전에도 여러 번 그랬던 것처럼 더 많은 대처와 더 효율적인 조치를 요구했다고 답신을 보냈다. 해당 주들의 당국자들은 "충분히 일하고 있지 않았다." 극도로 높은 수준의 방사능(제곱킬로미터당 80퀴리 초과) 구역에 사는 사람들을 즉각 이주시킬 필요가 있다고 그는 지시했다. 그는 유리 이즈라엘의 국가수문기상학위원회에 해당 지역에 상세한 지도를 배포하여 지역 관리들이 정확히 어디를 청소하고 이주시켜야 하는

지 알 수 있도록 하라고 명령했다.[20] 우크라이나 보건상 아나톨리 로마넨코는 도움을 줘서 고맙고 자신이 새로운 350밀리시버트 계획을 수행하고 있다고 확언하는 아부성 답신을 셰르비나에게 보냈다.[21]

그러나 벨라루스 과학자들은 물러나지 않았다. 한 익명의 보고가 보건성에 배송되었다. 2000년까지 오염된 마을에서의 추정 선량이 350밀리시버트를 훨씬 초과할 것이라는 내용이었다.[22] 과학원의 저명한 유행병학자 모이쉬크K. V. Moishchik는 보건성에 고멜주와 모길료프주의 암 발병률 및 유아 사망률이 1984년에 확인한 것보다 훨씬 더 높았고 공화국의 나머지 지역보다도 높았다는 내용을 담은 조심스러운 편지를 보냈다.[23] 모스크바의 존경받는 백혈병 의사인 안드레이 보로비예프는 벨라루스 동료들을 지지했다. "사고가 발생한 지 3년 후에 사람들을 재정착시키겠다는 결정은 오직 하나의 사실만을 말해줍니다. 그것은 그 사실을 표현하기 위해 어떠한 말을 쓰든 그 이유가 무엇이든 관계없이, 가능한 선량에 대한 최초 추정치가 잘못되었다는 것입니다."[24]

보로비예프는 셰르비나에게 350밀리시버트 선량이 안전할 수 있지만, 수학적 모형화를 통해서는 믿을 만한 확실성을 지닌 선량을 계산할 수 없다고 썼다. 주민들의 피폭 정도가 너무 다양해서 모든 사람의 상태를 검사하는 것만이 그것을 확인하는 유일한 방법이었다. 보로비예프는 예로써 그의 병동에 있는 네 명의 벨라루스 남부 출신 급성 백혈병 어린이 환자들을 거론했다. 그들 가운데 두 명은 300~350밀리시버트의 방사능 선량과 연관된 염색체 이상을 가지고 있었다. 그는 그 어린이들과 음식과 주거를 공유하는 부모들도 비슷한 선량을 가지고 있을 것이라 생각했으나 그렇지 않았다. 대신 어린이들과 동행했던 마을 의사가 대략 300밀리시버트를 보였다. 보로비예프는 "이 모든 사실은 피해가 모자이크 같은 특징을 보였음을 입증합니다. 개별적이고 생물학적인 선량 측정이 필요하다는 점을 확인해줍니다"라고 결론 내렸다.[25]

이즈라엘이 이끄는 부서는 마침내 1989년 중반, 수백 개의 벨라루스 공동체에서 방사능 수준이 얼마나 높았는지만을 보여주는 지도를 펴냈다.[26] 이 질 떨어지는 지도들은 마치 가스가 새는 공장에 던져진 성냥불 같았다. 지도들은 수년간의 소문, 추측, 마스크를 한 감시요원의 의미심장한 표정 끝에 무언가 끔찍하리만치 잘못되었다는 주민들의 갓 만들어지기 시작한 감성에 구체적인 윤곽을 제공했다.[27]

지도로 무장한 마을 사람들은 지도자들과 공직에 출마한 후보들에게 들이닥쳤다. 종국에는 다른 곳으로 이주해야 한다고 들었으나 아직 이주하지 못했던 빨간 점 거주 주민들은 특히 분노했다. 사람들은 편지에다가 350밀리시버트의 안전 거주 약속에 해당되지 않는 자신들의 피폭 추정 선량을 상세히 썼다.[28] "깨끗한" 마을에 사는 사람들도 그들 지역의 음식이 오염되었다는 증거를 담아 썼다.[29] 주민들은 사정을 잘 모르는 주의 지도자들에게 지역의 방사선 수준과 건강 데이터 수치를 보냈다.[30] 다시 말해서 대중들이 국가를 계몽시켰지 그 반대는 아니었다.

지역의 지도자들, 심지어 체르노빌 정화를 맡은 지도자들까지 새로운 지도를 들여다보면서 상황이 얼마나 좋지 않았는지 처음으로 알게 되었다. 지토미르에서 게오르기 고토우치츠Heorhy Hotovchyts는 "5퀴리가 검출되는 땅에서 우리는 깨끗한 우유를 얻을 수 없습니다"라고 보고했다. 체르노빌 청산 책임자였던 그는 1989년 9월, 주 상황이 담긴 방사능 지도를 처음으로 보았다. 그는 곧바로 4만 5,000명의 지역민을

재정착시킬 필요가 있다는 사실을 알아차렸다.[31]

다양한 부처에서 파견된 방사능 감시요원들이 시민들의 서한에 담긴 주장을 조사하기 위해 마을들에 도착했다. 그들은 상충하는 숫자를 측정하고 기록했다.[32] 혼란을 목격한 주민들은 이게 무슨 "과학"이냐고 물었다. 조사관들은 마을 사람들의 증언이 대체로 정확하다는 것을 확인했다.[33] 심지어 허용할 수 있을 정도의 낮은 퀴리 수치가 검출된 토양에서조차 지역 음식을 섭취함으로써 받게 되는 선량은 너무 높았고, 발병률은 증가하고 있었다. 더 많은 마을 사람들이 위험에 처한 지역사회 목록에 추가되었다. 방사능 지도상의 빗금표시가 점점 더 넓어졌다.[34] 사람들은 자신이 이주될 것임을 알았지만, 곧 어디로도 갈 가망이 없는 상황을 확인하고는 우울한 불안감에 사로잡히게 되었다.[35] 방사능 공포증 같은 것이 있었다면, 1989년이야말로 그것이 분명히 드러난 해였다.

1989년 이후, 모든 것은 되돌릴 수 없게 되었고, 이전까지의 부인과 침묵으로 돌아갈 수도 없게 되었다. 바로 그 해에 시간의 속도가 증가했다. 수십 년 동안 억눌렸던 비밀들이 불과 몇 달 사이 쏟아져 나왔다. 기자들은 폭로 기사를 썼다. 단체들이 구성되어 국가가 관리할 수 없는 기본적인 서비스를 도맡았다.[36] 수년간 체르노빌에 대해 보도하려다 좌절을 맛봐야 했던 지토미르의 개혁적 기자 알라 야로신스카야는 마침내 검열을 통과한 기사를 내보냈다.[37] 나로디치의 병든 어른과 어린이와 동물에 관한 500개 단어로 이뤄진 그녀의 기사는 너무나 문제적이어서 보건성은 또 다른 조사를 지시해야 했다.[38] 마을에 도착한 과학자 조사단과 이야기하기 위해 800명의 사람들이 모습을 드러냈다. 전문가들은 농부들에게 송아지의 선천적 기형이 해당 지역 토양의 무기물 부족 때문이라고 말했다.[39] 농부들은 왜 과학자들의 말이 그다지 과학적으로 들리지 않는지 의아해했다. 토양 결손이 1986년 이후가 되어서야 나타났단 말인가? 농부들은 방사성 핵종이 어떻게 식량 공급과 유전적 계통에 집중될 수 있는지에 관한 세련된 이해를 선보였다. "20~30년 내에 사람들에게서 똑같은 결함이 나타나지 않으리라는 보장이 어디에 있습니까?" 전문가들은 아무 대답도 하지 않았다. 강당에서 마을 사람들은 파업을 하거나 살인적인 폭동을 의미하는 "제2의 카라바흐 Karabakh"를 시작하겠다고 위협했다.[40]

야로신스카야의 기사는 그녀를 최고 소비에트 선거로 이끌었다. 키예프와 나로디치의 유세에는 수천 명이 운집했다. 베르디치우는 지역 지도자들에 대한 불신임 투표를 발표했다. 우크라이나 전역에서 시위가 벌어졌고, 더욱 많은 시위가 일어났다.[41] 리조트와 해변으로 사랑받는 크리미아에서 시민들은 지진대地震帶에 새로운 원자력발전소를 건설하는 계획에 반대하는 집회를 열었다.[42] 그러한 계획을 중지시키기 위해 다른 원자력발전소 근처의 주민들 수천 명이 집결했다.[43]

수확 목표를 달성했다는 무미건조한 소식으로 점철된 수십 년 이후, 규제에서 풀려난 페레스트로이카 시대의 언론은 갑작스럽게 무시무시한 머릿기사를 쏟아냈다. 기자들은 교회 안뜰에서 발굴된 두개골에 관한 기사를 썼는데, 그 뼈는 스탈린 체제 동안 처형된 사람들의 것이었다.[44] 뒤이어 군대 내 가혹행위, 마약 중독, 에이즈, 공직자 부패 관련 머릿기사가 등장했다. 이것들은 사회주의가 아니라 자본주의적 문제들이었다. 고르바초프는 국가라는 몸에 생기를 불어넣기 위해 통제된 상태에서의 피 뽑기를 계획했었다. 그는 오판했다. 소련공산당은 체액을 급격히 상실하면서 점점 더 빈혈 상태가 되었다.

노동자들은 모스크바의 대변인들에게 편지를 띄었다. "우리는 일린과 이즈라엘이 우리를 실험 대상이 아닌 사람으로 생각해주기를 희망합니다. 만일 그들이 이곳에 거주하는 것이 안전하다고 생각한다면 우리와 함께 살게 해주십시오. 그러면 그들이 우리의 건강과 우리의 자녀를 돌볼 수 있을 겁니다." 노동자들은 과학자들에게 "1930년대와 1940년대 수백만 명의 무고한 사람들이 선고를 받았을 때 아무도 그렇게 하지 않았던 만큼" 책임감을 가질 것을 요구했다. 그들은 "그 일로 누가 법의 심판을 받았는가?"라고 물었다.[45]

과학자와 의사가 신뢰를 잃자 소비에트인들은 도움을 청하기 위해 텔레비전으로 눈을 돌렸다. 두 명의 텔레비전 최면술사 알란 추막Allan Chumak과 아나톨리 카쉬피로프스키Anatoli Kashpirovsky는 하룻밤 사이에 장안의 화제가 되었다. 각자 자신만의 스타일을 가지고 있었다. 추막은 시청자들에게 앉아서 편히 눈을 감고 방송 전파를 통해 치유력을 느껴보라고 말했다. 남은 방송 시간 동안, 그는 물고기처럼 입을 뻐끔거리면서 조용히 손을 흔들곤 했다. 그는 시청자에게 방송이 나가는 동안 집에 없다면, 텔레비전 앞에 물을 한 잔 놓으라고 했다. 그 물이 유익한 기운을 흡수해 시청자들을 치유한다는 것이다. 추막은 자신의 텔레비전 방송 첫 몇 회분이 나가자 중앙텔레비전 방송국으로 600만 통의 감사 편지가 쇄도했다고 주장했다.[46] 다른 치유자 카쉬피로프스키는 우크라이나 심리치료사였다. 그의 힘은 최면을 유발하는 목소리와 꿰뚫어 보는 듯한 눈을 통해 작용했다. 그는 모스크바에서 마취 없이 수술을 받던 키예프의 한 여성에게 최면을 걸면서 유명해졌다. 생방송에서 그는 주문을 외웠다. 분할 화면을 통해 외과의들이 수술용 작은칼로 집도를 하는 동안 수술대에 누운 환자가 흥겨운 노래를 부르는 모습이 방영됐다. 전국은 이를 경외의 눈으로 바라보았다. 소비에트 보건성은 두 남자가 전파를 타는 것을 금지했으나 그들을 멈추게 하지는 못했다. 그들은 책을 썼고, 비디오를 찍었고, 희망을 품은 환자들로 대강당을 가득 채웠다. 어르신들, 장애인들, 여성들, 남성들, 노동자들, 지식인들 등 실로 모든 부류의 사람들이 그 주술사들에게 의지했다. 카쉬피로프스키는 체르노빌 발전소 옆에 새로 지어진 원자력 도시인 슬라부티치에 모습을 드러냈다. 기사와 기술자들이 청중으로 자리한, 체르노빌 피난민을 치유하기 위한 어렵고도 힘든 특별 회의를 주재해야 했기 때문이다. 내 친구 나댜 셰브첸코는 카쉬피로프스키가 의심스러운 눈초리로 바라보는 사람들을 향해 주문을 외우고 두 손을 흔들던 모습을 기억하고 있었다. 그는 "나의 권능을 믿지 않는 사람도 치유될 것이오"라고 읊조렸다.

나댜는 "그는 정말 돌팔이였어요. 하지만 프리퍄티에 있던 우리들 입장에서는 모든 것을 더 좋게 만들 수 있는 기회를 그냥 지나쳐 보낼 수는 없었답니다"라고 기억했다.

텔레비전 최면술사가 미친 소리처럼 들릴 수도 있을 것이다. 그때 나 역시 그랬다. 추막이 아내의 암을 낫게 했다는 대학 학장의 말을 듣고 회의적인 표정을 짓지 않으려고 노력하던 내 모습이 떠오른다. 이제 나는 이 사건을 다르게 본다. 텔레비전 치료사를 받아들인 것은 진행 중인 재난에 능숙하게 적응하는 행위였다. 소비에트인들은 전문가들에 대한 회의를 기적에 대한 믿음으로 바꿨다. 빈약한 공급에 허덕이는 소비에트 약국이나 절반의 직원으로만 운영되고 난방도 제대로 되지 않는 병원의 서글픈 무능력보다 가능성의 측면에서 더욱 풍부하고 새로운 상상을 만들어냈던 것이다. 그것은 현명한 처사였다. 소비에트 경제의 극심한 결핍과 대조적으로 기적에는 어떤 한계도 없었기 때문이다.

* * *

1989년 6월, 최고 소비에트 인민대표대회 회의가 최초로 텔레비전으로 생방송되었다. 나라 전역의 시민들은 무려 12일간 각자의 일을 멈추고 이를 지켜보았다. 상점 관리자들은 텔레비전 화면이 길거리를 향하도록 창문 쪽으로 옮겼다. 거리를 걷던 사람들이 얼어붙은 듯 멈춰 섰다. 민주주의의 영향은 즉각적이고 심원했다.

오래도록 고분고분하기만 했던 우크라이나와 벨라루스의 보건성들은 길거리의 군중들에 의해 대담해져서 모스크바의 평생 안전 선량에 반기를 들었다. 벨라루스 당국은 85곳의 벨라루스 지역사회에서 350밀리시버트 이하의 방사선 선량을 보장할 수 없다고 진술했다. 우크라이나의 경우에는 지역사회의 수가 12개나 더 많았다.[47] 벨라루스 과학자들은 국가농산업위원회가 방사성 핵종의 흡수를 감소시키기 위한 방안으로 주장한 질산 비료 때문에 해당 비료의 총량이 증가하고 있음을 지적했다. 그들은 고농도 질산염이 쥐들의 몸에서 방사능의 해로운 영향을 두 배로 증가시키는 점을 발견했다.[48] 벨라루스 지도자들은 비판에 대응하여 새롭게 만들어진 지도에서 가장 오염되었다고 표시된 두 마을의 주민들을 서둘러 대피시켰다.[49] 주 지도자들은 수돗물, 가스 난방,

심지어 수영장이 딸린 초등학교를 갖춘 예쁜 공동체를 건설했다.[50] 단지 한 가지 문제가 있었다. 지역의 지도자들은 자신이 관할하는 지역에서 주민들을 이주시켜야 했다. 그러나 체리카우 같은 경우 낙진으로 뒤덮여 피난민을 위한 오염되지 않은 지역이 거의 없었다.[51] 당 관료들이 모여 새로운 공동체의 완공을 축하할 때 누군가가 방사선 계수기를 꺼낼 생각을 했다. 갓 도색된 집들이 있던 새로운 도시는 제곱킬로미터당 26퀴리를 초과하는 방사능을 내뿜었고, 그건 이전과 동일한 수준이었다.[52] 1년 후, 이 마을은 지워졌다.[53] 그 후 벨라루스 지도자들은 비난받던 민스크의 물리학자이자 두문불출하던 네스테렌코를 다시금 불러냈다. 그와 그의 감시요원 팀은 방사능을 측정하는 기술을 보유했을 뿐만 아니라, 무엇보다도 중요하게, 사람들로부터 신뢰받고 있었다.[54]

암울하고 배고팠던 1989년 여름, 베를린 장벽이 무너져 내린 바로 그 주에, 나탈리야 로지츠카는 키예프에서 우크라이나 중부의 원자력발전소로 가는 순례 행렬에 동참했다. 열다섯 명의 활동가는 밤늦게 키예프에서 출발했다. 그들 중엔 방사선생태학자, 대학 소속 물리학자, 방사선 감시요원이 있었고, 위장 근무를 하던 KGB 요원도 있었을 것이다. 그들은 체르노빌 낙진으로 오염된 도시와 마을을 통과하는 경로를 계획했다. 첫날에는 그리 멀리 가지 않았다. 순례자들에 대한 제보를 받은 경찰관들이 버스를 멈춰 세웠다. 과학자들은 여행의 목적을 설명하는 편지와 이 여행에 대한 생태보호 단체 그린월드의 허가증을 보여주었다. 경찰관들은 본부에 무선 연락을 취하긴 했으나, 애초에 전혀 문제가 되지 않았어야 했던 이 사안을 너무나 느리게 처리했다. 순례자들은 차갑고 축축한 안개가 피어오르는 아스팔트 길가에서 잠자코 기다렸다.[55] 칙칙한 새벽녘, 마침내 순례자들은 여정을 계속할 수 있었다. 이후 이들은 2주 동안 도시와 마을들을 방문했고, 걱정스러워하는 농부들 및 마을 사람들과 모임을 가졌다.

지난 3년 동안, 마을 사람들은 그러한 과학자들의 방문을 많이 받았다. 의사들은 혈액과 소변 견본을 채취했고, 심장박동과 폐활량을 측정한 뒤 떠났다. 방사선 감시요원들도 우유와 토양 견본을 요청한 뒤 떠났다. 마을 사람들이 견본을 측정한 결과에 관해 물었을 때, 전문가들은 "결과는 당신들을 위한 것이 아닙니다"라고 답했다.[56]

그린월드 활동가들은 달랐다. 그들은 방사능을 측정한 뒤 마을 사람들에게 수치를 보여주었다. 그들은 마을 사람들의 걱정과 건강에 대한 불평을 들어주었다. 활동가들은 그런 마을 사람들을 꾸짖거나 묵살하지 않았다. 순례자들은 질문에 대해 구체적으로 답했고, 마을 사람들이 과학을 이해하고 솔직한 대답을 소화할 수 있도록 믿음을 주었다. 아무도 겁에 질리지 않았다. 로지츠카와 그녀의 동료들은 방사선 피폭의 본질이 무엇인지, 방사선 핵종들이 어떻게 확산되는지, 어떤 식물이 어떤 동위원소를 흡수하는지, 그리고 그것들이 체내의 어느 곳에 자리를 잡는지에 관해 설명했다. 오염이 높은 수준으로 진행된 지역사회에서 로지츠카는 부모들에게 자녀들이 짐을 싸서 떠날 수 있도록 하기 위해 최선을 다하라고 조언했다.[57]

여행을 계속하면서 로지츠카는 마을 사람들에게 달걀껍데기와 아이들의 치아를 달라고 했다. 그녀는 국가수문기상학위원회가 작성한 산출 추정 선량이 사람들에게 안정감을 주는 경우는 거의 없다는 점을 이해했다. 로지츠카는 피폭을 추정하는 간단하고 저렴하며 대안적인 계획을 가지고 있었다. 그녀는 인간이 만든 방사선 동위원소가 지역 생태계에 각인되는 동안 오염된 환경은 신체에 흔적을 남긴다는 오염의 상호적 본질에 대한 기본적인 이해에서 시작했다. 달걀껍데기와 치아라는 두 개의 물질을 검사해 방사성 스트론튬의 성질을 확인한다면, 개개인의 환경과 그들의 특정 신체에 관한 구체적인 결과를 사람들에게 제공할 수 있을 것이다. 가변적이고 논쟁의 여지가 많은 추정 선량보다는 달걀껍데기와 치아가 장기에 흡수된 베타 및 알파 에너지를 말해줄 것이다. 로지츠카는 사람과 사육용 닭에서 높은 수준의 스트론튬-90이 검출된 치명적인 구역을 지도화하는 것이 보건 문제에 대한 해결책을 찾는 첫걸음이 될 것이라고 기대했다. 로지츠카는 자신이 1950년대 세인트루이스 시민들이 행했던 작업을 다시 수행하고 있다는 것을 전혀 알지 못했다. 당시 소비에트와 미국이 진행하고 있던 수소폭탄 실험이 해가 갈수록 규모와 위험성이 커졌는데, 세인트루이스 시민들은 이 실험에서 나온 방사성 스트론튬의 어린이 체내 흡수를 추적하기 위해 아기 32만 명의 치아를 수집했었다.[58] 로지츠카 또한 1950년대 세인트루이스에서와 마찬가지로 1980년대 우크라이나에서 거대한 가능성을 지닌 시민의 과학을 창조하는 중이었던 것이다.

1989년, 공산당이 기세가 꺾이면서 만들어진 공백에 새로운 지도자들이 진입했다. 최고 소비에트에 선출된 인민대표들은 당이 아닌 유권자로부터 권력을 이끌어냈다. 주민들은 그들에게 빗발치는 호소를 보냈다. 대표들이 문제의 복잡성과 심각성을 파악한 후 사람들을 보호하기 위한 조치를 요구했다.[59] 그들은 체르노빌 비상특별위원회가 당 기관이 아닌 선출된 대표들에게 책임을 지기를 원했다. 그들은 오염된 구역에 대한 심층적인 연구와 더불어 더 좋은 병원을 더 많이 요구했다. 그들은 생존자에 대한 "질병 원인과 무관한" 치료와 나중의 언젠가가 아닌 빠른 이주 기회를 요청했다. 그들은 "의무와 책임" 같은 단어를 사용했다.[60] 지명된 당 지도자의 신분일 때는 아무것도 하지 않고 말하지도 않던 대표들조차 갑작스레 선출된 대표로서 용기를 내서 목소리를 높였다. 지토미르주의 당위원장 바실 카운Vasyl Kavun은 베르디치우에서 단독으로 출마했다.[61] 그는 선출된 뒤에 새로운 남자가 되었다. 3년 동안 체르노빌 관련 문제에 대한 뉴스를 억누르다가 갑작스럽게 350밀리시버트 계획에 반대하는 편지를 작성하기 시작한 것이다.[62]

바로 이때가 체르노빌이 정치화되고 현금화된 지점이었다.[63] 카운 같은 신예 정치인들은 체르노빌 피해자들에게 관심을 보여주는 것이 표심을 확보할 수 있는 기회라는 사실을 파악했다. 공화국 지도자들은 평생 안전 선량이 연맹 차원에서 제공되는 자금의 철회를 암시하는 것임을 깨달았다. 우크라이나, 벨라루스, 러시아의 지도자들은 흔치 않은 공동 호소문에서 추가적으로 14만 명의 모스크바 사람들에게 보조금 지급을 확대해줄 것을 간청했다.[64] 공화국 각료들은 70년에 걸쳐 70밀리시버트라는, 5배 낮은 평생 선량 문턱을 자체적으로 마련했다. 그들은 연맹 수준이 아닌 공화국 수준에서 사업을 관장하길 원했다.[65] 그들은 그들 자신의 손에 더 많은 권력을 쥐길 원했다.

훈장을 받은 공산당 간부인 카운은 민주주의라는 격랑을 헤치고 무사히 해변에 도착했다. 다른 이들은 거품이 이는 큰 파도에 부딪혀 온몸이 뒤집혔다. 사건사고로 가득했던 그해 말, 고르바초프는 새롭게 선출된 우크라이나 대표대회 개회를 위해 키예프로 돌아왔다. 그는 17년간 우크라이나를 통치한 볼로디미르 셰르비츠키의 사표 제출을 최종 승인했다. 같은 해 가을, 아나톨리 로마넨코도 보건성 직에서 물러났다. 은퇴한 셰르비츠키는 하루에 여러 갑의 담배를 피웠으며 지팡이를 짚고 걸었다. 두 달 후, 그는 체르노빌 참사를 은폐하기 위해 수행했던 일을 대표대회 위원회 앞에서 진술하기로 한 하루 전에 사망했다.[66] 누군가는 그가 자살했다고 말했다.[67]

1989년 말 "신뢰Trust"라는 단체를 만든 반체제 인사들은 원자력발전소들의 안전성을 검증하기 위해 미국 전문가들을 부르자는 청원을 돌렸다.[68] 과학과 기술의 기적에 관한 확신과 신화는 빠르게 가라앉았다. KGB 요원들은 소비에트 과학자들까지 소비에트 과학에 대한 자신감을 상실했다고 걱정했다.[69] 사고 후 3년 동안, 유리 이즈라엘은 방사선 측정 장치를 들고 느릿느릿 걸었고 레오니드 일린은 그 수치들로부터 가장 긍정적인 보건 결과를 산출했다. 그러는 사이에 불신과 책임이라는 유사流砂가 모습을 드러냈다. 고르바초프의 조언자들이 텔레비전으로 방영된 대표대회 회의에서 체르노빌 관련 문제들에 관한 논의를 억누르기 위해 최선을 다했지만, 체르노빌이 구식 억압 이상의 무언가를 요구한다는 점이 분명해지고 있었다.[70] 무언가 적극적인 조치가 필요했다.

철의
장막을
가로지르는
과학

기갑 부대
요청

다루기 힘든 대중을 진정시키기 위해, 소비에트 보건상 예브게니 차조프는 지원을 요청했다. 그는 세계보건기구WHO에 350밀리시버트의 평생 안전 선량을 평가할 "외국인 전문가들"로 구성된 대표단 파견을 요청했다. WHO 관계자들은 지체 없이 내과의사가 아닌 물리학자들로 구성된 조사단을 꾸렸는데, 그들은 이미 체르노빌 사고를 공공연히 축소하던 이들이었다.[1] 그러나 그러한 사실은 별로 중요하지 않았다. "외국인 전문가"라는 말이 체르노빌 영토를 가로지르며 맑고 날카롭고 인도적인 교회 종처럼 울려 퍼졌기 때문이다. 그을린 체르노빌 발전소에서 가장 가까운 벨라루스의 도시인 나브롤랴Navrolia의 주민들은 외국인 전문가들의 방문 전까지 총파업을 단행하겠다고 공표했다. 그들에게는 요구사항 목록이 있었고, 그중 첫 번째는 체르노빌이 건강에 미친 영향에 대한 연구였다. 그들은 외국인들이 도움을 줄 수 있을 것이

라 확신했다.[2]

잘 갖춰 입은 과학자들로 구성된 조사단은 파업자들의 바람을 존중하여 여러 고통 받는 지역사회들이 포함된 여정을 수행하던 중에 나브롤랴로 우회했다. 각 도시에서 조사단원들은 카메라가 돌아가는 가운데 꽉 찬 객석을 향해 말했다.[3] 그들은 민스크 일정을 서둘러 마쳤는데, 그곳에서 만난 벨라루스 과학자들을 자신들이 발견한 광범한 보건 문제에 관해 말해주었다. 전문가들은 모스크바로 넘어갔다.[4]

여정을 주마간산 격으로 마친 후, WHO 자문위원들은 보고된 비암성 질병의 증가와 체르노빌 낙진 사이의 연관성이 "방사선에 정통하지 않은 과학자들의" 실수였다는 결론에 도달했다. 대신 그들은 건강 문제가 "심리적 요인과 스트레스" 때문이라고 말했다.[5] 그들은 350밀리시버트가 "건강에 적은 위험만 야기할 것이고, 이는 인간의 삶에 대한 다른 위험과 비슷한 수준"이라고 썼다.[6] 그들은 "일본인 원폭 생존자 수명 연구" 결과를 기준점으로 사용해 평생 안전 선량을 두세 배 더 올릴 것을 권고했다. 당시에는 방사선의 만성적 저선량에 신체가 어떻게 반응하는지에 대해 합의된 이해가 없었다는 점을 고려할 때, 이는 놀랄 만한 언명이었다. WHO 자문위원들은 IAEA나 국제방사선방호위원회의 권고보다 10~15배는 더 높은 문턱을 제안한 것이다.[7]

외국인 전문가들이 귀국 비행기에 오른 후, 보건상 차조프는 당 지도자들에게 보낼 회람용 문건을 준비했다. 그는 반항적인 벨라루스 과학자들을 지목해 다음과 같이 질책했다. "외국인 전문가들은 벨라루스 과학원의 몇몇 전문가들이 지닌 방사선학 소양에 대단히 심각한 인상을 받았다."[8]

유감스럽게도 비방은 지식의 배양에 쓰이는 도구 중 하나다. 마을 사람들이 체르노빌 낙진으로 인해 아프다고 했을 때, 그들은 겁에 질리고 무지하다고 조롱당했다. 체르노빌 피폭의 영향을 이전 4년간 연구했던 벨라루스 과학자들이 사람들이 아프다고 말했을 때, 단 며칠 동안 방문했던 전문가들은 그들 과학자들을 제대로 훈련받지 못한 무능한 사람들이라면서 묵살했다. 벨라루스 과학원장 플라토노프는 이를 용납하지 않았다. 그는 고르바초프의 이인자인 니콜라이 리즈코프에게 편지를 보내 대응했다. 그는 차조프의 성명이 "모욕적"이고 정확한 정보에 기반을 둔 것이 아니라고 말했다. 350밀리시버트의 평생 안전 선량은 "과학적으로 부적절"하다는 것이다.[9]

세계 최고 보건 기구의 성급한 평가는 소비에트의 여러 환경 단체, 시민 단체, 활동가들을 크게 실망시켰다.[10] 세계보건기구의 보고서는 국제 과학계에도 골칫거리로 다가왔다. 원자방사선의 영향에 관한 유엔과학위원회UNSCEAR의 미국 대표이자 방사선 전문의 프레드 메틀러Fred Mettler는 WHO 조사단에 대해 "아무도 그들의 말을 잘 듣지 않았다. 그들은 아무런 시간도, 아무런 실제적인 자원도 쓰지 않았다"고 말했다.[11] 카메라가 뒤따르면서 WHO의 의무는 조사라기보다는 언론의 구경거리가 되었다. 정치 무대 위에서 과학이 공연한 셈이었다.

체르노빌 진단을 두고 벌어진 논쟁은 균열을 불러왔다. 소비에트 과학자 92명은 350밀리시버트의 평생 안전 선량을 지지하는 공동 서한에 서명한 뒤 고르바초프에게 보냈다. 그들은 "일본인 원폭 생존자 수명 연구"를 인용하는 방식으로 평생 안전 선량을 정당화했다. 또한 그들은 벨라루스와 우크라이나 지도자들이 추구하는 낮은 수준의 평생 선량은 백만 명의 사람들을 고향에서 쫓아낼 뿐만 아니라 엄청난 불안을 야기할 것이며 이는 350밀리시버트보다 훨씬 더 큰 피해를 불러올 것이라고 주장했다. 서명자에는 모스크바와 레닌그라드의 핵물리학자, 방사선 의학 전문가, 키예프의 협력자들 명단이 포함되어 있었다.[12] 이들에 맞서 재난이 직접적으로 영향을 끼친 지역에서 근무했던 과학자들과 의사들이 진영을 갖췄다. 우크라이나 과학원과 소비에트 방사선생물학자연맹Union of Soviet Radiobiologists이 벨라루스인들의 편을 들었다.[13] 비공개 연구소에서 자신들이 연구하던 과학을 더 이상 공개적으로 따르지 않는 것으로 보였던 벨라루스 과학자들은 자신들을 반대하는 모스크바와 레닌그라드 연구자들의 연구를 인용했다.

반대파 과학자들의 요점은 간명하면서도 본질적이었다. 일본의 사례에서 얻은 방사선 피폭 추정치를 우크라이나와 벨라루스에, ("수명 연구"에서 구상된 것처럼) 단 한 번의 폭탄 폭발로 인한 방사선 피폭 추정치를 날아가버린 원자로에 일반적으로 적용시킬 수 없다는 것이었다. 일본에서 과학자들은 "잔류 방사선"이 하나의 요인이었음을 부인하면서 원자폭탄이 일본인 생존자에게 1초보다 짧은 시간에 그들의 몸을 관통한 단일한 대규모 감마 방사선량을 전달했다고 계산했다. 그들은 폭격된 도시의 먹이연쇄와 환경에 방사성 낙진이 축적되는 것을 고려하지 않았다.[14] 벨라루스 과학자들은 그러한 단발 피폭에 대한 추정이, 체르노빌에서 천천히 방울방울 흘러나오는 베타 및 알파 입자들이 오염된 식량과 먼지에 첨가되고 이어 수년에 걸쳐 사람의 장기와 피부에 축적되는 과정과는 본질적으로 다르다고 주장했다. "수명 연구"가 히로시마와 나가사키 폭격 5년 후에 개시된 반면, 우크라이나와 벨라루스 의사들은 불과 몇 주 만에 체르노빌에서 나온 방사성 오염물에 피폭된 사람들을 검사하는 일에 착수했다. 벨라루스와 우크라이나 과학자들은 이러한 차이점들을 파악하면서 자신들이 더 미묘하고 즉각적인 건강 변화를 보았고, 체내에 흡수된 저선량 방사능이 어떻게 갓난아기와 어린이와 성인의 건강을 해치는지 더 잘 확인했다고 주장했다.[15]

중앙의 소비에트 지도자들이 상황을 통제하려고 노력하는 동안 벨라루스와 우크라이나 외교관들은 통제에서 벗어났다. 그들은 마치 자신들이 독립적인 국가라도 되는 것처럼 해외로 사절을 파견했다. 그들은 해외 원조뿐만 아니라 외국인 전문가들에게 안전 거주 계획을 검토해줄 것을 요청했다.[16] 동시에, 벨라루스 과학자들은 작업을 계속했다. 심지어 꾸벅꾸벅 조는 것처럼 보이던 보건성도 관여했다. 민스크에서는 갓 개소한 벨라루스 방사선의학연구소Belarusian Institute of Radiation Medicine의 부소장 라리사 아스타호바Larisa Astakhova가 새로 기부 받은 초음파 기계를 보조원 발렌티나 드로즈드에게 건넸다. 아스타호바는 간행된 지 얼마 안 된 방사능 오염 지도를 훑어보다가 수천 명의 벨라루스 어린이가 갑상선으로 고선량 방사성 아이오딘을 흡수했음을 깨달았다. 아스타호바는 드로즈드에게 벨라루스 남부로 가서 아이들의 갑상선을 검사하라고 했다.[17]

로마넨코를 대신해 우크라이나 보건상이 된 유리 스피젠코Yuri Spizhenko는 차조프에게 모스크바 과학자들의 호언장담에 의문을 제기하는 글을 보냈다. "사람들과의 수많은 회의와 대표들이 제기한 질문들을 통해 우리의 공중 보건 체계가 방사선 방호를 효율적으로 해야 한다는 요구를 확고히 할 것이라는 확신을 가지게 되었습니다." 스피젠코는 특히 스트론튬-90을 우려했다. "처음에 우리는 그것이 걱정할 만큼 충분히 많지는 않다고 들었으나, 매년 위생 업무를 통해 스트론튬의 생물학적 유효도가 증가 추세에 있음이 드러났습니다. 이 현상은 점점 커지고 있습니다."[18] 가정부로 변장했던 물리학자 나탈리야 로지츠카는 그해 미리 스트론튬-90과 그것의 위험성에 관해 스피젠코의 보건성에 편지를 보낸 바 있었다. 마침내, 그녀를 비롯해 다른 과학자들의 메시지가 최고 권력층에 분명히 도달하게 되었다.

나는 이 로지츠카 효과Lozytska Effect의 힘에 매혹되었다. 그녀와 다른 염려를 하던 시민들, 즉 정보에서 배제되고 검열받고 위협받고 감시당하고 1988년에 로지츠카가 겪었던 것처럼 학술대회에서 완전히 쫓겨난 사람들, 그리고 키예프의 집회에서 발언하는 동안 마이크가 꺼졌던 사람들이 자신들의 전문 지식을 동원하여 소비에트라는 단일 조직만큼이나 거대하고 코끼리처럼 육중한 국가를 움직였다.

나는 로지츠카와 그녀의 남편인 브세볼로드를 그들의 대학 천문대와 브레즈네프 시기의 고층 건물에 위치한 자택으로 여러 차례 방문했다. 나탈리야는 30년이 지난 후에 누군가가 마침내 자신의 편지에 답장을 해준 데 대해 감사해하면서 내게 하늘색 실로 수놓인 우크라이나 농부의 상의를 주었다.

브세볼로드는 꽃과 과일나무가 가득한 키예프 중심부의 한 안뜰 정원에 숨겨져 있는 천문대에서 그와 나탈리야가 관리하는 1953년경의 태양 망원경을 내게 구경시켜주었다. 그는 미사일 모양처럼 생긴 망원경의 경통을 손으로 쓸어내리면서 "이제 모두가 위성 망원경을 가지고 있죠"라고 말했다. "이런 망원경은 더 이상 아무도 쓰지 않아요." 부부는 그들의 경력을 태양 표면에서 폭발하는 플라즈마 분출plasma jets을 연구하는 데 바쳤다. 브세볼로드는 그 주제에 푹 빠졌었다. 그는 기회가 날 때마다 이 주제로 돌아가 플라즈마 분출에 관해 신비롭다는 듯 말했다. 그러면 언제나 합리적인 그의 아내가 부드럽게 주제를 바꾸곤 했다.

나탈리야가 외출한 어느 날 저녁, 브세볼로드는 식사 자리에서 속을 채운 피망을 앞에 두고 자신이 제일 좋아하는 주제를 방해받지 않고 곱씹을 수 있었다. 그는 태양 망원경을 통해 태양이 어떻게 지구에 영향을 끼치는지뿐만 아니라 지구와 지구에서 살고 있는 인간의 행동이 태양에 어떻게 영향을 끼치는지에 대해서도 배웠다고 말했다. 그는 내게 150년에 걸쳐 태양 폭발을 관측한 도표를 보여주었다. 가장 거대한 분출은 1946년에 일어났는데, 그는 이를 히로시마에 폭탄이 떨어진 직후로 해석했다. 대기 중에서 핵실험이 벌어지던 기간 동안 많은 태양 폭발이 빠른 속도로 잇달아 발생했다. 나는 이를 회의적으로 들었다. 그러나 나중에 1960년대 초 미국인과 소비에트인들이 지구를 둘러싸고 있는 전자기장과 방사선대를 바꾸려는 구체적인 목적을 가지고 고고도 원자폭탄을 어떻게 터뜨렸는지에 관한 논문들을 찾았다.[19] 브세볼로드는 폭탄이 실수이자 하늘 그 자체를 변하게 한 막대한 오류였다는 식으로 그의 도표에 의미를 부여했다. 브세볼로드는 "우리가 지구를 인간의 삶에 비참한 것으로 바꾸기 전에 우리는 그 과오를 인식해야 한다"는 점을 내가 이해하길 원했다.

마리 퀴리의
지문

많은 이들에게 원자폭탄은 실수가 아니었다. 그때나 지금이나 수많은 사람들은 핵연쇄 반응이 억지라는 형태의 국가 안보와 재생 가능한 원자력 기반 전력을 제공해줄 것이라는 위대한 약속을 믿고 있다. 침울한 군중이 소비에트 원자력 시설 주위에 인간 사슬을 만들 때, 알렉산데르 쿠프니Alexander Kupny는 체르노빌 원자력발전소에 일자리를 신청하고 아내와 자녀들과 함께 유령 도시 프리퍄티를 대체하기 위해 세워진 새로운 도시인 슬라부티치로 이사했다.[1] 1989년, 쿠프니는 한때 4호 원자로와 병행해서 가동되었고 사고 이후에도 여전히 기능하던 3호 원자로의 보건물리학 기술자로 채용되었다. 그는 자원했다. 임금이 훌륭했고, 슬라부티치의 상점에 특별히 가구와 소시지가 공급되었으며, 도움을 건네는 일이 그의 의무라고 믿었기 때문이다.[2]

쿠프니는 직업적으로도 강한 흥미를 느꼈다. 연기를 내뿜는 체르노빌 발전소는 지구상의 다른 어떤 곳에서도 볼 수 없는 수준의 방사능을 가지고 있었다. 쿠프니는 처음 만난 자리에서 내게 "체르노빌은 방사선 장으로 이뤄진 클론다이크Klondike❖였죠"라고 말했다. 사고로 인해 쿠프니는 극소수만 경험할 수 있는 수준의 방사능을 측정할 기회를 얻었다. 파묻힌 4호 원자로에 관해 이야기하면서 그는 다음과 같이 말했다. "나는 체르노빌 석관을 공포의 눈으로 바라보지 않았습니다. 무서워하는 것을 탐구할 수는 없는 노릇이죠. 나는 그걸 기회로 봤습니다."

해가 감에 따라 쿠프니는 원자핵에서 분출되는 엄청난 힘을 파악하기 위해 딸깍거리는 바늘보다 더 나은 방법을 원했다. 매일 그는 노동자들이 으스러진 내부의 통제실과 기계실에 접근하기 위해 파냈던 동굴 입구의 두 개의 문이 달린 석관을 지나갔다. 그 손짓하는 공허를 수년간 응시한 끝에 쿠프니의 호기심은 사리분별을 압도해버렸다.

그와 친구인 세르게이 코실레프Sergei Koshelev는 방호복과 방독면을 착용하고 사진기를 걸머진 뒤, 아무도 보지 않을 때 날아가버린 원자로의 토끼 굴로 미끄러지듯 내려갔다.

쿠프니는 그 탐험 중에 찍은 사진들을 내게 보내주었다. 폭발로 발생한 화재는 화씨 2,000도❖❖ 이상으로 타올랐다. 엄청난 열기는 쇠, 강철, 시멘트, 기계, 흑연, 우라늄, 플루토늄을 녹여서 발전소의 날아가버린 바닥을 통해 쏟아져 내리는 용암으로 만들어버렸다.[3] 용암은 결국 검고 반짝거리고 관통할 수 없어 보이는 종유석으로 굳어졌다. 어떤 종유석은 엄청난 두께와 회색의 색조, 깊게 패인 주름들 때문에 "코끼리 다리"로

❖ 클론다이크는 캐나다 서북쪽 끝 유콘 강의 지류인 클론다이크강 기슭에 있는 지방으로, 세계적인 사금 생산지다.
❖❖ 대략 섭씨 1,093도다.

불렸다. 사고 이후 몇 달 동안, 과학자들은 코끼리 다리가 시간당 100 시버트를 내뿜는다고 추정했다(직접 측정하기에는 방사능 수치가 너무 높았기 때문에 추정치를 제시했다). 몇 시간만 노출돼도 치명적일 수 있는 수치였다.

쿠프니는 "우리는 그곳을 찾은 유격대원이었죠"라고 이야기했다. "우리는 스스로 위험을 짊어졌어요. 아는 사람이 적은 편이 훨씬 좋았죠."

쿠프니는 탐험의 위험에 관해서는 무신경했다. 그곳에 있을 수 있는 시간의 최대치가 40분인 상황에서 그들은 30분 동안 몸을 구부리고 기어서 지하의 방들로 비집고 들어간 뒤 사진을 찍고, 과다 피폭되기 전에 지상으로 돌아왔다. 몇 차례의 탐험 끝에 남성들은 계수기에 구애받지 않았다. 쿠프니는 "방사선장은 그렇게 자주 바뀌지 않는답니다"라고 말했다. "나는 어떤 지점이 한 자릿수였는지 알았고, 어디서 두 자릿수와 세 자릿수로 치솟는지 또한 알고 있었습니다."

방사능에 피폭되지 않더라도 그러한 여행은 위험했다. 원자로 안의 동굴들은 일전에 통제실, 펌프실, 터빈실로 쓰이던 방들이었지만, 더 이상 원자로가 가동될 때와 같은 장소에 있지 않거나 같은 순서로 배치되어 있지 않았다. 터빈 발전기실의 지하는 물로 가득차 있었다. 그 위로 던져진 판자가 바닥재의 역할을 했다. 끈적끈적하고 미끄러운 기름이 사방에 배어 있었다. 그들은 전선, 깊은 구멍, 발목이 끼기 쉬운 틈 사이를 조심스럽게 디뎌야 했다. 코실레프는 "걷는 것만으로도 위험천만했지요"라고 언급했다.[4] 돌아다니다가 구멍에 빠져 끼이거나 무거운 문이 획 닫힌 뒤 잠겨서 아래에 갇히는 일이 쉽사리 벌어질 수 있었다. 손전등의 건전지는 방사선장 내에서는 믿을 수 없을 뿐만 아니라, 급작스럽게 아무런 경고 없이 수명을 다할 수도 있었다. 어둠의 한가운데로 들어선 탐험가들은 지하실에서 빠져나오는 길을 감각으로 찾아야 했을 것이다. 방호복은 뜨겁고 거추장스러웠으며, 감마선은 여전히 그것들을 꿰뚫었다. 여정이 이어짐에 따라 몸은 선량을 축적했다.

나는 쿠프니에게 왜 그 아래로 갔는지 다시 물었다. 사람들을 에베레스트산으로 오르게 하는 것과 같은 동기였을까?

쿠프니는 발끈했다. "나는 깃발을 꽂은 뒤 자부심으로 가슴을 두드리려고 한 게 아닙니다. 무슨 일이 일어났는지 알고 싶어서 갔어요. 나는 핵에너지를 하나의 자연력으로 봅니다. 그 힘을 알고 싶었습니다. 그곳에 가지 않으면 이해할 수 없습니다."

쿠프니는 인간의 어리석음을 보여주는 은유로 폐허 사진을 찍는 평범한 재난 관광객이 아니다. 쿠프니에게 타버린 원자로의 비장 내부로 꼼지락대며 들어가는 것은 버섯구름 안으로 진입하는 것이나 다름없었다. 그가 평생에 걸쳐 하려던 작업은 방사성 붕괴라는 거의 지각되지 않은 현상을 시각화하고 지도화하는 것이었다. 우주의 중심에서 불타는 기초적 힘이라고 생각되는 것을 이해하길 원했기 때문에, 그는 감마선의 십자포화를 자신의 취약한 몸으로 전부 받아냈다. 쿠프니는 이례적이지 않았다. 그의 이름은 분열하는 원자가 방출하는 에너지에 매혹된 수많은 과학자들과 기술자들의 긴 명단에 포함되어 있었다.

그리고 그 전통은 특정한 역사를 지닌다. 이는 2차 세계대전 말 무렵 뿌리를 내리기 시작했고 냉전군비경쟁이라는 비료를 엄청나게 뿌린 토양 위에서 번창했다. 냉전이 아니었더라면, 체르노빌 같은 민수용 원자력 동력로는 말도 안 되는 소리였을 것이다. 원자력 발전을 위한 기술

은 폭탄을 생산하는 원자로에서 빌려온 것이었으나, 무료의 군용 설계
도에 기반을 둔 원자로는 건설하기에는 값비쌌고 조작하기에는 위험했
다. 중동에서 석유가 싸게 흘러나오던 시기에 값비싼 원자로를 건설하
는 근거는 냉전을 고려해야만 이해 가능하다. 폭탄 생산국들은 핵전쟁
이 초래한 피부를 녹이는 공포의 해독제로서 평화로운 원자를 추구했
다. 대민홍보 차원에서 만들어진 "평화적" 원자력이었다.

히로시마 이후 미국 선전가들은 일본인 원폭 생존자들이 겪은 사망과
급성 방사선에 관해 얼버무렸다.[5] 전쟁이 끝난 직후, 헐리우드의 배급업
자들은 라듐을 증류한 최초의 과학자를 다룬 MGM(메트로-골드윈-메이
어 스튜디오 주식회사)의 전기영화 〈퀴리 부인Madame Curie〉을 점령하의
일본[◆]에 보냈다. 영화는 퀴리 부부가 금방이라도 무너질 것 같은 연구
실에서 이룩한 발견의 순간을 보여준다. 소프트 포커스 장면에서 피에
르 퀴리Pierre Curie는 마리의 어깨 너머 빈 공간을 바라보며 "만일 우리
가 이 새로운 원소의 비밀을 밝힌다면 생명의 비밀을 들여다볼 수 있을
거요"라면서 무한의 형이상학적 지평을 환기시킨다.

1953년, 핵폭탄 실험 가속화로 인한 전 세계적 여파에 대한 국민들
의 불안감이 커지자 미국 국가안전보장회의National Security Council는
"경제적으로 경쟁력을 갖춘 원자력"이 반드시 "국가적 중요성을 지닌
목표"가 되어야 한다고 결의했다.[6] 드와이트 아이젠하워Dwight Eisen-
hower 대통령은 "평화를 위한 원자력Atoms for Peace" 계획[◆◆]을 발표했
다. 원자력을 의료용 및 "계량하기에는 너무나 저렴한" 전기 생산에 이
용한다는 내용을 골자로 하는 계획이었다. 아이젠하워는 미국의 핵기
술을 다른 나라들과 공유하겠다고 제안했다.[7] 이 기습 발표를 계기로,

냉전 강대국들 사이에서 선제공격 능력에서뿐만 아니라 전력 생산 및 핵의학을 위한 민수용 원자로의 측면에서 서로를 넘어서기 위한 경쟁이 시작되었다.[8] 넉넉한 연방 보조금에 힘입어 미국 회사들이 준비를 갖추기 시작했다. 1948년, 새롭게 창설된 미국 원자력위원회는 방사성 동위원소가 실린 화물 2,000개를 연구 기관들에게 양도하는 한편, 동위원소를 이용해 암을 치료하는 연구에 100만 달러를 투자했다.[9] 1957년까지 미국 관리들은 29대의 소규모 연구용 원자로를 해외에 선뜻 내놓았다. 그러한 나라들 중에는 자국민에게 일반 교육과 의료를 제공하는 데 어려움을 겪고 있는 곳도 있었다.

소비에트 지도자들은 미국인들과의 경쟁에 투지 있게 뛰어들었다. 1954년, 공학자들은 모스크바 근교의 폐쇄된 도시인 오브닌스크Obninsk에 세계 최초의 민수용 원자력 발전 원자로의 전원을 연결했다. 그 원자로는 배전망에 겨우 5메가와트를 송전할 뿐이었으나, 전쟁을 위한 미국의 원자폭탄과 평화를 위한 소비에트 원자를 나란히 두고 대비하면서 선전하는 일의 가치는 헤아릴 수 없었다. 그 후 몇 년 동안, 인부들은 소련과 동유럽 우방들의 주요 도시 외곽에 원자로를 건설했다. 소비에트 사회는 원자력을 환영했고, 광고판에서 쩌렁쩌렁 울리던 "소비에트 원자는 병사가 아닌 일꾼이다"라는 관념을 받아들였다.

❖ 일본군정기Occupation of Japan 또는 연합군 점령하의 일본連合国軍占領下の日本은 일본이 1945년부터 1952년까지 연합국에 지배 당한 시기를 일컫는 말이다.

❖❖ 1953년 12월 8일, 뉴욕시에 소재한 유엔 총회에서 드와이트 아이젠하워 미국 대통령이 행했던 연설의 제목이다. 핵무기를 완전히 철폐함과 동시에 평화적 용도로만 원자력을 사용하자는 소련의 주장에 맞서 미국이 내놓은 원자력과 관련된 정책, 제도, 실천을 일컫는 말이기도 하다.

미국인들에게 일본이 원자력의 관념을 받아들이도록 설득하는 일은 순조롭지 않았다. 1954년 비키니 환초Bikini Atoll에서 수소폭탄을 터뜨리는 브라보Bravo 실험이 진행되는 동안 바람이 바뀌었고, 두터운 검은 낙진의 막이 일본의 참치 어선 제5후쿠류마루第五福龍丸*를 오염시켰다. 어선이 항구에 도착했을 때, 선원들은 방사능 중독으로 고통 받고 있었다. 일본인들은 후쿠류마루의 방사성 어획물이 어시장에 공급되고 있다는 사실을 알고 공포에 질렸다. 몇 달 후, 반핵 SF영화 〈고질라Godzilla〉가 일본의 극장가를 강타했다. 900만 명에 달하는 일본인이 대양에서 행해진 핵실험에 의해 깨어난 선사 시대의 심해 괴물을 묘사한 공상 과학 공포 영화를 보기 위해 돈을 지불했다.[10] 혼란에 빠진 성난 괴수는 방사능 입김으로 일본의 도시들을 가루로 만들었다. 일본에서 핵실험 반대 시위가 일어나자, 일본과 미국의 지도자들은 비공개 회의를 통해 미국의 핵 설계와 핵분열 생성물을 일본으로 이전하는 협정에 재빨리 합의했다. 산업 확장을 위해 독립적인 전력원을 확보하길 간절히 원했던 일본 지도자들에게 원자력에 관한 두 가지 경쟁적인 전망, 즉 〈퀴리 부인〉과 〈고질라〉 사이에서 선택을 내리는 일은 결코 어렵지 않았다. 핵공포에 대한 해독제는 원자력으로 켜는 등불이었다.

아이젠하워 대통령은 유엔 내에 국제적인 원자력 규제 기구를 창설하자고 제안했다. 유엔 국제원자력기구는 국제 정치를 관장하는 여러 기구들 가운데 상대적으로 권한이 없는 분과로 출범했다.[11] 이 기구는 폭탄을 생산하는 강대국들을 조사하거나 통제

❖ 제5후쿠류마루는 일본의 참치잡이 어선으로, 1954년 3월 1일 비키니 환초에서 행해진 미국의 수소폭탄 실험의 낙진에 노출되어 선원이 죽거나 상해를 입었다.

할 권한은 없었고, 원자로 건설을 원하는 나라들만 규제할 수 있었다. 핵무기고와 원폭실험을 감독할 수 없는 IAEA는 다수의 비핵 국가들에게 골칫거리였다. 한 노르웨이인 유전학자는 1955년 핵무기 실험으로 인한 "이미 입증된" 유전적 손상에 주목하는 결의안의 초고를 작성했고, 실험이 건강에 끼친 영향에 관한 국제적인 연구를 요구했다.[12]

역사학자 제이콥 햄블린이 지적하듯, 그 연구를 수행할 준비가 된 조직은 유엔 교육과학문화기구UNESCO(UN Educational, Scientific and Cultural Organization)였다. 미국 원자력위원회 위원장 루이스 스트라우스Lewis Strauss는 독립적인 과학자들로 구성된 국제기구가 미군의 독자적인 사안들에 간섭할 것이라면서 격렬하게 반대했다. 같은 기간, 스트라우스와 펜타곤Pentagon의 지도자들은 모든 핵실험을 끝내자는 소비에트의 제안들과 싸우고 있었다. 소비에트 지도자들과 유럽의 시위자들은 핵실험이 독성 방사능 낙진을 퍼뜨리는 한편, 더욱 크고 더욱 강력한 폭탄의 확산을 조장한다고 주장했다.[13] 아이젠하워, 존 포스터 덜레스John Foster Dulles, 스트라우스는 새로운 유엔 기구가 최근 생겨난 IAEA와 함께 일하도록 조종했다. 덜레스와 스트라우스는 유네스코를 제쳐두고, 과학자가 아닌 정치 지도자들이 과학자를 뽑아 복무시킬 수 있는 새로운 고위급 유엔 기구를 만들도록 추진했다. 새로운 기관은 겉으로는 독립적인 과학 단체로 보이더라도 실제로는 전략적이고 정치적인 직책을 맡은 사람들에 의해 교묘하게 통제될 수 있었다. 다른 핵강대국인 영국, 캐나다, 소련, 스웨덴은 새롭게 출범한 원자방사선의 영향에 관한 유엔 과학위원회UNSCEAR를 열정적으로 지지했다.[14] 거기에 앞서거니 뒤서거니 하면서 미국 외교관들은 원자력의 국제적 이용을 관장할 두 개의 새로운 단체를 만들었다. 바로 원자력의 평화적 이용을 촉진시키는 압력단체인 IAEA와 방사능 피폭의 환경적이고 의학적인 영향을 평가하는 일을 도맡으며 정치적으로 통제를 받는 UNSCEAR였다. 유네스코는 사람들이 원자력에 대한 "비합리적인 공포"에서 벗어나도록 심리학적으로 돕는 연구 수행을 맡게 되었다.[15]

알렉산데르 쿠프니는 이러한 지성적·사회적 흐름 속에서 어른이 되었다. 그는 민수용 원자로의 그늘 아래서 자랐다. 핵공학자였던 그의 부친은 러시아의 우랄산맥과 우크라이나 남부의 원자력발전소들을 감독했다. 쿠프니는 방사선 감시요원 같은 육체노동 일을 하면서 아버지를 따라 다녔다.

쿠프니가 석관 내부에서 찍은 사진들은 원자력의 이상향적인 약속들과 동떨어져 있다. 그것들은 흡사 〈혹성탈출Planet of the Apes〉의 한 장면처럼 보인다. 망가진 기계와 얼어붙은 통제실의 눈금판이 두꺼비집에 매달린 전선과 일그러진 강철 우리들의 한가운데 자리하고 있다. 사방에 시멘트 벽돌이 엎어진 채로 흩어져 있다. 그러나 쿠프니의 사진 중에서 가장 잊히지 않는 것은 고요한 폐허의 여러 장면에 펼쳐진, 심해의 어둠을 부유하는 눈처럼 내리는 작은 결정의 파편들이었다. 쿠프니의 필름에 있는 작은 오렌지색 얼룩은 결코 렌즈에 의한 것이 아니다. 쿠프니가 셔터를 누르는 순간, 붕괴하던 핵연료에서 분출된 입자들이 칠흑 같은 방의 공기를 보석처럼 반짝거리는 샹들리에로 만들었다. 이 빛의 점들은 표상이 아니다. 석관 내부에 가득한 방사성 에너지 광자들이 쿠프니의 필름에 만들어낸 형상이다. 그것들은 구체화된 에너지다. 그 작은 알갱이들은 다름 아닌 세슘, 플루토늄, 우라늄의 초상화다.

앙리 베크렐Henri Becquerel은 19세기에 우연히 우라늄과 황의 화합물이 포함된 돌멩이와 함께 서랍에 넣었던 유리판에 구리 십자가의 형상이 새겨졌을 때, 최초로 방사능에 노출된 물체의 셀카를 찍을 수 있는 힘이 있다는 사실을 발견했다. 1946년, 크로스로드 작전Operation Crossroads의 방사능을 감시하기 위해 소집된 데이비드 브래들리David Bradley는 미국 장성들이 비키니 환초 섬 위에서 두 발의 나가사키형 폭탄을 터뜨린 며칠 후, 그곳의 따뜻한 물에서 잡은 복어의 배를 갈라 베크렐의 실험을 재현했다. 브래들리는 방사능에 노출된 석호潟湖에서 물고기를 잡아 배를 가른 후 암실의 사진 건판 위에 올려놓았다. 몇 시간 후에 돌아온 그는 그 사진 건판에 물고기의 오염된 뼈, 내장, 마지막으로 먹었던 것의 흔적이 새겨져 있음을 발견했다. 미술사가 수잔 슈플리Susan Schuppli가 "새로운 유형의 광합성"이라고 부르는 것을 창조한 것이다. 슈플리는 방사선 사진이 사람만이 이미지를 만드는 능력을 가지고 있다는 생각을 약화시킨다고 믿는다. 방사선 사진은 물질도 자신의 역사를 쓸 수 있음을 보여준다.[16]

하지만 그것은 신체가 우라늄 시료와 위치를 바꿀 때만 일어날 수 있다. 방사선 사진은 엑스레이와 반대로 방사성 에너지를 몸 밖이 아니라 안으로 내뿜는다. 복어 해골의 초상화 및 쿠프니가 찍은 사진 안에 있던 날것 그대로인 순수한 빛의 결정들 뒤에는 지하 깊은 곳에서 우라늄을 회수해 이를 분리하고 정제하고 제어되거나 제어되지 않는 연쇄반응을 위한 조건을 만드는 작업이 존재한다.[17] 마리 퀴리는 그 작업을 즉각적으로 깨달았다. 5년 동안 그녀와 남편 피에르는 단지 몇 그램의 라듐을 얻기 위해 역청우라늄광pitchblende*으로 알려진 우라늄 화합물 8

톤을 증류했다. 그들은 이를 위해 역청우라늄광을 거대한 통에 담아 끓이고 농축시키는 방법을 사용했다. 포기할 줄 모르는 마리 퀴리는 그녀의 키보다 큰 막대기로 혼합물을 휘젓기 위해 늦은 밤까지 연구실에 머물곤 했다. 그녀는 증기를 들이마시고 들통을 들어 올리는 과정에서 혼합물을 두 손에 흘렸다. 손에서 물집이 났고 상처가 곪았다. 시간이 지남에 따라 그녀의 몸과 역청우라늄광에 있던 동위원소들이 결합되었다.

영화 〈퀴리 부인〉은 일본인 관객들에게 아주 큰 인상을 남겼다. 이는 핵과학을 비롯해 과학자 자체에 대한 광범위한 관심을 불러일으켰다. 퀴리가 사망한 뒤, 일본인 수집가들은 그녀의 연구 중 일부를 구입했고, 이는 결국 도쿄의 한 도서관으로 흘러들어갔다. 21세기 초, 만화가 에리카 고바야시Erika Kobayashi는 마리 퀴리의 공책 가운데 하나를 보러 갔다. 그것은 이례적인 것이 아니라 기록과 관찰이 담긴 메모 노트에 불과했다. 그러나 도서관 안에서 가이거 계수기를 꺼내 가까이 가져다 댄 후 고바야시는 바늘이 올라가는 광경을 목도할 수 있었다. 고바야시는 사후 70년이 지났어도 마리 퀴리의 방사성 지문이 여전히 종이에 남아 있다는 사실을 확인하고 놀라움을 감추지 못했다. 퀴리는 일본을 방문한 적이 없었으나, 그녀의 손가락이 만든 흔적은 그녀의 필생의 과업이 생산적이면서도 파괴적인 두 가지 방식으로 구체화된 장소인 일본에서 에너지를 발산했다.[18]

그녀는 공책에 지문을 남기면서 참사와 파괴에 관해서는 생각하지 않았다. 그녀의 꿈은 제정 러시아의 지배를 받은 폴란드에서 자라면서 수도 없이

❖ 역청우라늄광은 우라늄의 기본적인 광석 중 하나로, 50~80퍼센트의 우라늄을 함유하고 있다.

목격했던 상처를 치료하고 인류의 욕구를 해소하며 고통을 덜어줄 에너지원을 만드는 것이었다.

쿠프니는 퀴리가 시작한 일, 그녀가 순수한 복사 에너지원을 획득하는 데 담은 희망을 이어나갔다. 쿠프니는 체르노빌 원자력발전소에서 실로 많은 일들이 잘못됐다고 믿었다. 하지만 그가 실수에 대해 논의할 때 염두에 둔 것은 사고 자체가 아니라 그 여파였다. 그는 남아 있던 체르노빌 원자로들을 2000년도에도 폐쇄하지 말았어야 했다고 생각했다. 그는 "그것들이 완벽할 정도로 안전했다"고 주장했다. 쿠프니는 원자력발전소가 허용 가능하고 최소한의 건강 위험만 끼친다고 확신했다.

확실히, 쿠프니 개인에게 방사선 피폭은 전혀 문제로 보이지 않았다. 86세였던 그는 우크라이나 남성의 평균 기대 수명을 갓 넘었고, 활기차고 빠른 두뇌 회전을 엿볼 수 있는 느긋함과 민첩함은 실제 나이보다 열 살은 젊어 보이는 인상을 주었다.

그는 내게 "방사선은 내게 음식에 넣는 방부제 같은 역할을 합니다"라고 웃음을 지어보이며 말했다.

쿠프니의 지적 영향력은 그가 경력을 쌓았던 원자력 산업에서 그대로 이어졌다. 특히 잠수함 원자로에 아주 가깝게 살던 핵무기 보유 해군 소속 장교들은 적은 선량의 방사선 피폭이 생물에 긍정적인 영향을 끼친다는 "호르메시스❖"라는 관념을 자주 거론했다. 과학자들은 이 관념을 증명하기 위해 수십 년간 연구를 계속했다. 그들은 그러한 작업에 엄청난 돈을 헛되이 쏟았다.[19]

호르메시스를 홍보하는 과학자들과

❖ 호르메시스hormesis는 유해 물질이라도 소량인 경우 인체에 유익하게 작용하는 현상을 말한다.

어떤 선량도 안전하지 않다고 경고하는 유전학자들 사이의 논쟁은 그 어느 때보다 1989년도에 가장 크게 메아리쳤다. 350밀리시버트 평생 안전 선량을 "세 배로 늘려도 된다"는 납득하기 어려운 세계보건기구의 평가가 발표되고 한 달 후, 소비에트 원자력성Ministry of Atomic Energy은 IAEA에 또 하나의 "독자적인" 평가를 해달라고 요청했다.[20] 빈에서 IAEA의 원자로 안전성을 총괄하던 아벨 곤잘레스Abel Gonzalez 는 소비에트의 초청에 놀라움과 기쁨을 동시에 느꼈다. 그는 체르노빌 이 건강에 끼친 영향을 두고 벌어지는 논쟁에 종지부를 찍기 위한 작업 에 착수했다.

외국인
전문가들 XXXXXXX

아벨 곤잘레스는 아르헨티나 팜파스 초원 지대의 전기가 들어오지 않는 마을에서 자랐다. 알렉산데르 쿠프니와 그의 동료들처럼 곤잘레스는 굶주림, 불평등, 필요성, 질병에 대한 해결책으로 원자력에 전념했다. 그에게 핵물리학자는 평생 지구상의 어두운 구석에 빛을 비추는 사명을 가진 숭고한 직업이었다.

2016년 6월, 나는 말레이시아와 모스크바를 오가는 바쁜 여행 일정 속에서도 친절하게 시간을 내준 곤잘레스와 약속을 잡았다. 나는 유리, 강철, 편리함의 복합체인 유엔의 빈 국제센터Vienna International Center에서 그를 만났다. 매끈한 미드 센추리 모던midcentury modern❖ 양식의 건물들 안에는 멋진 정장을 입고 비실용적인 신발을 신은 남성과 여성들이 유

❖ 미드 센추리 모던은 실용성과 간결함이 특징인 1945~1975년대 건축 양식이다.

리벽을 통해 쏟아져 들어오는 햇살을 반사하는 윤이 나는 바닥을 미끄러지듯 오갔다. 각국 외교관들 뒤로 향수의 향기와 양호한 건강의 자취가 뒤따랐다.

유엔 단지는 아르헨티나의 팜파스뿐만 아니라 1990년대 폴리에스테르 정장을 입고 수지 밑창 신발을 신은 연구원들이 싸구려 문이 쾅쾅 닫히는 작은 사무실을 바쁘게 들락날락하던 소비에트 기관들의 청소용 양동이와 담배꽁초로 가득한 복도와도 거리가 멀었다. 당시 사회주의와 자본주의 가운데 어떤 사회적 선택이 우월했는지에 대해 의구심을 가지는 사람은 거의 없었다. 소비재의 파도는 거의 모든 논평자들에게 여태까지의 성과가 누적적으로 기록된 표를 분명하게 보여주었다. 자본주의가 우세했다. 1989년 11월, 역사의 천사는 의기양양하게 베를린 장벽을 가로질러 날아갔다. 동독인들은 자신들을 가두었던 콘크리트 벽돌 위로 올라서서 서구의 아름다움과 자유에 경탄했고, 그 장벽에 자신들이 서 있다는 이유만으로 총에 맞지 않는다는 사실에 놀라워했다. 1989년 11월의 그날 밤은 유럽 전역의 시민들에게 새로운 가능성을 열어주었다.

수십 년 동안 철의 장막을 가로지르는 지적 협력은 간헐적으로만 일어났고 정부 관계자들의 관리를 받았다. 베를린 장벽이 무너져 내린 후 수문水門이 열렸다. 수십 년 동안 억눌려온 경제적·사회적 열망에 사로잡힌 시민들은 전에 없이 철의 장막을 가로질러 내달리기 시작했다. 만석의 팬 암Pan Am 비행기에서는 성경으로 가득찬 여행 가방을 소지한 선교사들이 러시아어로 "공짜 선물"이라고 말하는 법을 연습했다. 사업가들은 거대하고 개척되지 않은 소비에트 소비 시장을 주시하면서 계약을 맺으려고 모스크바로 몰려들었다. 신선한 생선은 고사하고 소금에 절인 생선 한 마리조차 사기 힘들었던 시절, 음식점에 바닷가재를 보관하는 수조를 판매하려고 했던 남성이 기억난다. 또 다른 기업가는 러시아인이 체지방을 다음번 기근에 대비한 건강에 좋은 비축물이 아니라고 간주하기 한참 전에 이미 다이어트 감미료를 광고하는 임무를 떠맡은 상태였다.

당시는 시민사회에 대한 믿음이 최고조에 다다랐을 때였다. 철의 장막을 해체할 시민들을 연결하기 위해 고안된 자매도시 선정, 화상 대화, 장시간에 걸친 텔레비전 모금 방송telethons의 시기였고, 이를 통해 한쪽이 성명서를 전송하면 다른 한쪽은 비행기 표를 보냈다. 수백 개의 구호 단체, 종교 단체, 신규 비영리 단체는 사람들이 외교, 무역, 문화 교류를 수행할 수 있을 뿐만 아니라 으르렁거리는 자국 정부를 우회할 수 있다는 단순한 생각을 가지고 소비에트 동반자를 찾기 위해 분주히 움직였다. 이러한 분위기에서 체르노빌 구호 분야는 곧바로 사람들로 붐비게 되었다. 1990년의 첫 몇 달 동안, 경쟁 관계에 있던 소비에트 정부 부처와 독립적 협회들은 국제 자선 단체와 유엔에 도움을 요청했다.[1]

유럽과 북미의 구호 단체들이 그 요청에 응답했다. 우크라이나의 그린월드처럼 느슨하게 조직된 단체들은 유럽과 북미에서 온 수많은 손님들을 수용하면서 작은 유엔이 되었다. 파리의 유네스코 관료들은 과학원과 협력하여 체르노빌 데이터를 분석하기 위해 체르노빌 연구센터 설립 계획을 수립했다.[2] 세계보건기구 관계자들은 모스크바에서 "일본인 수명 연구"를 왜소하게 보이도록 만들기 위해 계획된 연구인 저선량 방사선의 영향에 대한 장기 역학 조사에 합류하고자 소비에트 보건

성과 협상했다.[3]

이러한 호의의 광풍 덕분에 체르노빌이 건강에 끼친 영향에 대한 판단은 통제를 벗어날 수 있었다. 곤잘레스는 자신이 무엇에 맞서고 있는지 이해했다. 그의 사무실은 체르노빌이 건강에 끼친 영향에 관해 경고하는 언론 보도를 추적했다. 체르노빌 재난에 대해 다른 평가를 제공할 수 있는 경쟁자들이 속속 등장하고 있었다. 소비에트의 새로운 평가 요청을 맡은 곤잘레스에게는 경쟁자들을 저지할 새로운 전략이 필요했다. IAEA가 아닌 세계보건기구나 원자방사선의 영향에 관한 유엔 과학위원회UNSCEAR가 체르노빌의 의학적 효과를 평가하는 것은 오래 전부터 있었다.[4] IAEA는 한 가지 측면에서 타협을 봤다. 체르노빌이 감지 가능한 건강 문제를 일으키지 않을 것이고, 350밀리시버트 선량 또한 안전하다고 이미 공식적으로 예측한 기구였기 때문이다.[5] 심지어 유엔 안에서도 IAEA는 원자력 압력 단체로 비쳐졌다. 유엔 사무총장보 Assistant Secretary-General 엔리케 테르 호르스트Enrique ter Horst는 체르노빌 평가에 대한 IAEA의 접근 방식을 다음과 같이 묘사했다. "IAEA는 원자력의 평화적 이용 고취에 대한 기관의 자체적인 이해관계를 가지고 있고, 체르노빌 사고의 실질적이고 잠재적인 피해에 관한 대중의 공포를 누그러뜨리고자 한다."[6]

창의력을 동원해 고심한 끝에 곤잘레스는 WHO와 UNESCO를 포함한 유엔 기구들의 관계 부처 합동 위원회를 만들었고, 이를 국제 체르노빌 프로젝트ICP(International Chernobyl Project)라고 이름 붙였다. 합동 위원회는 실제적으로는 거의 모이지 않았으나 유엔의 공동 계획이라는 인상을 주었고, 곤잘레스는 IAEA 사무실에서 실질적으로 평가를 지휘했다.[7] 1990년 5월의 한 회의에서 합동 위원회 위원들은 과학 연구의 자유 시장이나 유엔 기관의 독자적 조치는 없을 것이라는 데 동의했다. 회의록에는 "주의 깊은 준비를 거치지 않고 하나의 [유엔] 조사단을 파견하는 것은 각 기구의 신뢰성에 부정적인 영향을 끼칠 것"이라고 기록되어 있었다. 곤잘레스는 유엔 가족 안의 다양한 부처들이 "성급하고 증명되지 않은 결론을 피하기 위해" 함께 일해야 한다면서 주의를 주었다. 그는 IAEA가 다양한 체르노빌 프로젝트와 의학 연구의 "조화를 이루게 하는" 일에 앞장서서 "IAEA가 주도하는 평가"를 따르게 해야 한다고 시사했다. 곤잘레스는 건강과 생태계의 "속사速寫 사진"을 만들기 위해 국제 전문가 100명을 파견할 것을 제안하면서, IAEA의 평가가 "장기 계획에 반영"될 권고안을 위해 향후 중요해질 것이라고 주장했다.[8]

그것은 명령이었다. IAEA는 체르노빌의 보건 및 환경 연구를 담당할 것이며, IAEA 주도의 평가는 유엔 기구들이 향후 체르노빌 구호 계획에 어떻게 자금을 지원하는지를 결정하는 청사진이 될 것이다.[9] IAEA가 체르노빌 평가를 준비하고 작성할 것이지만, 미국 대표들은 IAEA보다는 국제 체르노빌 프로젝트가 "보고서의 명시적 작성자가 되어야 한다"고 밝혔다.[10] 그렇게 안건이 수립되었고, 관계 부처 합동 위원회는 오랜 휴지기를 가졌다. 위원회는 1년이 넘도록 모임을 갖지 않았다.[11] 곤잘레스는 히로시마의 방사선영향연구소Radiation Effects Research Foundation 이사장 시게마쓰 이쓰조重松逸造를 위원장으로 지명해 위원회를 이끌도록 했다. 위원회는 원폭 생존자 "수명 연구"를 본보기로 이용했다.[12]

키예프의 KGB 요원들 또한 국제적 활동의 증가에 관해 우려했다. 그들은 우크라이나에 나타나 소비에트 시민들에게 이것저것 캐묻는 외국인 과학자들에 관해 불안감을 느꼈다.[13] KGB 요원들은 우크라이나에서 매일 외국인의 숫자를 확인했다. 전직 인투리스트Intourist♦ 직원으로 외국인 학생들을 상대했던 이리나Irina는 내게 KGB 요원들이 외국인들이 식사하고 교제하는 장소에 돌아다녔다고 말해주었다. 그녀는 내게 "어디를 가든 거의 모든 곳에서 근처의 누군가가 우리를 주시했어요"라고 말했다. 방문객 수가 늘어나면서 KGB 요원들은 CIA의 방첩과 잠복 조직, 다가오는 우크라이나 인민대표대회 선거에 대한 미국인들의 개입을 두려워했다.

나는 KGB의 일일 누계에 기록된 외국인들 중 한 명이었다. 나는 페레스트로이카 기간 동안 소련에서 소미蘇美 교육 교류 프로그램을 위해 일했다. 미국은 소련 전역의 대학에 미국인 학생들을 보냈다. 내 일은 학생들이 문제를 겪을 경우 그것을 해결하는 것이었다. 어느 날, 키예프에서 공부하던 한 미국인 학생의 전화를 받았다. 편의상 그를 밥Bob이라고 부르겠다. 그는 모스크바에 있던 내게 전화를 걸어 키예프로 당장 와달라고 부탁했다. 목소리가 심상치 않았다. 나는 소비에트 동료 한 명과 함께 우크라이나로 향하는 기차에 올랐다. 밥은 기차역으로 나와 나를 맞았다. 그는 창백했고 야위었으며 불안해했다. 그는 자신의 여자친구가 주말을 이용해 타슈켄트Tashkent로 가보길 권했다고 했다. 키예프를 떠날 수 있는 비자를 가지고 있지 않았던 그에게 그녀는 한 친구의 소비에트 비자를 쓰라고 제안했다. 그는 그렇게 했고, 결국 무단으

♦ 1929년 설립된 소련의 여행사다.

로 국경을 넘었다는 이유로 공항에서 체포되었다. KGB 요원들은 그에게 키예프에 있는 미국인 동료들에 관해 밀고하지 않을 경우 심각한 징역형에 처해질 수 있다고 위협했다. 밥은 제안을 받아들였다. 이후 밥이 거리를 걸을 때마다 세워져 있던 승용차에서 한 손가락이 튀어나오더니 거리를 걷던 그에게 차에 타서 아는 바를 모조리 털어놓으라고 했다. 20세에 불과했던 그 학생은 수개월 뒤 신경 쇠약에 걸리게 되었다.

우리는 대학총장과의 교섭을 통해 이러한 괴롭힘을 끝내는 데 성공했고, 밥은 자신을 KGB의 덫으로 몰아넣었던 그 여자친구와 결혼까지 했다. 30년이 지난 후, KGB 문서고 자료를 읽으면서 나는 KGB 요원들이 미국의 CIA가 공작원들을 학생으로 위장하여 소련에 파견해 첩보를 입수한다고 확신했음을 알게 되었다.[14] KGB 요원들은 오지랖 넓은 외부인들이 거리의 사람들을 선동한다고 생각했다. 그러나 1989년경의 소비에트 시민들에게는 자극이 거의 필요하지 않았다. 시끄럽고 화난 군중은 키예프의 브로드웨이인 크레샤틱 거리Kreshchatik Street의 최고 소비에트Supreme Soviet 건물 앞에 매일같이 몰려들었다. 시위자들은 체르노빌 발전소의 입구에서도 팻말을 들었다. 그들은 원자로 가동 중지를 요구하며 또 다른 원자력발전소 부지로도 몰려갔다. 원전 종사자들은 파업을 단행하겠다고 말했다. 방사선 의학 병동의 체르노빌 환자들은 단식투쟁에 돌입하면서 체르노빌 피해자들에 대한 원조와 의료 지원을 요구했다.[15] 단식투쟁에 나선 학생들은 1990년의 겨울 내내 키예프의 혁명 광장에서 진을 쳤다. 하얀 머리띠를 두른 창백하고 핼쑥한 그들의 벌벌 떠는 모습은 "혁명"의 형상화였다. 르비브Lviv에서는 유쾌한 시위자들이 공산당을 위해 정교한 장례식을 치렀다. 학생들은 레닌의 동상 중 하나에 레닌의 저작집을 던졌으나 그가 움찔하지 않자 받침 대로 올라가 블라디미르 일리치를 쓰러뜨렸다. 지도자를 쓰러뜨리는 것으로도 명예가 충분히 실추되지 않았기에, 그들은 레닌의 튀어나온 턱과 넓은 이마를 깎아냈다.[16] 한 학생이 내게 레닌의 눈썹 부분이라며 무언가를 내밀었다. 그냥 돌덩어리였다. 나는 거절했다.

　1990년, 도전자들이 들고 일어나 그들이 신성하다고 보았던 모든 것들에 대한 파괴에 저항했다. 보수주의자들은 소련 전역에 걸쳐 분리주의 운동의 물결이 거세지는 상황에서 법과 질서의 회복 및 연맹의 보전을 옹호했다. "방패Shield", "연맹Union", "조국Fatherland" 등 전통적인 이름을 가진 새로운 협회가 생겨났다. 1990년을 기점으로 고르바초프는 때로는 민주주의자처럼, 때로는 강경파처럼 행동하는 등 흔들리기 시작했다. 연대와 통일성은 소비에트 국가의 가장 중요한 신화였다. 사회적 조화가 갑작스럽게 녹아내려 싸움으로 변했다. 과거 공산주의 시절에는 모든 사안에 관해 엄숙하게 만장일치로 동의하던 인민대표대회의 의원들이 서로에게 등을 돌렸다. 텔레비전으로 중계된 고함소리는 리얼리티 쇼의 도래를 알렸다. 거리의 군중들은 경찰과도 싸웠고 서로 싸우기도 했다. 한때 평온하고 따분하던 소비에트 도시에서는 총성이 들렸다. 그 시절, 나는 보이지 않는 "비즈네스맨biznesmen"을 위해 일하던, 운동복을 입은 채 뽐내며 걷는 근육질 남자들을 피하기 위해 최선을 다했다. 그들은 영어 단어를 사용했다. 어떠한 법도 따르지 않으면서 용병을 고용해 자신의 부를 지키는 사업가를 설명하는 데 적절한 대응어가 러시아어에는 없었기 때문이다.

　이러한 정치적 대혼란 속에서 KGB 요원들은 국가의 과학적 이익을 지키기 위해 달려들었다. 한 KGB 장교는 "사회의 민주화가 지적 재산권 방어 문제로 이어진다"고 투덜거렸다.[17] 요원들은 미국인들이 경제와 공산당에 대해 커져가는 대중의 환멸을 "어마어마한 힘을 지닌 사회적 폭발"에 불을 붙이기 위해 이용하려 했다는 사실을 이해했다.[18] KGB 요원들은 외화 없이 해외로 나간 소비에트 과학자들이 그들을 초청한 국가에 재정적으로나 도덕적으로 의존할 수밖에 없다는 점을 우려했다. 그들은 해외의 보안 부서들이 소비에트 과학자들을 주의 깊게 관찰하고 모집했을 가능성이 있다고 의심했다. 서구의 스파이들은 이 취약성을 활용해 몇몇 중대한 첩보의 승리를 거두기도 했다. 미국 에너지부와 국립과학원National Academy of Sciences에서 파견된 미국인들은 키예프의 전연맹방사선의학센터 연구자들에게 공공연히 접근했다. KGB 수장 니콜라이 골루쉬코Nikolai Golushko는 "그들은 연구센터에 있는 절대적으로 유일무이한 데이터베이스를 가지고 작업하길 원한다. 그들은 특히 방사선이 사람의 유기체에 미치는 간접 영향 및 거리 효과 연구를 위한 데이터군##을 원한다"고 썼다. "우리는 소비에트 측을 설득하여 우리 연구의 예비 과학적 결과와 데이터베이스 원자료에 접근할 수 있도록 하는 끈질긴 시도에 눈길을 고정했다." 골루쉬코는 그들이 체르노빌에 관한 이 과학 정보를 "군사적 용도뿐만 아니라 나토NATO의 연구소들에서 행해지는 비슷한 연구의 지출을 줄이기 위해" 사용할 것이라고 우려했다.[19]

골루쉬코는 이 자료들에 접근하기 위해 서구인들이 국제기구, 특히 IAEA와 세계보건기구를 활용하고 있다고 추정했다. 그들은 곤잘레스의 관계 부처 합동 위원회 회의를 예의주시했다. 그들은 곤잘레스가 체르노빌이 건강에 끼친 영향에 관한 정보를 제한하고 통제하기 위해서가 아니라 체르노빌 데이터를 모으기 위해 다양한 유엔 기구들에게 활동범위를 광범위하게 넓히라고 요청하는 것으로 이해했다. 그들이 지닌 관심의 대부분은 "생태학적·의학–생물학적 영향에 초점이 맞춰져 있다"고 골루쉬코는 적었다.[20]

골루쉬코는 평소처럼 행동 계획을 적시하는 것으로 보고서를 끝맺었다. "우리는 국제적 접촉이 있을 경우 사고를 청산하는 실질적 문제에 대한 공인된 정보를 잃지 않도록 조치를 취할 필요가 있다."[21] 물론 KGB 요원들이 어떤 "조치"를 염두에 두고 있는지 설명하는 모습은 무척 드물었다.

참사를
찾아서 WWWWWWW

1990년 봄, IAEA는 체르노빌 피해를 평가하기 위해 대대적인 노력을 기울였다. 아벨 곤잘레스가 이를 감독했다. 그는 자원한 과학자 200명을 소집해서 선량 측정, 역사, 보건, 사회적 결과라는 네 개의 그룹으로 분류했다.[1] IAEA 조사관들이 가장 먼저 알아야 할 것은 그곳에 방사선이 얼마나 있는지였다. 그리하여 1990년 여름, 소규모 IAEA 조사단이 체르노빌의 오염된 대지를 찾아 뚜렷한 사냥감도 없는 사냥에 나섰다. 국제 전문가들은 눈에 띄지 않는 방사성 에너지의 이미 지나가버린 방출을 측정하려고 노력했다. 전문가들은 소비에트 동료들, 특히 벨라루스인들이 방사선 수치, 선량, 추정치가 담긴 정보와 지도를 주지 않는다고 불평했다.[2] 소비에트 과학 관리자들은 외국인 방문객들에게 데이터를 제공하지 말라는 엄중한 명령을 받았다. 심지어 아픈 어린이도 "생물학적 자료"로 간주되어 공유되지 않았다.[3] 소비에트 과학자들도 소비에트 과학자들대로, IAEA 전문가들이 정신없이 진행된 2주간의 여정에서 낙하산을 타고 똑같은 연구소와 똑같은 소도시에 착륙한 뒤 선행된 조사에 대한 분명한 지식 없이 똑같은 정보를 요구할 뿐이었다고 불만을 드러냈다.[4] 곤잘레스가 비효율과 중복을 피하기 위해 만든 IAEA 조사단은 그야말로 비효율적이고 중복적이었다. 분명 많은 국제 과학자들은 세계에서 가장 방사능 활동이 활발한 구역으로 묘사된 곳을 보기 위해 폐쇄된 체르노빌 지역으로 가는 시찰에 열광했다. 외국인들은 보고서를 작성하거나 냉담한 직원과 형편없는 식사를 갖춘 차가운 소비에트 호텔을 여러 번 재방문하는 일에는 그다지 관심이 없었다.[5]

IAEA 조사단은 키예프의 전연맹방사선의학센터와 1986년부터 체르노빌 데이터를 신중하게 관리하고 통제했던 레오니드 일린의 모스크바 생물물리학연구소를 방문했다. IAEA 자문위원들이 가는 곳마다 KGB 요원들이 통역사 행세를 하며 그들과 동행했다. 곤잘레스는 두 진영의 과학자들이 서로 감시하는 모습을 보고 웃음을 지었다. 그는 내게 "KGB 통역사들"에 대해 묘사해주었다. "그들은 똑똑한 이들이었지요. 한 명은 내게 우리 쪽 과학자 한 명이 이스라엘 정보부를 위해 일한다고 말했어요. 나중에 나는 그가 절대적으로 옳았다는 걸 확인했습니다"라고 그는 전했다.[6]

우크라이나의 KGB 요원들은 특히 IAEA와 WHO를 외국 스파이의 위장이라고 의심했다. 그리고 그것은 소비에트 첩보 당국이 해외에서 활동하는 위장 요원들의 근거지로 유엔 기구들을 이용한 방식이기도 했다. 상호간에 드리운 의심은 과학 교류에 찬물을 끼얹었다. IAEA 조사단은 사고 후 몇 년 동안 체르노빌에 피폭된 사람들에게서 채취한 선량 측정치를 찾고 있었다. 소비에트인들은 체르노빌 생존자 100만 명 이상에 대한 연맹 차원의 기록을 편찬한 바 있었다. 보건성에서 방사선 의학을 담당하지만 베일에 싸여 있던 제3부가 선량 데이터의 대부분을 가공한 정보 처리 기관이었다. 그러나 이 부서가 정보를 공유하지 않는다는 점은 널리 알려져 있었다.[7] KGB는 외국인이 해당 자료를 입수하는 일을 방지하는 임무를 맡았다. 데이터는 금고에 보관했다.[8]

이러한 모습이 철의 장막을 가로지르며 수행된 체르노빌 공동 연구에서 면밀하게 주시해야 했던 변수였다. 과학자 행세를 하던 KGB 요원들은 정식 연회에 앉아 과학 담당 관리자로 위장한 서구의 스파이들과 마요네즈를 버무린 샐러드를 나누었다. 그들은 다 알고 있다는 듯 서로를 쳐다보았다. 아마도 비밀리에 악수를 나눴을지도 모른다.

IAEA 조사단은 벨라루스로 날아갔다. 그곳에서 과학원의 연구원들은 체르노빌 피폭 이후 자신들이 목도한 모든 범위의 보건 문제를 설명했다.[9] 그들은 방문객들에게 갑상선계 및 혈관계와 관련된 건강 문제의 증가, 아픈 어린이와 임신 합병증에 관해 말해주었다.[10] IAEA 조사단은 의심스러워했다. 이 보고들은 기존의 서구 과학에 들어맞지 않았다. 그들은 그렇다면 선량은 어떤지 물었다. 발병률의 상승에는 많은 이유가 있을 수 있다. 그러나 만일 건강 문제 증가 수치가 방사선 선량과 위쪽으로 치솟는 직선의 형태로 일치한다면, 그것은 여태껏 알려진 것보다 낮은 선량의 방사선이 여러 개의 인간 장기를 손상시키고 질병을 야기했다는 벨라루스인들의 주장을 입증하는 유의미한 사례로 변할 것이다. 벨라루스인들은 피난민과 청산자와 3만 4,000명의 어린이를 포함해 10만 명 이상 되는 사람들의 개별적 선량 기록이 담긴 IBM 컴퓨터를 가지고 있었다.[11] 외국인들은 그 기록을 한 번, 두 번, 여러 번 요구했다. 그 요구에 대한 답은 계속해서 미뤄졌다.[12]

그러더니 이상한 일이 벌어졌다. 1990년 여름 최초의 IAEA 과학자들이 소련에 도착하기 시작한 직후, "불한당들"이 민스크의 방사선의학 연구소 사무실에 침입했다. 전문적인 솜씨를 가진 것처럼 보이던 도둑들은 단 한 번의 머리 가격으로 경비를 쓰러뜨리고 그의 열쇠를 챙겨서는 컴퓨터 두 대와 한 무더기의 플로피 디스크를 훔친 뒤, 대기하던 자동차를 타고 줄행랑을 쳤다.[13] 컴퓨터 파일에는 벨라루스인 13만 4,000명의 방사선 피폭 관련 데이터가 담겨 있었다.[14] 경찰이 컴퓨터를 회수했으나, 하드 드라이브는 지워져 있었고 디스크는 사라진 뒤였다.

그 유일무이한 정보, 세계에서 그러한 종류로는 오직 하나뿐이었던 데이터베이스는 결국 되찾지 못했다. 그리고 그게 유일한 사건이 아니었다. 1990년 여름, 모스크바에 입원한 마을 사람들의 선량 정보를 담은 파일이 한 모스크바 연구소의 컴퓨터에서 없어졌다. 심지어 공책들도 사라졌다.[15] 이와 거의 비슷한 때에 풍부하게 축적된 염색체 선량 데이터가 러시아 서부 브랸스크의 한 연구소에서 이해할 수 없는 방식으로 없어졌다.[16] 나는 KGB 사건 문서철에 접근할 수 없었으나, 바로 그들 KGB가 실종된 자료의 배후라고, 즉 이 사건들은 "서구 스파이들"이 소비에트 지적 재산을 입수하는 것을 단념시키기 위해 KGB 요원들이 실행한 "조치들" 가운데 하나였다고 의심한다.

IAEA 조사단은 전체 기록 대신 모스크바 과학자들이 제공한 추정 선량을 사용했다. 하지만 그들은 추정 선량에 대한 계산을 어떻게 수행했는지를 설명해주는 데이터는 지원하지 않았다. 이 추정치에 따르면, 다수의 마을 사람들은 평생 선량 350밀리시버트보다 훨씬 높은 선량을 받았기 때문에 다른 곳으로 이주되어야 했다. IAEA 조사단은 자체적으로 수행한 측정치를 소비에트인들이 건넨 데이터와 비교해보기도 했다.[17] 소비에트의 집계는 IAEA의 집계보다 높았다. 그들은 소비에트인들이 지역의 생태학적 요인에 관해 정교한 이해를 가지고 있었음을 인정했다.[18] 소비에트인들은 또한 지역적 특성에 대해서도 잘 알고 있었다. 그럼에도 불구하고 IAEA는 종종 소비에트인들이 건넨 정보를 무시하고 사람들이 무엇을 먹었는지, 야외에서 얼마나 시간을 보냈는지, 작업 패턴은 어떠했는지에 관해 자체적으로 추측했다. 그들은 사람들이 상점에서 판매되는 깨끗한 음식을 먹고 있다고 가정했고, "농경 방식의 변화는 선량을 최소화하는 데 효과적이었다"고 추정했다.[19]

우크라이나인과 벨라루스인들은 전문가들에게 그러한 추정이 사실이 아니라고 말했다.[20] 지역 과학자들은 IAEA 자문위원들에게 우크라이나 북부와 벨라루스 남부에 사는 폴레시아인들이 7월과 9월 사이에 하루 200~300그램에 달하는 많은 양의 버섯과 산딸기를 먹는다고 설명했다.[21] 어떤 이유에서인지 IAEA 과학자들은 연간 300~600그램의 버섯을 먹는 것으로 계산했고, 산딸기는 대수롭지 않은 것으로 여겨 추정치에서 생략했다.[22] 폴레시아 마을 사람들은 하루 평균 2리터의 우유를 마셨다. IAEA 조사단은 1리터가 채 되지 않는다고 추정했다. 버섯, 산딸기, 우유가 가장 방사능이 많은 식품이었기 때문에 이러한 누락은 중요했다. 과학자들은 체르노빌 선량의 대부분이 식품 섭취에서 발생한 체내 피폭이라는 사실을 오늘날에야 알게 되었지만, 소비에트인들은 이미 사고 당시에도 알고 있었다.[23] 미국 연구진은 미국 핵실험에서 나온 낙진으로 포화된 환초에 살고 있던 마셜 군도 사람들을 대상으로 한 비밀 연구에서 같은 통찰을 얻은 바 있었지만, 이 정보를 공유하지 않았다.[24] 반대로 IAEA 과학자들은 1990년에 선량의 대부분이 체외 피폭 때문이라고 말했다.[25]

IAEA 자문위원들은 가족들이 방사성 나무를 땔감으로 써서 취사도구와 실내 공기를 오염시켰다는 사실을 자신들의 선량 추정치 계산에 넣지 않았다.[26] 또한 그들은 마을 사람들이 방사성 재와 방사성 거름을 정원에 뿌렸다는 점도 고려하지 못했다. 오염 지역에 대한 별도 임무를 맡은 유엔 조사단의 외국인 전문가들은 상점의 빈 선반들, 생기 넘치는 텃밭, 산딸기와 버섯으로 가득한 바구니를 들고 숲길을 걷는 사람들을 목격했다.[27] 그러나 IAEA는 사람들이 얼마나 많은 방사능 선량을 흡수했는지 계산하는 과정에서 이러한 피폭의 신호들을 놓쳤거나 무시했다.

IAEA 조사단은 일관되게 가장 긍정적인 수치를 선택했다.[28] 이 추정치는 벨라루스 과학자들의 추정치보다는 세 배 낮았고, 모스크바 과학자들의 추정치보다는 두 배 낮았다.[29] 이 초국가적인 선량 계산은 마치 옮겨 말하기 놀이*처럼 수행됐다. 민스크와 키예프의 연구자들은 모스크바로 수치를 보고했다.[30] 이 수치를 모스크바의 과학자들은 다시 계산한 후 줄여서 IAEA 조사단에 넘겼다. 그 조사단은 수치를 다시 한번 축소했다.[31] IAEA 조사단은 체르노빌 선량이 일본인 원폭 생존자보다 두 배나 낮았다고 결론내

* 옮겨 말하기 놀이telephone game는 말놀이의 일종으로 첫 사람이 다른 사람에게 특정한 말이나 단어를 전하면 말을 전해 들은 사람이 다음 사람에게 다시 그 말을 전달하는 식으로 이어져 마지막에 전달받은 사람이 큰소리로 그 전 사람에게 들은 말을 말하는 놀이다. 누적된 오류, 소문이나 가십의 확산 같은 부정확성, 인간의 기억이나 구전의 비신뢰성을 언급할 때 사용되기도 한다.

렸는데, 이는 방사선이 유발하는 건강 문제에 관해 걱정할 근거가 없음을 의미했다.[32] IAEA 보고자들은 그들의 수치가 불확실하다고 인정했으나, 그 불확실성은 그들이 생산한 최종적 수치의 견실한 외양 안에서 사라졌다.[33] (몇 년 후 한 국제 과학자 단체는 벨라루스인들의 수치에 근접한 추정 선량을 제시했다.)[34]

수치들은 결백하지 않았다. 그 수치들은 주체성agency을 지녔다. IAEA 내과의사와 물리학자는 사람의 건강에 미치는 사고의 영향을 알아내기 위해 선량 추정치를 사용했다. 곤잘레스는 방사선학 교수이자 원자방사선의 영향에 관한 유엔 과학위원회UNSCEAR의 미국 대표인 프레드 메틀러를 IAEA 평가의 보건 부문 책임자로 임명했다. 나는 메틀러와 접촉했다.

메틀러는 이름, 날짜, 구체적인 사안에 관해 뛰어난 기억력을 가지고 있었다. 그는 매우 도움이 되었다. 그는 세계의 방사선 의학 전문가들을 IAEA 평가에 참여시키기 위해 어떻게 초청했는지 말해주었다. 그들은 최고 과학자였지만 저선량 방사선의 상대적 안전성에 관한 기존의 의견에 반대했던 몇몇 저명한 인사들은 빠져 있었다. 메틀러는 백만 달러 상당의 의약 용품과 의료 기기를 기부해줄 것을 간청했다. 그는 1990년 봄 동료의 검토도 받지 않고 신속하게 조사 계획서를 작성했다. 그는 사례 통제 연구를 설계하여 서로 가깝지만 토양 내의 방사능 수준은 매우 다른 마을들을 선정했다. 그러나 그 마을들은 똑같은 식량 보급망을 가지고 있었다. 식품 경로를 통해 비슷한 피폭이 일어났을 가능성이 높았던 것이다. 그럼에도 이러한 점은 연구에서 인정되지 않았다. 오염된 마을들이 사례 연구가 될 것이고, 이웃한 "깨끗한" 마을들은 통제군 역할을 할 예정이었다.[35] 메틀러의 연구진은 여섯 공동체에서 무작위로 어른과 어린이 20명을 선발한 뒤, 이들의 건강을 진단했다. 그들은 선량을 측정한 연구진이 낮은 수준의 낙진을 경험했다고 확정한 이웃 지역의 통제군 공동체 여섯 곳에서도 똑같은 작업을 수행했다. 그들은 모두 1,600명의 사람들을 검사했다.[36]

IAEA 과학자들은 대체 무엇을 찾고 있던 것일까? 메틀러는 전화 통화에서 내게 "우리는 암, 질병, 선천적 기형 등 모든 것을 찾고 있었죠"라고 말했다. 메틀러는 연구진이 수집한 데이터를 평가할 기준이 없었다. 만성적 저선량에 피폭된 사람들에 대한 장기적 연구는 하나도 없었다. 서구의 의사들은 오직 1,000밀리시버트를 초과하는 급성 고선량에서 신체에 드러나는 결정적인 "표시", 즉 방사선 피해의 흔적만을 볼 수 있었다. 메틀러와 다른 IAEA 전문가들에게 저선량 피폭의 영향에 대한 무지는 장애물이 아니었다. 그들은 일본인 원폭 생존자들이 받은 것으로 추정되는 선량에 대한 지식을 토대로 체르노빌 사례도 추론했다.[37] 내가 앞에서 언급한 것처럼, 양자는 무척이나 다른 종류의 피폭이었다. 일본에서 연구자들이 히로시마와 나가사키의 단일한 고선량 체외 폭발을 계산했던 반면, 소비에트 과학자들은 체르노빌 오염을 만성적 저선량 섭취에 의한 피폭 또는 체내 피폭으로 이해했다.[38]

벨라루스 과학자들은 원자폭탄 선량과 체르노빌 선량 사이의 차이점을 지적했다. 그들은 현장을 방문한 IAEA 과학자들에게 대부분의 위험이 섭취된 방사성 동위원소에서 발생했으며, 그중 일부는 흡입된 고방사능 입자의 형태로 체외 피폭보다 더 많은 피해를 초래했다고 말했다.[39] IAEA 과학자는 "공식적인 방법이 없기" 때문에 고방사능 입자에 관한 어떠한 계산도 이뤄지지 않았다고 보고했다.[40] 벨라루스인들은 또한 통제군 선정의 문제점도 파악했다. 메틀러가 선택한 "깨끗한" 지역의 사람들이 정말로 통제군일 가능성은 거의 없었다. 벨라루스 연구자들은 IAEA 조사단에 정보를 제공하면서, 소비에트 관리들이 재난을 억제하기 위해 사용한 계획된 전략이었던 지역 간 식량 교환으로 인해 오염 지역 외부의 사람들이 거의 오염 지역 내의 사람들만큼이나 높은 수준의 방사능을 섭취했음을 증명했다.[41] 벨라루스인들은 방문객들에게 자신들은 동위원소의 섭취가 벨라루스의 발병률이 100~400퍼센트 증가한 것과 많은 관련이 있을 것이라 의심한다고 말했다.[42]

메틀러는 이 정보를 청취했음에도 불구하고 평가의 방향을 바꾸지 않았다. 그는 소비에트 의학을 얕보았다. 그는 그들이 자신에게 보여준 데이터가 모순적이고 이해할 수 없는 것이라고 여겼다. 메틀러는 내게 대부분의 소비에트 의사들이 훈련을 거의 받지 않았다고 말했다. 나는 그에게 그것이 무슨 의미인지 물었다. 그는 소비에트 동료들이 당시 신기술이었던 초음파 기계를 어떻게 다루는지 몰랐다고 설명했다. 또한 그는 그들이 일회용 주사바늘을 가지고 있지 않았기 때문에 칼을 이용해 강철바늘을 날카롭게 가는 모습도 보았다. 그들은 필름을 아끼기 위해 엑스레이 영상을 작게 찍기도 했다. 대다수 서구인들과 마찬가지로 메틀러도 일회용 주사바늘 및 장비의 부족과 같은 소비에트의 빈곤을 무능과 연결지어 해석했다.[43]

메틀러는 오염 공동체와 통제군 공동체 양쪽에서 많은 질병을 발견했고, 그들 사이에는 아무런 실질적 차이가 없었으며, 따라서 아무것도 체르노빌 방사선과 결부시킬 수 없었다고 말했다. "선량이 너무 낮았어요"라고 그는 말했다. "증거는 그곳에 없었습니다." 메틀러에게 소비에 트 의사들이 체르노빌 낙진과 결부시킨 광범위한 증상들은 말이 되지 않는 것이었다. 과학자들이 그와 같은 모습을 일본의 사례에서는 하나 도 발견하지 못했기 때문이다. 그러나 차이는 분명 있었다. 원폭 생존 자들의 경우 1초보다 짧은 시간 동안 받은 단일한 고선량 피폭을 상정 한 것이었던 반면, 체르노빌 생존자들은 오랜 기간에 걸쳐 저선량에 노 출되었다. 그리고, 주지하듯, 소비에트 연구원들은 사고가 일어나고 바 로 몇 주 후 탐사를 시작한 반면, 일본의 "수명 연구"는 폭격 5년 후에 시작되었다. "수명 연구"에 의해 생성된 모델들은 노출과 증상 사이에 단지 선형적 관계가 있을 것이라고 예측했을 뿐이다. 선량이 감소함에 따라 질병에 대한 예측이나 위험도 또한 낮아졌다. 메틀러는 IAEA 조 사단이 계산한 저선량에서 기껏해야 수년에 걸쳐 매우 많은 인구 중 극 소수의 초과암만 발생할 것이라 예상했다. 혹시라도 나타나게 된다면, 백혈병과 림프종 등이 몇 년 안에 발병할 것이다. 모든 다른 암들은 10 년이 지나서야 드러날 것이다.

나는 메틀러의 연구가 정확히 무엇을 찾을 수 있는 힘을 가지고 있는 지 이해하기 위해 그의 연구 계획서를 자세히 들여다보았다. 450만 명 정도가 피폭되었을 텐데 거기서 1,600명을 검사하는 것은 대체 무슨 의미를 가지는가? 저선량 방사선에 관한 오늘날의 이해에 따르면, 총 인구에 대한 위험을 탐지하기 위해서는 수십만 건의 사례를 검토해야 할 것이다.[44] 오직 사람들이 거리에서 죽어가고 있을 때만, 그 결과 비 극적 효과가 너무 커서 사람들이 그러한 효과를 놓치기 어려울 때만이 800명의 피폭자와 800명의 통제군에 대한 무작위 검사가 통계적으로 유의미한 효과를 보일 것이다.

 연구 설계를 통해 예상할 수 있듯이, IAEA 조사단은 체르노빌 방사능과 연관지을 수 있는 어떤 것도 발견하지 못했다. IAEA의 최종 보고서는 해당 연구가 오직 재난의 영향만을 감지하기 위해 고안된 것으로, 국제 과학자들이 백혈병 갑상선암의 증가뿐만 아니라 태아 이상이나 유아 사망에서 통계적으로 유의미한 증가를 발견하지 못했다고 언명했다. IAEA 조사단은 이번 연구에서 많은 질병을 봤지만 "방사선 피폭에 직접적으로 결부시킬 수 있는 건강 장애는 없다"고 보고했다.[45] 유엔의 보도자료는 제대로 훈련받지 못한 소비에트 과학자들이 건강상의 부작용에 대해 잘못된 인상을 만들어냈음을 시사했다.[46] IAEA 단체는 심리적 스트레스야말로 체르노빌이 건강에 끼친 가장 결정적인 결과물이라고 주장했다. 그들은 메틀러의 연구진이 확인한 높은 발병률은 대피에 대한 불안과 방사선에 대한 두려움이 초래한 것이라고 추정했다.[47]

 이러한 결과를 토대로 IAEA는 권고안을 작성했다. 자문위원들은 고도로 오염된 땅에서 사는 사람들의 이주나 그들을 위한 식품 제한 같은 조치들은 필요하지 않다고 결정했다.[48] 낙관적인 IAEA 보고서 안에는 경고 문구도 있었다. 미래에 어린이들 사이에서 갑상선암이 통계상으로 발견할 수 있을 만큼 증가할 수도 있다는 내용이었다. 그러나 이 문구에 관해선 대부분의 논평자가 눈치 채지 못했다.[49]

 메틀러는 보고서를 작성했을 때 몇몇 어린이는 갑상선으로 아주 높은 선량의 방사성 아이오딘을 받았기 때문에 소아 갑상선암이 불가피하다는 것을 이해했다고 말해주었다. 그는 그가 처음으로 그러한 예측을 보고서에 썼을 때 빈의 편집자들이 그것을 삭제했다고 말했다. 그는 "나는 그것을 다시 집어넣기 위해 정말 열심히 싸워야 했죠"라고 말했다.

나는 메틀러가 이름, 장소, 날짜에 관해 뛰어난 기억력을 가지고 있고, 성실성을 갖춘 과학자였으며, 그가 그러한 자질들에 대해 자부심을 가지고 있다는 인상을 받았다.

갑상선암:
의학적 광산 안의 카나리아

1991년 봄, 아벨 곤잘레스는 IAEA가 수행한 체르노빌 평가의 요약본을 급히 인쇄했다. 그의 벨라루스 동료들은 격분했다. 자신들이 러시아어로 된 번역본을 읽을 기회조차 갖지 못한 상황에서 요약본이 기자들에게 먼저 공개되었기 때문이다. 번역본을 본 후에는 더욱 화가 치밀었다. 외무상 표트르 크라브첸코Piotr Kravchenko는 "건강에 미치는 영향 없음"이라는 IAEA의 평가가 "지나치게 낙관적"이며 벨라루스와 우크라이나의 연구를 고려하지 않았다고 불평했다.[1] 더 심각한 문제는 그 보고서가 체르노빌이 건강에 끼친 영향에 관한 장기적인 역학 조사 및 오염된 영토에서 수십만 명의 사람들을 이주시키는 작업에 들어갈 비용 6억 4천 6백만 달러(2017년 달러 기준으로 11억 달러)를 모으기 위해 유엔이 곧 진행할 예정이던 모금 활동의 성공을 약화시킬 수 있다는 점이었다.[2]

5월, IAEA는 기구의 빈 본부에서 체르노빌 평가의 결과에 대한 학술대회를 개최했다. 대회의 진행은 연극 대본처럼 흘러갔다. IAEA의 지원을 받는 과학자들, 그중에서도 프레드 메틀러는 차분하게 사례 대조 연구를 통해 아무것도 발견하지 못했고, 아주 적은 퍼센트의 미래 암 발병률을 제외한 다른 것을 예측하기에는 선량이 굉장히 낮았다고 다시 주장했다.[3] 우크라이나와 벨라루스에서 온 과학자들은 IAEA의 선량 추정치를 소란스럽게 거부했다. 그들은 깨끗한 구역으로 알려진 곳에서 연구의 통제군이었던 사람들이 오염된 음식을 먹었다고 주장했다. 심지어 자그레브Zagreb처럼 멀리 떨어진 곳에서도 사람 뼈에 있는 스트론튬-90의 양이 체르노빌 이후 두 배로 증가했다.[4] 그들은 IAEA 조사관들이 고방사선 구역, 먼지에서 일어난 플루토늄 입자들의 재부유再浮游, 방사성 입자의 섭취 등 많은 것을 간과했다고 비난했다. 그들은 IAEA가 추정한 것보다 사람들의 선량이 훨씬 더 높았다고 주장했다.

"현재 방사선 선량을 좌우하는 주요 요인은 세슘에 의한 오염입니다"라며 곤잘레스는 대화를 총괄했다. "스트론튬에 의한 오염도 아니고, 재부유도 아닙니다."[5] 권력이 나타나는 방식 가운데 하나는 한계와 정의를 결정할 수 있다는 점이다. 곤잘레스는 그런 권력을 보유하고 있었다. 그는 연구진이 개별 선량 대신 집단 선량에 초점을 맞추도록 유도했다. 집단 선량이라는 개념은 과학자들이 비용-편익 분석을 사용하여 국가 전체의 안보 강화라는 편익 대비 핵실험의 위험을 계산한 1960년대의 기술관료적 계획에서 나왔다.[6] 집단 선량은 실제 사람이 아닌 전체 인구에 대한 피폭을 설명하는 수치였다. 이는 추산, 즉 추측과 불

확실성을 포함한 숫자였다.[7]

학술대회에 참여한 소비에트 연구자들은 오염된 지역에 있던 야외 노동자, 트랙터 운전수, 임산부, 어린이 등 특히 취약한 개인이 실제로 받은 선량에 대해 더욱 직접적인 우려를 표했다. 벨라루스와 우크라이나 과학자들은 지난 4년에 걸쳐 그들이 발견했던 건강 문제 및 자가 면역 질환의 증가를 담은 슬라이드와 도표를 보여주었다. 국제 과학자들은 건강 문제의 급증이 충분히 있을 수 있으나 그것들을 체르노빌에 결부시키기에는 선량이 너무 낮았다는 말만 반복했다.

우크라이나인들과 벨라루스인들은 왜 보고서에 갑상선암에 걸린 14명의 벨라루스 어린이와 20명의 우크라이나 어린이가 포함되지 않았는지 물었다.[8] 어린이가 갑상선암에 걸리는 경우는 극히 드물다. 사고 이전 벨라루스에서 연간 두 건이 채 되지 않을 정도였다. 만약 검증된다면, 그러한 증가는 사태를 효과적으로 보여줄 것이다. 보고서에서 IAEA 과학자들은 "보고된 갑상선암의 대부분은 사실상 입증되지 않았다"고 언급했다.[9] 학술대회에서 그들은 제기된 갑상선암에 관해서는 알지 못한다고 말했다. 그들은 소비에트 동료들이 자신들에게 이 정보를 제공하지 않았다고 비난했다.[10]

나는 메틀러와의 전화 통화에서, 그가 오염된 구역에서 연구를 수행하던 당시 갑상선암을 발견했는지 물었다. 그는 내게 "갑상선암은 진단하기가 매우 어렵고 틀리기 쉬워요"라고 말해주었다.

나는 메틀러에게 1994년도 BBC 보도에 관해 물었다. 소비에트 과학자가 그에게 갑상선암 종양 진단을 받은 우크라이나 어린이들 20명의 조직학 슬라이드를 주고 확인하게 했다는 보도였다. 그는 무척 놀랍다는 듯이 말했다. "BBC가 그렇게 보도했나요? 나는 어떠한 견본도 받지 못했습니다. 나는 그러한 갑상선 사례들을 빈 회의에서 처음 들었어요."

나는 그 BBC 이야기가 체르노빌에 관한 또 하나의 선정적 보도 사례였을 것이라고 생각했다. 그래도 메틀러의 말에 어리둥절했다. 나는 현재 분명하게 보이는 진실들이 과거에는 파악하기가 그리 쉽지 않다는 것을 깨달았다. 오늘날 소아 갑상선암이 체르노빌 사고의 주요 의학적 결과로 인정되고 있긴 하지만, 항상 그랬던 것은 아니다. 1990년대 과학자들은 소아 갑상선암의 발병과 체르노빌과의 연관성을 두고 격렬히 싸웠다. 이 논란은 과학자들이 무엇을 알았고 언제 알았는지, 즉 시기상의 문제에 전적으로 달려 있다. 나는 시간대를 맞추려고 노력했다.

1990년, 메틀러가 소련에 도착했을 때만 해도 소비에트 의사들은 어린이들에게 관찰되는 갑상선암의 새로운 추세에 대해 익히 알고 있었다.[11] 1989년 젊은 소아내분비학자 발렌티나 드로즈드는 고멜주의 어린이 수천 명을 검사하기 위해 일본에서 기부 받은 초음파 기계를 켰다. 그녀는 방사성 아이오딘에 피폭되어 발생한 암이 아니라 갑상선 질환을 발견할 것으로 기대했다. 그녀는 메틀러가 IAEA 연구를 위해 방문했던 도시들 가운데 몇 곳을 찾았다. 메틀러처럼 드로즈드도 그녀가 검사한 아이들의 약 1퍼센트가 갑상선에 작은 결절을 가지고 있었음을 발견했다. 이는 어린이에게서는 드문 일이다. 그녀는 그 작은 결절들이 악성일 수 있다는 사실을 알았다.[12] 메틀러는 후속 연구를 수행하지 않았으나, 드로즈드는 달랐다. 그녀는 바늘 생검◆을 시술했고, 매우 놀랍게도 여섯 명의 어린이에게서 갑상선암을 발견했다. 그녀는 이것이 중

대한 의학적 사건임을 바로 알아차렸다. 그녀는 계속 나아갔다. 고도로 오염된 벨라루스 도시인 호이니키에서 그녀는 추가적으로 다섯 명의 어린이가 악성 종양을 가지고 있다고 진단했다. 그녀는 이 소식을 상관인 라리사 아스타호바에게 보고했고, 라리사도 지휘 계통을 따라 이를 상부로 보냈다. 1990년에는 사례의 숫자가 31건으로 늘어났다. 이는 평소보다 15배 높은 수준이었다.

드로즈드는 작업을 이어나갔다. 그녀는 더 많은 정보를 수집했다. 그녀는 그것을 타자기로 치고, 결과를 확인하고, 한 번 더 점검했다. 몇 달 뒤, 드로즈드는 아스타호바에게 체르노빌이 건강에 끼친 영향을 다루는 중요한 소비에트 학술대회에서 자신이 발견한 암에 관해 발표하는 게 어떻겠냐고 제안했다. 아스타호바는 확신이 서지 않았다. "만약 우리가 틀렸으면 어떡하지요? 숫자를 한 번 더 확실하게 해야겠네요." 당시 민스크 방사선의학연구소 부소장이던 아스타호바는 사방에서 압력을 받고 있었다. 외국인 과학자들은 그녀에게 체르노빌 데이터를 요구했으나, 그녀는 공개할 수 있는 권한을 가지고 있지 않았다. 모스크바는 그녀에게 말을 적게 하라고 압력을 넣었다. 해외에 인도적 지원을 요청하던 벨라루스 외교관들은 그녀가 더 많은 말을 해주길 바랐다. 연구소 내의 KGB 요원은 자기 사무실로 그녀를 부르곤 했다. 그녀는 눈물을 흘리며 돌아왔다. 더 이상 고분고분한 싸복이 아니었던 드로즈드는 기다렸어도 치료를 받지 못했을 아이들을 떠올리면서 자신이 발견한 암에 관해 보고하겠다고 아스타호바를 납

❖ 바늘 생검needle biopsy은 집단적 목적으로 가는 바늘을 이용하여 이상이 의심되는 부위의 조직이나 액체를 채취하는 조직검사법이다.

득시켰다.[13]

1991년 8월, 체르니히우에서 개최된 학술대회에서 아스타호바는 무대로 다가가 연단에 섰다. 그녀는 슬라이드를 보여주면서 드로즈드가 발견한 수치를 강당을 가득 메운 과학자들 앞에서 발표했다. 과학자들은 대부분 남성이었고 대다수는 모스크바 생물물리학연구소에서, 일부는 미국 국립암연구소American National Cancer Institute와 세계보건기구에서 왔다. 아스타호바가 말하자 투덜거리는 소리가 강당 전체에 진동하기 시작했다. 그녀가 말을 마치기도 전에 청중 가운데 한 사람이 "무대에서 꺼져라, 이 멍청아[durochka]!"라고 소리쳤다. 더 많은 목소리가 야유에 동참했다. 바로 거기, 연단에서, 아스타호바는 울음을 터뜨렸다. 드로즈드는 "그들이 그녀를 제압해 곤죽으로 만들어버렸던 거죠"라고 회상했다.

아스타호바는 무대에서 내려왔다. 그녀는 앞줄에 앉은 드로즈드를 지나치면서 낮게 말했다. "너 죽여버릴 거야."[14] 감정의 열기가 사방에서 불었다. 소비에트 보건 평가를 총괄하는 생물물리학자 레오니드 일린은 벨라루스인을 "반역자"라 부르면서 벨라루스공화국에 다시는 발을 들여놓지 않겠다고 맹세했다. 그러나 NCI에서 온 미국 과학자 두 명이 드로즈드에게 다가가 그녀의 연구를 의심하지 않는다고 말했다. 그들도 마셜 군도와 유타의 미국 핵실험장 근처에서 비슷한 유행성 소아 갑상선암을 본 적이 있었던 것이다.[15]

체르노빌 갑상선암의 급속한 확산은 비밀이 아니었다. 많은 이들이 알고 있었다. 왜 소비에트 과학자들은 소리를 질러 아스타호바를 침묵시켰을까? 성별과 관련이 있었을지도 모른다. 소아내분비학자는 거의 없었고 주로 여성이었던 반면, 의학 연구는 대개 남성의 영역이었다. 소비에트 의학계에서 여성들은 부소장으로 봉직했으나 소장인 경우는 보기 힘들었고, 연구자보다는 의사로 근무했다. 여성들은 창백한 아이들로 꽉 들어찬 복도를 부리나케 달리면서 환자 진료 과정에서 일어나는 궂은일의 대부분을 도맡았다. 기존 견해를 흐트러뜨린 여성 연구자가 손쉬운 표적이 되었던 셈이다. 또한 방사선 전문의들은 방사성 아이오딘이 진단 도구이자 그레이브스병Graves' disease❖과 암을 치료하는 유익한 약이라는 생각에 익숙해져 있었다.[16] 그들은 암을 치료하는 약이 암을 유발할 수도 있다는 사실을 완전히 이해하는 데 어려움을 겪었다.

방사성 아이오딘의 유익한 특성에 대한 믿음을 유지하기 위해서는 핵무기 개발의 역사에 눈을 감아야 했다. 레오니드 일린을 비롯한 방사생물학연구소의 다른 과학자들은 체르노빌 이후 갑상선암과 백혈병이 발병할 것이라 예상하고 있었다. 그러한 암이 소비에트 핵실험장에서 방사성 낙진이 떨어진 이후 우후죽순처럼 발생한 병들 가운데 하나였기 때문이다.[17]

미국 과학자들 또한 방사선에 의해 유발된 갑상선암에 관한 수많은 자료를 가지고 있었다. 2000년대에 인류학자 홀리 바커Holly Barker와 역사가 마사 스미스-노리스Martha Smith-Norris는 기밀 해제된 미국 자료에 근거하여 미국 관료들이 마셜 군도 사람들을 핵무기 실험에 노출시킨 후 인간 방사선 실험에 이용했음을 밝혔다. 브라보 실험 당시, 미국 관료들은 마셜 군도 사람들의 피폭을 "사고"라고 칭했다. 스미스-노리스는 이를 이해할 수 없

❖ 그레이브스병Graves' disease 은 갑상샘에 영향을 미치는 자가면역질환의 하나이다.

는 일이라고 봤다. 관리들이 그보다 앞서 시행된 위력이 훨씬 약한 실험에서는 군도 사람들을 일찌감치 이주시켰던 반면, 훨씬 더 강력한 수소폭탄을 터뜨렸던 브라보 실험 이후에는 낙진의 잿빛 눈이 내려 집을 뒤덮는 동안에도 군도 사람들을 그 자리에 며칠간 남겨두고 떠났기 때문이다. 피폭된 군도 사람들은 조금 더 안전한 곳으로 이주된 뒤, 브룩헤이븐 국립연구소Brookhaven National Lab에서 파견된 연구자들에게 (치료는 받지 못했으나) 정기적으로 의학 검사를 받았다. 과학자들은 비교를 위해 통제군을 설정했다. 통제군의 존재는 의학 연구의 의도를 암시한다. 미국인들은 플루토늄과 스트론튬–90 같은 해로운 동위원소들의 신체 내 흡수율 및 보유율에 관심이 있었다. 이 일급비밀 연구에서 미국 과학자들은 마셜 군도의 10세 미만 피폭 어린이 가운데 79퍼센트에서 갑상선암과 갑상선 질환이 발견되었다고 기록했다. 어린이들에게 빈혈이 맹위를 떨쳤다. 그들은 또한 브라보 실험에서 피폭된 롱겔라프Rongelap❖ 여성들 사이에서 피폭되지 않은 여성들보다 두 배 많은 사산과 유산이 발생했음을 알게 되었다.[18] 마셜 군도와 비키니 환초 주민들에 대한 조사는 히로시마·나가사키 "수명 연구"보다 체르노빌 사례에 더 나은 유사점을 제공했다. 소비에트 연구자들이 체르노빌 발전소에서의 핵폭발로 인한 방출과 그 후 몇 주 동안 원자로가 불타면서 일어난 낙진 발생을 기록했던 것과 거의 비슷하게 미국 연구자들도 폭발로 인한 군도 사람들의 최초 피폭과 그 후 그들에게 쏟아진 낙진으로 인한 피폭을 기록했기 때문이다. 아울러 미국 과학자들은 군도 사람들이 그 후 몇 년

❖ 롱겔라프 환초Rongelap Atoll는 태평양에 위치한 마셜 제도의 환초로, 61개 섬으로 구성됐다.

동안 섭취한 음식의 방사능도 추적했다. 그들은 군도 사람들의 건강을, "수명 연구"의 연구자들과 체르노빌에 피폭된 사람들에 대한 소규모 연구에서 메틀러 및 다른 IAEA 자문위원들이 그랬던 것처럼 5년이 지난 후가 아닌 수일 내에 검사했다.

1990년대 체르노빌 갑상선 이야기가 터지면서 미국 관리들은 마셜 군도에서 발견한 사실을 공개적으로 말하지 않았다. 그 연구는 여전히 비밀로 분류되었다. 브룩헤이븐 조사관들이 의학 연구에서 인간 피험자를 보호하는 기본법을 위반했기 때문이다. 당시 마셜 군도 사람들과 네바다Nevada 핵실험의 피해자인 아랫바람사람들downwinders✤은 미국 법원에서 소송을 진행하던 중이었다.[19] 수십 년 동안 미국 관리들은 마셜 군도 사람들의 건강 검진 결과 "낙진의 여파가 없다"고 밝혔으며, 군도 주민들의 "건강은 전반적으로 만족스럽다"고 말해왔다.[20] 같은 해에 국립암연구소와 미국 공중보건국U.S. Public Health Service의 과학 담당 행정가들은 정곡을 찔려 할 말이 없었다. 그들은 네바다 시험장에서 직접 아랫바람을 맞은 아이들이 백혈병과 갑상선암에 걸린 환자 수가 3~7배 더 많다는 연구를 깔고 앉아 있었기 때문이다.[21] 이것들, 즉 알려진 사실들은 만천하에 드러날지도 모르던 체르노빌의 골칫거리들이었다.

유타의 유행병학자 조지프 리온 Joseph Lyon은 전화 통화에서 내게 1990년대 네바다 실험의 낙진에 관해 조사하면서 겪었던 정치적 어려움에 대해 말해주었다. 법적

✤ 아랫바람사람들downwinders은 미국의 여러 주들 가운데 애리조나와 네바다, 뉴멕시코와 유타에 더해 오리건, 워싱턴, 아이다호에 걸쳐 있으면서 캐스케이드산맥과 로키산맥 사이의 지역에 거주하는 사람들 가운데 대기 또는 지하 핵실험, 핵사고로 인한 방사성 오염이나 낙진에 노출된 이를 일컫는다.

분쟁 끝에 리온은 마침내 시험장 아랫바람사람들 관련 연구를 위해 국립암연구소와 에너지부로터 자금을 지원받았다.[22] NCI의 연구가 시작된 1983년, 미국 정부를 상대로 한 방사선 피해 소송에 관한 DOE의 법률고문이자 마셜 군도 사람들에 대한 AEC의 의학 연구에 간여한 브루스 와홀츠Bruce Wachholz는 DOE를 떠났다.[23] 그는 NCI의 낙진 연구를 총괄하게 되었다. 와홀츠가 연구비를 관리했다. 리온에 따르면, 와홀츠는 유타대학 과학자들을 괴롭히면서 몇 개월마다 조사단을 파견해 조사관들을 다그치고 추가적인 서류 작업을 요구했다. 리온은 상원 청문회에서 NCI 관계자들이 업무 속도를 늦추기 위해 어떻게 관료적 절차를 늘렸는지에 관해 설명했다. 리온은 수화기 너머로 내게 "나는 그들이 정말로 무언가를 만들어내길 원했다고 생각하지 않습니다"라고 말했다.[24] DOE의 누군가가 리온의 연구 결과를 한 신문에 유출하고 그의 수치에 의문을 제기하여 결국 《미국의학협회지Journal of the American Medical Association》는 리온의 연구 결과 공표를 금지시켰다. 동시에, NCI는 미국 전역의 핵실험 낙진 선량을 정교하게 재구성하는 자체 연구에 경쟁적으로 착수했다.[25] 와홀츠는 연구를 15년 동안이나 질질 끌게 만들었다. 그가 얼마나 긴 시간 동안 꾸물거렸는지, 한 동료는 연구를 그만두었고 또한 명은 지연에 대해 공개적으로 항의했다.[26] 에너지부의 고위 관료였던 로버트 알바레즈Robert Alvarez는 1997년 NCI의 낙진 연구가 이미 5년 전에 완료되었으나 아직 공개되지 않았음을 발견한 사실을 기억했다. 그는 왜 해당 연구가 아직 발표되지 않았는지를 물었다. 와홀츠의 사무실에서는 체르노빌 연구의 결과를 기다리던 중이었다고 통보했다. 언짢았던 예전 직원들 가운데 한 명은 알바레스에게 "브루스[와홀츠]는 낙진 연구를 깔고 앉아 있으면 그것이 절대로 밖으로 나가지 않을 거라고 확신했습니다"라고 말했다.[27] 1998년, 한 의회 조사는 NCI에게 해당 연구를 최종적으로 공개하도록 했다. NCI 소장 리처드 클라우스너Richard Klausner는 연구 결과 발표 지체에 대해 사과했다. 그 사건에 관해 와홀츠에게 묻기 위해 전화를 걸었을 때 그는 말하길 거부했다. 다음날 NCI의 공보 관리는 그에게 연락을 취하지 말라고 지시했다.[28]

NCI의 연구는 이전까지 전국의 미국인들에게 알려진 것보다 훨씬 높은 비율의 방사성 아이오딘 선량을 발견했다. 미국의 군사 지도자들은 네바다에서 핵폭탄 100발을 터뜨렸고, 이 폭탄은 미국 전역에 1억 4천 5백만 퀴리의 방사성 아이오딘을 흩뿌렸다. 폭발은 미세한 방사성 입자들을 대류권과 성층권 높이까지 날려보냈고, 그곳에서 입자들은 대륙을 가로질러 동쪽으로 공기의 강을 타고 미끄러지듯 이동한 후 강우에 섞여 서서히 내려왔다. 폭탄과의 거리적 근접성은 그다지 중요하지 않았다. 테네시주의 추정 선량은 시험장 근처였던 유타와 애리조나의 선량과 거의 비슷했다.[29] 이후 NCI의 통계 전문가들은 네바다 낙진이 미국인들 가운데 추가적으로 1만 1,000에서 20만 건의 갑상선암을 유발시켰다고 추정했다.[30]

이러한 대단히 파괴적인 결과들은 아직 미국사에 완전히 반영되지 않았다. 기존의 역사는 주로 교외 거주자와 강한 뼈를 위해 우유를 마시라고 권유받은 학교 아이들이 아닌, 병사들과 폭탄 생산 종사자들에 초점을 맞췄다.[31] 네바다에서 핵폭탄의 대기 폭발로 인해 발생한 방사성 아이오딘 낙진은 체르노빌 배출량의 세 배 이상이었다.[32] 그러나 미국 지도자들은 방사선이 미 대륙을 가로질러 북쪽으로, 동쪽으로, 남쪽으로 퍼지는 동안 그것을 거의 감시하지 않았다. 미국 지도자들이 매 실험 후 몇 주 동안 목초지에서 풀을 뜯고 자란 젖소에서 짠 생우유의 판매를 제한했다면, 수만 건에 달하는 암과 각종 갑상선 질환은 막을 수 있었을 것이다.[33] 허나 그러한 행동은 정치적으로 불가능했다. 당시 미국 정치인들은 방사성 낙진의 상대적 안전성에 관한 불안을 누그러뜨리는 성명을 발표했고, 남태평양의 폭파된 군도에 미군 병사를 보내면서 그들에게 치과용 엑스레이보다 더 많은 방사선에 노출되지 않을 것이라고 호언장담했기 때문이다.[34]

요컨대 원자력위원회의 후신인 미국 에너지부는 아무런 보호 조치 없이 수백만 명의 미국인들을 피폭시키는 일의 핵심적 위치를 차지했고, 미국 공중보건국과 국립암연구소는 실험이 건강에 미친 악영향에 관한 증거를 공모하여 덮어버렸다. 1990년대 체르노빌이 표제를 장식하자 상원의원 테드 케네디Ted Kennedy는 방사선피폭보상법Radiation Exposure Compensation Act을 제정했고, 수천 명의 원고들은 자신들이 받은 피폭의 책임을 묻기 위해 미국 정부와 계약을 맺은 업자들을 고소할 준비를 하고 있었다.[35] 배상금으로 지불해야 할 달러 액수는 유출된 방사성 퀴리의 양만큼이나 거대했다. 체르노빌은 너무 면밀히 조사하면 다른 모든 핵사고를 산더미 같은 소송에 노출시킬 수 있는 참사였다.[36]

체르노빌 사고의 영향에 관한 무질서하고 제약 없는 질문들을 저지하고자 미국 관리들은 피해 대책에 초점을 맞췄다. 수많은 체르노빌 연구를 억누르기 위해 미국 에너지부DOE는 정부 출연 체르노빌 구호 사업과 연구가 DOE를 거쳐야 한다고 명령하는 회람용 문건을 발송했다.[37] 미국 원자력규제위원회U.S. Nuclear Regulatory Commission는 체르노빌이 미국에서는 결코 일어날 수 없다고 단언하는 연구를 발표했다. 그러나 내부적으로 다섯 명의 NRC 위원 중 한 명인 제임스 애셀스틴 James Asselstine은 미국에서도 같은 사고가 일어날 수 있으며, NRC는 이를 위한 준비가 되어 있지 않았다고 주장했다. 우려가 일축되자 애셀스틴은 바로 그 달에 NRC를 떠났다.[38] 유엔에서 미국 대표들은 일관되게 체르노빌이 건강에 끼친 영향에 대한 국제 조사를 제한하는 데 표를 던졌다. 한편, 1988년에는 소비에트 과학자들과 체르노빌 피폭에 관한 공동 연구를 수행할 목적으로 이면裏面 교섭을 통해 조용히 "워킹그룹 7.0(Working Group 7.0)"을 만들었다.[39] 국립암연구소의 행정가들이 유타주의 아랫바람사람들에 대한 연구에 제동을 걸자, 미국인 연구자들은 완료되기까지 강산이 두 번 바뀐 체르노빌 갑상선 연구에 착수했다.

이 모든 일이 어디로 가는지는 삼척동자도 알 수 있다. 로버트 게일 박사는 "세계 어느 곳에서든 핵사고는 일어난다"고 말했다.[40] 유엔 관계자들은 체르노빌이 "전례가 없는 차원"이라고 반복했지만 그렇지 않았다.[41] 미국 정부는 지구촌 사람들을 만성적인 핵폭발 피폭에 노출시킨 여러 당사자들 가운데 하나일 뿐이었다. 핵실험에서 배출된 방사능 총량은 체르노빌 방출보다 1,000배는 컸다. 소비에트인들, 영국인들, 프랑스인들, 중국인들, 인도인들, 파키스탄인들 또한 지저분한 과정을 거쳐 핵폭탄을 만든 뒤 그것들을 터뜨려 520회의 대기 실험 및 1,500회의 지하 실험에서 나온 방사능으로 사람들을 피폭시켰다(지하 실험 또한 대기 중으로 방사능을 내뿜는다). 1945년부터 1988년까지 군사 지도자들은 사막에서, 극지에서, 열대의 군도 위에서, 지하에서, 수중에서, 그리고 고고도에서 핵폭탄을 터뜨렸다. 그들은 탑과 바지선에서 핵폭탄을 터뜨렸고, 열기구에 그것을 매달기도 했다. 핵무기 실험은 세계 인구가 방사능에 피폭되는 데 기여한 인위적인 요소 가운데 가장 주요한 요소로 자리매김하게 되었다. 대기 실험은 전 세계적으로 방사성 아이오딘 하나만 봤을 때도 200억 퀴리 이상을 방출한다.[42] 체르노빌은 그에 한참 못 미치는 4,500만 퀴리의 아이오딘-131을 배출했다.[43] 핵실험에서 비롯된 낙진의 4분의 3은 북반구에 떨어졌다.[44] 그것은 체르노빌 건강 연구와 관련된 문제 중 하나였다. 소비에트 연구자들은 핵실험에 의해 이미 한 세대의 주민들이 피폭되었음을 보여주었다. 체르노빌 지역의 방사능 배경 준위와 암 발병률은 체르노빌 가속 이전에 10년 동안 증가해왔다.[45] 1986년이 되었을 땐 더 이상 배경으로 사용할 "자연적" 수준의 방사능이 존재하지 않았다. 냉전이 완화되면서, 관계자들은 핵실험으로 인한 방출에 대한 비밀을 지키기 위한 이유로 "국가 안보"를 꺼내드는 데 어려움을 겪었다. 시민들은 자신들이 피폭당한 정도와 그것에 대한 자국 정부의 부인을 알게 되었다. 소송이 급증했고, 원자로와 핵무기에 대한 저항 또한 마찬가지로 증가했다.[46] 체르노빌은 기존의 핵방위 편제 구조에 거의 참사나 다름없었다.

그러나 만일 누군가가 "인류사에서 가장 거대했던 핵재난"으로 이름 붙여진 체르노빌이 단지 얼마 되지 않는 소방관들의 죽음만을 야기하고 건강에 다른 아무런 영향도 미치지 않았음을 증명할 수 있다면, 그 모든 소송과 불편한 조사와 맞대응은 사라질 수 있었다.

나비효과

실패로 돌아간 소비에트 쿠데타 직후인 1991년 가을의 어느 날, 발렌티나 드로즈드는 민스크 방사선의학연구소의 비서실을 찾았다. 비서는 그녀에게 외국 도장이 찍힌 봉투를 건넸다.[1] 세계보건기구에서 발송된 편지는 체르노빌이 건강에 끼친 영향에 관한 회의가 독일에서 열릴 것이라고 통지했고, 벨라루스에서 무슨 일이 벌어지고 있는지에 관한 보고를 원했다. 드로즈드의 상사들은 시내를 떠나 있었다. 그녀는 답장을 직접 작성했다. 목에서 호르몬을 조절하는 작은 나비 모양의 기관인 어린이 갑상선에 암이 발병했는데, 그 갑상선암에 관해 중요한 발견을 했다고 썼다. 그녀는 이를 공유하길 원했다.

몇 달 후, 드로즈드와 그녀의 상관인 라리사 아스타호바는 뮌헨 근처에 있는 바이에른의 도시 노이부르크Neuherberg에 도착했다. 이 여성들은 그곳에 모인 유럽의 행정가들에게 사고 이전 벨라루스에서 소아 갑상선암이 기준치인 연간 1.9건에서 1991년도에 54건으로 증가했다고 설명했다. 소아암의 대부분은 발달 단계에 있었고 극도로 공격적이었다.[2] 대부분의 암은 고멜주의 고도로 오염된 지역에서 발생한 것이었다.[3] 체르노빌 낙진이 하늘에서 비처럼 쏟아지지는 않았던 벨라루스 북부의 어린이들이 통제군으로 선정됐다. 그들에게서 갑상선결절과 갑상선암의 유의미한 증가는 덜 관찰됐다.[4] 두 여성들은 창유리를 직접 잘라 만든 유리슬라이드에 조직 검사 결과를 넣어 증거로 가지고 왔다.[5]

암에 관한 내용을 일찍이 통보받았던 WHO 관계자들은 이 회의에서 그것이 새로운 뉴스인 척했다.[6] 그들은 벨라루스 어린이 225만 명 가운데 2년 동안 새로운 갑상선암의 존재가 모두 80건에 달한다는 내용에 회의적인 입장을 표명했다. 그들은 두 여성의 증거가 엉성하다고 판단했다. 한 WHO 관리는 제대로 준비되지 않은 유리슬라이드를 비판하기도 했다.[7]

벨라루스인들이 손수 만든 유리슬라이드가 세계보건기구 유럽사무소에서 파견된 과학자 키스 바버스톡Keith Baverstock을 단념케 하지는 않았다. 그는 25만 건의 검사에 기반을 두어 충실히 작성된 드로즈드의 데이터에 감명을 받았다. 그녀의 연구는 벨라루스에서 어린이들이 성인보다 3~10배 더 많은 양의 방사성 아이오딘을 갑상선으로 흡수했음을 보여주었다.[8] 바버스톡은 체르노빌 발전소를 둘러싸고 있는 숲의 경우 메마르고 모래가 많아 아이오딘 함량이 당연히 낮을 수밖에 없다는 사실을 이해하고 있었다. 안정적인 형태의 무기물이 결핍된 결과, 어린이들의 갑상선은 이를 위한 대체재로서 방사성 아이오딘을 굶주렸다는 듯이 빨아들였다. 바버스톡은 또한 마셜 군도와 유타 어린이들의 갑상선암 발병률이 지나치게 높다는 사실에 대해서도 알고 있었다. 유일하게 남은 질문은, 8건의 보고된 사례들이 정말로 갑상선암인지의 여부였다. 유럽과 미국 과학사들은 소비에트의 진단 능력을 믿지 않는 경향이 있었다. 바버스톡은 WHO와 (또한 회의에 참석했던) 유럽연합 집행위원회European Commission의 과학자들이 현장에서 사례를 들여다볼 수 있도록 벨라루스에서 진상 조사단을 꾸리자고 제안했다.[9] 조사단은 5월에 출발할 예정이었다. 미국 국립암연구소에서 온 미국인 과학자들은 조사단에 합류하는 데 동의했다.[10]

과학자들이 벨라루스로 향할 준비를 하고 있을 때, 조사단이 갑작스럽게 해산되었다. 바버스톡은 유럽연합 집행위가 해당 여정을 더 이상 지원할 수 없다고 말하는 편지를 받았다. 미국인들 또한 철수했다. 바버스톡은 전화 통화에서 내게 "모두가 갑상선암에 관해 알고 있었지요"라고 말했다. 그는 취소가 정치적인 것이라고 생각했다. "미국에서는 핸퍼드[플루토늄 공장]과 네바다 핵 실험장Nevada Test Site에서의 갑상선암 선량을 두고 논쟁이 있었습니다. 그들은 그 문제가 미국 내에서 제기되는 것을 원치 않았어요."[11] 유럽연합 집행위에는 유럽에서 원자력을 홍보하는 임무를 맡은 기관인 유럽원자력공동체European Atomic Energy Community가 포함되어 있었다. 유럽원자력공동체의 임무 수행은 원자력 발전에 반대하는 시민들의 시위 속에서 갈수록 더 어려워지고 있었다.

WHO 환경위생과Division of Environmental Health장 윌프레드 크라이슬Wilfred Kreisel은 바버스톡에게 조사단에서 나오거나 직업을 잃을 각오를 하는 게 좋을 것이라고 말했다.[12] 바버스톡은 굴하지 않고 한 스위스인 기부자를 찾았고, 두 명의 세계적 갑상선암 전문가를 뽑은 뒤, 굶주림과 위기가 만연한 민스크로 갔다. 6개월 후, 암의 수가 증가했다. 바버스톡의 연구진은 민스크의 한 병동에서 목에 외과 붕대를 한 11명의 아이들을 목격했다. 그들은 어린이 환자들의 종양 견본, 엑스레이, 초음파상echograms을 들여다보았다. 그들은 104건의 조직학 슬라이드를 연구했고, 그 가운데 102건이 암이었다는 데 의견의 일치를 보았다. 이 사건은 명확했다. 외부 요인 없이 벨라루스만 한 크기의 나라에서 그렇게 많은 암이 한날 한 장소에서 발생하는 일은 있을 수 없기 때문이다. 과학자들은 "우리는 방사성 낙진의 발암 유발 효과가 이전에 생각했던 것보다 훨씬 크다고 믿는다"고 썼다.[13]

9월 초, 바버스톡과 그의 조력자들은 《네이처Nature》에 연구 결과를 벨라루스인 과학자들의 서한과 함께 발표했다.[14] 과학자들은 가장 오염된 지역에 사는 아이들에게서 암이 예상외로 일찍 그리고 크게 급증했다고 공표했고, 암 발병 사례들이 공격적이었기 때문에 검사 여부와 관계없이 발견되었을 것이라고 강조했다.

과학자들은 뒤이어 발행된 몇몇 《네이처》에 벨라루스인들의 암과 체르노빌 방사선 사이의 연관성을 반박하는 글을 발표했다. 논문이 쏟아지는 가운데 WHO과 자주 협업했던 옥스퍼드대학의 발레리 베럴Valerie Beral, 미국 국립암연구소의 엘레인 론Elaine Ron, 히로시마 방사선영향연구소의 시게마쓰 이쓰조, 그리고 미국 에너지부의 티센J. W. Thiessen은 암의 증가가 검사의 강화 때문일 가능성이 높다고 주장했다.[15] 그들은 체르노빌에서 방출된 방사성 아이오딘이 암을 유발했다는 점에 의문을 제기했다. 이 저자들은 판단 유보와 추가 연구를 요청했다. 동시에, 프레드 메틀러는 체르노빌 출입금지구역 내 오염된 구역의 어린이들과 오염되지 않은 구역의 어린이들에게서 발견된 갑상선결절에 차이가 없었다는 논문을 실었다. 그는 너 이상 추가 연구할 필요가 없다고 충고했다.[16] 반복적이고 무시하는 투의 그 편지들은 계획적으로 조직된 공격으로 읽힌다.

바버스톡의 《네이처》 논문은 유엔 가족 내부에서 세계보건기구와 국제원자력기구 간의 불화를 불러왔다. 세계보건기구의 크라이슬은 코펜하겐에 있던 바버스톡의 상관에게 그의 민스크 조사단 건과 《네이처》 논문 건을 질책하는 내용을 썼다. "조사단이 규명한 갑상선암의 증가는 얼마 전부터 WHO에서도 이용 가능하게 된 데이터와 일치하지만, [제네바] 본부와의 사전 협의 없이 결과를 발표하는 것은 우려를 불러일으킵니다." 크라이슬은 핵문제에 관계된 유엔 기구들에 "체르노빌에 대한 주요 성과를 다른 성원들에게 알리는" 관례가 있었다고 주장했다. 크라이슬은 엄청나게 부정적인 투로 말을 이었다. "성원 가운데 하나인 IAEA의 최고위급에서 이 사건에 대한 WHO의 태도를 계속 추궁하고 있습니다."[17]

바버스톡에 따르면, 크라이슬은 IAEA 관료들과 함께 언론 공식 발표의 초안을 작성하여 바버스톡에게 보여주었다. 크라이슬은 바버스톡이 거기에 서명하고 《네이처》 논문에서 본인의 이름과 WHO와의 관련성을 철회할 것을 고집했다.[18] 그는 바버스톡에게 철회에 동의하지 않는다면 직장에서 잘릴 것이라고 말했다. 크라이슬은 전화 통화에서 내게 대언론 공식 발표는 기억나지 않지만, "내가 보기에 WHO에서 해고되었더라면 회피할 수 있었던 많은 문제들"을 일으킨 한 직원의 WHO에 대한 배신 행위는 기억한다고 말했다.[19] 크라이슬은 바버스톡의 독자적인 갑상선 연구 계획에 대한 자금을 차단했다.[20] 이 논란에서 바버스톡은 다시 한번 자신의 입장을 견지했다. 그는 《네이처》 논문에서 본인의 이름을 빼지 않았고, 계속해서 갑상선 전염병을 널리 알리고 연구하는 토론회를 조직했다.[21]

《네이처》 지면에서의 충돌은 서로 중복되는 한편 경쟁하는 의학 연구의 불씨를 촉발시켰다.[22] 바버스톡은 프랑스의 한 암연구소와 협업해 벨라루스에서 갑상선 프로젝트를 주도했다. 그 프로젝트는 WHO의 지지부진한 갑상선 연구와 경쟁했다. IAEA도 갑상선암에 대한 자체 연구를 수행했다. 그러나 이 과정에서 세계보건기구가 체르노빌 의학 문제를 담당하는 동안 IAEA는 기술적 문제를 책임진다는 사전 약정을 위반했다.[23] 미국 국립암연구소는 갑상선암 연구를 위한 세 번째 조사 계획서를 작성했다. 하지만 그것은 아이들의 분비선에 난 종양보다 훨씬 더 느리게 진행되었다.[24] 일본, 프랑스, 영국, 독일의 연구소들은 모두 독립 조사에 자금을 댔다.[25]

불과 한 달 만에 독일, 일본, 프랑스 의사들이 클린치Klintsy라는 작은 도시로 몰려갔다. 각각의 조사단은 주민들이 찔러대는 주사 바늘에 신물이 날 때까지 수치를 재고 혈액을 채취했다.[26] 서구 기관들은 소비에트 연구자들이 그랬던 것처럼 피폭된 마을 사람들을 실험 대상으로 다루었다. 검사 결과를 개인에게 알려주기 위해 돌아오겠다고 약속했음에도 불구하고, 그들은 종종 약속을 어겼다.[27]

이러한 갑상선 연구의 혼란스러운 무질서에 물린 WHO 관리들은 회의마다 다니면서 효율적인 연구와 "중복 방지"를 위해 자신들이 의

제를 독점해야 한다고 주장했다.[28]

IAEA와 WHO 관계자들은 바버스톡과 체르노빌 문제에 관한 그의 오지랖 넓은 추적에 대해 서한을 주고받았다.[29] 그들은 체르노빌 연구의 통제에 관해 자신들끼리 싸우기도 했다. WHO 관계자들은 자신들이 보건에 특화된 유엔 기구라고 주장했다. IAEA 관계자들은 자신들이 방사선 전문가라고 답했다.[30] 일본에서 연구비를 받은 WHO 관계자들은 체르노빌이 건강에 끼친 영향에 대한 다섯 개의 수행 가능한 연구, 즉 갑상선암, 백혈병, 구강 위생, 자궁 내 뇌 손상, 정신 건강에 관한 시범 연구를 조직했다.[31] 25년이 지난 후, IAEA의 아벨 곤잘레스는 이 WHO 연구를 WHO 조직이 사적으로 진행한 배신 행위로 기억했다.[32] 곤잘레스는 자신이 동료 심사 없이 신속하게 수행한 IAEA 평가를 통해 체르노빌이 건강에 아무런 영향을 끼치지 않았음을 밝히며 문제를 확실하게 해결했다고 믿었기 때문에 WHO 관리들이 이 계획을 좇았던 것을 두고 격분했었다. 그는 WHO가 IAEA의 판단을 따랐어야 했다고 믿었다. 1991년도의 IAEA 평가를 거론하면서 곤잘레스는 세계보건기구에 다음과 같이 썼다. "IAEA는 …… 국제적으로 체르노빌에 관한 동료 심사를 거친 문서화된 연구를 가지고 있으며 따라서 체르노빌과 관련된 국제 계획에서 주요 참조 기준이 되어야 한다." 곤잘레스는 이어 "WHO가 자신의 활동을" IAEA의 "권고와 결론"에 "맞춰 조정해야 한다"고 덧붙였다. 그는 세계보건기구를 "표류한다"고, 세계보건기구의 프로젝트를 "과학적으로 부적절하다"고 칭했다.[33]

곤잘레스는 걱정하지 않았다. 관계자들은 서로에게 WHO의 연구 목표가 불안한 대중을 진정시키는 것이라고 썼다.[34] 그들은 백혈병("선량이 너무 낮았다"), 치아 문제 또는 정신 지체의 증가를("선량이 그 정도 규모는 아니었기 때문에") 발견하길 기대하진 않았다. WHO 사무총장보 니콜라이 나팔코프Nikolai Napalkov는 체르노빌 조사가 "비록 부정적이긴 하지만, 대중들이 정신적 영향의 가능성에 대해 매우 우려하고 있기 때문에 하나의 답을 제공하는 것이 중요하다"고 정당화했다.[35]

1990년대 중반, 아벨 곤잘레스와 원자방사선의 영향에 관한 유엔 과학위원회UNSCEAR의 과학 담당관 바튼 베넷Barton Bennett은 여러 곳을 여행하면서 회의에 참석해 의료적 감시를 두고 "연못에서 낚시질을 해 어떤 고기가 나오는지 보는 것"에 불과한 나쁜 과학이라고 말하며 단념하게 했다.[36] 그들은 IAEA 평가에 비판적인 기자들과 싸웠고, "체르노빌 사고를 둘러싼 오보"를 퍼뜨리는 과학자들을 폄하했다.[37] 그들은 일관되게 원폭 생존자 "수명 연구"가 규정한 협소한 목록 이외의 건강 결과를 고려하기를 거부했다.[38] 바버스톡이 벨라루스에서 유행성 갑상선암에 대해 공표한 후, 유네스코와 식량농업기구FAO(Food and Agriculture Organization)를 포함한 다수의 유엔 기구들이 각자의 분야에서 체르노빌 구호를 위한 계획을 작성했다.[39] UNSCEAR의 베넷은 유엔 기구들로 하여금 그러한 체르노빌 프로젝트를 취소하고 자금을 박탈하라고 조언하면서 "건강 영향 없음"을 골자로 하는 IAEA의 평가를 언급했다. 아동 갑상선 질환의 급속한 확산이 언론을 강타했을 때에도 베넷은 이를 부인했다.[40] 그는 IAEA가 방사선 수치와 음식이 안전하고 이주는 정당화되지 않았으며 다른 긴급 조치도 필요하지 않았음을 보여주었다고 말했다. 그는 그 지역의 주요 인도주의적 요구는 "사고와 무관"하다고 주장했다.[41]

미국은 유엔의 주요 기부국이었음에도 이상하게 체르노빌 구호에 대한 지도적 역할을 맡는 데 실패했다.[42] 미국 외교관들은 그들이 원할 때면 자금 계획에 막강한 영향력을 행사했다. 그들은 무너지는 석관을 재건하기 위해 원래 목표로 했던 액수보다 3배나 더 많은 기부금을 모금했다.[43] 그러나 조지 허버트 부시 행정부의 관료들은 위생, 재정착, 유엔 주도 연구에 대한 자금 조달 계획을 적극적으로 저지했다.[44]

베넷과 곤잘레스는 같은 빈 단지에 위치한 UNSCEAR와 IAEA 사무실에서 그들의 업무를 조정했다.[45] UNSCEAR를 총괄하는 베넷에게 주어진 예산은 적었고, 그는 IAEA에서 직원과 기술적 전문지식을 빌렸다.[46] 직원들은 두 기구 사이를 주기적으로 왔다갔다 했다. 그들이 얼마나 긴밀히 협력했던지 한 미국인 대표는 충분한 재원을 보유한 IAEA에 UNSCEAR를 배치하며 돈을 절약하자고 제안하기도 했다. 베넷과 곤잘레스는 이 계획에 강하게 반대했다. 그들은 두 기구의 목표가 양립할 수 없다고 주장했다. 베넷은 "IAEA가 원자력의 개발을 지원하고 촉진하는 반면, UNSCEAR는 독립적이고 객관적인 관점에서 전리 방사선의 영향과 위험에 대해 보고한다. IAEA와 제휴한다면 UNSCEAR의 명성은 심각하게 위태로워질 것이다"라고 썼다. 베넷과 곤잘레스는 프레드 메틀러의 도움을 받아 병합 제안을 성공적으로 물리쳤다. 그러는 동안 두 기구는 계속해서 긴밀히 협력했고, UNSCEAR는 독립적으로 활동하면서 인력 및 연구 지원 측면에서는 부유한 IAEA에 의존했다.[47]

IAEA는 보고된 심리적 요인을 다루면서 소비에트 지도자들에게 핵 문제로 불안에 떠는 대중들에게 어떻게 말해야 하는지를 가르치기 위해서 러시아어로 된 지침서를 발간했다. 그들은 핵물리학자들보다는 대민홍보 전문가들이 대중들에게 정보를 더욱 잘 전달하는 사람들이라고 충고했다. 지침서는 대민홍보 전문가들에게 언어 사용에 신중해야 한다고 조언했다. "대중에게 채소를 먹으면 안 된다고 하지 말고, 그걸 먹더라도 끔찍한 일은 일어나지 않을 것이라고 말하십시오." 지침서는 대중을 믿고 그들에게 복잡한 과학적 데이터와 진실한 언명을 그대로 전달하지 말라고 충고했다. "'거리의 사람'과의 논의에서 더욱 중요한 것은 전하려는 내용이 얼마나 철저하고 과학적으로 정확한지가 아닙니다. 그것이 어떻게 받아들여지고 이해되는지입니다."[48]

1994년, UNSCEAR는 체르노빌의 다양한 결과에 대한 주요 검토를 시작했다. 한계는 베넷이 정했다. 그는 과학자들에게 IAEA의 매우 낮은 선량 추정치를 사용하라고 지시했다. 그러고 나서 그 체르노빌 선량이 너무 낮다는 점을 지적하면서, 자신이 기대한 결과의 방향으로 조사관을 인도했다. 그는 "이[선량 추정치]는 당신이 역학 조사에 거는 기대를 얼마간 줄여줄 거요"라고 알려주었다.[49] 그는 저선량 방사선이 인간의 건강에 이롭다는 이론인 호르메시스에 대해 연구하던 폴란드 과학자를 지도하기도 했다. "우리는 방사선 방호의 관점을 강하게 가져서는 안 됩니다. …… 나는 당신의 의도를 알지요"라고 말하며 베넷은 눈을 깜빡였다. "적절한 말로 우리는 필요한 논의의 양을 엄청나게 제한할 수 있소."[50]

UNSCEAR 대표들은 체르노빌이 건강에 끼칠 영향에 관한 연구들을 검토했다. 그중에는 체르노빌 피폭과 관련된 광범위하고 만성적인 건강 문제를 지적한 소비에트 연구자들의 연구도 포함되어 있었다.[51] UNSCEAR 대표들은 그러한 조사를 "검증되지 않았고", "연구의 질 관리가 형편없어" "엉성하며", "주의해서 다뤄져야" 한다고 특징지었다.[52] 그들은 소비에트와 소비에트 이후의 연구가 서구에서 사용되는 표준화된 연구 계획서를 따르지 않았음을 발견했다. 소비에트 연구자들은 국제 과학의 언어인 영어로 발표하지 않았고, 그들이 내놓은 결과는 원폭 생존자 "수명 연구"의 결과와도 맞지 않았다. 프레드 메틀러와 두 명의 선도적인 모스크바 방사선생물학자가 600쪽짜리 개요서인 UNSCEAR 체르노빌 보고서의 초안을 편집하는 일에 자원했다. 보고서에는 체르노빌 지역에서 증가하는 발병률의 경로와 생물학적 메커니즘을 조사한 우크라이나와 벨라루스의 연구가 포함되어 있었다. 메틀러와 아마도 앙겔라 구시코바와 레오니드 일린이었을 그의 모스크바 동료들은 1년 후 300쪽짜리 수정판을 내놓았다. 수정판에서는 건강 문제를 유발하기에는 선량이 너무 낮았다며 우크라이나와 벨라루스의 연구를 삭제하고 IAEA 평가의 결론을 강조했다. 그들은 심리적 피해와 경제적 어려움이 질병 발병률이 증가하는 가장 유력한 원인이라고 결론지었다. 1996년 UNSCEAR 보고서는 이전의 IAEA 보고서와 마찬가지로 "예상 가능할 정도로 낮은 위험 수준"을 포함한 여러 가지 이유를 들며 후속 연구 반대를 권고했다.[53]

　나는 체르노빌 지역 내의 광범위한 건강 문제 관련 보고서를 없애버리기 위해 배치된 과학 행정가들의 전술무기를 집중 조명하기 위해 이유엔 기구들의 내부 작동 방식을 좀더 상세히 설명하고자 한다. 그들은 납, 담배, 화학적 독소를 둘러싼 논란으로 인해 잘 알려진 전술의 유명한 도구상자에 의지한다.[54] 그들이 구사하는 전술은 풍부하고 다양하다. 데이터를 비밀로 분류하기, 질문을 제한하기, 조사의 진행을 방해하기, 연구 자금을 차단하기, 경쟁 연구를 지원하기, 위험을 "자연적인" 요인과 관련짓기, 파국적 효과만을 찾을 수 있게끔 고안된 연구 계획서 짜기, 불확실성과 추측을 감추는 수치들을 얻기 위해 추정하고 추산하기, 이의를 지닌 과학자들을 개인적으로 중상하고 겁박하기, 알려진 사실에 의구심을 던져 과학자들이 아주 명백한 것임에도 증명하기 위해 반드시 비싸고 중복적인 조사를 수행하게 만들기 등이 그것이다. 미국에서 활동하는 전문가들은 저선량 방사선 피폭의 해로운 영향들에 관한 과학적 증거와 생존자 증언을 약화시키기 위해 비슷한 종류의 전술을 오랫동안 구사해왔다.[55]

이러한 전술들의 배후에 있는 일반적인 전략은 해로운 증거를 부정하고, 압도적인 증거라 도무지 부인할 수 없는 사실만 인정하는 것이다. 이러한 이유로, 각각의 새로운 핵사건 이후, 예컨대 2010년 세인트루이스에서 불타는 방사성 폐기물의 유출이 발견되고 나서 그리고 2011년 후쿠시마에서 세 개 원자로가 용융되고 나서, 과학 담당 행정가들은 저선량 방사선이 건강에 끼치는 영향에 관해 알려진 바가 거의 없고, 그들이 문제를 연구할 필요가 있음을 공표만 했을 따름이다. 체르노빌을 둘러싼 과학의 정치는 지식을 생산하기 위해 돈을 받는 사람들이 어떻게 영속적인 무지를 생산했는지를 보여준다.

국제 행정가들이 옥신각신하는 동안, 벨라루스와 우크라이나에서 보고된 암의 숫자는 두 배로 늘어난 후 다시 두 배로 증가하여, 8년 만에 일본에서 원자폭탄 폭발에 의해 40년 동안 일어난 모든 암의 발병 수치와 같은 자릿수에 도달했다.[56] 국제 자문위원들이 원자폭탄 피해자들이 받았던 선량보다 체르노빌 선량이 훨씬 더 낮다고 추정했기 때문에 암의 발병 건수가 더 적을 것이라 추측한 점을 고려한다면 이는 특이한 사실이었다. 그러나 어느 누구도 이 수수께끼를 설명하기 위해 멈춰서지 않았다. 돌이켜보면 우크라이나와 벨라루스의 연구자들이 옳았던 것으로 보인다. 사람들이 받았던 선량은 IAEA가 당초 추산한 것보다 훨씬 많았다.

IAEA 자료의 주장대로 모든 갑상선암이 "쉽게 치유 가능한" 것도 아니었다. 니나 카찬Nina Kachan의 벨라루스인 모친은 갑상선 종양을 제거했으나 림프절에 암이 퍼진 자신의 딸에 관한 간절한 편지를 민스크의 관리들에게 보냈다. 그녀의 가족은 벨라루스 남부의 방사성 농장에서 다른 곳으로 이주할 돈이 없었고, 벨라루스 정부 또한 그 가족을 안전한 곳으로 옮길 자금이 없었다.[57] 체르노빌 의학 조사의 국제정치학은 성마르고 경쟁적이며 빈틈없이 경계됐고, 환자로 가득찬 어두침침한 병동의 아이들은 밀쳐대는 사람들 속에서 길을 잃었다.[58]

방사선 의학의 세계적 선도자인 "외국인 전문가들"의 대부분이 틀렸었다는 사실은 이제 분명하다. 우크라이나와 벨라루스 관료들이 문제를 공표한 지 7년 후인 1996년, WHO, UNSCEAR, IAEA는 여전히 치솟고 있던 소아 갑상선암의 증가가 체르노빌 피폭 때문이라고 시인했다. 메틀러, 와홀츠를 비롯한 다른 과학자들도 자신들의 모델이 잘못되었음을 인정했다. 그들은 "선량 측정과 위험-평가 모델을 함께 사용해 예측한 갑상선암 추정치와 실제로 관측된 증가의 규모 사이에는 심각한 차이가 있다"고 썼다.[59]

그들은 이러한 인식에 뒤늦게 도달했다. 몇 년이라는 시간은 어떤 차이를 만드는가? 알고 보니, 그 차이는 실로 엄청났다. 그들의 부인은 아이들을 치료하고 검사하는 것을 목표로 하는 계획이 더디게 시작되었음을 의미했다. 그 결과 악성 암은 너무 늦게 발견되었다. IAEA의 유행성 갑상선암에 대한 인정 거부는 국제적 지원도 좌초시켰다. 1991년, 유엔 총회는 체르노빌 피해에 대한 IAEA의 평가를 기다리고 있었다. 평가 결과에 따라서 체르노빌이 건강에 끼친 영향에 대한 대규모 역학 조사와 고도로 오염된 구역에 살고 있던 20만 명의 사람들을 이주시키는데 들어갈 6억 4천 6백만 달러를 모으기 위한 모금 활동을 시작할 참이었다. 하지만 "영향 없음"을 골자로 하는 IAEA의 보고서가 제출됨에 따라 모금 활동은 6백만 달러에 못 미치는 액수만을 모을 수 있었다.[60] 거대한 잠재적 기부국인 미국, 일본, 독일, 유럽공동체는 지원 "약속을 꺼리는 요인" 가운데 하나로 그 IAEA 보고서를 인용하며 지원을 철회했다.[61] 특히 미국 대표는 IAEA 평가의 결과에 비춰봤을 때 인구 재정착이 불필요했다고 강조하기도 했다.[62]

모금 활동이 실패로 돌아가자 유엔 사무총장은 체르노빌 구호사무국 Secretariat for Chernobyl Relief을 만들었다. 그러나 이 사무국은 유엔 내의 기구와 기구 사이에서 미식축구공처럼 다뤄져, 5년 동안 사무국장이 다섯 명이나 임명됐다. 체르노빌은 유엔 내에서 아무도 원하지 않는 뜨거운 감자였다.[63] 지원에 대한 반복된 호소에도 불구하고 100만 달러 이상의 액수를 모으는 일은 드물었다.[64] 유엔 관리들은 어깨를 으쓱하며 "기부자 피로"에 대해 중얼거릴 뿐이었다.[65] 체르노빌이 아무런 건강상의 문제를 일으키지 않았다는 IAEA와 UNSCEAR의 잘못된 주장은 계속해서 기금 모금을 방해했다. 한 외교관은 갑상선 전염병을 의심하는 사람이 거의 없던 1995년에 "체르노빌 피폭에 의해 발생한 질병이라는 확실한 과학적 증거의 부재는 국제 사회가 결단력 있고 유의미한 지원을 제공하는 것을 꺼리게 만들었다"고 썼다.[66]

만일 IAEA 과학자들이 자신들이 알게 된 예상 밖의 암을 1990년에 보고했었더라면, 지지자들은 방사선 의학 전문가들도 예측하지 못한 다른 건강 문제가 있는지를 알아낼 대규모 연구를 수행하기 위한 자금 지원을 요구하는 데 더욱 많은 영향력을 가졌을 것이다. IAEA가 마침내 갑상선암을 체르노빌이 건강에 끼친 영향 중 하나로 인정한 1996년, 당시 독일 환경부 장관이었던 앙겔라 메르켈Angela Merkel은 체르노빌 영향에 대한 장기적인 역학 조사를 대규모로, 원폭 "수명 연구"와 동일한 수준으로, 다시 수행할 것을 요구했다. 허나 이번에도 불충분한 자금과 부족한 지도력으로 인해 어떠한 연구도 뒤따르지 않았다.[67]

체르노빌이라는 난국에서 IAEA는 조수 UNSCEAR와 함께 의기양양하게 모습을 드러냈다.[68] 두 기구는 오랫동안 체르노빌에 관해 어떠한 행동도 권고하지 않았다. 공포와 무지 외에는 어떠한 문제도 없다고 봤기 때문이다. 내분에 휩싸인 세계보건기구는 체르노빌이라는 다양한 이해관계자가 붐비는 분야에서 실망스러운 지도자임이 드러났다. 2003년, WHO의 과학자 키스 바버스톡은 체르노빌이 건강에 끼친 영향과 관련하여 제약을 두지 않는 질문을 다시 던지기 위해 국제체르노빌연구위원회International Chernobyl Research Board를 만들려고 시도했다.[69] 곤잘레스는 IAEA가 다시 최고 책임기관이 되었을 때, 일곱 개의 유엔 기구를 대표하는 통솔기구인 체르노빌 토론회를 만들어 바버스톡의 계획을 사전에 차단했다. 체르노빌 토론회는 건강 영향에 관한 주요 조사 대신 대부분이 소아 갑상선암의 반복적 검사였던 서구 문헌 내의 선행 조사를 검토하고 "종합 보고서"를 발표했다. 이 보고서는 1987년, 1988년, 1991년, 1996년, 2001년, 2002년에 나온 IAEA/UNSCEAR의 보고서에서 취했던 진부한 방식을 그대로 따른 것이었다.[70] 체르노빌 토론회는 건강 문제의 증가를 심리적 트라우마 탓으로 돌리고, 수천 명의 사망자 추정치를 "과장되고 부정확하다"고 고집스럽게 반복했다.

1991년도 IAEA 평가서의 저자이자 1996년도 UNSCEAR 체르노빌 보고서의 편집자인 프레드 메틀러는 2006년에 간행된 체르노빌 토론회의 보고서도 책임졌다.[71] 메틀러는 오늘날 언론에서 사실로 인용되고 있는 체르노빌 관련 건강 피해(54명의 사망자와 6,000건의 소아 갑상선암)에 대한 판단을 내리는 데 있어 가장 영향력 있는 유일한 목소리였다. 그는 유엔의 정치학이나 친핵 및 반핵 압력 단체들 사이의 대규모 접전에 연루되지 않았고, 그들의 정치적 견해를 공유하지도 않았다. 그는 자신의 일, 즉 자신 앞에 놓인 과학적 증거에 초점을 맞춰 업무를 수행하는 대학 소속 과학자였다. 그는 1990년대 소아 갑상선암의 유행을 어떻게 놓쳤을까? 왜 그는 갑상선암의 예상치 못한 초기 급증 소식을 놀란 과학계에 알리지 않았을까? 간단한 답은 메틀러가 내게 전화 통화로 말해준 것처럼 그가 그것들에 관해 전혀 몰랐다는 것이다.

하지만, 사실, 그는 우리가 처음 이야기를 나누고 나서 며칠 후에 그가 잘못 말했음을 알려주기 위해 내게 다시 전화를 할 정도로 정직했다.

그는 우크라이나에서 갑상선암의 조직 검사를 집으로 가져갔다는 BBC의 주장을 반박했던 우리의 대화 이후, IAEA가 1991년 빈에서 열었던 체르노빌 평가에 관한 회의의 진행 과정을 들여다보았다. 회의록에서 그는 20개의 슬라이드를 받았고, 이를 뉴멕시코에 있는 자신의 연구실로 보낸 뒤 확인했다고 말한 것으로 되어 있었다.[72] 그는 해당 구절을 내게 읽어주었다. 전화 통화에서 우리는 1분 정도 아무 말도 하지 않았다.

"그렇다면 슬라이드에 관해서 잊어버리신 거죠?" 내가 물었다.

메틀러는 "네, 잊어버렸던 것 같아요. 여기에는 내가 그것들을 수령했고, 연구실에서 확인했다고 나오네요."

이어 내가 물었다. "그렇다면 방사선을 제외한 어떤 것들이 그 암을 일으킬 수 있었을까요?"

메틀러는 "아무것도요(멈춤). 실수였어요."[73]

메틀러는 나중에 《뉴욕타임스》의 사실 확인에서 나와 나누었던 위의 대화를 부인했다. 그러나 이 대화 이후, 메틀러와 그 슬라이드와 갑상선암에 대한 그의 지식을 이어주는 다른 증거가 나의 관심을 끌었다. 첫째, 1991년도 학술대회에 관해 작성된 그린피스의 한 메모에는 우크라이나의 내분비학자 올가 데그챠료바Olga Degtyariova가 그린피스 활동가들에게 20건의 소아 갑상선암에 대해 말했다고 기록되어 있다.[74] (데그챠료바가 20건의 갑상선암에 대해 언급했고, 메틀러가 20개의 갑상선 조직 검사를 확인했기 때문에, 데그챠료바나 그녀의 연구소에서 나온 누군가가 20장의 슬라이드를 메틀러에게 주었던 것으로 보인다.)[75] 데그챠료바는 그 후 곧바로 부소장직을 잃었다.[76] 둘째, 벨라루스에서 최초로 갑상선암을 기록한 의사인 발렌티나 드로즈드는 고멜의 허름한 관광호텔에서 IAEA 대표들과의 회의 중에 메틀러와 갑상선암에 대해 긴 이야기를 나눴다고 내게 말했다. 그녀는 일찍이 메틀러를 그들 둘 다 일하고 있던 마을에서 만났었다. 드로즈드에 따르면, 메틀러는 그녀를 알 아보았고 자기 옆에 앉으라고 불렀다. 드로즈드는 자신이 통역사를 끼 고 메틀러에게 두 시간가량 말했다고 이야기해주었다. 그녀는 자신이 발견한 소아암을 그에게 설명했다. 암은 원폭 "수명 연구"가 예측한 것 처럼 10년 후가 아닌 불과 2년 후에 나타났다. 그녀는 그의 반응이 동정 심을 지닌 청자의 그것이었다고 기억한다. 드로즈드는 "그는 매우 흥미 를 보였고, 그와 말을 나눌 수 있어서 즐거웠어요"라고 기억했다. 다음 날, 드로즈드의 상관은 지휘 계통을 어기면서 메틀러에게 말을 했다는 이유로 그녀를 질책했다.[77] 요컨대 두 사람은 개인적인 위험을 감수하면 서까지 갑상선 전염병의 소식을 메틀러에게 전달했고, 메틀러는 그 정 보를 잊어버렸다.

메틀러가 다른 대부분의 사람들처럼 30년 전의 사건을 되짚는 데 애 를 먹었다는 사실이 그리 놀라운 것은 아니다. 사람의 기억은 제멋대로 구는 거짓말쟁이다. 그리고 바로 그 점이 구술사를 악명 높을 정도로 성가신 관행으로 만든다. 과거의 사건에 대해 질문을 받은 구술자가 과 거를 정확히 기억하는 일은 흔치 않다. 메틀러가 사용한 방사선 위험 추정에서 무척 중요했던 "수명 연구"는 폭격 5년 후 일본인 생존자들을 상대로 폭발이 일어났을 당시 어디에 서 있었는지에 대해 질문하는 방 식으로 수집된 자료에 기반을 둔 것이었다. 여성들은 남편들이 피폭된 장소가 어디였는지에 대한 간접 정보를 제공하라고 요구받기도 했다. 이 모든 것은 프로젝트에 참여했던 선도적인 유전학자 제임스 닐James Neel이 인정한 것처럼 상황을 너무 "지저분하게" 만들었다.[78] 과학자들 또한 이 똑같은 기억의 흐릿함에 영향을 받지 않는 것은 아니다.

여기서 문제는 메틀러가 슬라이드를 본 뒤 확인했다는 사실과 드로 즈드와 이야기한 것을 30년 후에 잊었다는 사실이 아니다. 문제는 당시 그가 그 정보를 가지고 무엇을 했느냐다. 첫째, 그는 그것들을 확인하자마자 IAEA 체르노빌 기술보고서에서 20건의 갑상선암에 대해 언급했다. 하지만 내게 인정했던 것처럼 오직 방사선만이 그러한 정도로 갑상선암 증가를 유발할 수 있었는데도 불구하고, 그의 연구진은 사고와 관련된 어떠한 건강상의 영향도 발견하지 못했다고 불합리하게 결론내렸다.[79] 둘째, 1년 후 메틀러는 체르노빌 지역의 어린이들에게 발병한 갑상선결절에 관한 주요 논문을 발표했으나, 자신이 확인했던 20건의 갑상선암에 관해서는 언급하지 않았다.[80]

그러한 누락은 체르노빌이 건강에 끼친 영향을 두고 펼쳐진 국제적 드라마를 수수께끼로 만들었다. WHO, UNSCEAR, IAEA 관계자들이 갑상선암을 과학 잡지, 대언론 공식 발표, 국제 평가에서 지워버렸던 것처럼 메틀러도 그의 기억에서 갑상선암을 도려냈다. 방사선 의학 분야에서 경력을 쌓았던 메틀러와 그의 동료들은 자신들의 모델을 갑자기 재조정할 수 없었고, 암의 급속한 확산이 그들이 추산한 것보다 훨씬 더 빨리 그리고 더 낮은 선량에서 발생할 수 있다는 증거를 사실로 받아들일 수 없었음이 분명했다. 서구의 방사선 전문의들에게 소비에트 의사들이 제시했던 포괄적인 범위의 증거를 진지하게 고려하는 것은 자신들이 일군 의료 기반 전체에 의문을 제기하고, 일생에 걸친 출판물과 대중이 핵실험에서 나오는 낙진, 방사성 폐기물, 의료 치료, 인접 원자력발전소에서 매일같이 뿜어져 나오는 방사능으로부터 안전하다는 확언을 완전히 없애버리는 일이었을 것이다. 갑상선암 이야기는 올가 데그챠료바와 발렌티나 드로즈드가 이를 폭로하는 위험을 무릅쓰지 않고, 키스 바버스톡이 멋대로 굴면서 끈질기게 국제적 주목을 종양학 병동으로 밀려드는 어린이들에게로 돌리지 않았더라면 기억에서 쉽게 사라졌을 것이고, 열악한 소비에트 과학에 대한 무시 속에서 상실되었을지도 모른다.

내가 메틀러에게 체르노빌 의료 이야기에서 다른 어떤 것이 간과되었을지, 즉 다양한 질병에 관한 소비에트 의사들의 보고서가 어떠했는지를 물었을 때, 그는 다른 어떤 것도 가능하지 않았다고 답변했다. "선량은 너무 낮았습니다." 그는 내게 해당 주제에 관한 다수의 UNSCEAR 문서들을 알려주었다. 나는 그것들을 꺼내들었다.

그것들은 보기에는 환상적이었다. 분명 메틀러도 그러했듯이, 소비에트 기관들이 만든, 다양한 계산과 측정에서 혼란을 불러일으키고 때때로 상충되기까지 한 데이터가 담긴 보건 통계 관련 표와 도표로 구성된 두꺼운 책들을 끝까지 간신히 읽은 후, UNSCEAR 도표를 보는 일은 명상처럼 느껴졌다. 간단함 그 자체였던 그것들은 진정시켰고 달래주기까지 했다. 이 도표들의 위험 추정치의 명료성보다 유일하게 나은 것은 체르노빌이 제시하는 엄청난 데이터의 혼란 한복판에 존재하는 수학적 확실성의 약속뿐이다. 그 자체로 엄청난 일반화이긴 하지만, UNSCEAR 도표에 하나의 동위원소인 세슘-137의 추정 선량을 넣으면, 도표는 독자에게 해당 장기에서 암의 증가 확률을 알려준다. 수십 개의 다른 해로운 방사성 원소들을 사라지게 하는 위험 추정의 놀라운 마법에서 빠진 것은 그것들을 섭취한 몸과 그들이 어떻게 살아왔는지에 대한 설명이

다. 나 또한 그 도표들을 믿고 그것들 안으로 녹아들어가 오염된 지역에
병든 아이들이 더 이상 존재하지 않게끔 하고 싶었다.

사라진 마을을 찾아서

1989년 말, 당국은 체르노빌에서 400킬로미터 떨어진 벨라루스 모길료프주의 베프린Veprin시와 이웃한 두 개의 마을을 "즉각" 소개시키라고 명령했다.[1] 지역 토양에서 제곱킬로미터당 25~143퀴리에 달하는 세슘-137 방사능이 검출되었던 것이다.[2] 하지만 소개는 즉각적으로 이뤄지지 않았다. 국제적 지원을 얻기 위한 노력이 실패로 돌아간 뒤, 마을 사람들은 방사능이 극도로 활발한 지역에서 소련 붕괴 이후 4년에서 5년, 심지어 8년 후까지 남아 있었다. 지역 관료들이 가족들을 이주시킬 자금을 확보하기 위해 분투하는 동안, 베프린은 수년 동안이나 그대로 남아 있었다.[3]

베프린에는 900명이 살았다. 이 도시는 거대한 집단농장의 행정 중심지였다. 도시에는 농장 사무소, 중등학교와 고등학교, 상점, 진료소, 심지어 그 정도 크기의 도시에는 결코 흔하지 않았던 음악학교가 있었다. 1999년, 이 도시는 마침내 버려졌다.

2016년 민스크에서 차를 빌려서 남쪽으로 차를 몰아 베프린으로 갔다. 모길료프주에 들어가 크라스노폴레 마을을 지나면서, 길가를 따라 자리잡은 마을이 점점 줄어드는 것을 보았다. 수마일을 가는 동안 사람의 흔적이라곤 전혀 보이지 않았다. 낮게 깔린 나무, 들풀, 꽃, 질퍽질퍽한 저지대에서 피어오르는 수증기, 눈앞에 길게 띠처럼 이어진 아스팔트길만 보였다.

잠깐 쉬기 위해 차를 세운 뒤, 풀로 덮인 오솔길을 따라 걸었다. 길 양쪽으로 폐허가 된 마을을 보고 무척 놀랐다. 덩굴 식물과 어린나무가 작은 집들, 헛간들, 다 허물어져가는 외양간들을 덮고 있었다. 가이거 계수기를 차에 놓고 와서 조금 불안했다. 곧바로 안전한 아스팔트로 돌아갔다. 다시 차를 몰면서, 나는 5마일에서 10마일마다 길가에 점점이 있던 버려진 마을들을 보는 것에 익숙해졌다.

마침내 "베프린 6킬로미터"라고 적힌 도로 표지판이 눈에 들어왔다. 그쪽으로 6킬로미터, 10킬로미터, 20킬로미터를 갔다. 마을의 기척은 없었다. 휴대전화기를 꺼내서 구글 지도를 확인했다. 위에서 찍은 위성 사진은 벨라루스의 국토 대부분이 수많은 작은 마을과 농촌으로 이뤄진 시골 지역임을 보여주었다. 내가 있던 체체르스크Chechersk와 체리카우 사이의 넓은 영토에서 숲, 풀이 제멋대로 자란 들판, 이전 공동체들의 윤곽을 볼 수 있었다. 지도상으로 30킬로미터의 체르노빌 출입금지구역이 표시되어 있었으나, 출입금지구역에서 멀리 떨어진 모길료프주의 버려진 이 지역을 핵 흔적으로 구분한 표시는 없었다. 예고도 없이 다가온 공허함은 다른 곳에서 대참사가 일어나고 있는 동안 기자와 관광객들이 정기적으로 방문하는 출입금지구역이 얼마나 사람들의 관심을 끄는 방편으로 기능했는지, 그리고 얼마나 많은 것을 방해하는 역할을 했는지 궁금하게 만들었다.

텅 빈 도로를 되짚어가다가 평평한 들판으로 이어지는 금이 간 차도를 발견했다. 그쪽으로 운전대를 돌렸고, 마침내 베프린에 도착했다. 과거에 도시였던 이곳은 이제 조직적으로 만들어진 폐허가 되었다. 중심부에는 커다란 시멘트 판이 깔려 있었고, 불도저에 밀린 돌과 벽돌, 도기관陶器管, 녹슬어가는 연장, 도자기 접시 조각들이 그것을 둘러싸고 있었다. 그 무더기 위로 올라가 주위를 둘러보았다. 가까운 거리에 단층선 같은 파도 모양의 쓰레기 산마루가 또 하나 있었다. 아마도 지금으로부터 천년 후의 사람들은 평평한 벨라루스 평원의 위로 솟아 있는 이 지형들을 단층선으로 볼 것이다. 아마도 그 사람들은 이것들을 만든 산사람들mound people과 그들의 종교 의식에 관해 궁금해할 것이다. 아니면 토양에서 플루토늄 층을 감지하고 진실을 추측할 것이다.

탐사를 하면서 나는 과일나무를 발견했다. 제라늄과 붓꽃 몇 송이가 시멘트 틈 사이를 비집고 솟아올라 있었다. 그것들을 기르던 손이 떠올랐다. 예전에는 정원이었을 그곳을 따라가며 나는 베프린의 지워진 길들을 돌아다녔고, 파괴되기 전에 밝게 채색되었을 덧문이 달린 통나무 집들을 그려보았다.

나는 몇 년 동안 베프린 같은 소비에트 이후 농촌 마을을 수십 곳 방문했다. 나를 둘러싸고 있던, 조용하게 진행된 엄청난 규모의 수거로부터 상상을 통해 그것을 재구성하는 것은 그리 어렵지 않았다.

땜질한 문과 정성스럽게 가꾸어진 정원이 떠올랐다. 소련에서처럼 자신이 마치 어른인 양 격식을 갖춰 차려 입은 아이들도 그려졌다. 작은 바이올린을 들고 다니던 그 아이들은 머리를 젖힌 채 광장을 쏜살같이 지나 음악학교의 계단을 뛰어올라갔다. 소비에트 사회에서 자녀를 음악 수업에 보내는 것은 진정한 성취였다. 선생님들은 천부적인 재능을 보이는 어린이만 맡아 가르쳤다. 그들은 제자를 까다롭고 엄격하게 지도했고, 멀리 볼쇼이Bolshoi✤까지 갈 수 있도록 준비시켰다.

한겨울밤 음악학교에서 나오는 따뜻한 불빛들, 두텁게 내려앉은 눈이 벨벳처럼 검은 밤 아래에서 지면을 순백색으로 물들이는 모습을 그려보았다. 안에서는 아이들이 연주회를 준비하고 있었다. 작은 거장들이 바이올린을 켰다. 집중 상태라 꼼짝도 않는 아이들의 눈썹에는 연주를 수행하는 기민한 양손과 발에 자신들의 열망을 집중시킨 어른들의 껄끄러운 관심이 담겨 있었다. 음악적 재능은 집단농장에서의 일을 벗어나 마을 밖 고등교육으로 가는 좋은 방법이었다. 복도 끝의 무용 연습실에서는 뚱땅거리는 피아노 소리가 기계처럼 규칙적으로 들려왔다. 축 늘어진 베이지색 타이츠를 입은 소년소녀들이 발레용 가로대를 잡고 연습하고 있었다. "플리에plié 하나, 플리에 둘"이라고 외치는 목소리가 크게 울렸다. 한 소년이 연습실 한가운데로 걸어갔다. 어두운 음영이 그의 두 눈을 에워쌌다. 그는 가느다란 몸으로 자세를 취했고, 피아노 연주자는 선율을 두드렸다. 발가락으로 서서 피루엣을 하던 pirouetted✤ 그는 흔들려 균형을 잃고는 이내 넘어졌다. 영화에서처럼 천천히 쓰러진 것이 아니라 강하고 빠르게 판자처럼 떨어졌다.

✤ 모스크바에 위치한 러시아국립아 카데미대극장Государственный академический Большой театр России을 약칭한 것이다.

1986년, 바람이 거세지기 시작하더니 갑자기 강하게 불었다. 빗방울이 땅에 쏟아졌다. 마을 사람 몇몇이 여전히 흑마술과 "부정한 힘"을 믿고 있긴 했지만, 모두는 1986년 봄에 사악한 바람이 지나간 후 그 무엇도 이전과 같지 않을 것이라는 데 동의했다.

1990년 군郡 검시관은 베프린에 사는 70명의 어린이들 가운데 여섯 명만이 "건강하다"고 특정했다.[4] 나머지는 만성적 질병에 시달렸다. 킬로그램당 20베크럴(Bq/kg)이 안전한 것으로 여겨졌는데, 베프린 아이들의 몸 안에는 평균적으로 킬로그램당 8,498베크렐이 있었다.[5] 아이들의 몸은 길 아래편 체체르스크 포장 공장에서 거부된 수소들의 몸통만큼이나 방사성이었다.[6] 1999년까지 벨라루스 관리들은 위험할 정도로 오염된 대지에서 사람들을 이주시키기 위해 여전히 몸부림치던 중이었다.[7] 소비에트 당 지도자들, 소비에트 이후 정치인들, 국제 외교관들은 해마다 아무것도 하지 않는다는 결정을 내리면서 수십만 명이 오염 물질이 뒤범벅된 지역 안에서 살던 문제를 고치는 일을 그냥 넘겨버렸다. 마을 사람들이 방사능의 꾸준한 선량에 피폭된 수년이라는 시간은 소비에트 의사들이 한때 만성방사증후군이라고 불렀던 질환의 조건을 조성했다.[8] 러시아 혈액학자 안드레이 보로비예프는 회고록에 "급성 방사선병은 사고다"라고 썼다. "만성방사증후군은 범죄다."[9]

차로 돌아가기 전에 나는 돌무더기 위로 올라가 마지막으로 주변을 둘러보았다. 텅 비어버린 대지는 보통 상실을 암시하지만, 공허는 또한 무한한 지평선 위에서 무한의 전망을 불러일으킨다. 잔해더미는 베프린의 가족들이 오염된 땅에서 사는 것으로부터 오는

❖ 발레에서 한쪽 발로 서서 빠르게 도는 동작을 일컫는다.

걱정과 질병의 감옥에서 마침내 해방되던 날을 환기시켰다. 그들의 떠남은 다른 곳에서 더 희망찬 삶을 살 수 있다는 새로운 시작을 알리는 신호였다.

그린피스의
붉은그림자

나는 정치적으로 민감하지 않은 유엔 기구의 대표 조사관들이 체르노빌의 환경적·보건적인 영향에 관해 어떻게 판단했는지를 보기 위해 체르노빌 보건 문제를 두고 작업한 다른 국제 과학자들을 살펴보았다. 1991년, 여섯 개의 인도주의적 의료 프로젝트가 체르노빌 영토에서 수행되고 있었다.[1] 나는 국제적십자위원회International Red Cross에서 1990년 말에 파견된 진상조사단의 자료를 찾았다. 많은 국제 과학자들로 구성된 조사단이 소비에트 연구자 및 마을 사람들과 이야기를 나누기 위해 오염된 지역을 순회했다. 벨라루스인들은 다른 방문객에도 그랬던 것처럼 적십자 조사단에게도 체르노빌 방사능에서 비롯된 공중 보건 재난에 관해 말해주었다. 적십자위원회 진상조사단 중 세계보건기구 관리는 귀국한 뒤 보고서를 작성했다.[2]

보고서에서 그들은 WHO와 IAEA 자문위원들의 결정을 되풀이했다.

"사람들은 모든 불만을 방사선 탓으로 돌리고, 그러한 설명 방식을 고수한다. 의사들 다수는 증상들이 방사선 때문이라고 의심하며 환자들을 지지하는 듯하고, 방사선 방호 문제 관련 과학적 사실들에 대한 지식도 부족한 것처럼 보인다." 갑상선암이 증가했다고 전해들은 적십자 조사관들은 선량이 너무나 낮기 때문에 그것은 불가능하다고 답했다. "직접방사선 위험은 없는" 상태라고 본 것이다. 그들은 질병의 증가가 검사 효과와 스트레스 때문에 발생했다고 설명했다.[3]

지역 의사들이 환자들의 엑스선 노출을 줄이고자 적십자에 초음파 기계와 MRI(자기 공명 촬영장치)를 기부해줄 것을 호소했을 때, 적십자 조사단은 그러한 기부는 비용이 많이 들고 노출도 상당히 낮기 때문에 몇 번의 추가적인 엑스선을 딱히 걱정할 필요는 없다고 결정했다.[4] 서구의 구호 단체들은 대부분 소비에트 병원에 중고 장비들을 보냈다. 소비에트인들은 고장난 제품을 원하지 않았으나, 구호 단체들이 자신들을 부패하다고 비난하지 않게끔 하기 위해 그것들을 보관해야 했다. 물품들이 창고에 쌓여만 갔다.

실질적인 위협은 무지였지 방사선이 아니었다고 적십자 보고자들은 요약했다. "자문 기술, 가이거 계수기, 적절한 홍보물로 무장한 적십자 요원은 체르노빌 재난의 영향을 받은 사람들이 새로운 상황에 적응할 수 있도록 많은 도움을 줄 수 있다."[5] 달리 말해, 더 많은 계몽이 정답이라는 것이었다. 나는 이러한 광경을 이전에도 본 적이 있었다.

국제적십자위원회는 당시 똑같은 호텔과 공항 로비를 돌아다녔던 유엔 관료들과 별다를 바 없는 이야기를 했다. 과학은 본질적으로 보수적인데, 이는 대개는 좋은 일이다. 과학 집단은 결과에 대한 합의에 이르기 위해 표준화된 절차를 협상하고 조정한다. 과학자들은 공식적인 자리에서 그리고 비공식적으로 진행되는 대화에서 서로를 판단하는 방식으로 각 분야의 특성을 보호한다. 과학자들에게 객관성, 진실성, 신중하고 철저한 판단에 대한 명성을 유지하는 것은 중요하다. 바로 이 지위를 의식할 수밖에 없는 풍경에서 다른 이들을 순응으로 이끌기 쉽게 된다. 정해진 선 밖에서 실수를 하거나 잘못된 종류의 질문을 던진 과학자는 "엉성하다" 또는 "정치적이다"라는 오명을 뒤집어쓸 수 있다. 그리고 이러한 오명은 경력을 망칠 수도 있다.

나는 그린피스가 우크라이나에서 최초로 서구적인 실험실과 체르노빌 소아 병원을 열었다는 사실을 알아냈다. 그 사실은 흥미롭게 다가왔다. 그린피스의 실험실과 병원에서 나온 데이터가 서구 과학자들이 서구의 방식을 이용해 만든 체르노빌 의료 지형의 한 단면을 거대한 국제 기구들과 정부 기관들이라는 부담 없이 제공할 수 있었기 때문이다. 나는 문서고를 살피기 위해 암스테르담으로 갔다.

1990년 봄, 그린피스의 의장 데이비드 맥태거트David McTaggart는 아벨 곤잘레스가 체르노빌 지역으로 보내기 위해 최초의 IAEA 과학자 연구진을 꾸리던 바로 그때 키예프에 도착했다. 단신에 다부진 맥태거트는 10년 넘게 그가 "핵피아nuclear mafia"라고 불렀던 세력에 맞서 싸웠다. 1972년 은퇴한 캐나다인 사업가 맥태거트는 생태학적으로 취약한 환초에서 진행된 프랑스의 대기권 핵실험에 저항하기 위해 요트를 타고 무루로아Mururoa로 갔다. 그는 폭격 거리 안에 닻을 내리고 움직이길 거부하는 방식으로 결국 핵실험을 중단시켰다. 프랑스 핵실험을 반대한 맥태거트의 행동은 1974년에 법원 승소로 마무리되었다. 이 승리

직후, 프랑스는 대기권 핵실험을 중단했다.[6] 위험을 무릅쓴 맥태거트는 그린피스를 작은 비영리 단체에서 세계적인 환경 감시단체로 변모시키는 힘이 되었다.[7]

체르노빌이 터지자 맥태거트는 그린피스를 완전히 새로운 방향으로 이끌었다. 그는 체르노빌이 건강과 환경에 미치는 영향을 독자적으로 판단할 수 있도록 데이터를 수집함으로써 체르노빌이라는 판에서 IAEA를 이기고 싶어 했다.[8] 맥태거트는 1990년 봄 우크라이나 북부의 오염된 마을로 2주간의 여정을 떠났다. 그는 네 명의 의사를 대동했고, 평소답지 않게 언론에 관여하지 말아달라고 요청했다.[9] 폴레시아에서 그는 방사능 고기를 가득 실은 열차에 방어벽이 설치된 광경을 보았다. 그게 위험하다는 말을 들은 맥태거트는 어떻게든 냉장 칸으로 접근해 감마선을 측정했는데 결과는 무척 인상적이었다. 그린피스 대표단은 방사성 지역을 차단한 울타리가 양옆으로 늘어선 길을 따라 여행했다. 대표단은 울타리 안쪽에서 농부들이 밭을 가는 모습을 보고 충격을 받았다. 한 병동에서 캐나다인 의사는 350명의 어린이를 진찰한 후 100개의 혈액 견본을 챙겨 귀국했다. 그들은 소비에트의 비밀스러운 관행과는 대조적으로 혈액 검사 결과를 부모들에게 알려주겠다고 약속했다.[10]

여행에서 돌아온 맥태거트는 행동 계획을 작성했다. 소비에트 정부와 다른 서구 조직들은 체르노빌 문제들을 해결하려고 시도했으나, 거의 아무런 영향도 끼치지 못했다. 맥태거트는 "그들은 왔고 봤고 떠났지만, 이곳의 사람들에게 지속적인 혜택을 주는 일은 거의 하지 않았어요"라고 빈정거리며 말했다. 맥태거트는 바로 그 점을 바꾸는 일에 착수했다. "우리는 추적 관찰, 치료, 이주라는 장기간 지속되는 세 가지 행동에 집중하겠다고 결정했죠."[11] 추적 관찰은 공기, 물, 식량 안의 방사선과 화학물질을 측정하기 위한 이동식 실험실 장비를 갖춘 견인 트레일러의 형태로 이뤄질 예정이었다. 직원들도 혈액 견본과 여타의 의료 데이터를 수집할 계획이었다. 그린피스 병동은 현장에서 어린이 "피해자들"을 검사한 뒤 치료는 키예프에서 진행할 예정이었다. 또한 맥태거트는 오염 지역에서 20만 명을 재정착시키기 위한 시범 사업으로서 50채의 친환경주택을 설계하고 건설하려고 계획했다.

이는 그린피스가 세계 어느 곳에서 시도했던 것보다 더 큰 야망이었다.[12] 보통 그린피스는 환경 문제에 대중의 관심을 집중시키는 것을 목표로 한 대규모 언론 운동에 특화되어 있었다. 그린피스가 문제를 실제로 해결하겠다고 공언한 적은 한 번도 없었다. 맥태거트는 큰 뜻을 품었다.

맥태거트는 우크라이나의 생태보호 단체 그린월드의 지도자 유리 셰르박과의 회의를 위해 키예프로 돌아왔다. 셰르박은 그린피스가 보건성의 방사선 방호를 위한 특별 진료소와 협업할 것을 제안했다.[13] 셰르박은 차를 몰아 그린피스 대표단을 제정 러시아 시대에 "가난한 이들과 유대인"을 위해 지어진 결핵 요양소였던 도시 외곽의 완전히 망가진 일층짜리 벽돌 건물로 안내했다. 바닥이 먼지투성이였던 그 진료소는 배관 시설과는 거리가 멀었다.[14] 이 건물이 새로운 그린피스 아동병원 Greenpeace Children's Hospital이 될 예정이었다. 맥태거트는 이 병원을 사랑했다. 그는 인접한 5에이커의 땅에 친환경주택을 만들어 작은 정착촌을 조성할 수 있었다. 그린피스가 폐허 개조를 전적으로 맡아야 했음에도 그는 전혀 기죽지 않았다. 셰르박은 한 건설사를 추천했다. 부동산으로 재산을 모은 맥태거트는 수리하는 데 4개월이 걸릴 것으로 판단했다.

셰르박은 우크라이나 총리 마솔A. V. Masol 및 각료 회의Council of Ministers 부의장인 코스탄틴 마시크Kostiantyn Masyk와의 만남을 주선했다. 마시크는 깊은 관심을 가졌다. 맥태거트와 마시크는 같은 언어를 쓰지는 않았으나 서로 죽이 잘 맞았고 밤늦게까지 조니 워커를 마시며 통역사를 통해 이야기와 농담을 주고받았다. 맥태거트는 KGB 요원들이 간섭하길 좋아하는 서구인들로부터 소비에트 원자력 산업의 비밀을 지키라는 임무를 마시크에게 부여했다는 사실을 알지 못했다.[15] 맥태거트는 마시크가 고급 정보에 접근할 수 있는 권한이 있다는 사실에 그저 고마울 따름이었다. 권력의 전당에 오른 그린피스는 빠르게 우크라이나 최초의 외국 비정부기구NGO 등록 허가를 받았다. 이날 두 개의 단체는 그린피스, 그린월드, 마시크의 우크라이나 각료 회의 간 협정 초안을 작성했다.[16]

맥태거트는 빙빙 도는 수행법을 실천하는 수피교의 수도승처럼 키예프를 오가며 일을 계속했다. 맥태거트는 그린피스 키예프사무소Green-peace Ukraine 본부로 쓸 건물을 찾기 위해 여러 곳을 돌아다녔다. 그는 역사적으로 중요한 19세기 별장을 골랐다. 거의 틀림없이 키예프에서 가장 아름다운 거리인 안드레예프스키 내리막길Andriivskyi Descent에 있던 그 별장도 내부를 전부 들어내야 했다. 이는 아주 신나는 일이었고, 맥태거트를 조금 배고프게 만들었다. 그는 수첩에 다음과 같이 적었다. "음식을 찾기 위해 나갔지만, 엄청난 실패였다."[17]

맥태거트는 셰르박에게 갑상선에 고선량의 방사성 아이오딘이 있는 아이들에 관한 기존의 데이터에 관해 물었다. 아마도 셰르박은 그린피스 사람들이 그 자료에 접근할 수 있도록 도울 수 있었을 것이다. 셰르박은 확신이 서지 않았으나, 맥태거트에게 그린월드 과학 자문위원인 볼로디미르 티히Volodymyr Tykhyy를 소개시켜주었다. 티히는 체르노빌 연구자들 및 키예프의 과학자들 사이에서 거의 알려지지 않은 인물이 었지만 영어를 구사할 수 있었고, 셰르박은 그에 대한 칭찬을 아끼지 않았다.[18] 그것만으로도 맥태거트를 만족시키기에 충분했다. 그는 티히를 프로젝트에 포함시켰다.

소로스 재단Soros Foundation이 기부한 액수에 록 앨범 판매 수익 100만 루블이 더해져 자금은 풍족해보였다.[19] 숨 가빴던 한 주 끝에 맥태거트는 비행기를 타고 이탈리아로 귀국했다. 나는 그가 자신의 작업에 만족감을 느꼈을 것이라고 믿는다. 그의 거대한 계획은 아주 매끄럽게 진행되었다.

아마도 너무 매끄럽게 진행된 것이었을까.

그린피스가 매입한 부동산의 수리보수 작업은 시작하자마자 갑자기 멈춰버렸다. 계약자들은 사라졌고, 건축 자재들 또한 마찬가지였다. 부총리Deputy Minister 마시크는 계약자들을 체포하는 방식으로 도움의 손길을 건넸다. 하지만 이에 앞서 그는 그린피스 직원들의 전화를 받지 않았다.[20] 그렇게 되자 직원들은 비좁은 호텔의 구석진 곳에서 머물며 작업했다. 맥태거트는 세계적 수준의 의사 25명을 키예프로 파견해 새로운 병원에서 근무하게 하려고 했다. 하지만 소련 말기라는 혹독한 조건에 기꺼이 계약을 맺겠다는 서구 의사를 찾기가 쉽지 않아 그린피스는 세 명의 내과의사만 겨우 고용할 수 있었다.[21] 임시 병동은 책상 하나에 의자 몇 개만 갖춘 휑한 방에 불과했다.[22] 의사를 끌어 모으기 위해 그린피스는 엄청난 급료를 지급해야 했고, 덜 까다롭게 굴어야 했다. 가서 일하겠다고 합의한 의사들 가운데 방사선 의학이나 역학에 관한 훈련을 받은 이는 없었다.[23] 내과의사 둘은 비행기로 날아왔다가 곧바로 다시 출국했다.

브리티시컬럼비아British Columbia의 시골에서 온 궐련을 피우던 젊은 소아과 의사 클레어 모이세이Clare Moisey가 그린피스 체르노빌 아동병원Greenpeace Chernobyl Children's Hospital의 일원으로 합류했다. 처음에는 많은 아이들이 검사를 받으러 왔다. 모이세이는 아이들이 대부분 건강하다는 점을 발견했다. 한 달 후, 검사를 받으러 오는 아이들의 숫자는 한 주에 25명이 채 되지 않을 정도로 줄어들었다.[24] 모이세이에게 왜 그렇게 환자가 적어졌는지 묻자 그는 다음과 같이 답했다. "그들은 우리가 캐나다로 방사선 휴가를 보내준다고 생각했던 거죠. 우리가 아이들을 캐나다로 데려가지 않는다는 것을 알게 되자 꼬마들은 사라졌고, 협조 또한 대부분 중단되었습니다."[25]

그건 맞는 말로 들리지 않았다. 의사들은 키예프의 병원에서 자신들이 감당할 수 있는 것보다 두 배는 많은 아이들을 치료하기 위해 분투했다. 도시의 한 소아종양 병동에는 입원 대기자 명단에 암에 걸린 어린이 300명이 올라가 있었다.[26] 전직 그린피스 직원이었던 한 우크라이나인은 왜 그린피스 병원에 그렇게 적은 수의 아이들만 나타났는지에 관해 기회주의가 아닌 다른 충격적인 이유 몇 가지를 더 알려주었다. 그는 KGB의 간섭을 지적하며 "우리는 아이들이 걸러지고 있는 것은 아닌지 의문을 가졌습니다"라고 말했다.[27]

검사할 아이들도 적고 할 일도 그리 많지 않았던 그린피스 기술자 안느 펠르렝Anne Pellerin은 우크라이나 의사들과 협력했다. 그들은 자신들을 위해 그린피스 진단 장비로 실험을 진행해달라고 부탁했다.[28] 펠르렝은 기꺼이 도왔으나 협력은 정치적으로 위험한 일이었다. 우크라이나인 상관은 이를 마음에 들어 하지 않았다. 모이세이는 자신의 실험실 연구원이 다른 의사들을 위해 일한다는 사실에 분개했다.[29] 어쨌든 펠르렝은 계속했다. 그녀는 연락망과 함께 2,400명의 피폭된 어린이들을 조사한 혈액 자료 데이터베이스를 만들었다.[30]

이 소식은 나를 행복하게 했다. 마침내 소비에트 데이터와 대조하여 검토하는 데 쓸 수 있는, 서구의 표준화된 계획에 따라 생산된 자료의 저장고를 찾았기 때문이다. 나는 펠르렝의 자료들을 사용하기 위해 문서고를 들여다보았다. 운이 없었다. 전직 그린피스 직원에게 전화를 걸었다. 아무도 그 자료가 어디 있는지 알지 못했다. 볼로디미르 티히는 그린피스가 체계적이지 못했고 아마도 그 자료를 잃어버렸을 것이라고 말했다. 그러나 나는 펠르렝이 1991년 우크라이나에서 직장을 버리고 떠난 직후 같은 문서철을 그린피스 직원도 찾으려 했음을 알게 되었다. 자료 분실 한 달 전, 그린피스와 간간이 같이 일했던 아나톨리 아르테멘코Anatoli Artemenko는 한 직원에게 KGB가 키예프 호텔에 위치한 그린피스 사무실을 주의 깊게 감시하고 있었다고 말해주었다.[31] 한 주 뒤, 어린이들의 의료 기록을 보관한 플로피 디스크가 고장 났다. 직원들은 원본과 보관용 디스크에 있던 데이티가 줄줄이 완전히 삭제되었다는 사실에 얼떨떨해졌다. 내 계산으로는, 사라진 그린피스 데이터에는 소비에트와 서방이 협력한 첫해에 신비롭게 모습을 감추었던 체르노빌 보건 기록이 포함된 세 가지 컴퓨터 자료들이 담겨 있었을 것이다.

착수하는 데 1년이 걸렸던 그린피스의 의료 프로그램은 시작 6개월 만에 타성으로 인해 붕괴했다.[32] 우크라이나 이민자의 후손인 모이세이는 우크라이나 의사와 소비에트 의학에 대한 저평가만 남긴 채 떠났다. 그는 기본적으로 아이들은 건강했지만 "의료 시스템이 너무 열악했다"고 보았고, "의료 체계 내부에서도 무언가가 공산주의혁명과 함께 사라졌다"고 말했다.[33] 그의 그린피스 동료들도 비슷한 의견을 표했다. 그들은 서로에게 소비에트 의료는 "미국보다 20년에서 40년 뒤처졌다"고 말했다.[34] 모이세이는 존중의 부재가 상호적이었다고 말했다. 키예프 의사들은 모이세이의 지도에 별다른 관심이 없었다. "그들은 우리의 전문성이 아닌 우리의 장비와 우리의 돈을 원했지요"라고 모이세이는 기억했다.[35]

서구인들에게 소비에트 의학은 소비에트 호텔이나 소비에트 음식점처럼 핏기 없는 말기 사회주의 경제와 같았다. 소비에트 의학은 좋지 않았을 뿐더러, 무능하며 부패한 직원들로 형편없이 조직되었다. 소비에트 과학은 해외에서 오랫동안 좋지 않은 평판을 가지고 있었다. 서구 논평자들은 스탈린시기 진화론적 과학을 거부하고 동식물이 일생 동안 후천적으로 형질을 얻어 그것을 자손에게 전달할 수 있다고 주장했던 유전학자 트로핌 리센코Trofim Lysenko에 자주 초점을 맞췄다. 역사가들은 리센코가 저명한 러시아 유전학자들을 비방하여 과학계의 맨 꼭대기로 올라섰다고 판단했다. 이후 강산이 여러 번 바뀌는 동안, 체르노빌 방사선 의학 분야를 포함해 대부분의 연구 분야를 타락시킨 주범으로 거론된 리센코는 소비에트 과학의 정치화를 단적으로 보여주는 제

유提喻❖가 되었다.[36]

역사가 이치카와 히로시市川浩는 소비에트 과학이 리센코의 정치로 완전히 실패한 것은 아니라고 주장한다. 생물학계에서 숙청된 유전학자들은 1950년대 초에 물리학부로 옮겨갔고, 방사선 및 보건과 관련된 여러 질문들로 골머리를 앓던 그곳의 동료들로부터 환영받았다.[37] 리센코의 사상에 영향을 받은 소비에트 과학자들은 서구 유전학자들처럼 유전자가 생태학적 영향을 받지 않는다고 단정적으로 여기기보다는 환경적 요인에 의해 유발된 유전적 이상의 세대 간 전이를 이해하게 되었다.[38] 이 과학을 통해 소비에트인들은 방사능과 다른 독소에 노출되는 일이 어떤 것인지에 대한 민감성을 얻었다.[39] 그들은 방사성 낙진에 대한 서구의 위험 추정에 점점 비판적으로 바뀌었다. 핵폭탄 설계자 안드레이 사하로프Andrei Sakharov는 소비에트 과학자들로 하여금 무엇보다도 긴급하게 핵실험을 종식시키자는 국제적 운동을 지지하도록 이끌었다. 그는 핵실험이 지구에 사는 모든 이들의 건강을 해친다고 주장했다.[40] 다시 말해, 리센코는 여러 가지 점에서 틀렸지만 그의 모든 것이 잘못된 것은 아니었다. 1980년대에 서구 과학자들은 한 개인의 염기서열은 거의 변하지 않지만 어떻게 그리고 언제 그 서열이 발현되는지에 따라 중요한 신체의 기능이 결정될 수 있고, 그러한 특질들이 후생유전적으로 전달될 수 있음을 이해하게 되었다.[41] 아이들은 심지어 세포 간 신호 교신을 통해 부모의 트라우마를 물려받을 수도 있다.[42]

체르노빌 오염 지역의 공중 보건 위기 증거를 제쳐놓고 외국인 과학자들, 심지

❖ 제유synecdoche는 사물의 한 부분으로써 그 사물 전체를 가리키거나 반대로 전체로써 부분을 가리켜 비유하는 것을 말한다.

어 그린피스가 고용한 사람들조차 70년 동안 지속된 동서 간 과학 분열에 의해 만들어진, 주변을 돌아보기 힘들었던 협소한 틀 안에서 일했다. 이 세계관에 따르면, 서구와 자본주의적 민주주의는 당연히 과학과 의학을 포함한 모든 분야에서 동구과 사회주의를 상대로 승리를 거두었다. 철의 장막이 녹슬어 없어져도 계속 그림자를 드리울 정도로 이 서열화는 자연스러워 보였다.

조용한
우크라이나인

그린피스 체르노빌 아동병원이 문을 닫은 뒤, 그린피스 직원들은 추적 관찰 작업과 친환경주택 프로그램을 구축하기 위한 노력을 배가했다. 거기서도 그들은 장애물과 맞닥뜨렸다. 50채의 조립식 친환경주택 건설은 도무지 진전이 없었다. 셰르박은 원래 친환경주택이 목재로 지어져야 한다고 명시했다. 미국인 건축가가 목재 주택의 도면을 제출했을 때, 건설성Ministry of Construction 관료들은 목재가 쓸모없다고 말했다. "우크라이나에서 거둬들일 수 있는 목재는 남아 있지 않습니다. 여기 있는 목재는 모두 방사성입니다."

한 그린피스 직원은 "어떻게 우리가 이 사실을 모르고 여기까지 왔을까요?"라고 물었다.[1] 건축가는 그의 도면을 바꾸지 않을 것이다. 그는 수세기에 걸쳐 지속 가능한 목재 골조 주택을 지어온 우크라이나인들에게 목재 골조 주택의 생태적 가치를 역설했다. 이로써 친환경주택 계획은 중단되었고, 확실하게 잊혀졌다.[2] 몇 달 후 50채의 주택이 도착했다. 우크라이나 관리들이 이에 관해 물었지만 그린피스의 새로운 한 직원은 아무것도 몰랐고, 우크라이나인들이 말을 지어낸다고 보았다. 그녀는 "정말 기괴해!"라고 적었다.[3] 그린피스의 의사소통과 인력 충원 실패는 이렇게 우크라이나인이 무능력하다는 판단으로 되돌아왔다.

"우크라이나의 식량, 물, 토양의 환경오염에 대한 사상 최초의 독립적인 조사"로 명명된 그린피스의 관찰 프로그램은 달팽이가 기어가는 속도로 전개됐다.[4] 그린피스는 자신들과 함께 일할 우크라이나인을 찾는 데 애를 먹었다.[5] 그들이 채용한 첫 번째 과학자는 볼로디미르 티히였다. 그는 마을의 방사능 수치를 관찰하는 계획 작성을 맡게 되었다.[6] 그는 뮌헨시에서 기증한 장비를 사용하곤 했다. 하지만 티히와 그의 동료들은 무슨 이유에서였는지 측정을 위해 마을로 내려가지 않았다. 몇 달이 지나갔다.

한 사무실 관리자는 프로그램이 시작된 지 6개월이 지났을 때 "우리가 이곳에서 뭘 하고 있는 거지?"가 외국인 그린피스 직원들 사이에서 가장 흔히 쓰이는 표현이었다고 적었다. 그는 "엄청나게 많은 것이 약속되었지만, 그린피스는 이를 실제로 이행할 수 있는 능력을 갖추지 않은 것처럼 보인다"고 말했다.[7] 직원들은 이러한 절망감에 직면해 일을 그만두고는 쉽게 화장지나 식료품을 구매할 수 있는 고국으로 귀국했다. 그린피스는 그들을 대체하는 데도 애를 먹었다. 새로운 직원들은 어렸고 경험도 부족했다.

그린피스 프로젝트가 어려움을 겪고 있는 가운데 소비에트 경제는 침몰했다. 물가가 급등했다. 키예프 은행들의 현금이 바닥나자 직원들은 이를 극복하기 위해 사무실 커튼을 전당포에 맡겼다.[8] 세법이 바뀌면서 비즈니스 언어도 러시아어에서 우크라이나어로 바뀌었다.[9] 그린피스의 서구인 직원들은 러시아어는커녕 우크라이나어도 구사할 수 없었다. 그들은 모든 의사소통을 통역사에게 의지했다. 소비에트 시민들은 통역사들이 KGB 비밀요원이라고 추정했다. 이 같은 상황이 서로 쉽게 믿지 않고 조심스러운 관계를 만들었다. 초기 단계의 인터넷 연결을 이용해 암스테르담에 있는 본부와 교신하는 일은 기껏해야 드문드문 이루어질 뿐이었다. 그린피스의 서구인 직원들은 암울해졌고 고립되었으며 약간 편집증적인 상태가 되었다. 직원들은 매 6개월마다 계속해서 교대됐다. 새로 도착한 직원들마다 학습 곡선이 가파르게 나타났다. 한 중역은 키예프에서의 업무를 경력을 사멸시키는 "자살특공대 임무"라고 부르기도 했다.[10]

1991년 1월, 맥태거트는 이러한 문제들을 해결하기 위해 키예프로 돌아왔다. 그는 우크라이나 측 파트너인 그린월드 지도자 유리 셰르박 및 소로스 재단의 지원을 받는 르네상스 재단foundation Renaissance 이사장 발레리 그루진Valery Gruzin과 긴장감 넘치는 회의를 가졌다. 두 남성은 격노했다. 셰르박은 그린피스가 진전이 없는 상황에 관해 엉터리 영어로 맥태거트를 맹렬히 공격했다. "작년 봄 이래로 우리는 이동식 연구실을 이야기했지만, 아무것도 없습니다."[11] 셰르박은 그린피스의 실패로 인해 자신이 그린월드에서 밀려나고 있다고 비난했다. 우크라이나인들은 그린피스가 현실과 동떨어져 있다고 비난하기도 했다. 그루진은 "정보야말로 정치의 근육이오"라고 가르쳤다. 그는 정치판이 바뀌는 중이고, "여러 국제 단체들이 그린피스보다 더 많은 에너지(티히가 몸짓으로 돈을 표현했다)를 가지고 참여해서 격렬한 경쟁을 벌이고 있소"라고 암시를 주었다.

맥태거트 또한 화가 나서 되받아쳤다. 그는 그들의 건축가가 친환경 주택 계획을 내놓고 사람들을 비행기로 불렀으나, "아무것도 이뤄진 게 없소"라고 불평했다.

그루진은 맥태거트를 비웃었다. 그는 "이곳은 아주 오래된 국가이고 74년 동안 아무 일도 일어나지 않았는데, 고작 6개월 만에 행동이 이뤄지길 바란단 말이오?"라고 말했다.[12]

남성들은 마침내 조만간 시작할 예정이었으나 오래 멈춰 있던 방사선 감시 프로그램으로 화제를 바꿨다. 장비를 들여오고 직원을 채용하는 데 많은 노력을 기울였는데 셰르박은 갑작스럽게 방향을 바꾸자고 제안했다.[13] 셰르박은 기밀로 분류되었으나 조만간 해제 예정인 정부의 환경 연구에 대해 "이전에는 비밀이었던 정보를 우리는 알고 있소"라고 밝혔다. "이미 수행된 일을 다시 반복할 필요는 없지요." 그는 맥태거트에게 그들이 대신 화학적 독소를 연구해야 한다고 말했다. 맥태거트는 그 기밀 방사선 데이터에 관한 더 많은 정보를 얻고자 했다.[14] 셰르박은 계속 음모론적 태도를 취했다. "나는 일급비밀을 가지고 있는 사람들과의 추가 회의가 필요하오. 그들이 그린피스가 아니라 그린월드만 상대할 것이기 때문이오." 셰르박은 전체 계획을 다시 생각해볼 것을 제안하기도 했다. "체르노빌 출입금지구역 너머로 연구를 확장하는 게 더 현명할 거요."

그것으로 인해 계획은 어그러졌다. 그린피스 직원들은 방사선 감시 프로그램을 준비하는 데만 9개월을 썼다. 맥태거트는 동료들을 끌어 모으는 과정에서 그린피스가 구체적으로 체르노빌에 중점을 두고 우크라이나에 왔다는 사실도, 계약자들을 추천해준 바로 그 사람들이 일을 그만두고 자재들을 훔쳤다는 사실도 지적하지 않았다. 그루진과 셰르박은 자신들에게 인도주의적 지원을 보내주지 못해서 안달이 난 잠재적 협조자들이 길게 줄을 썼다고 되풀이했다. 두 남성은 그린피스가 그들을 필요로 하는 것이지 그 반대는 아니라고 강조했다. 그루진은 재빨리 말했다. "우리의 도움이 없다면 우리의 관료 집단이 당신네들을 한 달 안에 집어 삼킬 거요."

작업을 지연시키고 자신들을 절박한 사업 계약 쪽으로 몰아붙이고 약속을 이행하지 않고 계획을 취소시키고 그린피스의 느린 속도에 비판적이더니, 외국인들이 이 "아주 오래된" 땅에서 무언가 재빠르게 진행되기를 기대한다는 사실을 비웃는 그러한 동반자들과 함께 일하는 현실이 좌절감을 주었으리라 생각한다.[15] 돌이켜보면 방해의 양상, 즉 내부적 반대를 부추기고 목표를 갑자기 바꾸는 일은 무척이나 수상쩍어 보인다.

외국에서 뽑아온 여러 명의 젊은 그린피스 사무소장을 써본 후에 맥태거트는 볼로디미르 티히를 실험실과 사무실 관리자로 임명했다.[16] 나는 이름이 우크라이나어로 "조용한"을 의미하는 티히를 키예프의 한 시끄러운 저녁 식사 자리에서 만났다. 그는 친절했고 말이 많았다. 티히는 맥태거트가 자신을 고용했을 때 나눈 얘기를 말해주었다. 맥태거트가 그린피스를 위해 일하는 다른 우크라이나인들을 해고하라고 조언하면서 "그들이 모두 KGB이기 때문"이라고 말했다는 것이다. 티히는 "절반 정도가 KGB였다"고 추정했지만 실제로는 아무도 해고하지 않았다고 말했다.[17] 나는 그 시기 그린피스 사무실에서 일했던 여러 우크라이나인들과도 이야기를 나눴다. 한 명을 제외한 모두가 사무실에 KGB 비밀요원이 침투했다고 확신했지만 아무도 자신이 그 요원 가운데 하나였다고 고백하지는 않았다. 한 우크라이나인 직원은 KGB의 전술이 교묘했다고 설명했다. 그는 "그들은 아주 많은 것을 막지는 않았어요. 영리했지요"라고 말했다. "그들은 지원을 아끼지 않고 우호적으로 보이기 위해 애썼어요. [한 단체에] 관여하는 것이 내부로부터 정보를 얻는 최선의 방법이었으니까요."[18] 이리나Irina P.는 외국인을 상대로 한 소비에트 여행 안내인으로 일하던 때를 돌아보면서 "KGB의 역할은 중단시키고 체포하는 것만이 아니었죠"라고 회상했다. "방해하고 방향감각을 혼란스럽게 만드는 것도 포함되어 있었습니다."

그린피스 행정가들은 우크라이나 반체제 인사의 아들인 티히가 사무소장직에 적합한 인물인지를 궁금해했다.[19] 티히의 아버지는 우크라이나 민족주의자로 1970년대에 수감되었고, 몰다비아의Mordovian 감옥에서 1985년에 옥사했다. 얼마 후 티히는 그린월드 활동에 참여하게 되었다. 그건 위험한 일이었다. 반체제 인사의 아들로서 티히는 취약했다. 부모가 당원이라면 자녀들이 보안부서와 얽혀도 지켜줄 수 있었다. 재소자의 자손은 보호해줄 지붕이 없었고 면밀히 감시당했다.

나는 티히에게 KGB 요원이 따라붙었는지 물었다. 그는 KGB 요원들로부터 많은 방문을 받았다는 사실을 떠올렸다. "그들은 내게 접근해서 '음, 봅시다. 당신은 아버지뿐만 아니라 그의 주변인들과도 접촉했어요. 충고컨대 당신 아버지에게 자백하라고 설득하면, 우리가 다른 사람들에게 이야기해서 당신을 도울 수 있을 거요' 라고 말했지요."

"그래서 당신은 무엇을 했나요?" 내가 물었다.

"나는 그들에게 절대 그렇게 하지 않을 거라고 말했습니다"라고 티히가 대답했다. "그들은 꽤나 오랫동안 내게 접근했어요."

티히는 한 KGB 소령인지 대위인지가 어떻게 그를 본부로 소환하여 협조에 대한 보상을 제안했는지 이야기해주었다. "그가 '우리는 당신이 훌륭한 물리학자라는 사실을 잘 알고 있습니다. 우리는 당신을 도울 수 있어요. 당신은 해외 여행도 할 수 있습니다. 키예프에 거주 등록을 할 수도 있습니다'라고 말했죠." 요원들은 또한 티히가 협조하지 않을 경우 위협하기도 했다. "그들은 내게 '당신은 핵물리학자로서의 전공을 살릴 수 있는 직장을 결코 구하지 못할 거요'라고 말했어요."

나는 혼란스러웠다. 티히는 기밀로 분류된 연구소에서 핵물리학자가 가질 수 있는 좋은 직장을 얻었다. 그는 키예프에 살 수 있는 허가를 받았고, 1980년대 말 해외를 두루 여행하기도 했다. 그는 우크라이나 최고의 대학에서 공부했고 소비에트 과학자치고는 드물게 영어를 아주 잘 구사했다. 물론 KGB 요원에게 이는 드문 일은 아니었다. KGB에 우수한 언어 학교가 있었기 때문이다. 나는 "어떻게 KGB에 협력하지 않고 그 모든 혜택을 누릴 수 있었죠?"라고 물었다.

티히는 곧잘 웃었고, 자주 미소를 보였다. "당시 그것은 그들의 일일 뿐이었어요." 그는 싱긋 웃었다. "KGB는 피에 굶주린 존재들만은 아니었어요. 모든 이들을 박살내야 한다고 생각한 건 아니었지요. 게다가 나는 정치 활동에 관여하지 않았어요"라고 티히는 피식 웃으며 덧붙였다.

다시 말하지만, 나는 이해할 수가 없었다. 티히는 처음부터 우크라이나 독립운동인 루흐와 긴밀하게 연대한 조직인 그린월드에 합류했다.

KGB 요원들은 루흐의 성원들이 소련에 대항하여 무장 반란을 꾀하고 있다고 의심했다.[20] "거긴 정치적이지 않았나요?" 내가 물었다.

티히는 쾌활하게 "생태학적 이상은 심지어 당 관료들에게도 중요했지요"라고 답했다. "당시 농담이 하나 있었는데, 공산당이 겉은 붉지만 속은 초록색이라는 것이었어요."[21] 그는 자신의 재담에 웃었다.

그건 내게 새로운 소식이었다. 문서고 자료에서 나는 당원들이 생태학에 관심을 가졌다는 흔적을 거의 보지 못했다. 반면 우크라이나 KGB 관료들은 자신의 공화국에서 벌어지고 있는 환경 재난, 즉 화학약품 유출, 탄광 폭발, 원자력발전소에서의 사고, 체르노빌 정화 노력의 일부였던 농약의 무분별한 사용에 불안해했다.[22]

티히는 무척 도움이 되었다. 그는 내게 당시 개인적으로 수집한 문서들을 보내주었다. 나는 이동식 차량을 이용한 그의 환경 감시 계획을 읽었다. 나는 그것이 얼마나 그린피스의 목표와 달랐는지를 보고 경악했다. 티히는 "사람들은 더 이상 정부가 제공하는 정보를 믿지 않는다"라고 썼다. "사고가 터진 지 4년이 지난 지금, 심지어 확인된 좋은 뉴스도 정부 기관에서 나온 것이라면 믿을 수 없는 것으로 인식되고 있다." 티히는 독립적인 측정을 수행하는 "정보 실험실Info Lab"을 만들어 기존의 공식 자료가 정확하다는 것을 보여줌으로써 정부가 제공하는 정보에 대한 대중의 신뢰를 회복시키자고 제안했다.[23] 맥태거트 또한 "신뢰 공백"을 해결하기 위해 이동식 실험실을 원했다. 하지만 그는 그 자료를 가지고 사고가 얼마나 심각했는지를 보여주려고만 했다. 티히는 두려움에 떠는 시민들을 진정시키기 위해 자료를 사용할 계획을 세웠다.[24]

이러한 반대되는 목표들은 결코 명확해지지 않았다. 환경 감시가 거의 이루어지지 않았기 때문이다. 티히는 그린피스 직원으로서 거의 성과를 거두지 못한 채 천천히 일했다.[25] 측정은 1년 뒤에도 이뤄지지 않았다. 진전이 없는 상황을 설명하면서 티히는 공급-흐름 문제, 의사소통상의 결점, 우크라이나 실험실의 부실한 과학을 강조했다.[26] 티히에 따르면, 한 그린피스 행정가는 "지연은 항상 다른 사람의 잘못이었다"는 사실을 알아챘다.[27] 핵물리학자 티히는 방사능을 측정하는 대신 화학적 독소에 관한 긴 보고서를 작성했다.[28] 이동식 차량을 오염된 마을들로 가져가는 대신 비자, 세관, 공보, 이동식 차량을 보관하기 위한 값비싼 강철 차고를 만드는 일에 몰두했다.[29]

티히는 또한 정교한 화학 및 방사능 실험실로 개조된 대형 선적 컨테이너의 도착을 준비했다.[30] 그 컨테이너는 위생연구소Institute of Hygiene의 주차장에 보관되어 그곳에서 물과 전기를 가져다 쓸 예정이었다. 티히가 계획을 세웠다. 세관과 관련된 우여곡절 끝에 마침내 컨테이너가 키예프에 도착했다. 독일인 그린피스 직원 마틴 판크라츠Martin Pankratz가 컨테이너를 배송하고는 키예프에서 분노를 담은 보고서를 작성했다. "전기와 물에 관해 사전에 받았던 모든 정보가 틀렸습니다. 볼로디미르 티히에 따르면 나는 수많은 문제를 해결해야 했는데, 그것들은 이미 해결되었거나 존재하지 않았습니다." 판크라츠는 실험실을 연결하기 위해 연구소의 기술자들과 직접 만나려 했으나, 티히가 그를 막았다. 판크라츠는 티히가 자신을 속였다고 비난했다. "나는 그에게 다양한 사안에 관해 잘못된 정보를 받았습니다. 우리가 반드시 알아야 하는 필수적인 정보를 그는 혼자만 간직합니다. 이러한 행동은 나의 업무를 엄청나게 방해했습니다"[31]

  컨테이너 실험실 문을 여는 데 6개월이 더 소요되었다. 연간 운영비로 10만 달러가 드는 실험실이 열렸으나, "모든 역량을 이용해" 연구가 수행되지 않았으며 정치적 방향도 부재했다.[32] 마침내 실험실이 자리를 잡았을 때 티히는 추적 관찰 업무를 전부 포기하자고 제안했다. 실험실 장비에 100만 달러를 투자한 후, 티히는 그린피스가 과학을 전혀 하지 말아야 한다고 생각했다.[33]

  나는 티히에게 왜 방사선 이동식 실험실들을 거의 쓰지 않았는지 물었다. 그는 그 값비싼 차량이 그린피스 직원을 공항에서 태워 오거나 보급품을 얻기 위해 독일로 운전할 때 택시로 필요했다고 설명했다. 그는 밖으로 나갔을 때 많은 것을 찾진 못했다고 덧붙였다. 그는 내게 마을에서 음식에 있는 방사능을 측정하는 것에 관한 이야기를 들려주었다. "당국에 우유를 주는 것에 관해서라면, 마을 사람들은 모두 이 한 사람에게 가서 방사능 우유를 가져다가 당국에 주곤 했죠."

  "왜요, 보조금을 얻기 위해서?" 내가 물었다.

  "네. 매번 같은 일이 벌어졌어요."[34]

  몇몇 사람들에게는 이 일화가 그럴 듯하게 들릴지도 모르겠다. 하지만 나는 국가농산업위원회 자료를 통해 대부분의 기간 동안 정말 많은 우유가 오염되었음을 알고 있었다. 게다가 한 그린피스 실험실 기술자는 원산지를 분명하게 하기 위해 마을 사람들의 젖소에서 직접 우유를 짰다고 내게 말해주기도 했다.[35] 다시 나는 혼란스러워졌다. 전 그린피스 사무소장이 내가 체르노빌 참사에 관한 거짓 정보를 갖고 가길 바라는 건 앞뒤가 맞지 않는 것처럼 보였다.

나는 소비에트 문서고에서 찾은 자료를 확인하기 위해 국제 그린피스Greenpeace International 문서고를 찾았다. 하지만 내가 자료를 찾지 못했거나, 아니면 관련 자료가 아예 없었다. 우크라이나에서의 낙관적인 그린피스 설립에 3년의 시간과 100만 달러의 비용이 들어간 뒤, 티히는 우크라이나 북부의 한 마을에 대한 연구를 한 건 수행했다. 그의 연구진은 스물다섯 가족들에게 질문을 던졌고, 다른 가족들로부터 식품 견본 10개를 챙겼다.[36] 그것이 내가 국제 그린피스 문서고에서 찾을 수 있었던, 그린피스가 수집한 환경 데이터의 전체 기록이었다.

맥태거트는 기민하고 심지어 무자비한 사업가로 정평이 나 있었다. 그는 KGB의 비밀공작을 의심했다. 하지만 자신이 놀아났다는 사실을 그가 알았는지 여부는 알 수 없다. 그가 철의 장막 뒤편에서 작업한다는 흥분에 끌렸고, 흔들리는 소비에트의 정치 지형을 아슬아슬하게 타고 달리는 짜릿함을 사랑했다는 것은 분명하다. 1991년 8월 군부 및 KGB 지도자 여덟 명이 쿠데타를 일으켜 소비에트 국가를 점령한다고 공표했을 때, 맥태거트는 키예프로 향하는 비행기에 올랐다. 그는 당시 총리 대행이던 친구 코스탄틴 마시크에게로 곧장 갔다. 군용 헬리콥터가 머리 위로 날아다녔다. 거리는 불길하리만치 텅 비어 있었다. 맥태거트가 들어섰다. 마시크는 땀을 흘리며 모스크바에 있던 보리스 옐친과 전화 통화를 하고 있었다. 그는 맥태거트에게 앉으라는 몸짓을 했다. 맥태거트가 그곳에 앉아 세 시간에 걸쳐 통역사에게 통역을 부탁하는 동안, 마시크는 전용 전화선으로 쿠데타 관련 협상을 진행하고 있었다.[37] 마시크는 자신이 쿠데타 모의자들이 만든 정리 대상 명단의 열 번째에 올라 있다는 이야기를 듣고 더 많은 땀을 흘렸다. 맥태거트는 후

일 그린피스 이사회에 "상황은 매우 엄중했습니다. 무척 긴박한 순간이었습니다"라고 보고했다.[38]

그날 밤 쿠데타가 끝난 후, 맥태거트는 보드카 한 병을 나눠 마시기 위해 티히의 아파트를 찾았다. 그것은 맥태거트의 마지막 우크라이나 여정 중 하나였다. 확실히 그에게 체르노빌 프로젝트는 경력 면에서 자폭으로 판명되었다. 몇 달 후, 맥태거트는 국제 그린피스의 의장직에서 밀려났다. 그는 조기 은퇴를 하고 이탈리아에 있는 그의 집으로 물러났다. 티히 또한 몇 달만 더 머물다가 떠나라는 요청을 받았다.[39]

소련이 붕괴한 후, 서구 과학자와 구호 단체의 수는 점차 줄어들었다. 많은 비영리 단체들이 다른 재난으로 옮겨갔다. 현장에서 계획을 진행시키지도 못하고 KGB의 명백한 간섭이 존재했음에도 불구하고 그린피스는 우크라이나에 남아 있었다. 그리고 바로 그 점이 차이를 만들었다. 사무실을 차리고, 현지인들과 함께 근무하고, 험난한 과도기 동안 머물렀던 국제기구들은 더욱 세심하고 효과적인 기구로 변모했다.

현지에 머물렀던 또 하나의 기구로 국제적십자위원회가 있었다. 적십자사는 고멜주에 음식, 물, 몸을 검사할 수 있는 진단 실험실을 갖춘 이동식 차량 여섯 대를 기증했다. 우크라이나의 위생 조사관으로 자신이 관할하는 주의 주민들이 방사성 식품을 소비하고 있음을 증명하기 위해 키예프로 7톤의 우유를 보내기도 했던 알렉산드르 코모프는 일하기 위해 벨라루스의 적십자사로 갔다.[40] 이 프로그램은 처음에는 마을 사람들에게 안전한 방사능 수준에서 살고 있다는 것을 알리기 위한 것이었지만, 적십자 조사관들은 측정을 통해 마을 사람들이 먹었던 농산물의 상당수가 허용 선량 이상으로 오염되었음을 알아채고 우려하기 시작했다. 그들은 1993년에 "이 수치들은 먹거리에 대한 지속적인 감시가 시급하게 필요하다는 사실을 확인시켜준다"고 썼다.[41]

1991년과 1993년 사이에 적십자 단체는 7만 명을 검사했는데, 그 가운데 대다수는 사고 이후 내과의사나 방사선 전문의를 본 적이 없는 이들이었다. 불과 며칠 사이에, 의사들은 민감한 초음파 장비의 도움도 받지 않고 고멜에서 갑상선암에 걸린 62명의 아이들을 발견했다. 그들은 우크라이나의 리브네에서 400명의 어른과 어린이를 검사했고, 그 가운데 360명은 즉각적인 진료를 필요로 하는 질병에 시달리고 있음을 확인했다. 그들은 그 자리에서 사람들에게 검사 결과를 알려주었다. 의사들은 주민들에게 정보를 신뢰할 수 있게 한 것이 힘을 실어주고 있다고 썼다. "이것은 아무리 과대평가해도 지나치지 않다."[42] 적십자 직원들은 현장에서 경험을 쌓고 시간을 보내면서 첫 번째 빠른 여정에서 예상했던 것보다 훨씬 더 심각한 문제가 있음을 파악했다.

그린피스도 우크라이나에서 체르노빌 아동병원 계획이 중단된 이후의 상황에 적응했다. 실험실 기술자 안느 펠르렝은 해외에서 들여온 그린피스 장비로 검사를 수행하면서 우크라이나 의사들과 계속 협력했다. 그녀의 개방적인 실험실 작업은 우크라이나 동료들의 존경을 얻었다.[43] 1991년 이후 키예프에 남은 그린피스 직원들은 대개 우크라이나인들이거나 러시아어를 알던 서구인들이었다. 그들은 더 이상 통역사를 통해 일하지 않게 되면서 우크라이나 과학자들과 제휴해 그들을 자신들의 병동으로 초대했다. 한 중요한 회의에서 우크라이나 의사들은 그린피스 직원에게 소아암 발병 건수의 증가를 확인했다고 밝혔다. 그들은 처음에는 주로 림프종을 접했으나, 이후 점점 더 많은 어린이들에게서 신장·요로·방광암을 발견했다고 말했다. 환자들을 전신 방사선 측정기에 위치시킨 기술자들은 어린이들의 간과 창자에서 방사선을 감지했다. 그들은 어린이의 소화관이 방사성 핵종을 처리하면서 암이 발병한 것이라고 추론했다.[44]

그린피스 직원들은 처음에 간과했던 현지 의사들의 작업을 존경하게 되었다. 그들은 더 많은 실험실과 병동을 방문해서 체르노빌 피폭자들에 대한 연구를 수집했다. 그린피스는 해외에는 알려지지 않은 현지 과학자들의 작업을 모으고 번역하는 중요한 정보 교환소가 되었다. 그린피스는 벨라루스의 바실리 네스테렌코 및 러시아 과학자 알렉세이 야블로코프Alexey Yablokov와 협업하면서 이 연구의 개요서를 출간하는 일을 도왔다. 이 개요서는 체르노빌이 "쉽게 치료할 수 있는" 소아 갑상선암 수천 건 외에는 어떠한 건강 문제도 야기하지 않았다고 몇 년에 한 번씩 되풀이되던 유엔 평가에 대한 주된 도전이 되었다.[45] 그린피스와 다른 비영리 단체들이 소비에트 우크라이나를 거쳐 소비에트 이후의 세계로 나아간 경험은 협력의 기예에 관한 무언가를 가르쳐주었다.

생존의
예술가들

피에타
헐벗은 삶

피에타 \\\\\\\\\\

한 장면이 시시각각 반복된다. 카메라가 병원 주위를 비추며 사람으로 가득한 병동, 초라한 커튼, 부서진 배관, 해설자가 "원시적 조건"이라고 말하는 곳에서 풀 먹인 하얀 옷을 입고 일하는 지친 간호사들을 화면에 담는다. 사진작가의 인정사정없는 시선은 건축에서 인간 생물학에 이르기까지 무질서의 윤곽을 따라간다. 렌즈는 유아의 뒤틀린 사지에 집중하고, 뇌수종에 걸린 아기의 파닥거리는 머리를 보여주며, 얇은 천에 무기력하게 누워 있는 아름다운 소년 백혈병 환자에 초점을 맞춘다. 한 소녀가 다른 곳에 있는 자신을 상상하기 위해 비디오 예술가로부터 벽으로 몸을 튼다. 작은 요람 옆의 엄마들은 힘없이 손을 주무르며 눈물을 참는다.[1] 가장 잔혹한 영화 제작이다.

사진작가가 당신의 아이들 쪽으로 카메라를 돌리는 일을 허락하는데는 용기가 필요했을 것이다. 엄마들은 자녀의 질환을 방 안의 제3자로 지칭한다. 해설자가 말하길, 어떤 아이들은 죽어가고 있다. 엄마들은 그들을 붙잡고 흔든다. 카메라는 엄마와 아이의 모습을 현대적이고 반이상향적인 피에타Pietà의 틀로 담아낸다. 여성들은 자손을 위해서가 아니라면 인류를 위해서라도, 이 악몽이 끝날 것이라는 구원의 희망을 가지고 자녀들의 몸을 카메라에 제공한다.

체르노빌 어린이 이미지는 그 재난에서 가장 오래 지속되는 문화 유물 가운데 하나다. 소비에트 의학이 실패한 후, 외국인 전문가들이 등을 돌린 후, 생존자들은 자녀의 몸을 오염과 질병의 산물로 연출했다. 세간의 관심을 받을 가치가 있는 존재로 보여지기 위한 필사적인 노력이었다. 해외 시청자들의 관심을 끌기 위해 그들은 고통 받는 몸의 활인화tableau vivant✛를 선보였다.[2]

〈체르노빌의 아이들Chernobyl Heart〉과 〈체르노빌의 어린이Children of Chernobyl〉 같은 다큐멘터리 영화는 관객들에게 체르노빌 아이들을 위한 기금에 기부할 것을 호소한다. 소비에트 이후 의학이 더 궁핍하고 무력해 보일수록, 구호 단체들은 더 많은 돈을 얻어내길 바랐다. 이 전략은 불행한 결과를 불러왔다. 무력함을 강조하는 일은 서구의 우월성이라는 전제와 전 소비에트 시민들의 굴욕을 가중시켰다. 이런 악순환 속에서 우크라이나인들과 벨라루스인들이 더 많은 원조를 요구할수록, 그들은 더욱더 욕심 많고 열등하며 기만적인 사람처럼 보였다.

어려움에 처한 국가를 보여줌으로써, 영화 제작자들은 소비에트 의학은 실패했고 사회주의 체제는 정의롭지

✛ 활인화活人畵는 살아있는 사람이 분장하여 정지된 모습으로 명화나 역사적 장면 등을 재현하는 연출 기법을 말한다.

않고 무능하다는 서구인들의 주장을 둘러싼 논쟁 속으로 뛰어들었다. 비평가들은 우크라이나인들과 벨라루스인들이 국제 원조를 얻어내기 위해 자녀들을 카메라 앞으로 밀쳤다고 비난했다. 그들이 아픈 아이라면 누구라도 지원금을 낚아채기 위한 미끼로 이용했다는 주장도 제기되었다. 체르노빌 아동 프로그램이 늘어나면서 방사선과 공중 보건 재난이 아닌 생존자들의 복지 중독 주장이 주요 문제로 부상했다. 나는 그것이 놀랍도록 잘못된 설명이라고 본다. 누구라도 체르노빌 지역의 농부들이 자신의 노동, 즉 밭갈기, 물 퍼내기, 톱질하기, 운반하기, 씨 뿌리기, 잡초 뽑기, 통조림 만들기, 우유 짜기, 치료하기를 통해 모든 필요를 충족시켰음을 떠올릴 수 있을 것이다. 사고는 마을 사람들의 경제적 독립을 앗아갔고, 그들을 애원하는 사람으로 만들어버렸다. 하지만 그들이 깨끗한 음식의 배송을 요구했을 때, 그들은 단지 거저 주기만을 바라는 거지로 그려졌다. 그들이 건강 문제에 관해 불평했을 때, "방사능 공포"에 떤다는 오명만 돌아왔다. 만일 그들이 먹고살기 위해 계속 농사를 지었다면, 비평가들은 그들을 위험으로부터 가족을 지키길 거부한 "핵 숙명론자"라고 불렀을 것이다.[3]

많은 외국인 자문위원들에게 해결책은 간단했다. 의학적인 도움 대신 의학적인 은유를 만들어내는 것이었다. "충격 요법"은 길을 잃고 수동적인 소비에트 사람들을 괴롭힌다고 알려진 경제와 심리적 문제들을 모두 해결하는 것이다. 이러한 일련의 생각에 따라 IAEA 관계자들은 체르노빌의 오염된 땅에서 사람들을 이주시키는 일은 건강에 관한 문제가 아니라 경제에 관한 문제라고 주장했다.[4] 그들은 영국의 의사 결정 전문가인 시몬 프렌치Simon French를 고용하여 고위직 지도자들과 함께 체르노빌 사건을 어떻게 마무리할 것인지 묘안을 짜낼 수 있도록 했다. 민스크에서 프렌치는 그림판을 꺼내 자본주의식 비용－편익 분석에 대한 수업을 진행했다. 벨라루스인들은 경악을 금치 못했다. 보험 통계학에서는 모든 것에, 즉 질병, 위험, 안전, 심지어 인간의 생명에도 절대치를 부여할 수 있었기 때문이다.[5] 프렌치는 모델들이 각 피폭 수준마다 수치화된 결과를 내놓을 수 있다고 설명했다. 그는 원폭 생존자 "수명 연구"의 도표들을 이용하여 우크라이나와 벨라루스 지도자들이 모스크바가 설계한 350밀리시버트 평생 선량의 대안으로 선택한 70밀리시버트 평생 선량으로 240명을 암에서 구할 수 있다고 계산했다. 만일 그들이 더 낮은 문턱을 설정한다면, 국가는 600명의 암 환자를 구제할 수 있을 것이다.

그러나 프렌치는 지도자들이 허용 선량을 낮추면 더 많은 수십만 명이 이주해야 할 것이라고 알려주었다.[6] 그들은 또한 사람들을 고향에서 떠나게 만드는 작업이 야기한 이주 비용과 스트레스성 건강 문제들도 계산에 넣어야 했다. 프렌치는 허겁지겁 계산을 실행하여 위험 선량 대비 안전 선량을 산출했다. 위험 선량과 안전 선량 등 각 선량이 낮아지고 안전을 향한 모든 유익한 조치를 실행할 때마다 비용도 늘어났다. 프렌치는 우크라이나와 벨라루스 관료들이 설정한 선량에 입각하여 사람들을 재정착시키는 일에 400억 루블 이상이 소요될 것이라고 계산했다. 그들이 어디서 그렇게 큰돈을 마련하겠다는가? 국가의 금고는 텅 비었다. 세금 인상은 인기 없는 일이었다. 그건 암울한 균형이었다. 사회주의적 이상이 아닌 파산의 위협이 미래를 결정지었다. 생명이 들어오는 수입과 나가는 비용으로 환원될 수 있다는 생각은 벨라루스 지도

자들이 회의를 비밀로 할 것을 요구할 정도로 무척이나 자극적이었다.[7]

일반적으로 산업재해는 정화하는 데 엄청난 비용이 들어간다. 회의에 참석한 어느 누구도 소비에트 물리학자들이 다른 곳의 핵에너지 주창자들과 마찬가지로 체르노빌 원자력발전소가 안전할 것이라고 장담했음을 기억하지 못했다. 폭발하는 원자로가 방사성 오염 물질을 배출하자 대중에게 보내는 메시지와 약속이 바뀌었다. 일린이 그랬던 것처럼, 풍경을 농부들이 안전하게 농사를 지을 수 있고 아이들이 안전하게 풀밭에서 놀 수 있는 "사고 이전의 형태"로 되돌리는 것에 대해 이야기하기에는 너무나도 늦어버렸다.[8] 프렌치는 원상태로 되돌리는 데 드는 비용이 사고 이전 수준의 안전성을 확보하는 데서 발생하는 이익을 초과한다고 알려주었다. 소비에트 지도자들에게 건네는 프렌치의 교훈은 위험―이 경우에는 인위적 방사능이라는 형태의 위험―은 불가피하고 당연한 것이며, 다른 모든 것처럼 자본을 통해 중개될 필요가 있다는 점이었다.[9]

처음에 서구인들의 냉혹한 계산법에 몸서리를 쳤던 소비에트 이후 지도자들은 해가 지남에 따라 결국 비용‒편익 분석의 합리성에 굴복했다. (대부분 전 공산주의 지도자였던) 새로운 자본주의 지도자들은 체르노빌을 다루는 일이 값비싸고 소송의 부담을 잔뜩 져야 하는 것이었음을 깨닫게 되었다.[10] 독립국가로 거듭난 러시아, 우크라이나, 벨라루스에서 깨끗한 식량과 건강관리를 위한 보조금은 말라버렸다.[11] 우크라이나와 벨라루스에서 채택된 70밀리시버트 지침에 따라 이주에 착수한 사람들은 이사에 필요한 보조금을 거의 받지 못했다. 체르노빌 발전소를 포함하여 해체가 예정되었던 원자력 동력로들은 계속 가동되었다. 병원에서는 외국산 장비나 비품이 필요한 치료를 위해 경화*를 요구했다. 하지만 경화를 가진 이는 거의 없었다. 버스는 느리게 다니다가 결국 시골 지역에서 멈춰버렸다. 지방 당국은 가로등을 껐고 난방을 줄였다. 마침내 상점에 깨끗한 포장 음식이 등장했지만, 그것을 살 수 있는 사람은 극소수에 불과했다.

굶주림이 뒤따랐다. 1930년대와 같은 기근이 아닌, 신경을 갉아먹는 낮은 수준의 영양실조와 같은 배고픔이었다. 새로운 자본주의 지도자들은 세세하게 사회주의 복지국가를 해체해나갔다. 그들은 자신과 가족들이 민영화를 통해 얼마나 많은 이득을 챙길 수 있는지 깨닫고 난 뒤부터는 소비에트 산업을 갉아먹는 일을 더욱 신속히 수행했다. 세계은행World Bank과 국제통화기금IMF(International Monetary Fund)에서 파견된 국제 자문위원들은 융자 자격을 갖추기 위해서는 더 많은 긴축 정책이 필요하다고 권고했다. 새로운 지도자들은 순순히 이에 따랐다. 해외 차관이 사적인 부도 가져다주었기 때문이다. 선출된 지도자들은 자기들끼리 부를 갈라먹으면서 사회 계약을 무효로 만들었다.[12] 자본주의가 경제적 기적이나 체르노빌 정화 대신 참담한 빈곤만을 불러올 것이라는 통렬한 이해가 빠르게 구체화되었다.[13] 시민들은 자신의 세상이 위축되는데 점차 분노하면서 그들이 얻은 실망감에 대한 위로상慰勞賞으로서 편협한 민족주의와 비열한 외국인 혐오에 스스로를 맡기게 되었다.

이는 체르노빌 연구에 있어서도 암울했던 1990년대로 이어진다. 인플레이션은 급여를 완전히 없애버렸고 실험실을 텅 비게 하여 모든 것을 절실히 필요로 하게 만들었다. 대

❖ 경화hard currency는 달러처럼 국제적으로 널리 통용되는 통화를 뜻한다.

부분의 러시아 과학자들은 다른 주제로 연구의 방향을 바꿨다.[14] 언론에서도 체르노빌은 사그라졌다. 우크라이나인들과 벨라루스인들이 연구 안건을 계속해서 밀고 나갔으나, 이는 외로운 투쟁이었다.[15] 탈근대화와 경제적 위기는 건강에 좋지 않았다. 기대 수명은 출생률과 함께 급락했다.[16] 사람들은 정원에서 기른 채소를 먹으며 연명했다.[17] 젊은이들은 해외로 나갔다. 농촌 지역의 인구는 줄어들었다. 이러한 상황에서 경제적 재난의 영향과 원자력 참사의 영향을 구분하는 것은 어려운 일이었다.[18]

체르노빌은 해마다 기념일에 지도자들이 기념비에 헌화하는 대상이 되었다. 정치인들은 체르노빌을 부인하거나 묵살하지 않는 법을 배웠다.[19] 그들은 연민을 보였고, 모든 옳은 것들을 말했으며, 정치 권력을 개인 재산으로 바꾸는 도정道程을 이어갔다.

유엔은 원자력 참사를 재포장하는 방식으로 회원국들을 도왔다. 유엔 관계자들은 과학 및 의학 출판물 "상업 시장"에서 윤기 나는 책자와 논문들을 준비했다.[20] 그들은 체르노빌 "피해자들"을 책임감 있는 시민들로 변화시키는 것을 목표로 한 계획들을 설계했다.[21] 깨끗한 음식과 의약품에 대한 보조금이 끊긴 주민들은 체르노빌 농지에서 "지속가능한 개발을 회복하는 방법"을 배워야 한다는 말을 들었다.[22] 새로운 지침서들은 농부들에게 그들이 구입할 수 없을 정도로 값비싼 장비를 이용해 건초를 분류하고 우유에서 방사능을 걷어내는 법을 알려주었다. 과로에 시달리는 엄마들은 오염된 농산물로 방사선이 없는 음식을 만들기 위한 힘들고 새로운 조리법을 전수받았다.[23] 의사들은 극소수의 병원만이 갖출 수 있던 최신의 의학 기술을 훈련받았다. 방사능 수준을 측정할 수 있는 수단이 없던 마을 사람들은 오염된 지역에 남거나 떠나는 선택지 가운데 하나를 택하라는 말을 들었다. 이주는 자발적이고 대개는 이주자가 비용을 직접 지불하는 방식으로 진행되었다.[24] 안전망이 사라지면서 국가와 국제기구들은 사고 후 위험 사회를 관리해야 하는 부담을 피폭된 주민들, 즉 자원이 가장 적은 사람들의 어깨에 전가했다.[25]

벨라루스 대통령 알렉산드르 루카셴코는 체르노빌 문제를 가만히 사라지게 놔두지 않는 사람들에게 더욱 적대적으로 대했다. 의사이자 고멜 의학전문학교Gomel Medical School 교장인 유리 반다제프스키Yuri Bandazhevsky가 바로 그 범주에 속하는 인물이었다. 생후 발달에 있어 환경적 요인을 전문으로 하는 병리학자인 반다제프스키는 아내 갈리나 반다제프스카야Galina Bandazhevskaya와 함께 일했다.[26] 두 사람은 심장에 흡수된 세슘-137이 어떻게 심장의 기능을 변화시키는지 조사했다. 그들은 아이들의 심전도ECG 양상과 흡수된 선량 간의 상관관계를 설정했고, 아이들 체내의 세슘-137과 심장병 사이의 연관성을 발견했다.[27] 반다제프스키가 지도한 수십 명의 학생들은 건강 문제와 체르노빌 피폭 관련 연구 논물을 지지했다. 그들이 계속되는 공중 보건 재난에 대해 발표한 증거는 국가가 사고를 통일된 국가적 기억으로 만드는 데 성공했고 그 이상은 없다는 루카셴코의 메시지와는 서로 어긋나게 작동했다.

1998년, 반다제프스키는 루카셴코 행정부가 구명보트의 윤리, 즉 국가가 공중 보건에 대한 임무를 방기함으로써 모든 사람들이 각자도생하게 되었다고 설명하는 보고서를 써서 벨라루스 정부에 보냈다. 반다제프스키는 체르노빌 연구에 배정된 170억 루블이 사라졌거나 이미 잘 알려진 분야의 연구에 사용되었다고 불평했다.[28] 반다제프스키의 항의는 벨라루스 최초의 원자력발전소 건설 계획과 동시에 일어났다. 대부분의 벨라루스인들은 그 계획을 반대했고, 반다제프스키의 비판적 언급은 반핵 정서를 타오르게 했다.[29]

반다제프스키는 보고서를 발표한 몇 달 후 새로운 테러방지법에 의해 체포되었다. 그는 독방에 감금되었고 반역죄로 기소되었다. 만일 혐의가 입증되면, 그가 받을 형벌은 사형이었다. 심문자들은 반다제프스키에게 약을 먹이고 구타하여 자백서에 서명하도록 강요했다. 반역의 어떠한 증거도 찾을 수 없었기에 그들은 자백을 필요로 했다. 반다제프스키는 자백을 거부했다. 검찰은 방침을 바꿔 그 교수를 살인 혐의로 기소된 두 남성과 같은 방에 가두었다. 수감자들의 덩치는 프로 미식축구 선수만큼이나 컸다. 반다제프스키는 자신이 어떻게 문턱에 서서 주변을 둘러봤는지를 이야기해주었다. "나는 무척이나 더러웠고, 두들겨 맞은 상태였어요. 내 악취와 몰골에 굉장히 난처해했죠. 그리고 무척 겁이 났습니다. 그러자 남성들 중 한 명이 걸어왔고, 내게 '걱정 마십시오, 반다제프스키 교수님, 우리가 돌봐드리겠습니다'라고 말했어요." 수감자들은 반다제프스키에게 차를 타 주었고 과자를 건넸다. 그 친절한 행동 덕분에 반다제프스키는 저항을 이어나갈 용기를 찾게 되었다.[30]

자백도 다른 증거도 확보하지 못한 검찰은 결국 반다제프스키의 혐의를 뇌물 수수로 낮추었다. 검찰이 찾은 유일한 증거는 후일 불가사의하게 사망한 어떤 동료의 맹비난뿐이었다. 반다제프스키는 유죄를 선고 받아 8년형에 처해지게 되었다. 반다제프스키의 투옥으로 인해 체르노빌 연구 계획은 늦춰졌고, 벨라루스 에너지부Belarusian Ministry of

Energy는 벨라루스 영토에서 1986년도에 오염되지 않았던 얼마 안 되는 지역 중 한 곳에 원자력발전소를 세운다는 계획을 강행했다. 그 발전소는 2019년부터 가동될 예정이다.

많은 구호 단체들과 유럽 의회European parliament는 인권 운동을 벌였고 2006년 반다제프스키의 석방에 성공했다. 이 의사는 지금까지 25개만 발급된 유럽자유여권European freedom passport을 받았다. 이 여권을 소지함으로써 그는 어떤 유럽연합 국가에서든 살 수 있는 권리를 가지게 되었다. 이 의사는 또한 프랑스 남부에 있는 아파트와 연금을 받게 되었다. 반다제프스키는 소소한 유명 인사로서 여생을 프랑스에서 보낼 수 있었다. 하지만 그렇게 하지 않았다.

반다제프스키는 "프랑스에서 나 자신으로 돌아오기까지 1년이 걸렸어요"라고 말했다. "그러자 다시 일하러 가고 싶어지더군요." 반다제프스키는 유럽 의회로부터 지원금을 따냈고, 체르노빌 출입금지구역 바로 외곽의 우크라이나 마을 이반키브Ivankiv의 한 병원에서 조력자들을 찾았다. 그는 "나는 원거리에서 이 주제에 접근할 수 있다고 생각하지 않았습니다"라고 되돌아봤다.[31]

2015년, 나는 이반키브에 들러 반다제프스키의 진료소를 방문했다. 진료소는 과일나무, 화단, 윙윙거리는 곤충들과 어우러져 펼쳐진 시멘트 벽돌 구조의 무너져가는 종합 병원에 위치해 있었다. 반다제프스키에게서 6년간의 투옥생활이 두드러져 보이지는 않았다. 그는 피곤해 보이고 주름이 잡히긴 했지만 그 모습 그대로 잘생긴 얼굴이었다. 세 명의 의사로 이뤄진 그의 연구진은 적은 예산으로 간단하면서도 엄청난 임무를 수행하고 있었다. 매해 노란색의 작은 학교 버스가 지역 내 8

개 마을에서 아이들을 진료소로 데려온다. 연구진은 하루에 30명의 어린이를, 각 어린이마다 1년에 한 번씩 진찰한다. 그들은 아이들에게 심장, 신장, 피 등 다양한 검사를 수행하고, 세슘-137의 체내 수치를 기록한다. 현대적이고 자동화된 장비를 사용하기 때문에 모든 검사는 동일하다. 반다졔프스키의 연구진은 주변방사능 수준이 수년 동안 감소했음에도 불구하고, 피폭된 부모에게서 태어난 아이들 사이에서 건강 문제가 발생하는 비율은 계속 증가하고 있음을 발견했다. 연구진은 또한 성인들의 건강 통계를 추적하기도 한다. 그들은 긴 잠복기를 고려했을 때 누구라도 예상할 수 있는 것처럼, 삶의 초기 노출이 나중에 암, 심장병, 그리고 환자의 수명을 10년에서 15년 단축시키는 다른 질병으로 나타난다는 사실을 발견하기도 했다.[32] 반다졔프스키와 그의 연구진은 수십 명의 영향력 있는 국제 과학자들이 수십 년 동안 권고했던 것, 즉 만성적인 저선량 방사능에 피폭되었을 때 사람의 건강에 관해 제약 없이 질문을 던질 수 있도록 피폭된 사람들과 그들의 자손들을 수년간 추적하는 체르노빌 건강 영향에 관한 장기적 연구를 소규모로 수행하고 있다.[33]

반다졔프스키의 출판물은 우크라이나어로 되어 있다. 출판물은 동료 심사를 거의 받지 않았다. 그러나 그것이 그가 정확하지 않음을 의미하는 것은 아니다. 국제 과학자들로 구성된 연구진의 최근 연구는 반다졔프스키의 연구진 및 1980년대와 1990년대 우크라이나와 벨라루스 과학자들의 연구 결과와 결을 같이했다. 나로디치에서 장기간 수행된 연구에서 국제 과학자 연구진은 아이들의 백혈구, 혈소판, 혈색소 수치가 낮은 것이 면역 질환, 혈관계 이상, "병든 어린이 증후군sick child syndrome"으로 이어지고 있음을 보여주었다.[34] 또 다른 연구는 어린이 체내에 흡수된 세슘-137의 수준과 만성적인 소화관 이상 사이의 관련성을 밝혔다.[35] 한 스웨덴 연구진은 아동의 체내에 무척 낮은 수준으로 축적된 세슘-137이 폐 기능 손상과 관련이 있다고 기록했다.[36] 사고 발생 12년 후, 우크라이나와 벨라루스의 오염 지역에서 유방암 발병률은 각각 80퍼센트와 120퍼센트 증가했다.[37]

벨라루스 연구자들은 사고가 터진 후 3년간 어린이들의 백혈병 발병 사례가 유의미하게 증가했음을 발견했다. 미국의 유행병학자들은 심지어 매우 낮은 수준의 선량이라도 장기간 노출되면 백혈병의 위험이 증가한다고 밝혔다.[38] 체르노빌 방사선에 피폭된 어린이들, 특히 태내 피폭된 아이들은 통제군의 아이들보다 낮은 지능지수IQ를 기록했는데, 연구자들은 이것이 신경계 손상에서 비롯된 것임을 밝혀냈다.[39] 러시아의 대규모 연구에서는 신경계의 선천적 결함이 통계적으로 유의미하게 증가한 것으로 나타났으며 벨라루스에서의 선천성 기형 수는 1985년과 2004년 사이에 두 배로 증가했다고 기록했다.[40] 심지어 치아 건강 관련 연구조차도 낙진과 연관이 있음을 보여주었다. 한 미국 연구진은 오염 지역의 어린이들이 깨끗한 지역에서 무작위로 선정된 어린이들보다 더 많은 충치를 가졌음을 발견했는데, 이는 그들의 내분비샘이 적은 침을 분비하여 구강 미생물상微生物相❖을 급격하게 변화시켰기 때문이다.[41]

다른 피폭된 집단에 대한 연구도 이들 소규모의 체르노빌 연구들을 확증한다. 2016년 프랑스, 미국, 영국에서

❖ 미생물상microflora은 육안으로는 관찰할 수 없으나 현미경으로 관찰할 수 있는 세균, 방선균, 사상균 등의 생물을 말한다.

원전 종사자들 30만 8,297명을 대상으로 실시한 대규모 조사에서는 방사선 선량과 백혈병, 순환계 및 호흡기 질환, 소화관 장애 사이에 통계학적으로 유의미한 관련이 있음을 발견했다.[42] 서구 연구자들은 그들 이전의 소비에트 과학자들과 마찬가지로, 저선량에서의 방사능 붕괴가 미묘하고 생명을 변화시키는 식으로 세포의 작용 방식을 바꾼다는 사실을 발견하고 있다.[43]

내 방문이 마무리되자 반다졔프스키는 동승을 청했다. 그는 집세를 절약하기 위해 이반키브 외곽의 한 마을에서 살고 있었다. 자가용을 가지고 있지 않아 보통 버스를 탄다. 차를 모는 동안 반다졔프스키는 재정, 즉 그의 병동을 운용하는 일이 얼마나 어려웠는지에 대해 이야기했다. 나는 체르노빌 연구에 종사하는 모든 연구자들에게서 그 얘기를 들었다. 심지어 엄청나게 많은 책을 출간하는 과학자들 사이에서도 연구 보조금은 드물며 너무 적었다. 그것 역시 장기적인 추세였다. 30년 이상의 시간 동안 체르노빌 재난의 장기적 영향에 관한 대규모 연구를 지원하겠다는 수십 개의 약속에도 불구하고, 그러한 자금은 결코 현실화되지 않았다.

대중의 상상 속에서 반다졔프스키와 그의 환자들은 체르노빌 사건의 일부로 존재하지 않는다. 버려진 건물들을 보기 위해 관광객들은 단체로 체르노빌 출입금지구역을 방문한다. 텔레비전 쇼와 사진 에세이집은 주인이 빠져나간 지역의 특정 인상만을 지속적으로 반복한다. 재난 관광객은 출입금지구역을 둘러싸고 있는 인구 밀집 도시와 마을에는 거의 들르지 않는다. 그러나 바로 그곳이야말로 실제 드라마가 펼쳐지는 곳이다.

헐벗은 삶

지난 30년 동안 하나의 경향이 존재했다. 세계 각국에서 사회 복지가 축소되는 흐름은 지구의 생태적 스트레스의 크기와 보조를 맞추고 있다. 독소로 가득한 환경에서 사는 사람이 늘어나면서 그러한 독소에 노출되어 입게 된 피해의 결과는 점점 더 사유화되었다. 이러한 신자유주의적 풍토 속에서 체르노빌 지역의 자선단체는 가장 합법적인 형태의 원조가 되었다. 국가 복지 프로그램의 강요에서 벗어난 것으로 여겨지는 자선단체는 사람들에게 선택권을 주었기 때문에 좋았다. 부모의 형편없는 사회주의적 습관과는 아무런 관련 없이 결백하다고 여겨지는 어린이들은 보살핌이 가장 필요한 존재로 간주되었다. 체르노빌 어린이 자선단체들은 아이들의 건강 회복을 위해 여름방학 때 아이들을 외국으로 초대했다. 그러한 프로그램들은 부패로 몸살을 앓았고 정작 필요했던 것의 근처에도 가지 못했지만 어린이들에게 도움을 주었다.[1]

해외에서 보낸 여름이 이리나 페데렌코Irina Federenko⁕의 목숨을 구했다. 사고가 터졌을 때 이리나는 고작 세 살배기였다. 그녀는 의사인 아버지가 근무하던 민스크에 살았다. 불행하게도 1986년 4월, 그녀는 고멜에 살던 할머니를 방문하던 중이었다. 그녀는 5월 한 달을 그곳에서 머물렀다. 그녀의 부모와 할머니는 도시에 내려앉은 높은 수준의 방사성 아이오딘을 의식하지 못했다. 6년 후, 이리나는 "체르노빌 어린이들"을 위한 이탈리아로의 환상적인 방문 행렬에 포함되었다. 그녀가 아프거나 도움이 필요해서가 아니라 운이 좋았기 때문이다. 이 여정의 빈자리는 보통 이리나처럼 연줄이 튼튼하고 전문직 계급 부모를 둔 어린이들이 차지했다. 이탈리아에서 이리나를 맞은 집의 부모는 그녀의 목에 난 혹을 눈치 챘다. 소녀는 피곤해 보였고 밤에 쉽게 잠을 이루지 못했다. 그들은 그녀를 의사에게 데려갔다. 의사는 갑상선결절을 의심해 조직 검사를 한 뒤 암을 진단했다. 이리나는 민스크에서 수술을 받기 위해 서둘러 귀국했다.

IAEA 팸플릿은 체르노빌 갑상선암을 "쉽게 치료할 수 있는" 병으로 묘사하고 있다. 이리나의 암은 그렇지 않았다. 그녀의 암은 전이됐다. 머지않아 그녀는 또 다른 수술을 받아야 했고, 또 다른 방사선 치료도 받아야 했다. 그녀의 건강은 악화됐다. 민스크의 의사들은 독일의 내분비학자이자 독일에서 체르노빌 아이들의 갑상선암을 치료하는 진료소를 운영하던 칼 라이너스Karl Reiners 박사에게 연락했다.[2] 이리나는 치료가 필요한 다른 아이들과 함께 독일로 날아갔다. 그녀는 회복되었다. 열여섯 살이 되었을 때, 이리나의 암이 재발했다. 그녀는 더 많은 치료를 받기 위해 라이너스의 병

⁕ 이는 필명이다.

원으로 돌아갔고 몇 년 동안 검진을 받았다. 스무 살이 되었을 때, 이리나는 의료 관광에 대한 많은 경험을 쌓게 되었다.

평일 아침, 민스크에서 이리나와 만났다. 그녀의 두 살배기 딸 리라 Lyra가 뒤에 있었다. 그 따뜻한 봄날, 소녀는 가슴팍에 빅 버드Big Bird가 새겨진 털이 곱슬곱슬한 분홍색 후드티를 입은 채 옆길로 새지 않도록 단단히 묶여 있었다. 리라는 물웅덩이 위로 뛰어들면서 키득거렸다. 젖은 신발을 보고 딸을 꾸짖으면서 이리나는 자신도 모르게 자랑스럽다는 듯 미소를 지었다.

민스크의 의사들은 이리나에게 아이를 가지지 못할 것이라고 말했다. 라이너스는 그녀에게 시도해보라고 독려했다. 이리나는 "나는 아이를 갖기로 결정했어요"라고 말했다. "나는 언제나 최선을 희망해요." 임신은 어려웠다. 임신 중에 그녀는 두 번이나 입원했다. 갓난아기는 태어났을 때 숨을 쉬지 않았고, 질식했으며, 다시 살아나야 했다. 유아 시절, 리라는 황달에 걸렸고, 폐렴을 앓았으며, 현지에서 "체르노빌 심장"으로 알려져 있는 심장에 구멍이 난 선천성 기형이기도 했다.

이리나는 노점 계산대에서 플라스틱 컵을 가지고 노는 딸을 보면서 "모든 일이 잘 풀렸어요"라고 말하며 이야기를 끝맺었다.

민스크 의사들은 이리나에게 자녀를 더 갖지 말라고 말했다. 나는 그녀에게 그 조언을 따를 것인지 물었다. 이리나는 조용히 웃으며 그런 일은 없을 거라고 장담했다.[3]

이 이야기를 연구하는 과정에서 나는 방사선 피폭 결과를 부인하는 방향이 아니라 정면으로 마주함으로써 체르노빌 참사를 몸소 받아들인 이리나 같은 사람들을 대할 때 무척 신중한 자세를 취했다. 1990년대 말, 물리학자 바실리 네스테렌코는 벨라드Belrad 재단을 설립했다. 벨라드는 벨라루스의 오염된 지역에 사는 주민들이 자신의 지역사회가 직면한 위험의 범위를 확인하도록 돕는 재단이었다. 체르노빌에 피폭된 사람들을 분류하는 모든 범주들 가운데 오늘날 오염된 땅에 사는 이들에게서 가장 많은 건강 문제와 가장 높은 사망률이 나타난다. 이는 가장 많은 주목을 받았던 범주들인 청소 노동자 및 피난자보다 월등히 높은 수치다.[4] 벨라드는 방사선 감시 장치를 만들었고, 식량과 신체를 측정하기 위해 마을 학교들과 협력했다. 아이들은 물리학과 화학을 배운 후 장치를 들고 주위의 들판과 숲으로 나가 지역의 방사능 구역을 지도로 만들었다. 오염의 한도를 파악한 아이들이 부모가 건강한 가족 식단을 짜는 데 도움을 줄 수 있다는 생각이었다.

연구조교 카쨔 크리비차니나와 함께 벨라드와 협력했던 벨라루스 남부의 한 마을을 찾았다. 발라브스크Valavsk에서 우리는 이리나 레브코프스카야Irina Levkovskaya와 그녀의 딸 올가Olga라는 두 명의 선생님과 학교장 니콜라이 카찬Nikolai Kachan을 만났다. 카찬은 슬라브족의 동화에 나올 법한 남자 사냥꾼이 생각나는 인물이었다. 콧수염은 덥수룩했고, 푸른 두 눈은 반짝거렸으며, 어떠한 긴급사태에도 크게 웃을 준비가 되어 있는 사람이었다. 그는 벨라드 직원들이 2003년과 2015년에 만든 전신 촬영을 기록한 도표를 보여주었다. 2003년과 2015년 모두에서 명단에 실린 100개의 이름은 하나도 빠짐없이 체내에 방사성 세슘-137을 지니고 있었다. 체중 1킬로그램당 20베크렐(Bq/kg)의 세슘-137이 안전하다고 생각되었으나 2003년에는 소수의 어린이들만 검사를 통과했다. 대부분은 방사능이 2~10배 넘게 많았다. 좋은 소식은 벨라드 직원들이 가족들에게 먹는 음식을 더욱 조심하라고 알려주기 시작한 뒤, 2015년 도표에서 일정한 개선이 보였다는 점이다. 절반 정도의 어린이들이 상대적으로 안전한 수준을 기록했다. 카찬은 다른 모두보다 유독 높은 수치인 504Bq/kg를 기록한 한 사람을 가리켰다. 그의 두 눈은 빛났다. 그가 "이름을 보세요"라고 말했다.

나는 "당신이군요"라고 말했다.

"네, 저예요!"

나는 놀라서 그를 바라보며 설명을 기다렸다. 카찬은 물리학으로 학위를 받았고, 방사성 낙진을 진지하게 여겼기 때문에 벨라드와 협업했다. 그런 그가 어떻게 그 정도의 선량을 기록하게 된 것일까?

카찬은 측정 바로 전날, 친구 집에 놀러가 숯불구이를 먹었다고 말했다. 고기 맛은 훌륭했다. 하지만 그는 다음날 전화 통화를 통해 그것이 멧돼지 고기였음을 알게 되었다. 그는 유쾌하게 고개를 저었다. "만약 그게 야생에서 사냥한 멧돼지인 줄 알았다면 절대 먹지 않았을 거예요." 카찬은 친구에게 나머지 멧돼지 고기를 받아 벨라드 직원들에게 넘겼다. 고기를 검사한 직원들은 그에게 숲으로 가져가서 굴을 깊게 판 뒤 거기에 던져 넣으라고 말했다.[5]

이리나 레브코프스카야는 아이들에게 음식 속의 방사능을 확인하는 방법을 어떻게 가르쳤는지 내게 보여주었다. 카찬은 그녀에게 아침에 딴 블루베리를 건넸다. 그녀는 무게를 재고, 복사계에 위치시켜 킬로그램당 베크렐의 수치를 계산했다. 그녀는 카찬의 블루베리가 그해 여름 그녀가 확인했던 것 가운데 가장 깨끗한 것, 즉 보수적인 벨라루스의 한계치보다 200Bq/kg 높은 350Bq/kg이었음을 발견하고 기뻐했다. 그녀는 카찬에게 그것들을 어디서 찾았냐고 물었다. 자기도 그곳에서 블루베리를 따고 싶었기 때문이다. 카쨔는 블루베리를 사달라고 부탁했다. 카찬이 그녀에게 주었고, 카쨔는 한아름 집어 바로 먹기 시작했다. 모두가 그해 여름의 가장 깨끗한 블루베리를 찾아낸 것에 행복해했다. 나를 제외한 모두가 그랬다. 나는 왜 그들이 허용 수준보다 두 배 높은 과일을 그렇게 열광적으로 먹었는지 궁금했다.

이를 이해하는 데는 제법 시간이 걸렸다. 시장에서 판매자들은 농산물의 세슘-137 수치가 적힌 작은 증명서를 진열해둔다. 모든 증명서에는 정확하게 동일한 수치가 적혀 있다. 이는 사람들로 하여금 상인들이 뇌물을 지불하여 정작 아무도 산딸기를 실제로 감시하지 않는다고 의심하게 만든다. 반면 산딸기를 직접 측정한다면, 무엇을 먹고 있는지를 알 수 있게 된다. 스스로의 측정에 대한 믿음은 카찬의 멧돼지 같은 방사능 산딸기를 먹고 있는 것은 아닌가 하는 걱정을 덜어준다.

나는 그 사고가 그들에게 모든 불행 외에 어떤 좋은 점도 가져다주었는지 물었다.

"네, 나는 그렇다고 말할 거예요"라고 레브코프스카야가 대답했다. "그 사고는 우리의 세계를 열어주었어요. 결코 우리가 만나보지 못했을 사람들이 세계 각지에서 여기로 왔습니다. 이 행성이 더욱 친밀한 장소로 바뀐 거지요."

나는 모든 의사 방문진이 다녀간 후에 자신들이 흰쥐와 같다는 느낌을 받아본 적이 있는지 물었다. 카찬은 대답하기에 앞서 잠깐 시간을 가졌다. "나는 그들의 보살핌과 연민을 느꼈어요. 그리고 네, 그들이 더러 우리의 혈액 견본을 가져가서 연구에 썼다면 그것 또한 좋은 일이지요. 이런 일은 다시 일어날 것이고, 아마도 그들은 우리의 신체 덕에 다음번 비극에 대처하기 위한 더 많은 정보를 얻게 될 거예요."

30년 동안 체르노빌의 결과에 관한 정보는 처음에는 소비에트 검열관들에 의해, 그리고 나서는 다른 사람들에 의해 신중하게 통제되었다. KGB 요원들이 국제기구에 잠입해 컴퓨터 파일을 훔쳤을 가능성이 있다. 국제 과학자들은 어린이들 사이에서 암이 유행한다는 증거를 억눌렀고, 굴복하지 않는 과학자들을 배제했으며, 체르노빌의 결과에 관한 미숙하고 불완전한 평가를 보도 자료에 실어 반복했다.[6] 비밀, 검열, 선전에 가담한 기구들은 두 번째 종류의 전염병을 만들어냈다. 회의론과 진리에 대한 냉소적 이해가 정치와 사회적 삶을 왜곡하는 방식으로 외부로 퍼져나갔다. 발라브스크의 선생님들은 나의 운행에 필요한 방향을 되찾아주었다. 자신이 믿을 수 있는 지식을 생산할 수 있도록 기술과 협력으로 스스로를 무장하는 것이 사회를 위협하는 냉소로부터 벗어나는 한 가지 길임을 그들은 보여주었다.

결론

미래를 향한 산딸기 채집

1990년대 중반부터, 거의 모든 이가 방문을 원치 않던 오염 지역에서 100만 명이 넘는 사람들이 아무도 모르게 고된 작업을 계속해나갔다. 어쩌면 주민들에게는 기적의 치료제, 기술적 해결책, 비슷한 국내외 전문가들의 지혜 등 실현되지 않는 도움의 희망에 얽매이지 않는 편이 더 나았을지도 모른다. 그들은 프리퍄티 대습지대Great Pripyat Marshes의 질퍽질퍽한 주변부의 잔해 위에, 비록 세계의 부속품에 지나지 않을지라도, 그들만의 세계를 만들도록 남겨졌다.

2016년 여름, 올랴 마르티뉵과 나는 우크라이나 북부의 리브네주에서 몇 차례 모임을 가졌다. 우리는 나무 바구니를 산딸기로 가득 채운 젊은이와 여성들을 발견했다. 수백 명에 달했던 그들은 숲길을 걷고 자전거를 타고 차량으로 들락날락했다. 길을 따라 몇 마일마다 여성들은 저울과 얄팍한 플라스틱 상자더미가 있는 우산 아래에 앉아 있었다. 그들은 채집자가 숲에서 나타날 때를 기다렸다가 그들에게서 산딸기를 구입했다. 우리는 지역 사람들이 7월에는 블루베리를, 8월에는 덩굴월 귤을, 가을에는 버섯을 채집한다는 사실을 알게 되었다. 2014년 이후 수만 톤의 폴레시아산産 산림 생산물이 가공을 위해 폴란드로 향했고, 그곳에서 가공된 상품은 유럽 시장으로 진입했다.[1] 폴레시아인들은 수 세기 동안 늪지의 숲에서 식량을 찾았으나, 이 행위를 산업적 규모로 수행하는 것은 분명 새로운 모습이었다.

그 거래에 관해 궁금증이 생겼다. 나는 체르노빌 사고에서 시간적으로는 30년, 공간적으로는 300킬로미터 떨어진 곳의 산딸기들은 아마도 괜찮을 것이라고 생각했다. 그러나 프리퍄티 습지대는 토양에서 식물로 방사성 낙진을 순환시키는 데 거의 완벽한 조건을 갖추고 있었다. 처음에 생물학자들은 세슘의 생태학적 반감기가 15년일 것이라고 예측했다. 오늘날, 미국 에너지부 연구자들은 그들이 전적으로 이해하지 못하는 몇 가지 이유들로 인해 체르노빌 숲에서 세슘-137의 절반이 사라지는 데 걸리는 기간은 180~320년 사이일 것이라고 추산한다.[2] 물리학의 법칙과 세슘-137의 방사성 붕괴 속도가 변하지 않았으므로 산딸기에서 측정된 방사능은 우선적으로 그것들이 채집된 장소의 환경에 의해 결정된 것이다. 만일 산딸기가 여전히 "고방사능 구역"에서 왔다면, 오늘날 판매되는 산딸기는 이삼십 년 전의 것과 거의 동일한 정도로 방사능이 활발할 것이다.

나는 또한 똑같은 지역에서 발생한 선천적 기형에 관한 골치 아픈 한 연구도 알고 있었다. 남앨라배마대학의 연구자 블라디미르 베르텔레츠키Wladimir Wertelecki는 1998년 리브네주에서 출산을 추적하기 시작했다. 베르텔레츠키는 리브네시가 1939년 소련군에 의해 점령되기 전 폴란드의 일부였을 때 그곳에서 태어났다. 전쟁이 벌어지는 동안 그의 가족은 도망쳤다. 아이였던 그는 엄마와 함께 유럽을 가로질러 스위스까지 걸었고, 그곳에서 폴란드 장교인 아버지와 재회했다. 취리히와 부에노스아이레스에서 자란 베르텔레츠키는 하버드에서 수련의로서 시간을 보냈다. 그는 다양한 언어를 구사하는데, 각각에는 약간의 억양이 들어가 있다.[3] 베르텔레츠키와 그의 협력자 류보프 예브투속Lyubov Yevtushok, 그리고 그들의 연구진은 최소한의 재정만을 가지고 임산부들에게 의료 검진을 제공하는 한편, 갓난아기를 출산하는 과정 이후까지 그들을 따라다녔다. 연구자들은 리브네주의 6개 폴레시아 지역에서 소두증, 샴쌍둥이, 신경관 이상과 같은 특정 선천적 기형이 정상보다 여섯 배 이상 빈번하게 발생하는 사실을 발견했다. 그들은 프리파티 습지대의 가장자리에 사는 폴레시아인들이 체내에 높은 수치의 세슘-137을 계속 가지고 있다는 사실도 찾아냈다. 술은 선천적 기형의 원인이 아니었다. 폴레시아인들은 평균보다 술을 더 자주 마시지 않았기 때문이다.[4] 베르텔레츠키는 "우리가 이 연구를 통해 방사선이 선천적 기형을 유발한다는 점을 증명한 것은 아닙니다"라고 조심스럽게 부연했다. "우리가 가진 것은 증거가 아닌, 원인과 결과의 일치일 뿐이죠."[5]

프리파티 습지대의 수수께끼 같은 역사를 고려했을 때, 정확히 무엇이 그러한 선천적 기형을 유발했는지를 말하기는 어렵다. 그것들은 체르노빌 방사선에 의해, 체르노빌 방사선과 전 지구적 낙진으로 늪에서 순환하던 사고 이전의 방사성 동위원소에 의해, 습지 폭격 연습장에서의 비밀 핵실험에 의해, 아니면 방사선을 비롯해 사고가 나기 전 수확을 개선하기 위해 그리고 이후에는 정화 노력의 일환으로 작물에 첨가한 질산염과 살충제에 의해 촉발되었을 수 있다. 나는 체르노빌이 단지 하나의 사고가 아니라 오히려 20세기 후반부에 속도가 빨라진 피폭 일정이 가속화된 것이라고 주장했다. 가속이라는 개념을 통해 체르노빌을 보는 것은 그것이 다른 많은 사건들과 어떻게 연결되어 있는지를 파악하는 데 도움을 준다. 즉 오염 물질이 축적되어 주변 환경을 변화시키고, 하나의 돌연변이가 세포가 또 다른 세포를 기반으로 하며, 일련의 결정들이 인간들이 바로잡기는커녕 이해하기에도 어려울 정도로 유해하고 복잡한 영역을 만들어내기 위해 더 많은 행동을 지시하는 상황을 이해하는 데 유용하다. 아마도 이러한 이유로 과학자들과 기금 지원 기관들은 혼란 속에서 단념하고 자리를 떠났을 것이다.

올랴는 산림 생산물의 새로운 대량 거래에 관해 더 알아내기 위해 산딸기 채집을 비밀리에 따라가 보자고 제안했다. 한 나이든 농부는 숲에서 팬 나무로 만든 수제 상자 한 짝을 우리에게 팔았다. 농부의 아내는 우크라이나의 전통적인 방 하나짜리 작은 오두막집 벽을 하얗게 칠하는 일을 막 끝낸 참이었다. 그녀는 강둑에서 흰색 찰흙 회반죽을 퍼왔다. 그들의 오두막집에는 상점에서 구입한 것이 별로 보이지 않았다. 부부는 장작을 땠고, 닭과 염소를 길렀으며, 채소밭에 재와 거름을 뿌렸다. 그들은 자신들이 생산한 모든 것을 먹었다. 그들은 소비에트 정부, 유엔 기구, 구호 단체 등 다양한 기관이 그런 일을 하지 말라는 충고를 담아 발간한 지침서에 관해 들어본 적이 없었다.

우리는 바구니를 끼고 살충제로 무장한 뒤 숲속으로 출발했다. 우리는 자전거 페달을 밟는 채집자 무리를 따라잡기 위해 노력했다. 그들은 원시적인 시골길 위에서 속도를 줄였다. 나는 물이 가득찬 구덩이, 진흙 물결이 오르내리는 길을 따라 차를 몰다가 깊은 구멍에 걸려 앞바퀴를 진흙 속에 묻어버렸다. 채집자들은 토끼처럼 깡충깡충 뛰면서 굽은 모퉁이를 돌아 사라져버렸다. 차를 끌어내고 마을의 정비공들에게 그것을 지저분한 자작나무 경사로 몰고 가서 고치도록 하는 데 남은 하루가 다 갔다.

다음 날, 한층 더 똑똑해진 우리는 도보로 채집자 무리를 따라잡았다. 그들은 오순절파 대가족의 십대 형제자매와 사촌들이었다. 채집자들은 서둘러 다시 일하러 가기 전에 우리에게 잠깐 동안만 말했다. 그들은 덤불에서 재빨리 산딸기를 떼내기 위해 양철 깡통으로 만든 숟가락을 휴대했다(산딸기를 손으로 따는 것보다 훨씬 빠르지만 초목에 더욱 손상을 입힌다). 나는 그들이 산딸기 덤불을 헤치며 지나가고, 햇빛이 지붕 모양으로 우거진 나뭇가지들 사이로 굴절되어 보라색 과일을 보석처럼 반짝이게 하는 모습을 보았다. 십대들은 한 무리의 청년 곰들처럼 숲속을 옮겨다니며 빠르고 효율적인 동작으로 산딸기를 찾았다. 굽히고 숟가락질하고 발걸음을 내딛는 그들의 작업에서는 산딸기들이 핀볼 같이 구르면서 플라스틱 양동이를 때리는 소리를 제외하고 어떤 소리도 들리지 않았다.

산딸기 덤불은 사방으로 나 있었고, 낮게 깔린 녹색의 관목이 폴레시아 숲의 대성당 밑으로 수마일에 걸쳐 퍼져 있었다. 누구라도 산딸기를 딸 수 있다. 숲은 민주적이다. 그리고 방사성 핵종을 걸러내기 위한 여분의 여과기와 화학약품 때문에 더 많은 비용이 드는 값비싼 낙농업과 달리, 산딸기 채집은 투자를 거의 필요로 하지 않는다. 이 일은 보통 여성과 어린이들이 한다. 빠르게 따면 하루에 25달러를 벌 수 있다. 교사

월급이 80달러인 경제에서는 꽤나 쏠쏠한 액수다.

숲을 샅샅이 뒤져 산림 생산물을 찾는 산업은 폴레시아인들이 그들에게 남은 오염된 공간에서 계속 살기 위해 고안한 창의적인 적응 방식의 하나다. 비영리 단체들은 지역 경제를 되살리기 위해 수년간 애를 썼으나 별다른 성공을 거두지 못했다. 외부의 지원이 거의 없는 상태에서 폴레시아인들은 유럽 시장의 도매업자들에게 갓 딴 산딸기와 버섯을 배송하는 농촌 연계망을 구축함으로써 세계 경제의 일원으로 거듭났다.

숲에서 하루를 보낸 후 땀에 젖고 벌레에 물린 채집자 무리는 그들이 참여하는 새로운 거래의 역설을 보았다. 그들은 내가 미국인이라는 것을 알고 나서 "우리는 당신네 서구에 우리의 유기농 산딸기를 보내고 산딸기 맛 음료수를 돌려받지요"라고 농담을 했다. 다른 한 명이 끼어들어 "맞아요. 우리가 질 좋은 소나무 재목을 실어 보내면, 당신네들은 우리에게 모조 목재 합판을 보내지요"라고 말했다. 채집자들은 가격이 훨씬 더 높은 제품을 위해 원자재를 고가의 공산품과 바꾸는 전통적인 식민지 시대의 교환을 지적하고 있었다. 이는 실로 옳은 말이었으나, 이 거래에는 고전경제학 이상의 무언가가 있었다.

열매를 실컷 모은 후 우리는 산딸기 도매업자에게 갔다가 하역장에서 구매자들을 맞이하기 위해 서 있는 방사능 감시요원을 보았다. 긴장된 상황이었다. 각 산딸기 상자 위로 계측기를 흔들며 감마선 방출을 측정하던 여성 감시요원은 상자의 절반 정도를 옆으로 치웠다. 판매자들은 감마선 수치를 두고 그녀와 논쟁을 벌였다. 나는 어린 도시 여성인 감시요원에게 얼마나 많은 산딸기가 방사성인지 물었다.

그녀는 "폴레시아산 산딸기는 전부 방사성이에요. 어떤 건 정말로 방사능 활동이 활발해요. 3,000이 넘게 측정된 산딸기도 있었어요"라고 답했다. 그녀는 자신이 마이크로시버트나 마이크로렘microrems 중 어떤 단위를 말하는 것인지 설명하지 못했고, 구매자들은 단지 어떤 숫자가 나쁜 것인지를 알고만 있었다. 그녀는 계측기를 모호하게 가리키면서 "바늘이 10과 15 사이에 있어야 해요. 그러면 저는 그걸 이 기계에 위치시키죠"라고 말했다. 그녀는 작은 감마선 분광계를 가리켰다. "판독 수치가 450을 넘으면 산딸기가 허용 수준을 초과한다는 말이죠."

우리는 우두커니 서서 거래를 지켜보았다. 구매자는 허용 수준을 초과하는 산딸기를 치워뒀다가 더 낮은 가격에 사들였다. 도매업자는 방사성 산딸기들이 천연 염료로 쓰인다고 말했다. 채집자들은 방사능 산딸기들을 비교적 괜찮은 산딸기들과 섞은 후 허용 수준 이하라고 주장했다. 그리고 나면 산딸기들은 비록 어느 정도의 개별 열매들에서 허용치보다 거의 3배 높은 방사능이 검출되어도 폴란드에 합법적으로 판매되어 유럽연합 시장에 진입할 수 있다. 이러한 혼합은 전체 평균이 너그러운 편인 미국과 유럽연합의 제한치인 1,250Bq/kg 이하에 해당하는 한 합법이다(유럽공동체는 체르노빌 사고 이후인 1986년, 식량에 대해 임시 비상 수준으로 600Bq/kg를 설정했고 그 뒤로 이를 낮추지 못했다. 2016년 우리의 방문 직후 유럽연합은 공개적인 논의 없이 허용 수준을 두 배인 1,250Bq/kg로 높였다).[6]

1986년 이후 폴레시아인들은 그들의 숲에서 난 방사성 음식을 섭취해왔다. 이 새로운 거래를 통해 그들은 체르노빌의 오염된 농산물을 유럽 시장으로 넘겨 해외의 부유한 소비자들에게 보낸다. 유럽에서 산딸기들은 계속해서 이동한다. 한 핵안보 전문가는 내게 미국과 캐나다 국경에서 경비대가 트레일러에 "방사성 물체"를 실은 트럭 한 대를 멈춰 세웠다고 말했다. 방사능 폭탄일지도 모른다는 사실에 경각심을 갖고 내부를 들여다본 그들은 우크라이나에서 온 산딸기만을 발견하고는 한시름 놓았다. 과일이 허용 수준을 넘지 않았기 때문에 경비대는 트럭을 미국으로 들어오게 해주었다.[7]

일반적으로 가난한 사람들이 산업 세계에서 가장 독성이 강한 부산물을 소비한다. 폴레시아산 산딸기의 서쪽으로의 이동은 지구적 계급 제도를 혼란에 빠뜨린다. 그것은 또한 국경이 분리된 실체라는 관념을 뒤엎는다. 21세기에 인기영합주의 지도자들은 "국경을 넘는 이주자들의 검은 무리"에 관한 북소리를 계속해서 울린다.[8] 심지어 산딸기 같이 아주 작은 지역적 행위자가 행성 수준에 어떤 영향을 미치는지에 대한 이해가 이뤄지고 있음에도 불구하고, 국경은 굳어져만 간다. 상품과 이에 수반되는 오염 물질은 한 국가의 세포막에서 다른 국가의 세포막을 넘나들며 세계를 순회한다. 곰팡이, 토양, 살충제는 무역풍에 실려 대양을 가로지르며 질주한다. 해파리는 컨테이너선에 슬쩍 실려 외국의 항구에서 풀려난다. "침습성" 식물, 곤충, 바이러스는 대륙에서 대륙으로 빠르게 움직인다. 그리고 방사성 동위원소는 지구를 돌며 이동한다. 국경을 완벽히 봉쇄할 수 있다는 인기영합주의자들의 환상에도 불구하고, 바깥의 사건들은 집으로도 찾아온다.

미국인들, 캐나다인들, 유럽인들은 체르노빌산 블루베리를 아침식사로 먹을지도 모른다. 어떤 이들은 세계 시장에서 3,000Bq/kg에 달하는 산딸기를 무작위로 가져왔을지도 모른다. 이는 사람들에게 오염된 땅에서 계속 살도록 권고했던 유엔 기구들의 정책이 낳은 불행한 결과일 것이다.

소비에트 지도자들은 아무리 많은 화학약품과 불도저를 쓰고 버리기나 뿌리기라는 행위를 지속해도 방사성 동위원소를 풍경에서 치워버릴 수 없음을 확인했다. 하지만 산딸기는 이 일을 정말 잘한다. 산딸기 덤불과 버섯은 물론 젖소와 염소의 소화관도 환경으로부터 인위적 동위원소들을 효율적으로 추출하고, 그것들을 원하는 사람에게 깔끔하게 포장하여 제공한다. 돈을 내고 산딸기를 얻는 간단한 교환 안에 체르노빌 핵분열 생성물을 소비자 시장의 모든 곳으로 보내는 것보다 더욱 이해하기 쉬운 청산거래*의 유령이 존재한다. 방사성 산딸기를 단지 오염을 퍼뜨리는 물질로 놔두기보다 우군으로 정화 과정에 투입하는 것은 어떨까?[9]

체르노빌 출입금지구역에서 동식물이 번창하고 있다고 주장하는 이들은 틀렸다. 그러나 자연이 인간이 만든 재난을 바로잡는 데 도움을 줄 수 있다고 주장한다는 점에서는 그들도 정확하다. 이러한 점이 사람은 뒤로 물러나 있고 자연이 그 일을 하도록 내버려 둔다는 것을 의미하지는 않는다. 오염된 공간에는 맞춤형 감독curation이 필요하다. 내가 붉은 숲에서 배웠던 것처럼, 나무는 불에 타 방사능을 다시 내보내기 전까지는 방사성 동위원소의 훌륭한 저장소로 기능한다. 붉은 숲과 같은 곳이 불길에 휩싸이지 않도록 시스템을 만드는 것이 21세기의 인간에게 주어진 과업이다. 오염된 산딸기를 해

❖ 청산거래future transaction는 두 나라 사이의 무역 및 무역외거래의 결제를 즉각적인 외화 지급을 통해서가 아니라 당사국 중앙은행에 설치된 계정을 통해 장부상으로 청산하는 방식을 말한다.

외로 수출하는 것보다 더 지속 가능한 사업 모델은 매년 체르노빌 출입 금지구역을 찾는 수천 명의 세계 종말 관광객들에게 산딸기 채집 여행 상품을 판매하는 것이다. 폴레시아인 채집자들은 그들의 안내인 역할을 할 것이고, 산딸기와 버섯을 파는 대신 그 수확물을 방사성 폐기물로서 적절히 땅에 묻을 것이다. 이 방향으로 교환의 조건을 바꾸는 일은 입술이 파랗게 얼룩진 어린이 채집자들이 실제로는 핵폐기물 노동자들임을 인정하는 것이다. 수십 년에 걸친 부인에도 불구하고, 사실을 피할 수 있는 방법은 없다.

방사성 체르노빌 산딸기의 세계적인 순환은 한 가지 질문을 던진다. 행성의 역사를 크게 변화시킨 체르노빌 폭발의 엄청난 파문이 어떻게 지금까지 인간의 역사를 바꾸는 데는 거의 아무런 도움이 되지 않을 수 있었을까? 30년이 넘는 세월이 흐른 지금도 중대한 핵비상사태를 처리할 수 있는 능력을 갖춘 국가적 또는 국제적 수준의 조직은 존재하지 않는다. 체르노빌 참사는 얼마나 광범위한 국가와 국제기구들이 그들이 보호해야 할 임무를 부여받은 사람들을 실망시켰는지를 보여준다.

이는 노력이 부족해서가 아니다. 소비에트 지도자들은 산업화된 소비 사회의 도구들을 호출하는 방식으로 체르노빌 위기에 대응했다. 그들은 인공 강우를 위해 구름 사이에 약품을 살포하고, 건물을 화학 물질로 문질러 닦고, 비닐과 석면으로 새로운 주택을 짓고, 플라스틱 재료로 식품을 포장해서 많은 마을 사람들이 처음 보는 냉동고에 보관했다. 그들은 농작물에 수 톤의 비료와 농약을 추가로 쏟아붓고, 흙길을 포장하고, 마을에 가스관을 설치하고, 새로운 의료 진단 장비의 전원을 연결했다. 소비에트인들은 검열관이 체르노빌 낙진에 관한 논의를 금지했기 때문에 이름조차 지을 수 없는 보이지 않는 적과의 전투를 훌륭하게 치뤘다. 불행히도 전문가 소대는 사방에 가득하고 청소 후 다시 나타나서 집요하게 먹이연쇄로 들어갔던 방사성 핵종에 패배했다.

의사들은 매년 점점 더 병들어가는 환자들의 몸에 방사성 오염 물질이 침투했다는 것을 발견했다. 위생 담당 관료들은 그들이 공중 보건 재난을 겪고 있음을 서서히 이해했다. 1986년부터 1989년까지 3년 동안, 소비에트 내과의사들은 그들의 상관 외에는 누구에게도 말하지 않고 이 정보를 깔고 앉아 있어야 했다. 1989년 봄, 결국 검열관들은 체르노빌 주제에 관한 금지를 해제했다. 주민들은 의사, 방사선 감시요원과 동맹을 맺었다. 그들은 자신들이 처한 새로운 불안정한 삶을 세상에 정확히 알리기 위해 조직하고 청원하고 법을 어기고 상사를 거역하고 무지한 지방 사람이라고 묵살됐을 때에도 계속 나아갔다.

여러 가지 면에서 그들은 성공을 거두었다. 소비에트 생존 지침서의 확언을 받아들이지 않은 일상적인 영웅들 덕분에 우리가 오늘날 체르노빌 사고에 관해 알게 된 것이다. 가정부로 변장했던 물리학자 나탈리야 로지츠카는 자원이 거의 없는 상태에서 재난의 위험성을 포착하고 소비에트 지도자들, 국제 전문가들, 동료 시민들에게 경고하기 위해 노력했다. 파벨 체크레네프와 알렉산드르 코모프는 방사성 물과 우유를 마시는 시민들을 보호하기 위해 상관들이 조치를 취할 때까지 결코 멈추지 않았다. 발렌티나 드로즈드, 올가 데그챠료바, 키스 바버스톡은 유행성 소아암을 세계에 알리기 위해 실직의 위험을 감수했다. 바실리 네스테렌코와 유리 반다졔프스키는 결코 진실에 관해 침묵하지 않을 것이라는 이유로 직장을 잃었고 심지어 목숨까지 잃을 뻔했다. 이 사람들은 소방관들, 남성적 영웅주의, 공식적 허위로 이뤄진 일반적인 체르노빌 관련 설명에는 나오지 않는다. 그러나 이들의 이야기야말로 미래에 가장 중요한 것이다. 수천 명의 사람들이 비슷하게 원칙에 입각한 결정을 내렸다. 그들은 대열을 이루어 줄을 서서 하나의 집단을 구성했다. 이 집단은 모인 힘을 통해 지구에 방출된 수백만 퀴리의 방사성 핵종이 초래한 혼란을 인식하고 이해하기 위해 안간힘을 썼다.

소비에트 지도자들에게 거리의 군중은 방사능보다 더 위협적이었다. 그들은 "독립적 평가"를 위해 외국인 전문가들을 불러들일 것을 요구했다. 서구 과학자들은 원폭 생존자 "수명 연구"를 이용해 사고로 인한 눈에 띄는 건강 피해를 일련의 위험 평가와 추가 연구 약속으로 추상화했다. 냉전기 동안 물리학자들은 생태계에서 방사성 에너지를 측정하는 전문가들이 되었으나, 1990년경에는 몸 속에 들어온 방사능이 생물학적 과정에 어떤 영향을 미치는지에 관해 거의 아무것도 모른다고 주장했다. 사고 발생 5년 후, 오염된 구역에서 일하던 소비에트 과학자들은 그러한 과정을 훨씬 더 정교하게 이해할 수밖에 없었다. 예컨대 그들은 폐에 침전된 플루토늄이 사람의 발 근처에 놓인 동일한 양의 플루토늄보다 생물학적 과정에 심대한 영향을 끼친다는 사실을 인지할 수밖에 없었다. 수십 년 동안 핵폭탄 낙진 및 핵무기 생산의 피해자들에 관한 비밀 연구를 수행했던 미국과 소련의 연구자들은 이 지식을 알고 있었다.

그럼에도 불구하고 유엔 기구들에서 파견된 자문위원들은 우크라이나와 벨라루스 과학자들의 연구 결과를 일축했다. 유엔 전문가들은 비교적 단순하고 일반화된 계산 모델을 사용하여 체르노빌 수준의 방사능이 미래에 발병할 소수의 암이라는 위험을 제외하고는 사람의 건강에 큰 피해를 끼치지 않을 것이라고 언급했다. 그들은 심각하고 걱정스러운 소아암 유행의 명백한 징후가 있었음에도 불구하고 이 언급을 수년 동안 되풀이했다.

오늘날 과학자들은 우리가 저선량 방사선이 인간의 건강에 미치는 영향에 관해 거의 알지 못한다는 말을 반복한다. 그 주장은 부분적으로는 사실이다. 체르노빌 지역에서 일어난 치명적인 피해 관련 자료들이 숨겨져 있기 때문이다. 그리고 그 말은 부분적으로는 사실이 아니다. 보건성 문서고에서 작업한 최초의 서구 역사가인 나는 지역 사람들이 분명하게 목격했던 것을 확인해주는 압도적인 증거를 발견했다. 즉 1986년 4월 직후 체르노빌 지역의 건강한 사람들, 특히 어린이들이 병에 걸렸다는 것이다. 그 후 몇 년 동안, 만성적 질병의 발병률은 증가했다. 사람들은 암뿐만 아니라 혈액 형성계, 소화관, 내분비계, 생식계, 순환계, 신경계통의 질병에도 시달렸다.

안타깝게도, 우크라이나와 벨라루스의 연구자들이 연구를 공개적으로 수행할 수 있게 되자마자 소비에트라는 거대한 조직체는 붕괴했고 소비에트 과학 또한 그 뒤를 따랐다. 많은 논평가들은 정치적 변화가 시민들을 자유롭게 하고, 진리를 해방시키며, 체르노빌로 고통받는 사람들에게 안도감을 가져다줄 것이라고 확신하면서 소비에트 국가의 종말에 박수갈채를 보냈다. 그러나 소련이 사라진 후 주민들은 헐벗은 채로 방치되어 방사능, 정치적 혼란, 경제적 압박에 시달려야 했다. 1998년 미국의 의학인류학자 사라 필립스Sarah Phillips는 한 국제 연구 단체와 계약을 맺고 일하던 우크라이나 의사들을 그림자처럼 따라다녔다.

의사들의 임무는 건강 문제를 치료하는 게 아니라 오직 혈액을 채취하는 것이었다. 그들은 사고가 터졌을 때 어린이였던 십대들을 추적했다. 필립스는 "병동에는 전기도, 수돗물도, 의사도 없었어요. 약국에도 약품이 없었고요"라고 기억했다. "모두가 얼마나 아팠는지 나는 너무 놀랐습니다. 모든 꼬마들이 나이보다 열 살은 더 늙어 보였지요."[10]

증거의 양을 고려할 때, 체르노빌 보건 문제가 미미하다는 주장을 30년 동안 고집하는 것은 놀랄 만하다. 국제 전문가들은 계속해서 "인류 역사상 최악의 핵 재앙"이 단지 54명의 사망자와 6,000건의 "쉽게 치료 가능한" 갑상선암을 초래했을 뿐이라고 선언한다. 그들은 그것이 세계가 감당할 수 있는 위험이라고 주장했다.[11]

체르노빌 이후에 대한 분석들은 입원 횟수부터 방사선 피폭자 추정 평균 선량까지 축소된 수치들로 가득차 있지만, 그중에서도 체르노빌 사망자가 54명에 불과하다는 보도는 맹신을 가장 멀리까지 확장시킨다. 불행하게도 러시아, 우크라이나, 벨라루스 정부는 수치를 갱신할 수 있는 체르노빌 관련 사망자 공식 통계를 가지고 있지 않다. 우크라이나 정부는 배우자가 체르노빌 관련 건강 문제로 인해 사망한 3만 5,000명에게 보상금을 지급했다.[12] 이 숫자는 오직 결혼할 수 있을 정도로 나이를 먹은 사람들의 죽음만 계산한 것이다. 여기에는 청년이나 영유아, 또는 보상 받을 자격이 있음을 증명하는 문서를 가지고 있지 않은 사람들의 사망률은 포함되지 않는다. 이 수치는 러시아나 체르노빌 낙진의 70퍼센트가 내려앉았던 벨라루스가 아닌, 우크라이나만을 대상으로 한다. 키예프의 전연맹방사선의학센터 소속 한 과학자는 비공개를 전제로 우크라이나에서만 사망자 수가 15만 명에 달한다고 밝했다. 체르노빌 발전소의 한 관계자도 똑같은 수치를 내놓았다. 체르노빌 사망자는 54명이 아니라 최소 3만 5,000명에서 15만 명인 것이다.

체르노빌 피해에 대한 과소평가는 인간이 다음 재난에 대비하지 못하게 만들었다. "여기에서는 결코 일어날 리 없다"는 주장에 초점을 맞춘 체르노빌 보도는 특히 소비에트 국가의 서투르고 부패하며 비밀스러운 특징을 강조한다.[13] 논평가들은 체르노빌 수준의 재난은 에너지 사업이 민간기업에 의해 운영되는 열린 민주주의 사회에서는 결코 일어날 수 없다고 주장했다. 그러나 2011년 후쿠시마 제1원자력발전소에 쓰나미가 들이닥쳤을 때, 일본의 사업가들과 정치 지도자들은 소비에트 지도자들과 무시무시할 정도로 비슷하게 반응했다. 그들은 재해의 규모(세 개 원자로의 용융)를 지독히 축소해서 말했고, 고도의 방사선장 안으로 소방관들을 무방비로 투입했으며, 방사능 수준과 보건 지침에 관한 공적 정보를 의도적으로 공개하지 않았다. 그들은 어린이들에게 예방적 아이오딘을 지급하지 않으면서 학교에서의 방사선 피폭 허용 수준을 연간 1밀리시버트에서 원전 종사자들을 위한 국제 표준인 20밀리시버트로 올렸다. 그 후 몇 달 동안, 공중 보건 관료들은 식품 감시를 꺼렸고, 자녀들의 건강 문제와 소아 갑상선결절 및 갑상선암의 기록적인 증가라는 두 가지 문제에 대한 부모들의 우려를 일축했다. 2011년, 일본은 국가 에너지 수요의 30퍼센트를 원자력에 의존했다. 소련과 마찬가지로 일본 지도자들은 건강과 안전보다 생산과 국가적 자부심에 특권을 부여하기 위해 재난을 숨기고 둘러댔다. "우리는 체르노빌에서 정녕 아무것도 배우지 못했는가?"라고 인류학자 사라 필립스는 묻는다.[14]

체르노빌 재난으로 인해 사망한 사람들의 숫자와 지속되는 건강상의 후과를 축소하는 일은 1990년대 냉전의 종식과 함께 40년 동안의 무모했던 폭탄 생산 관련 기록들이 일급비밀 분류에서 해제되었을 때 핵강대국들에게 소송과 불편한 수사를 회피할 수 있는 핑계거리를 제공했다.

비밀해제된 핵무기 실험의 역사는 지도자들이 히로시마에 떨어진 크기의 폭탄 2만 9,000여 개와 동등한 수준의 폭발로 인한 피해에 대해 얼마나 신경을 쓰거나 책임을 다하지 않았는지를 보여준다.[15] 1945년에서 1998년 사이 폭탄 설계자들은 대통령들의 이름을 따서 지은 폭탄부터 과학자, 아내, 삼촌의 이름을 따서 지은 폭탄, 폭발로 인해 수십억 퀴리의 낙진이 흩어진 대지에 살았던 토착 부족의 이름을 따서 지은 폭탄까지 여러 폭탄을 터뜨렸다. 네바다에서의 무분별한 핵무기 폭발은 미국 대륙 전역의 우유를 마시는 미국인들에게 체르노빌 오염 구역에 사는 사람들과 비슷한 수준의 평균 집합 선량에 달하는 방사성 아이오딘을 선사했다.[16] 알래스카인, 웨일즈인, 스칸디나비아인들은 노바야 젬라Novaya Zemlya에서 행해진 소비에트 핵실험의 충격에 그대로 노출되었다. 호주인들과 태평양 섬 주민들은 태평양의 여러 섬을 날려버린 호주, 영국, 미국의 폭탄에서 나온 낙진에 시달렸다.[17] 인도인들은 파키스탄 국경 근처에서 지하 원자폭탄을 터뜨렸다. 파키스탄인들은 그들의 무기를 인도로 부는 바람을 타도록 해서 폭발시켰다. 중국과 소비에트의 폭탄 설계자들은 함께 유라시아 내륙을 오염시켰다. 엄청난 양의 방사성 낙진이 대기 중에 소용돌이치며 비와 눈에 실려 내렸다. 강수가 많을수록 더욱 많은 방사능이 땅으로 폭포수처럼 쏟아졌다. 핵실험이 이뤄진 기간은 인류 역사상 가장 혼란스럽고 자멸을 초래하는 장을 구성하기에 손색이 없다. "평화"와 "억지"의 이름으로 군 수뇌부는 지구적 핵전쟁을 벌였다.

반세기에 걸친 핵폭탄 실험의 피해는 사람의 건강에 충분히 지각할 수 있는 발자국을 남긴 것으로 보인다. 미국에서의 갑상선암 발병률은 1974년과 2013년 사이에 3배로 증가했고, 더 나은 검출이 그 증가를 설명하지는 못했다. 전 지구적 낙진이 주로 북반구에 내려앉으면서, 갑상선암 발병률은 기하급수적으로 늘어났다.[18] 유럽과 북미에서는 의학적으로 희귀한 병이었던 소아백혈병의 발생 빈도가 1950년 이후 해마다 증가했다.[19] 영국과 프랑스의 실험에서 비롯된 낙진으로 타격을 입은 호주는 전 세계적으로 소아암 발병률이 가장 높다.[20] 북미, 유럽, 호주, 뉴질랜드에서 남성 4만 2,000명을 대상으로 분석한 결과 1973년부터 2011년 사이에 정자 수가 52퍼센트 감소한 것으로 나타났다.[21] 이러한 통계들은 우연한 관련이 아니라 상관관계를 보여주지만 많은 의문을 불러온다.

체르노빌 사고가 터진 지 30년이 지났지만 우리는 여전히 해답은 적고 불확실성은 많은 상태에 머물러 있다. 나는 저선량 피폭에 대한 무지가 부분적으로는 고의적이라고 주장해왔다. 1986년 이전, 소비에트 및 국제 전문가들은 소아 갑상선암과 방사능 사이의 연관성에 관해 알고 있었지만 연기를 내뿜는 체르노빌 원자로를 둘러싼 전염병의 증거를 억누르고 논박했다. 핵폭탄 실험으로 인한 훨씬 더 어마어마한 방사능 비밀이 있었기 때문이다. 어린이들에게 발생하는 갑상선암은 광산의 카나리아다. 기밀 해제된 소비에트의 보건 기록은 갑상선암이 단지 하나의 결과였으며, 장기에 축적된 방사성 핵종이 체르노빌 지역에 사는 사람들에게 실로 다양한 질병을 유발시켰음을 입증한다. 소비에트 의료 기록은 지금이야말로 의료 절차, 원자력 동력로와 그곳에서 일어난 사고, 원자폭탄과 그에 따른 낙진이 방출한 인위적 방사선의 만성적 선량에 일생 동안 노출된 사람들에게 유용한 새로운 일련의 질문을 던질 때임을 시사한다. 지구상에서 그러한 피폭을 피한 사람은 거의 없다.

감사의 말

체르노빌 같은 복합적이고 초국적인 사건은 내가 혼자서 수행할 수 없을 정도로 복잡하고 초국적이며 학제 간 연구가 요청되는 주제다. 연구조교 올랴 마르티뉵과 카쨔 크리비차나는 자신의 연구에 임하는 것처럼 이 프로젝트에 수고를 아끼지 않았다. 그들의 지성과 예리한 통찰, 그리고 아무리 희미한 단서라도 기꺼이 찾아내겠다는 의지에 힘입어 이 책을 쓸 수 있었다. 노튼 출판사의 앨런 메이슨Alane Mason은 비일관성을 해명할 필요가 있다는 점을 일깨워주었다. 팀 무쏘와 안더스 묄러는 친절하게도 체르노빌 출입금지구역 안으로 들어가는 여정에 나를 초대해주었다. 나탈리야 바라노프스카는 풍부한 지식과 롤로덱스Rolodex*를 내게 나누어주었다. 나제즈다 셰브첸코Nadezhda Shevchenko는 따뜻하고 너그러운 지역 안내인이 되어주었다. 마졸레인 카스Marjoleine Kars, 해리

> * 롤로덱스는 주소록·전화번호부 등으로 쓰이는 회전식 카드 파일이다.

버나스Harry Bernas, 폴 조셉슨Paul Josephson, 타찌아나 카스페르스키 Tatiana Kasperski, 토마쉬 갈로스카Tomasz Gałązka, 이안 페얼리Ian Fairlie 는 자료를 찾고 원고의 다양한 판본을 읽어주었다. 그들은 나를 여러 번 구해주었다.

이 프로젝트에 여러 재단이 너그럽게 재정을 지원해준 덕분에 책의 출판이 가능했다. 앤드류카네기재단Andrew Carnegie Foundation, 미국 학술단체협의회American Council of Learned Societies, 베를린 미국 아카데미 American Academy in Berlin, 유럽대학원European University Institute은 여정과 연구에 자금을 지원해주었다. 이 책에서 밝힌 진술과 견해는 전적으로 저자의 책임이다. 연구 지원금을 얻도록 도와준 메릴랜드대학 볼티모어카운티University of Maryland, Baltimore County의 레이첼 브루베이커 Rachel Brubaker, 제시카 버만Jessica Berman, 에바 도밍게즈Eva Dominguez, 스콧 캐스퍼Scott Casper에게도 감사함을 표한다. 이 프로젝트를 평가하는 데 도움을 준 린 비올라Lynne Viola, 루이스 시겔봄Lewis Siegelbaum, 존 맥닐John McNeill, 세르게이 오샨키네Serguei Oushankine를 비롯한 익명의 검토 위원들에게도 감사의 인사를 건넨다. 카네기재단의 그레타 에식Greta Essig, ACLS의 폴린 유Pauline Yu, EUI의 피에터 주드슨Pieter Judson, 레지나 그라프Regina Grafe, 로라 다운스Laura Downs, 베네데토 자카리아Benedetto Zaccaria, 디터 쉴렌커Dieter Schlenker, 안나 코다Anna Coda에게도 고맙다. 르네 알본René Ahlborn, 카르멘 아르트만Carmen Artmann, 존 엘트링검John Eltringham, 루츠 핀켈Lutz Finkel, 요하나 갤럽 Johana Gallup, 토마스 헬러Thomas Heller, 레이놀드 케겔Reinold Kegel, 욜란데 코브Yolande Korb, 알 제이 마길R. Jay Magill, 캐롤 시어러Carol

Scherer, 가브리엘 슬리컴Gabriele Schlickum, 마이클 스타인버그Michael Steinberg는 베를린 미국 아카데미에서 모든 방면에 도움을 주었다.

여정 기간 동안 문서고와 과학계의 많은 이들이 현지 안내인으로서 도움을 주었다. 벨라루스에서는 울라지미르 볼로진Uladzimir Volodzin, 발렌티나 드로즈드, 알렉세이 네스테렌코, 이리나 페데렌코, 안드레이 스테파노프Andrei Stepanov, 니콜라이 카찬, 이리나 레브코프스카야와 올가 레브코프스카야의 도움을 받았다. 우크라이나에서는 류보프 예브투쇽, 알렉산드르 코모프, 블라디미르 베르텔레츠키, 세리 예켈칙Serhy Yekelchyk, 알렉산데르 쿠프니, 예브게니 압둘로비치Evgenii Abdulovich, 나탈리야 로지츠카, 라리사 라브렌축Larysa Lavrenchuk, 마리야 파노바Maria Panova, 미하일로 자하라쉬, 올랴 보블료바Olha Bobyliova, 미콜라 포펠루하Mykola Popelukha와 타마라 빅토로브나 콧Tamara Viktorovna Kot의 도움을 받았다. 일본에서는 히구치 토시Toshi Higuchi, 타카하시 호로코Takahasi Horoko, 보 제이콥스Bo Jacobs, 노마 필드Norma Field, 데니스 리치스Dennis Riches가 안내인 역할을 해주었다. 마이크 페이Mike Faye, 수잔 히저Susan Hyser, 사라 필립스, 수다바 레즈기베야Sudaba Lezgiveya, 수잔 린디Susan Lindee, 나제즈다 쿠테포바Nadezhda Kutepova, 루카스 힉슨, 다니엘 밀러Daniel Miller가 값진 정보와 분석을 제공해주었다.

워크숍과 학술대회를 열어 이 책의 자료를 담금질하게 도와준 주최 측에도 특별한 감사를 드린다. 포르투갈 산타크루즈Santa Cruz와 신트라Sintra에서 애나 칭, 닐스 부반트Nils Bubant, 앤드류 매튜Andrew Mathews, 오슬로에서 안나 스톰Anna Storm, 듀크대학Duke University에

서 애드리안 렌츠-스미스Adriane Lentz-Smith, 브라질 상파울루São Paulo
의 제임스 카메론James Cameron, 베를린에서 아스트리드 커쇼프Astrid
Kirchhof와 얀-헨리크 메이어Jan-Hnerik Meyer, 레겐스부르크Regensburg
의 멜라니 안트Melanie Arndt, 튀빙겐Tübingen의 클라우스 게스트바Klaus
Gestwa와 샤마 샤하다트Schamma Schahadat, 셰필드Sheffield의 앤드류 톰
킨스Andrew Tompkins, 펜실베이니아대학에서 제이콥 도허티Jacob
Doherty, 예일에서 폴 사빈Paul Sabin, 옥스퍼드의 단 힐리Dan Healey, 컬
리지파크College Park의 빅터 야코벤코Victor Yakovenko, 크라쿠프의 토마
쉬 빌쳅스키Tomasz Bilczewski, 이스트랜싱East Lansing의 에밀리 엘리엇
Emily Elliott과 루이스 시겔봄, 살리스버리Salisbury의 마이클 루이스
Michael Lews, 윌리엄매리William and Mary의 프레드 코니Fred Corney와
카타무라 히로시Hiroshi Katamura, 로스엔젤레스의 초이 채터지Choi
Chatterjee와 알리 이그멘Ali Igmen.

이 책의 정리를 위해 일했던 사람들에게 진심으로 감사를 드린다. 라
진 출판사Lazin Books의 사라 라진Sarah Lazin, 줄리아 콘래드Julia Conrad,
마가렛 슐츠Margaret Shultz, 그리고 노튼과 펭귄 출판사Penguin의 알레
인 메이슨, 로라 스티크니Laura Stickeny, 홀리 헌터Holly Hunter, 애쉴리
패트릭Ashley Patrick, 도나 멀더Donna Mulder, 레이첼 살즈만Rachel
Salzman, 까미유 본Camille Bond, 조 스쿨Joe School, 대시 자이델Dassi
Zeidel, 제시카 프리드먼Jessica Friedman은 모두 중요한 기여를 했다.

이 책을 이루는 장들 가운데 일부는 이전에 인쇄본으로 출간되었고,
허락을 구해 재출간되었다. 편집자들인 마가렛 해리스Margaret Harris, 코
리 파웰Corey Powell, 안나 칭, 알 제이 마길R. jay Magill에게 감사드린다.

친구들과 가족은 이 책을 만드는 데 내가 다 열거할 수 없을 정도로 많은 도움을 주었고, 무엇보다도 나의 삶을 실로 풍부하고 즐겁게 만들어주었다. 마졸레인 카스Marjoleine Kars와 사샤 뱀포드-브라운Sasha Bamford-Brown에게 특별한 감사를 드린다. 카마 개리슨Kama Garrison, 데이브 뱀포드Dave Bamford, 미셸 페이지Michelle Feige, 라일라 코코란Leila Corcoran, 팀 아만Time Ahmann, 샐리 훈스버거Sally Hunsberger, 워런 코헨Warren Cohne, 매기 팩슨Maggie Paxson, 찰스 킹Charles King은 식사를 차려줬고, 내 정원에 물을 주었으며, 내가 여정을 떠나 오랜 기간 동안 작은 강아지를 돌봐주었다. 부모님인 샐리와 윌리엄 브라운Sally and William Brown, 형제자매인 리즈와 존 마스턴Liz and John Marston, 애런과 데니스 브라운Aaron and Denise Brown, 줄리와 쿠트 호프마이스터Julie and Kurt Hofmeister는 언제나 모든 방식으로 나를 뒷받침해주었다. 리사 하드마이어Lisa Hardmeyer, 브루스 그레이Bruce Gray, 레슬리 루가버Leslie Rugaber, 프렌티스 헤일Prentis Hale은 멀리서도 내게 도움의 손길을 건넸다. 트레이시 에드몬즈Tracy Edmonds는 용기와 인내를 가능케 하는 영감의 원천이다. 그녀가 이 역사의 일부분을 살 필요가 없었으면 좋겠다.

체르노빌의 환경사를 통해 보는
후쿠시마의 미래

이 책을 통해 우리말로는 처음 국내에 소개되는 미국 역사학자 케이트 브라운Kate Brown은, 국내 역사학계에서는 아직 생소한 연구 분야라고 할 수 있는 환경사, 그중에서도 핵역사, 변경사邊境史, 재난사 등에 초점을 맞춰 연구와 교육을 병행해온 학자다. 저자는 위스콘신대학 매디슨 캠퍼스University of Wisconsin-Madison에서 학사학위를, 워싱턴대학 시애틀캠퍼스University of Washington-Seattle에서 박사학위를 받았다. 메릴랜드대학 볼티모어캠퍼스University of Maryland-Baltimore County 역사학과 교수를 거쳐 2020년 현재, 매사추세츠 공과대학Massachusetts Institute of Technology에서 과학기술사회 프로그램Program in Science, Technology, and Society의 교수로 재직하고 있다.

저자는 이 책을 포함하여 지금까지 다음의 역사서를 펴냈다.

- 《아무것도 아닌 곳의 전기: 종족적 변경에서 소비에트의 중심지로*A Biography of No Place: From Ethnic Borderland to Soviet Heartland*》(Harvard, 2004)
- 《플루토피아: 원자력 도시의 핵가족과 미소美蘇 플루토늄 대재난 *Plutopia: Nuclear Families in Atomic Cities and the Great Soviet and American Plutonium Disasters*》(Oxford, 2013)
- 《디스토피아에서 보내온 편지: 아직 잊히지 않은 장소들의 역사 *Dispatches from Dystopia: Histories of Places Not Yet Forgotten*》(University of Chicago Press, 2015)

미국 역사학계에서 환경사는 일찍이 냉전 시기부터 연구가 시작된 분과로서 폭넓은 시각과 다양한 주체를 역사쓰기에 접목시킨다. 숲과 동물, 기후, 방사선 등의 변화를 소재로 인류가 만든 초유의 세기("인류세")를 체르노빌을 중심으로 풀어낸 이 책은 대표적인 환경사 저작이다. 이러한 특성으로 인해 환경사는 단순히 역사의 하위 분과라기보다는 과학과 기술, 의학 등 다른 분야에서 통찰을 빌려와 탐구의 주제를 확장하게 해주고, 역사학의 핵심인 사료史料에 관해서도 문서고 너머를 생각할 수 있는 기회를 제공해준다. 요컨대 환경사는 사람이 "자연환경"이라고 인식하는 시공간의 역사에 대한 이해에 더해, 그 안에서 펼쳐지는 인간과 비인간nonhuman의 상호작용을 탐구하는 야심차면서도 매력적인 역사학의 한 분야다.

저서 목록에서 짐작할 수 있듯, 케이트 브라운은 환경사 내에서도 핵 역사와 변경사, 재난사에 초점을 맞춰 선도적인 연구를 진행하고 있다. 저자는 연구의 탁월함에 더해 글쓰기 교육에 남다른 관심과 재능을 보유했고, 현재 MIT에서 환경사와 냉전사, 창의적인 역사쓰기 등을 가르치고 있다. 저자의 연구 성과 가운데 특히 주목을 받은 작품은 단연《플루토피아》다.《플루토피아》는 원자력 행정과 은밀함secrecy, 지식 유통의 통제 등이 맞물려 빚어내는 냉전기의 역사상을 토대로 미국과 소련을 비교한 역작이다. 미국 역사학계에서 주는 여섯 개의 권위 있는 상을 휩쓸며 학계와 시민사회에까지 적지 않은 영향을 끼쳤다.

《체르노빌 생존 지침서Manual for Survival: A Chernobyl Guide to the Future》는 저자가 오랜 시간 동안 세계 각지에서 수집한 방대한 문서고 자료와 구술 면담 자료를 토대로 쓰였다. 이러한 노력을 통해 우리는 오늘날 대중적으로 소비되는 "체르노빌"에서는 결코 언급되지 않는 체르노빌의 환경사적 영향과 이를 온몸으로 받아들인 피해자들, 이를 밝히기 위해 다양한 위험을 무릅쓴 일상의 영웅, 이를 은폐하기 위해 공모한 정치인들과 관료들, 학자들의 여러 면모를 확인할 수 있게 되었다. 또한 저자는 이 책을 쓰는 과정에서 체르노빌 인근 지역을 탐사하는 동시에 자연과학의 힘을 빌려 자연환경과 문서고 자료를 비교하는 간학제적 탐구를 몸소 실천했다. 따라서 이 책은 "체르노빌"의 환경적이고 의학적인 영향을 정확하게 이해하도록 도와주는 가장 적합한 길잡이이자, 책 제목처럼 핵재난에서 생존하기 위해서, 그리고 이 같은 재난을 선제적으로 방지하기 위해서 무엇이 필요한지 우리에게 일러주는 효과적인 지침서manual라고 할 수 있다.

《체르노빌 생존 지침서》의 핵심 주장은 저선량 피폭에 대한 무지無知가 부분적으로는 의도적인 국제적 공모에서 비롯되었다는 것이다. 사고가 터진 지 30여 년이 지난 오늘날에 이르기까지, 책의 주요한 배경을 이루는 체르노빌 영토 및 인근 지역에서 저선량 피폭은 끊임없이 사람들의 건강에 치명적인 위해를 가하고 있다. 그럼에도 정치인들과 과학자들은, 이 책이 분명이 보여주듯 사고 발생 직후부터 그러한 사실을 의도적으로 감추려고 했다. 물론 이 같은 어두운 계획에 체르노빌 원전 사고와 관련된 지식에 접근할 수 있던 모든 사람이 동조한 것은 아니다. 하지만 사회주의나 자본주의를 막론하고, 냉전이라는 질서 안에서 국가와 제도는 방사능에 피폭된 시민들의 목소리를 소곤거림에 그치게 했다. 방사능에 노출된 피해자들의 요구는 무지의 소산으로 전락했으며, 방사선이 초래한 육체적·정신적 피해는 고스란히 시민들이 떠안게 되었다. 체르노빌로 대표되는, 국가의 원자력 기획이 야기한 인위적 비극은 오늘날에도 세계 도처에서 일어나고 있으며, 특히 일본의 후쿠시마福島에서 재현되고 있다. 나아가 일본 정부의 방침대로 원전 오염수가 바다로 방류된다면, 방사성 핵종을 머금은 해산물이 우리의 식탁에 오르게 될 날도 머지않을 것이다. 저자가 한국어판 서문에서 쓴 것과 반대로, 후쿠시마 사고의 "충격을 온전하고 솔직하게 직면하여 이로부터 배우"지 않는다면 아마도 우리는 체르노빌의 역사가 반복되는 미래를 조만간 맞닥뜨릴지도 모른다.

체르노빌의 환경사가
우리말로 나오기까지의 여정

이 책을 번역하는 과정에서 여러 명의 친구와 동료들에게 커다란 도움을 받았다. 본 번역서가 나오기까지의 여정을 돌이켜보며, 내가 받은 도움에 대한 진심어린 사의를 나타내고자 한다.

미국 박사과정 유학 지원을 끝마쳐가던 2016년 11월, 도서출판 두더지의 사장이자 친구인 김원기에게 《플루토피아》를 번역하고 싶다고 제안했다. 그는 내 제안에 흔쾌히 동의해주었고, 우리는 옥스퍼드대학 출판사와 연락을 주고받으며 번역에 필요한 자료를 마련했다. 비록 시간과 금전의 부족으로 나의 제안은 불발에 그쳤지만, 내게 핵역사 번역의 가능성을 물질적으로 넌지시 알려준 그에게 감사를 드린다.

내가 핵역사에 관심을 가지게 된 계기는 단순한 호기심에서였다. 1994년 "제1차 북핵 위기" 이후 북한에 대한 세간의 관심은 오로지 "핵"에 모아졌으나, 정작 이 사안을 역사적인 시각에서 분석하는 연구는 좀처럼 찾아볼 수 없었다. 이에 2018년 초부터 핵역사 저작들을 찾아 읽기 시작했다. 그즈음 미국의 권위 있는 싱크탱크인 우드로윌슨센터Woodrow Wilson Center에서 주관하는 국제핵확산역사프로젝트Nuclear Proliferation International History Project에 참여할 수 있는 기회를 얻게 되었다. 덕분에 데이비드 할로웨이David Holloway, 프랜시스 개빈Francis Gavin 같은 저명한 핵역사가들과 교류를 나눌 수 있게 되었고, 같은 해 가을에는 핵폭탄의 요람인 로스알라모스국립연구소Los Alamos National

Laboratory에서 북한의 핵역사에 관한 나의 연구를 보고할 수 있었다. 이러한 과정을 통해 연구 주제를 좀 더 구체화하게 되었다. 그 방안 중 하나가 바로 환경사와의 접속이었다.

2019년 3월, 체르노빌 원자력발전소 사고를 환경사적 시각에서 최초로 다룬 《체르노빌 생존 지침서》가 세간의 관심을 받으며 미국에서 출간되었고, 나는 이 책을 곧바로 구입하여 완독했다. 기대를 훨씬 뛰어넘는 내용이었다. 이러한 명작을 우리말로 옮기고 싶다는 꿈에 부풀어 국내의 몇몇 인문·사회과학 출판사에 의사를 타진해 보았다. 하지만 돌아오는 것은 미안함이 담긴 거절뿐이었다. 이 지점에서 좌절을 맛보게 되었고, 번역 작업은 일단 보류되었다.

2019년 5월, 로스앤젤레스에서 학업과 운동을 병행하던 중 존경하는 선배이자 지금은 럿거스 대학에서 교편을 잡고 있는 조재현에게 이 책과 관련된 이야기를 무심결에 했다. 그는 내 이야기를 듣더니 아주 획기적인 생각이라며, 여름을 이용해서 번역을 할 수 있다면 한국의 독자들에게 참신하고 훌륭한 정보를 전달하는 것이라고 내게 격려를 아끼지 않았다. 그의 독려에 힘입어 나는 다시 한 번 국내의 여러 출판사에 제안을 보냈고, 도서출판 푸른역사의 박혜숙 대표는 망설임 없이 번역을 진행하자고 했다. 현재 BBC 기자로 일하고 있는 김수빈은 번역서를 여러 권 출간한 경험을 바탕으로 현실적인 조언과 값진 충고를 아끼지 않았다.

이어 6월 중순부터 8월 중순까지 나는 부모님께서 마련해주신 연구 자금을 이용해 모스크바에서 문서고 작업을 진행하는 한편, 서울의 한 대학에서 학술 발표를 마친 뒤 모스크바를 거쳐 로스앤젤레스로 복귀했다. 8월 17일부터 번역을 시작했고, 9월 30일에 초역을 완료했다. 저자의 의도를 최대한 우리말과 우리 맥락에 맞게 옮기려고 했다. 하지만 속도를 강조하다보니 내가 수행한 1차 감수 과정에서 부자연스러운 대목이 많이 나왔다. 친구와 동료들에게 번역본을 보내 최대한 매끄러운 우리말로 체르노빌 이야기를 전달할 수 있도록 감수를 부탁했다. 이들의 섬세하고 예리한 제안이 없었더라면, 본 번역서는 50퍼센트에도 못 미치는 완성도를 가지고 세상에 나왔을 것이다.

친동생인 우동희는 "외과적surgical" 정확성을 기하며 감수를 해주었다. 냉전사를 탐독하는 컴퓨터 공학도의 입장에서 내게 건넨 그의 조언은 본 번역서의 가독성을 높이는 데 적지 않은 도움이 되었다. 오랜 친구이자 물리학 전공자 좌승엽은 방사능의 활동이나 원전 안에서 제어봉의 역할과 같은 복잡한 현상을 간결한 우리말로 풀어 쓸 수 있게 도움을 주었다. 동학인 역사학도 이미나는 전공 지식에 입각한 핵심적인 조언을 건넸다. 러시아어 전공자 이병윤은 러시아와 우크라이나 맥락을 정확한 우리말로 옮기는 데 큰 도움을 주었다. 중앙아시아사 전공자 임명묵은 소비에트사를 우리말 독자들에게 효과적으로 전달하는 법에 관해 알려주었다. 이들에게 최대의 감사를 보낸다.

마지막으로 이 책을 번역하는 데 내게 도움을 준 이들을 언급하고자 한다. 나의 아내 타뉴샤는 번역을 진행하는 동안 최대한의 지지와 응원, 사랑을 건네주었을 뿐만 아니라, 이 책의 무대 중 하나인 체르니히우의 역사驛舍 사진을 보내주었고, 러시아어·우크라이나어·벨라루스

어를 정확하게 발음하는 방법을 일러주었다. 존경하고 따르는 학형이자 현재 광주과학기술원에서 교편을 잡고 있는 김동혁 교수는 내게 격려와 칭찬을 아끼지 않았고, 이 책의 추천사를 써줄 수 있냐는 제안에 흔쾌히 동의해주었다. 전문가 단체 "원자력 안전과 미래"의 이정윤 대표도 오랜 현장실무 경력을 바탕으로 전문적인 조언을 제공해주었다. 앙리 베르그송을 전공하는 철학도인 엄태연은 정확한 인명 표기법을 알려주었다. 저자 케이트 브라운은 내 질문에 언제나 친절하고 신속하게 대답해 주었으며, 후학인 나에게 진정한 학자의 모습에 관해 생각할 수 있는 기회를 제공했다. 일견 "한국사"와는 아무런 관련이 없어 보이는 이 책의 중요성을 인정해주고, 번역 작업을 적극 지원해준 도서출판 푸른역사에 다시 한 번 감사의 마음을 전한다. 마지막으로 언제나 나를 물심양면으로 지지하고 응원해주시는 한국과 러시아의 가족들에게 고마움을 표하고 싶다. 특히 부모님 우명상, 박광희, 아내 타뉴샤, 그리고 동생 우동희는 이역만리에서 공부하는 내게 언제나 큰 힘이 된다. 이들에게 진심으로 감사를 드린다.

2020년 11월
우동현

추천의 글

체르노빌 원자력발전소 폭발 사건은 인류사 최악의 인재人災 중 하나로서 스리마일섬 사고, 후쿠시마 원자력발전소 폭발 사고와 함께 핵에너지의 "평화적 이용"이 매우 큰 역설을 가지고 있음을 보여준다.

2019년 미국의 거대 미디어 제작사인 HBO에서 5부작 드라마로 제작될 정도로 체르노빌에 대한 관심과 연구는 비교적 최근까지도 지속되고 있다. 특히 사고의 원인에서부터 사건의 전개 과정 및 사건 발생 후 초기 대응까지 당시 소련의 핵기술 및 원자력 안전 관리 수준에 대한 연구는 매우 활발히 진행되었다. 이 사고가 미치는 영향이 매우 컸기 때문에 사건에 대한 관심이 학계와 일국 차원에서 그치지 않았고 수많은 국가들 및 국제기구 산하의 수많은 연구 집단, 시민사회의 관심이 집중되었다.

그러나 저자인 케이트 브라운이 지적하고 있는 것처럼 체르노빌 사고의 사후 영향에 대한 논의나 연구는 당시 소련 당국 내에서뿐만 아니라 국제적으로도 매우 제한적으로만 진행되었고, 현재까지도 피해 정도에 대한 평가가 공식적인 기구들과 그 외 단체들 사이에서 극단적으로 나뉘고 있다. 바로 이런 점에서 이 책의 진가가 나타난다. 저자는 현재까지도 공식과 비공식 사이에서 첨예한 논쟁거리이면서 동시에 과학적 판단과 맹목적인 공포라는 이분법적 구도에 갇혀 있는 체르노빌 사건의 사후 영향에 대해 역사학적이면서도 인류학적인 분석을 시도했다.

우리가 과학적 조사와 판단이라는 전문가주의에 갇혀 자칫 인식하지 못하고 넘어가는 실제 사건으로 인한 삶의 변화와 파괴 양상을 저자는 매우 면밀하게 추적하고 있다. 또한 저자는 새로이 접할 수 있게 된 러시아, 우크라이나, 벨라루스의 공식 기록들을 통해 당시 소련 당국의 관료적이면서 비인간적인 대응의 모습을 생생하게 그려냈고, 이러한 반쪽짜리 진실을 묵인하고 치켜세워준 국제 원자력 집단의 반응을 설득력 있게 제시했다.

이 책은 역사학적이면서 인류학적인 작품이고 동시에 과학적 전문성을 지니고 있다. 그렇기 때문에 저자 못지않게 이 책을 우리에게 소개한 역자의 노고를 높게 평가하지 않을 수 없다. 힘든 타국에서의 유학 생활과 고단한 박사학위 논문 집필 과정 중에도 이러한 역작을 우리에게 소개해준 것에 독자 중 한 사람으로서 정말로 감사할 따름이다.

마지막으로 후쿠시마 원전 오염수 방류가 언제 진행될지 모를 현 시점의 우리에게도 "생존 지침서"로서 의미를 가질 수 있기에 독자들에게 이 책의 일독을 추천하는 바이다.

광주과학기술원 기초교육학부
김동혁

문서고와
면담 목록

문서고 머리글자와 약어

o 체르니히우주 문서고DAChO(Derzhavnyi arkhiv Chernihivskoi oblasti)

o 지토미르주 문서고DAZhO(Derzhavnyi arkhiv Zhytomyr'skoi oblasti)

o 유럽연합 문서고EUA(플로렌스, 이탈리아)

o 크리체브시 소재 모길료프주 집행위원회 "출입금지구역"부 법무처 국립문서고Arkhiv Kricheva,
   Glavnoie upravlenie iustistii Mogilevskogo oblispolkoma Uchrezhdenie "Zonal'nyi"
   gosudarstvennyi arkhiv v g. Kricheve, Arkhiv Kricheva(크리체브, 벨라루스)

o 그린피스 문서고GPA(암스테르담, 네덜란드)

o 고멜주 국립문서고GAGO(Gosudarstvennyi arkhiv Gomel'skoi oblasti, 고멜, 벨라루스)

o 모길료프주 국립문서고GAMO(Gosudarstvennyi arkhiv Mogilevskoi oblasti, 모길료프, 벨라루스)

o 모길료프주 총연합회 국립문서고GAOOMO(Gosudarstvennyi arkhiv obshchestvennykh ob'edinenii
   Mogilevskoi oblasti, 모길료프, 벨라루스)

o 러시아연방 국립문서고GARF(Gosudarstvennyi Arkhiv Rossiyskoi Federatsii, 모스크바, 러시아)

o 우크라이나 안보국 국립문서고SBU(Haluzevyi derzhavnyi arkhiv Sluzhby bezpeky Ukrainy, 키예프,
   우크라이나)

o 후버연구소 문서고HIA(팔로알토, 캘리포니아)

o 국제원자력기구IAEA 문서고(빈, 오스트리아)

o 미국 국립문서기록관리청NARA(콜리지파크, 메릴랜드)

o 미국 국립암연구소NCI(베데스다, 메릴랜드)

o 벨라루스 국립과학원BAS(Natsional'naia akademiia nauk Belarusi, 민스크, 벨라루스)

o 벨라루스공화국 국립문서고NARB(Natsionalnyi arkhiv respubliki Belarus, 민스크, 벨라루스)

o 핵실험 문서고NTA(라스베가스, 네바다)

o 러시아 국립경제문서고RGAE(Rossiyskii gosudarstvennyi arkhiv ekonomiki, 모스크바, 러시아)

o 톰 파울즈 문서 워싱턴대학교 특수자료TFC UWSC(Tom Foulds Collection, University of Washington Special Collections, 시애틀, 워싱턴)

o 우크라이나 공공협회 국립중앙문서고TsDAHO(Tsentralnyi derzhavnyi arkhiv hromadskykh ob' yednan' Ukrainy, 키예프, 우크라이나)

o 우크라이나 최고 권력 기관 국립중앙문서고TsDAVO(Tsentralnyi derzhavnyi arkhiv vyshchykh orhaniv vlady Ukrainy, 키예프, 우크라이나)

o 우크라이나 국립 중앙 영화사진음향보관소TsDKFFA(Tsentralnyi derzhavnyi kinofotofonoarkhiv Ukrainy, 키예프, 우크라이나)

o 국제연합 교육과학문화기구UNESCO(파리, 프랑스)

o 원자방사선의 영향에 관한 유엔 과학위원회UNSCEAR 문서고(빈, 오스트리아)

o 대학 문서고 통합 서비스USU(Uniformed Services University Archives, 베데스다, 메릴랜드)

o 국제연합 문서고UN NY(뉴욕, 뉴욕)

o 세계보건기구 문서고WHO(제네바, 스위스)

저자 면담

o 린 앤스퍼Lynn Anspaugh와의 전화 면담, 2016년 1월 12일

o 올랴 마르티뉵Olha Martynyuk이 수행한 아나톨리 아르테멘코Anatoli Artemenko와의 면담, 2017년 12월 22일(키예프, 우크라이나)

○ 유리 반다졔프스키Yuri Bandazhevsky와의 면담, 2015년 7월 20일(이반키브, 우크라이나)

○ 올랴 올렉산드리브나 보빌료바Olha Oleksandrivna Bobyliova와의 전화 면담, 2017년 6월 6일(키예프)

○ 마이클 캐롬Michael Carome 박사와의 전화 면담, 공공시민재단Public Citizen Foundation, 2017년 9월 5일

○ 니나 알렉산드로브나 체크레네바Nina Aleksandrovna Chekreneva와의 면담, 2016년 7월 10일 (지토미르, 우크라이나)

○ 모나 드레이체르Mona Dreicer와의 전화 면담, 2018년 4월 13일

○ 발렌티나 드로즈드Valentina Drozd와의 면담, 2016년 2월 12일, 5월 13일 전화, 6월 15일, 6월 23일, 민스크

○ 라르스 에릭 드 기어Lars-Erik De Geer와의 전화 면담, 2017년 12월 18일

○ 로버트 게일Robert Gale과의 전화 면담, 2017년 10월 29일

○ 호세 골뎀베르크José Goldemberg와의 면담(상파울루, 브라질)

○ 아벨 곤잘레스Abel Gonzalez와의 면담, 2016년 6월 3일(빈, 오스트리아)

○ 드미트리 그로진스키Dmitri Grodzinsky와의 면담, 2015년 7월 14일(키예프, 우크라이나)

○ 타마라 가이둑Tamara Haiduk과의 면담, 2016년 7월 7일(체르니히우, 우크라이나)

○ 루카스 힉슨Lucas Hixson과의 전화 면담, 2016년 10월 12일

○ 니콜라이 카찬Nikolai Kachan과의 면담, 2016년 7월 28일(발라브스크, 벨라루스)

○ 알렉스 클레멘티예프Alex Klementiev와의 전화 면담, 2017년 8월 6일

○ 알렉산드르 코모프Aleksandr Komov와의 면담, 2016년 8월 2일(리브네, 우크라이나)

○ 타마라 콧Tamara Kot과의 면담, 2016년 7월 7일(체르니히우, 우크라이나)

○ 알렉산드르 쿠프니Alexandr Kupny와의 면담, 2014년 6월 14일(슬라부티치, 우크라이나)

o 이리나 라분스카Iryna Labunska와의 전화 면담, 2018년 2월 27일

o 이리나 레브코프스카야Irina Levkovskaya와의 면담, 2016년 7월 28일(발라브스크, 벨라루스)

o 올랴 마르티뉵이 수행한 보리스 레스코브Boris Leskov와의 면담, 2017년 11월 3일
  (키예프, 우크라이나)

o 프레드 메틀러Fred Mettler와의 전화 면담, 2016년 1월 7일

o 안더스 묄러Anders Møller와의 면담, 2014년 11월 4일(파리, 프랑스)

o 클레어 모이세이Clare Moisey와의 전화 면담, 2018년 2월 19일

o 알렉세이 네스테렌코Alexey Nesterenko와의 면담, 2016년 7월 22일(민스크, 벨라루스)

o 마리야 노기나Maria Nogina와의 면담, 2016년 7월 7일(체르니히우, 우크라이나)

o 사라 필립스Sarah Phillips와의 전화 면담, 2018년 5월 18일

o 안드레이 플레스코노스Andrei Pleskonos와의 면담, 2017년 6월 1일(키예프, 우크라이나)

o 올렉산드르 포포비치Oleksandr Popovych와의 면담, 2017년 6월 1일(키예프, 우크라이나)

o 자크 레푸사르Jacques Repussard와의 전화 면담, 2018년 2월 28일

o 올가 사브란Olga Savran과의 전화 면담, 2018년 1월 17일

o 게오르기 쉬클랴레프스키Heorhy Shkliarevsky와의 면담, 2017년 6월 1일(키예프, 우크라이나)

o 볼로디미르 티히Volodymyr Tykhyy와의 면담, 2017년 6월 5일(키예프, 우크라이나)

o 이리나 페데렌코Irina Federenko와의 면담, 2016년 4월 13일(민스크, 벨라루스)

o 블라디미르 베르텔레츠키Wladimir Wertelecki와의 면담, 2016년 5월 5일(워싱턴, DC)

o 알렉세이 야블로코프Alexey Yablokov와의 면담, 2015년 6월 5일(상트페테르부르크, 러시아)

o 알라 야로신스카야Alla Yaroshinskaya와의 면담, 2016년 5월 27일(모스크바, 러시아)

o 미하일로 자하라쉬Mykhailo Zakharash와의 면담, 2016년 7월 1일(키예프, 우크라이나)

주석

한국어판 서문

1 Lauren Richardson, Andrew Blakers, Mely Caballero-Anthony, Gloria Kuang-Jung Hsu, Amy King, Doug Koplow, Anders P. Møller, et al., "Protesting Policy and Practice in South Korea's Nuclear Energy Industry", Peter Van Ness and Mel Gurtov ed., *Learning from Fukushima*(ANU Press, 2017), pp. 133~54; Max S Kim, "What a Nuclear Waste", *MIT Technology Review* 122, no. 3(June 5, 2019), pp. 22~29.

2 K. W. Tong, "Korea's forgotten atomic bomb victims", *Bulletin of Concerned Asian Scholars* 23, 1991, pp. 31~37.

3 As cited in Sheila Jasanoff and Sang-Hyun Kim, "Containing the Atom: Sociotechnical Imaginaries and Nuclear Power in the United States and South Korea", *Minerva: A Review of Science, Learning & Policy* 47, no. 2(June 2009), pp. 119~46: 131.

* 옮긴이 설명: 《동아일보》 1947년도 1월 1일 자 3면에 실린 〈祖國再建의 科學設計 ① 富强朝鮮은 科學의 偉力으로〉라는 논설이다. 필자의 이름은 적혀 있지 않았다.

4 Jacob Darwin Hamblin, *The Wretched Atom: Origins of a Global Nuclear Dystopia*(Oxford University Press, forthcoming).

5 John DiMoia, "Atoms for Sale?: Cold War Institution-Building and the South Korean Atomic Energy Project, 1945-1965", *Technology and Culture* 51:3, 2010, pp. 589~618.

6 Richardson, et al, "Protesting Policy and Practice".

7 Richardson, et al, "Protesting Policy and Practice".

* 옮긴이 설명: 우라늄의 처리나 플루토늄 추출은 굉장히 민감한 사안인데, 양자의 농축 수준에 따라 군사적 목적으로의 전용이 가능하기 때문이다. 폐연료spent fuel는 원자로에서 사용된 연료를 뜻하는데, 이 물질은 방사성 활동이 고도로 활발하고 플루토늄을 적재하고 있다. 이때 플루토늄은 처리시설에서 추출하여 다른 용도로 쓸 수 있다.

8 Jasanoff and Kim, "Containing the Atom", p. 134.

9 Jasanoff and Kim, "Containing the Atom", p. 132.

10 Eunjung Lim, "South Korea's Nuclear Dilemmas", *Journal for Peace and Nuclear Disarmament* 2, no. 1, January 2, 2019, pp. 297~318.

11 Richardson, et al, "Protesting Policy and Practice".

12 Harry Bernas, "The Trail from Fukushima", *The American Historical Review*, Volume 124, Issue 4, October 2019, pp. 1364~1372. 1.

13 Choi Ha-yan, "Nuclear reactor kept running for 12 hours after it should have been shut down", *Hankyoreh*, posted May 21, 2019.

14 Kim Jeong Min, Kim Myoung Hee, Ju YoungSu, Hwang Seung Sik, Ha Mina, Kim Bong Kyu, Zoh Kyung Ehi, and Paek DomYung, "Reanalysis of Epidemiological Investigation of Cancer Risk among People Residing near Nuclear Power Plants in South Korea", *International Journal of Environmental Research and Public Health* 15, no. 3, 2018, p. 481.

서론_생존자 지침서

1 "Instructions for Local Communities", August 25, 1986, Tsentralnyi derzhavnyi arkhiv

vyshchykh orhaniv vlady (TsDAVO) 342/17/4390, pp. 41~51.

[2] *The Chernobyl Catastrophe: Consequences on Human Health*(Amsterdam: Greenpeace International, 2007), pp. 1~15; and D. Kinley III, ed., *The Chernobyl Forum: Chernobyl's Legacy, Health, Environmental and Socio-Economic Impacts*(Vienna: IAEA, 2006).

[3] Elisabeth Cardis, quoted in Mark Peplow, "Special Report: Counting the Dead", *Nature* 440, 2006, pp. 982~83.

[4] Telegram Gale to Beninson, June 27, 1986, and Giovanni Silini, "Concerning Proposed Draft for Long–Term Chernobyl Studies", Correspondence Files, August 1986, UN Scientific Committee for the Effects of Atomic Radiation (UNSCEAR) Archive.

[5] Ihor Kostin, *Chernobyl: Confessions of a Reporter*(New York: Umbrage, 2006), pp. 76~80.

[6] "Informatsia MOZ URSR dlia Rady Ministriv Respubliky", April 30, 1986, in N. P. Baranovs'ka, *Chornobyl's'ka trahediia: Narysy z istorii*(Kyiv: Instytut istorii Ukrainy NAN Ukrainy, 2011), p. 86.

[7] Author interview with Olha Oleksandrivna Bobyliova, June 6, 2017, Kyiv.

[8] "Internal Report", June 2, 1986, Haluzevyi derzhavnyi arkhiv Sluzhby bezpeky Ukrainy (SBU) Archive 16, 01113, pp. 148~53.

[9] G. Medvedev, "Vospominania barnaul'skikh likvidatorov", http://milanist88.livejournal.com/12328.html; "To the Central Committee of the Communist Party of Belarus", August 6, 1986; and "On a Collective Petition", August 29, 1986, NARB 4R/154/393: 7, 3–4.

[10] Medvedev, "Vospominania barnaul'skikh likvidatorov"; and "Memo", May 4, 1986, TsDAVO 27/22/7701, 35.

[11] "Situation Report", May 5, 1986 in Baranovs'ka, *Chernobyl'skaia tragedia*, pp. 75~76; and "Operative Group Information" May 11, 1986, Tsentralnyi derzhavnyi arkhiv vyshchykh orhaniv vlady Ukrainy (TsDAVO) 27/22/7703, p. 13.

[12] Richard Wilson, "A Visit to Chernobyl", *Science* 236, no. 4809, 1987, pp. 1636~40; and Alexander Sich, "Truth Was an Early Casualty", *Bulletin of the Atomic Scientists*, May/June 1996, p. 36.

[13] Fernald Preserve, "Touring the Fernald Preserve PLEASE BE CAUTIOUS", U.S. Department of Energy.

1부 사고

6호 병원의 청산자

[1] "Professor Angelina Guskova: na lezvii atomnogo mecha", March 29, 2015, *Ozersk 74*, http://www.ozersk74.ru/news/politic/239887.

[2] Christopher Sellers, "The Cold War over the Worker's Body: Cross-National Clashes over Maximum Allowable Concentrations in the Post-World War II Era", Soraya Boudia and Nathalie Jas ed., *Health and Regulation since 1945*(London: Pickering and Chatto, 2013), pp. 24~45.

[3] Hiroshi Ichikawa, "Radiation Studies and Soviet Scientists in the Second Half of the 1950s", *Historia Scientiarum* 25, no. 1, 2015, p. 86; A. K. Gus'kova and G. D. Baisogolov, *Luchevaia bolezn' cheloveka*(Moscow: Meditsina, 1971), p. 42, as cited in Adriana Petryna, *Life Exposed: Biological Citizens after Chernobyl*(Princeton, NJ: Princeton University Press, 2013), pp. 119~20.

[4] Andrei Ivanovich Vorobiev, "Gematologicheskii nauchnyi tsentr", accessed September 5, 2017, http://blood.ru/about/vse-rukovoditeli-tsentra/vorobjov-a-i.html.

[5] For one case in 1970, see "Statement by the Executive Commission of the Academy of Science of UkrSSR", February 9, 1970, Tsentralnyi derzhavnyi arkhiv hromadskykh ob'yednan' Ukrainy (TsDAGO) 1/25/365: 11-16. For overview, see Grigori Medvedev, *The Truth about Chernobyl: An Exciting Minute-by-Minute Account by a Leading Soviet Nuclear Physicist of the World's Largest Nuclear Disaster and Coverup*(New York: Basic Books, 1991), p. 5.

[6] "Prichiny Chernobyl'skoi avarii", 1990, Rossiyskii gosudarstvennyi arkhiv ekonomiki

(RGAE) 4372/67/9743, pp. 86~99.

[7] Sonja D. Schmid, *Producing Power: The Pre-Chernobyl History of the Soviet Nuclear Industry*(Cambridge, MA: MIT Press, 2015), pp. 128~30.

[8] "Informational Communiqué", April 28, 1986, SBU 16/1/1238, 53 – 57, 71 – 75; "Evidence from Yuri Tregub, Shift Foreman at Block N4", http://igpr.ru/library/dejstvija_personala_chast_1.

[9] Vivienne Parry, "How I Survived Chernobyl", *The Guardian*, August 24, 2004, accessed August 24, 2017, https://www.theguardian.com/world/2004/aug/24/russia.health.

[10] "Avariia na ChAES", Fireman.club, https://fireman.club/statyi –polzovateley/avariya – na –chaes –pervye –geroi –chernobylya/, August 24, 2017; and Serhii Plokhy, *Chernobyl: The History of a Nuclear Catastrophe*(New York: Basic Books, 2018), pp. 87~101.

[11] "From the Report by Medical Sanitary Unit No. 1", no earlier than January 1991, Nataliia Baranovska, ed., *Chornobyl' —problemy zdorov" ia naselennia: zbirnyk dokumentiv i materialiv u dvokh chastynakh*, vol. 2(Kyiv: Instytut istorii Ukrainy, 1995), pp. 111~15.

[12] Andrei Vorobiev, *Do i posle Chernobylia: vzgliad vracha*(Moscow: New Diamond, 1996), pp. 58~60.

[13] Karl Z. Morgan, "Reducing Medical Exposure to Ionizing Radiation", *American Industrial Hygiene Association Journal*, May 1975, pp. 361~62.

[14] "AFRRI Briefing for Sue Bailey, Deputy Assistant Secretary of Defense for Clinical Services", October 28, 1994, Uniformed Services University (USU) Archives.

[15] Svetlana I. Vashchenko, "Liuberchane v Chernobyle", *Mestnye novosti iz pervykh ruk*, accessed April 26, 2017, http://lubgazeta.ru/articles/292856.

[16] Miquel Macià, Anna Lucas Calduch, and Enric Casanovas López, "Radiobiology of the Acute Radiation Syndrome", *Reports of Practical Oncology and Radiotherapy* 16, August 2011, pp. 123~30.

[17] Timothy Jorgensen, *Strange Glow: The Story of Radiation*(Princeton, NJ: Princeton University

Press, 2016), p. 154.

[18] Steve Weinberg, "Armand Hammer's Unique Diplomacy", *Bulletin of the Atomic Scientists* 42, no. 7(September 8, 1986), pp. 50~52.

[19] Vashchenko, "Liuberchane v Chernobyle."

[20] Richard Champlin, "With the Chernobyl Victims", *Los Angeles Times*, July 6, 1986.

[21] "From the Minutes of Governmental Commission's Meeting No. 14", May 14, 1986; Baranovska, *Chornobyl'—problemy zdorov'ia*, pp. 95~100.

[22] Robert Peter Gale, "Two Chernobyl Doctors Were the First Humans to Get GM−CSF", Cancer Letters, May 29, 2015, pp. 1~3.

[23] Paul Jacobs, "UCLA Researcher Gets Reprimand for Marrow Transplant", *Los Angeles Times*, December 14, 1985.

[24] Author telephone interview with Robert Gale, October 29, 2017.

[25] Author telephone interview with Dr. Michael Carome, Public Citizen Foundation, September 5, 2017, and email correspondence, December 7, 2017.

[26] "Informational Communiqué", June 5, 1986, SBU 16/1/1238: 178−79.

[27] "From Protocol No. 7", May 6, 1986, Baranovska, *Chornobyl'—problemy zdorov'ia*, p. 58.

[28] "Internal Report", SBU 16/1/1238: 118−24; and "Internal Report", July 18, 1986, SBU 16/1/1238: 289−92.

[29] "Informational Communiqué", May 23−25, 1986, SBU 16/1/1238, pp. 147~52.

[30] "NBC and ABC Admit Reactor Film Was a Hoax", *New York Times*, May 15, 1986.

[31] Alex S. Jones, "Press Sifts Through a Mound of Fact and Rumor", *New York Times*, May 1, 1986.

[32] *Z arkhiviv VUChK−HPU−NKVD−KHB*: *Spetsvypusk* 16, no. 1, 2001, pp. 79~80.

[33] Stuart Diamond, "Long−Term Chernobyl Fallout: Comparison to Bombs Altered", *New York Times*, November 4, 1986, C3.

[34] As cited in Alexander Sich, "Truth Was an Early Casualty", *Bulletin of the Atomic Scientists*, May/June 1996, p. 39; Stuart Diamond, "Chernobyl's Toll in Future at Issue", *New York Times*, August 29, 1986.

[35] Baranovska, *Chornobyl'—problemy zdorov"ia*, pp. 25~26. On bare feet—author interview with Dmitri Grodzinsky, July 14, 2015, Kyiv.

[36] Vladimir Gubarev, *Strasti po Chernobyliu*(Kyiv: Algoritm; Arii, 2011), pp. 35~40; and "Protokol No. 23", May 23, 1986, Baranovska, *Chornobyl'—problemy zdorov"ia*, pp. 157~58.

[37] Robert Peter Gale, "Two Chernobyl Doctors Were the First Humans to Get GM-CSF", *Cancer Letters*, May 29, 2015, pp. 1~3.

[38] Harry Nelson, "Ordinary Americans Also Chip in for Chernobyl", *Los Angeles Times*, May 18, 1986.

[39] Robert Peter Gale and Alexander Baranov, "If the Unlikely Becomes Likely: Medical Response to Nuclear Accidents", *Bulletin of the Atomic Scientists* 67, no. 2, March 2011, p. 10; and Gale and Baranov, "Bone Marrow Transplantation after the Chernobyl Nuclear Accident", *New England Journal of Medicine* 321, no. 4, 1989, pp. 205~12.

[40] "Gorbachev Meets Dr. Gale", *New York Times*, May 16, 1986; and William J. Eaton, "More Chernobyl Deaths", *Los Angeles Times*, May 16, 1986.

[41] Vorobiev, *Do i posle Chernobylia*, pp. 91~93, 112~15. On censorship, see "Ob ogranicheniiakh dlia pechati", July 31, 1986, Nesterenko Papers, Natsional'naia akademiia nauk Belarusi (BAS).

[42] William J. Eaton, "More Chernobyl Deaths", *Los Angeles Times*, May 16, 1986.

[43] On the paucity of expertise in radiation medicine in the West, see "Request for Waiver of Department Regulations", NCI Thyroid/Iodine 131 Assessments Committee, June 5, 1990, National Cancer Institute (NCI), RG 43 FY 03 Box 5, part 1.

[44] Gale and Baranov, "Bone Marrow Transplantation"; and N. Parmentier and J. C. Nenot, "Radiation Damage Aspects of the Chernobyl Accident", *Atmospheric Environment* 23, no. 4, 1989, pp. 771~75.

[45] Robert Gillette, "Soviets Disparage Transplants for Chernobyl", *Los Angeles Times*, August 28, 1986; and "Information", November 11, 1986, Baranovska, *Chornobyl'—*

problemy zdorov"ia, pp. 46~48.

46 Harry Nelson, "Chernobyl 1 Year Later", *Los Angeles Times*, April 25, 1987.

47 William Sweet, "Chernobyl's Stressful After-Effects", *IEEE Spectrum*, November 1, 1999.

48 In an interview, Gale noted that he did not treat Soviet patients, Soviet doctors did. He assumed that their regulatory authorities approved of the treatment. A year later, he participated in testing the same drug on victims of a nuclear accident in Brazil. Author telephone interview with Robert Gale, October 30, 2017.

49 Vorobiev, *Do i posle Chernobylia*, pp. 112~15.

50 William J. Eaton, "Gale-Soviet Atom Victim Study OKd", *Los Angeles Times*, June 7, 1986; and Robert Peter Gale, "Chernobyl: Answers Slipping Away", *Bulletin of the Atomic Scientists* 46, no. 7, September 1990, p. 19.

51 Tony Perry, "Doctor Testifies That San Onofre Leaks Caused Leukemia", *Los Angeles Times*, January 14, 1994.

52 Robert Peter Gale and Eric Lax, "Fukushima Radiation Proves Less Deadly Than Feared", March 10, 2013, Bloomberg, https://www.bloomberg.com/view/articles/2013-03-10/fukushima-radiation-proves-less-deadly-than-feared.

소개疏開되는 사람들

1 "On the Radiation Situation", May 3, 1986, Baranovska, *Chornobyl'—problemy zdorov"ia*, vol. 1, pp. 35~38.

2 Of 55,000 people bused out of Pripyat on April 27, 42,000 went to the Poliske region and 13,000 to the Ivankiv region. These regions recorded higher levels of radiation than in Pripyat (2-4 mR/hr on the morning of April 27), "Informational Communiqué", April 28, 1986, SBU 16/1/1238: 73-74; "Memo about Evacation of the Population", July 15, 1986, TsDAVO 342/17/4391, pp. 93~96; and "On Medical-Sanitary Provisions", May 7, 1986, Baranovska, *Chornobyl'—problemy zdorov"ia*, vol. 1, pp.

70~73, p. 7, 10, 13, 28, and vol. 2, 12.

3 "Protocol No. 10", May 10, 1986, Baranovska, *Chornobyl'—problemy zdorov"ia*, vol. 1, pp. 75~77.

4 Phil Taubman, "Soviet Challenges U.S. Milk Warning", *New York Times*, May 28, 1986; "Radiation in Soviet Veal Reported", *New York Times*, June 1, 1986; and "Protocol No. 7", May 7, 1986, Baranovska, *Chornobyl'—problemy zdorov"ia*, vol. 1, pp. 67~68.

5 "Government Commission's Meeting", May 20, 1986; "From the Protocol", May 13, 1986; and "Protocol No. 25", May 26, 1986, Baranovska, *Chornobyl'—problemy zdorov"ia*, vol. 1, pp. 25~26, 131~32.

6 "Protocol No. 30", June 3, 1986, Baranovska, *Chornobyl'—problemy zdorov"ia*, vol. 1, pp. 202~4.

7 "Protocol No. 30", pp. 21~23.

8 "Government Commission's Meeting", May 20, 1986, Baranovska, *Chornobyl'—problemy zdorov"ia*, pp. 131~32.

9 Vorobiev, *Do i posle Chernobylia*, 6.

10 "On the Measures Taken", April 30, 1986, Baranovska, *Chornobyl'—problemy zdorov"ia*, pp. 16~18.

11 "Report on Health Examination of the Evacuated from 30−km Zone Children", 1986, TsDAVO 342/17/4391, pp. 41~44.

12 "On Medical−Sanitary Provisions", May 7, 1986, Baranovska, *Chornobyl'—problemy zdorov"ia*.

13 "On Medical−Sanitary Provisions in Gomel and Mogilev Provinces", May 28, 1987, RGANI 89/56/6, pp. 199~204, and "On Progress in Implementing the Decree", May 16, 1987, RGANI 89/56/7, pp. 210~14, Hoover Institution Archive (HIA). "Regions of 30−km Zone", 1986, and "Results of Screening", 1986, TsDAVO 342/17/4391, pp. 73~79; "Protocol No. 12", May 12, 1986, and "Information", May 22, 1986, Baranovska, *Chornobyl'—problemy zdorov"ia*, vol. 1, p. 81, pp. 151~53; and "Memo on Employment", August 1, 1989, Natsionalnyi arkhiv respubliki Belarus (NARB)

46/14/1264, pp. 11~14.

[14] For children's symptoms, see E. Stepanova et al., "Effekty vozdeistviia posledstvii Chernobyl'skoi avarii na detskii organizm", *Pediatriia* 12, 1991, pp. 8~13.

[15] "From Protocol No. 14", May 14, 1986, Baranovska, *Chornobyl'—problemy zdorov"ia*, pp. 95~100.

[16] "Medical Aspects of the Accident", June 16, 1987, RGANI 89/53/75; and A. K. Guskova and Iu. G. Grigor'ev, "Conclusions", November 16, 1986, RGANI 89/53/55, HIA.

[17] Margaret Peacock, *Innocent Weapons: The Soviet and American Politics of Childhood in the Cold War*(Chapel Hill: University of North Carolina Press, 2014).

[18] "Valentina Satsura to TsK BSSR", May 25, 1986, NARB 7/10/530: 287a~b.

[19] Kyiv officials calculated that each month residents in contaminated areas were taking in 300 mSv to the thyroid. Baranovska, *Chornobyl'—problemy zdorov"ia*, vol. 1, pp. 61~62.

[20] Rudy Abramson, "Worst May Be Yet to Come", *Los Angeles Times*, May 4, 1986.

[21] "Tasks for Sanitary–Epidemiology Service", September 23~26, 1986, TsDAVO 342/17/4355, pp. 155~74.

[22] "Memo from the Ministry", January 15, 1987, Baranovska, *Chornobyl'—problemy zdorov"ia*, vol. 2, pp. 69~73.

[23] See "To the First Secretary N. N. Sliun'kov", April 30, 1986, no. 588, Nesterenko Papers reprinted in Rodnik, no. 5~6, 1990, pp. 56~58; "On Some Urgent Measures", May 5, 1986, Baranovska, *Chornobyl'—problemy zdorov"ia*, vol. 1, pp. 46~47.

[24] "Memo on Clinical Examination of Children", December 29, 1986, TsDAVO, 342/17/4391, pp. 144~46a.

[25] "Regulations", October 9, 1986, Nesterenko Papers, Akademia navuk Belarus' (BAS).

[26] Author telephone interview with Maria Kuziakina, September 28, 2017.

[27] "Memo", no earlier than October 1986, TsDAVO, 342/17/4391, pp. 108~10.

[28] "Methodical Recommendations", May 20, 1986, TsDAVO, 342/17/4390, pp. 5~8.

[29] "Ministry of Health Decree", May 18, 1986, and "Emergency-gram", May 20, 1986, Baranovska, *Chornobyl'—problemy zdorov"ia*, vol. 1, pp. 125~26, p. 134. On complaints that local doctors did not have access to dose information, see "Operative Council", August 8, 1988, TsDAVO 324/17/4886, pp. 15~17.

[30] Vorobiev, *Do i posle Chernobylia*, p. 52.

[31] Vorobiev, *Do i posle Chernobylia*, p. 52.

[32] "Methodological Recommendations", June 4, 1986, TsDAVO, 342/17/4390, p. 17.

[33] "Memorandum of Telephone Conversation between General Groves and Oak Ridge Hospital, 9:00 a.m., August 25, 1945", National Security Archive, accessed May 1, 2018, https://nsarchive.gwu.edu .

[34] Stephen I. Schwartz, *Atomic Audit: The Costs and Consequences of U.S. Nuclear Weapons since 1940*(Washington, DC: Brookings, 1998).

[35] Janet Farrell Brodie, "Radiation Secrecy and Censorship after Hiroshima and Nagasaki", *Journal of Social History* 48, no. 4, Summer 2015, pp. 842~964.

[36] James V. Neel and William J. Schull, *The Criteria of Radiation Employed in the Study*(Washington, DC: National Academies Press, 1991).

[37] "The Atom at Work", Time 65, no. 10, March 7, 1955; and William C. Maloney, "Leukemia in Survivors of Atomic Bombing", *New England Journal of Medicine* 253, no. 3, July 21, 1955, p. 89.

[38] Kotaro Ozasa et al., "Japanese Legacy Cohorts: The Life Span Study Atomic Bomb Survivor Cohort and Survivors' Offspring", *Journal of Epidemiology* 28, no. 4, April 5, 2018, pp. 162~69.

[39] Silini to Beebe, July 25, 1986, Correspondence Files, 1986; and Silini to Ilyin, February 5, 1987, Correspondence Files, 1987, UNSCEAR Archive.

[40] Daniel L. Collins, "Nuclear Accidents in the Former Soviet Union: Kyshtym, Chelyabinsk and Chernobyl", 1991, Defense National Institute, Uniformed Services University (USU) DNA/AFRRI 4020, AD A 254 669.

[41] "Design Institution—UkSSR Ministry of Health", TsDAVO 342/17/4390, no later than June 1986, pp. 13~20; and Vorobiev, *Do i posle Chernobylia*, p. 14, pp. 45~49.

[42] A. K. Gus'kova, E. I. Chazov, and L. A. Ilyin, *Opasnost' iadernoi voiny*(Moscow: Novosti, 1982), pp. 92~94.

[43] Collins, "Nuclear Accidents in the Former Soviet Union."

비를 부르는 사람들

[1] "Iu. I. Izrael to Central Committee of KPSS", April 27, 1986, V. I. Adamushko et al., eds., *Chernobyl': 20 let spustia*(Minsk: Natsional'nyi archiv Respubliki Belarus, 2006), pp. 27~29.

[2] "Central Aerological Observatory, Department of Cloud Physics and Modification", accessed September 17, 2017, http://www.cao-rhms.ru/OFAV/hist_of_dep/hist_of_dep_AktVoz.html.

[3] Oleg Makarov, "Bitva s oblakami: razgon oblakov", *Populiarnaia mekhanika*, April 21, 2009.

[4] "Playing with the Weather", BBC documentary, 2007.

[5] "Progress Report", March–September 1994, Chernobyl Studies Project, Working Group 7.0, DOE, UCRL-ID-110062-94-6, Attachment E.

[6] "Information", 1986, NARB 1088/1/989: 64.

[7] Igor Elkov, "Chernobyl'skii tsiklon", *Rossiiskaia gazeta*, April 21, 2006.

[8] Interview by Olha Martynyuk of Boris Leskov, November 3, 2017, Kyiv.

[9] Albert A. Chernikov, "Works on Precipitation Modification in the Area of ChAES", *Moscow–Chernobyliu*, vol. 1(Moscow: Voeenizdat, 1998), pp. 479~83; and "Letter to the People's Deputy of UkSSR A. A. Dron'", April 28, 1990, TsDAVO 324/17/5328, pp. 98~104.

[10] The work of "not allowing precipitation" took place in Kyiv, Zhytomyr, Chernihiv, and Cherkasy Provinces. "Summarizing Memo", August 1, 1986, TsDAVO 27/22/7701,

pp. 316~31; and "Memo No. 8095", October 9, 1986, SBU 68/483, p. 23.

[11] "On Reorganization and Changes", May 19 and June 13, 1986, NARB 1088/1/986, pp. 214~18.

[12] "Dlia uskoreniia likvidatsii", *Tribuna energetika*, no. 13, November 15, 1989, p. 1.

[13] "On the Process of Liquidation", June 10, 1986, Gosudarstvennyi arkhiv obshchestvennykh ob'edinenii Mogilevskoi oblasti (GAOOMO), 9/181. "Directive of the Board of District Committee", July 4, 1986, Glavnoie upravlenie iustistii Mogilevskogo oblispolkoma Uchrezhdenie "Zonal'nyi" gosudarstvennyi arkhiv v g. Kricheve (Arkhiv Kricheva) 3/4/1503, pp. 80~83. For measurements, see "No. 1353", September 19, 1986, Nesterenko Papers, BAS.

[14] Denis Martinovich, "Nam dolbili, kak diatly: Tol'ko by ne bylo paniki", Tut.by, accessed June 22, 2018, http://news.tut.by/society/493766.html. On delayed reporting to Belarusian leadership, see "Memo-report", 1989, NARB 7/10/1938, pp. 40~55.

[15] "Statement", October 9, 1986, Nesterenko Papers, BAS.

[16] "No. 899", June 23, 1986, Nesterenko Papers, BAS.

[17] The first Belarusian document on the accident is "From Protocol No. 8", April 28, 1986. Local civil defense officials first detected radiation at 8 p.m. on April 27. "Protocol No. 5", June 19, 1986, in Adamushko, *Chernobyl'*, pp. 29~30, 42~45.

[18] For first orders, "Progress on Implementation", July 2, 1986, GAOOMO 9/184/55, pp. 1~5, and "Progress in Liquidation", June 10, 1986, NARB 411/366, pp. 157~58. For recognition that they were late, see "On Reorganization and Changes", May 19 and June 13, 1986, NARB 1088/1/986, pp. 214~18. On lack of expertise in Belarus, see "Protocol No. 8", August 27, 1987, NARB 1088/1/1002, pp. 59~61; "Memo of Environmental Protection, BSSR", April 13, 1989, NARB 83/1/767, pp. 116~18.

[19] "Statement on Republican Center of Radiational Measurements", October 9, 1986, Nesterenko Papers, BAS. For retrospective confirmation of doses, see A. I. Vorobiev, Ministry of Health, to B. E. Shcherbina, June 12, 1989, Gosudarstvennyi archiv Gomel'skoi oblasti (GAGO) 1174/8/2215, pp. 24~27. On measurements, "Minutes of

Meeting of Interdepartmental Commission", February 25, 1993, NARB 507/1/39, pp. 1~5.

[20] "No. 621, Nesterenko to Sliun'kov, N. N.", May 7, 1986, Nesterenko Papers, BAS.

[21] They recorded 54 mSv/hr in Bragin and 3.2 mSv/hr in Chernev. Neither town was evacuated. "No. 899", June 23, 1986, Nesterenko Papers, BAS.

[22] "No. 609, Data", June 21, 1986; "No. 900", June 21, 1986; "Meeting Minutes", September 15, 1986; and "No. 1353", September 19, 1986; "No. 1504/ File No. 54", October 27, 1986; and "No. 1354 from File ss.09.86/ no. 54", September 22, 1986, Nesterenko Papers, BAS.

[23] "Residents of Bragin, Khoiniki and Narovlia Regions", May 11, 1986, NARB 4P/156/238, p. 104.

[24] "No. 588", Nesterenko to N. N. Sliun'kov, April 30, 1986; and "To the Deputy Head of Council of Ministers of BSSR Petrov", May 29, 1886, Nesterenko Papers, BAS.

[25] Vorobiev, *Do i posle Chernobylia*, p. 143.

[26] Martinovich, "Nam dolbili, kak diatly."

조작하는 사람들

[1] "Radiation Shield for Kyiv", October 1, 1986, Tsentralnyi derzhavnyi kinofotofonoarkhiv Ukrainy im. H. S. Pshenychnoho [TsDKFFA of Ukraine] No. 10219, film dossier.

[2] Alla Yaroshinskaya, *Chernobyl: Crime without Punishment*(New Brunswick, NJ: Transaction Publishers, 2011), *Chernobyl: The Big Lie*(Moscow: Vremya, 2011), and *Chernobyl: The Forbidden Truth*(Lincoln, NE: Bison Books, 1995).

[3] Author interview with Alla Yaroshinskaya, May 27, 2016, Moscow, and telephone interview, March 30, 2017.

[4] Evgenii Chernykh, "Egor Ligachev: 'Stranno, konechno, chto Gorbachev ne s'ezdil v Chernobyl", *Komsomol'skaia pravda*, April 29, 2011.

[5] "KPSS Central Committee Politburo Meeting", July 3, 1986, classified, single draft

copy, Yaroshinskaya, personal collection.

6 "Boris Evdokimovich Shcherbina, 1919 – 1990", Gorod T, accessed June 21, 2018, https://gorod-t.info/people/obshchestvo-upravlenie/shcherbina-boris-evdokimovich/.

7 "On the Reactions of Foreign Reporters", July 8, 1987, SBU 16/1/1250, pp. 193~94; and "Informational Communiqué", July 30, 1987, SBU 16/1256, pp. 43~44.

8 "Interministerial Memo", July 1986, SBU 68/483, p. 15; and Anatolii S. Diatlov, *Chernobyl': Kak eto bylo*(Moscow: Nauchtekhlitizdat, 2003), chap. 4. For orders to restart reactor No. 3 by August, see "Directive of the Central Committee of KPSS", May 22, 1986, Baranovska, *Chernobyl'skaia trahedia*, p. 156.

9 "Lutsenko to SM USSR", December 2, 1988, Gosudarstvennyi Arkhiv Rossiyskoi Federatsii (GARF) 8009/51/4340, pp. 166~71.

10 "KPSS Central Committee Politburo Meeting."

11 "Medical Aspects of the Chernobyl Accident", Conference Proceedings, Kyiv, May 11 – 13, 1988(Vienna: IAEA, 1989), p. 49.

12 "KPSS Central Committee Politburo Meeting", pp. 12~13.

13 "Informational Communiqué", March 17, 1987, SBU 16/1249, pp. 48~51.

14 For a discussion of RBMK technical problems, see Sonja D. Schmid, *Producing Power: The Pre-Chernobyl History of the Soviet Nuclear Industry*(Cambridge, MA: MIT Press, 2015), pp. 128~30.

15 "Causes of Chernobyl Accident, Facts and Fiction", 1990, RGAE 4372/67/9743: 86 – 99. On the RBMK's positive void coefficient, see Paul R. Josephson, *Totalitarian Science and Technology: Control of Nature*(Atlantic Highlands, NJ: Humanities Press, 1996), p. 308.

16 Schmid, *Producing Power*, p. 125.

17 "KPSS Central Committee Politburo Meeting."

1 For her latest history, see Natalia Baranovska, *Ispytanie Chernobylem*(Kyiv: Iustinian, 2016).

2 A. I. Avramenko to A. P. Kartysh, June 14, 1990, TsDAVO, 342/17/5220, p. 27.

3 "On Archival Programs", July 1, 1991, and Prof. Dr. Hans Booms, "Report about the Unesco-Mission to the UkSSR", August 29, 1991, UNESCO Archive, CII/PGI/MONT/4.

4 Author interview, June 13, 2014, Kyiv.

5 "Memo", 1987, TsDAVO 342/17/4391, pp. 147~50.

6 Author interview with Natalia Baranovska and Irina, June 13, 2014, Kyiv.

7 "Sanitary-Hygiene Guidelines", August 4, 1986, Baranovska, *Chornobyl'—problemy zdorov"ia*, vol. 1, pp. 18~20.

8 "Transcripts, May 3" and "Protocol No. 5", May 5, 1986, Baranovska, *Chornobyl'—problemy zdorov"ia*, vol. 1, pp. 27~30, 52~56.

9 "Situation Report", May 5, 1986, *Z arkhiviv VUChK-HPU-NKVD-KGB*(Kyiv, 2001), pp. 77~78; and "On Construction", October 28, 1991, TsDAVO 342/17/5357, p. 120.

10 "On a Question for Clarification", July 7, 1988, SBU 16/1262, pp. 324~25.

11 "On Problematic Issues", December 6, 1988, SBU 16/1266, pp. 248~50.

12 "Memo: On the Military", July 30, 1986, SBU 68/483, p. 13.

13 "On Shortcomings", August 1986, SBU 68/483, p. 16.

14 "From Protocol No. 15", May 15, 1986, Baranovska, *Chornobyl'—problemy zdorov"ia*, vol. 1, p. 104.

15 "Situation Report"; and V. K. Savchenko, *The Ecology of the Chernobyl Tragedy: Scientific Outlines of an International Programme of Collaborative Research*(Paris: Parthenon Publishing, 1995), p. 14, 95.

16 "Protocol", March 5, 1992, NARB 507/1/12, pp. 8~9.

17 "Ministry Decree", May 15, 1986; "Objectives", September 1986, TsDAVO

342/17/4355, pp. 155~74.

[18] "Memo", 1987, TsDAVO 342/17/4391: 147 – 50; and "Objectives."

[19] "Materials for Government Information", September 29, 1989, TsDAVO 342/17/5089: 159 – 61; and "Operative Meeting", August 8, 1988, TsDAVO 324/17/4886: 15 – 17.

[20] Joseph Mangano, "Three Mile Island: Health Study Meltdown", *Bulletin of Atomic Scientists*(October 2004), pp. 31~35; and Natasha Zaretsky, *Radiation Nation: Three Mile Island and the Political Transformation of the 1970s*(New York: Columbia University Press, 2018).

[21] "Ministry Memo", January 15, 1987, Baranovska, *Chornobyl'—problemy zdorov"ia*, pp. 69~73.

[22] Author interview, Oleksandr Popovych, Kyiv, June 1, 2017.

[23] "Minutes No. 17", May 17, 1986; and for the Polesia region, "Explanatory Note", June 14, 1986, Baranovska, *Chornobyl'—problemy zdorov"ia*, vol. 1, p. 120, pp. 217~18.

[24] "Proposals from Science Department", May 4, 1986, Baranovska, *Chornobyl'—problemy zdorov"ia*, pp. 109~10.

[25] "On Some Urgent Measures", May 5, 1986, Baranovska, *Chornobyl'—problemy zdorov"ia*, vol. 1, pp. 46~47.

[26] "Methological Recommendations", May 20, 1986, TsDAVO, 342/17/4390, pp. 5~8.

[27] "Children Examination Results", 1986, TsDAVO 342/17/4391, pp. 73~74. "From the Transcripts", May 14, 1986, "From the Protocol", May 13, 1986, Baranovska, *Chornobyl'—problemy zdorov"ia*, vol. 1, pp. 101~2.

[28] "Proposals from the Science Department."

[29] "Transcripts of Meeting No. 7", May 11, 1986; "From the Protocol", May 13, 1986, Baranovska, *Chornobyl'—problemy zdorov"ia*, pp. 46~48, 91~92.

[30] "Information of the Operative Group of the State Committee of Industrial Agriculture", May 8, 1986, TsDAVO 27/22/7703, p. 10.

[31] Elgė Rindzevičiūtė, *The Power of Systems: How Policy Sciences Opened Up the Cold War World*(Ithaca, NY: Cornell University Press, 2016), p. 187.

[32] "Transcripts No. 7 of the Politburo TsK KPU Operative Group", May 11, 1986, in V. A. Smolii, *Chornobyl'* : *Dokumenty operatyvnoi hrupy TsK KPU*(1986 – 1988) (Kyiv: Institut istoryi, 2017), p. 98.

[33] A. K. Gus'kova, E. I. Chazov, and L. A. Il'yn, *Opasnost' iadernoi voiny*(Moscow: Novosti, 1982), p. 72.

[34] "From the Protocol", May 13, 1986; and author interview with O. A. Bobyliova, June 6, 2017, Kyiv.

[35] "On the Radiological Situation", May 3, 1986, "On Medical−Sanitation Provisions", May 7, 1986, and "Protocol No. 25", May 26, 1986, Baranovska, *Chornobyl'—problemy zdorov"ia*, vol. 1, pp. 38~39, 70~71, 166~68.

[36] "From Protocol No. 7", May 6, 1986, Baranovska, *Chornobyl'—problemy zdorov"ia*, vol. 1, p. 58.

[37] A. K. Gus'kova and Iu. G. Grigor'iev, "Conclusion", November 16, 1986, RGANI 89/53/55, HIA.

[38] Valentyna Shevchenko, "Urodzhena mudrist'", E. F. Vozianov et al., ed., *Volodymyr Scherbyts'kyi*: *spohady suchasnykiv*(Kyiv: "In Yure", 2003), pp. 47~48.

[39] Author interview with Olha Oleksandrivna Bobyliova, June 6, 2017, Kyiv.

[40] Memo, John Willis to Doug Mulhall and David McTaggart, August 14, 1990, Greenpeace Archive (GPA), 1625; and Bryon MacWilliams, "Climate Change: Crunch Time for Kyoto", Nature 431, no. 7004, September 2, 2004, pp. 12~13. An investigation of the Ukrainian Communist Party singled out Izrael and Ilyin for condemnation. "Minutes to the 28th Conference of the Communist Party of Ukraine", December 14, 1990, TsDAHO 1/2/1065, pp. 112~43.

[41] Monitors measured streets in Kyiv from 8 – 26 μSv/hr. "On the Radiological Situation".

[42] "Report on Pediatric Screening", 1986, TsDAVO 342/17/4391, pp. 41~44.

[43] "30−km Zone Areas in Kyiv Province", 1986, TsDAVO 342/17/4391, pp. 75~79.

[44] "Meeting Minutes No. 1", May 3, 1986, *Chornobyl'* : *Dokumenty operatyvnoi hrupy TsK KPU*, pp. 32~33. Three weeks later, Scherbytsky gave the order: "Information", May

22, 1986, Baranovska, *Chornobyl'—problemy zdorov"ia*, vol. 1, pp. 151~53.

[45] "Proposals from the Science Department", May 4, 1986, Baranovska, *Chornobyl'—problemy zdorov'ia*, vol. 1, pp. 46~48; and "Explanatory Note", 1986, TsDAVO 342/17/4390, pp. 59~61.

[46] "Science Department Memo", June 6, 1986, Baranovska, *Chornobyl'—problemy zdorov"ia*, vol. 1, pp. 206~8. Children from rural areas went at the end of May: "Memo", no earlier than May 20, 1986, TsDAVO, 342/17/4391, pp. 14~19.

[47] "From Protocol No. 14", May 14, 1986, Baranovska, *Chornobyl'—problemy zdorov"ia*, vol. 1, pp. 93~100.

[48] "From Protocol No. 13", May 13, 1986, and "From Protocol No. 14", May 14, 1986, Baranovska, *Chornobyl'—problemy zdorov"ia*, vol. 1, pp. 93~100; and Shevchenko, "Urodzhena mudrist'", pp. 47~48.

[49] "From the Transcripts", May 14, 1986, Baranovska, *Chornobyl'—problemy zdorov"ia*, vol. 1, pp. 101~2.

[50] "Residents of Gomel to Gromyko", May 26, 1986, NARB 4R/154/362: 102–3ab; and "Protocol No. 12", May 12, 1986, Baranovska, *Chornobyl'—problemy zdorov"ia*, vol. 1, pp. 83~89.

[51] "Informational Memo", 1989, NARB 7/10/1938, pp. 40~55.

[52] Levels were from 20 to 350 mSv/hr. "From Protocol No. 17", May 22, 1986, Baranovska, *Chornobyl'—problemy zdorov"ia*, vol. 1, pp. 145~47; and "People to A. S. Kamai", May 11, 1986, NARB 4R/156/238, p. 104.

[53] N. I. Rosha to the Commission, January 10, 1989, NARB 10/7/1851, pp. 35~36. For thyroid dose reconstructions, see V. T. Khrushch and Iu. I. Gavrilin, "Verifikatsiia dozimetricheskikh dannykh i rekonstruktsiia individual'nykh doz oblucheniia shchitovidnoi zhelezy dlia zhitelei g. Minska"(Moscow: Institut biofiziki, 1991).

[54] Baranovska, *Chornobyl'—problemy zdorov"ia*, vol. 1, pp. 218~19. The use of Chernobyl children for farmwork continued in subsequent years. "On the Question", April 20, 1989, TsDAVO 342/17/5089, pp. 10~11.

[55] "Regions of 30-km Zone in Kyiv Oblast", 1986, and "Screening Results", 1986; "Radiometric Data", 1986, TsDAVO 342/17/4391, pp. 73~74, 75~96; and "Government Commission's Meeting", May 20, 1986, and "Information", November 11, 1986, Baranovska, *Chornobyl'—problemy zdorov"ia*, vol. 1, pp. 131~34, 46~48.

[56] "Screening Results"; "On the Procedure of Medical Examination", May 29, 1986, TsDAVO, 342/17/4390, pp. 2~4; and "Memo", 1986, TsDAVO 342/17/4391, pp. 34~40.

[57] "On the Results of Medical Examination of Pregnant Women and Children", no earlier than July 1986, "Memo on Clinical Examination of Children", December 29, 1986, and "Report on Examination of Children", 1986, TsDAVO 342/17/4391, pp. 77~78, 144~46a, 41~44.

[58] "Memo on Medical—Sanitary Provisions for Pregnant Women", no earlier than October 1986, TsDAVO, 342/17/4391, pp. 108~10.

[59] Baranovska, *Chornobyl'—problemy zdorov"ia*, vol. 1, pp. 224~25.

[60] "Temporary Methodological Recommendations", May 23, 1986, TsDAVO, 342/17/4390, pp. 9~11.

[61] "Report on the Examination of Children", 1986, TsDAVO 342/17/4391, pp. 41~44.

[62] Andrei Vorobiev, *Do i posle Chernobylia*, p. 136.

[63] Internal measurements from 0.002~0.01mSv/hr continued from several weeks up to two months. "Estimation of Incorporated Radioactive Elements in Bowels", June 20, 1986, TsDAVO 342/17/4390, pp. 32~33.

[64] "Estimation of Incorporated Radioactive Elements in Bowels"; "Methodological Recommendations", TsDAVO 342/17/4390, June 4, 1986, pp. 13~20; and Vorobiev, *Do i posle Chernobylia*, p. 85.

[65] "Decree", May 12, 1986, and "Protocol No. 12", May 12, 1986, Baranovska, *Chornobyl'—problemy zdorov"ia*, vol. 1, pp. 90~91.

[66] "Memo", no earlier than May 20, 1986, and "Memo on Medical—Sanitary Examination of Pregnant Women and Children", no earlier than October 1986, TsDAVO,

342/17/4391, pp. 14~19, 108~10.

[67] "On the Management of Clinic Examinations", June 5, 1986, NARB, 46/14/1261, pp. 43~46.

[68] Jorgensen, *Strange Glow*, pp. 230~31.

[69] "Memo", no earlier than May 20, 1986, TsDAVO, 342/17/4391, pp. 14~19.

물리학자와 내과의사

[1] "Protocol No. 21", May 21, 1986, Baranovska, *Chornobyl'—problemy zdorov"ia*, vol. 1, pp. 142~43; and "Transcripts of the Operative Group", May 15, 1986, V. A. Smolii, ed., *Chornobyl: Dokumenty operatyvnoi hrupy*(Kyiv: Instytut istoriï Ukraïny, 2017), pp. 129~33.

[2] "From Protocol No. 16", May 20, 1986; "From Protocol No. 17", May 22, 1986, Baranovska, *Chornobyl'—problemy zdorov"ia*, vol. 1, pp. 130~31, 145~47; "Commission Meeting Minutes", June 10, 1987, NARB 7/10/1524, pp. 44~46; "To the Head of USSR Council of Ministers", July 17, 1986(Drugie berega: Moscow, 1992), Yaroshinskaya, *Sovershenno sekretn*, pp. 426~27.

[3] ~200kBq per m2; "Temporary Instructions", May 30, 1986, TsDAVO 342/17/4340, pp. 50~75.

[4] Vorobiev, *Do i posle Chernobylia*, pp. 87~91.

[5] One curie is 3.7×1010 becquerels.

[6] Jorgensen, *Strange Glow*, p. 62.

[7] "Technical Memo", September 26, 1990, GAMO 7/5/3999, pp. 1~9.

[8] "Transcripts of the Meeting", July 28, 1986, Baranovska, *Chornobyl'—problemy zdorov"ia*, vol. 2, pp. 9~18.

[9] Author telephone interview with Lynn Anspaugh, January 12, 2016.

[10] Ellen Leopold, *Under the Radar: Cancer and the Cold War*(New Brunswick, NJ: Rutgers University Press, 2009), p. 231, pp. 142~44.

[11] Soraya Boudia, "Managing Scientific and Political Uncertainty", Soraya Boudia and Nathalie Jas, ed., *Powerless Science: Science and Politics in a Toxic World*(New York: Berghahn, 2014), pp. 95~112; and Scott Frickel, "Not Here and Everywhere: The Non‑Production of Scientific Knowledge", *Routledge Handbook of Science, Technology and Society*(New York: Routledge, 2014), pp. 263~76.

[12] Vorobiev, *Do i posle Chernobylia*, pp. 12~15.

[13] Vorobiev, *Do i posle Chernobylia*, pp. 12~13, p. 151; and "Nakaz Ministerstva", May 28, 1986, Baranovska, *Chornobyl'—problemy zdorov"ia*, pp. 186~87.

[14] "Progress Report", March–September 1994, Chernobyl Studies Project, Working Group 7.0, DOE, UCRL‑ID‑110062‑94‑6, attachment H; and Awa A. Akio et al., "Biodosimetry: Chromosome Aberration in Lymphocytes and Electron Paramagnetic Resonance in Tooth Enamel from Atomic Bomb Survivors", *World Health Statistical Quarterly* 46, 1996, pp. 67~71.

[15] I. A. Gusev et al., "Monitoring of Internal Exposure", presented at "Medical Aspects of the Chernobyl Accident", *Conference Proceedings*, Kyiv, May 11~13, 1988(Vienna, IAEA: 1989), p. 201.

[16] Vorobiev, *Do i posle Chernobylia*, p. 27, 117.

[17] Email correspondence with Lucas Hixson, October 12, 2016.

[18] "Protocol No. 12", May 12, 1986; and "Protocol No. 23", May 23, 1986, Baranovska, *Chornobyl'—problemy zdorov"ia*, vol. 1, pp. 83~86, 157~59.

[19] "On the Installation of the WBS [whole‑body counter]", September 9, 1986, NARB, 46/14/1261, pp. 71~72.

[20] "Council of Ministers of USSR, Protocol No. 29", June 23, 1986, as reproduced in "Chernobyl'skaia katastrofa", *Sil nye novosti*, *Gomel.today*, April 26, 2011.

[21] "From Protocol No. 12", May 12, 1986, Baranovska, *Chornobyl'—problemy zdorov"ia*, vol. 1, pp. 80~81.

[22] "Transcripts of the Meeting No. 38", August 13, 1986, *Chornobyl': Dokumenty operatyvnoi hrupy TsK KPU*, pp. 411~33.

[23] Vorobiev, *Do i posle Chernobylia*, pp. 27~28.

[24] Email correspondence with Andrei Vorobiev, October 8, 2017. For the order classifying doses on June 27, 1986, see "Chernobyl'skaia katastrofa", *Sil'nye novosti, Gomel.today*, April 26, 2011.

[25] William J. F. Standring, Mark Dowdall, and Per Strang, "Overview of Dose Assessment Developments and the Health of Riverside Residents Close to the 'Mayak' PA Facilities, Russia", *International Journal of Environmental Research and Public Health* 6, no. 1, 2009, pp. 174~99.

[26] L. A. Buldakov et al., "Theory and Practice of Establishing Radiation Standards before and after the Chernobyl Accident", presented at "Medical Aspects of the Chernobyl Accident", *Conference Proceedings*, Kyiv, May 11~13, 1988(Vienna: IAEA, 1989), pp. 83~84.

[27] "Protocol No. 15", May 15, 1986, Baranovska, *Chornobyl'—problemy zdorov'ia*, vol. 2, pp. 104~5.

[28] "A. I. Vorobiev to B. E. Shcherbina", June 12, 1989, GAGO 1174/8/2215, pp. 24~27.

[29] They later cut the number to thirty-nine villages. L. A. Il'in and K. I. Gordeev, "Explanatory Note", no earlier than August 1, 1986, TsDAVO, 342/17/4390, pp. 59~61; and Iu. A. Israel, "On the Assessment of Radiological Situation", May 21, 1986, Yaroshinskaya, *Bol'shaia lozh'*, p. 14.

[30] An international group of scientists ruled that direct measurements are more accurate; "Progress Report", March – September 1994, Chernobyl Studies Project, Working Group 7.0, DOE, UCRL-ID-110062-94-6, attachment H.

[31] "From the Meeting Transcripts", July 28, 1986, and "Memo", 1986, TsDAVO 342/17/4391: 16, 14 – 19; and "From the Transcripts", May 20, 1986, Baranovska, *Chornobyl'—problemy zdorov'ia*, vol. 1, pp. 135~36

[32] "From the Transcripts", July 28, 1986, Baranovska, *Chornobyl'—problemy zdorov'ia*, pp. 9~22.

33 "From the Transcripts", July 28, 1986, pp. 9~22.

34 "Ministry Decree", May 15, 1986, Baranovska, *Chornobyl'—problemy zdorov"ia*, vol. 1, pp. 110~12.

35 "Resolution No. 304 of the Governmental Commission", November 13, 1986, TsDAVO 342/17/4348, p. 37.

36 "V. V. Malashevsky to Iu. Spizhenko", October 12, 1989, TsDAVO 342/17/5091, pp. 95~96. See also "Proposal for a Work Plan", July 3, 1989, NARB 10/7/1851, p. 108.

37 "Information on the Radiological Situation", no earlier than May 31, 1989, TsDAVO 342/17/5092, pp. 44~48.

38 "Protocol of the Commission Meeting", January 20, 1987, NARB 10/7/1524, pp. 12~17; "Protocol", October 6 and November 30, 1987, NARB 7/10/1524, pp. 44~48, 70~75. For discussions on more "re-evacuations", see "E. I. Sezhenko to Council of Ministers UkSSR", January 5, 1988, NARB 7/10/1525, p. 106; "A. Grishagina to V. G. Evtukh", September 5, 1988, NARB 7/10/1523, p. 56; and "Letter from VRIO [acting authority], No. 1/571", July 3, 1989, NARB 10/7/1851, p. 106.

39 "TsK KPB, No. 4972", April 7, 1987, and "TsK KRSS No. 148225", April 20, 1987, NARB 4r/156/438, pp. 60~66, 69~75.

40 "Meeting Protocol", December 26, 1990, January 16, 1992, and December 9, 1992, NARB 507/1/12, pp. 1~4, 27~29.

41 "No. 934", June 30, 1986; "No. 1354 from ss.09.86/File No. 54", September 22, 1986, and "No. 1433, A. L. Grishaginu", October 11, 1986, Nesterenko Papers, BAS; "List of Populated Locales", August 22, 1986,TsDAHO 1/25/3, pp. 121~22.

42 "Decree No. 25c", August 29, 1986, TsDAVO 27/22/7703, p. 20; "Information about the Situation", June 5, 1987, NARB 4R/156/393, pp. 45~60; "Protocol", January 20, 1987, NARB 7/10/1524, pp. 12~16. On Ukrainian evacuations, see "On Resettling People from Several Villages in Narodychi Region", February 2, 1989, "On a Draft Directive", February 22, 1989, and "On Question No. 3", July 24, 1989, TsDAVO 342/17/5089, p. 6, pp. 8~9, , p. 124; and V. N. Sych to E. P. Tikhonenkov, May

24, 1991, GAGO 1174/8/2445, pp. 45~53. On protest of schoolchildren working in radioactive fields and living in areas with more than 40ci/km, see "Obrashchenie", August 29, 1990, and "V. Voinov to V. F. Kebich", November 5, 1990, NARB 46/14/1322, p. 54, 202.

[43] "On Amendments", March 2, 1987, RGANI 89/56/1; "On Additional Included Villages", May 23, 1987, RGANI 89/56/5, p. 196, HIA; and "On Management of Aid", May 30, 1988, NARB 7/10/1523, pp. 21~23.

[44] "Proposal", July 30, 1986, Yaroshinskaya, *Sovershenno sekretno*, pp. 418~19; "List of Populated Locales", August 22, 1986, V. I. Adamushko et al., eds., *Chernobyl': 20 let spustia*(Minsk: NARB, 2006); and "On Radioactive Pollution of BSSR Territory", 1, 1986, NARB 7/10/439, p. 54.

[45] As quoted in "Chernobyl'skaia katastrofa", *Sil'nye novosti*, accessed May 17, 2016, https://gomel.today/rus/article/society/4594/.

[46] "Report", April 14, 1987, 55/1: 347 Nesterenko Papers, BAS.

[47] Ales Adamovich, *Imia sei zvezde Chernobyl'* (Minsk: Kovcheg, 2006), pp. 91~94.

[48] "To the Military Command of the Belarusian Military Region", June 19, 1987, NARB 4P, 156/393, pp. 71~75.

[49] "E. Sokolov to N. I. Ryzhkov", June 23, 1987, NARB 4R/156/393, p. 70.

[50] "On the Radiological Situation", June 23, 1987, NARB 4R/156/393, pp. 76~81; and Adamovich, *Imia sei zvezde Chernobyl'*, p. 99.

[51] For measurements, see "Upon the Directive of UkSSR Council of Ministers", June 7, 1990, TsDAVO 324/17/5238, pp. 115~18.

2부 방사능 생존

불분명한 진실들

1 "To the Office of the Minister from V. F. Larikov", August 27, 1991, TsDAVO 342/17/5357, pp. 91~92.

2 "Memo of the State of Conditions for Sanitary–Hygiene", July 11, 1987, TsDAVO, 342/17/4672, pp. 74~81.

3 "Review of the Living Question", February 4, 1987, Derzhavnyi arkhiv Chernihivs'koï oblasti (DAChO) 2347/4/1678, pp. 11~13.

4 Author interview with Tamara Haiduk, July 7, 2016, Chernihiv.

5 "Towards Securing Safety of Movement", October 30, 1986, DAChO 2341/1/1651, p. 69.

6 "Certification of the State of Conditions for Sanitary–Hygiene", June 15~18, 1987, TsDAVO 342/17/4672, pp. 82~85.

7 Author interview with Tamara Kot, July 7, 2016, Chernihiv.

8 Certificiation of the State of Conditions for Sanitary–Hygeine.

9 In 1986, they fulfilled the plan by 358 percent. "On Bonuses", June 1, 1986, DAChO 2341/1/1650, pp. 1~4.

10 "To the Office of the Minister from V. F. Larikov", August 27, 1991, TsDAVO 342/17/5357, pp. 91~92.

11 "On Regulation of Truck Shipments", July 16, 1986, DAChO 2341/1/1650, p. 57.

12 "To the Office of the Minister from V. F. Larikov." Sheep in the fields in the Ivankiv region in late May measured 3.2 mR/hr. "Transcripts of Meeting No. 15", May 20, 1986, in *Chornobyl'* : *Dokumenty operatyvnoi hrupy TsK KPU*, Kyiv, pp. 168~72.

13 Oral interview with Maria Nogina, main engineer, Chernihiv Wool Factory. "Thematics", November 24, 1988, DAChO 2347/4/1683, pp. 133~34.

14 "Certification of the State of Conditions for Sanitary–Hygiene"; and "Belarusian SSR

Ministry of Health", August 8, 1987, GARF P8009/51/3559, pp. 22~23.

[15] Author interview with Maria Nogina, July 7, 2016, Chernihiv. The first records of problems in the wool industry were noted in August. "Transcripts of Meeting No. 38", August 13, 1986, *Chornobyl'* : *Dokumenty operatyvnoi hrupy*, pp. 411~33.

[16] "Certification of the State of Conditions for Sanitary–Hygiene."

[17] "V. K. Solomakha to A. A. Tkachenko", May 5, 1986, TsDAVO 27/22/7701, p. 20.

[18] "Transcripts of Meeting No. 15", and "Information of the Operative Group of the State Committee of Industrial Agriculture", June 4, 1986, TsDAVO 27/22/7703, p. 37.

[19] "On Dosimetric Control at the Factory", August 4, 1986, DAChO 2341/1/1650, p. 116.

[20] "V. S. Iarnykh to the Sovet Ministers, Ukraine SSR", August 22, 1991, TsDAVO 324/17/5357, pp. 99~100; and "To the Office of the Minister from V. F. Larikov."

[21] At 0.18mSv/hr, workers working twelve–hour shifts, six days a week for twenty weeks received a dose of 259 mSv, surpassing the annual permissible norm of 100mSv.

[22] "Temporary Methodological Recommendations for Diminishing the Level of Radioactivity of Wool Raw Material", April 9, 1987, RGAE 650/1/183, pp. 2~8.

[23] "On the Elimination of Shortcomings in the Protection of Labor", July 25, 1986, DAChO 2341/1/1650, pp. 86~91.

[24] "Planning Chart", November 8, 1986, DAChO 2341/1/1650, p. 126.

[25] "On the Creation of a Radiological Laboratory", April 10, 1987, DAChO 2347/4/1667, p. 26.

[26] More instructions followed: "On Providing Rules for Radiation Safety in Decontaminating Wool with Radioactive Substances", April 22, 1987, DAChO 2347/4/1667, p. 47.

[27] "Certification of the State of Conditions for Sanitary–Hygiene" [appendix], pp. 82~88.

[28] "From M. S. Mukharsky to the Chief State Sanitary Doctor", July 1, 1986, TsDAVO 342/17/4340, p. 169.

[29] "Certification of the State of Conditions for Sanitary–Hygiene."

30 "Certification of the State of Conditions for Sanitary—Hygiene", appendix, pp. 84~85.

31 Author interview with employees, sorting shop, Chernihiv Wool Factory, July 6, 2016, Chernihiv.

32 "Technical Report", October 11, 1991, DAChO 9014/1/18: 279.

33 Lewis H. Siegelbaum, *Stakhanovism and the Politics of Productivity in the USSR, 1935 – 1941*(Cambridge: Cambridge University Press, 1988).

34 "Certification of the State of Conditions for Sanitary—Hygiene", June 15~18, 1987, TsDAVO 342/17/4672, pp. 82~85.

35 "Protocol of the Meeting of the Professional Union Committee", December 16, 1986, DAChO 2347/4/1618, p. 106.

36 "Protocol", September 25, 1987, DAChO 2347/4/1678, pp. 78~80; "Protocol", April 20, 1989, DAChO 2347/1/1705, pp. 21~24; and "On Directions to the Group of Residents of Chernihiv", GARF 8009/51/ 4340, p. 59.

37 To A. Yablokov from E. B. Burlakov and V. I. Naidiach", no earlier than 1990, RGAE 4372/67/9743, pp. 393~95. For other symptoms, see "To Respected Comrade K. I. Masyk", January 5, 1990, TsDAVO 342/17/5238, pp. 5~7.

38 Vorobiev, *Do i posle Chernobylia*, p. 26.

39 Jorgensen, *Strange Glow*, p. 99.

40 Kate Moore, *The Radium Girls: The Dark Story of America's Shining Women*(New York: Simon and Schuster, 2016).

41 Eileen Welsome, *The Plutonium Files: America's Secret Medical Experiments in the Cold War*(New York: Dial Press, 1999), p. 50.

42 Hematologist Andrei Vorobiev lists these symptoms under the description of chronic radiation syndrome. Vorobiev, *Do i posle Chernobylia*, p. 85.

43 "Dear Deputies!" no later than June 1990, TsDAVO 342/17/5238, pp. 21~22.

44 Iu. A. Izrael, "An Evaluation of Radiological Conditions", May 21, 1986, in Alla Yaroshinskaya, *Chernobyl' : Bol'shaia lozh'* (Moscow: Vremia, 2011), p. 14.

45 "Khulap to A. A. Grakhovskii", July 18, 1986, GAGO 1174/8/1940, pp. 31~36;

"Decree No. Pr184—DSP", June 30, 1986, Derzhavnyi arkhiv Zhytomyr'skoi oblasti (DAZhO) 3756/1/1440, pp. 231~34; and "On Establishing Higher Up to 25% Tariff Rates", January 2, 1990, GAGO 1174/8/2336, pp. 152~53.

[46] V. P. Platonov, E. F. Konoplia, "Information on the Major Results of Scientific Work Connected with the Liquidation of the Accident at the ChAES", April 21, 1989, RGAE 4372/67/9743, pp. 490~571.

[47] "On Norms for Primary Processing of Wool Contaminated with Radioactive Substances", August 18, 1986, DAChO 2347/1/1650, pp. 135~36; and "On Disposal of Solid Radioactive Waste", August 18, 1986, DAChO 2347/1/1650, p. 137.

[48] Author interview with Maria Nogina.

[49] "On the Disposal of Unwashed Wool Contaminated with Radionuclides Higher Than 1mR/hr", December 14, 1987, DAChO 2347/4/1669, p. 122; and "Protocol of the Professional Union Committee Meeting", December 16, 1986, DAChO 2347/4/1618, p. 106.

[50] "Towards Securing Safety of Movement", October 30, 1986, DAChO 2341/1/1651, p. 69.

깨끗한 가죽, 더러운 물

[1] "Deposition No. 247", May 9, 1986, DAZhO 1150/2/3017, pp. 9~11.

[2] "Telephonogram to the Ministry of Health, UkSSR, Comrade M. S. Mukharskiy", August 27, 1986, TsDAVO 324/17/4348, p. 15.

[3] "Act of Sanitary Investigation", August 11, 1986, and "Directive from the Soviet Ministers", August 20, 1986, TsDAVO 324/17/4348, p. 14, 66.

[4] "To M. S. Mukharskiy from P. I. Chekrenev", August 27, 1986, TsDAVO 342/17/4348, pp. 15~16.

[5] "Evaluation on Work on Processing Hides", August 22, 1986, TsDAVO 342/17/4348, pp. 5~10.

[6] The hides measured from 30 to 500 microroentgen/hr. "Act of Sanitary Investigation", and "On Processing Leather Raw Material", August 18, 1986, TsDAVO 324/17/4348, p. 26.

[7] Amie Ferris-Rotman, "The Scattering of Ukraine's Jews", *The Atlantic*, September 21, 2014.

[8] Author interview with Nina Aleksandrovna Chekreneva, July 10, 2016, Zhytomyr.

[9] Only later did they monitor household possessions for radioactivity. "Disposition 172-r", March 19, 1990, GAMO 7/5/3964, pp. 162~64.

[10] "Telephonogram to the Ministry of Health".

[11] "Directions of the Council of Ministers, UkSSR", September 1, 1986, TsDAVO 324/17/4348, p. 66; and "On Processing Leather Raw Material."

[12] Author interview with Nina Aleksandrova Chekreneva, July 10, 2016, Zhytomyr; and "Foreword, P. I. Chekrenev", August 20, 1986, TsDAVO 324/17/4348, p. 13.

재난의 한가운데서 만든 소시지

[1] "Transcripts of Meeting No. 1", May 3, 1986, *Chornobyl': Dokumenty operatyvnoi hrupy TsK KPU*, pp. 32~33.

[2] "Proposal for Reprocessing Livestock of Kyiv Province", May 1986, TsDAVO 27/22/7701: 13; "Information of the Operative Group of the State Committee of Industrial Agriculture", May 4, 1986, TsDAVO 27/22/7703, p. 5; "Case 20, Various Information", May 22, 1986, TsDAVO 27/22/7701, pp. 7~8: and "L. K. Filonenko to A. N. Tkachenko", May 1986, TsDAVO 2605/9/1601, p. 8; "Information on the Situation in the Territory of Gomel' and Mogilev Provinces", June 5, 1987, NARB 4R/156/393, pp. 45~60.

[3] The order for the "necessary slaughter" was issued on May 5. "Decree No. 186", December 29, 1986, DAZhO 5005/1/546, pp. 109~11. Belarusian officials rounded up 50,900 head. "TsK KP BSSR "Certification on the Course of Liquidation", 1989,

NARB 4r/156/627, pp. 126~38.

[4] "Operative Information of the Directory of Mechanization and Electrification", May 7, 1986, TsDAVO 27/22/7701, p. 51.

[5] "V. K. Solomakha to A. A. Tkachenko", May 5, 1986, TsDAVO 27/22/7701, p. 20.

[6] "Recommendations for the Use of Meat Raw Material", June 18, 1986, RGAE 650/1/556, pp. 1~3; and "From M. S. Mukharsky to the Chief State Sanitary Doctor", July 1, 1986, TsDAVO 342/17/4340, p. 169.

[7] "Recommendations for the Use of Meat Raw Material", June 18, 1986, RGAE 650/1/556, pp. 1~3.

[8] The threshold to be considered waste was $2.10 \times 10-6ci/kg$ of beta activity. "On Classification of Meat as Waste", no later than June 15, 1986, TsDAVO 342/17/4370, pp. 31~33.

[9] "Certification on the Course of Instruction of Teachers", May 12, 1986, TsDAVO 27/22/7701, p. 19; and "Decree No. 186."

[10] "Evaluation of the Berdychiv Regional Sanitation-Epidemiological Station", n.d. 1986; "Annual Assessment of Radiation Hygiene", DAZhO 3950/1/1296, pp. 13~21, 36~40.

[11] The new permissible level on the job was 50 microroentgen/hr. "On Classification of Meat as Waste." On worker injuries, see "Decree on Reducing Inadequacies", March 17, 1987, Arkhiv Kricheva 154/1/34, pp. 105~6. On decontaminating a packing plant, see "Decree", July 28, 1986, Arkhiv Kricheva 154/1/33, p. 310.

[12] "Certification", May 4, 1986, TsDAVO 27/22/7701, p. 35; and "General Union Sanitary-Hygiene Anti-Epidemic Regulations and Norms", 1986, TsDAVO 342/17/4370, pp. 174~90.

[13] "Decree on Bringing to Justice for Disciplinary Responsibility", September 22, 1986, Arkhiv Kricheva 154/1/33, p. 363; and "Decree on Reducing Inadequacies."

[14] "Emergency-gramma No. 129 from the Ministry of Health SSSR", June 23, 1986, TsDAVO 342/17/4340, p. 162. See also "Contamination of Produce with Radioactive

Substances", May 30, 1986, GARF, P8009/51/3559, pp. 25~26.

15 "Dispatch No. 15", May 17, 1986, TsDAVO 27/22/7701, pp. 217~18; "A. N. Tkachenko to E. V. Kachalovskyi", February 10, 1987, TsDAVO 27/22/7808: 76; and "Transcripts of Meeting No. 39", August 20, 1986, *Chornobyl'* : *Dokumenty operatyvnoi hrupy*, pp. 435~46.

16 "Certification of the State of Special Provisions", August 15, 1987, SBU 16/1/1256, pp. 81~84.

17 "Protocol No. 23", May 23, 1986, and "Protocol No. 26", May 27, 1986, Baranovska, *Chornobyl'—problemy zdorov"ia*, vol. 1, pp. 157~58, 175~77.

18 "A. M. Kasianenko to A. N. Tkachenko", June 16, 1986, TsDAVO 342/17/4370, p. 40.

19 "On the Use of Meat with Elevated Levels of Radioactive Substances", January 9, 1987, TsDAVO 27/22/7808, pp. 10~11.

20 "Information on Meat Production", April 17, 1987, NARB 4R/156/393, p. 16.

21 Vorobiev, *Do i posle Chernobylia*, pp. 91~93, 112~15; and author interview with Dmitri Grodzinskii, Kyiv, July 14, 2015.

22 "On the Use of Meat with Elevated Levels of Radioactive Substances."

23 "Telegram from Khusainov to V. S. Murakhovsky", October 9, 1986; "M. N. Dergachev to SM BSSR, No. 13/341−233", November 25, 1986, NARB 7/10/475, p. 79, 103; "M. V. Kovalev to K. Z. Terekhov", September 15, 1987, NARB 7/10/475, p. 68; and "E. F. Sukhorukov to Sovmin BSSR", May 30, 1988, NARB 7/10/1523, p. 20.

24 "Results of Detection of Strontium−90 and Cesium−137", December 8, 1986, TsDAVO 27/22/7808, pp. 16~41.

25 "Radiation in Soviet Veal Reported", *New York Times*, June 1, 1986.

26 "Information for Meat Production"; "Telegram from Khuseinov"; "M. N. Dergachev to SM BSSR, No. 13/341−233", November 25, 1986; "State Telegram", December 18, 1986, NARB 7/10/475, p. 79, 103, pp. 110~12; and "Protocol No. 17/2−SP", April

12, 1988, NARB 7/10/1523, pp. 11~21.

[27] "On the Arrival at the Southwest Railroad of Meat with Elevated Levels of Radioactivity", March 28, 1990, SBU 16/1/1284, p. 151.

[28] "On the Exacerbation of the Situation at the Southwest Railroad", May 14, 1990, SBU 16/1/1288, pp. 47~48.

[29] "On the Arrival at the Southwest Railroad of Meat with Elevated Levels of Radioactivity", and "On the Situation Concerning the Refrigeration Section of Meat Production", August 23, 1990, SBU 16/1/1284, pp. 158~59.

[30] "To A. N. Tkachenko from A. M. Kas'ianenko", June 25, 1986, TsDAVO 243/17/4370, p. 63; "Information of the Operative Group of the State Committee of Industrial Agriculture", June 2, 1986, TsDAVO 27/22/7703, p. 35; "Transcripts from Meeting No. 38", August 13, 1986, *Chornobyl': Dokumenty operatyvnoi hrupy*, pp. 411~33.

[31] "Explanatory Notes", August 12, 1986, TsDAVO 342/17/4370, pp. 131~32.

[32] "On Results of Investigation of Strawberries", May 6, 1986, TsDAVO 342/17/4370, p. 1, 7; "On Use of Goods", June 20, 1986, TsDAVO 243/17/5411, pp. 69~70; "On Purchase and Processing of Berries", June 25, 1986, TsDAVO 342/17/5411, p. 62; "I. M. Chaban from V. V. Vetchinin", May 10, 1986; "To A. N. Tkachenko from A. M. Kas'ianenko", June 25, 1986; "On Results of Spectrological Investigation of Meat", July 10, 1986; "Temporary Directions", May 11, 1986; "General Union Sanitary-Hygiene Anti-Epidemic Regulations and Norms", 1986, TsDAVO 243/17/4370, p. 3, 39, 63, 84, pp. 179~90.

[33] "From the Commission of the European Communities, Com (87), Minutes 894", November 4, 1987, PSP 133, European Union Archive (EUA); and "Wheat 'A La Chernobyl' for the Third World", IPS, September 28, 1990.

[34] V. K. Savchenko, *The Ecology of the Chernobyl Tragedy: Scientific Outlines of an International Programme of Collaborative Research*(Paris: Parthenon Publishing, 1995), pp. 30~31.

[35] "On Measures to Liquidate the Consequences of the Accident", September 1986, NARB 7/10/429, pp. 29~32; "Additional Recommendations", June 30, 1986, Yaroshinskaya, *Sovershenno sekretno*, pp. 386~87.

[36] "On Measures to Liquidate the Consequences of the Accident" and "Reckoning of Need for Commercial Feed", 1988, NARB 7/10/1851, p. 53.

[37] "M. Kovalev to N. I. Ryzhkov", October 16, 1986, NARB 7/10/439, p. 63; and "From 17 December 1986", December 17, 1986, GAOOMO 15/44/5, pp. 150~52.

[38] "E. E. Sokolova to N. 1. Ryzhkov", November 6, 1987, NARB 4R/156/393, pp. 143~44.

[39] "On Measures to Liquidate the Consequences of the Accident."

[40] "Directions for Decontaminating Milk", January 27, 1987; and "Temporary Instructions", October 21, 1986, RGAE 650/1/555, p. 1, pp. 2~10.

[41] "On the Use of Milk", May 17, 1986; "V. K. Solomakha to A. A. Tkachenko", no earlier than May 19, 1986, TsDAVO 27/22/7701, pp. 224~25, p. 258; and "Temporary Instructions for Extinction of Directives." For milk collection within the 30 km zone, see "Protocol of Meeting of Council on Questions", December 26, 1991, NARB 507/1/12, p. 1.

[42] "A. V. Romanenko to E. V. Kachalovsky", May 17, 1986, TsDAVO 2605/9/1601, pp. 21~22; "Information of Operative Group of the State Committee of Industrial Agriculture", June 28, 1986, TsDAVO 27/22/7703, p. 119; and "On the Work of State Committee of Industrial Agriculture on Liquidation", January 25, 1987, TsDAVO 27/22/7808, pp. 58~64.

[43] "To I. M. Chaban from V. V. Vetchinina", May 10, 1986, TsDAVO 243/17/4370, p. 39; "Protocol No. 22", May 22, 1986, Baranovska, *Chornobyl'—problemy zdorov'ia*, pp. 148~50.

[44] "Informational Communiqué", August 31, 1989, SBU 16/1/1279, pp. 19~23.

[45] "Information of Operative Group of the State Committee of Industrial Agriculture", June 5, 1986, TsDAVO 27/22/7703, p. 38.

46 "On the Procurement and Processing of Berries", June 26, 1986; "On Use of Berries in Children's Food", June 27, 1986; "Minsdrav UkSSR to C. A. Nanasiuk", June 26, 1986, TsDAVO 243/17/4370, pp. 41~42, 73~74, 80~81; and "On Radiometric Control", September 17, 1986, TsDAVO 324/17/4348, p. 21.

47 "Commentary on the Active Norms of Radioactive Substances in Food Products", July 20, 1989, TsDAVO 342/17/5089, pp. 88~90.

48 "Information on the State of Vegetables", no earlier than May 4, 1986; "On the Condition of Vegetables in Measures Taken", no earlier than May 5, 1986, TsDAVO 27/22/7701, pp. 21~22, 31~32. "Information on the Condition of Shipments and Supply", May 9, 1986, TsDAVO 2605/9/1601, pp. 92~93; and "The State of Radiological Control of Food Products", November 26, 1986, TsDAVO 342/17/4370, pp. 207~10.

49 "Information of the Special Group of the State Committee of Industrial Agriculture", May 2, 1986, TsDAVO 27/22/7703, p. 2; and "On Inspection of Radiometric Control", June 1986, TsDAVO 342/17/4370, pp. 27~30.

50 "On the State of Control of the Harvest Collection", May 15, 1986, TsDAVO 2605/9/1601, p. 184.

51 "Information on the Quality of Water in Resevoirs", May 4, 1986, TsDAVO 27/22/7701, pp. 28~29.

52 "General Union Sanitary–Hygiene Anti–Epidemic Regulations and Norms", 1986, TsDAVO 342/17/4370, p. 174.

53 "To M. S. Mukharsky from V. I. Smoliar", August 4, 1986, TsDAVO 243/17/4370, p. 115.

54 "Certification on the Distribution of Evacuated Families from the Zone of the Accident", September 19, 1986, SBU 68/483, pp. 20~21.

55 "On Creation of a Special Map No. 3 for Disposal of Biomass", October 1986, TSDAVO 342/17/4348, pp. 31~32.

56 "Radiation Shield of Kyiv", October 1, 1986, Tsentralnyi derzhavnyi kinofotofonoarkhiv

Ukrainy (TsDKFFA) No. 10219, film dossier.

57 Information", May 15, 1986, TsDAVO 27/22/7701, pp. 179~80.

농장에서 공장으로

1 "On Results of Inspection", July 18, 1986, GAGO 1174/8/1940, p. 31.

2 "Information on Circumstances", June 5, 1987, NARB 4R/156/393, pp. 45~60; "A. A. Grakhovskii to V. S. Murakhovsky", September 16, 1988, GAGO 1174/8/2113, p. 116; and "On Carrying Out of the Decree", May 26, 1987, RGANI 51/7, HIA, reel 1.1008.

3 "Commander of the Army of the Belarusian Military Region", June 19, 1987, NARB 4R/ 156/393, pp. 71~75.

4 "Province Consumer Union to Gomel' Province Executive Committee", July 3, 1986, GAGO 1174/8/1940, p. 25.

5 "Temporary Recommendations for Allotment of Agro−Industrial Produce", May 30, 1986, TsDAVO 342/17/4340, pp. 50~75; "General Union Sanitary−Hygiene Anti−Epidemic Regulations and Norms"; "On Directions for Decontaminating Milk", January 27, 1987; "Temporary Instructions for Decontaminating Milk", October 21, 1986, RGAE 650/1/555, p. 1, pp. 2~10.

6 "Decree No. 102", June 27, 1986, DAZhO 219/1/404, p. 119; "Resolutions", August 27, 1986, NARB 1088/1/1002, p. 73; "On Reorganization and Changes", June 13, 1986, NARB 1088/1/986, pp. 216~18; "Protocol No. 8", August 27, 1987, NARB 1088/1/1002, pp. 59~61; and "Sovmin BSSR to Belorusian Consumer Cooperative", June 13, 1988, NARB 7/10/1524, pp. 85~87.

7 "On Hermeticization of Cabins", November 8, 1986, NARB 7/10/467, p. 110; "Narodychi Regional Agri−Industrial Collective", July 7, 1986, DAZhO 219/1/404, p. 127; "Order for Narodychi Regional Agri−Industry", April 24, 1987, DAZhO 219/1/428, p. 70; "On the Supply of Tractors with Hermeticized Cabins", July 11,

1988, NARB 7/10/1523, pp. 50~52; and "On Additional Measures", March 20, 1990, DAZhO 1150/2/3278, pp. 17~20.

[8] On prisoners, "Protocol of Meeting of the Council on Questions", October 13, 1992, NARB 507/1/12, pp. 2~4. "On the Redistribution of Construction Points of Special Refabrification", February 20, 1987, NARB 10/7/1524, p. 87; and "Certification Report", 1989, NARB 7/10/1938, pp. 40~55.

[9] "Tasks", June 1, 1988, DAZhO 1150/2/3164, p. 21; "On Measures to Liquidate the Accident", September 5, 1986, NARB 7/10/1851, pp. 35~36; "Decree No. 107", May 22, 1987, DAZhO 5068/1/139, pp. 156~59; and "Decree No. 132", June 3, 1988, DAZhO 5068/1/162, pp. 7~9.

[10] "Residents to A. S. Kamai and TsK KPSS", May 11, 1986, NARB 4R/156/238, p. 104; "On the Necessary Battle with Insect−Enemies", July 31, 1986, NARB 7/10/466, p. 259; "Information of the Operative Group of the State Committee of Industrial Agriculture", June 10, 1986, TsDAVO 27/22/7703, p. 42; "On Measures to Liquidate the Accident" and "On the Termination of Production of Disinfectants from DDT", June 14, 1988, TsDAVO 342/17/4900, pp. 88~89.

[11] "Draft Report on Toxic Chemical Contamination in Ukraine", September 3, 1990, GPA 999.

[12] "Tasks of the Sanitary−Epidemiological Service of the Republic", September 23~26, 1986, TsDAVO 342/17/4355, pp. 155~74; "On Work of State Committee of Industrial Agriculture USSR on Liquidation", January 25, 1987, TsDAVO 27/22/7808, pp. 58~64; "List", May 5, 1987, DAZhO 76/36/42, pp. 32~34; "Protocol", October 20, 1987, NARB 7/10/1524, pp. 49~53; and "Clarification of Accounting", 1990, NARB 507/1/2, pp. 278~83.

[13] "Assessment of the Possibility of the Contamination of the River", September 15, 1986, and "On Effectivity of Water Reservoir Activities", September 30, 1986, NARB 7/10/467, p. 91, 99; "On the Circumstances and Pace of Investigation of the Accident at the Chernobyl NPP", May 5, 1986, Z arkhiviv VUChK−HPU−NKVD−KHB,

1(Kyiv, 2001), pp. 77~78; "On Unfortunate Circumstances", December 21, 1988, SBU 16/1/1266, pp. 300~304; and "On Additional Construction", September 5, 1986, NARB 7/10/469, pp. 130~31.

14 "Certification of Processes", September 8, 1986, SBU 68/483, p. 18.

15 "On Gasification of the Poliske Region", July 17, 1989, TsDAVO 324/17/5091, p. 50; and "L. Riabev on the Heating–Energy Complex", September 27, 1989, GAGO 1174/8/2215, p. 77.

16 "Instructions", November 21, 1986, NARB 7/10/467, p. 124.

17 "On Supplying the Population with Clean Food", June 16, 1988, NARB 7/10/1523, pp. 42~43.

18 "Food and Consumer Goods in Khoiniki and Bragin Regions", August 28, 1986, GAGO 1174/8/1940, p. 28; "From the Gomel Sanitary–Epidemiological Service", May 16, 1986, GAGO 1174/8/1940, p. 19; and "On Party–Political Work", August 28, 1986, Arkhiv Kricheva 621/1/941, pp. 51~52.

19 "Z. A. Khulap to V. K. Levchik", October 18, 1986, GAGO 1174/8/1940, pp. 95~96; and A. Drozdov, "Chem zhivut Khoiniki?", Sovetskaia belorussiia, May 5, 1988, p. 3.

20 "V. A. Tsalko to A. A. Rakhnovskii", September 4, 1989, GAGO 1174/8/1940, pp. 92~94; and "E. I. Sizenko to First Deputy Chair of State Committee of Industrial Agriculture", April 20, 1988, GAGO 1174/8/2113, pp. 56~57.

21 "To M. S. Mukharsky from V. I. Smoliar", August 4, 1986, TsDAVO 243/17/4370, p. 115.

22 "Information of the Operative Group of the State Committee of Industrial Agriculture", August 29, 1986, TsDAVO 27/22/7703, p. 120; "On the Preparation of the School", August 29, 1986, Arkhiv Kricheva, 466/1/1120, pp. 19~20; "Certification on the State of Children's Food", no later than June 24, 1992, TsDAVO 324/19/32, pp. 25~28; and "On State Sanitation Oversight", 1989, NARB 46/14/1263, pp. 98~114.

23 "An Especially Important Issue", May 2, 1989, TsDAVO 342/17/5089, pp. 29~31.

[24] Deborah Kay Fitzgerald, *Every Farm a Factory: The Industrial Ideal in American Agriculture*(New Haven, CT: Yale University Press, 2003); and Ted Genoways, *The Chain: Farm, Factory, and the Fate of Our Food*(New York: Harper, 2014).

[25] For the KGB's acknowledgment of this fact, see "On Some Problems in the Liquidation of the Consequences of the Accident", December 6, 1988, *Z arkhiviv VUChK−HPU−NKVD−KHB*, 1(Kyiv, 2001), pp. 370~71. For reports of failed cleanup efforts, see "On Work", August 4, 1989, and "Certification", 1989, DAZhO 1150/2/3230, pp. 1~16; "Resolutions", June 20, 1989, and "Dear Comrades", 1989, DAZhO 1/1/850, pp. 225~29, 230~33; and "Certification", April 29, 1990, DAZhO 1150/2/3281, pp. 52~56.

[26] Eugene P. Odum, *Fundamentals of Ecology*, 2nd ed.(Philadelphia: Saunders, 1959), p. 481, quoted in Joel Hagen, *An Entangled Bank: The Origins of Ecosystem Ecology*(New Brunswick, NJ: Rutgers University Press, 1992), p. 116.

[27] "On the Clarification of the Structure of the Planting", December 23, 1986, TsDAVO 27/22/7808, pp. 12~13; "To the Commander of the Belorusian Military District", June 19, 1987, NARB 4R/156/393, pp. 71~75; "Certification of Report on the Results of Recontamination Efforts", November 13, 1987, NARB 4R, 156/393, pp. 145~49; "On the Relocation of Residents of Villages of Narodychi Region", February 2, 1989, TsDAVO 342/17/5089, p. 6.

[28] "On Some Questions of the Liquidation of the Consequences of the Accident at the ChAES", February 22, 1991, SBU 16/1/1292, pp. 143~45; and "First Draft, Report of Meetings in Kyiv", December 11, 1992, GPA 994.

[29] "On Additional Included Villages", May 23, 1987, RGANI 89/56/5, p. 196, HIA; "No. 3−50/753", June 26, 1989, TsDAVO 342/17/5089, p. 70; and "On Circumstances Forming in the Narodychi Region of Zhytomyr Province", GARF 5446/150/1624, pp. 13~18.

[30] "On Additional Measures to Secure Safety", August 19, 1987, NARB 4R/ 156/393, pp. 129~32.

[31] "Gomel Province", no earlier than December 1, 1986, NARB 4R/154/392, pp. 11~39; "A. A. Grakhovskii to V. S. Murakhovskii", September 16, 1988, GAGO 1174/8/2113, p. 116; and "Certification", June 19, 1986, NARB 7/10/530, pp. 74~78.

[32] "On Additional Allocation of Gomel and Mogilev Provinces with Feed", December 11, 1987, NARB 4R/156/393, p. 153.

[33] "Data on Labs and Dosimetrical Posts for Objects", June 1987, NARB 4R/156/393, p. 35.

[34] "On Agricultural Produce", June 1, 1987, NARB 4R/156/393, pp. 61~65; and "On State Oversight", 1989, NARB 46/14/1263, pp. 98~114.

[35] "On Agricultural Produce."

[36] That observation was borne out. See "On the Collective Letter from Residents of Rudnia Radovel's'ka", October 19, 1989, TsDAVO 342/17/5089, p. 183.

[37] Nadezhda Koroleva interview with Angelina Gus'kova, "Serdtse v rukakh radiologa", *Atomnaia strategiia*, no. 14(November 2004); author interview with Abel Gonzalez, June 3, 2016, Vienna.

[38] For a range of requests to be relocated, see "Women from Chernihiv Province to M. S. Gorbachev", June 19, 1986, and "Residents of the Village Luhovyky, Kyiv Province", October 21, 1986, TsDAHO1/41/106, p. 148ob, 191ob; "Certification", November 20, 1987, *Z arkhiviv VUChK−HPU−NKVD−KHB*, 1(Kyiv, 2001), pp. 290~92; "V. I. Chazovu", n.d. 1988, GARF 8009/51/4340, pp. 111~14; "Ministry of Health SSR", December 20, 1988, GARF 8009/51/4340, pp. 103~4; "Notes from the Protocol No. 4 Meeting of the Soviet Labor Collective, Strelichevo Farm", October 4, 1989, GAGO 1174/8/2336, pp. 142~43; "Protocol, Meeting of Workers, Cherykaw", June 1, 1989, GAGO 1174/8/2215, pp. 71~72, p. 74; "To the Central Committee KPSS", March 23, 1989, GARF 8009/51/4340, pp. 140~43. For a poll showing that 93 percent of respondents wished to move, see "Certification", 1992, NARB 507/1/20, pp. 66~70.

[39] Only in 1990 did they drop the quota. "On Measures to Speed the Implementation of the State Program for Liquidation", September 29, 1990, NARB 507/1/1, pp. 28~30.

[40] "On State Oversight", 1989, NARB 46/14/1263, pp. 98~114; "Information on Milk Quality", April 1987, NARB 4R/156/393, p. 30; and "Annual Account", 1987, Arkhiv Kricheva 588/1/173, pp. 29~30. A 1991 report prepared for Moscow by those responsible for safety in the State Committee of Industrial Agriculture gives different numbers that show cleaner milk from 1986 to 1990: "On Measures Taken in the Agri-Industrial Complex", March 18, 1991, GAGO 1174/8/2445, pp. 62~68. For charges that the Ukrainian State Committee of Industrial Agriculture falsified radiation data, see "Minutes to the 28th Conference of the Communist Party of Ukraine", December 14, 1990, TsDAHO1/2/1065, pp. 112~43.

[41] "Explanatory Note", 1988, Arkhiv Kricheva 588/1/176, pp. 22~23; "Certification", no later than March 1989, TsDAVO 324/17/5359, pp. 51~65; and "Health Indicators of the Region", 1992, DAZhO 2959/2/1209, pp. 1~219.

[42] "On Order of SM UkSSR No. 5182/86", May 20, 1989, TsDAVO 342/17/5089, pp. 67~69; and "A Group Deputy Question", June 9, 1989, TsDAVO 324/17/5089, pp. 38~42.

[43] "On Circumstances Forming in the Narodychi Region of Zhytomyr Province."

[44] "On Radiological Conditions in Korosten'", October 19, 1989, TsDAVO 342/17/5089, pp. 159~61.

[45] "On Review of Petition", April 14, 1989, TsDAVO 342/17/5089, pp. 24~26.

[46] "On Building Up the Lab a Prep-Solution for Milk/Meat Produce", June 25, 1990, GAMO 11/5/1557, p. 104.

[47] For a sample of documents ordering decontamination measures: "On Additional Measures", December 14, 1986, GAOOMO 40/50/7, pp. 143~46; "Protocol of Commission Meeting", November 30, 1987, NARB 10/7/1524, pp. 70~74; "Decree No. 161", December 8, 1987, DAZhO 219/1/428, p. 219; "On Additional Measures—Not for Publication", June 6, 1988, DAZhO 1150/2/3164, pp. 15~19; "E.

I. Sizhenko to First Deputy Chair of State Committee of Industrial Agriculture", April 20, 1988, GAGO 1174/8/2113, pp. 56~57; "Protocol No. 17/2–SP", April 12, 1988, NARB 7/10/1523, pp. 11~21; "Protocol of Commission Meeting", July 21, 1988, NARB 7/10/1523, pp. 44~47; "On Creation of a Working Group", March 25, 1988, NARB 7/10/1525, pp. 32~33; "On Problems in Leadership of Some Organizations", March 30, 1988, GAOOMO 9/187, p. 59; "Resolution No. 556", January 20, 1989, GAGO 1174/8/2215, pp. 1~4; "Resolution of the Zhytomyr Party Committee", March 2, 1989, DAZhO 1150/2/3178, pp. 10~14; "Certification", n.d. before June 1989, DAZhO 1150/2/3230, pp. 7~11; "Resolution No. 5–29–8/1", May 15, 1989, GAMO 7/5/3833, pp. 295~306; "On Measures to Improve the Food for Population in the Zone of 'Strict Control'", September 14, 1989, TsDAVO 342/17/5089, pp. 148~49, 156~58; "Decision No. 601 Carried Out for 1990", October 29, 1990, NARB 507/1/1, pp. 89~95; "Vetkovskii Regional Committee to Chair of the Supreme Soviet, BSSR, N. I. Dementei", November 5, 1990, NARB 507/1/1, pp. 142~43; "Belarus Consumer Cooperative to Deputy Chair of Soviet", November 10, 1990; "Project", Gomel, 1990, NARB 507/1/2, pp. 245~46, 266~68; "Certification", no later than March 1989, TsDAVO 324/17/5359, pp. 51~65; "Decision No. 580", November 16~17, 1989, GAGO 1174/8/2215, pp. 88~91; "On Food for the Population of Controlled Territories", June 4, 1990, TsDAVO 324/17/5328, pp. 85~86; "V. N. Sych to E. P. Tikhonenkov", May 24, 1991, GAGO 1174/8/2445, pp. 45~53; and "Protocol No. 1", March 30, 1993, GAMO 7/5/4183, pp. 1~10.

48 "Directive", May 23, 1989, GAMO 7/5/3856, pp. 154~57. On unfulfilled orders to resettle, see "Radiological Circumstances", December 29, 1989, GAGO 1174/8/2336, pp. 41~42; and Urii Bondar, ed., *20 let posle Chernobyl skoi katastrofy: Sbornik nauchnykh trudov*(Minsk, 2006), p. 72. On partial closures of swampy land and pastures, see "Decision", September 19, 1989, GAMO 7/5/3837, pp. 128~29. On full closures, see "Schematic", 1993, GAMO 7/5/4288, pp. 15~20.

[49] "On Medical-Sanitary Provisioning of Gomel and Mogilev Provinces", May 28, 1987, RGANI 89/56/6, pp. 199~204, HIA; and "On Lowering Limits of Exposure of Population", March 16, 1987, NARB 4R/156/393, pp. 93~96.

[50] "To Commander of the Belarusian Military District."

[51] "Resolution No. 556", January 20, 1989, GAGO 1174/8/2215, pp. 1~4.

[52] "On Question No. 3", July 24, 1989; and "On Citizens' Letters", n.d., TsDAVO 342/17/5089, p. 124, 129.

[53] "Residents of Village Luhovyky, Kyiv Province", October 21, 1986, TsDAHO 1/41/106, p. 191ob.

[54] "To Efimovich from Voters of Kosiukovicheskii Region", 1989, GAGO 1174/8/2215, pp. 75~76.

3부 인위적 자연

늪지 거주자

[1] David Blackbourn, *The Conquest of Nature: Water, Landscape, and the Making of Modern Germany*(New York: Norton, 2006), p. 239.

[2] U.S. Army Aerial Maps, September 1943, RG 373 GX 16058 SK, National Archives Research Administration (NARA), College Park, MD.

[3] Joice M. Mankivell and Sydney Loch, *The River of a Hundred Ways: Life in the War-Devastated Areas of Eastern Poland*(London: G. Allen and Unwin, 1924), pp. 53~66.

[4] On pesticides and fertilizers, see Owen Hoffman, "Interim Report: The Toxicological Program", December 21, 1992, GPA 1002.

[5] Łukasz Łuczaj et al., "Wild Edible Plants of Belarus: From Rostafiński's Questionnaire of 1883 to the Present", *Journal of Ethnobiology and Ethnomedicine* 9, no. 1(January 2013), pp. 21~38; and Yuriy V. Movchan, "Environmental Conditions, Freshwater

Fishes and Fishery Management in the Ukraine", *Aquatic Ecosystem Health and Management* 18, no. 2(April 2015), pp. 195~204.

[6] Volodymyr Heorhiienko, *Utro Atomograda*. Documentary. Ukrtelefil'm, 1974.

[7] "V. K. Solomakha to A. N. Tkachenko", May 5, 1986, TsDAVO 2605/9/1601, p. 20; and "To M. S. Mukharsky from P. I. Chekrenev", August 27, 1986, TsDAVO 342/17/4348, pp. 15~16.

[8] For this history, see my *A Biography of No Place: From Ethnic Borderland to Soviet Heartland*(Cambridge, MA: Harvard University Press, 2004).

[9] On the increase of five to seven times the levels of radioactivity from forest fires, see "To Deputy Director of Mogilev Oblispolkoma, A. S. Semkin", October 30, 1990, GAMO 7/5/3990, pp. 21~22; and "Fire Protection", December 12, 1990, and "Unsatisfactory Execution of Directives", April 1992, GAMO 7/5/4126, pp. 82~83, 69~71.

[10] Timothy A. Mousseau et al., "Highly Reduced Mass Loss Rates and Increased Litter Layer in Radioactively Contaminated Areas", *Oecologia*, March 4, 2014.

[11] For evidence that animals in the field are more sensitive than in the lab, see Jacqueline Garnier-Laplace et al., "Radiological Dose Reconstruction for Birds Reconciles Outcomes of Fukushima with Knowledge of Dose-Effect Relationships", *Scientific Reports* 5(November 16, 2015).

[12] Anna Lowenhaupt Tsing, *The Mushroom at the End of the World: On the Possibility of Life in Capitalist Ruins*(Princeton, NJ: Princeton University Press, 2015).

[13] T. Mousseau and A. Møller, "Reduced Abundance of Insects and Spiders Linked to Radiation at Chernobyl 20 Years After the Accident", *Biology Letters*, 2009, p. 5.

[14] Anders Pape Møller et al., "Ecosystems Effects 25 Years after Chernobyl: Pollinators, Fruit Set and Recruitment", *Oecologia* 170, 2012, pp. 1155~65.

[15] Møller et al., "Elevated Mortality among Birds in Chernobyl as Judged from Skewed Age and Sex Ratios", *PLOS ONE* 7, no. 4, April 11, 2012.

[16] Rachel Carson, *Silent Spring*(Boston: Houghton Mifflin, 1994).

[17] Rachel Nuwer, "Forests Around Chernobyl Aren't Decaying Properly", March 14,

2014, Smithsonian.com, accessed June 7, 2016, https://www.smithsonianmag.com/science-nature/forests-around-chernobyl-arent-decaying-properly-180950075/.

[18] Author interview with Anders Møller, November 4, 2014, Paris.

[19] A. V. Stepanenko, "On a Conception of Residence on Territory Contaminated with Radionuclides", 1990, RGAE 4372/67/9743, pp. 11~22; and V. P. Platonov and E. F. Konoplia, "Summary of Main Results of Scientific Work on Liquidation of Consequences of the Accident at the ChAES", April 21, 1989, RGAE 4372/67/9743, pp. 490~571.

[20] "To First Deputy, E. V. Kachalovsky", June 6, 1989; "On Conditions in the Narodychi Region, Zhytomyr Province", June 16, 1989, SBU 16/1/1275, pp. 27~28; "For the period of 1987", no earlier than March 1989, "Circumstances Forming in Narodychi Region, Zhytomyr Province", GARF 5446/150/1624, pp. 28~29, 13~18. For State Committee of Industrial Agriculture refutation of reported rise in birth defects among animals, see "On Question III", July 24, 1989, TsDAVO 342/17/5089, p. 124.

[21] Nicholas A. Beresford and Davide Cobblestone, "Effects of Ionizing Radiation on Wildlife: What Knowledge Have We Gained Between the Chernobyl and Fukushima Accidents?", Integrated Environmental Assessment and Management 7, 2011, pp. 371~73.

[22] See the difference between earlier and later publications. Robert Baker with Jeff Toney, "Dean's Corner", Translating the Endless Wonderment of Science, March 16, 2011; Robert J. Baker et al., "Mitochondrial Control Region Variation in Bank Voles Is Not Related to Chernobyl Radiation Exposure", Environmental Toxicology and Chemistry 26, no. 2, February, 2007, pp. 361~69; and Robert J. Baker et al., "Elevated Mitochondrial Genome Variation after 50 Generations of Radiation Exposure in a Wild Rodent", Evolutionary Applications 10, no. 8, September 1, 2017, pp. 784~91.

[23] T. G. Deryabina, S. V. Kuchmel, L. L. Nagorskaya, T. G. Hinton, J. C. Beasley, A. Lerebours, and J. T. Smith, "Long-Term Census Data Reveal Abundant Wildlife Populations at Chernobyl", Current Biology 25, no. 19, October 5, 2015, pp.

R824~26.

[24] On the shortcomings of computational studies, see Leopold, *Under the Radar*, pp. 142~44.

체르노빌 거대가속

[1] "On Measures", June 9, 1986, DAZhO 76/36/42, pp. 50~53; "Several Problems", January 22, 1991, SBU 16/1/292, pp. 59~63.

[2] Author interview with Aleksandr Komov, August 2, 2016, Rivne, Ukraine.

[3] Michael S. Pravikoff and Philippe Hubert, "Dating of Wines with Cesium−137", accessed July 23, 2018, https://arxiv.org/ftp/arxiv/papers/1807/1807.04340.pdf. On releases, see Owen Hoffman et al., "A Perspective on Public Concerns about Exposure to Fallout from the Production and Testing of Nuclear Weapons", *Health Physics*, 2002, pp. 736~49.

[4] A. N. Marei et al., *Global' nye vypadeniia Cs−137 i chelovek*(Moscow: Atomizdat, 1974), pp. 3~13.

[5] A. N. Marei et al., *Global' nye vypadeniia Cs−137 i chelovek*, p. 113.

[6] *Federal Radiation Council Protective Action Guides: Hearings before the Subcommittee on Research, Development and Radiation of the Joint Committee on Atomic Energy, U.S. Congress, June 29−30, 1965*(Washington, DC: U.S. Government Printing Office, 1965), p. 217.

[7] Marei, *Global' nye vypadeniia*, p. 141.

[8] "Minutes to the 28th Conference of the Communist Party of Ukraine", December 14, 1990, TsDAHO1/2/1065, pp. 112~43.

[9] "Information about the Case of Irradiation", February 12, 1970; "On the Case of Irradiation", February 10, 1970; "AKT: Commission Presidium Academy of Science UkSSR", February 9, 1970; "To the Science Division, TsK KPU", August 10, 1970; and "Measures to Execute the Resolution", August 10, 1970, TsDAHO1/25/365, pp.

3~8, 11~20, 49~50.

[10] "Iadernyi vzryv v Khar'kovskoi oblasti", June 27, 2008, Prestupnosti.net, accessed June 21, 2018, https://news.pn/en/politics/1503.

[11] V. I. Zhuchikhin, *Podzemnye iadernye vzryvy v mirnykh tseliakh*(Snezhinsk: RFIaTs, 2007), pp. 23~43.

[12] "Measures to Liquidate and Cover the Gas Fountain", May 11, 1972, TsDAHO 1/16/109, pp. 51~57.

[13] L. F. Chernogor, "Vzryvy na gazoprovodakh i avarii na gazovykh khranilishchakh— istochnik ekologicheskikh katastrof v Ukraine", *Ekologiia i resursy* 19, 2008, pp. 56~72; and Olha Martynyuk interview with Leonid Chernogor, Kharkiv, October 18, 2017.

[14] On radioactive contamination of Kharkhiv oblast, see A. M. Koz'mianenko, "On Possibility of Allocation of NPP", May 1, 1989, TsDAVO 342/17/5091, pp. 4~6.

[15] Chernogor, "Vzryvy."

[16] Medvedev, *The Truth about Chernobyl*, 46; and "On Possible Lowering of Power at the Chernobyl NPP", February 4, 1986, *Z arkhiviv VUChK—HPU—NKVD—KHB*, 1(Kyiv, 2001), pp. 62~63.

[17] "Notes of Report, UKDB URSR", March 12, 1981, SBU 65/1/5, pp. 1~74; and "Informational Communiqué", April 8, 1986, SBU 16/1/1283, p. 9.

[18] "Accident at NPP", September 13, 1982, *Z arkhiviv VUChK—HPU—NKVD—KHB*, 1(Kyiv, 2001), p. 47; and Medvedev, *The Truth about Chernobyl*, 5.

[19] Borys Kachura, *Volodymyr Scherbytsky: Spohady suchasnykiv*(Kyiv: Vidavnychyi dim In Yure, 2003), pp. 104~6; and Valentyna Shevchenko, "Urodzhena mudrist'", pp. 47~48.

[20] N. K. Vakulenko, "Notes from a Report", March 12, 1981, SBU 65/1/5, p. 74.

[21] Vorobiev, *Do i posle Chernobylia*, p. 119.

[22] Kachura, *Volodymyr Scherbytsky*, pp. 104~6; and V. K. Vrublev'sky, *Vladimir Shcherbytsky: Pravda i vymysly*(Kyiv: Dovira, 1993), p. 204.

[23] "Informational Communiqué", September 16 and 30, October 17 and 28, December

27, 1986, SBU 16/1/1245, pp. 137~38, 164~65, 208, 233~34, 388~89.

24 "Address to Cherep", December 14, 1990, Baranovska, *Chernobyl' sk' ka trahedia*, pp. 623~28.

25 For speculation that Chernobyl was one of the RBMK plants designated for military use, see David R. Marples, "Chernobyl: The Political Fallout Three Years Later", *EIR Science and Technology* 16, no. 20, May 12, 1989, pp. 24~31.

26 March 14, 1983, N. S. Neporozhnii, *Energetika strany glazami ministra: Dnevniki 1935 – 1985 gg*(Moscow: Energoatomizdat, 2000), accessed December 21, 2016, http:// prozhito.org/person/460.

27 "Information on Circumstances", June 5, 1987, NARB 4R/156/393, pp. 45~60.

28 "Execution of Directives of Council of Ministers UkSSR", July 10, 1989, TsDAVO 342/17/5089, pp. 91~93.

29 "Letter of Chief State Sanitary Doctor", January 26, 1988, Baranovska, *Chornobyl' sk' ka trahedia*, pp. 499~500.

30 "Inventory Material", October 21, 1988, TsDAVO 342/17/4886, pp. 25~30; and "Medical Sanitary Provisioning of Population", March 1, 1989, TsDAVO 342/17/5092, pp. 9~10.

31 "Letter to Minister of Health UkRSR", May 19, 1988, Baranovska, *Chornobyl' sk' ka trahedia*, pp. 527~28.

32 Author interview with Aleksandr Komov, August 2, 2016, Rivne, Ukraine.

33 Author interview with Nikolai Davidovich Tervonin, July 28, 2016, Ol'shany, Belarus.

34 B. V. Sorochinsky, "Molecular–Biological Nature of Morphological Abnormalities Induced by Chronic Irradiation in Coniferous Plants from the Chernobyl Exclusion Zone", *Cytology and Genetics* 37, 2003, pp. 49~55.

35 Adamovich, *Imia sei zvezde Chernobyl'*, 73. Greenpeace recorded "rumors" of testing in the marshes. "VT to Science Unit", April 7, 1993, GPA 1002. On the importance of strategic nuclear weapons, see David Holloway, "Nuclear Weapons and the Cold War in Europe", Mark Kramer and Vit Smetana, eds., *Imposing, Maintaining, and Tearing*

Open the Iron Curtain: The Cold War and East–Central Europe, 1945 – 1989(Lanham, MD: Lexington Books, 2013), pp. 440~43.

[36] Author telephone interview with Valentina Drozd, February 12, 2016. For evidence of abnormally high rates of birth defects, see "Memo on Pediatric Service, Dobrush Region", 1988, NARB 46/14/1261, pp. 134~36.

[37] "Protocol Council Meeting on Questions", January 16, 1992, NARB 507/1/12, pp. 2~4.

[38] L. Smirennyi, "Predtecha Chernobylia", *Nauka i zhizn*, no. 10, 2003.

[39] Martin Bürgener, *Pripet–Polessie: Das Bild Einer Polnischen Ostraum–Landschaft*(Gotha: Justus Perthes, 1939).

[40] "Informational Communiqué", November 30, December 6, and December 14, 1987, SBU 16/1/1256, pp. 273~74, 303~4; February 11, February 17, April 8, May 10, and October 22, 1988, SBU 16/1/1262, p. 61, 76, 151, pp. 192~93; "Informational Communiqué", October 22, 1988, SBU 16/1/1266, p. 179; January 19, 1989, SBU 16/1/1273, pp. 31~3; October 13, and October 24, 1989, SBU 16/1/1279, p. 112, 139; "Informational Communiqué", September 8, 1988, SBU 16/1/1266, pp. 96~97; "Some Problems of Safety at NPP", August 6, 1990, 16/1/1288, pp. 127~29; "Results of Safey Inspection at Rivne NPP with IAEA Methods", April 17 to May 18, 1987, RGAE 859/1/592, pp. 118~27.

[41] "Informational Communiqué", November 23, December 6, and December 14, 1987, SBU 16/1/1256, pp. 273~74, 303~4, 307~8; February 11, February 17, April 8, and May 10, 1988, SBU 16/1/1262, p. 61, 76, 151, pp. 192~93; January 19, 1989, SBU 16/1/1273, pp. 31~33; October 13 and October 24, 1989, SBU 16/1/1279, pp. 111~12, p. 139; "Informational Communiqué", October 22, 1988, SBU 16/1/1266, p. 179; "To V.A. Ivashko from N. Holushko on Problems with Raising Safety at ChAES", SBU 16/1/1279, pp. 111~12, p. 139, pp. 178~80; and "Some Problems with Liquidating Consequences of ChAES Accident", November 14, 1990, SBU 16/1/1289, pp. 43~48. On accidents at Soviet–built plants in Bulgaria, see

"Circumstances at the Bulgarian NPP", November 13, 1990, SBU 16/1/1289, pp. 41~42.

[42] John McNeill, *The Great Acceleration*(Cambridge, MA: Harvard University Press, 2016).

4부 대재앙 이후의 정치

가정부

[1] Silini, "Concerning Proposed Draft for Long-Term Chernobyl Studies", Correspondence Files, 1986, UNSCEAR; and National Cancer Advisory Board convened on September 11~12, 1998; 1999 National Cancer Institute(NCI) Annual Report.

[2] "Medical Aspects of the Chernobyl Accident", Kyiv, May 11~13, 1988(Vienna: IAEA, 1989), pp. 9~12.

[3] "Medical Aspects of the Chernobyl Accident", p. 349.

[4] "Medical Aspects of the Chernobyl Accident", p. 100, 137.

[5] "Medical Aspects of the Chernobyl Accident", p. 331.

[6] "Medical Aspects of the Chernobyl Accident", p. 55.

[7] "Medical Aspects of the Chernobyl Accident", p. 14.

[8] Author interview with Natalia Lozytska, July 16~17, 2016, Kyiv.

[9] "To Rector of Kyiv University", 1986, Lozytska personal papers.

[10] "Information on Radioactive Particles", n.d., Lozytska personal papers; and Lozits'ka, "Iak ziti dali pislia Chornobylia", *Ukrains'ki obrii*, no. 3, 1991, p. 2.

[11] Author telephone interview with Lars-Erik De Geer, December 18, 2017.

[12] Lars-Erik De Geer et al., "A Nuclear Jet at Chernobyl around 21:23:45 UTC on April 25, 1986", *Nuclear Technology*, 2017.

[13] Alasdair Wilkins, "Why a Nuclear Reactor Will Never Become a Bomb", March 17,

2011, accessed December 18, 2017, https://www.gizmodo.com.au/2011/03/why-a-nuclear-reactor-will-never-become-a-bomb/.

[14] "Natalia Lozytska to Deputy Riabchenko", 1989, GARF 1007/1/212, pp. 16~18.

[15] "Lozytska to Skopenko", August 18, 1986; and "To M. S. Gorbachev", Lozytska personal collection. For recognition of the importance of hot particles twenty-five years later, see "Radioactive Particles in the Environment", IAEA-TECDOC-1663(Vienna: IAEA, 2011).

[16] "Examination of Pediatric Population", 1989, Lozytska personal papers.

[17] "Natalia Lozytska to Deputy Riabchenko", 1989, GARF 1007/1/212, pp. 16~18.

[18] On industrial accidents, see "Informational Communiqué", March 30, April 13, April 21, 1987, SBU 16/1/1249, pp. 93~96, 136~37, p. 164; "Informational Communiqué", May 4, May 18, May 22, June 11, June 30, 1987, SBU 16/1/1250, p. 20, pp. 54~57, 72~75, 128~29, 170~71; and "Informational Communiqué", October 19 and December 10, 1987, 16/1/1262, p. 214, pp. 305~6; January 19, February 11, February 12, May 26, and June 28, 1988, p. 37, 61, pp. 67~68, p. 229, 311.

[19] "Unsatisfactory Circumstances in Production", December 21, 1988, SBU 16/1/1266, pp. 300~4.

[20] "Informational Communiqué", April 1986, SBU 16/1113, p. 12.

[21] In support of the idea that foreign experts should decide the impact of the disaster, see "Zelenyi svit u mikrofona", *Trudovaia vakhta*, no. 12(58), March 10, 1989, p. 2.

[22] B. Danielsson, "Poisoned Pacific: The Legacy of French Nuclear Testing", *Bulletin of the Atomic Scientists* 46, no. 2, March, 1990, p. 22.

[23] L. R. Anspaugh, R. J. Catlin, and M. Goldman, "The Global Impact of the Chernobyl Reactor Accident", *Science* 242, 1988, pp. 1513~19.

[24] C. C. Lushbaugh, M.D., Oak Ridge Associated Universities, to John Kozlowich, Knolls Atomic Power Laboratory, June 18, 1980, Steve Wing Personal Files.

[25] "Human Radiation Studies: Remembering the Early, Oral History of Pathologist

Clarence Lushbaugh, M.D.", 19950401, accessed December 29, 2017, https://ehss. energy.gov/OHRE/roadmap/histories/0453/0453toc.html; and Harriet A. Washington, *Medical Apartheid: The Dark History of Medical Experimentation on Black Americans from Colonial Times to the Present*(New York: Doubleday, 2006), p. 235.

26 Lisa Martino-Taylor, *Behind the Fog: How the U.S. Cold War Radiological Weapons Program Exposed Innocent Americans*(New York: Routledge, 2018); Eileen Welsome, *The Plutonium Files: America's Secret Medical Experiments in the Cold War*(New York: Dial Press, 1999); and Kate Brown, *Plutopia*(New York: Oxford University Press, 2013).

27 "Human Radiation Studies: Remembering the Early, Oral History of Dr. John W. Gofman, M.D., Ph.D.", 19941220, accessed January 4, 2018, https://ehss.energy. gov/ohre/roadmap/histories/0457/0457toc.html.

28 "Informational Communiqué", March 11, 1987, SBU 16/1/1249, pp. 28~30.

29 "Director General's Statement to the Board of Governors", May 12, 1986, IAEA Box 15717.

30 TASS announcement quoted in Andrei Mikhailov, "Podlodka, napugavshaia Gorbacheva i Reagana", October 6, 2012, http://www.pravda.ru/society/fashion/models/06-10-2012/1130459-k_219-0/; and "Soviet Nuclear Submarine Carrying Nuclear Weapons Sank North of Bermuda in 1986", posted October 7, 2016, National Security Archive, http://nsarchive.gwu.edu/NSAEBB/NSAEBB562-Soviet-nuclear-submarine-sinks-off-U.S.-coast/.

31 Author interview with José Goldemberg, Saõ Paulo, Brazil, August 9, 2017; and William Long, "Brazil Deaths Bring Fallout of Fear", *New York Times*, November 8, 1987.

32 For a critique of the failure of European authorities to prepare for nuclear emergencies, see Christopher Auland, "Chernobyl Reactor Accident and Its Aftermath", Brussels, August 3, 1986, CA-0007, European Union Archive(EUA).

[1] "Negative Processes among a Portion of Soviet Youth", April 16, 1987, SBU l6/1/1249, pp. 147~50.

[2] Olha Martynyuk interview with Anatoly Artemenko, December 22, 2017, Kyiv.

[3] "Informational Communiqué", April 27 and 29, 1987, SBU 16/1/1249, pp. 179~180; and "Interruption of Antisocial Behavior", December 29, 1987, SBU 16/1/1256, pp. 321~22.

[4] Anders Åslund, *How Ukraine Became a Market Economy and Democracy*(New York: Columbia University Press, 2009), pp. 15~17; and "Informational Communiqué", March 21, 1987, SBU 16/1/1249, pp. 68~72.

[5] Olha Martynyuk interview with Oles' Shevchenko and Oleksandr Tkachuk, December 1, 2017, Kyiv.

[6] "Pre-Meditated Creation of Antisocial Groups", August 4, 1987, SBU 16/1/1256, pp. 61~62; "Preparation for a Meeting in Kyiv on Ecological Problems", November 14, 1998, SBU 16/1/1266, pp. 225~27.

[7] "Intensification of Anti-Soviet Slander Abroad", January 24, 1990, SBU 16/1/1284, pp. 49~51; and Taras Kuzio and Andrew Wilson, *Ukraine: Perestroika to Independence*(New York: St. Martin's Press, 1994), pp. 70~73.

[8] Interview with Shevchenko and Tkachuk.

[9] "On Prevention of Antisocial Activity", December 28, 1987, SBU 16/1/1256, pp. 321~22; and "On Intentions to Organize Antisocial Community", August 4, 1987, SBU 16/1/1256, pp. 61~62.

[10] Alexander Statiev, *The Soviet Counterinsurgency in the Western Borderlands*(Cambridge: Cambridge University Press, 2010).

[11] Oleksandr Shvets', "Teatr tinei", *Vechirniy Kyiv*, October 19, 1987; and "On Termination of the Meeting of Anarcho-Syndicalists", October 26, 1989, SBU 16/1/1279, pp. 146~48.

[12] "Informational Communiqué", September 2, 1986, SBU 16/1/1245, pp. 100~102; "Informational Communiqué", April 10, 1987, "Internal Report", April 29, 1987, SBU 16/1/1249, pp. 130~31, 187~90; and "Report on Subversive Attempts by the Antagonist", January 19, 1988, SBU 16/1/1262, pp. 33~36. By 1988, KGB agents reviewed 686,000 cases of people repressed from 1930 to 1953. "Organization of Review Work", August 3, 1988, SBU 16/1/1266, pp. 55~57.

[13] "To Comrade V. A. Ivashko from N. Golushko", February 10, 1989, SBU 16/1/1273, pp. 81~82.

[14] "Notes of the Secretary—General's Meeting with the Permanent Representative of the Ukrainian Soviet Socialist Republic", March 11, 1988, SG Country File, S−1024−87−8, UNA.

[15] Interview with Shevchenko and Tkachuk.

[16] Vitalii Shevchenko, "Persha nekomunistychna demonstratsiia", Oles' Shevchenko, ed., Kyivs'ka vesna(Kyiv: Oleny Telihy, 2005), pp. 348~52; "V upravlinni vnutrishnikh sprav mis'kvykonkomy", Prapor komunizmu, April 28, 1988; and interview with Shevchenko.

[17] Interview with Shevchenko and Tkachuk.

[18] Jane Dawson, Econationalism(Raleigh, NC: Duke University Press, 1996).

[19] "Seminar on Ecology", September 10, 1988, TsDKFFA, No. 11266, Film Dossier.

[20] David R. Marples, Ukraine under Perestroika: Ecology, Economics and the Workers' Revolt(New York: St. Martin's, 1991), p. 91, 137.

[21] For history of these movements, see Kuzio and Wilson, Ukraine, pp. 77~80.

[22] "Public Ecology Demonstration in the City of Kyiv", November 14, 1988, SBU 16/1/1266, pp. 225~28.

[23] "Creation of an Initiative Group of Social Movements", November 24, 1988, SBU 16/1/1266, pp. 243~45; "Public Ecology Demonstration in the City of Kyiv", November 14, 1988, SBU 16/1/1266, pp. 225~27.

[24] Interview with Shevchenko and Tkachuk.

5부 의학적 수수께끼

일차적 증거

[1] "Porog", 1988, Rollan Sergienko, Kinostudia im. Oleksandra Dovzhenka.

[2] For liquidator testimony, see "D. I. Moisa, Chief Clinic Doctor, VNTsRM, to M. I. Selikhov", March 1988; "M. I. Velikhov to A. P. Samokhvalov", September 8, 1988, TsDAVO 2605/8/17, p. 12, pp. 24~25; "O. I. Shamov to V. V. Red'kin", November 29, 1988, GARF 8009/51/4340, p. 24; "Aleksandr P. Borshchevsky to Evgeny I. Chazov", October 30, 1988, GARF 8009/51/4340, pp. 67~84; and "K. L. Gorshunov to S. M. Riabchenko", July 6, 1989, GARF 1007/1/212, pp. 2~5.

[3] "Head Department of Medical Problems", March 17, 1994, TsDAVO 324/19/261, pp. 17~18. On rules for establishing a "connection", see "Decree, No. 57", October 3, 1990, TsDAVO 342/17/5220, p. 51; and Adriana Petryna, *Life Exposed: Biological Citizens after Chernobyl*(Princeton, NJ: Princeton University Press, 2002), pp. 105~17.

[4] "To E. M. Luk'ianova and L. M. Zhdanova from A. M. Serdiuk", 1988, TsDAVO 324/17/4886, pp. 24~32; "Operative Meeting", August 8, 1988, TsDAVO 342/17/4886, pp. 15~18, 19~22; "Medical−Sanitary Provision of Population", March 1, 1989, TsDAVO 342/17/5092, pp. 9~10; and "Material for Report to the Government", September 29, 1989, TsDAVO 342/17/5089, pp. 159~61.

[5] E. I. Chazov, "Medical Aspects of the Accident", June 16, 1987, RGANI 89/53/75, pp. 1~7, HIA; "Decisions of the Coordinating Meeting", Kyiv, May 22 - 24, 1989, TsDAVO 342/17/5090, pp. 34~43; "On Question III", July 24, 1989, TsDAVO 342/17/5089, pp. 124~28.

[6] For quote, "Report", no earlier than March 11, 1990, TsDAVO 342/17/5240, pp. 88~98; and "Notes on the Secretary General's Meeting with Mr. Anatoliy Zlenko, Foreign Minister of Ukrainian USSR", September 20, 1990, SG Country File, S-1024-87-8, UNA.

[7] See, for example, the difference in reporting levels of radioactivity in Chernihiv Province between a 1989 internal document: "Deputy Minister of Health UkSSR, A. M. Kas' ianenko, 04-r-16 DSP", June 7, 1989, TsDAVO 342/17/5089, p. 68, and an appeal for external aid: "Material for UNESCO", UNESCO Archive, Paris, 1994, 9014/1/26, p. 27. "Assessment of State of Health of Population Living on Territory Contaminated with Radionuclides", no earlier than April 1991, TsDAVO 342/17/5358, pp. 8~11.

[8] Most famously, Alla Yaroshinskaya and Yuri Shcherbak were both journalists who became Chernobyl activists and politicians.

[9] For discussions of the political uses of the Chernobyl disaster, see Petryna, Life Exposed, and Olga Kuchinskaya, *The Politics of Invisibility: Public Knowledge about Radiation Health Effects after Chernobyl*(Cambridge, MA: MIT Press, 2014).

[10] "Results of Inspection of Financial Activity of the Polesian Reserve", no earlier than January 1992, NARB 507/1/6, pp. 65~68.

[11] Author telephone interview with Alex Klementiev, August 6, 2017.

[12] Robert Proctor, *Cancer Wars: How Politics Shapes What We Know and Don't Know about Cancer*(New York: BasicBooks, 1995); Naomi Oreskes and Erik M. Conway, *Merchants of Doubt: How a Handful of Scientists Obscured the Truth on Issues from Tobacco Smoke to Global Warming*(New York: Bloomsbury Press, 2011).

[13] "To E. M. Luk'ianova and L. M. Zhdanova from A. M. Serdiuk".

[14] "Inspection of Medical Services", October 28, 1988, TsDAVO 342/17/4877, pp. 14~30. For similar numbers, see "Director of Division of Medical-Prophylactic Aid", January 18, 1988, TsDAVO 342/17/4886, p. 4; and "Distribution of the Decreed Contingent", no earlier than December 1988, TsDAVO 342/17/5092, pp. 120~26. In Belarus, see "Executive Committee of the Province Council of People's Deputies", January 5, 1990, and "To Tamara Vasikas'ko, chair, ispolkom", GAGO 1174/8/2336, pp. 68~69.

[15] "Report Academy of Science UkSSR", July 7, 1988, Baranovska, Chornobyl'sk'ka trahedia, pp. 540~51; "Information on the Appearance of Sick Children", 1989,

GARF 5446/150/1624, pp. 30~35; "To E. M. Kuk'ianova and L. M. Zhdanova from A. M. Serdiuk", and "Certification on the State of Medical and Pharmaceutical Help", no earlier than January 1989, TsDAVO 342/17/5240, pp. 21~31; "To Head of the Division", January 18, 1988, TsDAVO 342/17/4886, p. 4; and "Inspection of Organization of Medical Services", 1988, TsDAVO 342/17/4877, pp. 14~30.

[16] "Certification of State of Health of Population in Koriukovskii Region", April 5, 1990, TsDAVO 342/17/5238, pp. 62~67.

[17] "Circumstances Forming in Narodychi and Zhytomyr Provinces", 1989 GARF 5446/150/1624, pp. 26~27.

[18] The most common background rate for birth defects is 3~4 percent. "Inspection of Medical Services of the Population of Northern Regions of Rivne Province", February 9, 1989, and "Inspection of Quality of Medical Service", no earlier than April 1989, TsDAVO 342/17/5092, pp. 1~8, 91~106; "Certification", no later than March 1989, TsDAVO 324/17/5359, pp. 51~65; "Operative Meeting", August 8, 1988, TsDAVO 342/17/4886, pp. 15~17, 25~30; and "Inspection of Medical Services", October 28, 1988, TsDAVO 342/17/4877, pp. 14~30.

[19] "Mortality of Children Age 0 – 14, 1989", TsDAVO 342/17/5241, pp. 45~47.

[20] "Memo", December 1990, TsDAVO 342/17/5240, pp. 32~54; "Operative Meeting"; "To E. M. Kuk'ianova and L. M. Zhdanova from A. M. Serdiuk"; and "Medical– Sanitary Provisions for Population of Controlled Regions", January 1989, TsDAVO 342/17/5092, p. 27. For retrospective studies, see "Investigation of Activity of Institute of Epidemiology and Prophylactics", February 12, 1992, TsDAVO 324/19/34, pp. 1~46; "Evaluation of Scientific–Research Work", December 24, 1992, TsDAVO 324/19/25, pp. 1~25; "Review of Organization of Medical Services and Clinical Observation of Population of Kyiv Province", October 28, 1988, and "Review of Organization of Medical Services and Clinical Observation of Population of Zhytomyr Province", October 10, 1988, TsDAVO 342/17/4877, pp. 1~13, 14~30; and "Report", no earlier than March 11, 1990, TsDAVO 342/17/5240, pp. 88~98.

[21] "Review of Organization of Medical Services", "Distribution of the Decreed Contingent", and "Medical-Sanitary Provisioning of the Population."

[22] "Report of Academy of Science UkSSR", July 7, 1988; N. A. Loshchilov and B. S. Prister, "Informational Report", 1989, RGAE 4372/67/9743, pp. 4~10; and "Answer: State Committee of Industrial Agriculture, Ukrainian Republic", February 15, 1989, Baranovska, *Chornobyl' sk' ka trahedia*, pp. 540~51, p. 571.

재난을 비밀해제하기

[1] E. I Bomko, "From the Meeting", August 8, 1988, and "Informational Material", October 21, 1988, TsDAVO 342/17/4886, p. 198.

[2] For the full list of censored topics, see "On Press Limitations Connected with the Accident at Reactor No. 4 of the Chernobyl NPP", July 31, 1986, Nesterenko Papers, BAS.

[3] Author interview with Heorhii Shkliarevsky, June 1, 2017, Kyiv.

[4] "Shcherbina to Ryzhkov", January 7, 1987, RGANI 89/53/55, HIA.

[5] "Reactions of Workers to the Arrival of M. S. Gorbachev", February 28, 1989, SBU 16/1/1273, pp. 91~93.

[6] Leonid Kravchuk, "Shcherbytsky buv liudynoiu voliovoiu z syl'nym, zahartovanym kharakterom", E. F. Vozianov et al., ed., *Volodymyr Shcherbytsky: spohady suchasnykiv*(Kyiv: Vydavnichyi dim "In-Yure", 2003), pp. 71~72.

[7] "To Chair of the Council of Ministers, USSR, N. I. Ryzhkov", May 16, 1989, GARF 5446/150/1624, pp. 1~3.

[8] "Review of Collective Letter", April 14, 1989, TsDAVO 342/17/5089, pp. 24~26.

[9] "Olevs'k Regional Council to V. A. Masol", October 8, 1989, TsDAVO 342/17/5089, p. 178.

[10] "Resolution of Collective Party-Economic Activity, Bykhovskii Region, Mogilev Province", June 26, 1990, NARB 46/14/1322, pp. 15~18.

[11] "Supreme Soviet of Belarus' SSR", September 26, 1990, NARB 46/14/1322, p. 176.

[12] "Instruction to Group of Residents of Chernihiv", 1988, GARF 8009/51/4340, p. 59; "V. Sharavara to K. I. Masyk", March 10, 1990, TsDAVO 324/17/5283, pp. 39~41; "To the Leader of Supreme Soviet of USSR, Ryzhkov, N. I.", May 16, 1989, GARF 5446/150/1624, pp. 1~3; and "To the Deputies of Supreme Council", April 11, 1990, GARF 1007/1/212, pp. 11~113.

[13] Heorhiy Shkliarevsky, *Mi—kro—fon*, Kyiv, 1988.

[14] "Collective Petition of the Participants of a Public Demonstration in City of Malyn", April 29, 1990, TsDAVO 342/17/5238.

[15] "A. M. Serdiuk to V. M. Ponomarenko", May 8, 1990, TsDAVO 342/17/5220, p. 15; and "On the Assessment of Health Indicators in Malyn Region", July 7, 1990, TsDAVO 342/17/5240, pp. 62~72.

[16] "On Radiological Situation in Ivankiv Region of Kyiv Province", February 2, 1990, TsDAVO 342/17/5238, pp. 10~11.

강대국의 자조自助 노력

[1] Petryna, *Life Exposed*, 43; and Baranovska, *Chornobyl'—problemy zdorov"ia*, p. 67, 144.

[2] For a report of what Soviet scientists knew at the time, see Daniel L. Collins, "Nuclear Accidents in the Former Soviet Union: Kyshtym, Chelyabinsk and Chernobyl", 1991, Defense National Institute, DNA/AFRRI 4020, AD A 254 669.

[3] Silini to Beebe, July 25, 1986, Correspondence Files, 1986, UNSCEAR Archive.

[4] National Cancer Institute, Annual Report, 1999, accessed November 4, 2015, https://archive.org/stream/annualreport199173nati/annualreport199173nati_djvu.txt.

[5] Gayle Greene, *The Woman Who Knew Too Much: Alice Stewart and the Secret of Radiation*(Ann Arbor: University of Michigan, 2001).

[6] Gayle Greene, "Science with a Skew: The Nuclear Power Industry after Chernobyl and Fukushima", *Asia—Pacific Journal*, December 25, 2011; and David Richardson, Steve

Wing, and Alice Stewart, "The Relevance of Occupational Epidemiology to Radiation Protection Standards", *New Solutions* 9, no. 2, 1999, pp. 133~51.

[7] "Testimony of Dr. Rosalie Bertell", U.S. Senate Committee on Veterans' Affairs, April 21, 1998; and Tom Foulds Collection, University of Washington Special Collections, Seattle, WA.

[8] Robert Alvarez, "The Risks of Making Nuclear Weapons", Steve Wing et al., ed., *Tortured Science: Health Studies, Ethics, and Nuclear Weapons in the United States*(Amityville, NY: Baywood Publishing, 2012), pp. 181~98.

[9] Greene, "Science with a Skew."

[10] C. C. Lushbaugh, MD, Oak Ridge Associated Universities, to John Kozlowich, Knolls Atomic Power Laboratory, June 18, 1980, Steve Wing Personal Files.

[11] "Informational Communiqué", March 11, 1987, SBU 16/1/1249, pp. 28~30; and "Travel Report, P. J. Waight", October 23–30, 1991, WHO E16–445–11, p. 6.

[12] "Material for a Report to the Government", September 29, 1989, TsDAVO 342/17/5089, pp. 159~61.

[13] "G. I. Razumeeva to I. A. Liashkevich", August 23, 1989, TsDAVO 324/17/5091, pp. 61~63; and *Nauka i suspil's tvo*, no. 9, September, 1989.

[14] "To E. M. Luk'ianova and L. M. Zhdanova from A. M. Serdiuk"; "Outcomes of the Advancement of the All–Union Registry", Kyiv, May 22~24, 1989, TsDAVO 342/17/5090, pp. 34~43; "On the Health of Children Exposed to Radioactive Substances", June 21, 1989, TsDAVO 324/17/5091, pp. 35~36; and "Certification", July 7, 1990, TsDAVO 342/17/5240, pp. 62~72.

[15] "Materials for the Council of Soviet Ministry of Health", October 21, 1988, TsDAVO 342/17/4886, pp. 25~30.

[16] "Materials for the Governmental Report", September 29, 1989, "Debate on the Letter of Executive Committee", November 21, 1989, "On Question No. 3", July 24, 1989, TsDAVO 342/17/5089, pp. 124~28, 159~61, 193~94.

[17] V. G. Bebeshko, N. V. Bugaev, V. K. Ivanov, and B. A. Ledoshchuk, "Estimate of

Future Scientific Research", 1989, TsDAVO 342/17/5090, pp. 20~28.

[18] O. O. Bobyliova, "Memo", no earlier than March 11, 1990, TsDAVO 342/17/5240, pp. 88~98.

[19] "Monitoring of Provision of Health Services to the Population", no earlier than December 1990, TsDAVO 342/17/5240, pp. 32~54.

[20] "On State of Medical Service for Residents of Kyiv Province", no earlier than January 1989, "Spravka", July 7, 1990, TsDAVO 342/17/5240, pp. 21~31, 62~72.

[21] "Inspection of Medical Services to Residents of Zhytomyr Oblast", 1988, TsDAVO 342/17/4877: 1–8; "On the State of Medical Services for Children in City of Chernihiv", no later than June 24, 1992, TsDAVO 324/19/32, pp. 1~5; "Inspection of the Organization of Medical Services", February 9, 1989, TsDAVO 342/17/5092; Sergei G. Wamruk, no later than May 1991, NARB 507/1/7, p. 21; "On Medical Services", November 11, 1986, NARB 7/10/608, pp. 71~73; "Information about Clinical Examination in Areas under [radiological] Control", August 7, 1989, NARB 46/14/1262, pp. 45~54; "On the Amendment of the Long–Term Program", July 8, 1991, NARB 46/14/1373, pp. 1~3; "On Medical Provisions for Children", November 21, 1990, NARB 507/1/1, p. 144; "List", 1989, NARB 507/1/2, pp. 2~43b; "Evaluation of Incidence of Disease", April 18, 1989, NARB 46/14/1261, pp. 110~12; "Letter from N. I. Rosh No. 06–11/21", January 10, 1989, NARB 7/10/1851, pp. 35~36; "Memo", "Yearly Report", 1987, Arkhiv Kricheva 588/1/173, pp. 25~27; "Memo", June 19, 1986, NARB 7/10/530, pp. 74~78; and "Memo", no earlier than November 1993, GAMO 7/5/4156, pp. 81~94. For doctors' appeal to leave the Zone, see "Announcement", September 19, 1989, NARB 46/14/1218, p. 79.

[22] "Belarus SSR Ministry of Health to UkSSR Ministry of Health", August 30, 1990, TsDAVO, 342/17/5220, pp. 47~48.

[23] "V. G. Perederii to V. S. Kazakov", August 30, 1990, TsDAVO, 342/17/5220, p. 49.

[24] "On Clinical Examination of Children Who Were Exposed to Radiation", August 31,

1988, TsDAVO 342/17/4886, pp. 18~19.

25 "Operative Meeting", August 8, 1988, TsDAVO 342/17/4886, pp. 15~18.

26 "Memo", February 9, 1989, TsDAVO 342/17/5092, pp. 1~8. Another village discovered to have 584 ci/km was also overlooked. "On Resettling Residents of Pershotravneve", December 29, 1990, TsDAVO 342/17/5357, pp. 20~21.

27 G. I. Razumeeva, "Medical–Sanitary Provisions for Population in Controlled Regions", January 1989, TsDAVO 342/17/5092, p. 26.

28 "Information Material for the Council of Soviet Ministry of Health", October 21, 1988, TsDAVO 342/17/4886, pp. 25~30.

29 "On the State of Medical and Pharmaceutical Provisions", no earlier than January 1989, TsDAVO 342/17/5240, pp. 21~31. For similar conditions in rural Belarus, see "On Medical Services of Rural Residents of BSSR", November 11, 1986, NARB 7/10/608, pp. 71~72; "To the State Deputy of Supreme Council I. G. Chigrinov", July 6, 1989, NARB 46/14/1218, p. 187; and "To the Gomel Province Executive Committee", November 4, 1986, GAGO 1174/8/1940, p. 98.

30 "Memo", no earlier than March 11, 1990, TsDAVO 342/17/5240, pp. 88~98.

벨라루스의 몽유병자들

1 "Work Plan", October 17, 1990, NARB 507/1/1, pp. 75~87.

2 "Directive of the Klimavichy Regional Administration", July 4, 1986, Arkhiv Kricheva, 3/4/1503, pp. 80~83; "On the Progress of Liquidation", June 10, 1986, GAOOMO 9/181/66, p. 17ob; and "On the Progress of Decontamination", August 22, 1986, GAOOMO 15/44/5, pp. 123~25.

3 "Enactment of State Sanitary Control", 1986, NARB 46/14/1263, pp. 98~108; "On Additional Questions", March 2, 1987, RGANI 89/56/1, HIA; and "On Improvments for the Long–Term Program", July 8, 1991, NARB 46/14/1373, pp. 1~3.

4 "On the Work of the Medical Radiology Division of the Special Department of BSSR

Ministry of Health", 1989, NARB 46/12/1264, pp. 1~10; "Resolution No. 580", November 16-17, 1989, GAGO 1174/8/2215, pp. 88~91; "On the Needs of Medical Radiology Research Institute", July 4, 1990, NARB 46/14/1322, p. 142; "Central Commission of KPB, Memo on Progress with Liquidation", 1989, NARB 4R/156/627, pp. 126~38; and "V. A. Matiukhin to E. E. Sokolov", June 1, 1989, NARB 4R/156/627, pp. 209~12.

5 "On Additional Measures", December 14, 1986, GAOOMO 40/50/7, pp. 143~46; "Information", July 15, 1986, "Decree of the Chief Doctor of Cherykaw Region", April 7, 1987, Arkhiv Kricheva 588/1/166, pp. 1~9, p. 90; "On the Assessment of Children's Health", April 18, 1989, "V. Ia. Latysheva, on Neurological Services", 1989, NARB 46/14/1261, pp. 110~12, 152~62; and "On the Assessment of Endocrinology Services", March 23, 1988, NARB 46/12/1262, pp. 83~85. For regulations about secrecy, see "On Providing Information", April 28, 1988, NARB 7/10/1525, p. 45. On equipment and failure to monitor, see "Protocol No. 8", August 27, 1987, NARB 1088/1/1002, pp. 59~61; and "V. N. Sych to E. P. Tikhonenkov", May 24, 1991, GAGO 1174/8/2445, pp. 45~53.

6 "Information about the Situation in Gomel and Mogilev Provinces", June 5, 1987, NARB 4R/156/393, pp. 45~60; "On the Organization of Aid", May 30, 1988, NARB 7/10/1523, pp. 21~23; "On the Work of BSSR Ministry of Health", 1989, NARB 46/14/1260, pp. 1~15; and "List of Populated Settlements to Be Relocated", 1989, NARB 507/1/2, pp. 2~43ob. On newly discovered contaminated territory in Brest Province, see "P. P. Shkapich to V. F. Kebich", July 3, 1990, and "Iu. M. Pokumeiko", September 9, 1990, NARB 46/14/1322, pp. 4~6, p. 142.

7 "Survey of the Incidence of Disease among Children and Adults in Mogilev Province", March 13-25, 1989, NARB 46/14/1263, pp. 1~15.

8 "On the Structure of Diseases of the Endocrine System", 1989, NARB 46/14/1261, pp. 17~21.

9 "On the Structure of Diseases of the Endocrine System", pp. 17~21.

[10] "Incidence of Disease among Children Living on Territory Contaminated from 15–40 ki/km2 1983–1988", 1989, NARB 46/14/1261, pp. 80~84.

[11] Author telephone interview with Valentina Drozd, May 13, 2016. On assembly–line quality of medical exams in Belarus, see "To the Soviet Ministry of Health", 1988, GARF 8009/51/4340, pp. 103~4.

[12] "Residents of Komarin and Bragin Region to the Kremlin (Moscow)", October 18, 1989, and "Protocol of the Public Demonstration in City of Cherykaw", June 1, 1989, GAGO 1174/8/2215, pp. 71~72, p. 74, pp. 103~6.

[13] "Ales Adamovich, Speech to the Plenum of the USSR Union of Writers", April 28, 1987, NARB 4R/156/436, pp. 4~10; "E. P. Petriaev to E. E. Sokolov", March 27, 1987, NARB 4R/156/437, pp. 6~7; and "E. E. Sokolov to N. I. Ryzhkov", June 23, 1987, NARB 4R/156/393, p. 70.

[14] On nuclear solutions to modernization, see Paul Josephson, *Red Atom: Russia's Nuclear Power Program from Stalin to Today*(New York: W. H. Freeman, 1999).

[15] "On Inspection of Letters", 1986, NARB LA 4R/157/86, pp. 11~32.

[16] "Appeal Claim to V. B. Nesterenko", January 6, 1988, NARB 4R/158/538, pp. 153~58.

[17] "Explanations to the Commission of the Minsk Regional Party Committee", September 27, 1988, NARB 4R/137/538, pp. 212~18.

[18] Budakovsky refers to this letter in "Transcripts", February 3, 1987, NARB LA 4R/157/86, p. 106.

[19] "An Employee of BSSR Academy of Science to the Politburo TsK KPSS", August 5, 1986, "Citizens of Minsk, Patriots of Their Motherland, to M. S. Gorbachev", n.d., and "Citizens to M. S. Solomentsev", June 22, 1987, NARB 4R/156/441, pp. 3~8, 152~55, 221~25.

[20] "V. N. Ermashkevich to M. I. Demchuk", February 17, 1987, and "To M. S. Solomentsev", July 23, 1987, NARB 4R/156/441, pp. 43~52, 197~200.

[21] Wladimir Tchertkoff, *The Crime of Chernobyl: The Nuclear Gulag*(London: Glagoslav

Publications, 2016), p. 110.

22 "Solutions of the Science–Technology Commission", no earlier than November 28, 1986, and "Decree of the Ministry of Medium Machines", November 20, 1986, NARB LA 4R/157/86, pp. 35~39, 51~54.

23 "Party Control Commission", July 7, 1987, NARB 4R/156/441, pp. 183~86.

24 "P. Budakovsky to N. N. Sliun'kov", January 7, 1987, NARB 4R/157/86, pp. 57~60.

25 "Transcript", February 3, 1987, NARB 4R/157/86, pp. 89~119.

26 "Memo on Inspection of Letters", January 29, 1987, NARB LA 4R/157/86, pp. 76~84.

27 "I. Isakov to M. S. Solomentsev", July 27, 1987, and "To Comrade M. S. Gorbachev", November 16, 1987, NARB 4R/156/441, pp. 178~82, 196~98.

28 "Nesterenko to President of BSSR Academy of Science", no later than January 27, 1988, NARB 4R/157/548, pp. 50~51; "A. V. Stepanenko", April 12, 1987, and "M. Demchuk", December 29, 1987, NARB 4R/157/538, p. 96, pp. 98~99.

29 Author interview with Alexey Nesterenko, July 22, 2016, Minsk.

30 "Memo", 1990, Arkhiv Kricheva 588/1/173, pp. 8~23; "Directive No. 5–29–8/1", May 15, 1989, GAMO 7/5/3833, pp. 295~306; and "Resolution", May 25, 1990, GAMO 7/5/8940, pp. 25~34. Nesterenko first measured 80 ci/km and warned the minister of health about it. "No. 1353", September 19, 1986, Nesterenko Papers, BAS.

31 "Memo", February 21, 1990, Arkhiv Kricheva 588/1/181, pp. 11~15.

32 "Memo", 1987, "Godovoi otchet", 1987, Arkhiv Kricheva 588/1/173, pp. 25~27.

33 "Information", July 15, 1986, Arkhiv Kricheva 588/1/160, pp. 1~9.

34 "Doses of Exposure of Cesium–134–137 among the Population", Arkhiv Kricheva 588/1/160, p. 7.

35 "Information", July 15, 1986, Arkhiv Kricheva 588/1/160, pp. 1~9.

36 "Information", May 20, 1987, Arkhiv Kricheva 588/1/173, pp. 1~12.

37 "Yearly Report", 1987, Arkhiv Kricheva 588/1/173, pp. 29~30.

38 "Explanatory Note", 1988, Arkhiv Kricheva 588/1/176, pp. 22~23; and "Memo on

Radiation Protection", Arkhiv Kricheva 588/1/181, pp. 48~49.

39 "Protocol from the Public Demonstration of Workers in City of Cherykaw", June 1, 1989, GAGO 1174/8/2215, pp. 71~72.

40 "Memo", 1990, Arkhiv Kricheva 588/1/173, pp. 8~9; and "State Statistical Report", 1991, Arkhiv Kricheva 588/1/182, pp. 1~10.

41 "Information", 1988, Arkhiv Kricheva 588/1/176, p. 20.

42 "Information", May 20, 1987, and "Information", 1987, Arkhiv Kricheva 588/1/173, pp. 1~12, 20~25.

43 "Information", 1988, Arkhiv Kricheva 588/1/176, p. 20.

44 "Clinical Examination", 1988, Arkhiv Kricheva 588/1/176, p. 19; and "Lab Tests Results for Newborns and Infants", NARB 46/14/1261, pp. 106~9.

45 "Information on Obstetric and Gynecological Services in Cherykaw Region", 1988, Arkhiv Kricheva 588/1/176, pp. 17~19.

46 "Conclusions", May 20, 1989, Arkhiv Kricheva 588/1/181, pp. 23~30.

47 "On the Assessment of the Incidence of Disease among Children", April 18, 1989, NARB 46/14/1261, pp. 110~12.

48 "Dynamics in Disease Incidence among Children", 1989, NARB 46/14/1161a, pp. 23~24.

49 "Malignant Tumor Incidence in BSSR", 1989, NARB 46/14/1161a, p. 32.

50 "Cherykaw Region, Tables", 1988, Arkhiv Kricheva 588/1/176, p. 15, 32; and "Memo", 1990, Arkhiv Kricheva 588/1/173, pp. 8~23.

51 "Demographic Data", 1989, Arkhiv Kricheva 588/1/176, p. 33; "Acute Leukemia among Citizens of Mogilev Province", 1989, NARB 46/14/1161a, pp. 27~30; and "G. V. Tolochko, MZ BSSR", March 30, 1989, NARB 46/14/1264, pp. 111~25.

52 "Child Population of Cherykaw Region", October 20, 1989, Arkhiv Kricheva 588/1/181, pp. 29~30.

53 "State Statistical Report", 1991, Arkhiv Kricheva 588/1/182, pp. 1~10.

54 "Disease Incidence among Children Who Live on a Territory with Pollution of 15-40

ki/km2", 1989, NARB 46/14/1261, pp. 80~84.

55 "On the Medical Aspects of Liquidating the Consequences of the Accident", June 22, 1989, NARB 46/14/1264, pp. 83~88; and "Analytical Memo on the Work of Neurological Services in Gomel Province", 1989, NARB 46/14/1261, pp. 152~62.

56 "On the Work of the Ministry of Health, BSSR from 1986–1989", 1989, NARB 46/14/1260, pp. 1~15.

57 "Memo on the Incidence of Hypothyroidism", June 1989, NARB 46/14/1264, pp. 87~88.

58 "Evaluation of the Incidence of Disease among the Pediatric and Adult Population of Mogilev Province", March 13–15, 1989, NARB 46/14/1263, pp. 1~11. See for similar arguments, "On the Work of BSSR Ministry of Health, 1986–1989."

59 "Lab Tests for Key Health Indicators among Newborns", 1988, NARB 46/14/1261, pp. 106~9; and "Memo", March 17, 1989, NARB 46/14/1263, pp. 18~24.

60 "To the Head of SM V. A. Masol", April 26, 1990, SBU 16/1/1284, pp. 190~93; and "On the Evaluation of Medical Consequences of Chernobyl Accident", n.d., 1996, SBU 35/68, pp. 1~12.

61 "On Problems Liquidating the Consequences of the Accident at ChAES", November 14, 1990, SBU 16/1/1289, pp. 43~48; and author interview with Mykhailo Zakharash, July 1, 2016, Kyiv.

62 Author interview with Mykhailo Zakharash, July 1, 2016, Kyiv.

63 "On the Rate of Children Born with Health Defects", 1989, NARB 46/14/1262, pp. 89~93.

64 "To the Director of of the Kazan' Synthetic Rubber Factory", July 4, 1990, NARB 46/14/1332, p. 19.

65 "Enacting State Sanitary Control", 1989, NARB 46/14/1263, pp. 98~114; "On the Situation Emerging in Narodychi Region of Zhytomyr Province", 1989, and "V. Mar' yin to V. E. Shcherbina", June 19, 1989, GARF 5446/150/1624, pp. 13~18, 51; "Technical Memo", September 26, 1990, GAMO 7/5/3999, pp. 1~9; "On

Enhancement of the Laboratories in the Meat and Dairy Industries", June 25, 1990, GAMO 11/5/1557, p. 104; "Information", March 16, 1992, GAMO 7/5/4126, pp. 145~46; "Protocol No. 1", March 30, 1993, GAMO 7/5/4783, pp. 1~10; and "Measurements of Permissible Content of Cesium−137", 1989, Arkhiv Kricheva 588/1/181, pp. 5~7.

[66] "A. I. Vorobiev, MZ USSR, to Academician B. E. Shcherbina", 1989, GAGO 1174/8/2215, pp. 24~27; "On Results of Measurement of the Plutonium Body Burden among Residents of Gomel' Province in 1989", May 11, 1990, BAS 242/2/5, pp. 1~5; "On the Central Allotment [of goods]", October 5, 1989, GAGO 1174/8/2215, p. 216; and "Conclusions on the Radiological Situation and Living Conditions", 1990, GAGO, 1174/8/2336, pp. 43~45.

[67] "S. N. Nalivko, Memo", January 9, 1990, NARB 46/14/1264, pp. 49~66; "Memo on Assessment", 1989 NARB 46/14/1262, pp. 1~15; "Information about the State of Clinical Examinations in the Regions under Control in 1989", August 1, 1989, NARB 46/14/1262, pp. 45~54; and "On the Work of the Health Services of Brest Province in Liquidating Consequences of the Accident", August 1, 1989, NARB 46/14/1264, pp. 11~14.

[68] For general health: "On Pediatric Services in the Dobrush Region", 1988, "Disease Incidence among the Population", 1988; "Analysis", no earlier than March 1989, NARB 46/14/1161a, pp. 1~4, p. 6, 15; "Health Indicators among the Population in the Areas under Control", March 10, 1989, NARB 46/14/1264, pp. 32~44; "On the Evaluation of Primary Care Services in Krasnopole and Karma Regions", April 18, 1989, NARB 46/12/1262, pp. 1~12; "On the State of the Auto−Immune System", May 31, 1989, NARB 46/14/1264, pp. 127~33; "Information on the State of Clinical Examinations"; "On the Estimation of Disease Incidence among the Pediatric Population of Chechersk Region, Gomel Province", April 18, 1989, NARB 46/14/1261, pp. 110~12; "On the Epidemiological Situation Related to Non−Specific Diseases of Respiratory Organs", 1989, "On Major Outcomes of Clinical Examinations

in 1989", August 14, 1990, NARB 46/14/1264, pp. 67~76, 135~39; "A. A. Romanovskii to Gomel Province Executive Committee", July 18, 1989, GAGO 1174/8/2215, pp. 195~96; "To the Head of the Department of Health Care and Prevention", January 18, 1988, TsDAVO 342/17/4886, p. 4; "On the Evaluation of Medical Services", 1988, TsDAVO 342/17/4877, pp. 14~30; "To the Minister of Health Iu. P. Spizhenko", May 3, 1990, TsDAVO 342/17/5241, pp. 1~5; "Materials for Release to the State", September 29, 1989, TsDAVO 342/17/5089, pp. 159~61; "On the Situation Emerging in the Narodychi Region of Zhytomyr Province"; "On Work of the Commission of the Soviet Ministry of Health in Poliske Region, Kyiv Province", March 4, 1990, TsDAVO 342/17/5240, pp. 57~59; and "Materials for Presentation to UNESCO", 9014/11/26, pp. 27~37.

On endocrine disorders, including the appearance of tumors: "Evaluation of Endocrinology Services", March 23, 1988, "On Results of a Survey of Disease Incidence", March 23, 1989, NARB 46/12/1262, pp. 83~85, 92~95; "Measures for a Survey of Hypothyroidism among Children in Komarin", November 28, 1988, GAGO 1174/8/2215, p. 118; "Memo", 1989, NARB 46/14/1264, pp. 23~25; "The Gomel Province Executive Committee and Council of People's Deputies", January 5, 1990; and "Tamara Vasikas'ko, Chair of Executive Committee", GAGO 1174/8/2336, pp. 68~69.

On birth defects and infant mortality: "Memo on Rates of Children with Birth Defects", March 23, 1989, "Memo about Analysis of Lethal Malformations among the Population of the City of Gomel", March 24, 1989, NARB 46/14/1262, pp. 89~92, 121~26; "Still Births", 1988, NARB 46/14/1161a, pp. 8~15; "Informational Material for the Council of the Soviet Ministry of Health", October 21, 1988, TsDAVO 342/17/4886, pp. 25~30; and G. I. Razumeeva, "On Medical–Sanitary Provisions for Populations in Areas under Control", January 1989, TsDAVO 342/17/5092, pp. 29~30.

거대한 자각

[1] "Explanatory Note", 1989, TsDAVO 342/17/5089, pp. 166~67.

[2] "Resolution No. 566", January 20, 1989, GAGO 1174/8/2215, pp. 1~5.

[3] "Workers of Karma to Politburo TsK KPSS", 1989, GAGO 1174/8/2215, pp. 205~7.

[4] L. A. Ilyin et al., "Strategiia NKRZ po obosnovaniiu vremennykh predelov Doz godovogo oblucheniia naseleniia posle avarii na Chernobyl'skoi AES, Konseptsiia pozhiznennoi dozy", *Meditsinskaia radiologia* 8, 1989, pp. 3~11.

[5] "On the Work of BSSR Ministry of Health",1989, NARB 46/14/1260, pp. 1~15; and "On the Results of Debate over Problematic Issues", July 9, 1989, TsDAVO 342/17/5091, pp. 41~43.

[6] "Gomel Province", no earlier than December 1, 1986, NARB 4R/154/392, pp. 11~39.

[7] "On Trends in the Growth of Negative Events in the Republic", February 26, 1990, SBU 16/1/1284, pp. 96~98.

[8] "On Undesirable Conditions", January 16, 1990, SBU 16/1/1284, pp. 24~25.

[9] "E. P. Petriaev to E. E. Sokolov", March 27, 1987, NARB 4R/156/437, pp. 6~7.

[10] "Elaboration of Methods for Cytology Diagnostics", 1991, BAS 242/2/28, pp. 12~15; and "On the Results of Measuring Radioactive Body Burdens among Residents of Gomel and Mogilev Provinces", 1990, BAS 242/2/11, pp. 1~27.

[11] "On the Results of Screening for Plutonium Body Burdens among Residents of the Gomel Province in 1989", May 11, 1990, BAS 242/2/5, pp. 1~5.

[12] K. V. Moshchik et al., "Study of the Incidence of Non-Infectious Disease", vol. 1, 1988, BAS 242/2/1, pp. 1~30.

[13] V. P. Platonov and E. F. Konoplia, "Information on Major Findings of Scientific Work Related to Liquidating Consequences of ChAES Accident", April 21, 1989, RGAE 4372/67/9743, pp. 490~571.

[14] V. P. Platonov and E. F. Konoplia, "Information on Major Findings of Scientific Work

Related to Liquidating Consequences of ChAES Accident"; and "Resolution of the First All–Union Convention on Radiobiology", Moscow, August 21 – 27, 1989, RGAE 4372/67/9743, pp. 399~403.

[15] For records of higher doses of radioactivity in food in cleaner areas, see "Technical Memo", September 26, 1990, GAMO 7/5/3999, pp. 1~9.

[16] "Evalution of External Pediatric Hematology, Ministry of Health, BSSR", April 26, 1990, NARB 46/14/1264, pp. 96~101. Later reports of leukemia in Belarus strangely do not include the years 1986 – 1990, when one would expect the appearance of the disease. See Urii Bondar, ed., *20 let posle Chernobyl'skoi katastrofy, natsional'nyi doklad*(Minsk, 2006), pp. 46~47.

[17] Platonov, "Information on Major Findings"; and A. V. Stepanenko, "Toward a Concept of Living on Territory Contaminated with Radionuclides", January 27, 1990, RGAE 4372/67/9743, pp. 11~22.

[18] Platonov, "Information on Major Findings."

[19] "Explanatory Note", 1989, TsDAVO 342/17/5089, pp. 166~67.

[20] "Resolution No. 566", April 27, 1989, TsDAVO 342/17/5089, pp. 14~19.

[21] "On Carrying Out Plan No. 566 of the State Commission", May 18, 1989, TsDAVO 342/17/5089, p. 20.

[22] "D. Bartolomeevka, Vetkovskii Region", 1989, NARB 46/14/1261, pp. 132~33.

[23] "Indicators of the State of Health", March 10, 1989, NARB 46/14/1264, pp. 32~45.

[24] "A. I. Vorobiev to B. E. Shcherbina", June 12, 1989, GAGO 1174/8/2215, pp. 24~27.

[25] "A. I. Vorobiev to B. E. Shcherbina", pp. 24~27.

[26] "Resolution No. 5–29–8/1", May 15, 1989, GAMO 7/5/3833, pp. 295~306; and "Decision of the Executive Committee of the Province Council of People's Deputies", May 25, 1989, DAZhO 1150/2/3227, pp. 161~67.

[27] "Teachers of Komarin to M. S. Gorbachev", October 18, 1988, GAGO 1174/8/2215, pp. 113~15; "To E. I. Chazov", n.d. 1988, GARF 8009/51/4340, pp. 111~14;

"Collective of the Korosten' Seamstress Association to K. I. Masyk", September 22, 1989, TsDAVO 342/17/5089, pp. 150~51; and "M. I. Vorotinskii to the Council of Ministers, UkSSR", April 5, 1990, TsDAVO 342/17/5238, pp. 60~67.

[28] "Collective MPK-157 to V. S. Venglovskaia", April 14, 1989, GARF 5446/150/1624, pp. 42~44; "On Consideration of the Collective Letters", April 14, 1989, "On Consideration of Collective Letters of Residents of the Village of Povch, Luginskii Region", April 20, 1989, TsDAVO 342/17/5089, p. 2, pp. 12~13; "To the Chairman of the Council of Ministers, N. I. Ryshkov", May 16, 1989, GARF 5446/150/1624, pp. 1~3; "Residents of Komarin, Bragin Region, to the Kremlin, Moscow", October 18, 1989, and "Workers of Korma to the Politburo TsK KPSS", 1989, GAGO 1174/8/2215, pp. 103~6, 205~7; "To the People's Deputy UkSSR, A. A. Dron'", April 28, 1990, and "Request of Participants in the Meeting of Malyn Residents", April 29, 1990, TsDAVO 324/17/5328, p. 30, pp. 98~104.

[29] "Dear Comrade K. I. Masyk", January 5, 1990, TsDAVO 342/17/5238, pp. 5~7.

[30] "A. A. Grakhovskii to B. E. Shcherbina", March 14, 1989, GAGO 1174/8/2215, pp. 101~2.

[31] "Explanatory Note", no later than fall 1989, RGAE; and "Comments and Suggestions for the Concept of a Threshold 'Lifetime Dose,'" September 4, 1989, TsDAVO 342/17/5089, pp. 172~73.

[32] "On the Exacerbation of the Situation at Stations of the Southwest Railroad", May 14, 1990, SBU 16/1/1288, pp. 47~48; "On the Radiological Situation in Korosten'", October 19, 1989, TsDAVO 342/17/5089, pp. 159~61; and "On Measures for Medical Service to the Population of Narodychy Region", 1989, TsDAVO, 324/17/5091, pp. 54~59.

[33] "On the Radiological Situation", May 18, 1989, "Consideraton of the Collective Letters of Workers of Collective Farm Gorki, Narodychy Region", April 14, 1989, TsDAVO 342/17/5089, pp. 27~28; "V. Maryin to the Secretariat Verkhovnii Council", July 5, 1989, GARF 5446/150/1624, p. 53; "On Results of Consideration of Telegrams of

Residents of Kalinovskii Rural Council, Lugin Region", July 13, 1989, TsDAVO 324/17/5089, pp. 47~48; "On Results of Consideration of Questions Raised in an Appeal of People's Deputies", July 9, 1989, TsDAVO 342/17/5091, pp. 41~43; "On the Collective Letters of Residents of Rudnia Radovel'skaia", October 19, 1989, TsDAVO 342/17/5089, p. 183; "On Allocation of Additional Funds", December 12, 1989, TsDAVO 342/17/5089, pp. 197~98; "A. M. Serdiuk to V. M. Ponomarenko", May 8, 1990, TsDAVO 342/17/5220, p. 15; "On the Inclusion of Villages of Ovruch Region [in controlled zones]", February 14, 1990, TsDAVO 324/17/5283, pp. 25~26; and "Veprin, Lesan', and Bakunovichi, Cherykaw Region", Summer 1990, GAGO, 1174/8/2336, pp. 43~47.

[34] "On Consideration of Collective Letters of Residents of Village Povch, Luginskii Region", and "No. 3−50/753", June 26, 1989, TsDAVO 342/17/5089, p. 70; "Collective of the Korosten' Seamstress Association to K. I. Masyk"; "On Including the Whole Malyn Region [in controlled zone]", May 3, 1990, TsDAVO 342/17/5238, pp. 79~80; "On Assessment of Health Indicators of Population of Malyn Region", July 7, 1990, TsDAVO 342/17/5240, pp. 62~72; and "P. P. Shkapich to V. F. Kebich", July 3, 1990, NARB 46/14/1322, pp. 4~6.

[35] "On Radiological Circumstances in the City of Korosten'", October 19, 1989, TsDAVO 342/17/5089, pp. 159~61.

[36] "Appeal to People of the Land!" 1989, GAOOMO 9/187/214: 14; and "Statement", March 27, 1990, TsDAVO 2605/9/1853, pp. 15~20.

[37] Alla Yaroshinskaya, "V zone osobo zhestokogo obmana", *Nedelia*, July 24~30, 1989.

[38] "On the State and Measures for Medical Provisions to the Population of Narodychy Region", 1989, TsDAVO 324/17/5091, pp. 54~56; and "V. Maryin to the Secretariat Verkhovnii Council."

[39] Marples, *Ukraine under Perestroika*, p. 50.

[40] "On the Situation in Narodychy Region", June 16, 1989, SBU 16/1/1275, pp. 27~28.

[41] "Informational Communiqué", 1989, 16/1/1279, pp. 49~52, 86~86.

[42] "Informational Communiqué", April 10, 1989, 16/1/1273, pp. 120~21; and "Informational Communiqué", September 25, 1989, SBU 16/1/1279, pp. 83~84.

[43] "On Processes Connected with the Construction and Operation of Nuclear Power Plants in the Republic", April 29, 1990, SBU 16/1/1284, pp. 198~200.

[44] "On Creation of a State Committee to Investigate the Fact of Mass Graves", October 9, 1990, SBU 16/1/1288, p. 233.

[45] "To People's Deputy, USSR, V. E. Golavnev from Voters", 1989, GAGO 1174/8/2215, pp. 75~76.

[46] "Fenomen Chumaka, Kashpirovskogo i Dzhuny: kak sovetskie tseliteli zavladeli soznaniem millionov", StarHit.ru, accessed March 28, 2018, http://www.starhit.ru/eksklusiv/fenomen−chumaka−kashpirovskogo−i−djunyi−kak−sovetskie−tseliteli−zavladeli−soznaniem−millionov−133418/.

[47] "Meeting Protocol", July 12, 1989, GAGO 1174/8/2215, pp. 36~38; and "On Relocation of Residents from Villages of Narodychy Region", February 2, 1989, TsDAVO 342/17/5089, p. 6.

[48] "Proposal for a Joint Environmental Program of the Northern Ukraine", November 15, 1990, 996GPA.

[49] "Protocol No. 15", October 31, 1989, GAOOMO 9/187/99, p. 18; and "Memo", 1990, Arkhiv Kricheva 588/1/173, pp. 8~23.

[50] "On Urgent Measures", May 12, 1989, NARB 4R/137/627, p. 224; "Protocol No. 15"; and "Resolution", May 25, 1990, GAMO 7/5/8940, pp. 25~35.

[51] "Directive No. 120−r", February 26, 1988, GAMO 7/5/3776, p. 23. On Krasnopole Region, see "Resolution", October 17, 1989, GAMO 7/5/3838, p. 57.

[52] "TsK KP BSSR Memo on Liquidation", 1989, NARB 4R/156/627, pp. 126~38; V. G. Evtukha, "Lecture on the 12th Session of the Supreme Soviet, BSSR", 1989, NARB 4R/158/625, pp. 20~61. For a similar case, see "Conference Participants to the Chair of the Supreme Soviet", 1990, NARB 46/14/1322, pp. 63~64.

[53] "Memo", February 21, 1990, Arkhiv Kricheva 588/1/181, pp. 11~15.

[54] Author interview with Alexey Nesterenko, July 22, 2016, Minsk; and "On Creation of State Service, BSSR", October 19, 1990, NARB 1256/1/302, pp. 255~57.

[55] "On the Ecological Pilgrimage", Lozytska personal papers; and author interview with Natalia Lozytska, July 16, 2016, Kyiv.

[56] "On the Situation in Narodychy Region", June 16, 1989, SBU 16/1/1275, pp. 27~28; and "To People's Deputy A. A. Dron'", April 28, 1990, TsDAVO 324/17/5328, pp. 98~104.

[57] Author interview with Natalia Lozytska. For KGB report, see "On Processes Connected with the Construction and Operation of Nuclear Power Plants in the Republic."

[58] William Krasner, "Baby Tooth Survey—First Results", *Environment* 55, no. 2, March, 2013, pp. 18~24.

[59] "On the Situation Emerging in Narodychi Region of Zhytomyr Province", June 1989, GARF 5446/150/1624, pp. 12~40; "Olevsk Regional Council to V. A. Masol", October 8, 1989, TsDAVO 342/17/5089, p. 178; "Presidium of the Supreme Soviet, UkSSR", February 14, 1990, TsDAVO 1/22/1125, pp. 20~21; and "Appeal", August 29, 1990, NARB 46/14/1322, p. 54.

[60] "Resolution No. 5–29–8/1", May 15, 1989, GAMO 7/5/3833, pp. 295~306; "A General Important Question", May 2, 1989, and "On the Group Inquiry of Deputies", June 6, 1989, TsDAVO 324/17/5089, pp. 29~42, p. 43; "On Question No. 3", July 24, 1989, TsDAVO 342/17/5089, p. 124; "V. Voinkov to V. Kebich", November 5, 1990, NARB 46/14/1332, p. 202; "Resolution of the Party—Economic Collective of Vykhovskii Region", July 26, 1990, and "On Consideration of the Collective Resolution", August 3, 1990, NARB 46/14/1322, pp. 15~18, p. 11; and "Appeal."

[61] Alla Yaroshinskaya, *Bosikom po bitomu steklu*, vol. 1 (Zhytomyr: Ruta, 2010), chap. 5.

[62] "To the Presidium of People's Deputies, USSR", June 5, 1989, "V. M. Kavun, V. N. Yamchinskii to N. I Ryzhkov", June 27, 1989, and "To Comrade Shcherbina", June 19, 1989, GARF 5446/150/1624, p. 11, 51, pp. 54~55.

[63] For analysis, see Olga Kuchinskaya, *The Politics of Invisibility: Public Knowledge about*

Radiation Health Effects after Chernobyl(Cambridge, MA: MIT Press, 2014), pp. 1605~73 [Kindle]. For ideas on using the disaster to bring in foreign currency, see "Proposal of the Ministry of Health, USSR", July 11, 1989, TsDAVO 342/17/5089, pp. 98~101. For Belarusian requests for foreign aid, see "Accounts Open for Chernobyl Clean-up Aid", August 22, 1989, TASS, GPA 1625.

64 "To the Council of Ministers, USSR", July 26, 1989, GARF 5446/150/1624, pp. 5~8. See also "On the Rationale of Future Residency in Particular Villages", June 1, 1989, TsDAVO 342/17/5089, pp. 76~77.

65 "On the State Project", October 19, 1989, TsDAVO 342/17/5089, p. 185; and "On the Necessity of Eradicating the Accident Thresholds", November 30, 1989, TsDAVO 324/17/5091, pp. 85~87. See also David R. Marples, *Belarus: From Soviet Rule to Nuclear Catastrophe*(New York: St. Martin's Press, 1996), p. 45, pp. 89~91.

66 V. K. Vrulevs'kii, *Vladimir Shcherbytsky: pravda i vymysli*(Kyiv: Dovira, 1993), p. 220, 245; P. Tron'ko, "V. V. Shcherbytsky(1918 - 1990)", and Iu. I. Shapoval, "V. V. Shcherbytsky: Osoba polityka stred obstavin chasu", *Ukraiins'kyi istorychnyi zhurnal*, no. 1, 2003, pp. 109~17, 118~29.

67 Olha Martynyuk interview with Anatolii Artemenko, December 22, 2016, Kyiv.

68 "Informational Communiqué", January 26, 1987, SBU 16/1/1247, pp. 74~76.

69 "On Protest among Employees of the Academy of Sciences", November 29, 1989, SBU 16/1/1279, pp. 174~76.

70 Author interview with Alla Yaroshinskaya, May 27, 2016, Moscow.

6부 철의 장막을 가로지르는 과학

기갑 부대 요청

1 Pierre Pellerin and Dan Beninson. For reports on their Chernobyl assessments, see

Stuart Diamond, "Chernobyl's Toll in Future at Issue", *New York Times*, August 28, 1986; and Judith Miller, "Trying to Quell a Furor, France Forms a Panel on Chernobyl", *New York Times*, May 14, 1986.

2 "M. Titov to Tsk Kompartii BSSR", June 28, 1989, NARB 4R/156/627, p. 120; and "From Women of Belarus!", no earlier than March 30, 1990, RGAE 4372/67/9743, pp. 130~33. On other requests for experts, see "No. 7061/2", July 18, 1989, TsDAVO 342/17/5089, p. 114.

3 "V. Valuev, Chair KPB BSSR, to TsK KP Belorussia", June 22, 1989, NARB 4R/156/627, p. 114.

4 "V. Mar'in to E. V. Kachalovskii", July 14, 1989, TsDAVO 342/17/5089, p. 110; and "On the Necessity of Eradicating the Accident Thresholds", November 30, 1989, TsDAVO 324/17/5091, pp. 85~87.

5 "Assessment on Visit of the Group of WHO Experts, June 19 – 25", June 1989, RGAE 4372/67/9743, pp. 437~40. The comments were reprinted in "The International Chernobyl Project: An Overview and Assessment of Radiological Consequences and Evaluation of Protective Measures"(Vienna: IAEA, 1990).

6 As quoted in Yaroshinskaya, *Bol' shaia lozh'*, pp. 209~11.

7 A. V. Stepanenko, "Toward a Concept of Living on Territory Contaminated with Radionuclides", January 27, 1990, RGAE 4372/67/9743, pp. 11~22.

8 "V. Doguzhiev to Gomel' oblispolkom", July 11, 1989, GAGO 1174/8/2215, pp. 29~32.

9 "V. P. Platonov to N. I. Ryzhkov", July 27, 1989, NARB 4R/156/627, pp. 144~45.

10 Yaroshinskaya, *Bol' shaia lozh'*, pp. 209~11.

11 Author telephone interview with Fred Mettler, January 7, 2016.

12 Tchertkoff, *The Crime of Chernobyl*, pp. 71~72.

13 "Resolution of the First All-Union Conference on Radiobiology", Moscow, August 21 – 27, 1989, RGAE 4372/67/9743, pp. 399~403; "Proposal of the Academy of Sciences, UkSSR toward a Concept for Safe Living in the Regions", September 6,

1989, RGAE 4372/67/9743, pp. 1~3; and "To the Soviet Ministers USSR", July 26, 1989, GARF 5446/150/1624, pp. 5~8. For objections from the Institute of Radiation Medicine on grounds of genetic risk, see "V. G. Andreev to O. O. Bobyliova", August 31, 1989, TsDAVO 342/17/5089, pp. 164~65.

[14] Brodie, "Radiation Secrecy and Censorship after Hiroshima and Nagasaki", pp. 842~964.

[15] "Protocol of the Meeting of Scientists and Specialists of Ukraine SSR and Belarus SSR", January 16, 1990, Moscow, RGAE 4372/67/9743, pp. 361~66.

[16] "To the General Director, UNESCO, Federico Maior", October 4, 1990, UNESCO, 361.9(470) SC ENV/596/534.1; Waight to Tarkowski, "Advisory Group to the Soviet Union", January 9, 1990, World Health Organization Archive (WHO) E16−522−6, jacket 1; "Duty Travel Report", P. J. Waight, IAEA Advisory Group 676, Vienna, December 10~15, 1989, WHO E16−522−6, jacket 1; "To the State Expert Commission", February 10, 1990, GARF, 3/59/19, p. 127; "Note on the Secretary General's Meeting with Mr. Lev Maksimov", March 7, 1990, UN NY, 1046/14/4, acc. 2001/0001; and "Economic and Social Council", July 9, 1990, UNDRO UN NY, S 1046/14/4.

[17] Author telephone interview with Valentina Drozd, February 16, 2016.

[18] "U. P. Spizhenko to E. I. Chazov", November 30, 1989, TsDAVO 342/17/5091, pp. 85~88.

[19] T. I. Gombosi et al., "Anthropogenic Space Weather", *Space Science Reviews* 212, no. 3~4, November, 2017, pp. 985~1039; and R. C. Baker et al., "Magnetic Disturbance from a High−Altitude Nuclear Explosion", *Journal of Geophysical Research* 67, no. 12, 1962, pp. 4927~28.

마리 퀴리의 지문

[1] On antinuclear protests, see Marples, *Ukraine under Perestroika*, p. 115.

[2] Author interview with Alexander Kupny, June 14, 2014, Slavutych, Ukraine.

[3] Kyle Hill, "Chernobyl's Hot Mess, 'the Elephant's Foot,' Is Still Lethal—Facts So Romantic", Nautilus, December 4, 2013, accessed April 29, 2015, http://nautil.us/blog/chernobyls-hot-mess-the-elephants-foot-is-still-lethal.

[4] Aleksander Kupny, *Zhivy poka nas pomniat*(Kharkov: Kupny, 2011), p. 83.

[5] Spencer R. Weart, *The Rise of Nuclear Fear*(Cambridge, MA: Harvard University Press, 2012), p. 81; and Brodie, "Radiation Secrecy and Censorship after Hiroshima and Nagasaki", p. 847.

[6] Weart, The Rise of Nuclear Fear, 82.

[7] Craig Nelson, "The Energy of a Bright Tomorrow: The Rise of Nuclear Power in Japan", *Origins: Current Events in Historical Perspective* 4, no. 9, June, 2011, accessed April 26, 2015, http://origins.osu.edu/article/energy-bright-tomorrow-rise-nuclear-power-japan.

[8] For an eyewitness account of the dangers of the first-strike system, see Daniel Ellsberg, *The Doomsday Machine: Confessions of a Nuclear War Planner*(New York: Bloomsbury, 2017).

[9] Angela N. H. Creager, "Radiation, Cancer, and Mutation in the Atomic Age", *Historical Studies in the Natural Sciences* 45, no. 1, February, 2015, pp. 22~23.

[10] Barak Kushner, "Gojira as Japan's First Postwar Media Event", William M. Tsutsui and Michiko Ito, ed., *Godzillas Footsteps: Japanese Pop Culture Icons on the Global Stage*(New York: Macmillan, 2006), pp. 42~50.

[11] David Holloway, "The Soviet Union and the Creation of the International Atomic Energy Agency", and Elisabeth Roehrlich, "The Cold War, the Developing World, and the Creation of the International Atomic Energy Agency (IAEA), 1953–1957", *Cold War History* 16, no. 2, May, 2016, pp. 177~93, 195~212.

[12] Carolyn Kopp, "The Origins of the American Scientific Debate over Fallout Hazards", *Social Studies of Science* 9, 1979, pp. 403~22.

[13] Martha Smith-Norris, "The Eisenhower Administration and the Nuclear Test Ban

Talks, 1958‒1960", *Diplomatic History* 27, no. 4, September, 2003, pp. 503~41.

[14] Jacob Darwin Hamblin, "Exorcising Ghosts in the Age of Automation: United Nations Experts and Atoms for Peace", *Technology and Culture* 47, no. 4, October, 2006, pp. 734~56; and Toshihiro Higuchi, "Atmospheric Nuclear Weapons Testing and the Debate on Risk Knowledge in Cold War America, 1945‒1963", J. R. McNeill and Corinna R. Unger, ed., *Environmental Histories of the Cold War*(New York: Cambridge University Press, 2010), pp. 301~23.

[15] Hamblin, "Exorcising Ghosts."

[16] Susan Schuppli, "Dirty Pictures: Toxic Ecologies as Extreme Images", Radioactive Ecologies Conference, Montreal, Canada, March 15, 2015.

[17] Usually this work is not recognized as "nuclear." Gabrielle Hecht, *Being Nuclear: Africans and the Global Uranium Trade*(Cambridge, MA: MIT Press, 2012).

[18] Eoin O'Carroll, "Marie Curie: Why Her Papers Are Still Radioactive", *Christian Science Monitor*, November 7, 2011.

[19] Jan Beyea, "The Scientific Jigsaw Puzzle: Fitting the Pieces of the Low‒Level Radiation Debate", *Bulletin of the Atomic Scientists* 68, no. 3, 2012, pp. 13~28.

[20] "To the Council of Ministers, SSSR", 1989, TsDAVO 342/17/5089, p. 111.

외국인 전문가들

[1] Waight to V. A. Ivasutin, President, Bryansk Regional Council of Trade Union, July 26, 1990, WHO E16-445-11, p. 1; "Information on the Realization of the UN Program", 1991, NARB 507/1/5, pp. 131~41; Waight to Tarkowski, "Advisory Group to the Soviet Union", January 9, 1990, WHO E16-522-6, jacket 1; "Briefing for Dr. Nakajima's Meeting with Dr. Chazov, Soviet Ministry of Health", March 1990, WHO E16-445-11, #1; "To the State Expert Commission of Gosplan SSSR on Chernobyl", February 10, 1990, GARF, 3/59/19, p. 127; and "Notes on the Chef de Cabinet's Meeting with the Permanent Representative of the Ukrainian Soviet

Socialist Republic", April 12, 1990; "Notes on the Secretary-General's Meeting with the Deputy Prime Minister Kostiantyn Masyk", April 18, 1990, UN NY, 1046/14/4, acc. 2001/0001; and "Working Plan", October 17, 1990, NARB 507/1/1, pp. 75~87; John Willis to Doug Mulhall, David McTaggart, August 14, 1990, GPA 1625.

2 "The UNESCO Chernobyl Project", June 30, 1990, UNESCO 361.9(470), UNESCO Archive, Paris; and Michel Hansenne, ILO, Geneva, to Nakajima, January 15, 1991, WHO E16-445-11, #3.

3 "Memorandum of Understanding between the Ministry of Health of the USSR and the World Health Organization on Efforts to Mitigate the Health Consequences of the Chernobyl Accident", April 30, 1986 [sic], 1990, WHO E16-445-11, #2. For the range of proposals, see "Burton Bennet to Dr. M. K. Tolba", UNEP, October 22, 1990, UNSCEAR Correspondence Files.

4 Silini to C. Herzog, Director, Division of External Relations, IAEA, October 29, 1986, Correspondence Files, 1986, UNSCEAR Archive.

5 The IAEA Board of Governors minutes for 1989 read: "The experts generally supported a specified lifetime dose of 350 mSv resulting for the Chernobyl accident of the exposed inidividuals in the critical groups in the USSR" in "The Annual Report for 1989", Board of Governors, April 27, 1990, BOG IAEA, Box 33047.

6 From Enrique ter Horst, Assistant Secretary-General, ODG/DIEC, to Virendra Daya, Chef de Cabinet, EOSG, April 16, 1990, United Nations Archive, New York, S-1046 box 14, file 4, acc. 2001/0001. See also on the IAEA's "credibility gap", Bruno Lefèvre, "Mission Report—USSR", July 22 - 31, 1990, UNESCO, 361.9(470) SC ENV/596/534.1.

7 Author interview with Abel Gonzalez, June 3, 2016, Vienna. "Economic and Social Council Appeals for Co-operation and Aid to Mitigate Consequences of Chernobyl Nuclear Accident", United Nations Database, July 13, 1990, ECOSOC/5254. For a statement by WHO director that IAEA was in charge of the assessment, see Vladimir

Tchertkoff, dir., *Nuclear Truth*(Feldat Film, Switzerland, 2004).

8 "Travel Report", May 28, 1990, WHO E16-445-11, p. 1; "Report of a Special Meeting of the Inter-Agency Committee on Response to Nuclear Accidents (IAC/RNA), May 29, 1990, WHO E16-445-11, #1. The American delegate sought to use this committee as a clearinghouse to approve Chernobyl programs carried out by UN agencies; "Economic and Social Council Appeals for Co-operation."

9 On postponement of a large proposed UNESCO Chernobyl program to follow the IAEA's lead, see "Proposal UNESCO Chernobyl Project", May 10, 1990; B. Andemicael, IAEA, to H. Blix, "Consequences of Chernobyl Accident: ECOSOC Decision", May 18, 1990; ADG/SC to the Director-General, May 17, 1990, UNESCO, 361.9(470) SC ENV/596/534.1, Part I; and ECOSOC/5254 United Nations Database, July 13, 1990.

10 IAEA Board of Governors, 744th meeting, February 27, 1991, International Atomic Energy Agency (IAEA) Archive, Box 33007.

11 "Third Meeting of the Inter-Agency Task Force on Chernobyl", September 19-23, 1991, WHO E16-445-11, no. 5.

12 Itsuzo Shigematsu to Dr. P. Waight, PEP, EHE, WHO, September 25, 1990; and Waight to Shigematsu, October 4, 1990, WHO E16-445-11, #2.

13 "On Questions of Ukraine's Economic Relations with the West", August 10, 1990, SBU 16/1/1288, pp. 130~37.

14 "Informational Notes", May 14, 1987, SBU 16/1/1250, pp. 42~44.

15 "To Comrade V. Kh. Doguzhiev from A. Kondrusev and V. Vozniak", March 5, 1990, TsDAVO 342/17/5220, pp. 10~11.

16 "On Subversion Activity Abroad", February 15, 1990, "On Preparations for the Student Strike", February 15, 1990, "On Tendencies in the Development of Negative Occurrences", February 2, 1990, "On the Development of the Situation in Lviv Province", March 13, 1990, "On Activization of Subversive Activity by Radio Free Europe", April 19, 1990, "On the Gathering of Spilka of Independent Ukrainian

Youth", April 23, 1990, "On Processes Related to Construction and Exploitation of NPP", April 29, 1990, SBU 16/1/1284, pp. 83~85, 90~91, 96~97, 128~31, 173~74, 176~178, 198~200; "On Circumstances in Kyiv", September 27, 1990, "On Measures to Control Events in Kyiv", September 29, 1990, SBU 16/11288, pp. 215~16, 221~22.

[17] "On Problems Connected with Trips of Soviet Scientists Abroad", November 30, 1990, SBU 16/1/1289, pp. 85~89.

[18] "On Attempts by the Protagonist to Use the New Moments and International Relations for Subversion", November 5, 1988, SBU 16/1/1266, pp. 215~18.

[19] "On International Collaboration", April 29, 1990, SBU 16/1/1274: 194−96. For earlier orders to block foreign espionage, see "Assessments by Foreign Specialists of the Circumstances in the Republic", September 19, 1990, SBU 16/1/1288, pp. 180~84.

[20] "On International Collaboration", April 29, 1990, SBU 16/1/1274, pp. 194~96.

[21] "On International Collaboration", April 29, 1990, SBU 16/1/1274, pp. 194~96.

참사를 찾아서

[1] "Travel Report", May 28, 1990, WHO E16−445−11, p. 1.

[2] Anspaugh and Bennett, "Unsolved Problems", July 23, 1990, GAGO, 1174/8/2346, pp. 103~4.

[3] Author interview with Valentina Drozd, June 23, 2016, Minsk; and Andersen to Sawyer, August 12, 1991, GPA 1803.

[4] B. G. Bennett, "Mission Report", no earlier than November 1990, Correspondence Files, 1990, UNSCEAR Archive.

[5] "Unsolved Problems", GAGO, 1174/8/2336, pp. 103~4.

[6] Author interview with Abel Gonzalez, June 3, 2016, Vienna.

[7] Email correspondence with A. I. Vorobiev, October 8, 2017.

[8] "On Circumstances Emerging in Narodychy Region", June 1989, GARF 5446/150/1624,

pp. 12~40.

[9] B. G. Bennett, "Mission Report", and appendix: "11/3: Institute of Experimental Meteorology, Obninsk, Visited by Teams 1 and 2 on 15 August 1990, Report by E. Wirth, Fed Rep. of Germany."

[10] "The IAEA Project for a Repeat Assessment of the Situation", October 15, 1990, NARB 507/1/1, pp. 33~50.

[11] The decree to start the registry: "On Establishing an All−Union Scientific Center", September 9, 1986, NARB, 46/14/1261, p. 87.

[12] "Travel Report", May 28, 1990, WHO E16−445−11, p. 1; "Unsolved Problems"; "List of Questions."

[13] Trud, July 12, 1990.

[14] John Willis to Doug Mulhall, David McTaggart, August 14, 1990, GPA 1625.

[15] Pavel Vorobiev, "Do i posle Chernobylia", Nezavisimaia, April 28, 2006.

[16] Email correspondence with A. I. Vorobiev, October 8, 2017.

[17] "Report of the Economic and Social Council", October 29, 1990, UN NY S−1046/14/4, acc. 2001/0001.

[18] "Soviet Scientists Report", Bennett, "Mission Report", no earlier than November 1990, Correspondence Files, 1990, UNSCEAR Archive, p. 48.

[19] B. G. Bennett, "Background Information for UNEP Representative to the Meeting of the Ministerial Committee for Coordination on Chernobyl", November 17, 1993, Correspondence Files, 1993, UNSCEAR.

[20] "On Information", May 24, 1990, TsDAVO, 342/17/5220, pp. 22~23; and L. N. Astakhova et al., "Particularities of the Formation of Thyroid Pathologies among Children Exposed to Radioactivity", Institute of Radiation Medicine, Report No. 91/763E, November 19, 1991, WHO E16−445−11, No. 6; and F. Fry, "Mission Report", no earlier than November 1990, Correspondence Files, 1990, UNSCEAR: 3.

[21] "Bennett to Tolba", October 22, 1990, Correspondence Files, 1990, UNSCEAR Archive; "Commentary on the Existing Norms of Radioactivity for Food Products",

July 20, 1989, TsDAVO 342/17/5089, pp. 88~90.

[22] "On the Directives of SM UkSSR no. 5182/86", May 20, 1989, TsDAVO 342/17/5089, pp. 67~69; "V A. M. Kas'ianenko, 04–r–16 DSP", June 7, 1989, TsDAVO 342/17/5089, p. 68; "Chernobyl Humanitarian Assistance and Rehabilitation Programme", May 21, 1993, WHO E16–180–4, p. 11.

[23] Author telephone interview with Jacques Repussard, February 28, 2018; and "Andre Bouville, UNSCEAR, to Chester Richmond", Oak Ridge National Laboratory, Correspondence Files, 1987, UNSCEAR.

[24] Martha Smith–Norris, *Domination and Resistance: The United States and the Marshall Islands during the Cold War*(Honolulu: University of Hawaii Press, 2016), pp. 83~90.

[25] On uncertainties of mathematical models for dose estimations, see Owen Hoffman et al., "The Hanford Thyroid Disease Study", *Health Physics* 92, no. 2, February, 2007, pp. 99~112.

[26] "Radioactive Situation and Residential Conditions", Summer, 1990, GAGO, 1174/8/2336, pp. 43~45.

[27] "Report of the Economic and Social Council", October 29, 1990, UN NY S–1046/14/4, acc. 2001/0001.

[28] F. Fry, "Mission Report"; and Report by an International Advisory Committee, *The International Chernobyl Project, Technical Report*(Vienna: IAEA, 1991), pp. 225~26.

[29] Report by an International Advisory Committee, *Technical Report*, p. 236. For comparison, see two–year doses Belarusians provided, V. S. Ulashchik, "Some Medical Aspects of the Consequences of the Accident at Chernobyl, Based on Byelorussian Data", John Willis to Doug Mulhall, David McTaggart, August 14, 1990, GPA 1625.

[30] "On Problems Liquidating the Chernobyl Catastrophe", January 22, 1991, SBU 16/1/1292, pp. 59~63.

[31] "Cesium 134–137 Doses among Residents of Cherykaw Region in 1986", Arkhiv Kricheva 588/1/160, p. 7; and V. A. Shevchenko, Institute of General Genetics, Moscow, "Biological and Genetic Consequences of Nuclear Explosions", 996GPA;

"Draft for Chernobyl Report", November 30, 1990, and Bennett, "Mission Report", *Technical Report*, pp. 212~26. On acknowledgment that dose estimates were too conservative, see "Chernobyl: Local Doses and Effects", Document R. 554, Conference Room Papers, 1994, UNSCEAR.

32 "Draft for Chernobyl Report", November 30, 1990, and Bennett, "Mission Report", no earlier than November 1990, UNSCEAR Correspondence Files, 1990; and Report by an International Advisory Committee, *Technical Report*, pp. 212~26.

33 On the production of uncertainty and dose estimates, see Scott Frickel, "Not Here and Everywhere: The Non-Production of Scientific Knowledge", *Routledge Handbook of Science, Technology and Society*(New York: Routledge, 2014), pp. 263~76; and Scott Frickel, et al., "Undone Science: Charting Social Movement and Civil Society Challenges to Research Agenda Setting", *Science, Technology, and Human Values* 35, no. 4, July 1, 2010, pp. 444~73.

34 "Progress Report", March – September 1994, Chernobyl Studies Project, Working Group 7.0, DOE, UCRL-ID-110062-94-6, attachment H.

35 Author telephone interview with Fred Mettler, January 7, 2016.

36 Report by an International Advisory Committee, *Technical Report*, pp. 281~84.

37 "Report to the General Assembly", Conference Room Papers, 1995, UNSCEAR.

38 "Working Group, Document R. 541, Epidemiological Studies of Radiation Carcinogenesis", 1994, Conference Room Papers, UNSCEAR.

39 V. P. Platonov and E. F. Konoplia, "Information on Major Findings of Scientific Work Related to Liquidating Consequences of ChAES Accident", April 21, 1989, RGAE 4372/67/9743, pp. 490~571.

40 F. Fry, "Mission Report", p. 3.

41 "Duty Travel Report", P. J. Waight, IAEA Advisory Group 676, Vienna, December 10 – 15, 1989, WHO E16-522-6, jacket 1; and F. Fry, "Mission Report."

42 Greenpeace staff received a copy of the Belarusian report: John Willis to Doug Mulhall, David McTaggart, August 14, 1990, GPA 1625.

[43] Author telephone interview with Fred Mettler, January 7, 2016; and "International Chernobyl Project Proceedings of an International Conference", Vienna, May 21~24, 1991, p. 34, 39.

[44] On the scale of low-dose epidemiology, see Conference Room Papers, "Working Group, Document R. 541, Epidemiological Studies of Radiation Carcinogenesis", 1994, UNSCEAR Archive, Vienna.

[45] "International Conference Completes Review of Chernobyl Study", May 24, 1991, UN Archives S-1046/16/3.

[46] UN Press Release, "Advisory Body Finds No Health Disorders Directly Attributable to Radiation Exposure in Populations Affected by Chernobyl Accident", May 24, 1991, UN Archives S-1046/16/3.

[47] International Chernobyl Project Proceedings, p. 38.

[48] "International Conference Completes Review of Chernobyl Study", May 24, 1991, UN Archives S-1046/16/3.

[49] *International Chernobyl Project: An Overview*(Vienna: International Atomic Energy Association, 1991), p. 32.

갑상선암: 의학적 광산 안의 카나리아

[1] "Press Conference by Ms. Anstee on Chernobyl Pledging Conference, 20 September", September 19, 1991, UNA S-1046/16/3/2001/0002.

[2] "Minister P. Kravchenko to V. F. Kebich", April 3, 1991, NARB 507/2/13, pp. 31~37; and "Resolution Adopted by the General Assembly, 45th Session, Agenda Item 12", December 21, 1990, WHO E16-445-11, No. 3.

[3] "International Chernobyl Project Proceedings of an International Conference", Vienna, May 21-24, 1991, p. 23, pp. 34~38, p. 40.

[4] "Medical Aspects of the Chernobyl Accident", *Proceedings*, Kyiv, May 11~13, 1988(Vienna: IAEA, 1989), pp. 21~24; L. N. Astakhova et al., "Particularities of the

Formation of Thyroid Pathologies among Children Exposed to Radioactivity", Institute of Radiation Medicine, Report No. 91/763E, November 19, 1991, WHO E16-445- 11, p. 6.

5 "Medical Aspects of the Chernobyl Accident."

6 Angela Liberatore, *The Management of Uncertainty: Learning from Chernobyl*(Amsterdam: Gordon and Breach, 1999), p. 3.

7 Toshihiro Higuchi, "Atmospheric Nuclear Weapons Testing and the Debate on Risk Knowledge in Cold War America, 1945-1963", J. R. McNeill and Corinna R. Unger, ed., *Environmental Histories of the Cold War*(New York: Cambridge University Press, 2010), pp. 301~23. On the proliferation of simplified computer simulations and the simplifications that follow, see J. R. Ravetz, "'Climategate' and the Maturing of Post-Normal Science", *Futures* 43, 2011, pp. 149~57.

8 See testimony of Konoplya, Hotovchits, Bar'yakhtar, and Dushutin, "Proceedings."

9 Report by an International Advisory Committee, *The International Chernobyl Project, Technical Report*(Vienna: IAEA, 1991), p. 388.

10 Rosen, "Medical Aspects of the Chernobyl Accident", p. 61.

11 Marples reports the first jump in thyroid cancers in Ukraine in 1986. See Marples, *Belarus: From Soviet Rule to Nuclear Catastrophe*, p. 104. For an early report of tumors, see "Check of the State of Endocrinology Services", March 23, 1988, NARB 46/12/1262, pp. 83~85; and "On Deputies' Group Questions", June 9, 1989, TsDAVO 324/17/5089, pp. 38~42. The Ukrainian journal *Zdorov'e* published news of Chernobyl health problems including the growth of thyroid cancer in April 1989. WHO officials learned of the cancers at a 1990 conference, Riaboukine, Travel Report, February 12, 1991, WHO No. 16-441-4; and Rodzilsky to Prilipko, November 30, 1991, WHO E16-445-11, p. 5.

12 Andrej Lyshchik et al., "Diagnosis of Thyroid Cancer in Children", *Radiology* 235, no. 2, May, 2005.

13 Author interview with Valentina Drozd, June 15, 2016, Minsk.

14 Author interview with Valentina Drozd, June 15, 2016, Minsk. L. N. Astakhova, E. P. Demidchuk, E V Davydov, A. N. Arinchin, S. M. Zelenko, V. M. Drozd, T. D. Poliakova, "Health Status of Belarusian Children and Adolescents Exposed to Radiation as Consequence of the Chernobyl AES accident", Vestnik Academia meditsinskikh nauk, SSSR, Vol 11, no. 11, 1991, pp. 25~27.

15 Author telephone interview with Valentina Drozd, February 12, 2016.

16 They often referred to a small Swedish study of adults treated with iodine-131 that had shown no rise in cancers. Keith Baverstock, "The Recognition of Childhood Thyroid Cancer as a Consequence of the Chernobyl Accident: An Allegorical Tale of Our Time?", *Journal of the Royal Society of Medicine* 100, 2007, pp. 1~3.

17 V. N. Novoselov and V. S. Tolstikov, Atomnyi sled na Urale(Chelyabinsk: Rifei, 1997), p. 127. For Ilyin's far more modest predictions of thyroid cancer, see L. A. Ilyin et al., "Radiocontamination Patterns and Possible Health Consequences of the Accident at the Chernobyl Nuclear Power Station", *Journal of Radiological Protection* 10, no. 3, 1990, pp. 3~29.

18 Smith-Norris, *Domination and Resistance*, p. 72, pp. 89~93.

19 Barbara Rose Johnston and Holly M. Barker, *Consequential Damages of Nuclear War: The Rongelap Report*(Walnut Creek, CA: Left Coast Press, 2008), pp. 173~91.

20 Wilfred Goding, High Commissioner of the Pacific Islands, UN Trusteeship Council, June 13, 1961, as quoted in Smith-Norris, *Domination and Resistance*, p. 90.

21 "Minutes NCI Thyroid 131 Assessments Committee", August 24~25, 1987, NCI, RG 43 FY 03 Box 5, part 3; *Cancer in Utah: Report No. 3, 1967-77: Utah Cancer Registry*, September 1979, acc. no. 0331726, Nuclear Testing Archive (NTA); and Joseph L. Lyon et al., "Childhood Leukemias Associated with Fallout from Nuclear Testing", *New England Journal of Medicine*, no. 300, 1979, pp. 397~402.

22 Howard Ball, *Justice Downwind: America's Atomic Testing Program in the 1950s*(New York: Oxford University Press, 1986), pp. 158~72; and Leopold, *Under the Radar*, pp. 169~80.

[23] Wise International, "Fallout study mishandled; scientists' past raises questions", *Nuclear Monitor Issue*, no. 498, September 25, 1998.

[24] Author telephone interview with Joseph Lyon, March 7, 2018; and statement of Joseph Lynn Lyon, M.D., M.P.H., Professor, on the National Cancer Institute's Management of Radiation Studies before the Committee on Governmental Affairs, United States Senate, One Hundred Fifth Congress, October 1, 1997.

[25] "Testimony of Joseph L. Lyon", October 23, 1981, no. 0067276, NTA.

[26] Author telephone interview with Lynn Anspaugh, January 12, 2016; and author email correspondence with Owen Hoffman, March 11, 2018.

[27] Kathleen M. Tucker, Robert Alvarez, "Trinity: "The most significant hazard of the entire Manhattan Project", *Bulletin of Atomic Scientists*, July 15, 2019.

[28] Letter from Dr. Richard D. Klausner, "On the National Cancer Institute's Management of Radiation Studies", United States Senate: 58.

[29] Author email correspondence with Owen Hoffman. See also O. Hoffman et al., "Dose Assessment Communication", *Health Physics*, 2011, pp. 591~601; and O. Hoffman et al., "A Perspective on Public Concerns about Exposure to Fallout from the Production and Testing of Nuclear Weapons", pp. 736~49.

[30] S. Simon, A. Bouville, and C. Land, "Fallout from Nuclear Weapons Tests and Cancer Risks", *American Scientist* 94, no. 1, January, 2006, pp. 48~57.

[31] Rob Hotakainen, Lindsay Wise, Frank Matt, and Samantha Ehlinger, "The Hidden Legacy of 70 Years of Atomic Weaponry", *McClatchy Report*, December 11, 2015. For a study showing children with better nutrition taking in more radioactive iodine from nuclear tests, see Merril Eisenbud et al., "Iodine−131 Dose from Soviet Nuclear Tests", *Science* 136, no. 3514, May 4, 1962, pp. 370~74.

[32] Iodine releases of 45 million curies from Chernobyl, 145 million from the National Testing Service. Testimony of F. Owen Hoffman, Ph.D., Oak Ridge, on the National Cancer Institute's Management of Radiation Studies Before the Committee on Governmental Affairs, United States Senate, One Hundred Fifth Congress, September

16, 1998.

[33] Author email correspondence with Owen Hoffman, March 11, 2018; Statement of Jan Beyea, *Exposure of the American People to Iodine-131 from Nevada Nuclear-Bomb Tests: Review of the National Cancer Institute Report and Public Health Implications*, Institute of Medicine and National Research Council(Washington, DC: National Academy Press, 1999). For failed attempts to shift cows to aged feed in Minnesota during high fallout periods, see Kendra Smith-Howard, *Pure and Modern Milk: An Environmental History Since 1900*(Oxford: Oxford University Press, 2017), pp. 133~34.

[34] David Philipps, "Troops Who Cleaned Up Radioactive Islands Can't Get Medical Care", *New York Times*, January 28, 2017.

[35] See Tom Foulds Collection, University of Washington Special Collections (TFC UWSC); and A. Körblein, "Perinatal Mortality in West Germany Following Atmospheric Nuclear Weapons Tests", *Archives of Environmental Health* 59, no. 11, November, 2004, pp. 604~9.

[36] See, for example, "Testimony of Dr. Rosalie Bertell", U.S. Senate Committee on Veterans' Affairs, April 21, 1998.

[37] Department of Energy, Richland Operations Office, "Requests for Assistance Resulting from Chernobyl", June 1, 1986, WH 423500, TFC UWSC.

[38] "Chernobyl Implications Report", June 12, 1987, RG 431-01/1358, box 2, National Archives and Records Administration (NARA).

[39] "Progress Report", October 1993 -January 1994, Chernobyl Studies Project, Working Group 7.0, DOE Opennet, UCRL-ID-110062-94-4.

[40] "More Chernobyls Unavoidable", *Los Angeles Times*, June 27, 1987.

[41] Quote from "Report of the Economic and Social Council", October 29, 1990, UN NY S-1046/14/4, acc. 2001/0001.

[42] Hoffman et. al., "A Perspective on Public Concerns about Exposure to Fallout from the Production and Testing of Nuclear Weapons", 744; Gary J. Hancock et al., "The Release and Persistence of Radioactive Anthropogenic Nuclides", C. N. Waters, ed., *A*

Stratigraphical Basis for the Anthropocene(London: Geological Society, 2014), pp. 265~81; John R. Cooper, Keith Randle, and Ranjeet S. Sokhi, *Radioactive Releases in the Environment: Impact and Assessment*(New York: Wiley, 2003), 17; Hoffman et al., "A Perspective on Public Concerns about Exposure to Fallout from the Production and Testing of Nuclear Weapons", pp. 736~49; Australian Mission to the United Nations, November 26, 1974, and R. H. Wyndham to Dr. S. Sella, November 15, 1973, UN NY S−0446−0106−09; and "Study of the Radiological Situation at the Atolls of Mururoa and Fangataufa", IAEA Board of Governors, Technical Cooperation Report for 1997, April 30, 1998, IAEA BOG, Box 33054. "Report of the United Nations Scientific Committee on the Effect of Atomic Radiation to the General Assembly", 2000, accessed April 29, 2018, http://www.unscear.org/docs/reports/gareport.pdf. On equivalency with Hiroshima bombs, see "General Overview of the Effects of Nuclear Testing", CTBTO, accessed May 29, 2018, https://www.ctbto.org/nuclear−testing/ the−effects−of−nuclear−testing/general−overview−of−theeffects−of−nuclear−testing/.

[43] Testimony of Owen Hoffman, "National Cancer Institute's Management of Radiation Studies", Hearing before the Permanent Subcommittee on Investigations, U.S. Senate, September 16, 1998, 48.

[44] Coline N. Waters et al., "Can Nuclear Weapons Fallout Mark the Beginning of the Anthropocene Epoch?", *Bulletin of the Atomic Scientists* 71, no. 3, May, 2015, pp. 46~59.

[45] "On the Work of BSSR Health Ministry, 1986 − 1989", no earlier than March 1989, NARB 46/14/1260: 1 − 15.

[46] Eckart Conze, Martin Klimke, and Jeremy Varon, *Nuclear Threats, Nuclear Fear and the Cold War of the 1980s*(Cambridge: Cambridge University Press, 2017), and Andrew S. Tompkins, *Better Active Than Radioactive!: Anti−Nuclear Protest in 1970s France and West Germany*(New York: Oxford University Press, 2016), pp. 196~98.

나비효과

[1] I. Riaboukhine, "International Program on the Health Effects of the Chernobyl Accident", December 13, 1991, WHO E16-445-11, p. 6.

[2] Matiukhin to Riaboukhine, November 19, 1991, WHO E16-180-4, 6; and Ozolins, "On Meeting at Neuherberg", Munich, January 15, 1991 [sic], January 8, 1992, WHO E16-180-4, p. 10.

[3] Astakhova et al., "Particularities of the Formation of Thyroid Pathologies among Children Exposed to Radioactivity from the Chernobyl Accident", p. 6. The doses in this report are similar to those of the long-term NCI study. See Hatch et al. 2005.

[4] Doctors detected cystic nodules in half as many children from the control group as from the case group of Khoiniki. Valentina Drozd et al., "Systematic Ultrasound Screening as a Significant Tool for Early Detection of Thyroid Carcinoma in Belarus", *Journal of Pediatric Endocrinology and Metabolism* 15, no. 7, 2002, pp. 979~84.

[5] Author telephone interview with Keith Baverstock, November 3, 2015.

[6] For first notifications, see "Duty Travel Report", Dr. P. J. Waight, IAEA Advisory Group 676, Vienna, December 10~15, 1989, WHO E16-522-6, jacket 1; and "WHO IPHECA Task Group, Obninsk, January 7~11, 1990", WHO E16-445-11, p. 3.

[7] Waight, "Meeting at Neuherberg, Munich, January 15, 1991 [sic 1992]", and "Travel Report Summary, Waight", January 16, 1992, CEC Meeting on the Reports of an Excess of Thyroid Cancer in Belarus, GSF, Neuherberg, Germany, WHO E16-445-11, p. 7; and U. Riaboukhine Duty Travel Report, Germany, October 21~25, 1991, WHO E16-445-11, p. 6.

[8] Astakhova et al., "Particularities of the Formation of Thyroid Pathologies among Children Exposed to Radioactivity from the Chernobyl Accident."

[9] Waight, "Meeting at Neuherberg, Munich, January 15, 1991 [sic 1992]", WHO E16-445-11, p. 7; and J. Sinnaeve, "Radiation Protection Research to Waight", January 29, 1992, WHO E16-180-4, p. 10. Waight believed the problem was serious enough

to advocate treatment programs in Belarus for thyroid cancer. See "Waight to Manager PEP", January 20, 1992, WHO E16-445-11, p. 7.

[10] "On Reviewing the Implementation of IPHECA (Russian translation)", June 11, 1992, WHO E16-445-11, p. 9; and "Tarkowski to Napalkov", June 10, 1992, WHO E16-180-4, p. 10.

[11] Author telephone interview with Keith Baverstock, November 3, 2015.

[12] Author email correspondence with Keith Baverstock, December 21, 2015. Kreisel, when asked, said he would not discuss personnel or political issues but did add that he thought "a lot of problems could have been avoided had this person [an un-named person disloyal to the WHO] been released from WHO." Author telephone interview with Wilfred Kreisel, July 23, 2018.

[13] Baverstock et al., "Thyroid Cancer in Children in Belarus after Chernobyl", and Sinnaeve, CEC, to V. S. Kazakov, Minister of Public Health, Belarus, September 8, 1992, WHO E16-445-11, p. 11. "Project Document: Thyroid Cancer in Belarus after Chernobyl", January 25, 1993, WHO E16-445-11, p. 18.

[14] Keith Baverstock et al., "Thyroid Cancer after Chernobyl", *Nature* 359, September 3, 1992.

[15] I. Shigematsu and J. W. Thiessen, "Letter to the Editor", *Nature* 359, October 22, 1992, pp. 680~81; V. Beral and G. Reeves, "Letter to the Editor", *Nature* 359, October 22, 1992, pp. 680~81; and E. Ron, J. Lubin, and A. B. Scheider, "Thyroid Cancer Incidence", *Nature* 360, November 12, 1992, p. 113.

[16] Fred A. Mettler et al., "Thyroid Nodules in the Population Living Around Chernobyl", *Journal of the American Medical Association* 268, no. 5, August 5, 1992, pp. 616~19.

[17] Kreisel, Directory Division of Environment Health, to J. E. Asvall, Regional Directory, WHO, Europe, September 25, 1992, WHO E16-445-11, p. 11.

[18] Email correspondence with Keith Baverstock, December 15, 2016.

[19] Author telephone interview with Wilfred Kreisel, July 23, 2018.

[20] "S. Tarkowski to Napalkov", June 10, 1992, WHO E16-445-11, p. 9; "Kreisel to

Chikvaidze", Department of Humanitarian Affairs, UN NY, September 28, 1993, WHO E16-445-11, p. 20.

[21] Email correspondence with Baverstock, December 15, 2015; Gonzalez to Napalkov, August 10, 1993, WHO E16-445-11, p. 19; and "Report by the Director-General, IPHECA", November 30, 1992, WHO E16-445-11, p. 13.

[22] As UN officials wrote about various UN thyroid projects, "There appear to be few arrangements for collaboration on these studies." Strengthening of International Cooperation and Coordination of Efforts to Study, Mitigate and Minimize the Consequences of the Chernobyl Disaster, September 28, 1993, UN NY S-1082/35/6/ acc. 2001/0207. See the debate, for example, in Shigenobu Nagataki, ed., *Nagasaki Symposium on Chernobyl: Update and Future*(Amsterdam: Elsevier, 1994).

[23] "Rhiaboukine Travel Report to USSR", August 23, 1991, WHO E16-441-4.

[24] "Study of Thyroid Cancer and Other Thyroid Diseases Following the Chernobyl Accident (Belarus)", accessed January 15, 2016, http://chernobyl.cancer.gov/thyroid_belarus.html. On complaints of slow pace, see Anspaugh, "Foreign Trip Report", in "Progress Report", March – September 1994, Chernobyl Studies Project, Working Group 7.0, DOE, UCRL-ID-110062-94-6. For the range of thyroid studies, see "Inventory of International Health Related Activities in the USSR on the Consequences of the Chernobyl Accident" (n.d. 1991), WHO E16-445-11, No. 5; and E. Cardis, B. K. Armstrong, and J. Esteve, International Agency for Research on Cancer, Lyon, "Opinion of the Conduct of Epidemiological Studies of the Consequences of the Chernobyl Accident Within the WHO IPHECA Project", WHO E16-445-11: 7.

[25] "Riaboukhine Travel Report Summary to USSR", August 23, 1991, WHO E16-180-4, p. 5.

[26] "Inventory of International Health Related Activities in the USSR on the Consequences of the Chernobyl Accident", August 23, 1991, WHO E16-445-11, p. 5.

[27] On IAEA's failure to return with test results, see author telephone interview with Mona Dreicer, April 13, 2018; and "Martin A. Chepesiuk, MD FRSPC, to Steve Bloom",

GPA 1624.

28 Waight, "Travel Report", Paris, March 12-13, 1991, and Obninsk, March 13~16, 1991, WHO E16-445-11, p. 3; and "Rhiaboukine Travel Report to USSR", August 23, 1991, WHO E16-441-4; "Harry Pettengill, Deputy Assistant Secretary, DOE, to Waight", May 18, 1992, WHO E16-180-4, p. 10; "Napalkov to Kondrusev, Deputy Minister of Health, USSR", February 26, 1991, WHO E16-445-11, p. 3; and "Itsuzo Shigematsu to Nakajima", November 25, 1992, WHO E16-445-11, p. 13.

29 Urgent Telegram, J. E. Asvall, February 17, 1992, WHO E16-445-11, p. 7; "Asvall to Napalkov", February 19, 1992, WHO E16-180-4, p. 10; "S. Tarkowski, DEH to Napalkov, attn. Kreisel", August 27, 1992, WHO E16-445-11, p. 11; "Kreisel to Tarkowskii, EHE EURO", July 19, 1993, WHO E16-445-11, p. 19; and H. I. Alleger, Commission of the European Communities, to Kreisel, July 26, 1993, WHO E16-445-11, p. 19.

30 "Inter-Agency Coordination during Emergecy Situations", September 5, 1990, UNESCO Archive (Paris) 361.9(470) SC ENV/596/534.1.

31 Called the "IPHECA" study, "Memorandum of Understanding Between the Ministry of Health of the USSR and the World Health Organization on Efforts to Mitigate the Health Consequences of the Chernobyl Accident, April 30, 1986 [sic]", 1990, WHO E16-445-11, p. 2.

32 Author interview with Gonzalez. See also "Waight to Gonzalez", May 17, 1990, WHO E16-445-11, p. 1. For a long note objecting to the WHO IPHECA study, unsigned, see "Proposed WHO-Soviet International Program on the Health Effects of the Chernobyl Accident (IPHECA)", December 27, 1990, WHO E16-445-11, p. 3.

33 "Gonzalez to Napalkov", August 10, 1993, WHO E16-445-11, p. 19. For an earlier statement that the WHO IPHECA program was a continuation of the IAEA study, see "Gonzalez to Kreisel", June 3, 1992, WHO E16-445-11, p. 9.

34 "U. Riaboukhine Duty Travel Report, Germany", October 21~25, 1991, WHO E16-445-11, p. 6. For criticism of WHO language that replicated IAEA literature

minimizing health impacts, see "Dr. I. Filyushikin, Institute of Biophysics, Moscow, to Kreisel", April 27, 1993, WHO E16-3445-11, p. 16.

35 "Reviewing the Implementation of IPHECA", June 11, 1992, WHO E16-445-11, p. 9; and "Napalkov to Gonzalez", September 27, 1993, WHO E16-445-11, p. 20.

36 "International Chernobyl Project Proceedings", p. 48; and "B. Weiss to A. Gonzalez", July 2, 1993, WHO E16-180-4, p. 11; UNESCO to MAB National Committees, November 5, 1991, WHO E16-180-4, p. 10.

37 Press Release: "IAEA Calls 'Unfounded' Der Spiegel Article", January 28, 1992, UN NY S-1082/27/9/ acc. 2001/0190; and B. G. Bennett, "Background Information for UNEP Representative", November 17, 1993, Correspondence Files, 1993, UNSCEAR Archive.

38 "Bennett to Secretary Hazel O'Leary", May 5, 1994, Correspondence Files, 1994, UNSCEAR Archive.

39 "Strengthening of International Cooperation and Coordination of Efforts to Study, Mitigate, and Minimize the Consequences of the Chernobyl Disaster: Report of the Secretary General", November 13, 1992, Department of Humanitarian Affairs DHA, UN NY s-1082/27/9, ac 2001/0190.

40 Ukrainian Ministry of Health Press Release: "Cooperation in Assessment of Medical Consequences of Chernobyl Catastrophe, January 1993", WHO E16-445-11, p. 14.

41 B. G. Bennett, "Background Information for UNEP Representative to the Meeting of the Ministerial Committee for Coordination on Chernobyl", November 17, 1993, New York, Correspondence Files, 1993, UNSCEAR Archive. Bennett repeated this sentiment a year later: "Comment on Summary of Funding Requirements for Chernobyl", September 7, 1994, Correspondence Files, 1994, UNSCEAR Archive.

42 "Strengthening of the Coordination of Humanitarian and Disaster Relief Assistance", November 13, 1992, UN NY S-1082/27/9/ acc. 2001/0190.

43 "Strengthening of International Cooperation and Coordination of Efforts to Study, Mitigate and Minimize the Consequences of the Chernobyl Disaster", October 27,

1997, and "Note to the Secretary-General, Chernobyl", October 29, 1997, UN NY S-1092/96/5, acc. 2006/0160.

[44] "Note to the File, Chernobyl, Anstee", January 17, 1992, WHO E16-445-11, p. 7.

[45] "Silini to Tolba Telegram", September 26, 1986, and "Silini to Katz", September 12, 1986, Correspondence Files, 1986, UNSCEAR Archive.

[46] "Silini to Katz", September 12, 1986, Correspondence Files, 1986, UNSCEAR Archive; and "Silini to Tolba Telegram", September 26, 1986, Correspondence Files, 1986, UNSCEAR Archive.

[47] "Bennett to Dr. M. D. Gwynn", UNEP, January 13, 1992, Correspondence Files, 1992, UNSCEAR Archive.

[48] V. Arkhipov, "Nuclear Energy, Environment and Public Opinion", January 19, 1990, TsDAVO 2/15/1871, pp. 42~50.

[49] "Bennett to Cardis", September 5, 1991, Correspondence Files, 1991, UNSCEAR Archive.

[50] "Burton Bennett to Hylton Smith, Scientific Secretary International Commission on Radiological Protection (ICRP)", October 11, 1991, Correspondence Files, 1991, UNSCEAR Archive.

[51] Document R. 554, 1994, Conference Room Papers, UNSCEAR.

[52] Document R. 556, June 20, 1996, Conference Room Papers, UNSCEAR.

[53] Document R. 556, June 20, 1996, Conference Room Papers, UNSCEAR, p. 29.

[54] Among many, see David Michaels, *Doubt Is Their Product: How Industry's Assault on Science Threatens Your Health*(Oxford: Oxford University Press, 2008); Allan M. Brandt, *The Cigarette Century: The Rise, Fall, and Deadly Persistence of the Product That Defined America*(New York: Basic Books, 2007); and Nancy Langston, *Toxic Bodies: Hormone Disruptors and the Legacy of DES*(New Haven, CT: Yale University Press, 2010).

[55] Leopold, *Under the Radar*; Brown, *Plutopia*; Johnston and Barker, *Consequential Damages of Nuclear War*; Sarah Alisabeth Fox, *Downwind: A People's History of the Nuclear West*(Lincoln, NE: Bison Books, 2014); Gabrielle Hecht, *Being Nuclear: Africans*

and the Global Uranium Trade(Cambridge, MA: MIT Press, 2012); and Jacob Darwin Hamblin, *Poison in the Well: Radioactive Waste in the Oceans at the Dawn of the Nuclear Age*(New Brunswick, NJ : Rutgers University Press, 2008). On the persistence of nuclear secrecy, see Joseph Masco, *The Theater of Operations: National Security Affect from the Cold War to the War on Terror*(Durham, NC: Duke University Press, 2014).

[56] "Strengthening of the Coordination of Humanitarian and Disaster Relief Assistance", September 8, 1995, UN NY S-1082/46/5/ acc. 2007/0015; J. Sinnaeve et al., "Collaboration between the Radiation Protection Research Actions of the CEC and the CIS on the Consequences of the Chernobyl Accident", Shigenobu Nagataki, ed., *Nagasaki Symposium on Chernobyl: Update and Future*(Amsterdam: Elsevier, 1994), pp. 95~114.

[57] "N. S. Fes'kov to I. A. Kenik", February 12, 1991, GAGO 1174/8/2445, pp. 15~16.

[58] By 1993, in Khoiniki, Belarus, 6 in 1,000 children had thyroid cancer. V. M. Drozd, L. N. Astakhova, O. N. Polyanskaya, V. F. Kobzev, and A. S. Nalivko, "Ultrasonic Diagnostics of Thyroid Pathology in Children and Adolescents Effects by Radionuclides", WHO E16-445-11, p. 19. See also "Draft Meeting Report, Kyiv, Thyroid Cancer after the Chernobyl Accident", October 23, 1993, Riaboukhine, WHO E16-445-11, p. 21.

[59] Fred H. Mettler, David V. Becker, Bruce W. Wachholz, and Andre C. Bouville, "Chernobyl: 10 Years Later", *Journal of Nuclear Medicine* 37, no. 12, December, 1996, p. 24.

[60] "Anstee to Roland M. Timerbaev", November 1, 1991, WHO E16-180-4, p. 6; and "Brief for Secretary-General's Meeting", October 15, 1991, UN Archives S-1046/16/3.

[61] "International Co-operation in the Elimination of the Consequences of the Chernobyl Nuclear Power Plant Accident", May 24, 1990, UNA S-1046/14/4; "Third Meeting of the Inter-Agency Task Force on Chernobyl", September 19~23, 1991, WHO E16-445-11, p. 5; and "Briefing Note on the Activities Relating to Chernobyl", June 3,

1993, Department of Humanitarian Affairs DHA, UNA s−1082/35/6/, acc 2002/0207. Japan had previously pledged $20 million in February 1991, which became the basis for funding the IPHECA project. WHO E16−445−11, p. 3.

[62] "Anstee to Napalkov", January 17, 1992, WHO E16−445−11, p. 7.

[63] "Notes of the Secretary−General's Meeting with the Minister of Foreign Affairs of Ukraine", September 22, 1992, United Nations Archive, New York (UN NY) S−1046/14/4, acc. 2001/0001; and "From President Lukashenko to the Secretary−General", October 28, 1996, UN NY S−1082/46/5/ acc. 2007/0015.

[64] "Chernobyl: Mission to Russian Federation, Belarus, Ukraine", September 10~16, 1994, UN NY S−1082/46/5/ acc. 2007/0015; "For Information on United Nations, Press Conference Chernobyl", November 30, 1995, UN NY S−1082/46/5/ acc. 2007/0015; "A. M. Zlenko, A. N. Sychev, and S. V. Lavrov to Mr. Boutros Boutros−Ghali", January 9, 1995, UN NY S−1082/46/5, acc. 2007/0015; "Strengthening of the Coordination of Humanitarian and Disaster Relief Assistance", September 8, 1995, UN NY S−1082/46/5/ acc. 2007/0015; "Strengthening of International Cooperation and Coordination of Efforts to Study, Mitigate and Minimize the Consequences of the Chernobyl Disaster", October 27, 1997, "Press Conference on Funding to Address Effects of Chernobyl Disaster", May 1, 1998, Sergio Vieira de Mello, May 18, 1999, "Note to the Secretary−General", April 23, 2001, UN NY S−1092/96/5, acc. 2006/0160.

[65] "Notes of the Secretary−General's meeting with the Minister of Foreign Affairs of Ukraine"; "Meeting of Jan Eliasson and Victor H. Batik", February 25, 1993; and "Meeting with Gennadi Buravkin, Belarus", March 4, 1993, WHO E16−445−11, p. 16.

[66] "Strengthening of the Coordination of Humanitarian and Disaster Relief Assistance", September 8, 1995, UN NY S−1082/46/5/ acc. 2007/0015.

[67] "Strengthening of International Cooperation and Coordination of Efforts to Study, Mitigate and Minimize the Consequences of the Chernobyl Disaster", October 27,

1997.

[68] "Lars−Erik Holm, Chairman of UNSCEAR, to Kofi A. Annan, Secretary−General", June 6, 2000, and Carolyn McAskie, Emergency Relief Coordinator, a.i., aide− mémoire, June 27, 2000, UN NY S−1092/96/5, acc. 2006/0160. For WHO director conceding the IAEA lead in Chernobyl issues, see Vladimir Tchertkoff, dir., *Nuclear Truth*(Feldat Film, Switzerland, 2004).

[69] Dillwyn Williams and Keith Baverstock, "Chernobyl and the Future: Too Soon for a Final Diagnosis", *Nature* 440, no. 7087, April 20, 2006, pp. 993~94.

[70] "The Human Consequences of the Chernobyl Accident: A Strategy for Recovering", 2002; and *The Chernobyl Forum: Chernobyl s Legacy, Health, Environmental and Socio− economic Impacts*(UN, 2005).

[71] Didre Louvat, *Conference Proceedings, Commemoration of the Chernobyl Disaster: The Human Experience Twenty Years Later*, April 26, 2006(Washington, DC: 2007), p. 33.

[72] International Chernobyl Project, Proceedings of an International Conference, May 21 − 24, 1991, Vienna, Austria, p. 47.

[73] Author telephone conversation with Fred Mettler, January 6, 2017.

[74] "John Willis to Morten Andersen", April 23, 1991, GPA 1800; "A Group Deputy Question", and "Information to Provide Medical Help to the Pediatric Population", August 6, 1992, TsDAVO, 324/19/33, pp. 8~11.

[75] Morten Andersen, "Chernobyl Medical Brief", April 19, 1991, GPA 997.

[76] "Andersen to Sawyer", August 12, 1991, GPA 1803.

[77] Author telephone interview with Valentina Drozd, February 12, 2016.

[78] Susan M. Lindee, *Suffering Made Real: American Science and the Survivors at Hiroshima*(Chicago: University of Chicago Press, 1994), p. 183.

[79] The IAEA technical report mentions various reported cases of cancer, only one of which in Ukraine has been verified, and then this statement: "By the end of 1990, there were 20 verified cases of thyroid cancer in children of UkrSSR. Eleven of these were from non−contaminated settlements." Then later in the same text, "most of the reports of

thyroid cancer were anecdotal in nature", *Technical Report*, p. 388. The Summary of the report calls the thyroid cases "hearsay." *The International Chernobyl Project: An Overview and Assessment of Radiological Consequences and Evaluation of Protective Measures*(Vienna: IAEA, 1991), pp. 32~34.

[80] Mettler et al., "Thyroid Nodules."

사라진 마을을 찾아서

[1] V. B. Nesterenko, V. S. Sergienko, and V. F. Shurkhai, "On Radiological Conditions in Veprin, Lesan', Bukunovichi", December 29, 1989, GAGO 1174/8/2336, pp. 41~42.

[2] "Conclusions on Radiological Circumstances and Conditions for Living in Veprin, Lesan', and Bukunovichi", (n.d. 1989) GAGO, 1174/8/2336, pp. 43~47.

[3] "On Carrying out the Resolution", August 15, 1991, NARB 507/1/5, pp. 108~10; "On Course of Realization", September 26, 1991, NARB 507/1/6, pp. 69~71; and "On Unsatisfactory Execution of Directives", April 1992, GAMO 7/5/4126, pp. 69~71.

[4] "Certificate on Analysis of Morbidity", 1991, "Memo", 1990, Arkhiv Kricheva 588/1/173, pp. 35~36, 8~23. "On Inspection of Therapeutic Services of Krasnopole Region", April 18, 1989, NARB 46/12/1262, pp. 8~12; and "Information on the State of Examinations in Regions under Control for 1989", August 1, 1989, NARB 46/12/1262, pp. 45~48. See also V. I. Kulakov et al., "Female Reproductive Function in Areas Affected by Radiation after the Chernobyl Power Station Accident", *Environmental Health Perspectives* 101, July, 1993, pp. 117~23.

[5] "Values of Permissible Levels of cs−137", 1989, Arkhiv Kricheva 588/1/181, pp. 5~7. Adults had more at 6,400bq/kg of cs−137. For outlying high doses for Veprin children (38.9 mSv/3.89 rem for 1990 alone), see "Protocol", June 1990, Arkhiv Kricheva 588/1/184, pp. 2~7.

[6] V. N. Sych to E. P. Tikhonenkov, May 24, 1991, GAGO 1174/8/2445, pp. 45~52.

[7] "Ministry for Emergencies", July 12, 1999, GAGO 1174/8/3346, pp. 36~41.

[8] On estimated doses ranging from 35 to 65 rem, see "Conclusions on the Radiological Situation."

[9] Vorobiev, *Do i posle Chernobylia*, p. 85.

그린피스의 붉은 그림자

[1] "On Proposals", October 17, 1990; and "V. Petrovskii to V. Kh. Doluzhiev", July 20, 1990, NARB 46/14/1322, pp. 16~17, p. 170.

[2] "Kreisel to S. Tarkowski, Euro", February 14, 1990, WHO E16-522-6, jacket 1; and "Report of the Seventh Meeting of the Inter-Agency Committee for Response to Nuclear Accidents", Vienna, January 25~26, 1990, UNESCO, 361.9(470) SC ENV/596/534.1, Part I.

[3] "Report on Assessment Mission to the Areas Affected by the Chernobyl Disaster, USSR", February 1990, GPA 1819.

[4] Author telephone interview with Clare Moisey, February 19, 2018.

[5] "Report on Assessment Mission."

[6] "Australian Mission to the United Nations", November 26, 1974, UN NY S-0446-0106-09.

[7] Paul Lewis, "David McTaggart, a Builder of Greenpeace, Dies at 69", *New York Times*, March 24, 2001; and Frank Zelko, *Make It a Green Peace! The Rise of Countercultural Environmentalism*(New York: Oxford University Press, 2013), pp. 131~160.

[8] "Steve Sawyer to David McTaggart", July 1, 1990, GPA 1624.

[9] "Spizhenko to Didenko", March 1, 1990, TsDAVO 342/17/5252, p. 59.

[10] "Confidential Report on 'Children of Chernobyl' Trip", April 3, 1990, GPA 1622; and author interview with Andrei Pleskonos, June 1, 2017, Kyiv.

[11] "David McTaggart to Steve Sawyer", June 19, 1990, GPA 1624.

[12] Doug Mulhall, "Revised Proposal and Steve's Comments", June 30, 1990; and "David

McTaggart to Board", June 19, 1990, GPA 1624.

[13] "Trip Log", May 1990, GPA 1624.

[14] "Summary of Evaluation of Medical Needs to Serve the Children's Dispensary at Kyiv", October 1990, GPA 1804; and author telephone interview with Clare Moisey, February 19, 2018.

[15] "To Kostiantyn Masyk from Nikolai Golushko", August 23, 1990, and "To the Council of Ministers, Ukraine SSR, K. I. Masyk", August 22, 1990, SBU 16/1/1288, pp. 152~53, 155~56.

[16] "Trip Log", May 1990, GPA 1624.

[17] "Trip Log", May 1990, GPA 1624.

[18] "Pickaver to Walker", October 10, 1990, GPA 997; and "John Willis to Doug Mulhall and David McTaggart", August 14, 1990, GPA 1625.

[19] "David McTaggart to George Soros", 1990, GPA 1624.

[20] Steve Sawyer, "Notes from Kyiv Trip", January 20, 1991, GPA 999.

[21] "McTaggart to Soros Foundation", June 1990, GPA 1624.

[22] "Cunningham to Walker", January 31, 1991, GPA 1799; "Andersen to Walker", February 16, 1991, GPA 1799; "Belcher to Walker", March 15, 1991, and "Mincey to Walker", March 1, 1991, GPA 1799; and "Mincey to Bloom", June 20, 1990, GPA 1624.

[23] One physician, Everett Mincey, was a specialist in medical equipment, including radiological tools; "Walker to Andersen", June 18, 1991, GPA 1800.

[24] "Anderson to Walker, Sawyer, McTaggart", February 22, 1991, GPA 1799.

[25] Author telephone interview with Clare Moisey. On the "limited number of children", see "Mincey to Walker", March 1, 1991, GPA 1799.

[26] "First Draft, Report of Meetings in Kyiv", December 11, 1992, GPA 994.

[27] Author interview with Andrei Pleskonos, June 1, 2017, Kyiv.

[28] "Olga Savran to Judith Walker", April 30, 1991, GPA 1800.

[29] "Olga Savran to Judith Walker", April 30, 1991, GPA 1800; and "Andersen to

Sawyer", August 12, 1991, GPA 1803.

30 Judith Walker, "A Briefing on the USSR Project", February 11, 1991, 999 GPA.

31 "Morten Andersen Memo to David Squire", August 23, 1991, GPA 1801; "Greenpeace Kyiv to Yeager", August 26, 1991, GPA 1803; and J. R. Yeager, December 3, 1991, GPA 1804.

32 "Greenpeace Kyiv to Squire", August 19, 1991, GPA 1803.

33 Author telephone interview with Clare Moisey; and "Morten Andersen re Science Kyiv to Judith Walker", February 25, 1991, GPA 999.

34 "Walker re Ernest McCoy", November 16, 1990, GPA 1819; and "Report of Meeting with Ricki Richardson", December 14, 1991, GPA 1804.

35 Author telephone interview with Clare Moisey. WHO also was wary of donations of equipment and "underexploitation": "Riaboukhine Travel Report Summary to USSR", August 23, 1991, WHO E16-180-4, p. 5.

36 Petryna, for example, argues that Lysenko influenced Soviet radiation medicine "by an absence of specific biological description." Petryna, *Life Exposed*, pp. 119~20.

37 Hiroshi Ishikawa, "Radiation Study and the USSR Academy of Sciences in the Second Half of the 1950s: Beyond the Lysenkoists' Hegemony", ICCEES Conference, August 7, 2015, Makuhari, Japan; and Susanne Bauer, "Mutations in Soviet Public Health Science: Post-Lysenko Medical Genetics, 1969 – 1991", *Studies in History and Philosophy of Biological and Biomedical Sciences* 47, September, 2014, pp. 163~72.

38 Ilya Gadjev, "Nature and Nurture: Lamarck's Legacy", *Biological Journal of the Linnean Society* 114, no. 1, January, 2015, pp. 242~47.

39 Christopher Sellers, "The Cold War over the Worker's Body: Cross-National Clashes over Maximum Allowable Concentrations in the Post – World War II Era", *Toxicants, Health and Regulation since 1945*, ed. Soraya Boudia and Nathalie Jas(London: Pickering and Chatto, 2013), pp. 24~45.

40 *Soviet Scientists on the Danger of Nuclear Weapons Tests*(Moscow: Atomizdat, 1959).

41 Carl F. Cranor, "Reckless Laws, Contaminated People", Soraya Boudia and Nathalie

Jas, ed., *Powerless Science: Science and Politics in a Toxic World*(New York: Berghahn, 2014), pp. 197~214.

[42] Patrick O. McGowan and Moshe Szyf, "The Epigenetics of Social Adversity in Early Life: Implications for Mental Health Outcomes", *Neurobiology of Disease* 39, no. 1, July 1, 2010, pp. 66~72.

조용한 우크라이나인

[1] "Belcher to Walker", February 25, 1991, GPA 1799.

[2] "Belcher to Walker", March 15, 1991, and "Donald MacDonald to De Graaf", March 1, 1991, GPA 1799.

[3] "Cunningham to Walker", January 28, 1991, GPA 1799.

[4] "Greenpeace Kyiv to Squire", August 19, 1991, GPA 1803.

[5] Judith Walker, "A Briefing on the USSR Project", February 11, 1991, 999 GPA.

[6] "Pickaver to Tykhyy", February 11, 1991, GPA 999.

[7] "Sprange to Walker", January 30, 1991, GPA 1799.

[8] "Sprange to Walker", February 2, 1991, GPA 1799.

[9] "Belcher to Walker", March 26, 1991, GPA 1799.

[10] "Belcher to Walker", March 27, 1991, GPA 1799.

[11] Steve Sawyer, "Notes from Kyiv Trip", January 20, 1991, GPA 999.

[12] Steve Sawyer, "Notes from Kyiv Trip", January 20, 1991, GPA 999.

[13] For original plans, see "Protocol of Intentions between Greenpeace and the Shevchenkovskii Regional Council of People's Deputies", June 15, 1990, GPA 1624; "Proposal for a Joint Environmental Monitoring Programme of the Northern Ukraine", November 15, 1990, GPA 996; and "Zindler to Moisey and Mincey", 1990, GPA 999.

[14] "Bloom to Lapshin", May 12, 1990, GPA 1622.

[15] "Meeting with Scherbak, Gruzin, McTaggart, Sawyer, Walker, Tik [*sic*]i", January 17,

1991, GPA 1725.

[16] "Tykhyy to J. R. Yaeger", December 26, 1991, 1001 GPA.

[17] Author interview with Volodymyr Tykhyy, June 1, 2017, Kyiv.

[18] Author interview with Andrei Pleskonos, June 1, 2017, Kyiv.

[19] "Alan Pickaver to Judith Walker", October 10, 1990, GPA 997.

[20] "On Attempts to Create a Military Structure in the Republic", November 24, 1990, SBU 16/1/1289, p. 66.

[21] Author interview with Volodymyr Tykhyy, June 5, 2017, Kyiv.

[22] "Certificate No. 8778", October 28, 1986, SBU 68/0463, p. 24; "Informational Communiqué", March 23, 26, and 30, 1987, SBU l6/1/1249, l. l, pp. 73~77, p. 87, 95; "Informational Communiqué", October 26, November 11, and December 22, 1988, SBU 16/1/1266, pp. 180~81, 223~24, 305~8; "On Poor Ecological Conditions", February 28, 1990, SBU 16/1/1284, pp. 105~7; "On the Emergency Situation at the Dam", December 4, 1990, SBU 16/1/1289, p. 94.

[23] "The Infolab Program", Tykhyy personal papers; and V. O. Tykhyy, "Review of Greenpeace International Project to Establish a Mobile Laboratory" (n.d.), GPA 999. For comparison with Greenpeace goals, see "Zindler to Moisey and Mincey", 1990, and "Doug Mulhall, re: Dr. Ricky Richardson", October 31, 1990, GPA 1622.

[24] Doug Mulhall, "Revised Proposal and Steve's Comments", June 30, 1990, GP 1624. See also "Walker to Gruzin", November 15, 1990, GPA 996; and "Confidential Report on 'Children of Chernobyl' Trip", April 3, 1990, GPA 1622.

[25] "Michael Calderbank to Alan Pickaver", July 16, 1991, re: Mobile Lab and Container for GP COC Rad/Tox Project, GPA 1000.

[26] "Joint Greenpeace, Greenworld and Renaissance Foundation Radiological Toxicity Monitoring Programme in the Ukraine", Scientific Advisory Group, September 27, 1991, GPA 996; "Hoffman to Pickaver, Monthly Report", January 1991, GPA 999; "Tykhyy to Pickaver", August 16, 1991, GPA 1801.

[27] "Science Unit to J. R. Yeager", March 18, 1992, GPA 1725.

[28] Tykhyy, "Contamination of Soil, Food and Water by Toxic Chemicals in Ukraine", May 18, 1991, GPA 1000.

[29] "Pickaver to Tykhyy", February 11, 1991, GPA 999; and "Tykhyy to Board Members", August 14, 1991, GPA 1001.

[30] "Hoffman to Pickaver, Monthly Report", January 1991, 999 GPA; and "Minutes of a Meeting Rad/Tox", March 18, 1992, GP 1725.

[31] "Martin Pankratz to Zindler", December 26, 1991, GPA 1001.

[32] "Minutes of a Meeting Rad/Tox", May 18, "Service Division Consultation Meeting", July 15, 1992, and "Service Division Consultation Meeting", July 15, 1992, GPA 1725.

[33] "Minutes of a Meeting in Kyiv Concerning the Radiological−Toxicological Monitoring Program", Kyiv, September 15, 1992, GPA 1725. GP headquarters decided to keep the lab open: "Alan Pickaver to Steve Sawyer", September 30, 1992, GP 1725.

[34] Author interview with Volodymyr Tykhyy, June 5, 2017, Kyiv.

[35] Author telephone interview with Iryna Labunska, February 27, 2018.

[36] "Case Study of Radioactive Contamination in Zhytomir Ob, Ukraine", January 15, 1993, GPA 1002.

[37] Author telephone interview with Olga Savran, January 17, 2018.

[38] "McTaggart to Greenpeace Kyiv", August 27, 1991, GPA 1803.

[39] "Pickaver to J. R. Yeager", July 16, 1992, GPA 1725.

[40] Author interview with Aleksandr Komov, August 2, 2016, Rivne, Ukraine.

[41] "Chernobyl Humanitarian Assistance and Rehabilitation Programme", May 21, 1993, WHO E16−180−4, p. 11.

[42] "Chernobyl Humanitarian Assistance and Rehabilitation Programme."

[43] "Andersen to Sawyer", August 12, 1991, GPA 1803.

[44] "First Draft, Report of Meetings in Kyiv", December 11, 1992, GPA 994.

[45] Alexey V. Yablokov, Vassily B. Nesterenko, Alexey V. Nesterenko, and Janette D. Sherman−Nevinger, *Chernobyl: Consequences of the Catastrophe for People and the*

Environment(New York: Wiley, 2010).

7부 생존의 예술가들

피에타

[1] *Children of Chernobyl*, Yorkshire British Channel 4, 1991.

[2] See, for example, James K. McNally, *Children of Chernobyl*, Lethbridge TV, 1990; and Maryann De Leo, *Chernobyl Heart*, Home Box Office, 2003.

[3] William Sweet, "Chernobyl's Stressful After-Effects", *IEEE Spectrum*(November 1, 1999); and Elisabeth Rosenthal, "Experts Find Reduced Effects of Chernobyl", *New York Times*, September 6, 2005.

[4] J. Lochard, T Schneider, and S. French, *International Chernobyl Project—Input from the Commission of the European Communities to the Evaluation of the Relocation Policy Adopted by the Former Soviet Union*(Luxembourg: Office for Official Publications of the European Communities, 1992); and author telephone interview with Mona Dreicer, April 13, 2018.

[5] Soraya Boudia, "Managing Scientific and Political Uncertainty", Soraya Boudia and Nathalie Jas, ed., *Powerless Science: Science and Politics in a Toxic World*(New York: Berghahn, 2014), pp. 95~112.

[6] "Memo", 1992, NARB 507/1/20, pp. 66~70.

[7] "IAEA Project for a Repeat Assessment of the Situation", Moscow, October 15, 1990, NARB 507/1/1, p. 33; "Chernobyl—Nothing to Celebrate", 1991, GPA 1804.

[8] Ilyin et al., "Strategy NKRZ."

[9] Nancy Langston, *Sustaining Lake Superior: An Extraordinary Lake in a Changing World*(New Haven, CT: Yale University Press, 2017), p. 181.

[10] "Dr. I. Filyushikin, Institute of Biophysics, Moscow, to Kreisel", April 27, 1993, WHO

E16–3445–11, p. 16.

[11] "Protocol No. 3, Meeting of the Collegium State Committee, BSSR", April 22, 1994, NARB 507/1/41, pp. 28~38; Yaroshinskaya, *Bol' shaia lozh'* , p. 334.

[12] Taras Kuzio, *Ukraine: Democratization, Corruption, and the New Russian Imperialism*(Santa Barbara, CA: Praeger Security International, 2015); and Valentin Maslyukov, "A Report from Minsk", *Monthly Review* 50, no. 4, September, 1998, pp. 15~30.

[13] Kuchinskaya, *The Politics of Invisibility*, pp. 1606~12[Kindle].

[14] Author interview with Alexey Yablokov, June 5, 2015, St. Petersburg.

[15] In *Life Exposed*, Petryna documents the half–hearted attempts to collect health data in the 1990s in Ukraine.

[16] "Memo", no earlier than November 1993, GAMO 7/5/4156, pp. 81~94.

[17] "On the State of Children's Food", 1992, TsDAVO 324/19/33, pp. 25~28.

[18] Tatiana Kasperski, "Nuclear Dreams and Realities in Contemporary Russia and Ukraine", *History and Technology* 31, no. 1, March, 2015, pp. 55~80.

[19] Kuchinskaya, *The Politics of Invisibility*, pp. 1539~76[Kindle].

[20] "Report of the Seventh Meeting of the Inter–Agency Committee for Response to Nuclear Accidents", Vienna, January 25~26, 1990, UNESCO, 361.9(470) SC ENV/596/534.1, Part I.

[21] Seizin Topçu, "Chernobyl Empowerment?: Exporting 'Participatory Governance' to Contaminated Territories", Soraya Boudia and Nathalie Jas, ed., *Toxic World: Toxicants, Health and Regulation in the 20th Century*(London: Pickering and Chatto, 2013), pp. 135~58. For medical effects of a reduced clean meal program, see Ian Fairlie, *Torch–2016*(Vienna: Wiener Umweltanwaltsshaft, 2016), p. 84.

[22] Quote from Didier Louvat, Head, Waste Safety Section, IAEA, Conference Proceedings, April 26, 2006, *Commemoration of the Chernobyl Disaster: The Human Experience Twenty Years Later*(Washington, DC: 2007), pp. 25~30.

[23] S. Lepicard and G. Dubreuil, "Practical Improvement of the Radiological Quality of Milk Produced by Peasant Farmers in the Territories of Belarus Contaminated by the

Chernobyl Accident: The ETHOS Project", *Journal of Environmental Radioactivity* 56, no. 1−2, 2001, pp. 241~53.

[24] "Decision", December 29, 1993, GAMO 7/5/4156, pp. 78~94; "Memo", no earlier than November 1993, GAMO 7/5/4156, pp. 81~94.

[25] "Memo", 1992, NARB 507/1/20, pp. 66~70; William Sweet, "Chernobyl's Stressful After-Effects", *IEEE* Spectrum, November 1, 1999.

[26] "Professor Iuryi Bandazhevskyi: mirnyi atom eto mif", *Tema*, August 30, 2011, accessed July 19, 2015, http://tema.in.ua/article/6677.html.

[27] Y. I. Bandazhevsky, "Chronic Cs−137 Incorporation in Children's Organs", *Swiss Medical Weekly* 133, 2003, pp. 488~90; and G. S. Bandazhevskaia et al., "Relationship between Caesium (137Cs) Load, Cardiovascular Symptoms, and Source of Food in Chernobyl Children", *Swiss Medical Weekly* 134, 2004, pp. 725~29.

[28] Tchertkoff, *The Crime of Chernobyl*, p. 201.

[29] "Three Sites Singled Out for Nuclear Power Plant in Belarus", No. 2, March 26, 1998, Interfax, Belapan Radio, February 4, 1998; and "Lukashenko Says People Will Decide on Nuclear Power Plant", FBIS−SOV−98−035.

[30] Author interview with Yuri Bandazhevsky, July 20, 2015, Ivankiv, Ukraine.

[31] Author interview with Yuri Bandazhevsky, July 20, 2015, Ivankiv, Ukraine.

[32] Iu. I. Bandazhevskii, "*Chernobyl*": *Ekologiia i zdorov'ia*, vol. 1(Ivankiv, 2014). For corroborating statistics, see National Research Center for Radiation Medicine, "Thirty Years", pp. 61~65.

[33] Dillwyn Williams, "An Unbiased Study of the Consequences of Chernobyl Is Needed", *The Guardian*, January 17, 2010.

[34] Eugenia Stepanova et al., "Exposure from the Chernobyl Accident Had Adverse Effects on Erythrocytes, Leukocytes, and Platelets in Children in the Narodichesky Region, Ukraine: A 6−Year Follow−Up Study", *Environmental Health* 7, 2008, p. 21.

[35] M. R. Sheikh Sajjadieh et al., "Effect of Cesium Radioisotope on Humoral Immune Status in Ukrainian Children with Clinical Symptoms of Irritable Bowel Syndrome

Related to Chernobyl Disaster", *Toxicology and Industrial Health* 27, 2011, pp. 51~56.

[36] Erik R. Svendsen et al., "Cesium 137 Exposure and Spirometry Measures in Ukrainian Children Affected by the Chernobyl Nuclear Accident", *Environmental Health Perspectives* 118, no. 5, May, 2010, pp. 720~27; and Erik R. Svendsen et al., "Reduced Lung Function in Children Associated with Cesium 137 Body Burden", *Annals of the American Thoracic Society* 12, no. 7, July, 2015, pp. 1050~57.

[37] Eero Pukkala, "Breast Cancer in Belarus and Ukraine after the Chernobyl Accident", *International Journal of Cancer* 119, 2006, pp. 651~58.

[38] The Davis group found an overall "significant increase in leukemia risk with increasing radiation dose." Among the three regions (Ukraine, Belarus, and Russia), it only found a significant effect in Ukraine, where the sample size was the largest. This study matched case and controls on residence, which carries a danger of overmatching because food circulated in local markets where people resided. Overmatching, then, was likely to mean case and controls had similar exposures from local, contaminated food. Overmatching can lead to underestimation of the effect of interest. Despite this difficulty, an overall significant effect was found. Scott Davis et al., "Childhood Leukaemia in Belarus, Russia, and Ukraine Following the Chernobyl Power Station Accident", *International Journal of Epidemiology* 35, 2006, pp. 386~96. See also A. G. Noshchenko et al., "Radiation-Induced Leukaemia among Children Aged 0–5 Years at the Time of the Chernobyl Accident", *International Journal of Cancer* 127, 2010, p. 214.

[39] A. I. Niagu et al., "Effects of Prenatal Brain Irradiation as a Result of the Chernobyl Accident", *International Journal of Radiation Medicine* 6, no. 1~4, 2004, pp. 91~107.

[40] Fairlie, *Torch-2016*, p. 76; and *20 let posle Chernobyl'skoi katastrofy, natsional'nyi doklad*(Minsk, 2006), p. 59.

[41] K. Spivak et al., "Caries Prevalence, Oral Health Behavior, and Attitudes in Children Residing in Radiation-Contaminated and Non-Contaminated Towns in Ukraine", *Community Dental Oral Epidemiology* 32, 2004, pp. 1~9.

[42] Michael Gillies et al. "Mortality from Circulatory Diseases and Other Non-Cancer Outcomes among Nuclear Workers in France, the United Kingdom and the United States (INWORKS)", *Radiation Research* 188, no. 3, 2017, pp. 276~90; and Klervia Leuraud, David B. Richardson, et al., "Ionising Radiation and Risk of Death from Leukaemia and Lymphoma in Radiation-Monitored Workers (INWORKS): An International Cohort Study", *The Lancet. Haematology* 2, no. 7, July, 2015, pp. e276~81.

[43] Benedict O'Donnell, "Low-Dose Radiation May Be Linked to Cancer Risk", *Horizon: The EU Research and Innovation Magazine*, May 30, 2016; and Munira Kadhim et al., "Non-Targeted Effects of Ionising Radiation—Implications for Low Dose Risk", *Mutation Research* 752, 2013, pp. 84~98.

헐벗은 삶

[1] On corruption, see "Memo", no earlier than November 1993, GAMO 7/5/4156, pp. 81~94.

[2] "Progress Report", March – September 1994, Chernobyl Studies Project, Working Group 7.0, DOE, UCRL-ID-110062-94-6.

[3] Author interview with Irina Federenko, April 13, 2016, Minsk.

[4] In 2016, 82 percent of residents of contaminated zones were under medical observation. "Natsional'nyi doklad Respubliki Belarus", *30 let Chernobyl skoi avarii*(Minsk, 2016), pp. 16~20.

[5] Author interview with Nikolai Kachan, July 28, 2016, Valavsk, Belarus.

[6] For a negative appraisal of UN Chernobyl assessments, see European Commission Radiation Protections No. 170, "Recent Scientific Findings and Publications on the Health Effects of Chernobyl"(Luxembourg: Directorate-General for Energy, 2011).

결론_미래를 향한 산딸기 채집

1 In 2015, Ukraine exported 19,000 tons of wild berries, thirty times more than the year before. Email correspondence with Ivgen Kuzin, International Relations Manager of Fruit-Inform, September 11, 2016.

2 Alexis Madrigal, "Chernobyl Exclusion Zone Radioactive Longer Than Expected", *Wired*(December 15, 2009).

3 Author interview with Wladimir Wertelecki, May 5, 2016, Washington, DC.

4 The second highest rates of birth defects of this kind occurred in northern England, near the Windscale Plutonium Plant. Wladimir Wertelecki, "Chernobyl 30 Years Later: Radiation, Pregnancies and Developmental Anomalies in Rivne, Ukraine", *European Journal of Medical Genetics* 60, 2017, pp. 2~11.

5 Author interview with Wladimir Wertelecki, July 12, 2016, Rivne, Ukraine.

6 "From Commission of the European Communities, Com (87), Minutes 894", November 4, 1987, PSP 133, European Union Archive, Florence, Italy; and "Council Regulation (Euratom) 2016/52 of 15 January 2016", accessed May 9, 2018, https://eur-lex.europa.eu/legal-content/EN/TXT/?uri=CELEX%3A32016R00.

7 Khalil Boudjemline, "CBSA's Radiation Detection Program (RADNET)", Technical Reach-Back Workshop, Joint Research Centre, Ispra, Italy, March 28, 2017. Author telephone interview with Khalil Boudjemline, Research Engineer, Canada Border Services Agency, April 21, 2018.

8 *The Rush Limbaugh Show*, November 9, 2016.

9 For arguments to engage in "conspiracies with other forms of life", see Natasha Myers, "From Edenic Apocalypse to Gardens against Eden", Kregg Hetherington, ed., *Infrastructure, Environment and Life in the Anthropocene*(Raleigh, NC: Duke University Press, forthcoming).

10 Author telephone interview with Sarah Phillips, May 18, 2018.

11 Manfred Dworschak, "The Chernobyl Conundrum: Is Radiation as Bad as We

Thought?", *Spiegel Online*, April 26, 2016.

[12] National Research Center for Radiation Medicine, "Thirty Years of Chernobyl Catastrophe: Radiological and Health Effects"(National Report of Ukraine: Kyiv, 2016), p. 7.

[13] See analysis by Sonja Schmid, "Nuclear Emergencies and the Masters of Improvisation", *Bulletin of the Atomic Scientists*, April 25, 2016.

[14] Sarah D. Phillips, "Contamination of Japan 43—Sociology of Nuclear Disaster", *Nuclear Exhaust*, accessed May 16, 2018, https://nuclearexhaust.wordpress. com/2015/04/30/contamination−of−japan−43−sociology−of−nuclear−disaster− sarah−d−phillips/.

[15] "The Legacy of Nuclear Testing | ICAN", accessed May 25, 2018, http://www.icanw. org/the−facts/catastrophic−harm/the−legacy−of−nuclear−testing/.

[16] For infants in Utah: 120−420rads. or 1,200~4,200mSv. Charles Mays, "Estimated Thyroid Doses and Predicted Cancers in Utah", DOE NV0403156, as reproduced in Andrew Kirk, *Doom Towns: The People and Landscapes of Atomic Testing*(New York: Oxford University Press, 2017), pp. 199~201. For nationwide estimates, see Hoffman et al., "A Perspective on Public Concerns about Exposure to Fallout from the Production and Testing of Nuclear Weapons."

[17] Elizabeth Tynan, *Atomic Thunder: The Maralinga Story*(Sydney: New South Publishing, 2016); Nic Maclellan, *Grappling with the Bomb*(Acton: ANU Press, 2017); and B. Danielsson, "Poisoned Pacific: The Legacy of French Nuclear Testing", *Bulletin of the Atomic Scientists* 46, no. 2, March, 1990, p. 22.

[18] Hyeyeun Lim et al., "Trends in Thyroid Cancer Incidence and Mortality in the United States, 1974−2013", *Journal of the American Medical Association* 317, no. 13, April 4, 2017, pp. 1338~48; B. A. Kilfoy et al., "International Patterns and Trends in Thyroid Cancer Incidence, 1973−2002", *Cancer Causes Control* 20, 2009, pp. 525~31; and F. De Vathaire et al., "Thyroid Cancer Following Nuclear Tests in French Polynesia", *British Journal of Cancer* 103, 2010, pp. 1115~21.

[19] Peter Kaatsch, "Epidemiology of Childhood Cancer", *Cancer Treatment Reviews* 36, no. 4,

June 1, 2010, pp. 277~85; National Cancer Institute, "SEER Cancer Statistics Review, 1975 –2013", https://seer.cancer.gov/archive/csr/1975_2013/#contents. Upward trends are not a given; in Brazil, for example, they declined. Arnaldo Cézar Couto, "Trends in Childhood Leukemia Mortality over a 25–Year Period", *Jornal de Pediatria (Rio J)* 86, no. 5, 2010, pp. 405~10.

[20] Children's Leukemia and Cancer Research Foundation, https://childcancerresearch.com.au/.

[21] Niels Jorgensen, Jaime Mendiola, Hagai Levine, Anderson Martino–Andrade, Irina Mindlis, Shanna H. Swan, et al., "Temporal Trends in Sperm Count: A Systematic Review and Meta–Regression Analysis", *Human Reproduction Update* 23, no. 6, December, 2017, pp. 646~59.

찾아보기

체르노빌 생존 지침서
지구적 핵재난, 국가의 대응 실패, 피폭된 사람들

2020년 11월 22일 1판 1쇄 인쇄
2020년 11월 29일 1판 1쇄 발행
지은이 　　케이트 브라운
옮긴이 　　우동현
펴낸이 　　박혜숙
디자인 　　이보용
펴낸곳 　　도서출판 푸른역사
　　　　　우)03044 서울시 종로구 자하문로8길 13
　　　　　전화: 02)720-8921(편집부) 02)720-8920(영업부)
　　　　　팩스: 02)720-9887
　　　　　전자우편: 2013history@naver.com
　　　　　등록: 1997년 2월 14일 제13-483호

ISBN　979-11-5612-176-3　93900